초·중등학교 교원 임용시험, 5급 행정고시 논술 대비

교육학
논점과 논술

기초편

김차웅 편저

교육학 논점과 논술
(교육학논술 기초편)

편 저_김차웅

발 행_2016년 1월 25일
교 정_높이깊이
편집디자인_편집부
표지디자인_편집부

발행처_높이깊이
발행인_김덕중

출판등록_제4-183호

주소 서울특별시 성동구 성수일로 39-32 (우) 04779
전화 02)463-2023(代) 팩스 02)2285-6244

E-mail_djysdj@naver.com

정가 30,000원

ISBN 978-89-7588-312-5

ISBN 978-89-7588-314-9(세트)

서 문(序文)

초·중등교원 임용시험이 객관식 시험에서 주관식 시험으로 전환된 지도 벌써 3년이 지나고 있다. 특히 중등교원 임용시험인 교육학논술 문제의 패턴은 어느 정도 일반화되고 있는 듯하다. 하지만 답안의 패턴은 학원 강사들마다, 또 대학 교수들마다 천차만별인 듯하다. 그래서 본인도 적잖이 당혹스럽다. 그래도 논술시험에서 정답은 없다고 말하지만 오답은 있다는 점! 신림동에서 교육학논술을 강의한 지도 벌써 10년이 훨씬 넘었다. '가르치는 것은 배우는 것(Teaching is learning)'이라고 했던가? 그 동안 배운 것을 바탕으로 교육학 논점과 논술을 편저하였다. 모쪼록 중등교원 예비교사와 5급 예비사무관 여러분들의 건투와 행운을 바란다. 이 편저는 다음 몇 가지 점에서 심혈(心血)을 기울였다.

첫째, 교육심리학을 포함한 교육학은 협동학문적(학제적) 학문이자 실천학문이다. 이 점에서 미력하지만 편저자의 협동학문적 경험과 노력을 통합적으로 반영하였다.

둘째, 어디까지나 교육학 수험서(특히 논술 대비)로써의 특성을 고려하였다. 그래서 핵심개념과 원리의 파지에 초점을 두었으며, 군더더기 설명이나 동어반복(同語反覆)은 생략하였다.

셋째, 이 책 한권으로 교육학의 방대한 분량을 커버할 수 있다고는 생각하지 않는다. 다만, 교사와 5급 사무관을 기대하는 수험생이라면 이 교재 내용은 명료하게 기억·이해해야 한다고 생각한다.

넷째, 교육과 교육학의 기초지식을 단편화·파편화하는 짓은 가능한 한 삼가고, 그 흐름의 논리적 체계화에 역점을 두어 핵심개념과 원리를 중심으로 조직화하였다.

다섯째, 마지막으로 주요내용은 정범모 저, 김종서 외 2인 공저, 박도순 외 3인 공저 등을 **기본교재**로 삼고, 세부내용은 김창걸 저, 윤정일 외 5인 공저, 성태제 외 12인 공저 등을 **보조교재**로 하여 편저하였다는 점을 밝혀 둔다.

참고문헌

교육학개론 등	김종서 외(2006), 최신 교육학개론, 교육과학사. 성태제 외(2009), 최신 교육학개론, 학지사. 정범모(1980), 교육과 교육학, 배영사. 이홍우(1998), 교육의 개념, 문음사. 김창걸(2004), 교육학, 박문각. 황정규 외(2003), 교육학개론, 교육과학사. 이형행(1998), 교육학개론, 양서원. 박도순 외(2004), 신교육학개론, 문음사. 윤정일 외(2006), 신교육의 이해, 학지사. Jean Jacques Rousseau, 신윤표 옮김(2003), 에밀(Emile), 산수야. John Dewey, 이홍우 번역(1996), 민주주의와 교육, 교육과학사.
교육사(동양 및 한국교육사 포함), 교육철학	손인수(1989), 교육사・교육철학연구, 문음사. 김인회(1993), 교육사・교육철학강의, 문음사. 이돈희(1997), 교육철학개론, 교육과학사. 김정환(1994), 교육철학, 박영사.
교육사회학	김신일(2001), 교육사회학, 교육과학사. 김병성(2004), 교육과 사회, 학지사. 김병성(2005), 교육사회학이론신강, 학지사. 이종각(1998), 교육사회학신강, 동문사.
교육심리학	이성진(1996), 교육심리학서설, 교육과학사. 김언주 외(2002), 신교육심리학, 문음사. 이용남 외(2007), 신교육심리학, 학지사. 권대훈(2010), 교육심리학의 이론과 실제, 학지사. 이경화 외(2006), 교육심리학, 교육과학사. 이건인 외(2009), 교육심리학, 학지사.
교육공학	권성호(2002), 교육공학의 탐구, 양서원. 김신자 외(2006), 교육공학의 이론과 실제, 문음사.

교육연구법, 교육통계학	이종승(1994), 교육연구법, 배영사. 이규란(1998), 교육연구, 교육과학사. 임인재(1993), 통계방법, 박영사.
교육과정	이성호(1995), 교육과정과 평가, 양서원. 박도순 외(2004), 교육과정과 교육평가, 문음사. 김재춘 외(2004), 교육과정과 교육평가, 교육과학사. 김종서 외(2002), 교육과정과 교육평가, 교육과학사.
수업지도(교수·학습지도)	김종서 외(1993), 교수이론, 한국방송통신대학. 변영계(2005), 교수·학습이론의 이해, 학지사.
생활지도 및 상담	박성수(1998), 생활지도, 정민사. 김충기(2003), 생활지도와 상담, 교육과학사. 이형득(2002), 상담이론, 교육과학사.
교육평가	황정규(2004), 학교학습과 교육평가, 교육과학사. 박도순 외(2004), 교육과정과 교육평가, 문음사. 김재춘 외(2004), 교육과정과 교육평가, 교육과학사. 김종서 외(2002), 교육과정과 교육평가, 교육과학사. 정종진(1999), 교육평가의 이해, 양서원.
교사론	김종철 외(1994), 최신교사론, 교육과학사. 정우현(1992), 현대교사론, 배영사.
교육행정학	김창걸(1985), 교육행정학, 박문각. 김창걸(1992), 교육행정학신론, 박문각. 노종희(2002), 교육행정학, 문음사. 남정걸(2005), 교육행정 및 교육경영, 교육과학사. 윤정일 외(2004), 교육행정학원론, 학지사.
교육법규	법제처 국가법령정보센터(http://www.law.go.kr)

이 편저는 「이야기 교육학 1, 2」의 내용 중 교육학논술 기초 핵심을 발췌하여 논점과 논술로 재구성한 것이다. 이 편저에서는 기억과 파지의 효과를 높이고자 일부 약자와 기호를 사용하는 데, 그 의미를 설명하면 다음과 같다.

① A→B : 발달이나 발생의 과정과 절차를 뜻한다. 또한 A가 B에 영향을 미치거나 A의 영향으로 B가 발생했음을 뜻한다.
② A-B-C : 특정 개념이나 원리의 구성요소를 나열 혹은 열거한 것이다.
③ (○) : 맞음 또는 참임(眞)을 강조 표시한다.
  (×) : 틀림 또는 거짓임(僞)을 강조 표시한다.

교육학논술 답안작성법

(1) 주관식 평가와 객관식 평가

- 평가의 유형은 채점방법에 따라 주관식 평가와 객관식 평가로 나눌 수 있다.
  우선 주관식 평가(기술형 혹은 서술형, 서답형, 논술형)는 피험자가 정답을 구상하거나 재생(再生)하여 기술하는 방식으로 단답형, 완성형, 논문형 등이 있다.
  주관식 평가는 반응의 자유가 넓고, 문항이 요구하는 관련지식은 물론 문장력·표현력 등을 내포한다. 따라서 종합적인 이해를 요구한다. 그러나 주관식 평가는 문항의 표집이 충분하지 못하다. 하지만 주관식 평가는 고등정신기능(적용력·분석력·종합력 등)을 측정하는데 알맞다.

- 한편, 객관식 평가(선택형)는 제시된 답지 중에서 피험자가 선택하거나 재인(再認)하는 기재하는 방식으로 진위형, 배합형(연결형), 선다형 등이 있다.
  객관식 평가는 반응의 자유가 좁고, 문항이 요구하는 관련지식만 내포한다. 따라서 정확한 지식이 요구된다. 객관식 평가는 문항의 표집을 충분히 할 수 있다. 그러나 객관식 평가는 자칫하면 단편적인 지식과 이해를 측정하는데 치중할 가능성이 있다. 또한 객관식 평가는 문항을 제작하는데 고도의 훈련과 기술을 요구한다는 점이다.

(2) 교직논술과 교육학논술

- 임용시험은 종래의 선택형에서 논술형으로 개편(2013)되어 유·초등교원 임용시험 교직논술(20%)과 중등교원 임용시험 교육학논술(20%)로 나누어진다.
  먼저 교직논술은 교직관련 교양지식을 논제로 하여 테스트하는 시험이다. 따라서 일반상식이나 교양지식을 다양하게 습득하고 있어야 한다. 실제적인 일반상식과 교양지식은 기존의 교육학지식을 종합적으로 이해하는 배경지식이자 맥락지식이 된다.

- 한편, 교육학논술은 교직관련 교육학지식을 논제로 하여 테스트하는 시험이다. 그러므로 교직논술의 논제가 되는 일반상식이나 교양지식이 실제적이고 비체계적인 데 비해, 교육학논술의 논제가 되는 교육학지식은 다분히 이론적이고 체계적이다. 교육현상이나 교육문제를 설명하고 논증하는 데 기존의 교육학지식을 적용한다는 점에서 교직논술과 교육학논술은 크게 다르지 않다. 다만, 교육학논술의 경우 더 폭넓고 깊이있는 교육학지식이 요구된다는 점이다.

(3) 교육학논술 답안작성법

논술형은 <u>진술방식에 따라</u> 설명형(정의, 예시, 인용, 분석, 비교/대조, 분류/구분 등)과 논증형(연역추리, 귀납추리, 유비추리, 가설추리 등)이 있다. 흔히 논술형에서 **정답은 없다고 말하지만 오답은 있다**는 점을 명심하자.

간략히 논술작성법을 두 가지 측면에서 살펴보면 다음과 같다.

※ 서론-본론-결론 부분의 제목은 대개 로마자를 사용하는데, 그 중 본론 부분은 논제(논점)를 중심으로 2~3개의 제목을 잡아주되, 필요에 따라 소제목을 잡아줌

※ 1,200자 논술의 경우 대략 서론 250자-본론 800자-결론 150자로 기술하며, 2,000자 논술의 경우 대략 서론 300자-본론 1,500자-결론 200자로 서술함

❶ 형식적 측면

- 논술작성시 유의사항과 배점(配點)에 맞추어 쓴다.
  채점의 객관성을 위해 논술구성의 형식적 측면과 내용적 측면에서 아래와 같은 기본지침과 배점이 개략적으로 제시되므로 이에 따라야 한다.

- (원고지를 답안지로 사용하는 경우) 원고지 작성법과 맞춤법을 지켜야 한다.
  원고지 작성법 및 교정부호 사용법에 위반하거나 기초적인 맞춤법에 어긋나는 경우 감점요인이 된다는 점을 명심하자.

- 시간과 분량을 잘 조절해야 한다.
  논술작성시 시간안배와 분량조절은 시험의 당락을 좌우하는 중대한 요인이다. 정해진 시

간에 정해진 분량을 채우기 위해서는 평소의 꾸준한 연습이 중요하다.
- 초안작성지에 개요를 작성하고, 이에 따라 답안지에 논제(논점)를 쓴다.
  논점을 파악하면 초안작성지에는 핵심아이디어를 중심으로 전체 개요를 작성하고, 답안지에는 일정한 형식에 맞추어 구체적인 논점을 써야 한다.
- 서론-본론-결론 부분으로 나누어 쓴다.
  이러한 형식 중 본론에서 논제(논점)를 조목조목 진술하고, <u>서론에서는 논제의 필요성과 목적, 문제를 제기</u>하는 한편, <u>결론에서는 요약과 종합, 전망을 제시</u>한다. 다만, 약술형의 경우 본론만 진술하고, 서론과 결론은 생략한다.

❷ 내용적 측면

- 출제자의 의도를 파악하여 논제(논점)만 쓴다.
  간단한 약술형은 물론, 사례가 제시되는 논술형의 경우 출제자가 의도하는 논점만 써야 하고, 논점 이외의 부분이 부각되지 않도록 한다.
- 핵심어(key word)를 중심으로 기술하되, 논리적 체계성을 갖추어야 한다.
  상식용어나 추상적인 표현을 사용하지 않도록 하고, 논술내용의 논리적 조직성과 통일성을 깨뜨리지 않아야 한다.
- 자신의 의견이나 주장을 제시하되, 논리적 일관성을 유지해야 한다.
  다른 사람의 글이나 책의 내용을 (암기한 채) 그대로 쓰지 않도록 하고, 논술내용의 논리적 비약이나 단절이 없어야 한다.
- 만연체보다 간결체 문장으로, 피동형보다 능동형 문장으로 서술한다.
  문학소설에서 보이는 화려체나 만연체보다 신문사설과 같은 건조체나 간결체 문장으로 쓰고, 무생물 주어 또는 피동형(수동형)보다 생물주어 혹은 능동형 문장으로 표현한다.
- 미괄식보다 두괄식 문장으로 구성한다.
  논점을 명확하게 전달하기 위해 <u>주장과 결론을 먼저 제시</u>하고, <u>논거와 전제는 나중에 제시</u>한다.

-작성자 김차웅-

목차(目次)

서문(序文)	3
참고문헌	4
교육학논술 답안작성법	6

제1장 교육의 기본개념

논점1 교육의 어원과 의미	18
논점2 교육의 개념(정의)	19
논점3 교육의 특징 : 교육의 성립조건	21
논점4 교육과 훈련의 비교	22
논점5 교육의 목적	22
논점6 우리나라 교육의 이념과 목적	24
논점7 교육의 과정	24
논술 모의고사	27

제1-2장 교육의 형태

논점1 평생교육의 발달배경	32
논점2 평생교육의 의의	33
논점3 평생교육의 기본원리	36
논점4 평생교육과 학교교육	36
논점5 학교교육의 의의	37
논점6 학교교육의 기본적인 기능	38
논점7 형식적 교육과 비형식적 교육	40
논점8 형식적 교육과 비형식적 교육의 관계	41
논점9 전인교육(인성교육)의 개념/필요성	41
논점10 전인교육의 구현방안	43

제2장 서양교육사

논점1 그리스의 교육 : 스파르타의 교육	46
논점2 그리스의 교육 : 아테네의 교육	47
논점3 스파르타의 교육과 아테네의 교육의 비교	48
논점4 로마의 교육	49
논점5 그리스의 교육과 로마의 교육의 비교	51
논점6 기독교적 교육(5~14세기)	52
논점7 대학교육(11~14세기)	53
논점8 시민교육(11~14세기)	55
논점9 인문주의 교육의 의의	56
논점10 인문주의 교육의 발달과정(형태)	56
논점11 근대 기독교적 교육의 의의	58
논점12 근대 기독교적 교육의 발달과정(형태)	59
논점13 실학주의 교육(17세기)	60
논점14 실학주의 교육의 발달과정(형태)	61
논점15 합리주의(경험주의) 교육(17~18세기)	63
논점16 자연주의 교육(18세기)	64
논점17 자연주의 교육의 발달과정(형태)	65
논술 모의고사	67

제3장 교육철학

논점1 철학의 어원과 성격 … 74
논점2 교육철학과 교육과학의 관계 … 75
논점3 철학의 탐구영역 … 76
논점4 지식과 교육의 관계 : 지식의 형태/명제적 지식의 형태 … 77
논점5 실용적 교육과 자유교육 … 79
논점6 관념론의 의의 … 80
논점7 관념론의 교육 … 81
논점8 실재론의 의의 … 82
논점9 실재론의 교육 … 83
논점10 진보주의의 의의/특징 … 84
논점11 진보주의 교육의 목적과 원리 … 86
논점12 항존주의의 의의/특징 … 87
논점13 항존주의 교육의 목적과 원리 … 88
논점14 본질주의의 의의/특징 … 90
논점15 본질주의 교육의 목적과 원리 … 92
논점16 재건주의의 의의/특징 … 93
논점17 재건주의 교육의 목적과 원리 … 94
논술 모의고사 … 96

제4장 교육사회학

논점1 사회의 교육적 기능 : 교육의 사회적 기능 … 104
논점2 문화의 교육적 기능 : 교육의 문화적 기능 … 106
논점3 사회화의 의의 … 106
논점4 사회화의 기관 … 108
논점5 사회화의 방법 : 사회적 학습 … 108
논점6 교육사회학의 발달과정 … 110
논점7 기능주의이론 … 111
논점8 Durkheim의 교육관 … 112
논점9 Parsons의 교육관 … 113
논점10 Dreeben의 학교규범론 … 114
논점11 갈등이론 … 114
논점12 Marx의 교육관 … 115
논점13 Bowles & Gintis의 교육관 … 116
논점14 Giroux의 비판적 교육학이론 … 117
논점15 신교육사회학적 이론 … 117
논점16 Young의 교육관 … 118
논점17 Bernstein의 교육관 … 119
논점18 사회체제의 의의 … 120
논점19 사회체제의 위계구조 … 121
논점20 사회체제의 기능과 유형변수 … 121
논점21 학교사회의 특수성 : 학교사회의 구조 … 123
논점22 학교사회에 대한 관점 … 124
논점23 사회계층의 의의/결정요인 … 125
논점24 사회계층에 대한 관점 … 126
논점25 사회이동의 의의/원인 … 127
논점26 사회이동에 대한 관점 … 128
논점27 교육의 평등 … 128
논점28 교육평등관의 분류 : 허용적 평등과 보장적 평등 … 129
논점29 교육평등관의 분류 : 과정적 평등과 결과적 평등 … 130
논점30 학업성취 격차의 원인에 관한 논쟁 : 학업성취 격차이론 … 132
논점31 학업성취 격차의 결정요인 … 133
논점32 사회변동의 의의 … 135
논점33 문화변화와 주변인 … 136
논점34 문화지체 … 137
논점35 문화실조 … 138
논점36 문화기대와 평균인 … 138
논술 모의고사 … 139

제5장 교육심리학

논점1 교육심리학의 발달과정 … 152
논점2 인간의 심리적 특성 … 153
논점3 지능의 의의 … 154
논점4 지능에 관한 유전-환경 논쟁 … 154
논점5 지능이론 … 155
논점6 지능이론 : Guilford의 지능구조이론 … 157
논점7 지능의 측정 : 지능검사 … 157
논점8 지능의 측정 : 지능지수 … 158

논점9 지능지수를 해석할 때의 유의사항	159
논점10 창의력의 의의	160
논점11 창의력이론 : Guilford의 지능구조이론	161
논점12 창의력이론 : Wallas의 문제해결이론	162
논점13 창의력의 측정	163
논점14 인지양식의 의의	163
논점15 인지양식의 유형	164
논점16 인지양식의 유형 : 장의존적 인지양식과 장독립적 인지양식(Witkin, 1977)	164
논점17 인성의 의의	166
논점18 성격이론	167
논점19 동기의 의의	167
논점20 동기이론 : 동기의 분류	168
논점21 Maslow의 욕구위계론	169
논점22 욕구위계론의 교육적 시사	170
논점23 Rogers의 자기이론	171
논점24 자기이론의 교육적 시사	171
논점25 동기의 측정	172
논점26 동기유발의 방법	172
논점27 Bandura의 자기효능감이론	172
논점28 Seligman의 학습된 무력감이론	173
논점29 Weiner의 귀인이론	174
논점30 귀인변경프로그램	176
논점31 귀인이론에 대한 평가	176
논점32 불안의 의의/유형(분류)	177
논점33 불안과 학습효과 등의 관계	178
논점34 발달의 개념/원리	179
논점35 발달의 적기성	181
논점36 인간발달론과 교육	182
논점37 Freud의 정신분석학	183
논점38 Freud학파의 신정신분석학	184
논점39 Freud의 심리-성적 발달이론	184
논점40 Erikson의 심리-사회적 발달이론	185
논점41 Piaget의 인지발달이론	187
논점42 Vygotsky의 사회·문화적 인지발달이론	189
논점43 Piaget의 인지발달이론 : 인지발달기제	190
논점44 Kohlberg의 도덕성발달이론의 의의/특징	192
논점45 Kohlberg의 도덕성발달이론 : 도덕성발달단계	193
논점46 Kohlberg의 이론의 교육적 적용	194
논점47 Vygotsky의 사회·문화적 인지발달이론 : 사회적 상호작용	195
논점48 학습의 의의	197
논점49 행동주의적 이론의 의의	198
논점50 Pavlov의 고전적 조건형성의 의의	199
논점51 고전적 조건형성의 기본원리	200
논점52 Thorndike의 도구적 조건형성의 의의	200
논점53 시행착오설에 근거한 학습의 법칙	201
논점54 Skinner의 조작적 조건형성의 의의	202
논점55 조작적 조건형성의 기본원리	203
논점56 조작적 조건형성의 주요개념	204
논점57 Bandura의 관찰학습이론의 의의	205
논점58 관찰학습의 효과	206
논점59 관찰학습의 전형(하위이론)	207
논점60 인지이론의 의의	209
논점61 Köhler의 통찰설	210
논점62 Tolman의 기호-형태이론	211
논점63 정보처리이론의 의의	212
논점64 정보저장고(기억구조) : 감각기억	214
논점65 정보저장고(기억구조) : 단기기억	214
논점66 정보저장고(기억구조) : 장기기억	215
논점67 정보처리과정(기억과정) : 주의/지각, 시연	216
논점68 정보처리과정(기억과정) : 부호화 및 저장	217
논점69 정보처리과정(기억과정) : 인출 (재생, 재인)	219
논점70 학습의 전이의 의의	220
논점71 전이의 유형(1)	220
논점72 전이의 유형(2)	221
논술 모의고사	223

제6장
교육공학

논점1 교육공학의 의미	252
논점2 교육공학의 개념/특징	253
논점3 교육공학의 영역	254

논점	제목	쪽
논점4	교육공학의 효과	254
논점5	교육공학의 한계	255
논점6	시청각교육	256
논점7	시청각교육의 교육적 의의	257
논점8	시청각교육모형 : Hoban부자의 교육과정의 시각화	257
논점9	시청각교육모형 : Dale의 경험의 원추와 Bruner의 표상양식	258
논점10	시청각교육통신 : 통신이론의 도입	260
논점11	시청각교육통신 : 초기 체제이론의 도입	261
논점12	시청각교육통신의 교육적 의의	262
논점13	교수매체의 교수적 특성	264
논점14	교수매체의 기능적 특성	264
논점15	교수매체의 기능	265
논점16	교수매체의 효과	265
논점17	교수매체의 선정 및 활용	266
논술 모의고사		268

제7장 교육연구법

논점	제목	쪽
논점1	교육연구의 목적	272
논점2	양적 연구와 질적 연구	272
논점3	기술적 연구과 실험적 연구, 현장연구	273
논점4	실험적 연구 : 변인과 조건의 통제	274
논점5	실험적 연구 : 실험설계의 타당도	275
논점6	교육연구의 절차	277

제7-2장 교육통계학

논점	제목	쪽
논점1	측정치의 의의	280
논점2	측정치의 종류 : 척도의 종류	281
논점3	변인	283
논점4	백분위(점수)와 백분점수	284
논점5	집중경향의 의의	286
논점6	집중경향치 : 최빈치(M_o)	286
논점7	집중경향치 : 중앙치(M_{dn})	287
논점8	집중경향치 : 평균치(M 또는 $\bar{X}$)	289
논점9	변산도의 의의	292
논점10	변산도수치 : 범위(R)	294
논점11	변산도수치 : 4분편차(Q)	294
논점12	변산도수치 : 평균편차(AD)	296
논점13	변산도수치 : 표준편차(SD 또는 σ)	297

제8장 교육과정

논점	제목	쪽
논점1	교육과정의 의의	300
논점2	현대 교육과정의 특징	301
논점3	교육과정과 교과서의 재구성 형태	302
논점4	교과중심 교육과정의 의의	303
논점5	교과중심 교육과정 교육의 목표 등	304
논점6	경험중심 교육과정의 의의	304
논점7	경험중심 교육과정 교육의 목표 등	306
논점8	학문중심 교육과정의 의의	306
논점9	학문중심 교육과정 교육의 목표 등	308
논점10	인간중심 교육과정의 의의	309
논점11	인간중심 교육과정 교육의 목표 등	311
논점12	표면적 교육과정의 의의	311
논점13	잠재적 교육과정의 의의	312
논점14	잠재적 교육과정의 원천	313
논점15	영교육과정(null curriculum)의 의의	314
논점16	공식적 교육과정의 분류 : 교육과정의 구성영역에 따른 분류	314
논점17	교육과정의 수준에 따른 분류 : 김종서 외(1993)의 분류	315
논점18	교육과정 개발에 관한 목표모형의 의의	316
논점19	교육과정 개발에 관한 목표모형 : Tyler의 교육과정 개발모형	316
논점20	교육과정 개발에 관한 내용모형의 의의	318
논점21	교육과정 개발에 관한 내용모형 : Bruner의 교육과정 개발모형	318
논점22	Skilbeck의 학교중심 교육과정 설계·개발모형	320
논점23	Wiggins 등의 역행교육과정(backward curriculum) 설계·개발모형	321

논점24	교육과정 설계(교육과정 개발)의 의의	322		
논점25	교육과정 설계 : 교육목표의 설정	323		
논점26	교육과정 설계 : 교육내용의 선정	324		
논점27	교육과정 설계 : 교육내용의 조직	325		
논점28	교육과정 설계 : 교수-학습과정	325		
논점29	교육과정 설계 : 교육평가	326		
논점30	제7차 교육과정(1997~2007)	327		
논점31	우리나라 교육과정 개정상의 특징	327		
논술 모의고사		329		

제9장 수업(교수)

논점1	수업(교수)의 의의	344
논점2	수업과 학습의 비교	344
논점3	수업의 원리	346
논점4	수업의 형태 : 강의법	348
논점5	강의의 절차	349
논점6	수업의 형태 : 질문법	349
논점7	수업의 형태 : 문제해결법(Dewey)	350
논점8	문제해결의 절차	351
논점9	수업의 형태 : 역할놀이법(역할연기법)	351
논점10	수업의 형태 : simulation	352
논점11	수업의 형태 : game	352
논점12	수업집단의 조직-수직적 조직	353
논점13	수업집단의 조직-수평적 조직	354
논점14	집단수업 대 개별화수업	355
논점15	설명적 수업 대 발견학습	356
논점16	Carroll의 학교학습모형	357
논점17	Bloom의 완전학습모형	358
논점18	Bloom의 완전학습모형 : 완전학습을 위한 수업과정모형	360
논점19	Skinner의 프로그램학습이론	360
논점20	프로그램학습이론에 대한 평가	361
논점21	Gagné의 수업이론과 학습위계	362
논점22	Gagné의 수업이론과 학습위계 : 학습사태	364
논점23	Gagné의 수업이론과 학습위계 : 학습목표별 수업의 원리	365
논점24	Gagné의 수업이론과 학습위계 : 학습과제 분석과 학습위계	366
논점25	Reigeluth의 정교화이론	367
논점26	Reigeluth의 정교화이론 : 교수설계의 전략요소	369
논점27	Merrill의 내용요소제시이론	370
논점28	Merrill의 내용요소제시이론 : 자료제시형태	371
논점29	학습동기 : Brophy 등의 교사주도적 학습동기 유발방법	372
논점30	Keller의 ARCS이론 : 학습동기 유발전략(1)	373
논점31	Keller의 ARCS이론 : 학습동기 유발전략(2)	374
논점32	구성주의의 유형	375
논점33	구성주의 학습의 의의	376
논점34	Jonassen의 구성주의 학습환경 설계모형	377
논점35	협동학습의 의의	378
논점36	협동학습 수업의 절차 등	380
논점37	전통적 소집단수업과 협동학습의 비교	380
논점38	수업의 과정의 의의	381
논점39	수업목표의 설정	382
논점40	수업목표의 설정 : 수업목표 진술의 일반원리	383
논점41	학습과제 분석의 의의	384
논점42	학습과제 분석의 기법/절차/활용	384
논점43	출발점행동의 진단	385
논점44	수업절차	386
논점45	수업절차 : 수업지도의 절차	387
논점46	수업평가	387
논술 모의고사		389

제10장 생활지도 및 상담

논점1	생활지도의 의의	402
논점2	생활지도의 목표	403
논점3	생활지도의 원리	403

논점4	생활지도의 단계 : 생활지도의 활동	405	논점37 벌(처벌)을 제공할 때의 유의사항	443
논점5	진로지도/진로교육의 의의	407	논술 모의고사	445
논점6	진로지도/진로교육의 목표	408		

제11장 교육평가

논점7 진로지도/진로교육의 이론 : Parsons의 특성-요인이론	409	
논점8 상담의 의의	409	
논점9 상담의 목표	411	
논점10 상담의 원리	412	
논점11 상담의 과정	413	
논점12 상담관계의 형성	414	
논점13 상담의 방법 : 지시적 상담	416	
논점14 상담의 방법 : 비지시적 상담	417	
논점15 지시적 상담과 비지시적 상담의 비교	418	
논점16 적응과 부적응	418	
논점17 정신분석학적 상담이론의 의의	419	
논점18 정신분석학적 상담이론의 주요내용	420	
논점19 정신분석학적 상담이론 : 상담 및 심리치료의 목적 등	421	
논점20 행동주의적 상담이론의 의의	423	
논점21 행동주의적 상담이론의 주요내용	424	
논점22 행동주의적 상담이론 : 상담 및 심리치료의 목적 등	425	
논점23 실존주의적 상담이론의 의의/주요내용	426	
논점24 실존주의적 상담이론 : 상담 및 심리치료의 목적 등	428	
논점25 Gestalt적 상담이론의 의의/주요내용	429	
논점26 Gestalt적 상담이론 : 상담 및 심리치료의 목적 등	431	
논점27 인간중심 상담이론의 의의	432	
논점28 인간중심 상담이론의 주요내용	433	
논점29 인간중심 상담이론 : 상담 및 심리치료의 목적 등	434	
논점30 청소년비행의 의의/원인	435	
논점31 청소년비행이론 : 사회학적 이론(1)	437	
논점32 청소년비행이론 : 사회학적 이론(2)	439	
논점33 벌(처벌)의 의의	441	
논점34 벌(처벌)의 효과와 한계	441	
논점35 벌의 부작용	442	
논점36 벌(처벌)의 종류	442	

논점1 교육평가의 의의	452
논점2 교육평가의 기능 및 한계	452
논점3 교육관의 변화	454
논점4 교육평가의 관점	455
논점5 목표중심평가모형 : Tyler의 목표성취평가모형	457
논점6 Tyler의 목표성취평가모형 : 교육평가의 절차	457
논점7 평가기준에 따른 분류 : 상대평가	458
논점8 평가기준에 따른 분류 : 절대평가	458
논점9 평가시기(평가기능)에 따른 분류 : 진단평가	460
논점10 평가시기(평가기능)에 따른 분류 : 형성평가(Scriven, 1967)	461
논점11 평가시기(평가기능)에 따른 분류 : 총괄평가	463
논점12 평가도구에 따른 분류 : 주관식 평가	464
논점13 평가도구에 따른 분류 : 객관식 평가	464
논점14 주관식 평가와 객관식 평가의 비교	465
논점15 표준화검사의 의의	466
논점16 표준화검사의 제작절차	466
논점17 교사작성검사와 표준화검사의 비교	467
논점18 규준(norm)의 존재	468
논점19 검사문항의 선정 및 제작 : 주관식 검사문항의 제작	469
논점20 주관식 검사문항(특히 논문형의 경우) 제작/채점상의 유의사항	469
논점21 주관식 검사의 형태	470
논점22 검사문항의 선정 및 제작 : 객관식 검사문항의 제작	470
논점23 객관식 검사문항(특히 선다형의 경우) 제작상의 유의사항	471
논점24 객관식 검사의 형태	472

논점25 학업성취의 평가의 의의	472
논점26 학업성취의 평가 : 평가목표의 설정	473
논점27 학업성취의 평가 : 평가장면의 선정	474
논점28 학업성취의 평가 : 평가도구의 선정 및 제작	475
논점29 학업성취의 평가 : 평가의 실시 및 평가결과의 처리	475
논점30 학업성취의 평가 : 평가결과의 해석 및 활용	475
논술 모의고사	476

제12장 교직과 교사

논점1 전문직의 특성	486
논점2 교직의 전문성	487
논점3 교직의 자율성	488
논점4 교직윤리	489
논점5 교직관	489
논점6 교직관의 분류	490
논점7 교사의 직무와 역할	491
논점8 교사의 자질	493
논점9 교사의 지적 능력과 학업성취	494
논점10 교사의 정의적 특성과 학업성취	495

제13장 교육행정

논점1 교육행정의 개념	498
논점2 교육행정의 성격	499
논점3 교육행정의 원리 : 법·제도적 차원의 원리	500
논점4 교육행정의 원리 : 운영적 차원의 원리	502
논점5 과학적 관리론의 의의/특징	504
논점6 과학적 관리론의 영향	505
논점7 인간관계론의 의의/특징	506
논점8 인간관계론의 영향	507
논점9 행동과학이론의 의의/특징	507
논점10 행동과학이론의 영향	508
논점11 교육정책결정의 의의	509
논점12 의사결정의 관점	510
논점13 교육정책결정의 유형(분류)	510
논점14 교육정책결정의 과정	511
논점15 교육정책결정의 이론모형 : 합리모형	512
논점16 교육정책결정의 이론모형 : 만족모형	513
논점17 교육기획의 의의	514
논점18 조직의 의의	514
논점19 조직의 목표	515
논점20 조직의 원리 : 분업(전문화)의 원리	516
논점21 조직의 원리 : 계층제의 원리	517
논점22 조직의 원리 : 통솔범위의 원리	517
논점23 조직의 원리 : 명령통일의 원리	518
논점24 조직의 원리 : 적도집권의 원리	519
논점25 조직의 원리 : 조정의 원리	519
논점26 조직의 유형 : Katz & Kahn의 분류	520
논점27 조직의 유형 : Blau & Scott의 분류와 Carlson의 분류	520
논점28 조직의 유형 : Etzioni의 분류	522
논점29 조직의 유형 : Hall의 분류	523
논점30 조직의 유형 : Mintzberg의 분류	524
논점31 교육행정조직의 의의	525
논점32 중앙집권적 조직과 지방분권적 조직	526
논점33 교육자치제도의 의의	527
논점34 교육자치제도의 원리	528
논점35 우리나라의 교육자치제도	529
논점36 권위의 의의	531
논점37 권위의 유형	532
논점38 지도성의 의의	533
논점39 지도성의 유형(Lewin, Lippit & White, 1938)	534
논점40 지도성이론 : 특성이론(자질이론)	534
논점41 지도성이론 : 행위이론	535
논점42 지도성이론 : 상황이론(1)	536
논점43 지도성이론 : 상황이론(2)	537
논점44 의사소통의 의의	539
논점45 의사소통의 과정모형	540
논점46 의사소통의 유형	541
논점47 의사소통의 기법 : Joseph Luft & Harry Ingham의 연구	541

논점	제목	쪽
논점48	의사소통의 개선방안	543
논점49	동기의 의의	544
논점50	동기의 내용이론 : Maslow의 욕구계층론	545
논점51	동기의 내용이론 : Alderfer의 ERG이론	546
논점52	Maslow의 이론과 Alderfer의 이론의 비교	546
논점53	동기의 내용이론 : Herzberg의 위생-동기이론(1)	547
논점54	동기의 내용이론 : Herzberg의 위생-동기이론(2)	549
논점55	Maslow의 이론과 Herzberg의 이론의 비교	549
논점56	장학의 의의	550
논점57	장학의 발전과정	551
논점58	학교경영의 기능영역과 장학	553
논점59	장학의 원리, 방법과 기술 등	554
논점60	장학의 유형 : 중앙장학과 지방장학	555
논점61	교육인사행정의 개념 및 원칙	556
논점62	교육직원 −광의의 개념−	558
논점63	교육직원의 채용 : 교원의 선발과 임명	559
논점64	교육재정의 개념 및 원리	561
논점65	교육예산의 개념	563
논점66	교육예산의 원칙	564
논점67	교육(경)비 −광의의 개념−	564
논점68	표준교육비	565
논점69	교육(경)비의 특성	566
논점70	교육수입	566
논점71	지방교육재정	567
논점72	학교경영 및 학급경영의 의의	568
논점73	학교경영 및 학급경영의 영역과 원리	569
논점74	학교경영조직 : 교직원조직	570
논점75	학교경영조직 : 교육지도조직, 교무분장조직 등	572
논점76	학교경영조직 : 교과운영조직	572
논점77	학교운영위원회의 의의/성격	572
논점78	학교운영위원회 위원의 선출 등	574
논점79	학교운영위원회의 기능	574
논술 모의고사		576

제14장
한국교육의 기본과제

논점1	교육개혁의 기본방향	586
논점2	교육개혁의 당면과제	587

제15장
교육학논술 답안작성례

교육학논술 답안작성요령		590
교육학논술 '나쁜' 답안		592
교육학논술 '좋은' 답안		593

제15-2장
기출문제 분석

2013학년도 특수학교교사 임용후보자 선정경쟁시험 (1차)【특수추시 기출문제】		598
2014학년도 중등학교교사 임용후보자 선정경쟁시험 (1차)【기출문제】		601
2014학년도 중등학교교사 임용후보자 선정경쟁시험 (1차)【추시 기출문제】		605
2015학년도 중등학교교사 임용후보자 선정경쟁시험 (1차)【기출문제】		609
2015학년도 중등학교교사 임용후보자 선정경쟁시험 (1차)【추시 기출문제】		613
2016학년도 중등학교교사 임용후보자 선정경쟁시험 (1차)【기출문제】		617

제1장

교육의 기본개념

논점1 교육의 어원과 의미

① 교육의 어원

인간은 반드시 교육을 필요로 하며 항상 교육 속에서 살아가는 존재이다. 이런 점에서 인간에 대한 어떤 규정 못지않게 '인간은 교육적 동물'로 특징지을 수 있다. 예를 들면, 맹모삼천지교(孟母三遷之敎)가 대표적이다.

- 한자어

  한자어에서 敎育이란 말은 어원적으로 볼 때 敎(가르치다)와 育(기르다)의 합성어이다. 敎자는 爻(본받다) + 子(아들) + 攵(攴:치다)으로 구성되어 있는데, 이것은 윗사람이 아랫사람을 가르치고 솔선수범하며 아랫사람은 그것을 본받는다는 것을 뜻한다. 育자는 子(아들) + 月(肉:고기)로 구성되어 있는데, 이는 부모가 자식을 가슴으로 안고 사랑으로 기른다는 의미이다.

- 우리말

  우리말에서는 교육을 뜻하는 〈가르치다〉 또는 〈기르다〉에서 나타난다. 먼저 〈가르치다〉라는 말의 어원은 ᄀᆞᄅ치다에서 유래했는데, 이는 다시 ᄀᆞᆯ다(갈다, 가르다) 또는 ᄀᆞᄅ다(가라사대, 가리키다) + 치다(떡을 치다, 칼을 치다)의 두 단어의 합성어이다. 따라서 〈가르치다〉라는 단어는 한자어에서의 교(敎)자와 같이 어떤 외적 가치를 미성숙자가 습득하도록 한다는 의미이다.

  또한 〈기르다〉는 기르다(새를 기르다, 꽃을 기르다), 즉 짐승을 사육하거나 식물을 재배한다는 뜻으로 흔히 사용되고 있다. 그러므로 〈기르다〉라는 단어의 의미는 한자어에서의 육(育)자와 같이 미성숙자의 타고난 잠재능력이 나타나도록 도와준다는 의미이다.

- 영어

  이러한 의미는 영어에서 교육을 뜻하는 pedagogy와 education에서도 찾아볼 수 있다. 우선 pedagogy는 어원은 그리스어의 paidos(어린이) + agogos(이끌다)의 합성어이다. 따라서 pedagogy는 어원적으로 학습자가 이미 형성되어 있는 외적 가치, 즉 문화유산을 습득하도록 이끈다는 뜻이다.

  그리고 education은 라틴어인 educare, educo에서 유래하였다. 이것은 e(밖으로) + ducare, duco(이끌어내다, 끄집어내다)의 합성어이다. 그러므로 education은 학습자의 내적 잠재능력이 발현되도록 도와준다는 의미를 지닌다.

- 요약

  이를 요약하면 〈가르치다〉 = 敎 = pedagogy는 미성숙한 학습자에게 외적 가치, 즉 문화유산을 습득하도록 이끈다는 의미이다. 반면에 〈기르다〉 = 育 = education은 미성숙자의 선천적이며 내적 잠재능력이 발현되도록 도와준다는 의미이다.

② 교육의 의미

교육이란 말은 기본적으로 2가지 의미로 사용되고 있다. 그 하나는 성숙한 사람이 미성숙자를 이끌고 지도하여 바람직한 상태로 만든다는 의미(=주입으로서의 교육, 주형으로서의 교육)이고, 다른 하나는 미성숙자의 내면에 있는 잠재적 가능성을 계명(계발)하고 성장할 수 있도록 도와준다는 의미(=계명으로서의 교육, 성장으로서의 교육)이다.

한자어의 교육(敎育)이나 영어의 pedagogy와 education에서 짐작할 수 있듯이, 교육은 주입 또는 주형으로서의 교육과 계명 또는 성장으로서의 교육이라는 2가지 측면을 동시에 가지고 있다. 다시 말하면 교육은 지식·기능·태도의 외적 가치기준에 따라 어떤 바람직한 상태로 인간을 이끈다는 주입 또는 주형의 의미와 미성숙한 인간이 본래 타고난 내적·잠재적 재능이나 소질이 어떤 바람직한 방향으로 발현되도록 도와준다는 계명 또는 성장의 의미를 함께 지니고 있는 것이다.

요컨대, 교육은 단순히 외적 요인의 주입이나 내적 요인의 발현만으로 설명될 수 있는 것이 아니라 내적 요인과 외적 요인이 서로 상호작용하는 과정을 통해서 이루어진다. 즉, 교육은 개인과 환경의 상호작용을 통하여 보다 바람직한 인간을 구현하는 과정이다.

논점2 교육의 개념(정의)

① 규범적 정의
- 이 관점은 인간의 성장가능성을 도와주는 일 혹은 최대한의 자아실현을 도와주는 일을 중시한다. 교육내용은 지식과 이해 그리고 모종의 생기있는 지적 안목을 포함해야 한다. 교육은 바람직한 정신상태를 도덕적으로 온당한 방법으로 의도적으로 실현하는 일이다.
- 규범적 정의는 교육이나 교육활동에 내재해 있는 의미나 가치를 드러내는 방식으로 정의하는 것이다. 따라서 교육은 인간의 전인적 변화에 중점을 둔다. 여기서 전인적 변화는 바람직한 상태로의 변화를 말한다.

  교육에 대한 규범적 정의의 대표적인 예는 Peters(1966)에서 찾아볼 수 있다. 그에 의하면, 교육은 미성숙한 아동을 문명화된 삶의 형식으로 입문시키는 성년식(成年式)이다. 그리하여 출생시에는 동물로서의 인간이 점차 합리적인 사고와 학습경험을 배움으로써 진정한 의미의 인간이 된다는 점에서 이것은 교육 내지 교육활동 그 자체에 들어있는 가치이다.

이 정의에 의하면, 합리적인 사고와 학습경험 또는 지적 안목의 변화와 관계없는 훈련이나 조건형성 등은 교육에 해당하지 않는다.

② 기능적 정의
- 이 관점에서는 문화유산의 전달에 강조를 둔다. 이에 따르면 교육이란 교육받는 사람에게 장차 거기에 헌신할 만한 가치있는 것을 전수해 주는 일이다.
- 기능적 정의는 교육이나 교육활동 그 자체의 가치나 목적에 따라 정의하는 것이 아니고, 목적을 위한 수단으로 정의하는 것이다. 따라서 교육에 관한 기능적 정의는 교육이 수행하는 외재적 가치나 목적을 중심으로 교육을 정의한다.

  개인적 입장에서 교육을 출세를 위한 수단 또는 취업하기 위한 수단으로 보는 것, 사회적 입장에서 경제발전을 위한 수단 또는 문화유산을 전달·계승하는 수단으로 보는 것, 국가적 입장에서 부국강병의 수단이라고 보는 것 등은 그 대표적인 예에 해당한다.

  이러한 정의는 교육 그 자체의 의미나 가치를 무시할 가능성이 있으며, 나아가 교육을 교육활동이 아닌 다른 활동으로 변질시킬 가능성을 내포하고 있다.

③ 조작적 정의
- 이 관점에서는 인간행동의 변화에 강조를 둔다. 이에 의하면 교육이란 〈인간행동의 계획적인 변화〉이다.(정범모, 1968)
- Bridgman(1927)에 의하면, '개념의 의미는 일련의 조작에 지나지 않는다.' 교육의 개념을 조작적으로 정의하는 것은 교육과 교육활동에 포함되어 있는 요인과 그것이 작용하는 과정, 절차와 방법을 보여줄 수 있도록 정의하는 것이다.

  교육에 관한 조작적 정의의 대표적인 예는 교육을 〈인간행동의 계획적인 변화〉로 보는 관점이다. 이 정의에서는 인간행동·계획성·변화라는 실제 교육활동에 포함되는 요인과 그 의미를 규정하고 있다. 그러므로 교육이란 물리현상이나 화학현상이 아닌 인간행동을 다루는 활동이고, 변화시키려고 하는 인간행동에 관한 명확한 목표가 설정되어 있어야 하며, 그에 관한 일정한 계획과 과정, 절차와 방법이 있어야 한다. 이 정의에 따르면, 비계획적인 과정이나 우연적인 과정에 의한 학습, 생득적인 반응변화라든가 성숙 등은 교육에서 제외된다.

논점3 교육의 특징 : 교육의 성립조건

① 의도성

옛날 사람들은 무엇인가 가치있는 것을 피교육자(학습자)에게 가르쳐야 하겠다는 의도를 가지고 있었고, 이 의도가 있는 곳에서 교육의 과정이 전개되었다. 이와 같은 의도 내지 목적의식이 뚜렷하고 구체적일수록 교육의 과정에서 무엇을 어떻게 가르칠 것인가가 분명해지고 동시에 교육의 성과도 높아진다.

교육의 개념을 정의하는 과정에서 무엇보다도 먼저 교육의 의도성을 강조할 것이 요구된다.

② 계획성

교육의 과정에서 피교육자(학습자)에게 어떻게 교육할 것인가에 대한 설계와 준비에 관계된다. 좀 더 넓은 의미에서는 의도성 속에 포함시켜 설명할 수 있는 개념이다. 교육은 어디까지나 의도적이고 계획적인 것이지만 그 의도와 계획 밖의 많은 요인들이 교육의 과정에서 작용하여 교육의 성격과 질에 영향을 주게 된다.

교육의 의도성이 교육을 성립시키는 목적의식(what)을 강조하는 것이라면, 교육의 계획성은 목적의 내용과 그것을 실현하기 위한 절차와 방법(how)을 선택하는 것까지도 관계된다.

③ 가치지향성

교육의 가치지향성이란 가치있는 무엇인가를 가르치는 것에 관계된다. 교육의 의도성과 계획성을 설명했지만, 이미 그 의도와 계획 속에는 가치있는 것을 지향하고 가치있는 것을 선택하는 일이 포함되어 있다. 이러한 가치지향성을 강조한다면, 교육은 바람직한 정신상태를 도덕적으로 온당한 방법으로 의도적으로 실현하는 일이다.

그리하여 어떤 교육목적을 가졌다고 하는 것은 곧 가치있다고 판단되는 특정한 정신상태를 명백히 규정함으로써 교육받는 사람이라는 형식적인 개념 위에 실질적인 내용을 부여한다는 것을 뜻한다.

④ 전인성(全人性)

교육은 지적 측면·정의적 측면·기능적 측면, 즉 지(智)·덕(德)·체(體)의 조화로운 발달을 지향한다.

논점4 교육과 훈련의 비교

① **훈련의 의미**

훈련(training)이란 제한된 기술이나 사고방식을 길러주는 것인데 비하여, 교육(education)은 인간의 보다 넓은 신념체계 내지 지적 안목의 변화를 다루는 것이다. 일반적으로 훈련이 가치중립적 성향인데 비하여(예 : 신체훈련, 기술훈련), 교육은 가치지향적 성향이다(예 : 체육, 기술교육). 훈련은 제한된 상례적인 상황에서 적절한 상황판단이나 습관적인 반응을 하도록 하는 것이며, 교육에서와 같은 넓은 (인)지적 관련성은 결여되어 있다. 마찬가지로 감정의 훈련은 의지를 기르는 것과 관련된다. 의지가 약한 사람은 자기가 무엇을 바라고, 또 어떻게 해야 한다는 것을 알면서도 감정의 영향을 이기지 못하여 엉뚱한 곁길로 나간 행동을 하는 사람이다. 의지를 교육한다고 하지 않고 훈련한다고 하는 것은 이러한 이유 때문이다.

② **교육과 훈련의 비교**

이제 교육과 훈련을 비교하면 다음과 같다.

- 교육이 인간의 신념체계나 지적 안목의 변화에 관심을 둔다면, 훈련은 제한된 특수기술의 연마에 더 관심을 둔다.
- 교육이 전인적 변화에 더 관심을 둔다면, 훈련은 인간의 행동특성의 일부의 변화에 치중한다.
- 교육에서는 학습자의 (인)지적 관여 내지 창조적 관여가 필요한데 비하여, 훈련에서는 기계적 반복과 연습이 더 강조된다.
- 교육의 경우 가치지향적 성격인데 비하여, 훈련의 경우 가치중립적 성격이다.

논점5 교육의 목적

① **의의**

참된 의미에서의 교육은 인간의 성장가능성을 가치있는 방향으로 최대한 신장시킴으로써 건강하고 지적이며, 사회적·도덕적으로 자유롭고 성숙한 삶을 살 수 있게 하기 위한 것이다. 이와 같이 최대한의 자기실현을 한 성숙한 인간으로 기르는 일을 교육의 본질적인 목적이라고 한다면, 그 이외의 목적이나 기능은 부차적인 수단이 된다. 예를 들면 출세나 좋은 직장, 경제발전, 문화전달

등은 그 자체가 본질적 목적(내재적 목적)이 아니고, 수단적 목적(외재적 목적)이다. 외재적 목적은 어떤 행동의 목적을 그 행동의 외부에서 찾는 것을 말하고, 내재적 목적은 행동의 목적을 그 행동 자체에서 찾는 것을 말한다.

② **교육의 외재적 목적**

교육의 목적을 외재적으로 규정하는 것은 다른 목적을 달성하기 위하여 교육을 끌어들이는 것을 말한다. 예를 들면, 교육을 개인적 차원에서 출세나 좋은 직장을 얻기 위한 수단으로 보는 것, 사회적 차원에서 경제발전이나 문화유산의 전달·계승을 위한 수단으로 보는 것 등이 그것이다. 교육이 외재적 목적을 위한 수단이 되면 될수록 주된 관심은 교육이 아닌 다른 것을 추구하게 된다. 이때 교육은 심하게 왜곡되거나 명목상으로만 교육일 뿐, 실질적으로는 교육이 아닌 다른 것으로 변질되고 만다.

③ **교육의 내재적 목적**

- 이에 반해 교육의 내재적 목적은 교육의 목적을 교육 내지 교육활동 그 자체에서 찾는 것을 말한다. 교육의 내재적 가치 또는 내재적 목적에 대하여 처음으로 언급한 교육철학자는 Dewey 이다. 그는 경험의 계속적인 재구성으로서의 성장을 교육과 동일시하고, 성장은 그 자체로서 가치가 있다고 주장하였다. 그러한 내재적 가치에 대한 본격적인 논의는 Dewey와는 전혀 다른 철학적 입장을 가진 Peters & Hirst에 의해서 이루어진다. Peters & Hirst는 전통적으로 자유교과의 내용으로 인정되어 온 교과를 학습하는 것을 교육의 원형(archetype)으로 본다. 그러한 교과를 학습할 때에 갖게 되는 지적 안목이 바로 교육의 내재적 가치라고 주장한다.

- 교육한다는 것은 학습자의 입장에서 보면 공부하는 것이다. 공부한다는 것은 탐구하는 것과 동일한 것이다. 그리고 탐구한다는 것은 무엇인가를 이해하는 것이며 이해를 통하여 지식을 배우는 것이다. 이 때 배운 내용은 사람의 내면에 들어와 그의 한 부분을 형성하게 된다. 지식이 내면에 들어오면 내면의 눈, 즉 안목(眼目)이 된다. 사물을 볼 때에는 감각의 눈만을 가지고 사물을 본다고 생각하는 경향이 있다. 하지만 우리는 신체적인 눈(sight)으로 사물을 본다기보다는 내면의 눈(insight)으로 사물을 본다고 해야 옳다. 즉, 사물 그 자체는 신체적인 외면의 눈으로 보지만, 사물의 의미는 정신적인 내면의 눈으로 보는 것이다. 예를 들면, 음악 또는 미술의 아름다움을 감상하는 경우가 그것이다.

  어떤 교과를 공부한다는 것은 그 교과를 배우지 않고서는 이해할 수 없는 독특한 이해의 능력을 갖는 것이다. 그것을 배움으로써 우리는 세계를 이해하는 내면의 눈, 즉 안목을 형성하게 된다. 아무리 감각기관이 정상적이라고 하더라도 지식을 배움으로써 형성되는 내면의 눈을 갖지 못할 때에는 감각기관은 쓸모없는 것이 된다. 예를 들면, 음악을 배우지 않을 때는 음악의 귀머거리요, 미술을 배우지 않으면 심미적인 장님이 되는 것이다.

논점6 우리나라 교육의 이념과 목적

- 민주주의 교육의 목적은 민주주의 사회의 자유시민을 육성하는 것을 그 본질로 하고 있다. 따라서 ① 개인의 자율성과 개성의 존중 ② 자유와 평등 ③ 협동과 봉사를 핵심으로 한다. 즉, 자주적 인격완성, 사회적 인간관계, 합리적 지성계발을 그 본질적 목적으로 한다.
  이러한 민주주의 교육의 특성은 교육의 기회균등을 기반으로 교육의 자주성, 교육의 사회성, 교육의 합리성을 들 수 있다.
- 우리나라 교육의 이념과 목적은 다음과 같이 규정되어 있다.(교육기본법 제2조)
  교육은 홍익인간(弘益人間)의 이념 아래 모든 국민으로 하여금 ① 인격을 도야하고 ② 자주적 생활능력과 ③ 민주시민으로서 필요한 자질을 갖추게 함으로써 인간다운 삶을 영위하게 하고, ④ 민주국가의 발전과 ⑤ 인류공영의 이상을 실현하는 데에 이바지하게 함을 목적으로 한다. 여기서 인격도야, 자주적 생활능력, 민주시민으로서의 자질구비 등은 교육의 내재적 목적으로, 민주국가의 발전과 인류공영의 이상실현은 그 외재적 목적으로 볼 수 있다.
- 우리나라 학교단계별 교육의 목적은 다음과 같다.(초·중등교육법 제38조, 제41조, 제45조, 고등교육법 제28조, 제41조) 유치원은 유아를 교육하고, 유아에게 알맞은 교육환경을 제공하여 심신의 조화로운 발달을 조장하는 것을 목적으로 한다. 초등학교는 국민생활에 필요한 기초적인 초등교육을 하는 것을 목적으로 한다.
  중학교는 초등학교에서 받은 교육의 기초 위에 중등교육을 하는 것을 목적으로 하며, 고등학교는 중학교에서 받은 교육의 기초 위에 중등교육 및 기초적인 전문교육을 하는 것을 목적으로 한다. 그리고 대학은 인격을 도야(陶冶)하고, 국가와 인류사회의 발전에 필요한 심오한 학술이론과 그 응용방법을 교수·연구하며, 국가와 인류사회에 공헌함을 목적으로 한다. 교육대학은 초등학교의 교원을 양성함을 목적으로 하며, 사범대학은 중등학교의 교원을 양성함을 목적으로 한다.

논점7 교육의 과정

① 교육의 과정 구성요소

교육의 과정이란 변화시키려고 하는 인간의 행동특성인 교육목표를 설정하고, 교육내용을 선정·조직한 후에 교수-학습과정을 통하여 변화된 행동특성의 성취도를 평가하는 순환적 과정이다. 이는 교육의 과정이 교육목표, 교육내용(학습경험), 교수-학습과정(학습경험과정, 실제지도), 교육평가라는 4요소로 구성된다는 것을 시사한다.

② **교육목표**

교육목표는 교육을 통하여 달성하고자 하는 행동의 변화, 즉 바람직한 성장·발달의 상태를 지칭하며, 지식과 이해·동기·태도와 가치관·흥미 등 제반 특성의 일반적이고 특수한 행동특성의 변화를 포함한다. 일정한 시간이 경과하는 동안 특정한 교육활동이 수행되어 기대하는 학습결과를 교육목표라고 한다면, 교육목표를 결정하는 일이야말로 모든 교육활동의 제1단계 작업이다. 교육목표를 진술하는데 고려해야 할 일반원리는 교육목표의 포괄성, 구체성, 일관성, 가변성, 실현가능성(달성가능성) 등이다.

③ **교육내용(학습경험) : 교육내용의 선정·조직**
- 학습경험을 결정하는 일은 교육목표의 달성을 위한 교육내용의 선정·조직에 있어서 중심적인 역할을 한다. 문화유산으로부터 선정하여 조직한 지식의 체계를 교과(敎科)라고 하며, 그것은 교육과정에서 취급되는 중요한 학습경험을 차지하게 된다.

  교육내용을 선정하는데 적용되는 원리에는 기회의 원리, 만족의 원리, 지도가능성의 원리, 일경험 다성과의 원리, 일목표 다경험의 원리 등이 있다.

- 교육내용이 선정되면 다음은 이를 조직해야 한다. 교육내용을 어떻게 수직적으로 체계를 세우며, 수평적으로 관련을 짓느냐하는 2가지 조직의 문제이다. 그 하나는 수직적 조직의 문제이고(예 : 계속성, 계열성), 다른 하나는 수평적 조직의 문제이다(예 : 통합성, 범위 등). 교육내용을 조직하는데 적용되는 원리에는 계속성의 원리, 계열성의 원리, 통합성의 원리 등이 있다.

④ **교수-학습과정(학습경험과정, 실제지도)**
- 교수-학습과정은 어떻게 가르칠 것인가를 결정하고 실제로 학생들을 지도하는 활동이다. 따라서 실제로 학생들이 갖게 되는 학습경험과정이다. 여기에는 수업절차, 수업방법, 수업매체와 자료, 교사와 학생간의 상호작용, 학교 및 학급분위기 등이 망라된다.

  교수-학습과정은 실제로 전개되는 학습경험과정이기 때문에 이에 관련되는 다양한 요인들(예를 들면 교사, 학생, 교육목표와 교육내용, 교육조건, 학교 및 학급분위기 등)의 상호작용적 관계를 의미있게 통합하는 사고체계가 필요하다.

- 교육상황모형(정범모, 1968)에 의하면, 학생의 학습경험은 사회와 학교의 영향 속에서 교사-교육내용-학생간의 상호작용으로 이루어진다. 이 5가지 요인 중에서 하나만 달라져도 교육상황이 변화하고 학습경험여부에 변화가 있을 것이다.

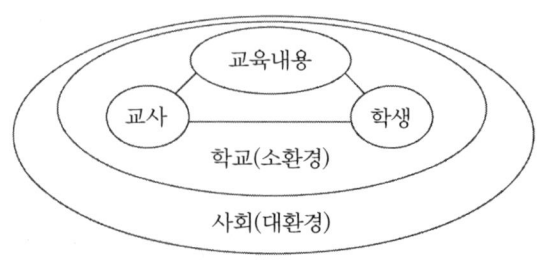

▶ 교육상황모형(정범모, 1968)

- 한편, Lewin(1942)의 연구에 의하면, 학교 및 학급분위기 등 학습환경에 따라 학생의 학습경험이 다르게 나타난다고 한다. 즉, 개인의 행동은 개인과 환경의 상호작용의 결과이다.

$$B = f(P, E) \quad (B : 행동, P : 개인, E : 환경)$$

⑤ **교육평가**
- 평가는 인간행동의 변화의 정도, 즉 교육목표의 달성도를 검증하는 것이다. 교육의 과정 자체의 계획과 운영은 가설(假說)에 기초한 활동이라고 볼 수 있으며, 그 타당성을 검증하고 필요한 개선책을 마련하는 데 요구되는 경험적인 자료는 학습이 진행되는 과정과 학습된 결과의 평가에서 구할 수 있다.
  여기에서는 평가의 계속성과 평가의 교육목표에 대한 일관성이 중요하다. 평가의 계속성이란 교육의 과정에서 평가는 항상 계속되어야 한다는 것을 뜻하고, 평가의 교육목표에 대한 일관성이란 교육목표가 평가의 주된 기준이 되어야 한다는 뜻이다.
- 평가는 두 가지 측면에서 이루어진다. 그 하나는 교육의 과정 각 요소들(교육목표의 설정, 교육내용의 선정, 교육내용의 조직, 교수-학습과정, 교육평가 자체)에 대한 평가이며, 다른 하나는 학생의 학업성취에 대한 평가이다.
  그 중에서 학생의 학업성취에 대한 평가는 진단평가, 형성평가, 총괄평가로 나눌 수 있다. 진단평가는 학생들의 정치, 선수학습(선행학습)의 결핍여부, 학습결함이나 오류를 진단하기 위해 실시하는 평가이다. 형성평가는 수업활동이 진행되는 도중에 수업목표를 달성하기 위한 수업활동이 제대로 진행되고 있는지를 수시로 확인·점검하는 평가이며, 총괄평가는 일정기간의 수업활동이 끝난 후에 그 동안의 학습성과를 총합적으로 판정하는 평가이다.
- 한편, 평가도구의 타당도, 신뢰도와 객관도에 유의해야 한다. 타당도는 측정하려고 의도하는 것을 충실하게 측정하고 있는가하는 충실성(fidelity)을 말한다. 신뢰도는 측정의 오차가 얼마나 적은가하는 일관성(consistency)을 말한다. 객관도는 '채점자(평가자)의 신뢰도'라고도 한다.

논술 모의고사 1-1

- 이 예상문제는 주요대학 교재를 분석·통합하여 저작되었으며, 〈저작권법〉에 따라 무단 복제, 배포, 출판 및 전자출판 등 저작권을 침해하는 일체의 행위를 금지합니다.

다음은 교육의 규범적 정의와 교육의 기본전제 그리고 교육의 목적을 제시한 내용이다. 이 내용을 바탕으로 교육의 조작적 정의를 설명하고, 교육의 성립조건(특징)을 3가지 이상 설명하시오. 그리고 교육의 목적을 구분하고, 우리나라 교육의 이념과 목적 및 중등교육의 목적을 각각 제시하시오. 〔총20점〕

(가) 이 관점은 인간의 성장가능성을 도와주는 일 혹은 최대한의 자아실현을 도와주는 일을 중시한다. 교육내용은 지식과 이해 그리고 모종의 생기있는 지적 안목을 포함해야 한다. 교육은 바람직한 정신상태를 도덕적으로 온당한 방법으로 의도적으로 실현하는 일이다.

이러한 정의는 교육이나 교육활동에 내재해 있는 의미나 가치를 드러내는 방식으로 정의하는 것이다. 따라서 교육은 인간의 전인적 변화에 중점을 둔다. 여기서 전인적 변화는 바람직한 상태로의 변화를 말한다. 교육에 대한 이러한 정의의 대표적인 예는 Peters에서 찾아볼 수 있다. 그에 의하면, 교육은 미성숙한 아동을 문명화된 삶의 형식으로 입문시키는 성년식(成年式)이다. 그리하여 출생시에는 동물로서의 인간이 점차 합리적인 사고와 학습경험을 배움으로써 진정한 의미의 인간이 된다는 점에서 이것은 교육 내지 교육활동 그 자체에 들어있는 가치이다.

(나) 교육을 인간의 행동을 계획적으로 변화시키는 과정이라고 본다면, 이러한 교육이 이루어지기 위해서는 몇 가지 기본전제가 충족되어야 한다. 첫째, 인간의 행동은 심리학적 개념으로 외현적 행동뿐만 아니라 내현적 행동까지도 포함하는 개념이다. 둘째, 변화 또한 바람직한 상태로의 변화를 의미하며, 성장·발달·육성·조성·조장·함양·계발·개발·교정 등을 포함하는 포괄적인 개념이다. 셋째, 계획성이란 우선 교육목적이 있다는 것이고, 교육내용과 교육방법 등을 포함한 교육의 과정이 있음을 의미한다.

(다) 참된 의미에서의 교육은 인간의 성장가능성을 가치있는 방향으로 최대한 신장시킴으로써 건강하고 지적이며, 사회적·도덕적으로 자유롭고 성숙한 삶을 살 수 있게 하기 위한 것이다. 이와 같이 최대한의 자기실현을 한 성숙한 인간으로 기르는 일을 교육의 본질적인 목적이라고 한다면, 그 이외의 목적이나 기능은 부차적인 수단이 된다. 예를 들면 출세나 좋은 직장, 경제발전, 문화전달 등은 그 자체가 본질적 목적이 아니고, 수단적 목적이다.

민주주의 교육의 목적은 민주주의 사회의 자유시민을 육성하는 것을 그 본질로 하고 있다. 따라서 개인의 자율성과 개성의 존중, 자유와 평등, 협동과 봉사를 핵심으로 한다. 즉, 자주적 인격완성, 사회적 인간관계, 합리적 지성계발을 그 본질적 목적으로 한다. 이러한 민주주의 교육의 특성은 교육의 기회균등을 기반으로 교육의 자주성, 교육의 사회성, 교육의 합리성을 들 수 있다.

〈배 점〉

- 답안의 논리적 구성 및 표현 〔총5점〕
- 논술의 내용 〔총15점〕
  · 교육의 조작적 정의 설명 〔3점〕
  · 교육의 성립조건 설명 〔3점〕
  · 교육의 목적 구분 논의 〔3점〕
  · 우리나라 교육의 이념과 목적 및 중등교육의 목적 제시 〔6점〕

논술 모의고사1-1 기본답안

I. 서론

교육의 개념에 대한 정의는 교육인 것과 교육이 아닌 것을 구별하고, 좋은 교육과 좋지 않은 교육을 비교하는 기준이 된다. 교육의 정의방식에 따라 그 성립조건이 변하고, 교육의 목적도 달라질 수밖에 없다. 참된 의미에서의 교육은 인간의 성장가능성을 가치있는 방향으로 최대한 신장시키기 위한 것이다.

아래에서는 교육의 조작적 정의와 성립조건(특징)을 설명하고, 교육의 목적을 구분한 다음, 우리나라 교육의 이념과 목적 등을 각각 제시하고자 한다.

II. 교육의 조작적 정의와 성립조건

1. 교육의 조작적 정의

이 관점에서는 인간행동의 변화에 강조를 둔다. 이에 의하면 교육이란 '인간행동의 계획적인 변화'이다. Bridgman(1927)에 의하면, '개념의 의미는 일련의 조작에 지나지 않는다.' 교육의 개념을 조작적으로 정의하는 것은 교육과 교육활동에 포함되어 있는 요인과 그것이 작용하는 과정, 절차와 방법을 보여줄 수 있도록 정의하는 것이다. 교육에 관한 조작적 정의의 대표적인 예는 교육을 '인간행동의 계획적인 변화'로 보는 관점이다. 이 정의에서는 인간행동·계획성·변화라는 실제 교육활동에 포함되는 요인과 그 의미를 규정하고 있다. 그러므로 교육이란 물리현상이나 화학현상이 아닌 인간행동을 다루는 활동이고, 변화시키려고 하는 인간행동에 관한 명확한 목표가 설정되어 있어야 하며, 그에 관한 일정한 계획과 과정, 절차와 방법이 있어야 한다.

2. 교육의 성립조건

교육의 성립조건은 의도성, 계획성, 가치지향성, 전인성(全人性)으로 특징지을 수 있다.

첫째, 의도성이다. 교육의 개념을 정의하는 과정에서 무엇보다도 먼저 교육의 의도성을 강조할 것이 요구된다. 둘째, 계획성이다. 교육의 과정에서 피교육자에게 어떻게 교육할 것인가에 대한 설계와 준비에 관계된다. 교육의 의도성이 교육을 성립시키는 목적의식(what)을 강조하는 것이라면, 교육의 계획성은 목적의 내용과 그것을 실현하기 위한 절차와 방법(how)을 선택하는 것까지도 관계된다. 셋째, 가치지향성이다. 교육의 가치지향성이란 가치있는 무엇인가를 가르치는 것에 관계된다. 넷째, 전인성(全人性)이다. 교육은 지적 측면·정의적 측면·기능적 측면, 즉 지(智)·덕(德)·체(體)의 조화로운 발달을 지향한다.

III. 교육의 목적 구분

제시문에서 언급된 교육의 목적은 교육의 내재적 목적과 외재적 목적 구분이다. 교육의 목적을 외재적으로 규정하는 것은 다른 목적을 달성하기 위하여 교육을 끌어들이는 것을 말한다. 예를 들면, 교육을 개인적 차원에서 출세나 좋은 직장을 얻기 위한 수단으로 보는 것, 사회적 차원에서 경제발전이나 문화유산의 전달·계승을 위한 수단으로 보는 것 등이 그것이다.

이에 반해 교육의 내재적 목적은 교육의 목적을 교육 내지 교육활동 그 자체에서 찾는 것을 말한다. 교육의 내재적 가치 또는 내재적 목적에 대하여 처음으로 언급한 교육철학자는 Dewey이다. 그는 경험의 계속적인 재구성으로서의 성장을 교육과 동일시하고, 성장은 그 자체로서 가치가 있다고 주장하였다.

Ⅳ. 우리나라 교육의 이념과 목적 등

1. 우리나라 교육의 이념과 목적

우리나라 교육의 이념과 목적은 교육기본법 제2조에 규정되어 있다. 교육은 홍익인간(弘益人間)의 이념 아래 모든 국민으로 하여금 인격을 도야하고 자주적 생활능력과 민주시민으로서 필요한 자질을 갖추게 함으로써 인간다운 삶을 영위하게 하고, 민주국가의 발전과 인류공영의 이상을 실현하는 데에 이바지하게 함을 목적으로 한다.

여기서 인격도야, 자주적 생활능력, 민주시민으로서의 자질구비 등은 교육의 내재적 목적으로, 민주국가의 발전과 인류공영의 이상실현은 그 외재적 목적으로 볼 수 있다.

2. 우리나라 중등교육의 목적

우리나라 중등교육의 목적은 다음과 같은데, 초·중등교육법 제41조, 제45조에 규정되어 있다. 중학교는 초등학교에서 받은 교육의 기초 위에 중등교육을 하는 것을 목적으로 하며, 고등학교는 중학교에서 받은 교육의 기초 위에 중등교육 및 기초적인 전문교육을 하는 것을 목적으로 한다.

이러한 목적을 달성하고자 2009년 개정 교육과정에서는 교과군, 학년군을 도입하였으며, 집중이수제를 도입하였고, block-time제를 운영하고 있다. 그리고 공통교육과정기간을 의무교육기간과 일치시키고, 창의적 체험활동 신설, 운영하고 있다.

Ⅴ. 결론

교육의 조작적 정의에서는 인간행동의 변화에 강조를 둔다. 이에 의하면 교육이란 '인간행동의 계획적인 변화'이다. 교육의 성립조건은 의도성, 계획성, 가치지향성 등으로 특징지을 수 있다. 그런데 조작적 정의는 가치중립적 성격을 내포하지만, 인간행동의 변화는 '바람직한 상태로의 변화'를 교육의 기본전제로 하기 때문에 교육의 성립조건을 충족시키고 있다.

우리나라 교육의 이념과 목적 및 중등교육의 목적은 각각 교육기본법 제2조 및 초·중등교육법 제41조, 제45조에 규정되어 있다. 그리하여 교육의 내재적 목적을 근본으로 하여 외재적 목적을 추구하고 있다.

제1-2장

교육의 형태

논점1 평생교육의 발달배경

교육 본래의 모습은 평생교육이며, 학교가 나타나기 이전의 사회에서 찾을 수 있다. 당시의 사회에 학교가 없었다고 하여 교육까지 없었던 것은 아니고, 인간이 정착하여 집단을 이루고 살기 시작하면서 거기에는 삶의 질(QOL) 개선이라는 욕망이 생기게 되었으며, 이러한 욕망은 교육을 통하여 이루어졌다. 따라서 평생교육은 우리가 추구해야 할 교육의 이념이고 기능이며, 또한 제도이다. Lengrand은 평생교육의 필요성을 인간의 이상·관습의 변화, 인구의 증가와 평균수명의 연장, 과학기술의 진보와 산업구조·직업구조의 변화, 정치적 변동, 매스미디어의 발달과 정보처리능력의 필요성, 여가시간의 증대, 생활양식의 변화와 인간의 위기, 현대인의 정신과 육체의 부조화, 이데올로기의 위기에 따른 정체성 혼란 등 9가지로 설명하고 있다. 이제 평생교육의 필요성(발달배경)을 크게 교육외적 요인과 교육내적 요인으로 나누어 살펴보면 다음과 같다.

① 교육외적 요인
- 지식기반사회·정보화사회의 발달
  지식혁명과 정보혁명으로 특징지어지는 지식기반사회·정보화사회로 발달하면서 지식의 노후화(老朽化)가 나타나고 있다.
- 기술혁신과 산업구조·직업구조의 변화
  기술혁신과 산업구조·직업구조의 변화에 따라 직업생활을 영위해야 할 우리들은 평생동안 전문교육, 직업교육을 받을 필요가 있다.
- 가치관과 생활양식의 변화
  가치관과 생활양식의 변화로 인해 세대내·세대간 및 지역간의 격차가 생기고, 가족의 구조와 기능은 물론, 사회생활에서의 인간관계가 변하고 있다.
- 전통문화의 전승과 발전
  또한 전통문화의 전승과 발전 및 창의적 재개발은 평생교육의 또 다른 과제로 등장하고 있다.
- 환경파괴의 문제
  인간은 자연의 위에 있으며, 자연을 정복함으로써 인류를 위한 경제발전을 가져온다는 생각으로 20세기 초부터 인간은 자연환경을 무차별하게 파손하기 시작하였다. 이로 인해 자연의 생태계가 파괴되고 자연자원의 고갈현상이 나타났는데, 이와 같은 환경파괴는 인류의 생존을 위협하게 되었다. 이에 놀란 인간은 1972년 스웨덴 Stockholm에서 UN인간환경회의를, 1992년 브라질 Rio에서는 UN환경개발회의를 개최하기도 하였다.

- 소외집단의 문제

  고도로 산업화된 현대사회는 소외집단을 증대시키고 있다. 비문해자(非文解者), 근로자와 농민, 노인 등 소외집단의 문제가 심각하며 이를 위한 평생교육이 요청되고 있다.

② 교육내적 요인 : **학교교육의 한계**

- 학교교육의 경직성과 폐쇄성

  오늘날의 학교교육은 가정과 유리되고 사회와 무관하게 발전하고 있다. 평생교육에서는 교육이 학교에 의하여 독점되는 것을 배격하고 있다. 1960년대 말 Hutchins는 자유교양교육을 최선의 교육이라고 주장하면서, 그의 저서 〈학습사회(Learning Society, 1968)〉에서 평생학습을 지향하는 학습사회의 구축을 제안하였다. 또한 1970년대 초 Illich는 지역 차원의 연계된 학습망(learning network)에 기초한 학습사회를 주장하면서, 교육자료 제공-기술 교환-동료 선택-교육자 양성의 4가지를 제안하였다.

- 인간교육의 필요성

  인간중심 교육과정과 잠재적 교육과정을 중요시하여 인간을 자아실현의 존재로 본다는 것이다.

- 기초·기본교육의 필요성

  오늘날 평생직업 및 평생직장 개념이 쇠퇴하고 있다. 그러므로 전문교육, 직업교육과 함께 기초·기본교육을 강화해야 한다. 또한 형식교육과 함께 비형식교육을 강화해야 한다.

- 평생교육권 보장의 필요성

  평균수명의 연장, 여가시간의 증대 등에 따라 평생교육권이 보장되어야 한다.

논점2 평생교육의 의의

① 평생교육의 개념

- *L'éducation permanente*는 '계속교육'으로 번역된다. 그러나 life-long education은 평생교육 또는 생애교육으로 번역된다. 평생교육에 대한 정의는 다양하게 전개되는데 그것은 다음과 같다. 평생교육은 개인과 사회의 삶의 질을 향상시키기 위해 각 개인의 전생애에 걸쳐 개인적·사회적 및 직업적 발달을 이루게 하는 과정이다.(Dave, 1973) 평생교육은 개인이 태어나서부터 죽을 때까지 생애에 걸친 교육(수직적 차원)과 개인과 사회 전체의 교육(수평적 차원)의 통합교육이다.(Lengrand, 1965)

- 이를 종합하여 정의하면 다음과 같다.

  평생교육은 인간의 삶의 질(QOL) 향상이라는 이념을 추구하기 위하여 태교(胎敎)에서부터 시작하여 영·유아교육-아동교육-청년교육-성인교육-노인교육을 수직적으로 통합한 교육과 가정교육-학교교육-사회교육을 수평적으로 통합한 교육을 총칭하며, 그것은 최대한의 자아실현과 사회발전에 참여하는 능력계발을 목적으로 한다.

② 평생교육의 특징
- 평생교육은 모든 교육을 포섭하는 상위개념이다.

  평생교육이란 교육의 전체구조와 관계있는 유(genus) 내지 유(類) 개념으로 가정교육·학교교육·사회교육의 3가지 종(species) 내지 종(種) 개념을 포괄하는 고급개념이다.

  평생교육과 전통적 교육의 관계는 예를 들면, 과일바구니와 과일의 관계와도 같다고 할 수 있다. 즉, 과일바구니는 평생교육으로 비유할 수 있고, 그 안에 담겨진 사과·배·감·귤 등은 아동교육·청년교육과 성인교육·노인교육 등으로 비유할 수 있다.
- 평생교육은 (개인적 차원과 사회적 차원에서) 인간의 삶의 질(QOL) 향상이라는 교육이념을 나타낸다.

  그것을 4가지 영역으로 요약하면 다음과 같다.

  첫째, 개인생활에서 자기의 잠재능력을 최대한으로 발전시키는 자아실현의 측면이다. 둘째, 가족생활 및 사회생활에서 인간관계가 보다 원숙한 상태가 되는 측면이다. 셋째, 경제생활에서 직업적 능률을 향상시키고 합리적 경제활동을 할 수 있는 측면이다. 넷째, 정치생활에서 시민 및 국민의 한 사람으로서 공민적 책임을 완수하는 측면이다.
- 평생교육은 태아에서부터 무덤에 이르기까지 한 개인의 생존기간 전체에 걸쳐서 이루어지는 교육을 수직적으로 통합한 것이다.

  수직적 통합에는 2가지 개념이 내포되어 있다. 그 하나는 발달과업이고, 다른 하나는 항구적 가치이다. 발달과업이란 인생의 각 발달단계에 학습해야 할 과업으로써 이 학습을 이룩하면 다음 단계의 발달과업을 수행하는 기초가 되어 그 성취를 이루며, 이에 실패하면 개인의 불행 및 사회적 부적응이 나타나며 후기 발달과업의 학습에 곤란을 가져오는 학습과제를 말한다.(Havighurst, 1952)

  그리고 항구적 가치는 발달단계와 관계없이 인생의 전 기간을 통하여 가르쳐야 할 동일한 교육내용을 말한다. 예를 들면 성실성, 정직성, 근면성 등의 가치가 그것이다.
- 평생교육은 가정, 학교, 사회에서 이루어지는 교육을 수평적으로 통합한 것이다.

  수평적 통합에는 기능적 통합과 제도적 통합이라는 2가지 개념이 내포되어 있다. 기능적 통합은 가정교육-학교교육-사회교육의 각각의 목적에 따르는 교육이 이루어지되, 상호보완적 관계에 있어야 함을 의미한다. 예를 들면 학교교육에서는 협동을 중시하는데 비해, 매스미디어에서는 철저한 경쟁을 조장한다면 상호 모순되는 내용이 된다.

또 제도적 통합이란 평생교육의 각 기관들이 상호 밀접하게 연결되는 제도적 장치가 필요함을 뜻한다. 예를 들면 방송통신고등학교와 일반고등학교에서 상호 편입학을 자유롭게 한다든지, 대학부설 평생교육원 또는 사회교육원에서 이수한 학점을 일반대학에서 인정해 주어야 한다.

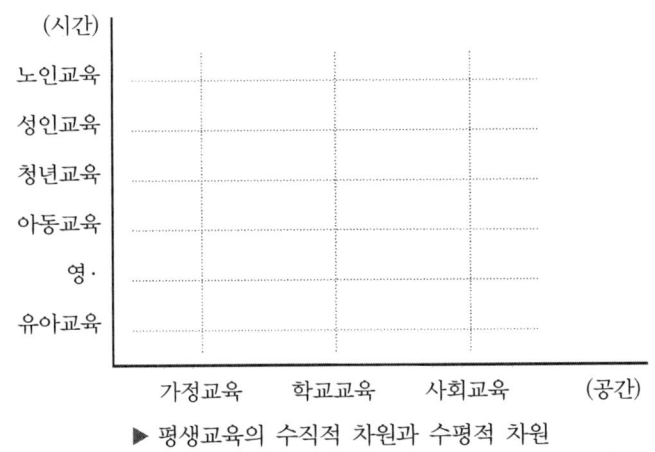
▶ 평생교육의 수직적 차원과 수평적 차원

- 평생교육의 목표는 최대한의 자아실현과 사회발전에 참여하는 능력계발에 둔다.
  평생교육은 교육의 본질관인 최대한의 자아실현과 교육의 수단관인 사회발전에의 능력계발을 통합하는 개념이다.
- 평생교육의 강조는 교육개혁정책의 일환으로 볼 수 있다.
  평생교육법(1999)의 제정을 전후하여 교육기본법(1997), 초·중등교육법(1997), 고등교육법(1997) 및 유아교육법(2004) 등의 교육법규가 다 같이 개편되거나 제정되었다.
- 평생교육은 계획적인 학습과 우발적인 학습을 모두 포함한다.
- 평생교육에서는 일반적인 교양교육과 전문교육(직업교육)의 조화와 균형을 지향한다.
- 평생교육에서는 교육의 사회화 및 사회의 교육화를 지향한다.
- 평생교육에서는 학교가 교육을 독점하는 것을 인정하지 아니하고, 학교교육을 평생교육의 관점에서 그 의미를 찾고자 한다.

논점3 평생교육의 기본원리

Dave(1973)는 평생교육의 기본이념(기본원리)으로 8가지를 제안하였다.

전체성(totality)	형식적 교육-비형식적 교육-무형식적 교육을 총체적으로 망라한다. 이는 학력인정, 자격인정을 포함한다.
통합성(integration)	취학전 교육-초등교육-중등교육-고등교육-졸업후 교육의 수직적 차원과 가정교육-학교교육-사회교육의 수평적 차원을 유기적으로 연결한다. 이는 계속성, 계열성을 포함한다.
융통성 (flexibility, 유연성)	학습내용, 학습형태(학습방법), 학습시간과 장소를 신축적으로 편성, 운영한다.
민주성(democratization)	교육의 기회균등, 자아실현을 추구한다.
교육가능성 (educability, 학습가능성)	학습자중심의 학습, 자기주도적 학습을 지향한다.
다양한 전개양식 (modes of operation)	
기회제공과 동기화 (opportunity and motivation)	
삶의 질과 학습 (quality of life and learning)	

논점4 평생교육과 학교교육

평생교육체제로서의 학교교육의 특성은 다음과 같다.(Dave, 1973)

첫째, 학교교육은 전체 교육체제의 일부이며, 이와 단절되거나 절연된 실제가 아니다. 교육의 한 단계에서 다음 단계로의 이동은 개방적이고 제한이 없어야 한다.

둘째, 초·중등교육은 학령전 교육(취학전 교육)과 관련되고, 그 이후의 학습에 직결될 수 있는 보편적이고 기초적인 교육이 되어야 한다.

셋째, 의무교육기간을 연장하기보다는 기초교육기간은 필요한 최소한으로 제한하고, 생활의 각 단계에서 개인의 다양한 필요에 부합하는 후속 학습기회가 마련되어야 한다.

넷째, 학교교육은 교육의 종착점이 아니라 전체 교육프로그램의 한 단계에 불과하다. 교육이 학교교육에서 끝난다는 태도는 시정되어야 한다.

다섯째, 모든 아동에게 기초교육을 시키는 단일모형 대신에 학교교육(형식교육)을 비형식화하고, 학교교육과 학교외 교육을 통합해야 한다.

여섯째, 학교교육제도와 교사교육제도의 개혁이 요구된다.

논점5 학교교육의 의의

① 개념

원래 학교를 뜻하는 school의 어원은 그리스어인 skolé인데, 이는 한가 또는 여가를 의미한다. 따라서 학교는 한가한 상류계층의 자녀들을 교육시키기 위한 기관이었다.

학교는 전문적 소양과 지식을 갖춘 교사가 일정한 연령층의 학생들을 대상으로 정선된 문화유산을 교육내용(교과)으로 구성하여 계획적·조직적으로 교육하는 기관이다. 따라서 학교교육은 교사가 학생들을 대상으로 일정한 장소에서 일정기간 계획적·조직적으로 행하는 형식적·의도적 교육을 뜻한다.

② 기능
- 개인의 성장과 발달, 즉 자아실현 기능을 한다.
- 문화유산을 전승함으로써 사회질서를 유지·존속시키고 사회통합 기능을 한다.
- 사회변화 또는 사회개혁 기능을 한다.
- 사회적 선발 기능을 한다.
- 사회적 이동 기능을 한다.

논점6 학교교육의 기본적인 기능

① 문화전승과 학교교육
- 의의
  문화유산의 전달기능은 대단히 중요한 기능의 하나이며, 이는 주로 교과(敎科)를 통하여 이루어진다. 오늘날 문화내용은 너무나 양이 많고 복잡하다. 따라서 가정에서 모든 문화유산을 전달한다는 것은 생각하기조차 힘들게 되었으며, 모든 국민은 학교를 통하여 전문가인 교사로부터 문화유산을 전수받고 있다.
  최근에는 이러한 방대한 문화유산을 일정기간 내에 학생들에게 전달한다는 것이 대단히 어렵다는 것을 알게 되었다. 그 많은 문화유산 중에서 선택을 하여야 할 터인데, 어떤 기준에 따라 선택할 것인지가 문제된다. 그 기준으로써 전이가(value of transfer)가 높은 문화내용이 되어야 한다는 데 합의하였다. 전이가가 높은 문화내용이란 적은 양의 학습에 의하면서 많은 학습사태에의 적용가능성이 있는 문화내용을 말한다. 즉, 하나를 알면 열 가지에 적용할 수 있는 그 하나를 가르쳐야 한다는 것이다. 이것을 흔히 '지식의 구조'라고 한다.
- 교과중심 교육과정, 학문중심 교육과정

② 사회개혁과 학교교육
- 의의
  학교의 사회개혁적 측면은 학생들에게 어떤 경험을 제공해야만 사회개혁적 인간이 될 수 있는 가하는 문제이다. 학교는 아동에게 사회개혁(사회개조)을 할 수 있는 지식과 기술, 가치관, 태도, 습관 등의 신념체계를 형성해 주는 기능이 있다.
  또 다른 사회개혁적 측면은 학교가 중심이 되어 직접적으로 지역사회를 개혁하는 데에 지도적 역할을 담당해야 하는 문제이다. 지역사회의 문제를 발견하고 지역주민과 협력함으로써 이를 해결하는 것이 또한 학교에게 맡겨진 기능의 하나이다.
- 경험중심 교육과정, 사회중심 중핵교육과정

③ 자아실현과 학교교육
- 의의
  교육은 인간의 자아실현을 도와주는 작용이다. 인간의 자아실현은 비록 지적 측면에만 국한되어 있는 것이 아니다. 그것은 정서적 측면, 사회적 측면에서의 자아실현 등 인간생활의 모든 영역에 걸쳐 있는 것이다.

Rousseau는 그의 저서 Emile(1762)에서 〈조물주의 손을 떠날 때는 모든 것이 선하였으나 인간의 손에 건너오면 모든 것이 타락한다〉고 갈파하였는데, 그는 인간의 내적·주관적 자연을 꾸밈없이 자유롭게 실현시키는 것을 교육의 본질로 생각하였다. Rousseau의 이러한 사상은 Basedow, Pestalozzi, Fröbel, Ellen Key, Montessori 등으로 이어지고 Neill의 자유교육운동, 영국의 열린교실운동, 미국의 자유학교운동으로 계승되고 있다. 이들의 사상이나 실천은 인간의 존엄성과 인간의 평등에 기초한 자유로운 자아실현을 교육의 근간으로 삼고 있다.

- 자유학교

Neill(1921)의 자유교육운동은 영국은 물론, 미국으로 확산되어 자유학교(free school)로 나타났다. Summerhill학교는 기숙학교제도에 의한 철저한 자유주의 교육으로, 어린이의 자유와 자발성을 중시하면서 민주적인 자치집단교육을 한다. 이 학교는 나이에 의해서가 아니라 능력에 따라 구분되는 6개의 학급이 있고, 교육과정은 초·중등학교 수준이며, 수공예가 큰 비중을 차지하고 있는 대안학교의 일종이다. 이러한 Summerhill학교의 특징은 다음과 같다.

- 성선설에 입각한 인간관을 가지고 있다.

  아이들은 본래 현명하고 현실적이다. 아이들은 본래 성실하게 태어난다. 그러므로 게으른 아이들은 없다. 아이들은 사랑과 이해를 필요로 한다. 아이들은 자기중심적이며 이기적이다. 아이들은 일하기를 싫어한다. 또한 어린이의 흥미는 직접적이다.

- 행복한 시민을 육성하고자 한다.

  인생의 목적은 행복이며, 교육의 목적 또한 행복이다.

- 강요가 없는 자유로운 학습활동을 보장하고 있다.

  의식적 교육보다 무의식적 교육을, 지적 교육보다 정서적 교육을 중시한다.

- 창의성을 중시한 학습활동을 강조하고 있다.
- 모든 사람이 평등한 권리를 가지고 있다.
- 민주주의를 기본으로 하는 자치학교이다.
- 처벌과 훈계보다 사랑과 이해를 중시한다.
- 방종보다 자유를 중시하고, 자유를 자기통제와 동일시한다.

논점7 형식적 교육과 비형식적 교육

① 발달과정

교육의 형태를 형식교육과 비형식교육으로 분류하는 대표적인 논의는 Dewey에서 찾아볼 수 있다. Dewey에 의하면 인간의 삶(생활) 그 자체가 교육의 과정이다. 이것은 원래 삶 속에는 자연발생적인 형태의 교육, 즉 비형식교육이 이루어지고 있음을 의미한다.

그러나 사회가 점차 복잡해지고 지식이 폭발적으로 증가하면서 비형식교육의 방법을 통해서는 인류가 축적해 온 문화유산인 교육내용을 교육할 수 없다는 한계에 직면하게 된다. 이러한 한계를 극복하기 위한 방법으로 형식교육의 필요성이 대두하였으나, 또 다른 형식교육과 비형식교육의 불일치현상을 낳고 있다.

② 의의
- 형식적 교육

  형식적 교육은 특정한 교육의 이념과 목적에 근거하여 교육기관(교사)이 학생들을 대상으로 일정한 장소에서 일정기간 계획적·조직적으로 행하는 의도적 교육을 말한다. 즉, 일정한 의도에 따라 교육기관(교사)이 학생들을 대상으로 선정·조직된 교육내용을 계획적·조직적으로 가르치는 과정을 의미하는데, 흔히 협의의 교육으로 통한다. 예를 들면, 학교교육과 훈련소·강습소, 사설학원 등 사회교육기관에 의한 교육이 이에 속한다.

- 비형식적 교육

  한편, 비형식적 교육은 (교육기관이 아닌) 자연환경이나 인간관계 속에서 자연발생적으로 행해지는 비의도적 교육을 말한다. 이것은 통상 광의의 교육으로 통하며, 본래의 의미의 교육 또는 본원적 의미의 교육이라고도 한다. 예를 들면, 가정교육과 매스미디어, 인터넷 등에 의한 교육이 이에 해당한다.

논점8 형식적 교육과 비형식적 교육의 관계

① 형식적 교육과 비형식적 교육의 비교
- 형식교육은 일관성이 있는 장기적·지속적 교육인데 비하여, 비형식교육은 자연발생적인 일시적·단속적 교육이라고 할 수 있다.
- 형식교육은 특정한 교육기관(교사)에 의해 체계적으로 이루어지는데 비하여, 비형식교육은 체계성이 약하다.
- 형식교육은 특정한 교육목적, 교육내용과 교육방법 등이 계획적·조직적으로 이루어지는데 비하여, 비형식교육은 계획성·조직성이 약하다.

② 형식적 교육과 비형식적 교육의 관계
- 대표적인 형식교육인 학교교육은 비형식교육의 장-단점을 분석함으로써 학교교육의 효과를 증진시킬 수 있다.
- 또한 비형식교육은 학교교육의 특성과 장점을 활용함으로써 비형식교육의 효과를 증진시킬 수 있다.
- 흔히 형식교육과 비형식교육은 상호보완적 성격을 가지고 있다. 즉, 학교라든가 가정, 사회의 생활 속에서도 정도의 차이는 있을지언정 이러한 형태의 교육이 모두 일어나고 있다. 따라서 이 양자는 상호보완적 관계에 있으므로 학교교육과 가정교육, 사회교육이 서로 균형을 이루어 가는 방향으로 통합되어야 한다.

논점9 전인교육(인성교육)의 개념/필요성

① 발전과정
- 서양에서의 전인교육은 Socrates의 지덕합일설(知德合一說)에서 출발하였으며, Platon은 〈국가론〉에서 지육·덕육·체육을 계급에 따라 교육시킬 것을 주장하였다.
  르네상스시기 인문주의 교육은 자유교육과 조화로운 인격완성이 목적이었으며, 계몽주의시대 Locke는 이성의 도야를 통한 신사의 양성에 관심을 두었다. Rousseau의 이상적인 인간상은 고상한 야만인(noble savage)이었으며, 이를 계승·발전시킨 Pestalozzi는 지(Head)·덕(Heart)·체(Hand)의 조화를 주장하였다.

20세기 초반 Dewey는 경험의 계속적인 재구성을 주장하였고, 실존주의 교육철학자 Buber는 만남의 철학을 제안하였다.
- 동양에서의 전인교육은 공자의 인인군자(仁人君子)에서 출발하였다. 우리나라의 전인교육은 고구려의 경당과 신라의 화랑도교육에서 찾아볼 수 있는데, 이는 우리민족의 이상적인 인간상을 기르는 선비교육의 원형이라고 할 수 있다.

② 전인교육의 의의
- 전인교육의 개념
  각각 다른 교육사조에서 강조한 전인교육을 한마디로 정의하는 것은 매우 어렵다. 그러나 그 공통점은 인간 개개인이 가진 잠재능력을 자연스럽게 발달시키는 것을 목적으로 하는 교육을 지칭하는 점이다. 지적 성장에 치중하였던 종래의 학교교육은 오늘날 '교육붕괴(학교붕괴)'라는 총체적인 위기를 초래하였으며, 이에 대해 정의적 발달을 중시하는 전인교육(인성교육)이 강조되고 있다. 전인교육은 다의적인 개념이지만, 일반적으로 도덕성과 사회성 등 정의적 특성을 포함하는 바람직한 인간으로서의 성품을 기르는데 중점을 둔 인간교육을 말한다.

- 전인교육의 필요성
  - 핵가족화와 가족해체현상
    가정은 인격을 형성하고 사회화를 담당하는 1차적 기관인데, 산업화·도시화가 진행되면서 핵가족화와 더불어 부성실조(父性失調)·모성실조(母性失調)가 나타나고 있다.
  - 학교교육의 형식성과 폐쇄성 문제
    과거 중앙집권적 교육행정의 영향으로 전문적이고 자율적이어야 할 학교풍토가 권위주의·획일주의로 경직화되었다.
  - 입시위주의 교육과 주입식 지식교육 문제
    전통적인 가치관의 영향으로 대학교육이 사회적 지위상승의 통로가 되었으며, 초·중등의 학교교육이 대학입학시험을 준비하는 수단으로 전락하였다.
  - 교사의 업무과다와 질적 저하 문제
    특히 대도시의 과밀학급·과대학교에서는 과다한 잡무처리가 교사의 본업인 학습지도 및 생활지도의 효율성을 떨어뜨리고 있다.
  - 물질만능주의와 청소년비행 문제
    발전교육론에 입각한 성장우선주의의 폐단으로 물신주의(物神主義)·배금주의(拜金主義) 및 인간소외가 사회 전반에 만연하였고, 가치관이 왜곡되어 가정교육과 사회교육은 물론 학교교육의 기능까지 변질되었다.

③ 전인교육의 형태

① 인간교육	지적 측면·정의적 측면·기능적 측면, 즉 지(智)·덕(德)·체(體)의 조화로운 발달이 이루어진 교육으로, **인간주의 교육**을 의미한다.
② 인성교육	지적 측면·정의적 측면·기능적 측면, 즉 지(智)·덕(德)·체(體)의 조화로운 발달이 이루어진 교육으로, 특히 정의적 측면을 강조한다.
③ 도덕교육	인간교육이나 인성교육과 큰 차이가 없으나, 특히 지적 측면을 강조하여 사용될 때가 있다.(예 : Piaget의 도덕발달이론)
④ 민주시민교육	인간교육이나 인성교육과 큰 차이가 없으나, 개인과 공동체의 가치 통합을 중시한다.

논점10 전인교육의 구현방안

① 가정교육적 차원

가정의 교육적 기능을 강조해야 한다. 가정방문, 명예교사 등을 통해 학부모와 상담을 하고 홈스쿨링(home-schooling, 재택학습)을 비롯한 가정교육의 중요성을 이해하도록 한다.

② 학교교육적 차원
- 인간중심 교육과정을 강화하고, 잠재적 교육과정과 영교육과정(null curriculum)을 점검해야 한다. 지적 측면을 강조하는 공식적 교육과정과 함께 정의적 측면을 중시하는 비공식적 교육과정과 의도적으로 배제된 '제3의 교육과정'을 검토할 필요가 있다.
- 수업방법을 개선해야 한다.
  입시위주의 교육과 주입식 지식교육을 지양하고 토의법과 실험·실습법, 개별화학습, 협동학습, 현장학습이나 체험학습 등을 교과목의 특성에 따라 도입해야 한다.
- 생활지도 및 상담을 강화해야 한다.
  학습지도 및 생활지도를 통합하고, 인본주의적 상담이나 가치명료화기법을 적용하여 학생들이 자기의 진로를 탐색하고 선택하게 하는 등 자신의 문제를 해결할 수 있는 힘을 길러주어야 한다.
- 절대평가, 수행평가를 활용해야 한다.
  학생간의 성적을 비교하는 상대평가를 지양하고 설정된 교육목표의 달성도를 점검하는 절대평가, 지(智)·덕(德)·체(體)에 대한 총체적 평가인 역동적 평가를 우선해야 한다.

- 교사의 전문성과 질 개선이 있어야 한다.

  인간자원장학, 선택적 장학, 컨설팅장학을 통해 교사의 전문성을 신장하는 한편, 교사의 직전교육과 현직교육을 강화해야 한다.

③ 사회교육(평생교육)적 차원

학교교육체제를 사회교육체제 내지 평생교육체제로 전환해야 한다. 후기근대주의(post-modernism)에 기반을 둔 구성주의 학습환경에 맞추어 교육은 학교교육으로 끝나는 것이 아니라 학교 이후에도 평생동안 지속되어야 한다는 것이다.

제 2 장

서양교육사

논점1 그리스의 교육(Hellenism) : 스파르타의 교육

① 특징
- 고대 그리스교육의 이상은 지혜와 행동(용기)이 겸비된 이상적인 인간을 양성하는데 있었다. 그 때 교육은 귀족계급을 위한 것이었기 때문에 귀족계급으로 하여금 개인적 탁월성을 지니게 함을 교육의 이상으로 삼았다. 그들에게 이상적인 인간은 Odysseus의 지혜로운 판단력과 Achilles의 용기있는 행동을 겸비한 조화로운 인격을 뜻한다.
- 고대 그리스교육은 스파르타의 교육과 아테네의 교육으로 구분되는데, 후자(後者)는 다시 페르시아전쟁(B.C. 492~479)을 기점으로 전기-후기 아테네의 교육으로 나누어진다. 전기 아테네의 교육은 왕정-귀족정치를, 후기 아테네의 교육은 민주정치를 배경으로 한다.
  애국적인 시민양성이라는 공통된 교육목적에도 불구하고, 스파르타와 아테네는 교육사적으로 볼 때 국가주의·군국주의 교육과 자유주의·민주주의 교육으로 대별된다. 즉, 스파르타가 농업을 주로 하는 국가주의·군국주의적 농업도시국가였다면, 아테네는 해상무역을 통한 개인주의·자유주의적 해양도시국가였다.

② 스파르타의 교육
- 특징
  B.C. 10~8세기 스파르타교육의 특징은 국가주의·군국주의·전체주의·통제주의·보수주의로 표현된다. 스파르타교육의 목적은 인내심과 극기, 엄격한 규율을 통한 강인한 군인을 양성하는데 있었다. 이에 따라 교육에서는 체육과 군사훈련을 위주로 하는 교과내용을 통제적이고 강압적인 훈련방법으로 가르쳤다.
  그 교육사적 의의를 살펴보면, 스파르타는 최초로 국가와 교육의 긴밀한 관계를 기본이념으로 하는 교육제도를 마련하였다. 즉, 스파르타교육은 국가에 의한 인간의 양성이라는 국가주의 교육의 성립에 큰 영향을 주었다는 점에 있다.
- 교육의 목적, 내용과 방법
  스파르타교육의 목적은 강인한 군인을 양성하는 것이었고, 스파르타를 하나의 영구적인 훈련소 겸 무장한 요새로 만드는 것이었다. 스파르타에 있어서도 그리스적인 개인적 탁월성이 강조되었지만 그것은 어디까지나 국가적 실용성을 위한 탁월성으로 받아들여졌다.
  교육내용은 체육과 군사훈련을 주로 하였고, 사회적·도덕적 습관의 형성을 강조하였다. 3R's (읽기·쓰기·셈하기)는 최소한의 필요를 충족시키는 정도이고, 음악은 군가나 전쟁영웅을 찬양하는 것이 대부분이었다. 교육방법으로서의 훈육은 무자비할 정도로 엄격했고, 교육은 태어나서 죽을 때까지 국가(국립)가 담당했다. 그리고 여성교육도 남성교육과 거의 유사하였다. 이러한 스파르타의 교육제도는 Lycurgus의 법률에 기초하여 만들어졌다.

논점2 그리스의 교육(Hellenism) : 아테네의 교육

① 전기 아테네의 교육
- 특징
B.C. 8세기 아테네의 사회적 분위기는 개인주의·자유주의·민주주의·인문주의·진보주의를 표방하는 아테네교육의 특징에서 잘 드러난다. 전기 아테네교육의 목적은 건전한 자유시민을 양성하는데 있었다. 아테네에서는 인문교과, 즉 자유교과에 해당하는 교육내용을 중심으로 개성과 자율성을 존중하면서도 자유주의적 교육방법으로 가르쳤다.

- 교육의 목적, 내용과 방법
전기 아테네교육은 스파르타교육과는 판이하였다. 그리스의 이상인 공공적 실용성을 위한 개인적 탁월성은 역시 강조되었다. 이러한 개인적 탁월성은 아테네교육의 목적인 건전한 자유시민 양성과 정신과 육체가 조화된 전인적 성장을 의미했다. 아테네에서는 행동(용기)하는 인간보다 지혜있는 인간을 더욱 더 강조하였다. 그들은 3R's(읽기·쓰기·셈하기)를 차례로 배우고, Homer, Hesiod, Thales 등 자연철학을 공부했다. 또한 아름다운 음악을 즐기며, 각종의 체육과 스포츠도 중시하였다. 그들은 가정교육을 중시하여 교육의 중점을 가정에 두었으며, 여성교육은 가정생활에 필요한 최소한으로 국한되었다.

② 후기 아테네의 교육
- Sophist철학의 특징
B.C. 6~4세기 정치적 혼란기를 거치는 동안 공익을 위한 헌신과 예전의 종교적 교의가 약화되면서 가족, 계급, 신과 국가를 대치하는 새로운 기준을 찾게 되었다. 이러한 추세가 극단적으로 흘러 상대적이고 주관적인, 이기적이고 조잡한 개인주의로 전락하기도 했다.
당시의 새로운 요구는 Sophist철학에 의해 잘 드러나게 되는데, 〈인간은 만물의 척도〉라고 본 Protagoras는 그 대표자이다. 또한 Isocrates의 수사학교가 최초로 설립되면서 개인적 출세와 선택이 크게 강조되었다.

- 인간철학의 특징

    그러나 Socrates, Platon, Aristoteles 등의 인간철학자들은 개인주의와 사회적 안정을 조화시키기 위해 노력하였고, 그것을 위한 객관적이고 절대적인 기준을 제시하였다.

    Socrates는 〈덕은 지식이다〉라고 하는 지덕합일설(知德合一說)의 입장에서 앎(지식)에 바탕을 둔 덕으로 문제의 해결방안을 찾았는데, 모든 사람들이 합의할 수 있는 덕이 있음을 주장하면서 논리학의 일종인 대화법을 제시하였다. 그의 대화법은 반어법과 산파법의 2단계로 구성된 교학상장(敎學相長)의 교수-학습방법이다. Platon은 대학(Accademia)을 설립하였으며, 참된 이데아(Idea)의 실현을 교육의 목적으로 삼고 지혜·용기·절제·정의를 강조하였다. 그는 〈국가론〉에서 계급주의와 귀족주의에 바탕을 둔 교육을 통해 철인국가를 실현하고자 했던 이상주의 교육사상가이다. 〈인간은 정치적 동물이다〉라고 주창한 Aristoteles는 소요학원(Lykeion)을 세웠으며, 자연적 본성과 도덕적 습관에 기초한 이성의 도야를 교육의 목적으로 삼고 중용(中庸)의 덕을 주장하였다. 그는 〈정치학〉에서 개인의 능력에 따른 자유주의 교육을 옹호했던 경험주의자이고 현실주의 교육사상가이다.

- 교육의 목적, 내용과 방법

    후기 아테네교육의 목적은 도덕교육이 매우 강조되었지만, 그것은 종교나 사회적 관점보다는 실용주의적이고 공리주의적 철학에 더 기초를 둔 개인주의적 도덕교육이었다. (사립)학교교육이 크게 발달하였으나, 여성교육은 여전히 가정생활에 필요한 최소한으로 국한되었다. 그리고 유명한 Solon의 입법에 근거하여 아테네의 교육제도가 마련되었다.

    하지만 오늘날의 관점에서 보면 실생활과 관련되는 직업교육을 경시했으며, 자유시민만을 교육의 대상으로 간주하여 여자와 노예를 교육의 대상에서 제외했다는 문제점을 지니고 있다.

논점3 스파르타의 교육과 아테네의 교육의 비교

스파르타와 아테네는 그들의 국가를 유지하기 위하여 비교 대조가 되는 교육을 발전시켰으나, 스파르타의 교육은 전제적 교육으로 심한 비난을 받고 있는 반면, 아테네의 교육은 개성의 존중이라는 민주적 교육으로 높이 평가되고 있다. 그러나 그 당시에는 각각 국가를 유지하기 위해 나름대로 선택한 수단이었다.

스타르타의 교육과 아테네의 교육을 비교하여 살펴보면 다음과 같다.

▶ 스파르타교육과 아테네교육의 비교

	스파르타교육	아테네교육
배경	농업도시국가	해양도시국가
교육의 근거	Lycurgus의 법전	Solon의 입법
교육의 이념	국가주의 · 군국주의	개인주의 · 자유주의
교육의 목적	강인한 군인 양성	건전한 자유시민 양성
교육의 내용	체육중심 군사훈련	지육중심 자유교육과 교양교육
교육의 방법	국가중심의 통제적 방법	개성중심의 자율적 방법
교육사적 의의	군국주의 · 전체주의 국가의 교육에 영향 (나찌즘, 파시즘 등)	자유주의 · 민주주의 국가의 교육에 영향

논점4 로마의 교육

① 특징
- 고대 서양의 문명은 그리스와 로마가 그 중심이 된다. 그리스는 예술과 문학 · 철학 · 정치학 · 신학 등의 영역에서 중요한 공헌을 했다면, 로마는 법률 · 행정(정부조직) · 토목 · 공학 등의 실용적 영역에서 중대한 공헌을 하였다. 로마교육의 특징은 그리스교육에 비해 실제적 · 실천적이고 모방적이며, 도덕성과 준법정신을 중요시하였다.
- 로마의 교육도 포에니전쟁(B.C. 264~146)을 기점으로 하여 전기-후기로 나누어진다. 전기 로마의 교육은 왕정-공화정시대에, 후기 로마의 교육은 제정시대에 해당한다.

② 전기 로마의 교육
- 특징
B.C. 8~6세기 이후 그리스의 교육은 로마의 교육과 융합되어 이어진다. 전기 로마교육은 도덕적이고 준법정신이 투철한 시민과 용감한 군인을 양성하는데 목적이 있었다. 결국 전기 로마교육의 특징은 도덕성, 준법성, 실용성을 위주로 한 교육내용과 방식을 실생활을 통해 가르치는 데에 주된 관심이 있었다.
그러나 교육의 이론과 실제에 있어서 가정중심의 생활교육을 지나치게 강조한 나머지, 개인의 자유로운 발달이나 수양을 경시했다는 문제점이 있다.

- 교육의 목적, 내용과 방법

  전기 로마교육의 목적은 도덕적 시민, 준법적 시민과 용감한 군인을 양성하는데 있었다. 조화와 균형, 심미성보다는 실용성이 더 강조되었다. 그래서 그들의 교육내용은 가정생활, 사회생활 그리고 조상 때부터 전해져 온 전통과 습관을 배우는 내용으로 되어 있다. 자녀에 대한 아버지의 권리, 아내에 대한 남편의 권리, 노예에 대한 주인의 권리, 계약에 의한 자유민의 권리, 재산에 대한 소유자의 권리 등에 관한 법을 배웠다. 또 군사훈련은 입대하여 받았으며, 체육은 군사훈련의 목적을 위한 수단이었다.

  당시의 시민들은 그들의 독특한 교육방식으로 가정교육을 실시하였으며, 학교교육에 대해서는 크게 관심을 갖지 않았다. 그러므로 그리스의 영향으로 설립된 Ludus(문자학교) → 문법학교 → 수사학교 등은 가정교육을 보완하는 역할만을 수행하였다.

  이와 함께 여성교육 또한 가정생활에 필요한 최소한으로 국한되었을 뿐, 지적 교육은 거의 이루어지지 않았다. 로마 전기의 교육철학자인 Cicero는 근대 인문주의 교육에 큰 영향을 주었다.

③ 후기 로마의 교육

- 특징

  B.C. 1세기 이후 헬레니즘세계(=그리스문화)의 영향을 강하게 받으면서 후기 로마교육의 특징은 실제적이고 세계적인 성격을 띠기 시작했다.

  Caesar의 로마제국의 모습이 구체화되어 가면서 로마의 교육정책은 '학교를 통한 로마화'과정으로 변화하였다. 이러한 교육정책에 따라 로마제국 전역에 걸쳐 학교를 중심으로 한 동일한 교육형태가 보급되면서 로마제국이 멸망하는 시기까지 유지되었다.

- 교육기관의 발달

  교육기관의 발달에서 찾아볼 수 있는 교육정책의 변화는 Ludus(문자학교)에서 3R's(읽기·쓰기·셈하기)·12동판법 등을 가르치고, 문법학교에서 7자유학과(3학 : 문법·수사학·논리학, 4과 : 산술·기하학·천문학·음악)·그리스어와 라틴어 등을 교육하며, 그리고 수사학교에서는 수사학 등을 교육하면서 시작되었다. 특히 문법학교에서 주로 가르쳤던 것은 7자유학과와 수사학으로 로마제국에 영입된 미개인을 개화시키는 데에 매우 효과적이었으나, 교육과정의 조직화 및 표준화로 말미암아 엄격한 규율이 적용된 결과 체벌이 문제시되었다.

- 교육의 목적, 내용과 방법

  이러한 사회·문화적 변화는 교육내용으로 수사학 이외에도 로마법과 윤리학에 주의를 환기시키는 계기가 되었다. 그리고 후기 로마교육은 실용적 교육을 통하여 유능한 웅변가를 양성하는 것을 최상의 목적으로 삼게 되었다.

이 과정에서 로마 전기에 출현한 Ludus(문자학교, 초등교육기관) → 문법학교(중등교육기관) → 수사학교(고등교육기관) 등이 로마 후기에는 주된 교육기관으로 발전하였다. 특히 고등교육기관에는 수사학교 이외에도 법률학교와 철학학교가 있었는데, 이들은 주로 지방에 설립되었다.

이처럼 (공립)학교교육이 크게 발달하였으나, 여성교육은 여전히 가정생활에 필요한 최소한으로 국한되었을 뿐, 지적 교육은 거의 이루어지지 않았다. 로마 후기의 교육철학자인 Quintilianus는 가정교육보다 학교교육을, 사립학교보다 공립학교를 중요시하고 공립학교제도를 강조하였다.

논점5 그리스의 교육과 로마의 교육의 비교

결국 그리스를 정복하게 되면서 로마의 문호는 외부의 문명과 문물에 대해 활짝 열리고, 그리스의 모든 문화와 가치를 로마로 옮겨 놓은 셈이 되었다. 그리하여 정치·군사적으로는 로마가 그리스를 정복했지만, 사회·문화적으로는 로마가 그리스에 의해 정복당한 셈이 되었다. 그리하여 3R's와 7자유학과, 로마법을 중심으로 한 그리스-로마 교육체제(Graeco-Roman education system)가 형성되게 되었다.

그리스의 교육과 로마의 교육을 비교하여 살펴보면 다음과 같다.

▶ 그리스교육과 로마교육의 비교

그리스교육	로마교육
심미성	실용성
건전한 자유시민 양성	도덕적·준법적 시민과 용감한 군인 양성
종교적·현실적	실제적·실천적
국수적·국지적	세계적·국제적
예술과 문학·철학 등에 영향	법률·행정(정부조직) 등에 영향

논점6 기독교적 교육(5~14세기)

① 기독교의 성립과 발전

기독교는 유태교를 모태로 하여 예수 그리스도에 의해서 태동하였다. 기독교는 오래 수난과 박해(Catacomb)를 거쳐서 콘스탄티누스 황제가 반포한 밀라노칙령(313)으로 기독교신앙을 공인받았다. 그가 소집한 니케아종교회의(325)에서 아리우스파를 이단으로 규정하고, 아타나시우스파의 삼위일체설(三位一體說)을 정통교리로 채택하였다. 그 후 마침내 테오도시우스 황제에 의해 기독교는 로마제국의 국교로 인정받고 기독교 이외의 다른 종교는 금지되었다.

국가권력과 결부된 기독교는 로마제국의 통치체제에 순응하며, 기독교신앙을 확립하고 교회조직을 정비하였다. 기독교는 5세기 무렵 St. Augustine에 의해 철학적으로 체계화되었다.

② 기독교적 교육의 의의
- 의의

  중세는 서로마제국이 멸망한 476년부터 동로마제국이 멸망한 1453년까지 약 1,000년간의 시기로 기독교가 모든 것을 지배하던 시기이다. 암흑시대(Dark Ages)라고도 불리는 중세 사회는 기독교신앙과 세계관에 입각한 신중심주의와 권위주의, 내세주의, 금욕주의를 특징으로 한다. 중세 기독교적 교육은 교회의 권위에 의해 엄격한 감독을 받는 교육, 현세를 부정하고 내세를 준비하는 교육, 종교적(기독교적) 의미의 완전함에 도달하는 교육으로 설명될 수 있다. 그 특징을 살펴보면 다음과 같다.
  - 7자유학과 교육과 체육교육·음악교육, 지식교육을 경시하였다.
  - 그리스의 자유교육과 로마의 실용적 교육을 경시하였다.
  - 그러나 중세 후반에 기독교의 만민평등사상은 교육기회의 확대에 큰 공헌을 하였다.

- 교육의 목적, 내용과 방법

  중세 기독교적 교육의 목적은 신(神)에게 복종하고 봉사함으로써 영원한 내세의 낙원을 준비한다는 것이다. 이를 위해 기독교의 기본교리를 전파하는 것을 목적과 내용으로 하는 문답학교·고급문답학교, 성당학교 및 수도원학교 등의 종교적 교육기관이 설립되었다. 교육의 방법으로는 성경과 교리의 암기에 필요한 정신집중과 반복적인 훈련의 방식이 주로 채택되었다.

③ 기독교적 교육의 형태
- 문답학교·고급문답학교

  교육에 대한 기독교의 관심은 중세 전반에 걸쳐서 잘 나타나고 있다. 교구교회는 교구학교·음악학교 등을 세우고, 또한 교회마다 문답학교를 설립하여 기독교의 기본교리, 3R's(읽기·쓰기·셈하기)의 기본교과를 문답을 통하여 가르쳤다.

고급문답학교(문답교사학교)는 문답학교 및 교구학교의 교사를 양성하기 위한 중등교육수준의 교육기관으로 이곳에서는 신학과 함께 기본적인 철학·문학·수사학 등 전래의 학문도 가르쳤다.

- 성당학교

  5~6세기에 세워진 성당학교(본산학교)는 교회의 성직자를 양성하기 위한 고등교육기관으로 이곳에서는 신학과 함께 전문적인 철학·문학과 예술·논리학 등을 가르쳤다. 특히 중세의 사상계를 주도하였던 **스콜라철학(Scholasticism)**은 이 성당학교를 온상으로 하여 꽃을 피웠다.

- 수도원학교

  또한 복종·순결·청빈을 미덕으로 삼아 수도사를 양성할 목적으로 수도원에서 경영하였던 수도원학교가 있었다. 점차로 일반아동의 입학도 허락하였는데, 수도사를 양성하기 위한 내교(內校)와 일반아동의 교육을 위한 외교(外校)로 구분되어 있었다.

  초등과에서는 3R's(읽기·쓰기·셈하기)의 기본교과를 가르쳤고, 고등과에서는 7자유학과(seven liberal arts)라고 불리는 3학(문법·수사학·논리학)과 4과(산술·기하학·천문학·음악)를 가르쳤는데, 이는 현대 학교교과목의 원형이 되고 있다.

- 중세대학의 발달

  성당학교와 수도원학교를 모체로 하여 일반연구소(stadium generale)가 성립되었는데, 이 일반연구소가 모체가 되어 중세 후기에 대학이 발달하게 되었다. 일반연구소란 중세의 공용어였던 라틴어만 안다면 누구든지 와서 공부를 할 수 있는 보편성과 일반성을 띤 학문연구소란 뜻이었다.

논점7 대학교육(11~14세기)

① 중세대학의 발생

중세대학이 발생한 주된 배경으로는 기독교사상의 학문적 체계화에 따른 스콜라철학의 발달과 십자군원정의 영향을 들 수 있다. 스콜라철학이란 4~5세기 중세 초기부터 각지의 수도원과 각 교구의 본산지에 세운 성당학교에서 가르치던 학문이다. 또한 십자군원정은 동서문화의 교류에 따른 이슬람문화의 유입, 학문영역의 확대와 그에 따른 교육기회의 확대를 초래했다는 점에서 교육사적 의의가 있는 사건이다.

중세대학은 스콜라철학의 온상이 된 성당학교와 수도원학교를 모체로 하면서 십자군원정으로 유입된 이슬람문화의 자극을 받아 성립되었다. 즉, 사회변화에 따라 새로운 학문의 필요성이 대두되면서 신학을 포함한 순수학문에 대한 연구를 목적으로 일반연구소가 설립되었다. 일반연구소는 학문을 탐구하고자 하는 모든 사람들에게 교육기회를 개방함으로써 교수와 학생간의 관계를 기본으로 하는 자유로운 조합(guild)을 형성하였다.

② 중세대학의 목적, 내용과 방법

중세대학은 당시 고등교육의 주된 대상이 되었던 대학교수 및 성직자, 의료인, 법조인과 같은 전문인의 양성에 목적이 있었다. 그리고 7자유학과는 물론 신학·철학·의학·법학에 맞는 전문적인 내용을 주로 강의와 설명, 필기와 토론을 통해 가르치는 형태로 이루어졌다.

비록 이 시기는 대학의 태동기였지만, 대학은 어느 정도 교회와 국가의 통제(관리)에서 벗어나 자유롭게 진리를 탐구할 수 있는 학문과 교육의 자율성을 가지고 있었다.

③ 중세대학의 특권

중세대학은 교수와 학생의 자발적인 단체로서 이성과 지성을 도야하고, 현실주의·세속주의를 지향하며, 라틴어를 교육의 수단으로 학문과 교육의 자유를 추구하였다. 이러한 중세대학의 특권은 다음과 같다.

- 총·학장의 선출권, 자유여행권 등을 포함한 교수와 학생의 신분보장
- 교수와 학생의 면세·면역특권
- 학내문제의 자치재판권
- 학위수여권 등

④ 중세대학의 형태

초기 중세대학으로는 의학으로 유명한 이탈리아의 살레르노대학(?)과 법학으로 유명한 이탈리아의 볼로냐대학(1088), 신학과 철학으로 유명한 프랑스의 파리대학(1109)을 들 수 있다. 이외에도 영국의 Oxford대학과 Cambridge대학, 독일의 Heidelberg대학 등이 대표적인 서양 중세대학이다. 초기 중세대학의 특성에서도 알 수 있듯이, 이 시기에 새롭게 학문적 관심대상이 된 것은 의학과 법학이다. 의학은 십자군전쟁 이후 이슬람문화의 자극을 받아 전문의료인에 대한 사회적 요구를 반영한 것이고, 법학은 자유도시 발달과 상공업 발달로 부를 축적하게 된 신흥시민계급의 전문법조인에 대한 수요와 맞물려 학문적 대상이 된 것이다.

논점8 시민교육(11~14세기)

① 중세시민교육의 발생

11세기부터 약 200년간 계속된 십자군원정은 중세 후기에 자유도시 발달과 상공업 발달의 주된 원인이 되었다. 이러한 사회변화에 따라 승려(성직자) 및 귀족(영주)계급에 맞서는 신흥시민계급이 출현하게 되었다. 신흥시민계급의 출현은 이 시기에 상공업을 중심으로 하는 자유도시의 성장과 함께 상업자본가계급의 등장을 의미한다.

② 중세시민교육의 목적, 내용과 방법

신흥시민계급의 교육적 요구는 승려(성직자) 및 귀족(영주)계급의 그것과는 구별된다. 그들은 생산적이고 현실적인 교육을 요구하였으며 따라서 전문교육, 직업교육 및 모국어교육 등의 실용적 교육이 이루어졌다. 이에 따라 등장한 학교가 조합학교와 도제교육제도이다.

그러나 중세의 시민교육을 담당한 대표적인 교육기관은 조합학교라고 할 수 있다. 이러한 조합학교와 도제교육제도는 근대 직업교육제도의 기원이 되었다.

③ 중세시민교육의 형태 : 조합학교 및 도제교육제도

신흥시민계급의 교육적 요구에 따라 등장한 형식적 학교가 조합학교(guild school)이다. 조합학교에도 상류 시민계급을 위한 라틴어학교·문법학교·공중학교 등과 하류 시민계급을 위한 습자학교가 있다. 그러나 조합학교에 다니는 학생들은 어느 정도 경제적인 여유가 있는 상류 시민계급의 자녀들이었으며, 빈곤한 하류 시민계급의 자녀들은 습자학교나 순수한 직업학교에 다녔다. 한편, 비형식적 교육기관인 도제교육제도(apprentice educational system)는 도제기 → 직인기 → 장인기의 3단계를 거치는 조합학교의 일종으로 실생활 속에서 전문교육, 직업교육을 담당하는 중요한 역할을 했다.

논점9 인문주의 교육의 의의

① 의의

르네상스의 기본이념은 인문주의(humanism)인데, 이를 근본정신으로 하여 인격을 도야하려는 것이 인문주의 교육이다. 그러므로 인문주의 교육은 인간존중의 교육으로, 그리스의 자유교육에 그 이상을 두고 있는 교양교육이다. 그 특징을 정리하면 다음과 같다.

- 자연과학보다 인문학중심의 자유교육을 중시했다.
- 4과보다 3학을 중시했다. 다만, 논리학과 모국어(母國語)는 경시했다.
- 그러나 그리스문화보다는 로마문화에 중점을 두었다.

② 교육의 목적, 내용과 방법

인문주의 교육의 목적은 인간의 타고난 성장가능성을 최대한으로 발현시키는 것이었다. 따라서 인문주의 교육의 내용과 방법 또한 자아의 발견과 인간성의 발달을 중시하며, 자유로운 자아실현을 강조했다는 점이 특색이다.

그러나 16세기 말엽 점차 인문주의의 근본정신인 고전의 내면적 연구활동보다 고전의 외형적 표현방식에 치중하게 됨으로써 형식적 키케로주의(formal Ciceronianism)로 전락하고 말았다.

논점10 인문주의 교육의 발달과정(형태)

① 개인적 인문주의

- 의의

르네상스는 서양 사람들의 지적 생활은 물론, 사회적 · 도덕적 생활과 예술적 생활에까지 매우 큰 변화를 일으켰다. 그것은 이탈리아에서 시작되어 북유럽 전역으로 확대되어 나갔다.

그러나 이탈리아의 르네상스(**개인적 인문주의**)와 북유럽의 르네상스(**사회적 인문주의**)는 각기 성격상의 차이가 있다. 먼저 이탈리아의 르네상스는 매우 개인주의적 경향을 지닌 것으로 성장해 갔다.

- 교육의 목적, 내용과 방법

개인적 인문주의 교육의 목적은 개인의 자유이다. 즉, 사상의 자유이고 자기표현의 자유이며, 창의적 활동의 자유를 중시했다. 이러한 자유는 박학다식을 토대로 한다고 믿었는데, 개인의 성장가능성을 최대한 신장시키고 풍요한 삶을 성취하려면 박학다식해야 한다는 것이었다. 또 다른 개인적 인문주의 교육의 목표는 지(智)·덕(德)·체(體)의 조화로운 인격에 있었다. 그것은 곧 고대 그리스교육의 목표이기도 했다. 그 내용은 그리스-로마의 고전문학을 중심으로 라틴어와 그리스어는 물론 체육, 음악과 미술 등을 교사위주의 강의와 훈육을 통해 가르쳤다. 그리고 중등교육이 확대되어 이탈리아의 궁정학교, 프랑스의 리쎄와 꼴레쥬, 영국의 라틴어학교·문법학교·공중학교, 독일의 김나지움 등의 근대 중등학교가 설립되었다. 이들은 고전중심의 교양교육으로 교육과정을 운영했다는 점에서 오늘날의 일반계 중·고등학교의 역사적 전통이 되었다고 할 수 있다.

- 요약

  요컨대, 개인적 인문주의 교육은 이탈리아를 중심으로 개인의 자유와 교양을 강조한 **귀족적 성향의 교육**이었다. 개인적 인문주의 교육의 목표는 자유교육과 조화로운 인격완성이었으며, 그 대표자는 Vittorino이다.

② 사회적 인문주의

- 의의

  북유럽의 르네상스는 이탈리아의 그것과는 다른 성격을 가진다. 이탈리아의 르네상스가 개인의 발달에 강조를 둔 반면, 북유럽의 르네상스는 국가와 사회의 발전에 주된 관심을 두었다.

- 교육의 목적, 내용과 방법

  이탈리아에서 교육의 목적은 개인적으로 자유롭고 지혜로운 삶을 살 수 있도록 함에 반해, 북유럽에서는 교육의 목적이 사회 전체에 기여하는 풍요한 삶을 실현하는 데 두었다. 즉, 이탈리아에서 강조되었던 심미성과 주관성 대신, 북유럽에서는 도덕성과 객관성이 더 강조되었다. 이탈리아와는 달리, 북유럽에서는 교육내용으로 성서문학과 고전문학의 조화를 지향했고, 라틴어와 그리스어 등을 학생의 명예와 자유를 존중하는 훈육방식으로 가르쳤다.

- 요약

  요컨대, 사회적 인문주의 교육은 북유럽을 중심으로 하여 사회의 발전과 개혁(사회개조)을 추구하는 **대중적 성격의 교육**이다. 사회적 인문주의 교육의 목표는 종교교육과 도덕교육에 의한 사회 전체의 복지구현에 있었고, 그 대표자는 Erasmus이다.

③ 형식적 키케로주의(formal Ciceronianism)

한편, 인문주의의 변질된 형태로 키케로주의를 들 수 있다. 키케로주의 교육은 고대 로마공화정 말기의 대표적인 문장가이자 시인이며, 탁월한 웅변가였던 Cicero의 유명한 문장을 암송하고 그 문장의 구성형식을 모방하는 것을 주된 목적으로 삼았던 교육형태이다.

이것은 근대 초기의 인문주의 교육이 형식화되고 언어화되는 경향을 반영한 교육형태를 대표한다. 즉, 고전문학에 담겨진 내용과 정신의 계승이라는 인문주의 교육의 원래 취지가 퇴색되고, 단순히 문장의 암송과 모방으로 변질된 인문주의 교육이다.

논점11 근대 기독교적 교육의 의의

① 의의

르네상스가 자아의 발견을 통한 인간해방운동이라면, 종교개혁은 형식적인 신권주의·교권주의에서 벗어나 오직 성서에 의해서만 구원을 얻을 수 있다는 신앙해방운동이다. 근대 기독교적 교육은 르네상스시기 인문주의 교육의 연장이라고 할 수 있으며, 중세의 맹목적인 신권주의·교권주의에서 벗어나 인간의 개성과 자율성의 존중을 근본정신으로 한다. 그 특징을 정리하면 다음과 같다.

- 종교교육과 도덕교육에 치중하였다.
- 모국어(母國語)에 의한 교육을 주장하였다.
- 교육의 국가적 책임을 인식하여 공교육제도(의무교육제도, 보통교육제도) 및 교육의 대중화를 주창하였다.

② 교육의 목적, 내용과 방법

근대 기독교적 교육의 목적은 종교(聖)–생활(俗)이 조화된 삶을 영위할 수 있는 근대적 기독교인의 양성에 있었다. 교육의 내용과 방법은 성서주의·신앙주의에 입각하였으나, 형식적 키케로주의로 흐르는 경향이 있었다.

논점12 근대 기독교적 교육의 발달과정(형태)

① 신교의 교육
- 의의

  종교개혁기의 교육은 신교의 교육과 구교의 교육으로 대별할 수 있다. Protestantism에 입각한 신교의 교육은 종교개혁자들의 주장을 반영하고 있다.

  종교개혁으로 중세의 교권체제가 무너지면서 기존의 기독교적 교육전통은 종교개혁자들에 의해 다시 정돈되었는데, 이들은 특히 초등교육·보통교육의 성립과 확대에 큰 공헌을 하게 된다. 종교개혁자들은 현세의 삶도 중시하여 종교교육과 함께 가정과 직장, 사회, 국가에서의 의무를 잘 감당하기 위한 교육도 해야 하는데, 이를 위해서는 성경과 모국어, 3R's, 음악, 체육 등이 포함된 초등교육·보통교육을 모든 아동이 의무적으로 받아야 한다고 주장하였다.

- 교육의 목적, 내용과 방법

  교육의 목적은 종교(聖)-생활(俗)이 조화된 삶을 영위할 수 있는 근대적 기독교인의 양성에 있었다. 따라서 교육내용은 성서문학과 고전문학을 중심으로 모국어, 라틴어, 그리스어 등을 가르쳤으며, 초등교육에 중점을 두고 대중주의를 지향하였다. 그러나 교육방법은 형식적 키케로주의로 흐르는 경향이 있었다.

  한편, 학년별 학급을 편제함으로써 근대 학교조직의 원형이 되었다.

- 요약

  신교의 교육이 갖는 교육사적 의의는 인문주의 교육사상을 널리 보급했다는 점과 더불어 종교교육과 도덕교육, 모국어에 의한 교육, 공교육제도(의무교육제도, 보통교육제도) 및 교육의 대중화에 크게 기여했다는 점에서 찾을 수 있다.

② 구교의 교육
- 의의

  신교의 교육이 Protestantism에 입각한 교육개혁의 성격이 강한 반면, 구교의 교육은 Catholicism에 입각한 반종교개혁(Counter-Reformation)을 지지하고 그에 준하는 교육을 추구하였다. 종교개혁기 신교의 교육운동에 반대하여 구교의 교육운동을 주도한 단체로는 Loyola의 예수회 교단과 La Salle의 예수교 동포단체가 있다.

  일반적으로 카톨릭교회는 단순히 종교개혁에 반대하는 운동을 전개한 것으로 이해될 수 있지만, 종교개혁이라는 역사적 사건은 결과적으로 카톨릭교회 자체의 자기반성과 더불어 변화의 계기를 마련하였다. 예컨대, 트리엔트종교회의(1545)를 개최하여 교황의 신성, 교회의 전통존중, 종교재판의 강화 및 성직자의 자숙 등을 결의하였다.

그러나 기존의 종교적 세계관을 고수하고 있었기 때문에 구교의 교육은 중세와 마찬가지로 여전히 보수적이고 내세적·금욕적인 특징을 보이고 있었다.

- 교육의 목적, 내용과 방법

교육의 목적은 카톨릭교회와 Catholicism을 실천할 지도자를 양성하는데 있었다. 따라서 교육 내용은 성서문학과 고전문학을 중심으로 한 교육과정과 (모국어×), 라틴어, 그리스어 등을 가르쳤고, 중등교육에 중점을 두고 귀족주의를 지향하였다. 교육방법에서는 엄격한 군대식 교육과 훈련을 지향하는 가운데 과도한 경쟁과 체벌이 문제시되었다.

또한 La Salle가 설립한 사범학교(1685)는 근대 사범교육의 기원이 되었다.

- 요약

구교의 교육이 갖는 교육사적 의의는 종교개혁에 자극을 받은 카톨릭교회 자체의 자기반성을 통해 종교 및 교육의 보급에 새로운 활력을 불어넣었다는 점이다. 그래서 보다 효과적인 교육을 위해서는 유능한 교사양성이 필수적이라는 사실을 주목하고, 교사양성을 위한 교육에 주력하였다는 점이다.

논점13 실학주의 교육(17세기)

① 의의

자연주의 교육전통의 시발점은 17세기 실학주의 또는 실재주의 교육운동으로 볼 수 있다. 실학주의는 Copernicus의 지동설을 비롯한 Galileo Galilei, Kepler, Newton 등으로 이어지는 자연과학의 발달과 함께 인문주의 교육과정의 비현실성과 이에 따른 형식적 키케로주의(formal Ciceronianism)에 반발하면서 일어났다.

실학주의 교육은 실생활의 현실과 실제에 관여해야 한다는 입장으로 특징지어지는데, 감각적 실학주의에서 절정을 이루었다. 모든 생활장면에서 인간에게 현실적인 의미를 주고 실제적인 이익을 가져다 줄 수 있는 자연의 비밀을 발견하고 활용해야 한다는 것이다. 이러한 실학주의 교육사상가로는 Bacon, Ratke, Comenius 및 Rabelais, Milton, Montaigne, Locke 등이 있다.

② 교육의 목적, 내용과 방법

이 실학주의 교육의 특징을 살펴보면 다음과 같다.

- 실학주의 교육은 교육과정의 실제적인 유용성을 강조했으며, 이상이나 관념보다 구체적이고 직접적인 사물과 경험을 강조했다.
- 실학주의 교육은 인문학과 고전어(라틴어) 대신 자연과학과 모국어를 중시했다.
- 또한 실험과 관찰을 통한 직관교육방법(시청각교육방법)으로 귀납적이고 실증적인 교육방법을 채택하였다.

실학주의 교육은 고전을 배우는 안목도 고전 그 자체가 목적이 아니라, 그 속에 담겨져 있는 역사적·사회적 지식 및 과학적 지식을 얻는데 고전연구의 목적이 있다고 하였다. 실학주의자들의 교육과정의 선정기준은 현실성과 실제성에 있었다.

17세기 실학주의 교육은 인문적 실학주의 → 사회적 실학주의 → 감각적 실학주의로 발달하였다.

논점14 실학주의 교육의 발달과정(형태)

① 인문적 실학주의

인문적 실학주의 교육의 목적은 고전연구를 통해 실생활에 잘 적응하는 유능한 인간, 특히 학자나 전문인의 육성에 있었다. 따라서 고전중심의 교양교과를 강의와 설명, 토론을 통해 개별적인 방식으로 가르쳤다. 이들은 실생활에 적응하는 수단으로 필요한 고전어(라틴어)를 배우고, 고전을 이해하기 위하여 라틴어를 배우는 것이므로 문법이나 문장의 표현형식 그 자체는 별로 문제가 되지 않는다고 본다. 그 대표자는 Rabelais, Milton이다.

② 사회적 실학주의

사회적 실학주의는 고전연구보다 사회생활을 통한 직접적인 경험을 중시하는 교육을 지향하였다. 즉, 사회적 실학주의 교육의 목적은 사회적으로 균형과 조화를 이룰 수 있는 신사(紳士)를 양성하는데 있었다. 이를 위해 여행이나 사회적 교류 등 경험지향적 교육내용을 중시하고, 이해와 적용, 판단을 통한 교육방법을 강조하였다. 이들은 모국어를 중시하였으나 상류 시민계급을 위한 교육이었음으로 꼭 필요한 라틴어만은 예외로 인정하였다. 그 대표자는 Montaigne, Locke이다.

③ 감각적(과학적) 실학주의
- 시청각교육

과학적 실학주의라고도 불리는 감각적 실학주의는 단순히 서적을 통해서 배우는 것을 지양하고, 학습자가 실물이나 표본을 구체적인 직접경험을 통해 학습하는 것이 보다 효과적이며 사물의 본질에 근접하는 지식학습이라고 본다.

감각적 실학주의 교육의 목적은 구체적인 직접경험을 통하여 실생활에 유용한 과학적 지식을 습득하는데 있었다. 그들은 실생활에 유용한 모국어와 자연과학 등을 포함한 백과전서적인 교과목을 가르쳤고, 실험과 관찰을 통한 직관교육방법(시청각교육방법)을 지향하였다. 그 대표자로는 Bacon, Ratke, Comenius 등이 있으며, 〈언어 이전에 사물이 있다〉고 본다.

- Comenius의 교육목적, 내용과 방법

Ratke는 자연의 법칙에 따른 시청각학습 등 신교육방법의 원칙을 제시하였다. Comenius는 세계 최초의 시청각교재인 세계도회(1658, 어학입문의 도해서)를 저술하였고, 그의 저서 대교수학(1632)에서 합자연의 원리, 직관의 원리를 교수의 기준으로 삼고 시청각학습을 포함한 교수방법의 원칙을 주장하였다.

Comenius는 신(神)-인(人) 합일에 의한 영원한 행복의 향유를 교육목적으로 삼아 학습자의 발달단계에 따른 정교한 학제구분을 제시하였다. 그리하여 그는 대교수학(1632)에서 모친학교(1~6세, 신체훈련 등을 주로 하는 유치원과 가정) → 모국어학교(7~12세, 3R's 등을 주로 하는 초등교육기관) → 라틴어학교(13~18세, 7자유학과 등을 주로 하는 중등교육기관) → 대학(19~24세, 신학·철학·의학·법학을 교육하는 고등교육기관)으로 연결되는 학교의 4단계를 제안하였다.

교육과정에 있어서는 보다 실제적인 적용을 강조하는 입장에서 7자유학과를 가르치되, 이와 함께 역사, 지리, 도덕, 종교, 모국어, 라틴어, 그리스어 등까지 포함시켜야 한다고 주장하였다. 이러한 백과전서적인 광범위한 교과목을 범지학(汎知學)이라고 한다.

- 요약

그들은 또한 학교와 교사가 바로 개인과 사회의 발달을 위한 필수적인 기관이라고 믿었으며, 자연과학적 지식은 전통적인 지식과는 전혀 다른 형태의 지적 활동의 소산이므로 이러한 지적 훈련이 학교에서도 이루어져야 한다고 주장했다. 이러한 주장은 **교육과학운동의 시발점**이 되었다. 그들은 보통의 사람들이라도 잘 가르치면 지식을 습득할 수 있다고 믿었기 때문에 모든 사람들이 교육을 받을 권리가 있음을 인정하였고, 종래의 편협한 교과목 대신 광범위한 교과목을 학습해야 한다고 주장했다.

이와 같이 감각적 실학주의 교육은 현대 시청각교육의 모체로 평가될 수 있다. 특히 Comenius는 인간으로서 살아가기 위해서는 삶에 필요한 모든 것을 알아야 한다고 주장하였다. 그리고 모든 사람들의 삶을 행복으로 인도하는 수단으로써 학교교육을 지목하고, 모든 사람들이 학교교육을 받아야 한다고 역설하였다.

논점15 합리주의(경험주의) 교육(17~18세기)

① 의의

합리주의 교육은 모든 정신능력을 훈련시킴으로써 이성의 발달이 가능하다고 보는 입장이다. 합리주의자인 Descartes는 진리를 찾기 위한 방법으로 〈나는 생각한다. 고로 나는 존재한다(cogito ergo sum)〉는 유명한 명제를 제시하여 이성중심의 근대적인 세계관을 형성하였다. 능력심리학(faculty psychology)을 중심으로 하는 합리주의 교육은 교육내용과 방법의 측면에서 Locke의 경험주의 교육사상과 밀접한 관련을 맺고 있다.

〈교육론(1693)〉에 나타난 Locke의 경험주의 교육사상은 라틴어와 수학 등을 배움으로써 인간의 정신능력을 계발할 수 있다고 보는 형식도야설로 설명된다. 그가 주장한 교육사상의 토대가 되고 있는 형식도야설은 다양한 교과를 마음과 결합시키는 정신능력의 도야에 관한 이론이다.

② 교육의 목적, 내용과 방법

- 형식도야설

  이 형식도야설은 능력심리학을 바탕으로 하고 있다. 능력심리학에서는 인간의 마음은 지각·기억·상상·추리·감정(정서)·의지의 6가지 능력으로 구성되는데, 각각의 능력은 마음속에서 서로 상이한 위치를 차지하고 있다. 인간의 마음을 구성하고 있는 이러한 능력은 일종의 근육과 같은 것이다. 우리들은 적합한 운동을 연습함으로써 그 근육을 발달시킬 수 있으며, 어떤 활동에 대해서도 그 근육을 사용할 수 있다.

  이와 같이 심근(心筋)의 발달은 그 마음의 계발에 적합한 교과(라틴어와 수학 등)를 통해서 반복적인 연습을 하면 가능해진다. 이러한 연습에 의해 심근을 계발하면 신체의 근육처럼 모든 경우에 일반적 전이가 가능하다고 보는데, 이것이 **형식도야설**이다. 따라서 합리주의 교육에서는 마음의 계발에 적합한 라틴어와 수학 등의 교육내용을 반복해서 연습해야 한다는 것을 강조한다.

- Locke의 교육목적, 내용과 방법

  Locke는 궁극적으로 마음의 계발, 즉 이성의 도야와 이를 통한 유능한 신사의 양성에 교육목적을 두고, 자신의 경험철학에 입각한 중립설(백지설)을 주장하였다. 그의 백지설(白紙說)에 따르면 출생 당시에 인간의 마음은 백지(tabula rasa)에 비유될 수 있으며, 모든 관념이나 지식은 환경과 경험에 의해 획득된다는 것이다. 그의 교육내용과 방법은 경험을 지식의 원천으로 보고 기억과 추리의 과정을 강조하였으며, 가정교육을 중요시했다.

  이와 같은 백지설과 지식의 원천으로서의 경험에 입각한 Locke의 경험주의 교육사상은 교육의 가능성을 강조하는 교육만능설로 이해될 수 있다.

▶ Locke의 능력심리학과 형식도야설

라틴어와 수학 등 ⇨	연습 ⇨	정신능력(심근) ⇨	이성의 도야를 통한 유능한 신사의 양성
	연합설	백지설	
	교육방법		교육목적

논점16 자연주의 교육(18세기)

① 의의

실학주의와 과학적 연구를 배경으로 18세기 자연주의 교육운동이 전개된다. 자연주의 교육은 18세기 계몽주의의 영향을 받은 교육의 한 형태이다. 그런데 Ratke, Comenius 등의 객관적 자연주의 교육사상과 Rousseau의 자연주의 교육사상은 구별된다. 즉, Rousseau의 자연주의 교육사상은 외부세계의 자연성과 자연의 법칙을 강조한 객관적 자연주의 교육사상과는 달리, 자연성의 의미를 인간의 내부로 전환시켰다는 점에서 특색을 이루고 있다.

② 교육의 목적, 내용과 방법

이러한 자연주의 교육은 다음과 같은 특징과 의미를 내포하고 있다.

- 과학적 연구를 통해서 자연의 법칙을 발견하여 교육에 적용하는 것을 뜻한다. 객관적 자연주의자인 Ratke, Comenius 등이 대표적이다.
- 교육의 인공성에 반대하여 자연으로 돌아가자는 주장을 뜻한다. 주관적 자연주의자인 Rousseau가 대표적이다.
- 인간발달의 내적·자연적 법칙에 따라 교육해야 한다는 것을 뜻한다. 19세기 심리학적 발달주의자인 Pestalozzi, Herbart, Fröbel 등이 대표적이다.

자연주의 교육의 목적은 선천적으로 타고난 성장가능성과 자아의 계발에 있다. 따라서 전통적인 서적중심의 관념이나 지식의 주입보다 아동의 흥미에 따른 교육, 직접경험에 의한 직관교육을 교육의 내용과 방법으로 강조하였다.

18세기 자연주의 교육은 객관적 자연주의 → 주관적 자연주의 → 발달주의로 발전하였다.

논점17 자연주의 교육의 발달과정(형태)

① 객관적 자연주의 : 감각적(과학적) 실학주의

② 주관적 자연주의 : Rousseau의 낭만주의
- 교육의 3요소

  Rousseau는 귀족계급에서의 교육의 인공성을 신랄하게 공격했다. 즉, 어린이들의 자연성을 무시하고 인형취급을 하고 있으며, 온실재배식의 교육을 하고 있다고 통렬하게 비판했다. 그의 유명한 저서 Emile(1762)에서 〈조물주의 손을 떠날 때는 모든 것이 선하였으나 인간의 손에 건너오면 모든 것이 타락한다〉고 주장하면서(성선설), 교육의 3요소에 입각하여 자연에 의한 교육·사물에 의한 교육·인간에 의한 교육을 구분하였다.

  자연에 의한 교육은 내적·자연적 법칙에 따르는 것을, 사물에 의한 교육은 외적 환경에서 경험하는 것을, 인간에 의한 교육은 인간이 인간을 가르치는 것을 말한다. 교육은 자연에 의한 교육이어야 하며, 인간과 사물에 의한 교육은 자연에 의한 교육과 일치할 때 그 효과를 거둘 수 있다. 즉, 자연·인간·사물의 3요소에 의한 교육은 성장단계에 따라 각각 학습의 원리가 결정되고 그에 따라 학습효과가 나타나지만 어느 경우에나 자연이 중심이 된다는 것이다.

- 교육의 이상

  Rousseau의 자연주의 교육의 이상은 그가 제시한 인간상인 고상한 야만인(noble savage)에서 찾을 수 있는데, 소박한 평등과 우애와 단순한 자유가 모든 사람들에 의해 실현될 수 있는 그러한 사회를 만들어내는 것이었다.

  사회의 형식성과 인공성이 세상의 불평등을 만들었고, 그 결과 모든 사람들의 참된 자아를 실현할 수 없게 되었다는 것이다. 교육의 역할은 사회악과 사회의 인공성에서 어린이들을 구출하는 일이다. 즉, 타고난 성장가능성을 최대한으로 계발시켜 전인(whole child)으로 발달하도록 돕는 것이다. 이를 위해서 일반적인 교양교육을 중시했는데, 직업교육도 일반적인 교양교육의 목적을 위해서 이루어져야 한다고 주장했다. 또한 모든 사람들을 위한 교육에 있어서 상-하계급의 벽을 없앤 혼성반(혼합반)을 장려했다.

- 교육의 목적, 내용과 방법

  주관적 자연주의 교육의 기본관점은 교육을 인간의 내적·자연적 과정으로 이해했다는 점이다. 이에 따라 주관적 자연주의 교육의 목적은 인간교육(人間敎育)을 중시하고, 아동의 자발성과 개성을 존중하는데 있다.

  Rousseau는 전통적인 서적중심의 관념이나 지식의 주입보다 아동의 흥미에 따른 교육, 직접경험에 의한 직관교육을 교육의 내용과 방법으로 강조하였으며, 가정교육을 중요시했다. 그는 '소극적 교육'과 관련해서 합자연의 원리, 직관의 원리와 함께 자발성(자기활동)의 원리, 자연적 벌의 원리, 유희(놀이)의 원리 등을 주장하였다. 여기서 자발성(자기활동)의 원리란 교육은 아동의 자발성과 개성을 존중하여 이루어져야 한다는 것이고, 자연적 벌의 원리란 아동의 잘못은 자연적으로 주어지는 벌을 통해 스스로 그 잘못을 깨닫고 배워야 한다는 것이며, 유희(놀이)의 원리란 교육은 강제가 없는 유희와 놀이를 통해 이루어져야 한다는 것이다.

Rousseau는 계몽주의로 출발하였으나 나중에는 반(反)계몽주의의 선구자가 되어 주지주의·지식주의에 반대하였는데, 그의 자연주의 교육사상은 **낭만주의(浪漫主義)**라고도 불린다.

- 소극적 교육

Rousseau가 주장한 **발달단계에 따른 교육**을 살펴보면 다음과 같다. 유아기(1~5세)에는 신체훈련 등 체육을 주로 하고, 아동기(6~12세)에는 감각훈련과 노작교육을 주로 하는 소극적 교육이다. 소극적 교육이란 적극적으로 지식교육이나 도덕교육을 강제하는 데에서 오는 악덕을 방지하고 오류를 예방해 주는, 자연에 따른 교육이다. 그가 선에 대한 교육이라고 해도 이를 가르치는 것을 반대하는 것은 그것이 자연 그대로의 상태를 해치게 되는 결과를 가져오기 때문이다. 즉, 인위적인 선은 반드시 악이 들어있게 마련이므로 적어도 이성이 눈뜨기 전까지 어린이에게는 교육을 하지 않는 교육이 중요하다는 것이다.

소년기(13~15세)에는 지식교육과 과학교육을 하되, 'Robinson Crusoe'를 제외한 일체의 독서를 금지했으며, 청년기(16~20세)에는 종교교육과 도덕교육을 하되, 정욕의 통제가 중요한 '제2의 탄생기'이다. 그럼에도 여성교육(Sophie의 교육)에서는 전통적 교육관을 주장함으로써 '남녀차별교육'이라는 비판을 받고 있다. 이러한 자연주의 교육사상은 계속적으로 발전하여 19세기 심리학적 발달주의 교육을 거쳐서 20세기 진보주의 교육과 아동중심 교육과정으로 계승되고 있다.

- 요약

그러나 Rousseau로 대표되는 자연주의 교육은 자유주의 교육과 아동중심의 교육, 직관교육방법(시청각교육방법) 등에 지대한 영향을 미쳤음에도 불구하고 다음과 같은 비판을 받고 있다. 첫째, 인간의 자연성을 지나치게 강조한 나머지 역사적·사회적 전통을 무시하고 있다. 둘째, 아동의 자발성과 개성을 지나치게 강조한 나머지 자유방임주의 혹은 개인주의의 위험성을 내포하고 있다. 셋째, 소극적 교육과 관련해서는 오늘날의 '적극적 교육'에 부합되지 않는 측면이 있다. 넷째, 또한 남성교육(Emile의 교육)과 달리, 여성교육(Sophie의 교육)에서는 현모양처(賢母良妻)라는 교육목표를 제시함으로써 여성교육과 관련해서는 전통적 교육관을 고수하고 있다는 비난을 받고 있다.

③ 발달주의

논술 모의고사 2-1

• 이 예상문제는 주요대학 교재를 분석·통합하여 저작되었으며, 〈저작권법〉에 따라 무단 복제, 배포, 출판 및 전자출판 등 저작권을 침해하는 일체의 행위를 금지합니다.

다음은 17~18세기 실학주의 교육과 합리주의 교육, 계몽주의 교육을 요약한 내용이다. 이 내용을 바탕으로 실학주의 교육의 특징(3가지 이상)을 설명하고, 실학주의 교육의 3가지 형태별 교육목적을 논하시오. 또한 Comenius가 제안한 학교의 4단계를 제시하시오. 그리고 Locke가 주장한 학습이론과 계몽주의 교육의 특징(3가지 이상)을 각각 설명하시오. 〔총20점〕

(가) 자연주의 교육전통의 시발점은 17세기 실학주의 또는 실재주의 교육운동으로 볼 수 있다. 실학주의는 Copernicus의 지동설을 비롯한 Galileo Galilei, Kepler, Newton 등으로 이어지는 자연과학의 발달과 함께 인문주의 교육과정의 비현실성과 이에 따른 형식적 키케로주의(formal Ciceronianism)에 반발하면서 일어났다. 실학주의 교육은 실생활의 현실과 실제에 관여해야 한다는 입장으로 특징지어지는데, 감각적 실학주의에서 절정을 이루었다. 모든 생활장면에서 인간에게 현실적인 의미를 주고 실제적인 이익을 가져다 줄 수 있는 자연의 비밀을 발견하고 활용해야 한다는 것이다. 이러한 실학주의 교육사상가로는 Bacon, Ratke, Comenius 및 Milton, Locke 등이 있다. 17세기 실학주의 교육은 대략 3가지 형태로 발달하였다. Ratke는 자연의 법칙에 따른 시청각학습 등 신교육방법의 원칙을 제시하였다. Comenius는 세계 최초의 시청각교재인 세계도회(1658)를 저술하였고, 그의 저서 대교수학(1632)에서 합자연의 원리, 직관의 원리를 교수의 기준으로 삼고 시청각학습을 포함한 교수방법의 원칙을 주장하였다. Comenius는 신(神)-인(人) 합일에 의한 영원한 행복의 향유를 교육목적으로 삼아 학습자의 발달단계에 따른 정교한 학제구분을 제시하였다. 그리하여 그는 대교수학(1632)에서 학교의 4단계를 제안하였다.

(나) 합리주의 교육은 모든 정신능력을 훈련시킴으로써 이성의 발달이 가능하다고 보는 입장이다. 합리주의자인 Descartes는 진리를 찾기 위한 방법으로 〈나는 생각한다. 고로 나는 존재한다(cogito ergo sum)〉는 유명한 명제를 제시하여 이성중심의 근대적인 세계관을 형성하였다. 능력심리학(faculty psychology)을 중심으로 하는 합리주의 교육은 교육내용과 방법의 측면에서 Locke의 경험주의 교육사상과 밀접한 관련을 맺고 있다.

(다) 18세기 프랑스대혁명(1789)을 전후하여 서구사회는 전근대적인 사회체제가 붕괴되고 근대사회가 본격적으로 형성되는 시기이다. 이 시기에 근대사회로 이행하는 과도기적 체제로 절대국가가 등장하는 한편, 사상적으로는 계몽주의가 등장하였다. 계몽주의는 이성을 통해 인간의 자유를 증명하고자 하는 일종의 인간해방 운동이었다. 따라서 계몽주의 교육은 이성에 대한 믿음을 바탕으로 모든 권력과 권위보다 인간의 자유를 중시하고, 사회와 제도보다 개인을 우선하는 사상이다. 이러한 계몽주의 교육사상가로는 Descartes, Bacon, Locke, Rousseau 및 Comte, Spencer 등이 있다. 이와 같은 계몽주의 교육은 합리주의, 자연주의, 실증주의에 입각한 교육으로 나누어 살펴볼 수 있다.

〈배 점〉

- 답안의 논리적 구성 및 표현 〔총5점〕
- 논술의 내용 〔총15점〕
  - 실학주의 교육의 특징 설명 〔3점〕
  - 실학주의 교육의 3가지 형태별 교육목적 논의 〔3점〕
  - Comenius의 학교의 4단계 제시 〔3점〕
  - Locke의 학습이론 설명 〔3점〕
  - 계몽주의 교육의 특징 설명 〔3점〕

논술 모의고사2-1 기본답안

I. 서설

서양 근대의 교육에 있어서 자연주의 교육전통의 시발점은 17세기 실학주의 교육운동으로, 감각적 실학주의에서 절정을 이루었다. 18세기 합리주의 교육은 교육내용과 방법의 측면에서 Locke의 경험주의 교육사상과 밀접한 관련을 맺고 있다. 18세기 계몽주의는 이성을 통해 인간의 자유를 증명하고자 하는 일종의 인간해방운동이었다.

아래에서는 실학주의 교육의 특징과 3가지 형태별 교육목적을 논의하고, Comenius의 학교의 4단계를 제시한 다음, Locke의 학습이론과 계몽주의 교육의 특징을 차례로 설명하고자 한다.

II. 실학주의 교육의 특징과 3가지 형태별 교육목적 등

1. 실학주의 교육의 특징

실학주의 교육은 실생활의 현실과 실제에 관여해야 한다는 입장으로 특징지어진다.

첫째, 실학주의 교육은 교육과정의 실제적인 유용성을 강조했으며, 이상이나 관념보다 구체적이고 직접적인 사물과 경험을 강조했다. 둘째, 실학주의 교육은 인문학과 라틴어 대신 자연과학과 모국어를 중시했다. 셋째, 또한 실험과 관찰을 통한 시청각교육방법으로 귀납적이고 실증적인 교육방법을 채택하였다.

2. 실학주의 교육의 3가지 형태별 교육목적

인문적 실학주의 교육의 목적은 고전연구를 통해 실생활에 잘 적응하는 유능한 인간, 특히 학자나 전문인의 육성에 있었다. 따라서 고전중심의 교양교과를 강의와 설명, 토론을 통해 개별적인 방식으로 가르쳤다.

사회적 실학주의는 고전연구보다 사회생활을 통한 직접적인 경험을 중시하는 교육을 지향하였다. 즉, 사회적 실학주의 교육의 목적은 사회적으로 균형과 조화를 이룰 수 있는 신사(紳士)를 양성하는데 있었다.

감각적 실학주의 교육의 목적은 구체적인 직접경험을 통하여 실생활에 유용한 과학적 지식을 습득하는데 있었다. 그들은 실생활에 유용한 모국어와 자연과학 등을 포함한 백과전서적인 교과목을 가르쳤고, 실험과 관찰을 통한 시청각교육방법을 지향하였다.

3. Comenius의 학교의 4단계

Comenius는 대교수학(1632)에서 모친학교(1~6세) → 모국어학교(7~12세) → 라틴어학교(13~18세) → 대학(19~24세)으로 연결되는 학교의 4단계를 제안하였다. 여기서 모친학교는 신체훈련 등을 주로 하는 유치원과 가정에, 모국어학교는 3R's 등을 주로 하는 초등교육기관에, 라틴어학교는 7자유학과 등을 주로 하는 중등교육기관에, 대학은 신학·철학·의학·법학을 교육하는 고등교육기관에 해당한다.

교육과정에 있어서는 보다 실제적인 적용을 강조하는 입장에서 7자유학과를 가르치되, 이와 함께 역사, 지리, 도덕, 종교, 모국어, 라틴어, 그리스어 등까지 포함시켜야 한다고 주장하였다. 이러한 백과전서적인 광범위한 교과목을 범지학(汎知學)이라고 한다.

Ⅲ. Locke의 학습이론과 계몽주의 교육의 특징

1. Locke의 학습이론

Locke가 주장한 교육사상의 토대가 되고 있는 형식도야설은 다양한 교과를 마음과 결합시키는 정신능력의 도야에 관한 이론이다. 이 형식도야설은 능력심리학을 바탕으로 하고 있다. 능력심리학에서는 인간의 마음은 지각·기억·상상·추리·감정·의지의 6가지 능력으로 구성되는데, 각각의 능력은 마음속에서 서로 상이한 위치를 차지하고 있다. 인간의 마음을 구성하고 있는 이러한 능력은 일종의 근육과 같은 것이다. 우리들은 적합한 운동을 연습함으로써 그 근육을 발달시킬 수 있으며, 어떤 활동에 대해서도 그 근육을 사용할 수 있다.

이와 같이 심근(心筋)의 발달은 그 마음의 계발에 적합한 교과를 통해서 반복적인 연습을 하면 가능해진다. 이러한 연습에 의해 심근을 계발하면 신체의 근육처럼 모든 경우에 일반적 전이가 가능하다고 보는데, 이것이 형식도야설이다. 따라서 합리주의 교육에서는 마음의 계발에 적합한 라틴어와 수학 등의 교육내용을 반복해서 연습해야 한다는 것을 강조한다.

2. 계몽주의 교육의 특징

계몽주의 교육은 이성에 대한 믿음을 바탕으로 모든 권력과 권위보다 인간의 자유를 중시하고, 사회와 제도보다 개인을 우선하는 사상이다.

첫째, 탈권위주의를 지향한다. 즉, 정치적 절대주의, 종교적 권위주의에 반대한다. 둘째, 감정보다 이성을 중시하며, 국가와 사회, 제도보다 개인을 우선한다. 셋째, 개인주의·자유주의를 강조하고, 주지주의·지식주의를 강조한다. 이를 바탕으로 한 교육만능설의 입장으로 합리주의, 자연주의, 실증주의에 영향을 주었다. 이와 동시에 아동중심의 교육, 근대 공교육제도의 확립에 기여하였다.

Ⅳ. 결어

실학주의 교육의 특징은 실험과 관찰을 통한 시청각교육방법으로 귀납적이고 실증적인 교육방법을 채택하였다는 점이다. 특히 감각적 실학주의 교육의 목적은 구체적인 직접경험을 통하여 실생활에 유용한 과학적 지식을 습득하는데 있었다. Comenius는 학습자의 발달단계에 따른 정교한 학제구분을 제시하였다. Locke의 형식도야설은 능력심리학을 바탕으로 하고 있는데, 이는 반복적인 연습을 강조하는 학습이론이다. 실학주의와 합리주의를 이어받은 계몽주의 교육의 특징은 감정보다 이성을 중시하며, 국가와 사회, 제도보다 개인을 우선한다는 점이다.

논술 모의고사 2-2

• 이 예상문제는 주요대학 교재를 분석·통합하여 저작되었으며, 〈저작권법〉에 따라 무단 복제, 배포, 출판 및 전자출판 등 저작권을 침해하는 일체의 행위를 금지합니다.

다음은 18~19세기 자연주의 교육과 Rousseau의 낭만주의 그리고 신인문주의 교육을 요약한 내용이다. 이 내용을 바탕으로 자연주의 교육의 특징(3가지 이상)을 설명하고, Rousseau가 주장한 교육의 3요소와 소극적 교육에 대하여 각각 설명하시오. 그리고 신인문주의 교육의 특징(3가지 이상)을 설명하고, 신인문주의 교육의 3가지 형태별 교육목적을 논하시오. 〔총20점〕

(가) 실학주의와 과학적 연구를 배경으로 18세기 자연주의 교육운동이 전개된다. 자연주의 교육은 18세기 계몽주의의 영향을 받은 교육의 한 형태이다. 그런데 Ratke, Comenius 등의 객관적 자연주의 교육사상과 Rousseau의 자연주의 교육사상은 구별된다. 즉, Rousseau의 자연주의 교육사상은 외부세계의 자연성과 자연의 법칙을 강조한 객관적 자연주의 교육사상과는 달리, 자연성의 의미를 인간의 내부로 전환시켰다는 점에서 특색을 이루고 있다. 18세기 자연주의 교육은 객관적 자연주의 → 주관적 자연주의 → 발달주의로 발전하였다.

(나) Rousseau는 귀족계급에서의 교육의 인공성을 신랄하게 공격했다. 즉, 어린이들의 자연성을 무시하고 인형취급을 하고 있으며, 온실재배식의 교육을 하고 있다고 통렬하게 비판했다. 그의 유명한 저서 Emile(1762)에서 '조물주의 손을 떠날 때는 모든 것이 선하였으나 인간의 손에 건너오면 모든 것이 타락한다'고 주장하면서, 교육의 3요소에 입각하여 3가지 형태의 교육을 구분하였다.

Rousseau가 주장한 발달단계에 따른 교육의 일부를 살펴보면 다음과 같다. 유아기(1~5세)에는 신체훈련 등 체육을 주로 하고, 아동기(6~12세)에는 감각훈련과 노작교육을 주로 하는 그러한 교육이다.

(다) 신인문주의 교육은 18~19세기 독일을 중심으로 해서 일어났던 인간존중의 교육운동이다. 신인문주의 교육은 15세기 인문주의가 형식적 키케로주의로 전락했던 오류를 지적하고, 17세기 실학주의의 공리성(功利性)을 비판하는 동시에 18세기 계몽주의의 주지주의·지식주의에 반발하는 교육운동이다. 특히 계몽주의 교육이 냉철한 이성과 과학적 지식으로 인간을 탐구하려는 경향이었던 반면, 신인문주의 교육은 이성이나 지성으로는 해명할 수 없는 인간의 정신을 심미적이고 정서적·의지적 태도로 이해하려는 경향이 강하다. Kant는 '인간은 교육을 필요로 하는 유일한 존재이며, 인간은 교육적 산물 이외에 아무것도 아니다'라고 하여 교육만능설을 주장하였다. 이러한 신인문주의 교육사상가는 Kant를 비롯하여 Pestalozzi, Herbart, Fröbel 등이 있다. 이와 같은 신인문주의 교육은 크게 3가지 형태에 입각한 교육으로 나누어 살펴볼 수 있다.

〈배 점〉

- 답안의 논리적 구성 및 표현 〔총5점〕
- 논술의 내용 〔총15점〕
  · 자연주의 교육의 특징 설명 〔3점〕
  · Rousseau의 교육의 3요소와 소극적 교육 설명 〔6점〕
  · 신인문주의 교육의 특징 설명 〔3점〕
  · 신인문주의 교육의 3가지 형태별 교육목적 논의 〔3점〕

논술 모의고사2-2 기본답안

I. 서설

서양 근대의 교육에 있어서 실학주의와 과학적 연구를 배경으로 18세기 자연주의 교육운동이 전개된다. 특히 Rousseau의 자연주의 교육사상은 낭만주의(浪漫主義)라고도 불린다. 19세기 신인문주의 교육은 17세기 실학주의의 공리성(功利性)을 비판하는 동시에 18세기 계몽주의의 주지주의·지식주의에 반발하는 교육운동이다.

아래에서는 자연주의 교육의 특징을 설명하고, Rousseau의 교육의 3요소와 소극적 교육에 대하여 설명한 다음, 신인문주의 교육의 특징 등을 차례로 살펴보고자 한다.

II. 자연주의 교육의 특징

자연주의 교육은 18세기 계몽주의의 영향을 받은 교육의 한 형태이다.

첫째, 과학적 연구를 통해서 자연의 법칙을 발견하여 교육에 적용하는 것을 뜻한다. 객관적 자연주의자인 Ratke, Comenius 등이 대표적이다. 둘째, 교육의 인공성에 반대하여 자연으로 돌아가자는 주장을 뜻한다. 주관적 자연주의자인 Rousseau가 대표적이다. 셋째, 인간발달의 내적·자연적 법칙에 따라 교육해야 한다는 것을 뜻한다. 19세기 심리학적 발달주의자인 Pestalozzi, Herbart, Fröbel 등이 대표적이다.

III. Rousseau의 교육의 3요소와 소극적 교육

그의 유명한 저서 Emile(1762)에서 교육의 3요소에 입각하여 자연에 의한 교육·사물에 의한 교육·인간에 의한 교육을 구분하였다.

자연에 의한 교육은 내적·자연적 법칙에 따르는 것을, 사물에 의한 교육은 외적 환경에서 경험하는 것을, 인간에 의한 교육은 인간이 인간을 가르치는 것을 말한다. 교육은 자연에 의한 교육이어야 하며, 인간과 사물에 의한 교육은 자연에 의한 교육과 일치할 때 그 효과를 거둘 수 있다. 즉, 자연·인간·사물의 3요소에 의한 교육은 성장단계에 따라 각각 학습의 원리가 결정되고 그에 따라 학습효과가 나타나지만 어느 경우에나 자연이 중심이 된다는 것이다.

Rousseau가 주장한 발달단계에 따른 교육의 일부를 살펴보면 다음과 같다. 유아기(1~5세)에는 신체훈련 등 체육을 주로 하고, 아동기(6~12세)에는 감각훈련과 노작교육을 주로 하는 소극적 교육이다. 소극적 교육이란 적극적으로 지식교육이나 도덕교육을 강제하는 데에서 오는 악덕을 방지하고 오류를 예방해 주는, 자연에 따른 교육이다. 그가 선에 대한 교육이라고 해도 이를 가르치는 것을 반대하는 것은 그것이 자연 그대로의 상태를 해치게 되는 결과를 가져오기 때문이다. 즉, 인위적인 선은 반드시 악이 들어있게 마련이므로 적어도 이성이 눈뜨기 전까지 어린이에게는 교육을 하지 않는 교육이 중요하다는 것이다.

Ⅳ. 신인문의 교육의 특징 등

1. 신인문주의 교육의 특징

신인문주의 교육은 18~19세기 독일을 중심으로 해서 일어났던 인간존중의 교육운동이다. 18세기 계몽주의의 주지주의·지식주의, 합리주의, 개인주의에 반발하면서 나타난 신인문주의 교육의 특징은 다음과 같다.

첫째, 자연주의, 낭만주의의 영향을 받았다. 둘째, 주정주의적, 국가주의적, 역사주의적 성격을 띠고 있다. 이에 반해 계몽주의 교육은 주지주의적, 개인주의적, 반(反)역사주의적 성격을 띠고 있었다. 셋째, 로마문화보다는 그리스문화에 중점을 두었다. 이에 비해 인문주의 교육은 그리스문화보다는 로마문화에 중점을 두었다.

2. 신인문주의 교육의 3가지 형태별 교육목적

문화적 국가주의라고도 불리는 국가주의 교육이 지향하는 교육의 목적은 개인의 발달보다는 국가·사회의 발전에 있다는 것을 반영하고 있다. 독일국민에게 고(告)함(1807)이라는 연설에서 살펴볼 수 있듯이, Fichte가 주장하는 교육목적은 독일이라는 국가의 중흥과 발전을 위한 것이었다.

발달주의 교육은 인간발달에 관심을 가지고 아동의 발달과정을 환경경험과의 계속적인 상호작용과정으로 이해하고, 교육과 교육학을 과학화·체계화하였다. 발달주의 교육은 교육의 목적을 선천적인 잠재능력을 계발하는 자연적 성장의 과정으로 이해하고 있다.

과학적 실증주의라고도 불리는 실증주의 교육사상은 생물학적 진화론에 근거하여 새롭게 형성된 사회적 진화론, 경쟁의 원리와 적자생존의 원리를 중심으로 논의된다. Spencer의 교육목적은 현실의 행복한 생활, 즉 완전한 생활을 위한 준비에 있었고, 그러한 교육목적의 실현을 통해 인간과 사회의 진화를 도모하였다.

Ⅴ. 결어

자연주의 교육의 특징은 교육의 인공성에 반대하여 자연으로 돌아가자는 주장을 한 Rousseau가 대표적이다. Rousseau에 의하면 교육은 자연에 의한 교육이어야 하며, 소극적 교육이란 자연에 따른 교육이다. 자연주의를 이어받은 신인문주의 교육의 특징은 로마문화보다는 그리스문화에 중점을 두었다. 특히 국가주의 교육이 지향하는 교육의 목적은 개인의 발달보다는 국가·사회의 발전에 있었지만, 발달주의 교육은 교육의 목적을 선천적인 잠재능력을 계발하는 자연적 성장의 과정으로 이해하고 있다. 따라서 Rousseau의 낭만주의와 발달주의 교육에서는 성장으로서의 교육, 계명으로서의 교육이 강조된다.

제3장

교육철학

논점1 철학의 어원과 성격

① 철학의 어원
- 철학은 역사가 오랜 학문이다. 인도에서는 Veda경전의 일부인 Upanishad철학과 불교철학이 있었고, 중국에서는 공자의 유가철학과 노자의 도가철학이 있었다. 서양에서는 처음으로 철학을 시작했다는 Thales의 자연철학과 Socrates, Platon 등의 인간철학 그리고 기독교철학 등 오늘날에 이르기까지 약 2,500년 이상의 긴 역사를 가지고 있는 학문이다.
- 철학(philosophy)의 어원을 살펴보면 philos(사랑)와 sophia(지혜)의 합성어이다. 이 어원에서 살펴보면 철학은 일차적으로 지혜에 대한 사랑 또는 지혜를 사랑하는 정신활동이다. 따라서 철학은 지혜를 사랑하는 정신활동이라는 측면에서 이해할 때에 철학의 참된 의미를 알 수 있다. 철학의 참된 의미는 지식의 체계로서의 철학이 아니라 지혜에 대한 사랑으로서의 철학에 있으며, 지혜를 사랑하는 정신활동, 즉 '철학하는 것'에 있다는 것을 뜻한다.

② 철학의 성격
- 진지하게 사고하는 활동

  진지하게 사고한다는 것은 단순히 자신이 알고 있는 것을 분명히 하고 자신이 모르는 것을 드러내는 것이다. 즉, 자신의 무지를 깨닫는 것이다. 이런 점에서 진지하게 사고한다는 것은 지적 정직성을 가지는 것이다. 그리하여 진지하게 사고한다는 것은 자신이 아는 것과 모르는 것을 분명히 밝히는 것이다.

  〈아는 것을 안다고 하고, 모르는 것을 모른다고 하는 것이 바로 아는 것이다〉라는 공자의 말이나 〈성찰(반성)하지 않는 삶은 살 가치가 없다〉는 소크라테스의 말도 이와 같은 뜻이다.

  그리고 진지하게 사고한다는 것은 깊이있게 탐구하는 것이다. 깊이있게 탐구한다는 것은 의문을 갖게 되었을 때에 그 의문에 대해 생각할 수 있는 데까지 또 자신의 사고를 명료화할 수 있는 데까지 생각하는 것이다. 또한 진지하게 사고한다는 것은 합리적인 사고방법에 따라 생각하는 것이다. 이것은 현대 논리학의 연구영역이다.

- 의미와 가치를 탐구하는 활동

  사실과 현상을 탐구하는 과학적 탐구와는 달리, 철학적 탐구는 의미와 가치를 탐구한다는 점이 특징이다. 그러므로 철학적 탐구대상으로서의 의미나 가치는 과학적 탐구대상으로서의 사실 또는 현상과 구분된다. 의미나 가치는 사실 또는 현상을 현실적인 삶의 활동 속에서 그것의 성격을 재규정하고 재해석함으로써 생겨난다. 과학적 사실의 철학적 의미는 다양하게 해석될 수 있다. 단순한 사실을 보다 다양한 삶의 관심과 연결시켜 폭넓고 깊은 의미를 찾는 것은 바로 철학의 탐구주제이다.

그래서 사실과 현상은 분리(통제)된 현상에 대한 관찰에 의한 것으로 객관적인데 반해, 의미와 가치는 전체로서의 삶에 비추어 사실과 현상을 주관적으로 재해석한 것이다. 이것은 현대 인식론의 중요한 탐구과제이기도 하다.

- 요약 : 철학과 교육철학의 관계

교육철학은 기본적으로 이러한 철학의 성격을 그대로 이어받는다. 다만, 탐구대상이 교육현상과 교육문제일 뿐이다. 그러나 특정한 교육철학의 지식을 습득하는 것이 교육에 대한 철학을 추구하는 일차적인 목적은 아니다. 교육철학은 하나의 지식의 체계이기도 하지만, 일차적으로 교육현상을 이해하고 교육문제를 해결하기 위한 구체적인 탐구활동이다.

요컨대, 교육철학의 역할은 철학적 탐구방법을 통해서 보다 인간의 삶에 유용하게 교육을 이끌어 나갈 수 있는 지혜를 제공하는 것이다. 따라서 교육철학은 철학에 관한 지식을 기초로 하여 교육현상과 교육문제, 교육목적에 대한 새로운 의미와 가치를 탐구하는 활동이다.

논점2 교육철학과 교육과학의 관계

① 탐구대상

교육과학은 존재(sein)를 대상으로 교육현상을 있는 그대로 기술하고 설명함으로써 궁극적으로 교육적 사실과 현상의 법칙을 발견하는 것을 주된 기능으로 한다. 이에 비해 교육철학은 당위(sollen)를 대상으로 교육의 과정을 통하여 실현시키고자 하는 목적과 가치를 규명하고 탐구하는 것을 주된 기능으로 한다.

② 탐구기준

교육과학은 과학적 탐구에 기초를 두거나 각각의 영역에서 탐구된 교육현상에 대한 사실과 지식을 제공해 줄 수 있다. 그러나 전체적인 삶을 이해하고 통합적인 처방을 제공해 줄 수 있는 교육의 패러다임을 제공해 주지는 못한다. 이에 비해 교육철학은 이러한 지식이 교육에 주는 의미와 가치를 탐구하는 정신활동이다. 동시에 교육철학은 교육학의 각 영역에서 탐구된 단편적인 지식을 넘어서 교육에 대한 통합적인 이해를 추구하는 정신활동이다.

③ 탐구목적

따라서 교육과학은 교육에 관한 사실과 현상을 결정하고 검증하는 것을 목표로 삼지만, 교육철학은 그 사실과 현상을 비판하고 판단하며 평가함으로써 교육의 목적과 가치를 설정하는 것을 목적으로 삼는다.

④ 탐구방식

교육과학은 교육철학이 밝혀낸 교육의 목적과 가치를 실현시킬 수 있는 방법과 수단을 가치중립적으로 탐구하지만, 교육철학은 교육과학을 바람직한 방향으로 가치지향적으로 인도한다. 다시 말해서 교육철학은 교육과학에 의하여 발견된 교육적 사실과 지식에 기초를 두고 비로소 전개되고 교육과학의 기본전제를 비판하며, 나아가 새로운 토대를 교육과학에 제공한다.

⑤ 요약

따라서 교육철학 또는 교육사상은 교육목적(敎育目的)에 대한 탐구활동인 반면, 교육과학은 교육방법(敎育方法)에 대한 탐구활동이다.

논점3 철학의 탐구영역

① 존재론(ontology)
- 의의
  존재론 또는 형이상학이란 이 우주(세계)의 궁극적인 본질이나 실체가 무엇인가를 파악하려는 철학적 노력이다. 이 세계에서 변화하지 않고 그 모습 그대로 있는 것은 하나도 없다. 이렇게 변화하는 세계를 가능하게 하는 그리고 변화하는 세계 너머에 있는 변화하지 않는 존재는 무엇일까? 이것이 바로 존재론이 탐구하는 가장 중요한 질문이다.
- 유형
  그 본질이나 실체가 정신 또는 있는 그 무엇이라고 보는 절대적인 입장을 관념론(idealism)이라고 하고, 그것이 물질이거나 객관적으로 알 수 있는 어떤 것으로 보는 절대적인 입장을 실재론(realism)이라고 한다.
  또한 우주(세계)의 본질은 끊임없는 변화 그 자체이며, 그 너머에 어떠한 본질이 따로 있는 것이 아니라는 상대적인 입장을 실용주의(pragmatism)라고 한다.

② 인식론(epistemology)
- 의의
  인식론은 앎(지식)의 형성근거와 그 특징을 이해하려는 철학적 노력이다. 안다는 것과 모른다는 것은 어떻게 구별되며 참과 거짓은 어떻게 구별되는가? 도대체 앎이란 말의 뜻은 무엇이며, 과연 참다운 앎에 도달할 수 있는가? 이러한 질문은 인식론이 탐구하는 중요한 과제이다.
- 유형
  여기서 참다운 앎에 도달할 수 있다고 보는 가지론(可知論)의 입장이 있는가하면, 참다운 앎에 결코 도달할 수 없다고 보는 불가지론(不可知論)의 입장이 있다. 전자의 입장에서는 자명하고 확실한 지식이야 말로 의심할 수 없는 지식이며 이러한 지식을 근거로 하여 추론되거나 발견된 지식 역시 의심할 수 없다고 주장하는 반면, 후자의 입장에서는 지식은 단순한 주장에 불과한 것으로 자명하고 확실한 지식은 없으며 단지 우리들이 그렇게 생각하고 있을 뿐이라고 주장한다. 한편으로는 또 다른 입장이 있는데, 그것은 '알 수 있다. 그러나 그 앎이란 절대불변의 것이 아니라 상대적이고 확률적이다'라고 보는 도구적 가지론의 입장이다. 이 입장에서는 인간의 지식이란 광석을 캐내듯이 어디엔가 숨겨져 있는 것을 발굴해 내는 것이 아니라, 이 세계 안에서 이루어지고 있는 사건이나 현상을 설명하기 위해서 우리들이 만들어낸 인식의 도구에 불과하다는 것이다.

논점4 지식과 교육의 관계 : 지식의 형태/명제적 지식의 형태

① 지식의 의의
  교과란 한 전문분야의 조직화된 지식의 체계를 의미한다. 지식이란 우주(세계)에 대한 학습의 과정이며 결과이다. 따라서 지식이란 이미 학습한 내용의 사실과 개념, 원리 등을 기억하는 것을 의미한다.

② 지식의 형태
- 명제적 지식
  어떤 명제의 진위(眞僞)를 구별할 수 있는 지식으로 '무엇을 안다'와 같이 표현되며, 명시지(explicit knowledge)라고도 한다(예 : 지구가 둥글다는 것을 아는 것, 교육의 의미를 아는 것). 이는 명제(또는 도식)로 표상되며, 개념적 지식, 기술적 지식, 선언적 지식 또는 내용지식을 말한다. 반드시 언어로 표현될 수 있어야 하지만 진위가 구별될 수 없는 감탄문이나 명령문은 명제가 아니다. 명제적 지식은 다시 사실적 지식-논리적 지식-규범적 지식으로 분류된다. 이러한 지식의 성립조건은 신념조건, 진리조건, 증거조건, 방법조건이 있다.

- 방법적 지식(Ryle, 1971)
  어떤 과제의 방법과 절차에 관한 지식으로 '무엇을 하는 방법을 안다'와 같이 표출되며, 암시지(implicit knowledge) 또는 암묵지(tacit knowledge)라고도 한다. 방법적 지식은 명제적 지식에 의존한다(예 : 자동차를 운전하는 방법을 아는 것, 보고서를 작성하는 방법을 아는 것). 이는 산출(또는 조건-행위규칙)로 표상되며, 절차적 지식 또는 과정지식을 말한다. 반드시 언어로 표현될 필요는 없으나 이 지식의 조건은 그 과제를 수행하는데 지켜야 할 법칙이나 원리를 익히는 것이 최소한으로 요구된다. 고도로 산업화된 현대사회에서 요청되는 지식의 형태는 이러한 절차적 지식이라고 할 수 있다.

- 조건적 지식(Gagné, 1965)
  이는 기술적 지식과 절차적 지식을 '언제, 어디서 그리고 왜 적용할 것인가'에 대한 지식이다. 조건적 지식은 명제적 지식의 일종이라고 할 수 있다(예 : 신문을 읽을 때는 어려운 교재를 읽을 때와 다른 전략을 적용해야 한다는 것을 아는 것, 선다형 검사를 준비할 때는 논문형 검사를 준비할 때와 다른 전략을 적용해야 한다는 것을 아는 것).
  이는 인지전략(또는 조건)으로 저장되며, 목표를 달성하기 위해서 기술적 지식과 절차적 지식을 선택하고 활용, 평가하는 지식이다. 이러한 조건적 지식은 메타인지적 지식의 핵심이 되며, 최근에 와서 관심의 대상이 되고 있는 자기조절학습의 조건이 되고 있다.

③ 명제적 지식의 형태

- 사실적 지식
  어떤 사실 또는 현상을 기술하거나 설명하는 지식으로, 엄격한 의미에서는 가설적·개연적 지식이라고 할 수 있다. 주로 귀납적 지식이 이에 해당한다(예 : 지구는 둥글다. 물은 100℃에서 끓는다.).
  사회과학이나 자연과학의 지식은 대부분 사실 또는 현상으로 구성된 명제에 그 기초를 두고 있다.

- 논리적 지식
  명제를 구성하는 각 요소간 관계를 나타내는 형식적 지식으로, 개념적·분석적 명제로 표현된다. 주로 연역적 지식이 이에 해당한다(예 : 2+3=5. 삼각형의 내각의 합은 180°이다. 지능이 높은 학생은 총명하다.).

수학적 지식과 같이 이미 존재하는 사실 또는 현상을 개념적·분석적으로 설명하는 지식이므로 경험적 세계에 대한 새로운 지식을 제공하지 못한다.
- 규범적 지식
  도덕적 가치판단에 관한 지식으로, 흔히 평가적 명제로 표현된다(예 : 민주주의는 바람직한 사회제도이다.).

논점5 실용적 교육과 자유교육

① 실용적 교육

실용적 교육은 개인이나 사회의 이익과 실제적인 유용성을 목적으로 하는 교육이다. 그러므로 실용적 교육의 내용은 개인적 목적이나 사회적 목적에 봉사하는 수단이 되는 기술을 숙달하거나 실제적인 지식을 가르치는 것이다. 이와 같은 실용적 교육은 고대 그리스의 Sophist에서 찾을 수 있으며, 중세의 조합학교와 도제교육제도 그리고 근대의 전문교육, 직업교육 등이 있다.

② 자유교육
- 역사적으로 자유교육은 사회적 생산활동에서 벗어나 세계와 사물을 관조하는 지적 활동을 중심으로 하는 교육으로, 그 목적은 마음(이성)의 계발에 있었다. 그러한 자유교육의 내용은 이론적 지식과 교과이다. 고대 그리스의 자유교육(liberal education)은 귀족계급에 해당하는 자유시민을 위한 것으로 학문이 미분화된 상태에 있었기 때문에 철학을 중심으로 구성되었다. 이것은 고대 로마를 거쳐 중세 사회에 들어 7자유학과(seven liberal arts)로 분화되었다. 근대 이후 자유교육(인문교육, 교양교육)의 내용은 실용적 성격을 갖지 않는 모든 교육, 즉 인문학, 사회과학, 자연과학, 예술 및 문학을 포괄하는 모든 학문영역으로 확대되었다.
- 그런데 지금까지 자유교육은 교육내용 그 자체에 강조를 두어 왔다. 이것은 서양철학의 지식관과 깊은 관련이 있다. 서양의 전통철학에 의하면 세계는 변화하지 않는 원래의 모습, 즉 실제생활에 있어서 시시각각 변화하는 모습의 이면에 있는 영원불변하는 모습인 본질이나 실체가 있다는 생각을 전제로 하고 있다. 이러한 생각은 변화하지 않는 본질인 진리를 찾는 것을 앎(지식)의 가장 중요한 목적으로 생각하게 만들었다. 지식은 이성에 의해서 탐구되며, 이것은 영원불변하는 진리라고 생각하였다.
  그 결과 인간은 진리인 지식을 받아들임으로써 합리적 이성을 계발할 수 있으며, 진리인 지식을 받아들여 합리적 이성을 계발할 때 진정으로 자유롭게 될 수 있다. 그러므로 자유교육은 진리를 받아들이는 교육이며, 자유교육의 내용은 진리를 반영하는 학문이다.

하지만 20세기에 들어 새로운 철학적 사고는 전통적인 자유교양교과를 가치있는 것으로 정당화해 주던 지식관이 그릇되었음을 보여 주었다. 특히 철학자이자 교육학자인 Dewey에 의하면 지식은 이성의 산물이 아니라 경험의 산물이다. 즉, 모든 지식은 실제적인 삶의 경험에서 생겨난다는 것이다. 따라서 자유교양교과와 실용적 교과로 구분하는 것, 나아가 교과내용의 특징을 가지고 자유교양교과를 규정하는 것은 큰 문제가 있다.

Dewey의 지식관은 주지주의·지식주의적 교과를 중심으로 한 지식교육에서 벗어나 삶의 의미를 찾을 수 있는 가능성을 제시해 주고 있다. Dewey에 의하면 지식은 모두 실제적인 삶의 과정에서 나오는 것이다. 따라서 이론적 탐구활동에서부터 실제의 일상생활에 이르기까지 인간의 삶의 과정은 모두 '교육적으로 다루어지는 방식'에 따라 자유교양교과의 내용이 될 수 있다. 다시 말하면 자유교양교과와 실용적 교과의 구분은 어떤 특정한 지식을 교육내용으로 하는가하는 점으로 구분되는 것이 아니라, 인간의 삶 속에서 어떤 방식으로 다루어지는가에 달려있다는 것이다.

논점6 관념론의 의의

① 발달과정
- 교육철학사의 2대 조류는 관념론과 실재론을 들 수 있는데, 최근에는 실용주의도 하나의 조류를 형성하게 되었다. **관념론**은 Platon의 사상과 기독교적 종교관에, **실재론**은 Aristoteles로부터 비롯되는 자연주의 사상에 그 기원을 두고 있다. 그리고 **실용주의**는 19세기 Peirce, James, Dewey 등의 노력으로 완성되었다.
- 관념론(idealism)에 의하면, 물질적인 이 세계와 인간은 모두 이데아(Idea)와 신(God)의 그림자에 비유된다. 즉, 보이고 변화하는 물질적인 이 세계는 보이지 않고 불변하는 절대적인 이데아(Idea) 또는 절대정신(absolute mind)의 소산이다. 따라서 이 세계와 인류의 역사는 바로 이러한 절대정신의 출현이며 앞으로의 세계도 그러하다는 것이다. 이러한 절대정신에 접근하는 또는 절대정신을 파악하는 일이 중요시된다.

  관념론은 어떤 관념이나 명제의 진리여부는 이미 존재하는 계시된 문학과 예술 등의 위대한 고전(Great Books)과 연역적 논리의 지식과 일치되는 정도에 의해서 결정된다고 믿는 **정합설의 입장**이다. 전통적 관념론자에는 Platon을 비롯하여 St. Augustine, Descartes, Leibniz, Kant, Hegel 등이 있다.

② 의의

관념론은 이 세계의 본질이 정신이며 물질은 정신의 표상에 불과하다고 보는 절대적인 입장으로, 이상주의 또는 유심론(唯心論)이라고도 한다. 따라서 관념론은 보이는 자연과 물질보다 보이지 않는 가치와 정신에 무엇보다도 우선권을 부여한다. 이러한 관념론은 항존주의로 계승된다.

논점7 관념론의 교육

① 특징

관념론자들은 절대정신·절대가치와 그렇지 못한 것을 구별하듯이, 인간의 몸과 마음도 구별한다. 그들은 마음과 관념의 능동성을 믿는다. 인간의 몸은 마음에 비해 열등한 것이므로 그 마음이 몸을 지배할 수 있어야만 인간다운 인간이 될 수 있다고 본다.

그들은 자유교육에 입각한 인간교육·인성교육, 도덕교육을 강조하고, 실용적 교육은 경시한다. 그리고 교사중심의 교육을 강조한다.

② 교육의 목적, 내용과 방법

따라서 관념론의 교육은 인간의 마음을 계발함으로써 절대정신·절대가치를 실현시키는 인간을 기르는 데에 그 목적을 둔다. 교육의 내용과 방법으로는 이성에 의한 사고와 판단을 중시하며, 그것을 계발하기 위해서 절대정신이 계시된 문학과 예술 등의 위대한 고전에 대한 연구가 필요하다고 본다.

이 관념론의 교육관을 정리하면 다음과 같다.

- 합리적 이성을 훈련하고 계발하여 진리에 도달하는 것을 강조한다.
- 만일 지식이 선험적이고 진리에 관한 것이라면 교육은 진지를 학생들의 의식 속으로 가져오는 지적 활동이다.
- 또 학교는 학생들이 진리를 탐구하고 발견하는 지적 기관이다.
- 그러므로 교사중심의 교육, 주입식·암기식 교육이 중요한 교육방법이 된다.

논점8 실재론의 의의

① 발달과정
- 실재론은 Aristoteles로부터 비롯되는 자연주의 사상에 그 기원을 두고 있으며, Aristoteles로 대표되는 고전적 실재론→Thomas Aquinas로 대표되는 종교적(기독교적) 실재론→Ratke, Comenius 등으로 대표되는 감각적(과학적) 실재론으로 발전해 왔다.
- 실재론(realism)에 의하면, 물질적인 이 세계는 인간의 정신으로부터 독립해서 그 자체의 법칙에 의해서 존재하며 변화한다고 본다. 따라서 이 세계를 파악하고 이해하기 위해서는 절대정신에 접근함으로써가 아니라 자연과 물질을 관찰하여 그 법칙을 발견함으로써 가능하게 된다. 이것은 곧 인식의 대상이 의식이나 주관에서 독립하여 존재한다고 보는 것이며, 그 대상에 대한 객관적인 파악에 의해서만 참된 지식이 성립한다는 **대응설의 입장**이다. 이러한 실재론자에는 Aristoteles를 비롯하여 Thomas Aquinas, Ratke, Comenius 등이 있다.

  실재론에 의하면, 하나의 명제가 참이기 위해서는 그것이 과학적으로 증명된 지식과 일치되어야 한다. 그것은 곧 관찰이 가능하며 그 본질이 감각적 경험에 의해서 증명될 수 있어야 한다는 것이다. 관념(정신)과 현실(물질)은 동일하며, 따라서 귀납적 논리에 의해 모든 것은 알 수 있다. 이 자연은 발견될 수 있는 질서와 법칙을 가지고 있다.

② 의의

   실재론은 이 세계의 본질이 정신이 아니라 물질이라고 보는 절대적인 입장으로, 현실주의 또는 유물론(唯物論)이라고도 한다. 실재론은 가치와 정신은 자연과 물질에 내재되어 있으며, 자연의 법칙 속에 진리가 깃들어 있다고 본다. 이러한 실재론은 주로 항존주의로 계승되는 가운데 일부는 본질주의로 이어진다.

논점9 　실재론의 교육

① 특징

대부분의 실재론자들은 기본적인 가치가 근본적으로 영원하다는 것에 관념론자들과 의견을 같이 한다. 다만, 그 이유와 근거에 있어서 실재론자들은 각각 의견을 달리한다.

공통적으로 그들은 자유교육과 더불어 실험과 관찰을 통한 과학적 지식과 과학적 방법을 강조하고, 실용적 교육은 경시한다. 이 또한 교사중심의 교육을 강조한다.

- 먼저 고전적 실재론자들은 학교교육에 있어서 교과목에 편중되는 경향이 있지만 Aristoteles가 주장하는 중용(中庸)의 덕을 지키는 이성적 인간으로 기를 것을 주장한다. 인간은 보편적이고 절대적인 도덕적 가치에 따른 삶을 살도록 가르쳐져야 하는데, 인간에게 진정 옳은 것은 특수한 인종이나 특수한 사회에서만이 아니라 전 인류에게도 옳은 것이어야 하기 때문이다.
- 한편, 종교적(기독교적) 실재론자들은 자연적·인간적 윤리만으로는 충분하지 않다고 믿는다. 인간은 자연성을 초월하는 초자연성을 획득하도록 창조되었다고 본다. 올바른 도덕교육의 목표는 종교적 원리에 기초한 영혼의 구원에 있다. 이들은 인간의 자유의지와 지성의 훈련을 다 같이 강조한다. 신은 인간에게 구원을 제공하지만 인간은 그의 자유의지로 그것을 받아들일 수도 있고 거절할 수도 있는 것이다. 따라서 우리의 의지가 올바른 선택을 할 수 있도록 습관화 되는 것이 중요하다고 본다(=신Thomism).
- 그러나 감각적(과학적) 실재론자들은 참과 거짓은 자연의 법칙에 대한 이해에서 나오는 것이고 종교적 원리에서 나오는 것으로 생각하지 않는다. 도덕교육은 자연과학적 연구를 통해서 인간에게 유용하다고 밝혀진 자연의 법칙에 기초해야 한다는 것이다.

② 교육의 목적, 내용과 방법

실재론의 교육은 보편적이고 절대적인 도덕적 가치와 더불어 자연의 법칙을 이해하도록 가르치는 데에 그 목적을 둔다. 교육의 내용으로 도덕적 가치는 시대의 변화에 의해 영향을 받지 말아야 한다는 것이다. 그리고 실험과 관찰을 통한 과학적 지식과 과학적 방법을 강조하고 있다.

이 실재론의 교육관을 정리하면 다음과 같다.

- 자연의 질서와 법칙을 발견해 내는 인간의 지성을 중시한다.
- 인간까지도 포함하는 물질적인 이 자연의 질서와 법칙을 발견하는 일이 중요하다.
- 나아가 관념(정신)을 무시하지는 않지만 그 관념은 반드시 감각적 경험에 의해서 증명될 것을 요구한다.
- 그래서 이 또한 교사중심의 교육, 주입식·암기식 교육이 중요한 교육방법이 된다.

논점10 진보주의(progressivism)의 의의/특징

① 의의
- 발달배경
  - 반드시 1 대 1의 관계는 아니지만 오늘날 **항존주의 교육철학** 속에는 기독교적 교육전통이 반영되어 있으며, **본질주의 교육철학** 속에는 다분히 인문주의 교육전통의 요소들이 담겨있고, **진보주의 교육관**은 자연주의 교육사상의 연장으로 볼 수 있다. 그리고 **재건주의 교육철학**은 진보주의 교육관이 확대·발전된 것이다.

▶ 교육철학의 사조

  - 전통적인 교육에 반발하면서 등장한 진보주의 교육은 세계는 변화와 불확실성을 특징으로 하며, 진리는 상대적인 것이라는 실용주의 철학에 바탕을 두고 경험중심 교육과정으로 전개되고 있다. 진보주의를 대표하는 교육철학자는 Horace Mann, Parker, Dewey 등이다. Dewey에 의하면, 교육은 전통적인 교육에서 주장하는 바와 같이 미래의 생활을 위한 준비가 아니라 현재의 생활 그 자체를 의미있게 만들어 가는 것이다.

- 의의
  진보주의 교육철학은 학습자가 자신의 경험을 통하여 지식을 습득해야 한다는 실천에 의한 학습(learning by doing), 즉 경험중심의 교육을 핵심으로 하는 사상이다. Dewey는 경험의, 경험에 의한, 경험을 위한 교육을 주장한다.
  따라서 학습자 자신의 흥미와 필요를 가능한 한 존중해야 하기 때문에 학습자는 학습경험을 구성하는 중요한 주체로 인정된다. 교육내용도 학습자의 흥미를 고려하여 선정된다. 이처럼 아동중심의 교육을 강조한 진보주의 교육사조는 지식중심의 주지주의적 교육방식과 교사중심의 권위주의적 교육방식을 비판하면서 아동의 개성과 흥미, 협동과 참여를 강조했다.

② 특징
- 아동중심·경험중심의 교육

    진보주의 교육은 전통적인 교사중심·교과중심의 교육에 대해 불만을 품고, 아동중심·경험중심의 교육을 할 것을 주장하고 있다. 아동은 성인의 축소물이 아니고, 성인의 세계와는 다른 아동 나름대로의 고유한 세계를 가지고 있다는 것이다. 아동의 성장이란 아동의 생활과 현재의 세계를 포기한 채 성인들의 생활과 미래의 세계를 준비함으로써 이루어지는 것이 아니라, 각 발달단계의 아동의 생활을 훌륭하고 만족스럽게 살아가는 과정을 통해서 이루어지는 것이다. 따라서 교육자는 아동의 특성과 아동의 흥미와 필요를 파악하고 그 결과를 토대로 하여 아동의 자연스러운 성장을 도울 수 있도록 교육과정을 마련해야 한다. 이러한 특성 때문에 진보주의 교육은 아동중심의 교육, 생활중심의 교육 등으로 불린다.

- 문제해결을 위한 민주적 집단과정

    개인에게는 문제해결을 위한 지적 사고능력이 요구되는 반면, 사회집단을 위해서는 공동의 문제해결을 위한 민주적 집단과정이 요구된다.

    미래란 변화하는 현재에 연결된 것이기 때문에 지금-여기에서 인간의 관심과 당면문제를 가장 효과적으로 해결함으로써 얻어지는 문제해결력의 누적적 재구성으로 미래의 문제에 대비할 수 있다. 따라서 교육은 현재와 단절된 과거에 집착해서도 안 되고 아직 나타나지 않은 미래를 상정해 놓고 현재를 무시한 채 그 준비에 전념해서도 안 된다.

- 학습자 개인을 중요시

    또한 학습자 개인을 매우 중요시한다. 개인이 지니는 흥미와 필요, 지적 호기심 등이 드러내는 학습과 성장에 있어서의 강력한 작용을 인정하고 존중한다. 개인이 지니는 흥미와 필요는 곧 그의 창조적 지성의 내적 성장력의 표현으로 보기 때문에 그것은 곧 변화와 진보의 핵심을 이루는 것이다. 교육에 있어서 아동을 중요시하고 아동의 흥미와 필요를 교육의 출발점으로 삼아야 한다는 주장은 이러한 근거에서 나오는 것이다.

논점11 진보주의 교육의 목적과 원리

① **교육의 목적**

진보주의 교육의 목적은 현재의 경험을 계속적으로 재구성하는 것이다. 경험의 계속적인 재구성이란 현재 당면한 문제를 해결하는 과정에서 획득된 지식이나 개념, 원리 등을 의미하는 동시에 지력(지성)의 개발을 의미한다.

교육이란 미래의 생활을 준비시키기 위한 것도 아니고 아동에게 필요하다고 성인들이 생각한 것을 주입하기 위한 것도 아니다. 교육의 목적은 아동의 성장을 도와주는 것이라고 본다. 아동의 성장이란 경험의 계속적인 재구성에 의해서 이루어진다. 그런데 경험의 계속적인 재구성이란 아동이 자신의 활동성과를 스스로 논리적·비판적·창의적 사고를 통해 검토하고, 이러한 검토과정을 통해 이때까지 자신이 소유하고 있던 지식을 누적적으로 재구성하여 새롭게 확충된 개념을 형성함으로써 가능하게 된다. 이러한 검토과정을 Dewey는 **반성적 사고(reflective thinking)**라고 하였다.

② **교육의 원리**

- 교육은 생활 그 자체이며, 생활을 위한 준비는 아니다. 지적 삶이란 경험의 해석과 재구성이어야 한다. 아동은 그 연령에 맞는 학습사태 속에서 공부해야 한다.
- 문제해결에 의한 학습이 교과내용의 주입에 우선되어야 한다. 지식은 그 자체가 목적이 아니라 경험을 관리하는 도구이다. 따라서 실천에 의한 학습(learning by doing)이 중요시된다.
- 학습은 아동의 관심과 흥미에 직접 연결되어야 한다. 아동은 전인(whole child)으로 이해되고 교육되어야 한다. 학습의 과정은 아동 개인에 의해 주로 결정된다는 점에서 학교는 아동중심이어야 한다. 그래서 의식적 교육보다 무의식적 교육을, 지적 교육보다 정서적 교육을 강조한다.
- 민주주의는 곧 공유된 경험(shared experience)을 뜻한다. 민주주의와 교육은 서로 긴밀하게 연관되어 상호작용한다. 그리고 교육은 사회의 진보와 개혁의 근본적인 방법이 된다.
- 교사의 역할은 지시하는 일이 아니라 조언해 주는 일이다. 교사는 신(神)의 왕국의 안내자요, 문지기이다.
- 학교는 경쟁보다는 협동을 강조해야 한다. 인간은 본래 사회적 존재이기 때문이다.

논점12 항존주의(perennialism)의 의의/특징

① 의의
- 발달배경
  - 항존주의의 철학적 배경으로는 기독교적 교육전통에서 찾을 수 있다. 구체적으로 살펴보면 항존주의는 전통적 교육철학인 관념론과 고전적 실재론에서 찾을 수 있고, 또 한편으로는 종교적(기독교적) 실재론의 영향을 많이 받고 있다.
  - 20세기 초반 진보주의 교육이 크게 지지를 받는 가운데 전통적 보수주의자들은 진보주의 교육철학의 급진성과 과격성을 비판하면서 절대적 가치와 진리를 중시하는 항존주의 교육철학을 제안하였다.

    진보주의에 반대하는 항존주의는 절대적 가치와 진리를 주장한다. 급격한 사회변동에도 불구하고 변화보다는 영원불변한 것만 실재한다고 믿기 때문에 심각한 사회변동을 극복할 수 있는 힘은 절대불변의 원리에서 찾을 수 있다고 믿는 것이다. 이러한 항존주의를 대표하는 교육철학자는 Hutchins, Adler, Maritain, Cunningham 등이다.

- 의의

  항존주의 교육철학은 진보주의 교육철학이 가정하고 있는 세계의 변화와 불확실성은 확고한 교육목적을 정립하거나 안정된 교육활동에 유용하지 않다고 본다. 항존주의에 의하면, 인간은 이성을 지닌 존재이며 이성의 계발을 통하여 인간다운 삶을 영위할 수 있다고 본다. 따라서 항존주의 교육의 궁극적인 목적은 이성의 계발에 있다. 이러한 이성은 영원불변하는 진리를 습득함으로써 계발된다.

  진리의 절대성과 인간의 이성을 믿었던 항존주의는 고대 그리스의 자유교육을 교육의 이상으로 받아들이고, 교육은 시대와 사회에 관계없이 모든 사람들에게 동일해야 한다고 주장한다.

② 특징
- 고전적 인문주의

  교육내용으로 초등교육에서는 3R's 등 기본교과를 중요시하였고, 중등교육에서는 7자유학과의 교육내용을 중요시하였다. 그리고 대학교육에서는 역사상 위대한 사상가의 저작인 위대한 고전 100권(Platon, Aristoteles, St. Augustine, Thomas Aquinas, Descartes 등)을 선정하여 필독서로 권장하였다.

  항존주의는 서로 같은 보수주의적 입장인 본질주의에도 반대한다. 본질주의 교육이 자연과학교과를 중시하는데 반해, 항존주의 교육은 자유교과와 교양교과를 중시한다. 그래서 항존주의는 '고전적 인문주의'라고도 불리며, Hutchins의 고전독서교육운동이 그 대표적인 예이다.
- 반과학주의·반문명주의·탈세속주의·이상주의를 강조
본질주의와 항존주의는 서로 같이 진보주의를 비판하면서 나타났지만 근본적인 발상을 달리하고 있다. 진보주의와 본질주의에 있어서 강조하는 점은 다르지만 공통점은 과학주의·문명주의·세속주의·현실주의인데 반해, 항존주의는 기독교적 세계관에 입각하여 철저한 반과학주의·반문명주의·탈세속주의·이상주의를 강조하고 있다.
- 절대적 가치와 진리를 중시
항존주의 교육철학에 의하면, 아무리 진보주의 교육철학이 사회적인 변화를 내세우고 또 현대 사회가 급격하게 변화한다고 하더라도 영원불변이 변화보다는 더 궁극적인 본질이라고 주장한다. 인간의 본성이란 변화하지 않으며 본질적으로 동일하게 남는다는 것이다. 따라서 교육의 기본원리도 변화하지 않고 영원불변한 것이라고 주장한다.

▶ 진보주의와 항존주의의 비교

진보주의	항존주의
실용주의	고전적 인문주의
변화	전통이나 영원불변
가치 상대주의	가치 절대주의
과학주의, 문명주의	반과학주의, 반문명주의
세속주의, 현실주의	탈세속주의, 이상주의

논점13 항존주의 교육의 목적과 원리

① 교육의 목적

항존주의에 의하면, 일시적이고 변화하는 가치를 추구하는 물질만능주의, 황금만능주의, 과학기술지향 등으로 인간성상실과 현대 사회와 문명의 위기를 초래하고 있다고 비판한다. 항존주의 교육의 목적은 사회적 적응이나 인간의 욕구충족이 아니라 인간성의 회복이며, 그것은 인간의 자유로운 지성(이성)의 계발에 의해서 가능하다고 본다.

인간의 본성이란 항상적인 것이며, 그 가운데에서도 지성은 가장 중요한 특성이라고 본다. 따라서 지성을 불완전하고 변화무쌍한 사회적 요구라든가 구속으로부터 그것을 해방시키고 계발시켜야만 참다운 자유인, 참다운 사회인을 육성할 수 있다고 믿는다. 그러므로 교사란 모든 아동들에게 내재해 있는 지성을 자극하고 고양시키는 역할을 해야 한다.

② **교육의 원리**
- 교육은 생활의 모방이 아니라, 생활을 위한 준비이다. 학교는 결코 실생활상황이 될 수 없고 또 그렇게 되어서도 안 된다. 학교는 아동에게 그의 문화유산의 정수를 배우고 익히게 하기 위하여 인공적으로 꾸며진 곳에 불과하다. 아동의 지적 성취를 기준으로 하지 않고, 연령에 따라서 진급시키는 일은 평등개념을 잘못 해석하는 것이다.
- 인간성은 어디를 가나 동일하기 때문에 교육 또한 어디를 가나 동일해야 한다. 인간다운 인간의 모습은 모든 시대와 모든 사회에 동일한 것이다. 그것은 인간의 본질에서 비롯되기 때문이다. 교육의 목적도 모든 시대와 모든 사회에 동일한 것이어야 한다. 왜냐하면 교육이란 인간을 인간답게 향상시키는 것이기 때문이다. (Hutchins)
- 교육은 교수(수업)를 의미하며, 교수는 지식을 가르치는 일이고, 지식은 곧 진리를 말한다. 지식이나 진리는 어디에 가나 동일하기 때문에 교육 또한 어디에 가나 동일해야 한다.
- 학생들은 인류가 그의 위대한 포부와 성취를 나타낸 문학·예술·철학·역사·지리·과학 등의 위대한 고전(Great Books)을 연구해야 한다. 그것을 탐구하는 가운데 학생들은 그의 흥미추구나 시대에 영합한 공부에서 얻을 수 있는 것보다 훨씬 더 중요한 진리를 배우게 된다.
- 학생들에게는 세계의 영원한 것에 친숙하게 해주는 기본교과를 가르쳐야 한다. 국어·수학·철학·음악·미술 등의 기본교과를 공부해야 한다. 이성적 동물인 인간의 기본교육은 그의 이성을 도야하고 그의 지성을 계발하는 일이다.
- 이성은 인간이 지닌 최고의 속성이므로 어린이는 그의 이성으로 그의 본성을 통제하고 지배하는 데 사용해야 한다. 인간은 자유롭게 태어나지만 그의 이성을 계발하고 그의 욕망을 통제하는 것을 배워야 한다. 어린이가 원하는 것은 그가 가져서는 안 되는 것일 수도 있기 때문에 어린이에게 그의 학습경험을 결정하게 하는 것은 옳지 않다.

논점14 본질주의(essentialism)의 의의/특징

① 의의
- 발달배경
  - 본질주의는 기본적으로 인문주의 교육전통을 철학적 배경으로 하고 있다. 본질주의는 어떤 특정한 교육전통을 계승하고 있지는 않으며, 다양한 교육철학적 관점이 종합되었다고 본다. 즉, 전통적 교육철학의 보수주의적 입장이라는 점에서는 항존주의와 일부 공통된 점도 있지만, 항존주의의 주장 일부를 거부한다. 진보주의의 주장에 도전하면서도 한편으로는 진보주의의 주장과 맥락을 같이하는 것도 있다.
  - 진보주의와 항존주의가 실용주의 대 고전적 인문주의, 변화 대 전통이나 영원불변, 가치 상대주의 대 가치 절대주의로 대조되는 교육철학이라면, 본질주의는 진보주의와 항존주의의 문제점을 극복하고 양자의 장점을 수용하는 교육철학이다. 즉, 본질주의 교육철학은 진보주의의 실험정신과 현재의 문제해결에 대한 강조, 그리고 항존주의의 과거의 위대한 업적에 대한 강조를 절충하여 양자를 통합하려고 하였다. 이러한 의미에서 본질주의는 '진보주의와 항존주의의 절충주의'라고도 불린다. 본질주의를 대표하는 교육철학자로는 Bagley, Breed, Horne, Morrison 등이 있다.
- 의의
  본질주의는 전통적인 문화유산 중에서 가장 핵심적인 것(정수)을 선택하여 그것을 가르침으로써 학습자가 미래의 생활을 준비할 수 있다고 주장한다. 여기서 미래의 생활을 준비하는 능력은 바로 현실적인 문제를 해결하는 능력을 말한다.
  진보주의와 항존주의를 생산적으로 통합하고자 한 본질주의에서는 교육의 진정한 임무는 문화유산에서 얻어지는 형식과 방향성을 과학에서 얻어지는 실험정신과 조화시키는 일이라고 주장한다.

② 특징
- 교과활동과 3R's 등 기초학습을 중요시
  교육내용으로 초등교육에서는 3R's 등 기초학습을 중요시하며, 역사·지리·수학 등 자연과학과 외국어의 기초학습을 음악·미술 등 창작교과와 실용적 직업교과보다 중요시한다. 중등학교에서는 초등교육에서 배운 기본교과가 더 광범위해지고 전문화되어 있다.
  그러므로 교과외 활동보다 교과활동과 3R's 등 기초학습을, 자유교양교과보다 자연과학교과를, 개인의 경험보다는 인류의 경험과 문화가 포함된 전통적인 교과를 더 중요시한다. 교육방법에서도 본질주의는 진보주의와 달리, 학습자의 자율적인 학습보다 교사의 체계적인 지도를, 학생의 일시적 흥미보다 인내와 노력을, 학생의 자유보다는 엄격한 훈련을 더욱 강조한다.

- 학습자의 흥미를 재해석

본질주의에서는 학습자의 흥미를 새로운 관점에서 재해석한다. 즉, 인간의 삶에 있어서 흥미가 중요하지만 보다 중요한 것은 현재 학습자가 가지고 있는 흥미가 아니라 보다 가치있는 것들에 대해 흥미를 갖는 것이다. 일반적으로 가치있는 것들에 대한 흥미는 처음에는 학습자에게 별로 흥미가 없는 것이기 때문에 엄격한 훈련을 통해서 그 흥미를 길러 줄 필요가 있다.

교재(지식)는 현재 학습자의 흥미와는 무관하게 선정되어야 한다. 학습자는 자신의 흥미를 발현시키기 위해서 공부하는 것이 아니라 현실의 세계에서 일어나고 있는 문제해결능력을 개발하기 위하여 공부하는 것이다. 그러므로 인류의 경험이 담겨있는 사회적 문화유산을 전달하기 위해 교육은 체계적으로 조직된 교재에 맞추어야 한다.

- 교육의 주도권은 교사

그래서 교육은 학습자의 흥미에서 시작하는 것이 아니라 오히려 교육을 통해서 가치있는 과거의 문화유산에 대한 흥미를 가질 수 있도록 하는 것이다. 따라서 교육의 주도권은 학생에게 있는 것이 아니라 교사에게 있어야 한다.

아동은 어디까지나 미성숙자이므로 무엇이 가치있는 것인가를 구별할 능력이 부족하다. 따라서 교육에 있어서 아동의 흥미와 자발성은 충분히 존중되어야 하지만, 교육의 주도권은 역시 교사에게 있어야 하며 아동의 인내와 노력, 통제와 훈련 또한 가치있는 것이 된다.

▶ 본질주의와 항존주의의 비교

본질주의	항존주의
진보주의와 항존주의의 절충주의	고전적 인문주의
가치 절대주의적 접근	가치 절대주의
자연과학교과를 중시	자유교양교과를 강조
과학주의, 문명주의	반과학주의, 반문명주의
세속주의, 현실주의	탈세속주의, 이상주의

논점15 본질주의 교육의 목적과 원리

① 교육의 목적

본질주의 교육의 목적은 당면하고 있는 현실적인 문제를 해결할 수 있는 능력을 개발하는 것이다. 이를 위해서는 인류가 누적적으로 발전시켜 온 문화유산 중에서 가장 핵심적인 것(정수)을 전달해야 한다고 주장한다. 즉, 본질주의 교육의 목적은 과거의 문화유산 중에서 가장 중요한 것을 전달하는 것이고, 이를 통해 당면하고 있는 현실적인 문제를 해결하는 것이다.

본질주의에 의하면 변화되어야 할 것과 변화되어서는 안 되는 것, 즉 가치로운 것이 있음을 구별하고, 교육이란 바로 이러한 가치로운 것을 학생들에게 습득시킴으로써 개인적으로 성숙하고 사회적으로 유용한 사람이 되게 하는 것이다. 그리고 그러한 가치있는 것은 인류가 여러 세대에 걸쳐 경험하고 입증한 결과로써 우리들에게 남겨진 역사적·사회적 전통이라는 것이다.

② 교육의 원리

- 본질주의에서는 아동의 인내와 노력, 통제와 훈련을 매우 중요시한다. 학습은 본래 힘들여 노력해야 하고 싫어도 적응해야 하는 인내심을 내포한다. 아동의 당장의 흥미보다도 먼 곳의 목표에 충실하도록 요구한다.

  교과목에 대한 흥미가 학습에 필요한 정신에너지를 창출해 낸다는 주장에 동의를 하면서도 보다 고차원적이고 내재적인 흥미는 학습 초기에는 흔히 나타나지 않는다는 것이다. 그러한 흥미는 학습 초기부터 힘들여 공부해 나가는 동안에 일어나게 된다는 것이다.(Bagley)

- 진보주의 교육방법의 장점을 인정하지만 모든 학습과정에 적용시킬 수는 없다는 것이다. 문제해결에 의한 학습, 실천에 의한 학습이 어떤 상황에는 적절하지만 모든 학습사태에 일반화될 수는 없다. 지식은 그 본질상 추상적이므로 단절된 구체적인 문제로 분리해 놓을 수 없다는 것이다.

- 그리고 항존주의 교육철학의 업적을 인정하지만 그 활용을 문제삼고 있다. 본질주의에서는 과거의 위대한 업적과 성취를 인간의 통찰에 의한 절대불변의 지식으로 존중하지만 그것을 현실적인 문제해결에 도움이 되는 지식으로 활용하는데 역점을 둔다.

- 교육의 주도권은 학생이 아니라 교사에게 있어야 한다. 교사의 역할은 성인세계와 아동세계를 연결시키고 중개해 주는 일이다. 따라서 교육에 있어서 아동의 흥미와 자발성은 충분히 존중되어야 하지만, 교육의 주도권은 역시 교사에게 있어야 한다.

- 교육과정의 중심은 지정된 교과(지식)를 이해하는데 있다. 이러한 관점은 우리들에게 삶의 방식을 정해주는 것은 그의 물리적 환경이라고 주장하는 실재론의 주장과도 일치하는 것이다. 본질주의 교육철학에서는 개인의 경험보다는 인류의 경험이 담겨있는 사회적 문화유산을 더 중요시한다.

논점16 재건주의(reconstructionism)의 의의/특징

① 의의
- 발달배경
  - 재건주의는 진보주의를 계승하면서도 급진적인 경향을 가진 교육철학이라고 할 수 있다. 문화적 재건주의라고도 불리는 재건주의는 진보주의의 아동중심 교육과정과 점진적이고 개량적인 사회진보이론에 불만을 품고, 교육은 보다 사회중심적이고 미래지향적이어야 하며 사회발전은 혁신적인 과정을 거쳐야 한다고 주장한다.
  - 재건주의는 현대의 사회·문화가 위기에 직면해 있다고 보고, 이 문화적 위기의 시대를 극복할 수 있는 새로운 교육철학의 필요성에서 비롯되었다. 이러한 재건주의를 대표하는 교육철학자는 Counts, Rugg, Brameld 등이 있다. 특히 Brameld는 〈재건된 교육철학을 지향하여 (1956)〉라는 저서에서 진보주의·항존주의·본질주의를 통합한 재건주의 교육철학의 체계화를 시도하였다.
- 의의
  재건주의는 인류와 사회의 위기의식에서 출발하여 현대의 사회·문화를 재검토함으로써 새로운 이상사회에 대한 전망을 제시하는 교육철학으로, 이러한 위기의식을 극복하기 위해서 교육이 혁신적으로 기여할 수 있다고 믿는다. 진보주의가 과정과 수단을 중요시하고 있는데 비해, 재건주의는 이와 동시에 결과와 목적을 중요시하고 있다.

② 특징
- 교육을 통한 새로운 이상사회를 지향
  재건주의 교육철학은 현대사회의 문화적 위기를 극복하기 위해서 근본적인 사회개혁이 필요하다고 보고, 교육을 통한 새로운 이상사회를 지향하였다. 재건주의는 근본적인 사회개혁은 단순한 사회·경제적 개혁에 의해서 성취될 수 있는 것이 아니라 집단(공동체)에 대한 새로운 전망을 제시하고, 이를 사회구성원들에게 철저히 교육시킴으로써 가능하다는 아이디어를 제시하였다. 이와 같은 문제의식에서 출발한 재건주의 교육철학은 인간의 가치와 삶의 목적을 고양시키기 위한 교육활동을 사회·문화적 측면에서 적극적으로 전개하였다. 이러한 사실은 개인은 본래 자유로운 존재이기도 하지만 사회적으로 형성되는 존재로 이해된다는 점이다.
- 토론에 의한 의사소통과 민주적 집단과정을 중요시
  인간은 본래 사회적 존재이므로 인간의 자기실현이나 진정한 자유는 타인과의 협동을 통해 나오게 되며, 개인간 경쟁보다는 사회적 협동 속에서 창의적 자기표현을 자극하는 개방적인 분위기가 필요하다고 본다.

따라서 재건주의 교육은 토론에 의한 의사소통과 민주적 집단과정을 매우 중요시하고 있지만, 이러한 집단과정은 그것이 지향하는 목표인 미래사회에 대한 명확한 관점이 없다면 무의미한 것이 된다고 생각하고 있다.

- 민주적 세계문화를 지향

  인류의 역사란 미리 정해진 어떤 목표나 운명을 따라 수동적으로 끌려가는 것이 아니고, 인류의 능동적 선택에 의해서 만들어지는 것이므로 인류의 미래는 인류가 어떤 미래상을 가지고 있는가에 의해서 크게 좌우된다고 본다. 그러므로 교육은 인류의 미래에 대한 절실하고 의욕적인 가능성을 제시하는 일과 실제적이고 또 포괄적인 사회복지이론을 논의하고 발전시키도록 해야 한다고 주장한다.

  재건주의 교육이 지향하는 미래사회는 민주적 세계문화(democratic world civilization)이며, 교육은 이러한 미래사회의 문화가 정치 · 경제 · 사회 등의 모든 측면에서 새롭게 재건될 수 있도록 노력해야 하는데, 이것은 사회적 자아실현(social self-realization)을 통해 가능하다는 것이다.

논점17 재건주의 교육의 목적과 원리

① 교육의 목적

Brameld에 의하면, 진정으로 가치있는 삶은 개인적 자아실현에 의해서가 아니라 사회에 참여하는 가운데 만들어지는 사회적 자아실현에 있다. 따라서 재건주의는 사회적 자아실현(social self-realization)을 교육의 목적으로 삼고, 보다 나은 이상사회를 구상하였다. 교육의 내용과 방법으로는 인간의 경험과 인류의 문화유산을 강조하고, 직 · 간접적인 경험뿐만 아니라 협동과 참여, 집단토론 등을 제시하였다.

② 교육의 원리

- 재건주의 교육은 문화의 기본적인 가치를 충족시킬 수 있는 새로운 사회질서를 이 사회 속에서 창조해야 한다. 동시에 현대사회의 사회 · 경제적 세력과 조화를 추구하는 일에 앞장서야 한다. 이러한 위기의 철학을 배경으로 **지역사회학교운동**을 전개한다.
- 아동은 물론 학교와 교육의 성격은 사회 · 경제적 세력에 의해 크게 영향을 받아 결정된다. 교육

은 사회적 자기실현에 그 목적이 있는데, 교육을 통해 개인은 그의 인격의 사회적 측면을 발달시킬 뿐만 아니라 사회발전에 참여하는 방법을 학습하게 된다.
- 교사는 재건주의 교육의 해결방안에 관해서 학생들이 확신을 갖도록 가르쳐야 하는데, 민주적인 방법과 절차에 따라서 특별히 신중하게 이루어져야 한다. 이에 따라 협동과 참여, 집단토론 등을 강조한다.
- 교육의 내용과 방법은 오늘날의 문화적 위기를 극복할 수 있는 방향으로 재구성되어야 하며, 행동과학적 연구에서 밝혀진 제반 원리에 맞아야 한다. 행동과학의 중요성은 인간에게 가장 가치있는 것을 발견할 수 있도록 도와준다는 데에 있다.
- 새로운 이상사회는 민주적이어야 하고, 그 사회의 제도, 조직과 기관 등은 국민에 의해 지배되어야 한다. 이상사회는 민주사회이기 때문에 그 실현도 민주적인 방법과 절차에 따라야 한다.

논술 모의고사3-1

• 이 예상문제는 주요대학 교재를 분석·통합하여 저작되었으며, 〈저작권법〉에 따라 무단 복제, 배포, 출판 및 전자출판 등 저작권을 침해하는 일체의 행위를 금지합니다.

다음은 현대 교육철학에서 쟁점이 되고 있는 교육철학의 탐구방법, 탐구영역 중 지식과 교육의 관계 그리고 탐구주 제들에 대해 논의한 내용이다. 이 내용을 바탕으로 교육철학의 탐구방법 4가지, 지식의 형태 3가지 및 내용지식의 형태 3가지를 각각 설명하시오. 또한 교육의 목적을 구분하고, 실용적 교육의 목적과 자유교육의 목적을 각각 논하 시오. 〔총20점〕

(가) 교육철학의 역할은 철학적 탐구방법을 통해서 보다 인간의 삶에 유용하게 교육을 이끌어 나갈 수 있는 지혜를 제공하는 것이다. 따라서 교육철학은 철학에 관한 지식을 기초로 하여 교육현상과 교육문제, 교육 목적에 대한 새로운 의미와 가치를 탐구하는 활동이다. 교육철학의 기능이라고도 하는 교육철학의 탐구방 법은 크게 4가지로 나누어 볼 수 있다.

(나) 철학의 탐구영역은 크게 존재론(형이상학), 인식론, 가치론 그리고 논리학으로 구분할 수 있다. 특히 인식론은 앎(지식)의 형성근거와 그 특징을 이해하려는 철학적 노력이다. 안다는 것과 모른다는 것은 어떻게 구별되며 참과 거짓은 어떻게 구별되는가? 도대체 앎이란 말의 뜻은 무엇이며, 과연 참다운 앎에 도달할 수 있는가? 이러한 질문은 인식론이 탐구하는 중요한 과제이다. 교과란 한 전문분야의 조직화된 지식의 체계를 의미한다. 지식이란 세계에 대한 학습의 과정이며 결과이다. 따라서 지식이란 이미 학습한 내용의 사실과 개념, 원리 등을 기억하는 것을 의미한다. 지식의 형태는 조건적 지식을 포함하여 크게 3가지로 분류되고, 또 내용지식의 형태는 규범적 지식을 포함하여 다시 3가지로 분류된다.

(다) 참된 의미에서의 교육은 인간의 성장가능성을 가치있는 방향으로 최대한 신장시킴으로써 건강하고 지적이며, 사회적·도덕적으로 자유롭고 성숙한 삶을 살 수 있게 하기 위한 것이다. 이와 같이 최대한의 자기실현을 한 성숙한 인간으로 기르는 일을 교육의 본질적인 목적이라고 한다면, 그 이외의 목적이나 기능은 부차적인 수단이 된다. 예를 들면 출세나 좋은 직장, 경제발전, 문화전달 등은 그 자체가 본질적 목적이 아니고, 수단적 목적이다.

(라) 실용적 교육은 고대 그리스의 Sophist에서 찾을 수 있으며, 중세의 조합학교와 도제교육제도 그리고 근대의 전문교육, 직업교육 등이 있다. 고대 그리스의 자유교육(liberal education)은 귀족계급에 해당하는 자유시민을 위한 것으로 학문이 미분화된 상태에 있었기 때문에 철학을 중심으로 구성되었다. 이것은 고대 로마를 거쳐 중세 사회에 들어 7자유학과(seven liberal arts)로 분화되었다. 근대 이후 자유교육의 내용은 실용적 성격을 갖지 않는 모든 교육, 즉 인문학, 사회과학, 자연과학, 예술 및 문학을 포괄하는 모든 학문영역으로 확대되었다.

〈배 점〉

• 답안의 논리적 구성 및 표현 〔총4점〕
• 논술의 내용 〔총16점〕
 · 교육철학의 탐구방법 4가지 설명 〔4점〕
 · 지식의 형태 3가지 및 내용지식의 형태 3가지 설명 〔6점〕
 · 교육의 목적 구분 논의 〔3점〕
 · 실용적 교육의 목적과 자유교육의 목적 논의 〔3점〕

논술 모의고사3-1 기본답안

I. 서설

교육철학의 탐구방법, 탐구영역 중 지식과 교육의 관계 그리고 탐구주제들에 대한 논의는 현대 교육과 교육학을 바르게 이해하는데 도움을 준다. 교육철학의 탐구방법은 반성적 사고과정이다. 지식의 형태는 반성적 사고과정의 산물이다. 교육의 목적에 대한 논의는 특히 교육의 내재적 목적을 정립하는데 도움을 준다.

다음에서는 교육철학의 탐구방법과 지식의 형태를 각각 설명하고, 교육의 목적을 구분하면서 실용적 교육의 목적과 자유교육의 목적을 아울러 논하고자 한다.

II. 교육철학의 탐구방법

분석적 방법은 교육적 언어 또는 개념의 의미를 명료화하고, 그 언어의 논리적 관계를 명백히 규명하는 탐구활동이다. 교육적 언어 또는 개념의 의미와 그 논리적 관계를 규명하는 것은 실제생활에서 일어나고 있는 교육현상이나 교육문제를 이해하고 탐구하는 활동이다.

평가적 방법은 어떤 기준에 비추어 교육의 이론과 실제, 진술, 주장, 명제 등의 만족정도를 판단하는 탐구활동으로, 규범적 방법이라고도 한다. 이는 어떤 기준에 의해서 사건이나 사실에 대해 바람직한 것인지 바람직하지 못한 것인지를 판단하는 활동이다.

사변적 방법은 사고나 사색을 통해서 새로운 개념과 원리, 가설, 이론, 문제와 목표 등을 발견하는 이론적 탐구활동이다. 사변적 방법은 이러한 사고과정에 의해서 새로운 개념과 원리, 가설, 이론 등 모종의 아이디어를 만들어낸다는 점에서 창안적 방법이라고 할 수 있다.

어떤 문제를 해결하기 위해서는 다양한 기준이나 관점을 조정하여 하나의 일관성있는 체계를 만들어내야 한다. 이를 체계적으로 탐구하는 방법을 통합적 방법이라고 한다. 즉, 통합적 방법은 다양한 기준이나 관점을 포괄적으로 종합하여 일관성있는 이해를 추구하는 탐구활동이다.

III. 지식의 형태 및 내용지식의 형태

1. 지식의 형태

명제적 지식은 어떤 명제의 진위(眞僞)를 구별할 수 있는 지식으로 '무엇을 안다'와 같이 표현되며, 명시지(explicit knowledge)라고도 한다. 이는 명제 또는 도식으로 표상되며, 개념적 지식, 기술적 지식, 선언적 지식 또는 내용지식을 말한다. 명제적 지식은 다시 사실적 지식, 논리적 지식, 규범적 지식으로 분류된다. 이러한 지식의 성립조건은 신념조건, 진리조건, 증거조건, 방법조건이 있다.

방법적 지식은 어떤 과제의 방법과 절차에 관한 지식으로 '무엇을 하는 방법을 안다'와 같이 표출되며, 암시지(implicit knowledge) 또는 암묵지(tacit knowledge)라고도 한다. 방법적 지식은 명제적 지식에 의존한다. 이는 산출 또는 조건-행위규칙으로 표상되며, 절차적 지식 또는 과정지식을 말한다.

조건적 지식은 기술적 지식과 절차적 지식을 '언제, 어디서 그리고 왜 적용할 것인가'에 대한 지식이다. 조건적 지식은 명제적 지식의 일종이라고 할 수 있다. 이는 인지전략 또는 조건으로 저장되며, 목표를 달성하기 위해서 기술적 지식과 절차적 지식을 선택하고 활용, 평가하는 지식이다.

2. 내용지식의 형태

사실적 지식이란 어떤 사실 또는 현상을 기술하거나 설명하는 지식으로, 엄격한 의미에서는 가설적·개연적 지식이라고 할 수 있다. 주로 귀납적 지식이 이에 해당한다. 논리적 지식이란 명제를 구성하는 각 요소간 관계를 나타내는 형식적 지식으로, 개념적·분석적 명제로 표현된다. 주로 연역적 지식이 이에 해당한다. 규범적 지식이란 도덕적 가치판단에 관한 지식으로, 흔히 평가적 명제로 표현된다.

Ⅳ. 교육의 목적

1. 교육의 목적 구분

제시문에서 언급된 교육의 목적은 교육의 내재적 목적과 외재적 목적 구분이다. 교육의 목적을 외재적으로 규정하는 것은 다른 목적을 달성하기 위하여 교육을 끌어들이는 것을 말한다. 예를 들면, 교육을 개인적 차원에서 출세나 좋은 직장을 얻기 위한 수단으로 보는 것, 사회적 차원에서 경제발전이나 문화유산의 전달·계승을 위한 수단으로 보는 것 등이 그것이다. 이에 반해 교육의 내재적 목적은 교육의 목적을 교육 내지 교육활동 그 자체에서 찾는 것을 말한다. 교육의 내재적 가치 또는 내재적 목적에 대하여 처음으로 언급한 교육철학자는 Dewey이다. 그는 경험의 계속적인 재구성으로서의 성장을 교육과 동일시하고, 성장은 그 자체로서 가치가 있다고 주장하였다.

2. 실용적 교육의 목적과 자유교육의 목적

실용적 교육은 개인이나 사회의 이익과 실제적인 유용성을 목적으로 하는 교육이다. 그러므로 실용적 교육의 내용은 개인적 목적이나 사회적 목적에 봉사하는 수단이 되는 기술을 숙달하거나 실제적인 지식을 가르치는 것이다. 역사적으로 자유교육은 사회적 생산활동에서 벗어나 세계와 사물을 관조하는 지적 활동을 중심으로 하는 교육으로, 그 목적은 마음(이성)의 계발에 있었다. 그러한 자유교육의 내용은 이론적 지식과 교과이다.

Ⅴ. 결어

교육철학의 기능이라고도 하는 교육철학의 탐구방법은 크게 분석적 방법, 평가적 방법, 사변적 방법, 통합적 방법으로 나누어 볼 수 있다. 지식의 형태는 크게 내용지식, 과정지식, 조건적 지식으로 분류되고, 또 내용지식의 형태는 다시 사실적 지식, 논리적 지식, 규범적 지식으로 분류된다.
교육의 목적은 교육의 내재적 목적과 외재적 목적으로 구분된다. 역사적으로 자유교육의 목적은 이성의 계발에 있었는데, 이것은 교육의 내재적 목적을 중시하는 것이다.

논술 모의고사 3-2

• 이 예상문제는 주요대학 교재를 분석·통합하여 저작되었으며, 〈저작권법〉에 따라 무단 복제, 배포, 출판 및 전자출판 등 저작권을 침해하는 일체의 행위를 금지합니다.

다음은 철학과 교육의 관계에 있어서 20세기 전기 현대 교육철학의 발달배경을 간추린 내용이다. 이 내용을 바탕으로 진보주의, 항존주의, 본질주의, 재건주의 교육사조에 따른 교육의 목적을 각각 논하시오. 또 진보주의, 항존주의, 본질주의, 재건주의 교육사조에 따른 교육의 원리를 각각 3가지 이상 설명하시오. 〔총20점〕

(가) 전통적인 교육에 반발하면서 등장한 이 교육은 세계는 변화와 불확실성을 특징으로 하며, 진리는 상대적인 것이라는 실용주의 철학에 바탕을 두고 경험중심 교육과정으로 전개되고 있다. 이를 대표하는 교육철학자는 Horace Mann, Parker, Dewey 등이다. Dewey에 의하면, 교육은 전통적인 교육에서 주장하는 바와 같이 미래의 생활을 위한 준비가 아니라 현재의 생활 그 자체를 의미있게 만들어 가는 것이다.

(나) 20세기 초반 진보주의 교육이 크게 지지를 받는 가운데 전통적 보수주의자들은 진보주의 교육철학의 급진성과 과격성을 비판하면서 절대적 가치와 진리를 중시하는 이 교육철학을 제안하였다.
진보주의에 반대하는 이것은 절대적 가치와 진리를 주장한다. 급격한 사회변동에도 불구하고 변화보다는 영원불변한 것만 실재한다고 믿기 때문에 심각한 사회변동을 극복할 수 있는 힘은 절대불변의 원리에서 찾을 수 있다고 믿는 것이다. 이를 대표하는 교육철학자는 Hutchins, Adler, Maritain, Cunningham 등이다.

(다) 진보주의와 항존주의가 실용주의 대 고전적 인문주의, 변화 대 전통이나 영원불변, 가치 상대주의 대 가치 절대주의로 대조되는 교육철학이라면, 이는 진보주의와 항존주의의 문제점을 극복하고 양자의 장점을 수용하는 교육철학이다. 즉, 이 교육철학은 진보주의의 실험정신과 현재의 문제해결에 대한 강조, 그리고 항존주의의 과거의 위대한 업적에 대한 강조를 절충하여 양자를 통합하려고 하였다. 이러한 의미에서 이는 '진보주의와 항존주의의 절충주의'라고도 불린다. 이를 대표하는 교육철학자로는 Bagley, Breed, Horne, Morrison 등이 있다.

(라) 이는 현대의 사회·문화가 위기에 직면해 있다고 보고, 이 문화적 위기의 시대를 극복할 수 있는 새로운 교육철학의 필요성에서 비롯되었다. 이를 대표하는 교육철학자는 Counts, Rugg, Brameld 등이 있다. 특히 Brameld는 〈재건된 교육철학을 지향하여(1956)〉라는 저서에서 진보주의·항존주의·본질주의를 통합한 이 교육철학의 체계화를 시도하였다.

〈배 점〉

• 답안의 논리적 구성 및 표현 〔총4점〕
• 논술의 내용 〔총16점〕
 · 진보주의, 항존주의, 본질주의, 재건주의 교육의 목적 논의 〔4점〕
 · 진보주의, 항존주의, 본질주의, 재건주의 교육의 원리 설명 〔12점〕

논술 모의고사3-2 기본답안

I. 서설

진보주의 교육철학은 학습자가 자신의 경험을 통하여 지식을 습득해야 한다는 실천에 의한 학습(learning by doing), 즉 경험중심의 교육을 핵심으로 하는 사상이다. 항존주의는 고대 그리스의 자유교육을 교육의 이상으로 받아들이고, 교육은 시대와 사회에 관계없이 모든 사람들에게 동일해야 한다고 주장한다.

본질주의는 전통적인 문화유산 중에서 가장 핵심적인 것을 선택하여 그것을 가르침으로써 학습자가 미래의 생활을 준비할 수 있다고 주장한다. 그리고 재건주의는 인류와 사회의 위기의식에서 출발하여 현대의 사회·문화를 재검토함으로써 새로운 이상사회에 대한 전망을 제시하는 교육철학이다. 다음에서는 진보주의, 항존주의, 본질주의, 재건주의 교육사조에 따른 교육의 목적을 논의하고, 각 교육사조에 따른 교육의 원리를 차례대로 설명하고자 한다.

II. 각 교육사조에 따른 교육의 목적

진보주의 교육의 목적은 현재의 경험을 계속적으로 재구성하는 것이다. 경험의 계속적인 재구성이란 현재 당면한 문제를 해결하는 과정에서 획득된 지식이나 개념, 원리 등을 의미하는 동시에 지력의 개발을 의미한다. 항존주의 교육의 목적은 사회적 적응이나 인간의 욕구충족이 아니라 인간성의 회복이며, 그것은 인간의 자유로운 지성의 계발에 의해서 가능하다고 본다.

본질주의 교육의 목적은 과거의 문화유산 중에서 가장 중요한 것을 전달하는 것이고, 이를 통해 당면하고 있는 현실적인 문제를 해결하는 것이다. 그리고 재건주의는 사회적 자아실현(social self-realization)을 교육의 목적으로 삼고, 보다 나은 이상사회를 구상하였다.

III. 각 교육사조에 따른 교육의 원리

1. 진보주의 교육의 원리

첫째, 교육은 생활 그 자체이며, 생활을 위한 준비는 아니다. 지적 삶이란 경험의 해석과 재구성이어야 한다. 아동은 그 연령에 맞는 학습사태 속에서 공부해야 한다. 둘째, 문제해결에 의한 학습이 교과내용의 주입에 우선되어야 한다. 지식은 그 자체가 목적이 아니라 경험을 관리하는 도구이다. 따라서 실천에 의한 학습(learning by doing)이 중요시된다. 셋째, 학습은 아동의 관심과 흥미에 직접 연결되어야 한다. 아동은 전인(whole child)으로 이해되고 교육되어야 한다. 학습의 과정은 아동 개인에 의해 주로 결정된다는 점에서 학교는 아동중심이어야 한다.

2. 항존주의 교육의 원리

첫째, 교육은 생활의 모방이 아니라, 생활을 위한 준비이다. 학교는 결코 실생활상황이 될 수 없고 또 그렇게 되어서도 안 된다. 학교는 아동에게 그의 문화유산의 정수를 배우고 익히게 하기 위하여 인공적으로 꾸며진 곳에 불과하다. 둘째, 인간성은 어디를 가나 동일하기 때문에 교육 또한 어디를 가나 동일해야 한다. 인간다운 인간의 모습은 모든 시대와 모든 사회에 동일한 것이다. 그것은 인간의 본질에서 비롯되기 때문이다. 교육의 목적도 모든 시대와 모든 사회에 동일한 것이어야 한다. 왜냐하면 교육이란 인간을 인간답게 향상시키는 것이기 때문이다. 셋째, 교육은 교수를 의미하며, 교수는 지식을 가르치는 일이고, 지식은 곧 진리를 말한다. 지식이나 진리는 어디에 가나 동일하기 때문에 교육 또한 어디에 가나 동일해야 한다.

3. 본질주의 교육의 원리

첫째, 본질주의에서는 아동의 인내와 노력, 통제와 훈련을 매우 중요시한다. 학습은 본래 힘들여 노력해야 하고 싫어도 적응해야 하는 인내심을 내포한다. 아동의 당장의 흥미보다도 먼 곳의 목표에 충실하도록 요구한다. 둘째, 교육의 주도권은 학생이 아니라 교사에게 있어야 한다. 교사의 역할은 성인세계와 아동세계를 연결시키고 중개해 주는 일이다. 따라서 교육에 있어서 아동의 흥미와 자발성은 충분히 존중되어야 하지만, 교육의 주도권은 역시 교사에게 있어야 한다. 셋째, 교육과정의 중심은 지정된 교과를 이해하는데 있다. 이러한 관점은 우리들에게 삶의 방식을 정해주는 것은 그의 물리적 환경이라고 주장하는 실재론의 주장과도 일치하는 것이다. 본질주의 교육철학에서는 개인의 경험보다는 인류의 경험이 담겨있는 사회적 문화유산을 더 중요시한다.

4. 재건주의 교육의 원리

첫째, 재건주의 교육은 문화의 기본적인 가치를 충족시킬 수 있는 새로운 사회질서를 이 사회 속에서 창조해야 한다. 동시에 현대사회의 사회·경제적 세력과 조화를 추구하는 일에 앞장서야 한다. 이러한 위기의 철학을 배경으로 지역사회학교운동을 전개한다. 둘째, 교사는 재건주의 교육의 해결방안에 관해서 학생들이 확신을 갖도록 가르쳐야 하는데, 민주적인 방법과 절차에 따라서 특별히 신중하게 이루어져야 한다. 이에 따라 협동과 참여, 집단토론 등을 강조한다. 셋째, 교육의 내용과 방법은 오늘날의 문화적 위기를 극복할 수 있는 방향으로 재구성되어야 하며, 행동과학적 연구에서 밝혀진 제반 원리에 맞아야 한다. 행동과학의 중요성은 인간에게 가장 가치있는 것을 발견할 수 있도록 도와준다는 데에 있다.

IV. 결어

진보주의 교육은 세계는 변화와 불확실성을 특징으로 하며, 진리는 상대적인 것이라는 실용주의 철학에 바탕을 두고 경험중심 교육과정으로 전개되고 있다. 진보주의에 반대하는 항존주의는 절대적 가치와 진리를 주장한다.
본질주의는 진보주의와 항존주의의 문제점을 극복하고 양자의 장점을 수용하는 교육철학이다. 그리고 재건주의는 현대의 사회·문화가 위기에 직면해 있다고 보고, 이 문화적 위기의 시대를 극복할 수 있는 새로운 교육철학의 필요성에서 비롯되었다.

제4장

교육사회학

논점1 사회의 교육적 기능 : 교육의 사회적 기능

① 의의

교육의 기능은 개인적 측면과 사회적 측면으로 나누어 살펴볼 수 있다. 교육의 개인적 기능은 바로 사회화 기능이며, 교육의 사회적 기능은 문화전승 및 사회통합, 사회개혁, 사회적 선발(충원), 사회적 이동 기능 등이 있다.

② 문화전승 및 사회통합 기능

교육이 갖는 가장 중요한 사회적 기능은 문화전승 및 사회통합 기능이다. 교육은 문화를 창조하고 사회를 변화시키는 기능을 갖고 있지만, 우선 과거로부터 내려온 문화유산을 전달·계승하는 기능을 수행한다. 교육의 일차적인 과제는 문화전승 기능이다. 그 구체적인 표현이 사회화 기능이고, 사회질서의 유지·존속과 사회통합 기능이다.

- 사회화 기능

  인간이 자기가 속해 있는 사회집단의 사고방식과 행동방식 등의 문화내용을 내면화하고 자기의 독특한 개성과 자아를 형성해 가는 과정을 사회화라고 한다. 사회화란 사회적 측면에서 보면 문화전승의 과정(=문화화)이고, 개인적 측면에서는 자아형성의 과정이다.

- 문화전승 기능

  또한 교육은 문화를 창조하고 사회를 변화시키는 기능을 하기에 앞서서, 우선 기존의 문화유산을 전달·계승하고 사회의 동질성을 유지하는 보수적 기능을 한다.

  그런데 학교교육의 중요한 과제는 시대와 상황에 따라 각기 다른 문화 중에서 어떤 문화를 공인된 문화로 보고 이를 전승하느냐하는 것이다. 사회가 공인하는 지식과 기술, 가치관, 태도, 습관 등의 문화내용은 바로 학교의 교육내용이 되는데, 이를 사회의 문화로부터 선택하여 조직한다는 점에서 기본적으로 학교교육은 보수적 기능을 가진다.

- 사회통합 기능

  교육을 통한 사회통합 기능은 학교사회에서 학생들로 하여금 정상적이고 공인된 행동은 권장하지만, 비정상적인 행동에 대해서는 일정한 제재(처벌)를 가하는 보수적 기능을 한다. 그래서 학생들로 하여금 사회의 문화가 공인하는 방향으로 나아가게 한다.

  현대사회에 있어서 사회통합이란 어려운 과제이지만 학교교육을 통해서 공통된 집단의식과 공동체의식을 형성할 수 있다고 본다. 즉, 사회통합 기능은 학교교육의 사회화 기능과 문화전승 기능을 통해서 심층적인 의식구조의 변화를 가져오는데 그 의의가 있다.

③ 사회개혁 기능

교육은 보수적 기능만 하는 것이 아니라 사회를 바람직한 방향으로 개선, 발전시키는 진보적이고 혁신적인 기능을 하기도 한다. 즉, 새로운 문화를 창조하는 기능을 담당한다.

사회변동은 구성원들의 지식과 기술, 가치관, 태도, 습관 등의 변화를 통해 이루어진다. 그런데 이와 같은 사고방식과 행동방식의 변화는 학교교육을 통해 이루어진다. 적극적인 의미의 사회개혁은 사고방식과 행동방식의 변화를 요구하기 때문에 의도적인 사회의 변화와 발전을 촉진하기 위해서는 학교교육의 적극적인 역할이 중요시된다. 학교교육이 의도적인 사회변화를 촉진하지만 그 직접적인 요인은 과학기술의 발달이다. 일찍부터 학교교육은 과학교육과 기술교육을 중요시하였으며, 그 결과 기술문화의 발달이 촉진되었다. 기술문화의 변화는 시간적으로는 늦지만 필연적으로 가치문화의 변화를 초래한다. 따라서 학교교육은 현대사회가 요청하는 새로운 지식과 기술을 학교의 교육내용으로 하여 새로운 문화를 창조하는 기능을 수행하는 것이다.

④ 사회적 선발(충원) 기능

교육의 사회적 선발과 충원 기능은 지식과 기술, 가치관, 태도, 습관 등의 변화에 따른 인력의 선발과 분류·배치의 기능을 의미한다. 학교는 사회적 선발(충원) 기능을 통해 개인의 능력, 업적과 성취에 따라 사회적 지위와 역할을 배분한다.

사회는 그 자체의 존속과 유지를 위하여 또 그 자체의 성장과 발전을 위하여 다양한 기능을 수행하는데 그 기능에 따라 각자의 지위와 역할이 배분되며, 그에 알맞은 지식과 기술을 요구한다. 학교교육은 이러한 사회적 요구에 알맞게 학생의 능력, 업적과 성취를 중심으로 학생을 선발하고 분류·배치하는 기능을 수행한다.

⑤ 사회적 이동 기능

교육의 사회적 이동 기능은 전문적 지식과 기술의 습득을 통해서 사회적 신분과 지위, 직업 등의 변화를 촉진하는 기능을 말한다. 현대사회는 귀속지위보다 성취지위(업적지위)를 우선적으로 요구하기 때문에 개인의 가정배경이나 지역, 성별, 종교, 사회적 신분보다 학업성적, 전문적 지식과 기술의 습득을 더 중요시한다.

전문적 지식과 기술은 주로 학교교육을 통해서 이루어지고, 학교교육의 성취는 사회가 요구하는 자격을 부여해 준다. 결과적으로 학교교육은 사회적 지위상승을 위한 자격조건을 충족시켜 줌으로써 사회적 지위 또는 계층을 이동시키는 기능을 수행한다.

논점2 문화의 교육적 기능 : 교육의 문화적 기능

문화는 사회구성원으로서의 인간에 의해 형성된다. 인간은 문화를 학습한 결과 그 자신의 삶이 풍부해지고 문화를 전승하며, 또 창조해 낸다. 교육의 내용도 문화에서 선택되어 조직되며, 교육의 방법도 문화전파의 과정이다. 이러한 문화의 교육적 기능(교육의 문화적 기능)을 정리하면 다음과 같다.

첫째, 교육은 문화전승을 그 본질적인 기능으로 한다. 교육의 일차적인 과제는 문화전승 기능이다. 그 구체적인 표현이 사회화 기능이고, 사회질서의 유지·존속과 사회통합 기능이다. 둘째, 교육의 내용의 자원(resource)은 문화이다. 셋째, 교육의 과정(process)은 문화전계, 문화접변의 과정이자 문화전파의 과정이다.

논점3 사회화의 의의

① 의의
- 인간은 본래 사회적 존재로서 사회적 관계 속에서 사회적 상호작용을 하면서 살아간다. 이처럼 개인이 한 사회에 태어나서 그 사회의 언어, 지식, 신념, 습관, 이데올로기 등을 포함한 모든 생활양식을 내면화하고 사회의 한 구성원으로 성장해 가는 과정을 사회화(socialization)라고 한다. 즉, 사회화란 한 개인이 사회의 구성원으로 성장하면서 그가 속한 사회의 생활양식을 내면화하고 그 사회에서 요구하는 생활양식에 따라 행동하게 되는 과정을 말한다.
  교육은 이러한 사회화과정에서 중요한 기능을 하게 된다. 사회화과정에서는 지적·기술적 내용보다도 가치관과 태도, 습관 등의 정의적 내용이 주된 관심대상이 된다.
- 사회화의 의미는 사회적 측면과 개인적 측면으로 나누어 살펴볼 수 있다. 우선 사회적 측면에서의 사회화는 사회의 문화가 전달되고 개인이 사회의 구성원으로 성장해 가는 과정(=문화화)을 의미한다. 하지만 개인적 측면에서는 인간의 잠재능력을 계발하고 개인의 성장과 발달을 이루어가는 과정을 의미한다. 그래서 사회화는 문화전승과 자아형성의 2가지 의미를 동시에 내포하고 있다.

② 인간의 기본조건
- 모든 인간은 출생시에 일정한 생득적 기본조건을 가지고 태어난다.
  첫째, 유기체적 욕구로 생득적인 기(飢), 갈(渴), 성(性) 등의 욕구를 타고난다. 둘째, 사회적 상호작용으로 사회적 관계 속에서 그가 속한 사회의 생활양식을 내면화한다. 셋째, 언어를 통한 상징적 상호작용은 사회화과정의 중요한 양식이며, 나아가 사회와 문화가 유지될 수 있는 결정적인 요인이다.
- 인간은 능동적이고 역동적인 존재이다. 그러므로 인간행동은 정적으로 머물러 있지 않고 계속적으로 변화·발달한다. 그래서 인간행동은 변화와 수정이 가능하며, 그 가능성은 인간의 생명이 지속되는 한 지속된다. 즉, 인간은 적응적 존재이다. 인간은 능동적으로 적응하지만 수동적으로 적응하기도 한다.
- 일찍이 Aristoteles는 인간은 정치적(사회적) 동물이라고 하였다. 인간은 혼자서 존재할 수 없고 다른 사람들과 사회적 관계를 맺으며 존재할 수 있는 것이다. 인간은 사회를 형성하고 또 사회적 요인에 의하여 영향을 받는다. 그래서 인간에 대한 이해는 한 개체로서만이 아니라 사회 속의 존재로서 이해되어야 한다.

③ 교육과 사회화의 중요성
- 인도의 늑대아 사례 : 1920년 인도의 늑대굴에서 발견된 2세의 Amala와 8세의 Kamala라는 여아에 관한 사례이다. 사람에게 발견된 후 이들은 Singh목사 부부에 의해 양육되었으나, Amala는 1년 이내에 죽어버렸고 Kamala는 9년 후에 죽어버렸다. 이들은 발견 당시에는 신체적으로만 인간이었고 행동과 말은 늑대와 동일하였으나, 양육된 지 6년쯤 지나서 Kamala는 사람과 같은 말을 하게 되었다고 한다.
- 프랑스의 야생아 사례 : 1779년 남부 프랑스의 아비뇽 숲속에서 발견된 12세 정도의 소년에 관한 사례이다. 이 소년은 파리로 옮겨진 후 젊은 의사 Itard에 의해서 5년간 교육을 받았으나, 말을 배우는 데에는 한계가 있었다.
- 이와 같은 사례들은 교육과 사회화의 중요성을 시사해 주는 한편, 발달의 불가역성(不可逆性)을 시사해 준다.

논점4 사회화의 기관

① 의의

인간이 그가 사는 사회를 떠나서 생활을 한다면 그 행동은 우리가 상식적으로 생각하는 행동과는 거리가 아주 먼 다른 행동을 배우게 된다. 그래서 한 사회에서 아동에게 기대하는 생활양식은 아동이 성인과 접촉하는 동안에 의도적으로 혹은 비의도적으로 학습하게 된다. 따라서 한 사회의 문화는 그 사회에서 성장하고 있는 아동의 행동을 규제하게 된다.

개인은 사회화과정에서 다른 사람들과 여러 단체 등으로부터 큰 영향을 받게 되는데, 개인의 사회화과정에서 중요한 영향을 미치는 사회적 요인을 사회화의 기관이라고 한다. 특히 가정은 아동이 태어나서 최초로 성격을 형성하는 장(場)이자 1차적 사회화의 기관이고, 학교는 의도적이고 계획적인 사회화를 담당하는 대표적인 기관이다.

② 종류

사회화의 기관은 부모, 또래, 동료, 교사 등의 개인과 가정, 또래집단, 동료집단, 학교, 교회, 직장, 지역사회 등의 단체 그리고 라디오, 영화, TV 등의 매스컴이 있다.

이러한 기관은 한편으로는 학교, 교회 등의 공식적 기관과 가족, 직장, 지역사회, 라디오, 영화, TV 등의 비공식적 기관으로 나눌 수도 있다.

논점5 사회화의 방법 : 사회적 학습

① 의의

개인은 인간관계를 통하여 여러 가지 사회적 특성을 배우게 되는데, 이러한 사회적 상호작용에 의한 학습의 과정을 사회적 학습이라고 한다.

일반적으로 조건형성, 모방학습, 모형학습, 역할학습 등을 포함하는 행위학습과 인지학습의 2대 유형으로 분류할 수 있으나, 사회적 학습의 대표적인 예는 모방학습, 모형학습, 역할학습 등을 들 수 있다.

② 모방학습(관찰학습)

　모방학습 또는 관찰학습이란 타인의 특수한 행동이나 사고방식 등을 관찰하고 모방함으로써 보상이 주어지는 사회적 학습을 말한다. 부모·교사·다른 학생들의 특정한 행동을 모방하거나 또는 라디오, 영화, TV 등에 등장하는 인물의 특정한 행동을 직접적으로 모방할 때 보상을 받으면서 사회적 학습이 일어난다. 이처럼 모방은 인간의 학습을 가능하게 하는 기본적이고 본능적인 행동이며, 인간은 자기에게 도움을 줄 수 있는 타인이나 보상을 받을 수 있는 타인의 행동을 모방한다.

③ 모형학습(동일시)

　모형학습 또는 동일시란 타인의 행동이나 사고방식 등을 그대로(일반적으로) 관찰, 모방함으로써 이루어지는 사회적 학습을 말한다. 이는 모방학습보다 좀 더 넓은 의미를 갖는다. 모형학습에서는 모방할 타인을 어떻게 선택하는가의 과정까지도 포함한다. 이러한 과정을 특히 동일시(identification)라고 하는데, 아동이 어떤 사람을 자신의 동일시의 대상으로 삼느냐 하는 것은 장차 아동의 인성과 자아형성에 큰 영향을 미치게 된다. 따라서 부모와 교사는 아동이 바람직한 동일시의 대상을 형성하도록 적절한 지도를 해야 한다.

④ 역할학습

　역할학습이란 어떤 지위에 있는 사람이 그 지위와 역할에 기대되는 행동을 학습하는 과정을 말한다. 사회적 관계 속에서 형성되는 개인의 사회적 위치를 지위(status)라고 하며, 그 지위에 따라서 기대되는 개인의 실제적 행동을 역할(role)이라고 한다. 개인은 사회적 관계 속에서 어떠한 지위를 부여받게 되는데, 그 지위에는 어떻게 사고하고 행동해 주기를 바라는 기대가 따르게 마련이다. 이 기대를 **역할기대**라고 하며, 그에 따른 행동을 **역할행동**이라고 한다.

　사회적 관계 속에서 개인이 가질 수 있는 지위의 종류는 다양하다. 지위에 부과되는 역할기대는 제도적으로 규정되어 있거나 혹은 다른 사람들과의 상호작용을 통해 그 내용을 학습하게 된다. 따라서 역할학습에 있어서는 다양한 역할기대의 타당성을 검토할 수 있고, 동시에 타당한 자신의 역할행동을 확립해 나아갈 수 있는 능력을 길러주는 일이 중요하다. 나아가 부모와 교사는 스스로 모델이 되어야 하며, 아동에게 그러한 교육적 기회를 의도적으로 마련해 주어야 한다.

논점6 교육사회학의 발달과정

① 교육적 사회학

교육사회학은 사회학적 지식을 가지고 교육현상이나 교육문제를 이해하고 설명하려는 노력이다.
- 사회학적 지식을 교육실천에 응용하려는 교육사회학이다.
- 1930~40년대 Suzzalo, Natorp 등 교육학자를 중심으로 한 가치중립적 접근이다.
- Olsen의 지역사회학교운동이 대표적인 예이다.

② 교육의 사회학

과학지향적 교육학, 즉 사회과학으로서의 교육학에 관심을 가졌던 Durkheim은 교육현상을 사회적 사실(social fact)로 파악하고, 사회구조의 한 부분으로 교육의 사회적 기능을 밝혀내는 것을 교육학, 특히 교육사회학의 연구대상으로 삼았다. 그에 의하면 교육은 한 사회가 그 자체의 존재조건을 의도적으로 재창조하는 수단이며, 그 핵심은 새로운 세대에 대한 사회화(socialization)이다. 그러므로 교육의 목적은 사회적 가치와 규범을 개인에게 내면화시키는 데에 있다.

그는 전통사회에서 근대사회로 이행해 가면서 개인주의가 팽배하고 이 과정에서 사회통제를 수행하는 사회적 규범이 다양하고 이완되는 문제가 발생하는데, 이러한 현상을 아노미라고 불렀다. **아노미(anomie)** 란 사회적 가치와 규범이 상실된 혼돈상태 혹은 무규범상태를 의미한다. 이를 해소하기 위해 도덕적 개인주의를 주창하였는데, 이는 공리적 개인주의 혹은 자유방임적 개인주의가 아니라 책무를 포함한 개인주의를 의미한다. 그리하여 교육의 목표를 도덕적 자율성의 계발에 두고, 국가와 학교에 의한 도덕교육을 중요시하고 있다.

한편, 계급갈등론에 입각한 Marx는 학습이 이루어지는 모든 상황을 교육(=의식화교육)으로 간주하고, 교육을 사회개혁의 핵심수단으로 파악하였다. 그리하여 교육과 노동생산성을 연계시켰으며, 교육이 지니고 있는 이데올로기적 성격을 지적하였다.

권력갈등론 또는 지위갈등론에 입각한 Weber에 의하면, 사회학은 사회적 행동(social action)에 대한 인과적 설명을 하기 위하여 그 사회적 행동을 질적으로 이해하려는 과학으로 간주하고, 사회과학에 처음으로 질적 연구방법을 도입하였다.

- 교육현상이나 교육문제를 사회학적으로 연구하는 교육사회학이다.
- 1960년대 미국 사회학자를 중심으로 한 가치중립적 접근이다.
- 기능주의이론과 갈등이론이 대표적이다.

③ 신교육사회학

지식사회학은 지식으로 대표되는 모든 사고활동이나 의식활동의 산출물을 존재구속성 측면에서 탐구하는 학문이다. 지식이 역사적·사회적 조건의 구속을 받는다고 주장하는 지식사회학의 극단적 상대주의에 대한 비판이 계속되고 있지만, 신교육사회학으로서의 교육과정사회학은 Mannheim의 지식사회학에 많은 영향을 받고 있다.

- 교육과정과 교사-학생간의 관계를 연구하는 교육사회학이다.
- 1970년대 유럽 사회학자를 중심으로 한 가치지향적 접근이다.
- 신Marxism, 상징적 상호작용이론, 지식사회학 등이 대표적이며, 미국에서 일어난 교육과정사회학과 동일시된다.

논점7 기능주의이론

① 의의

기능주의이론은 사회를 유기체에 비유한다. 즉, 사회는 유기체와 마찬가지로 여러 부분으로 구성되어 있으며, 각 부분은 전체의 존속과 유지를 위하여 필요한 각각의 기능을 수행한다는 입장이다. 이와 같은 의미에서 사회의 각 부분은 상호의존적·상호보완적·상호작용적 관계이다. 사회는 항상 안정과 질서를 유지하려는 속성을 지니고 있으며, 어떤 충격에 의하여 그 안정과 질서가 깨뜨려지면 이를 통합하기 위한 노력을 한다는 것이다. 이러한 기능이론의 대표자는 Comte, Spencer, Durkheim 및 Parsons, Merton 등이다.

기능이론은 Parsons에 의해 규범적으로 체계화되었지만 성장이론, 근대화이론, 인간자본이론, 기술기능이론, (국민통합이론), 지위획득이론 등이 모두 이에 속한다.

② 특징

- Parsons(1959)에 의하면, 어느 사회체제든지 다음과 같은 속성을 지니고 있다.

  첫째, 한 체제는 구성부분들로 이루어진다. 그 구성부분들은 기능적 차이만 있을 뿐, 우열(優劣)은 없다. 따라서 구성부분들은 자율적이고 독립적이다. 둘째, 한 체제의 구성부분들은 전체의 존속과 유지를 위하여 기능하며, 통합(균형)을 이루는 경향이 있다. 셋째, 한 체제의 구성부분들은 구조-기능적으로 상호의존적이다. 넷째, 한 체제는 다른 체제에 영향을 주며, 상위체제에 대한 하위체제이다. 다섯째, 사회적 가치는 사회구성원의 합의(동의)에 바탕을 두고 있다.

- 사회계층은 기능적 차이에 바탕을 두고 있으며, 적재적소 배치의 원리와 차등적 보상의 원리에 따른 결과일 뿐이다. 따라서 사회계층은 업적과 성취에 따라 유동적이고 상대적이다. 이러한 체제(system)의 관점에서 사회를 설명하는 기능주의이론은 현실을 주어진 것으로 인정하는 현상유지를 지지하고 있다.

논점8 Durkheim의 교육관

- 교육의 정의
  Durkheim은 도덕적 개인주의에 입각하여 국가와 학교에 의한 도덕교육을 중요시하고, 〈교육은 사회생활을 위한 준비를 아직 갖추지 못한 새로운 세대에 대한 기성세대의 영향력의 행사이다〉라고 정의하였다. 그 목적은 전체로서의 사회환경과 장차 아동이 소속하게 되는 특수한 사회환경의 2가지 측면이 요구하는 지적·도덕적·신체적 특성을 육성하고 계발하는데 있다.

- 보편사회화와 특수사회화
  그는 **교육을 사회화와 동일시**하고, 사회화를 위한 교육의 기능을 보편사회화와 특수사회화의 2가지 측면으로 구별하였다. 보편사회화는 전체로서의 사회환경이 요구하는 지적·도덕적·신체적 특성을 육성하는 것을 말하고, 특수사회화는 개인이 소속하게 되는 특수한 사회환경이 요구하는 지적·도덕적·신체적 특성을 계발하는 것을 말한다. 즉, 보편사회화는 사회구성원들의 동질성을 형성하는 것이고, 특수사회화는 각자가 소속하게 되는 직업사회의 규범을 학습하는 것이다. 그는 사회가 분화됨에 따라 보편사회화에서 특수사회화로 이행하지만 보편사회화를 강조했는데, 사회 전체를 위한 사회구성원들의 동질성 확보가 필요하기 때문이다.

- 기계적 연대와 유기적 연대
  또한 그는 인간관계를 기계적 연대와 유기적 연대로 구분하였다. 기계적 연대는 전통사회의 특징인 혈연, 지연 등에서 유래하는 1차적 관계를 의미하고, 유기적 연대는 근대사회의 특징인 계약관계, 이해관계 등에서 유래하는 2차적 관계를 의미한다. 기계적 연대는 오늘날의 가족사회에서 찾아볼 수 있지만, 유기적 연대가 현대 산업사회의 전형적인 인간관계이다.
  그는 인간의 사회가 기계적 연대 → 유기적 연대로 이행한다고 지적하였다. 이 과정에서 사회통제를 수행하는 사회적 규범이 다양하고 이완되는 문제가 발생하는데, 이러한 현상을 아노미라고 불렀다.

논점9 Parsons의 교육관

- 학교의 기본적인 기능

    Parsons는 사회체제로서의 학교를 연구하였다. 그는 학교의 사회화 기능과 더불어 학교의 사회적 선발(충원) 기능을 강조하였다. 즉, 사회화 기능과 동시에 사회적 선발(충원) 기능을 사회체제로서의 학교의 기본적인 기능으로 파악하였다. 그는 학교는 사회적 가치와 규범을 개인에게 내면화시키고, 또한 중등학교의 계열 분류와 대학입학시험제도는 사회적 선발과 충원을 위한 필수장치로 보았다.

    사회체제로서의 학교의 기능은 사회적응적 기능-사회창조적 기능-사회통합적 기능-형상유지(유형유지) 기능을 수행한다.

- 가열기능과 냉각기능

    학교는 사회적 선발과 충원 기능을 담당하는 제도인데, 2가지의 상반되는 역할을 수행한다. 첫째, 사람들이 능력에 따라 적절한 선발과 충원이 이루어질 수 있도록, 사람들이 보다 높은 지위와 역할을 획득하기 위해 경쟁을 유발하고 동기를 부여하는 가열기능(warming-up)을 담당해야 한다. 둘째, 준비된 지위와 역할을 차지하고자 하는 높은 포부와 열망을 낮추려는 냉각기능(cooling-out)을 수행해야 한다.

    특히 규준지향의 상대평가는 이러한 가열기능과 냉각기능을 내포하고 있는 시험이다.

- 역할사회화

    그는 사회가 분화되고 전문화됨에 따라 역할사회화 기능을 매우 중요시하고 있다. 역할사회화란 어떤 지위와 역할에 필요한 사회적 가치와 규범을 내면화시키는 것으로, Durkheim이 말하는 특수사회화와 유사한 것이다. 예를 들면, 예비교사는 교사로서 갖추어야 할 사회적 가치와 규범, 태도 등을 내면화시키지 않으면 안 된다.

    역할사회화에 있어서는 학교와 사회의 동료집단이 특정한 지위와 역할의 모델을 제공한다.

논점 10 　Dreeben의 학교규범론

학교에서 습득하게 되는 사회적 가치와 규범에 주목하여 '학교사회화'의 내용을 다음과 같이 설명하고 있다.
- 독립성 : 학생들이 주어진 과제를 수행하고 자신의 행동에 대해서 책임을 져야 할 때 습득되는 규범이다(예 : 자율학습).
- 성취성(업적성) : 학생들이 최선을 다해 과제를 수행하고 성과에 따라 대우받아야 할 때 습득되는 규범이다(예 : 학업성적).
- 보편성 : 학생들이 같은 과제를 수행하고 같은 규칙이 적용될 때 습득되는 규범이다(예 : 일제수업).
- 특수성(예외성) : 학생들이 다른 과제를 수행하거나 예외의 규범이 적용될 때 습득되는 규범이다(예 : 능력별 학급편성이나 개별화수업).

논점 11 　갈등이론

① 의의

갈등이론은 사회를 개인간 및 집단간의 끊임없는 갈등과 경쟁의 연속적인 과정으로 본다. 즉, 사회는 집단간의 이해관계에서 비롯되는 강제와 저항, 모순, 대립, 경쟁, 투쟁, 불일치, 불균형으로 인해 끊임없는 변화(변동)가 일어난다는 입장이다. 갈등이론은 그 유형에 따라 갈등의 근원을 다르게 파악한다. Marxism에서는 생산수단의 소유에 따른 계급갈등을 모든 갈등의 원천으로 보는 반면, Weberism에서는 재산·권력·지위 등 희소한 사회적 가치를 둘러싼 권력갈등이나 지위갈등을 중요시한다. 이러한 갈등이론의 대표자는 Marx, Weber를 비롯한 Dahrendorf, Coser 등이다.

갈등이론은 흔히 Marxism, 신Marxism과 동일시되지만 Weberism도 갈등이론의 범주에 속한다.

② 특징
- Dahrendorf(1966)는 기능주의이론을 비판하고, 다음과 같이 모든 사회의 속성을 제시하고 있다. 첫째, 모든 사회는 언제나 불일치와 갈등 속에 있다. 둘째, 모든 사회는 언제나 변화(변동)의 과정에 있다. 셋째, 사회의 구성요소들은 변화에 기여한다. 넷째, 모든 사회는 한 집단의 다른

집단에 대한 강제(명령)에 기반을 두고 있다.
- 모든 사회는 이해관계를 둘러싼 개인간 및 집단간의 갈등과 투쟁의 연속적인 과정이자 끊임없는 변동의 과정이라고 본다. Marxism, 신Marxism은 진보적이고 **혁명지향적이며**, 교육(=의식화교육)과 사회의 미래에 대하여 낙관적인 반면, Weberism은 보수적이고 현상유지적이며, 교육과 사회의 미래에 대하여 비교적 회의적이고 비관적이다.

논점12 Marx의 교육관

- 경제결정론
  Marx는 학습이 이루어지는 모든 상황을 교육(=의식화교육)으로 간주하고, 교육을 사회개혁의 핵심수단으로 파악하였다. 그리하여 교육과 노동생산성을 연계시켰으며, 교육이 지니고 있는 이데올로기적 성격을 지적하였다. 그는 〈지금까지 존재했던 모든 사회의 역사는 계급투쟁의 역사였다〉라고 규정짓고, 인간의 의식이 사회적 존재를 결정하는 것이 아니고 반대로 사회적 존재가 그 의식을 결정한다는 사적 유물론(史的 唯物論)과 변증법적 유물론(辨證法的 唯物論)을 바탕으로 **경제결정론**을 주장하였다. Marx의 경제결정론은 계급갈등을 중심으로 사회구성체를 분석하면서 하부구조에 해당하는 경제적 토대가 전면적으로 상부구조를 결정한다는 것이다. 즉, 상부구조는 경제적 토대인 하부구조에 종속된다는 것이다.

- 사회구성체론
  그는 하부구조-상부구조라는 개념을 제시하면서 사회구조를 경제에 토대(土臺)를 둔 하부구조와 정치·법률·교육·종교·이데올로기 등이 포함되는 상부구조로 파악하는 사회구성체론을 주장하였다. 사회구성체의 하부구조는 노동자계급으로 대표되고, 상부구조는 자본가계급으로 대표되는 계급구조를 형성하고 있다. 여기서 상부구조는 경제적 토대인 하부구조에 종속되어 있으며, 하부구조는 상부구조에 실질적인 영향을 미치고 있다.

- 계급투쟁론과 폭력혁명론
  그는 경제적 생산관계, 특히 생산수단의 소유정도에 따라 노동자계급과 자본가계급을 구분하고, 계급투쟁론과 폭력혁명론을 주장하였다. 인류의 역사는 경제적 생산관계의 모순에 저항하는 자본가계급에 대한 노동자계급의 계급투쟁을 통해 발전하며, 결국은 미래 공산주의 사회로 이행한다고 주장하였다.

논점13 Bowles & Gintis의 교육관

- 대응원리(correspondence principle)

  Bowles & Gintis에 의하면, 학교교육의 사회구조와 생산현장의 사회구조는 다음과 같이 살펴볼 수 있다.

  첫째, 학생은 노동자와 마찬가지로 권한이 없고 소외되어 있다. 둘째, 학교교육은 노동과 마찬가지로 목적이 아니라 수단으로 기능한다. 셋째, 분업을 통해 노동자의 역할과 단결이 제한되고 있는 것처럼 지식의 전문화와 과도한 경쟁을 통해 학생의 역할과 단결이 제한되고 있다. 넷째, 학교구조의 수준은 사회구조의 수준과 그대로 대응한다.

  학교구조는 학교교육의 사회구조와 생산현장의 사회구조 사이의 **대응원리**(correspondence principle)를 통해 경제적 생산관계를 재생산하며, 또한 학생들에게 사회계급에 기초한 지배이데올로기를 강화함으로써 불합리한 위계구조를 재생산한다는 것이다.

- 경제적 재생산

  Bowles & Gintis에 의하면, 학교교육의 위계구조와 자본주의 사회체제의 위계구조는 그 대응원리에 따라 필요한 지식과 규범을 은밀히 주입한다. 즉, 초등교육에서는 하위직에 적합한 복종과 순응·시간엄수 등을, 중등교육에서는 중간직에 적합한 지식과 기술·규범과 가치 등을, 그리고 고등교육에서는 최고관리직에 적합한 독립성·자율성·지도성 등을 전수한다. 따라서 학교교육은 자본주의 사회체제의 위계질서를 그대로 반영하고 있으며, 이를 통해 자본주의 사회구조를 재생산한다.

- 학교교육의 비판

  한편, Bowles & Gintis는 학교가 사회적 불평등을 재생산하고 정당화하고 있으며, 미국의 학교교육은 사회평등화의 역사가 아니었다고 주장하였다.

  첫째, 미국의 학교는 평등을 추구해서 발전한 것이 아니고 자본주의 사회체제에 적합한 전문기능인력을 공급하고 정치적 안정을 위한 사회통제의 제도적 장치가 필요해서 발전한 것이다. 둘째, 훈련받은 전문기능인력의 경제적 중요성이 높아짐에 따라 기존의 계급구조를 그대로 재생산하기 위한 교육의 불평등이 점점 더 심각해졌다. 셋째, 미국의 학교제도는 지난 반세기 동안 줄어들지 않는 사회적 불평등에 오염되어 있다. 넷째, 교육의 불평등은 학교 안에 있는 것이 아니고 학교 밖의 계급구조에, 나아가 자본주의 경제체제에 있다. 그래서 학교는 사회적 불평등을 유지시키고 지배계급의 이익에 봉사하는 도구이다. 나아가 학교교육이 능력주의에 따른 것처럼, 인재를 적재적소에 배치하는 것처럼 위장함으로써 사회적 불평등을 정당화한다는 것이다.

논점14 Giroux의 비판적 교육학이론

비판적 교육학은 불평등하고 비민주이며 억압적인 학교에서 사회적 관계가 어떻게 전수되고 있는가를 분석하고 있다. 비판적 교육학에서 추구하는 이상적인 인간상은 '비판적 인간'이다. 비판적 인간은 계몽과 해방, 정의를 추구하는 안목과 능력을 가진 인간을 말한다. 즉, 능동적이고 자율적이며 주체적 인간을 말한다.

따라서 교사와 학생은 '비판어'뿐만 아니라 '가능어'를 가지고 있어야 한다. 학교는 다양한 사회문제와 사회모순을 해결하는 전략적 공간이다. 교육은 학생들이 비판적 인간으로 성장할 수 있도록 도와주는 활동이다.

논점15 신교육사회학적 이론

① 의의

신교육사회학은 학교내부의 교육과정, 교사와 학생간의 상호작용, 교사가 규정짓는 학생에 대한 평가기준 등에 관심을 두는 입장이다. 전통적 교육사회학은 실증주의에 기반을 두고, 정치·경제 등 사회구조와 학교와의 관련성을 다루는 거시적 관점인데 반해, 신교육사회학은 현상학·해석학의 영향으로 학교 안에서 교사-학생간에 무엇이 일어나고 있는가에 주목하는 미시적 관점이다. 신교육사회학의 대표자로는 Willis, Giroux, Bourdieu, Apple, Illich, Reimer, Freire를 비롯하여 Gorbutt, Young, Bernstein 등이 있다.

이러한 신교육사회학은 학교내부의 교육과정에 관심을 두고, 미국에서 **교육과정사회학**(sociology of curriculum)을 학문적으로 연구하였다. 그리하여 1970년대 현상학적 입장에서 Frankfurt학파의 비판이론에 영향을 받은 비판적 교육과정 개발이론(=재개념주의적 교육과정 개발이론)으로 발전되었다. 교육내용은 지배집단의 이해관계를 반영함으로써 지배집단의 특권과 가치체계를 세대에 걸쳐 유지시켜 주는 도구로 인식하기 때문이다.

② 특징
- 신교육사회학의 연구주제는 대략 학교내부의 교육과정, 교사와 학생간의 상호작용의 2가지로 살펴볼 수 있다.

첫째, 교육과정은 지식의 사회성에 바탕을 두고, 교육과정은 사회적으로 통제된 문화전수의 한 방편이기 때문에 그것은 보편적인 것도 절대적인 것도 아니며, 단지 사회적 산출물(구성물)일 뿐이라고 주장한다.
둘째, 또한 교사와 학생간의 상호작용도 중립적인 것이 아니고, 사회적으로 규정된 것이기 때문에 교육의 불평등을 조장할 뿐이라고 주장한다.
- 이와 같은 입장에서 신교육사회학은 기존의 교육과정과 학교내부의 제반 현상을 주어진 것으로 받아들이지 않고, 그것이 지니고 있는 사회적 의미를 비판적으로 분석하여 이해하고자 한다.

논점16 Young의 교육관

- 교육과정
Young(1966)은 그의 저서 〈지식과 통제〉에서 전통적 교육사회학은 사회계층과 교육기회의 균등한 배분문제에만 집착한 나머지 학교내부의 문제는 소홀히 하였으나, 이제부터는 학교에서 가르치고 있는 지식의 사회성에 주목해야 한다고 역설하였다. 그러므로 신교육사회학의 연구주제는 '교육과정사회학'에 귀착된다.
그에 의하면 교육과정은 지식의 사회성에 바탕을 두고 있다. 교육과정은 사회적으로 통제된 문화전수의 한 방편이기 때문에 그것은 보편적인 것도 절대적인 것도 아니며, 단지 사회적 산출물(구성물)일 뿐이라고 주장한다.
지식은 사회계층의 이해관계를 반영하는 사회의 산출물이므로 지식은 계층화된다. 그래서 각각의 지식에 대해 다른 사회적 평가가 부여되고, 그에 대한 사회적 평가도 달라진다. 학교에서 가르치는 지식은 지배계층에 의해 결정된다. 교육과정은 지배계층의 이해관계가 반영된 것으로 상류계층의 학생들에게 유리하게 작용한다.
- 교사와 학생간의 상호작용
또한 그는 교사와 학생간의 상호작용도 중립적인 것이 아니고, 사회적으로 규정된 것이기 때문에 교육의 불평등을 조장할 뿐이라고 주장한다.

논점17 Bernstein의 교육관

- 제한된 어법과 정교한 어법

  Bernstein(1968)은 사회언어학적 연구에서 교육내용에 관한 주제가 교육사회학에서 차지하는 중요성을 인식시키는데 결정적인 공헌을 하였다. 그에 의하면 언어를 사회화하는 사회제도 중에서 가장 중요한 것은 가족이며, 가족내부에서 이루어지는 언어의 사회화과정에 대해 결정적인 영향을 미치는 요인은 계급구조이다.

  그는 언어의 사회화과정에 대한 연구에서 언어를 사회적 맥락에 구속되어 사용하는 제한된 어법(restricted linguistic code)과 언어를 사회적 맥락으로부터 독립하여 사용하는 정교한 어법(elaborated linguistic code)으로 구분하고, 학교에서는 주로 정교한 어법을 사용함으로써 기존의 계급구조를 강화하게 된다고 주장한다. 제한된 어법은 의존적·구체적이고 비논리적이며, 주로 하류계층이 사용한다. 그리고 문법과 문장규칙이 부정확하고 단순하다. 정교한 어법은 독립적·추상적이고 논리적·분석적이며, 주로 중·상류계층이 사용한다. 그리고 문법과 문장규칙이 정확하고 복잡하다.

  언어는 지식을 매개하는 중요한 수단으로 언어는 학생들의 학업성취와 밀접한 관계가 있다. 따라서 정교한 어법을 잘 쓰지 못하는 하류계층의 학생들은 중·상류계층의 학생들보다 학업성취가 낮을 수밖에 없다는 것이다.

- 집합형 교육과정과 통합형 교육과정

  또한 Bernstein은 한 사회의 교육과정의 조직원리를 연구함으로써 그 사회질서를 유지하는 방법과 원리를 파악할 수 있다고 주장하였다. 그는 교육과정을 집합형 교육과정과 통합형 교육과정으로 구분하고, 교육과정의 조직원리와 사회질서의 유지원리간의 관계를 분석하였다.

  교과목간-교과목내의 구분이 뚜렷한 '강한 분류-강/약한 구조'로 조직된 집합형 교육과정은 엄격히 구분된 교과목 또는 학과로 구성되어 있으며, 교과목간 또는 학과간의 구분이 엄격하기 때문에 그 횡적 교류가 거의 없다.

  상급과정으로 올라감에 따라 한 학과가 점점 전문화되거나 세분화되어 그 영역이 좁아진다. 인간관계는 횡적 관계보다 종적 관계가 훨씬 중시되며, 상·하간의 위계질서는 매우 엄격하다. 또한 교육과정의 조직에 있어서 교사와 학생들이 참여할 기회는 극히 적다. 그래서 교사와 학생들의 재량권이 감소한다. 이러한 집합형 교육과정은 교사중심의 교육에 해당하는 **가시적 교수방법(visible pedagogy)**과 긴밀한 관련이 있다.

  반면에 통합형 교육과정은 집합형 교육과정과 모든 점에서 대조적이다. 교과목간-교과목내의 구분이 뚜렷하지 않은 '약한 분류-강/약한 구조'로 조직된 통합형 교육과정은 교과목간이나 학과간의 구분이 엄격하지 않기 때문에 그 횡적 교류가 많아진다.

상급과정으로 올라감에 따라 여러 개의 학과가 상위개념에 따라 큰 영역으로 조직화되거나 계열화된다. 인간관계는 횡적 관계가 강화되고 중시된다. 그리고 교육과정의 조직에 있어서 교사와 학생들이 참여할 기회가 많아지고, 교사와 학생들의 재량권이 증가한다. 이와 같은 통합형 교육과정은 학습자중심의 교육에 해당하는 **비가시적 교수방법(invisible pedagogy)**과 밀접한 관련이 있다.

논점 18 사회체제의 의의

① 개념

Parsons에 의해 규범적으로 체계화된 사회체제이론은 사회현상을 구조-기능적으로 분석하여 이해하는 개방체제접근으로, 구조-기능주의이론 혹은 기능주의이론, 통합이론(균형이론), 합의이론(동의이론)이라고도 불린다.

Parsons에 의하면, 사회체제는 그 자체의 존속과 유지를 위하여 적응 기능(A)-목표달성 기능(G)-통합 기능(I)-형상유지 및 긴장관리 기능(L)의 4가지 기능을 수행하는데, 이러한 기능에 영향을 미치는 유형변수를 이분법적으로 정식화하여 설명하고 있다. 사회체제를 구성하는 기본단위는 각 개인의 사회적 행위이고, 이 행위자들의 상호작용과정이 바로 사회체제(social system)이다.

② 특징

체제(system)란 공동의 목적을 달성하기 위하여 상호작용하는 구성부분들로 이루어진 조직체를 의미한다. 각 구성부분들은 상호의존적·상호보완적·상호작용적 관계에 있다. 체제는 구성부분의 개별성을 인정하면서도 공동의 목적을 향하여 질서정연하게 움직이는 결합체로서 전체성을 지니고 있다. 체제는 구성부분들의 기능이 전체로 결합되는 과정에서 일정한 형태를 갖게 되는데, 그 형태는 전체로서 환경과 상호작용한다.

사회체제는 일종의 개방체제(open system)이다. 사회체제는 공동의 목표달성을 위하여 각 개인의 (지위와) 역할체계, 가치체계에 따라 상호작용하는 구성부분들의 집합체이다. 이러한 사회체제의 특징은 다음과 같다.

첫째, 사회체제는 상호작용하는 구성부분으로 구성되어 있다. 둘째, 사회체제는 목표지향적이다.

셋째, 사회체제는 구조-기능적이다. 넷째, 사회체제는 규범적이다. 다섯째, 사회체제는 제재적(처벌적)이다. 여섯째, 사회체제는 전체적이다. 일곱째, 사회체제는 개방적이다.

논점19 사회체제의 위계구조

사회체제의 기본단위인 개인의 사회적 행동은 역할체계-상호작용체제-집합체-가치체계의 구성요소로 이루어지며, 이러한 개인의 사회적 행동을 통합하는 사회체제(전체)는 생물유기체-인성체제-사회체제-문화체제의 위계구조를 형성하고 있다. 이와 같은 위계구조를 그림으로 표시하면 다음과 같다.

▶ 사회체제(전체)의 위계구조

논점20 사회체제의 기능과 유형변수

① 사회체제의 기능
- 적응 기능(A)
  사회는 구성원들로 하여금 성적 충원과 생존에 필요한 기본조건을 마련해 주어야 한다. 따라서 올바른 성교육과 합리적인 경제생활은 학교교육의 중요한 내용이 된다.
- 목표달성 기능(G)
  사회는 구성원들에게 역할을 부여하고 사회적 가치를 실현할 수 있는 선발제도를 마련해 주어야 한다. 그리고 제도적 교육을 통해서 사회는 인권·자유와 평등·정의·복지 등을 포함하는 이상과 목적을 확립해야 한다.
- 통합 기능(I)
사회는 구성원들을 사회화시키고 사회질서를 유지해야 한다. 또한 사회는 사회통제의 기준을 분명히 제시해 주어야 한다. 따라서 학교교육에서는 사회통제의 필요성과 사회통제의 기준을 학습하도록 해야 한다.
- 형상유지 및 긴장관리 기능(L)
사회는 지적 경험과 지향을 공유할 수 있는 수단을 마련해 주어야 한다. 또한 사회는 구성원들의 사회적 관계를 위해서 의사소통의 수단을 마련해 주어야 한다. 그래서 학교교육에서는 전통과 문화의 공유를 강조하며, 규범학습과 언어학습을 강조한다.

② 유형변수
- 감정중립성 대 감정(지향)성
개인의 사회적 행위 그 자체가 목표인가 혹은 목표달성을 위한 수단인가에 관한 문제이다. 근대 사회의 특징인 근대성(modernity)의 지표는 감정중립성이다.
- 특정성 대 확산성
행위자를 특정적이고 한정적으로 고려할 것인가 혹은 광범위하게 확산적으로 고려할 것인가에 관한 문제이다. 근대성의 지표는 특정성이다.
- 보편주의 대 특수주의
행위자를 평등하게 취급할 것인가 혹은 특수한 능력에 따라 취급할 것인가의 문제이다. 근대성의 지표는 보편주의이다.
- 성취주의(업적주의) 대 귀속주의
개인의 행위를 학업성적이나 성취 등으로 평가할 것인가 혹은 가정배경이나 지역 등으로 평가할 것인가에 관한 문제이다. 근대성의 지표는 성취주의(업적주의)이다.
- 자기지향성 대 집합체지향성
개인의 행위가 자기의 이익을 위한 것인가 혹은 집단(공동체)의 이익을 위한 것인가에 관한 문제이다. 근대성의 지표는 자기지향성이다.

논점21 학교사회의 특수성 : 학교사회의 구조

① 갈등구조

대부분의 사회체제는 거의 성인문화체제로 구성되어 있는데 비해, 학교사회는 서로 다른 아동문화체제와 성인문화체제로 구성되어 있다.

학교사회를 일종의 사회체제로 보고, 학교사회 속에서 지위와 역할을 분석하고자 했던 Waller도 학교사회 속에는 학생중심의 아동문화체제와 교직원중심의 성인문화체제가 각각 존재하고 있음을 지적하고, 이 두 문화체제 사이의 갈등구조라는 측면에서 학교사회의 특수성을 논의하고 있다.

② 중간집단, 양차적 집단

학교사회는 외부적으로 볼 때 이익사회 및 2차적 집단의 성격을 지니고 있지만, 내부적으로 볼 때는 공동사회 및 원초적 집단의 성격을 강하게 지니고 있다. 이러한 측면에서 Smith는 학교사회를 중간집단이라고 하였고, Brown은 양차적 집단이라고 하였다.

한편, 현대 산업사회가 관료제화 되어감에 따라 학교사회도 점차 이익사회 및 2차적 집단의 성격을 띠고 있다.

③ 전문적 관료제

학교조직은 조직의 최하층의 교사가 고도의 지적 교육과 훈련을 받은 전문가라는 점에서 다른 관료제와는 구별된다. 교사의 권한과 책임은 각각 다른 학습배경(가정배경 등)을 가진 학생들을 한정된 공간인 학교나 교실에서 가르치는 것이며, 수업에 있어서는 상당한 자율권을 가지고 있다. 따라서 학교조직은 공식적 조직과 비공식적 조직의 특성을 모두 가지고 있는 복합조직이며, 관료제적 특성과 전문적 특성을 모두 가지고 있는 이중조직이다.(Owens, 1979)

④ 조직화된 무질서조직, 이완결합체제

조직화된 무질서(organized anarchy)란 구성원들이 고도의 전문성과 자율성을 가지고 있으므로 외부의 통제가 곤란한 경우를 의미하는데, 학교조직을 조직화된 무질서조직으로 파악한다. 그리고 조직화된 무질서조직에서의 의사결정을 쓰레기통모형으로 설명하고 있다.(Cohen & March, 1974 ; Olsen, 1976)

이완결합(loosely coupled)이란 체제의 구성요소가 그 자체의 자율성과 독립성을 유지하면서도 느슨하게 연결되어 상호작용하고 있는 상태를 말하는데, 학교조직을 이와 같은 이완결합체제로 파악한다.(Weick, 1976)

⑤ 전구속적 기관

Goffman이 제시한 전구속적 기관(total institution, 전기관)은 오늘날 학교사회의 성격을 잘 설명하는데, 학교사회는 학생들의 지적 측면에만 개입하는 것이 아니라, 정의적 측면과 신체적 측면 등 학생생활 전반에 걸쳐 통제하고 개입하는 기관으로서의 성격을 지니고 있다.

논점22 학교사회에 대한 관점

① 기능주의이론
- 학교는 학생들을 선발·분류·배치하여 각종의 지식과 기술을 가르침으로써 높은 사회적 지위 획득을 보장하는 합리적인 제도로 보고, 학교의 순기능을 강조하고 있다. 사회체제로서의 학교는 적재적소 배치의 원리와 차등적 보상의 원리에 따라 재능있는 사람들을 선발하고 분류·배치한다.
- 학교교육이 결과적으로 성취요인을 중시하는 능력주의 사회, 고도로 훈련된 합리적 지식에 의존하는 전문가지배 사회, 사회적 불평등을 해소하여 평등한 민주주의 사회를 이룰 수 있다는 신념을 바탕으로 하고 있다. 그래서 학교교육이 최상의 보상을 받을 수 있는 투자라는 인간자본론 등을 토대로 하고 있다.

② 갈등이론
- 학교는 재능있는 사람들을 선발·분류·배치하기보다는 사회적 불평등을 정당화하고 학생들에게 무력감과 열등감을 심어주는 제도로 보고, 학교의 역기능을 강조하고 있다. 학교는 보편타당한 지식과 기술 등을 심어주기보다는 복종과 순응·의존성·타율성 등을 주입하는데 급급하였다.
- Bowles & Gintis는 〈자본주의 미국의 학교교육(1976)〉에서 능력주의 선발관은 허구에 불과하다고 지적하고, 학교가 다음과 같이 사회적 불평등을 재생산하고 정당화한다고 주장하였다. 첫째, 학교는 자본주의 사회와 지배계급의 이익에 봉사하고 있다. 둘째, 학교는 자본주의 사회의 지배이데올로기를 주입시키고 있다. 셋째, 학교는 순응적이고 능력있는 노동력을 확보하기 위하여 학생들을 억압하는데 그 방법은 학교(급)마다 다르다. 넷째, 학교구조는 경제적 생산관계에 토대를 둔 자본주의 사회구조를 반영한다. 즉, 학교구조는 자본주의 사회구조와의 대응을 통하여 경제적 생산관계를 재생산하고 있다.

논점23 사회계층의 의의/결정요인

① 의의
- 개념

    사람들은 사회적 관계 속에서 일정한 지위를 갖고 그에 따른 일정한 역할을 수행하면서 생활한다. 또한 사람들은 각자가 차지하는 사회적 지위와 역할에 따라 각종의 사회적 가치를 그 나름대로 분배받는다.

    사회체제 속에서 재산·권력·지위 등이 사회적으로 불평등하게 분배되어 있는데, 이러한 사회적 가치가 서로 비슷한 위치에 있는 사람들의 집단을 사회계층이라고 한다. 사회체제 속에서 사람들은 높거나 낮은 계층의 위계구조를 이루고 있는데, 이를 계층구조라고 한다.

- 특징 : 사회계층과 사회계급의 비교

    일반적으로 사회계층은 사회계급과 혼용되는 개념이지만, 엄격히 구분하면 사회계층은 사회계급보다 포괄적인 개념이다.

    사회계층은 Weber의 3P(property, power, prestige)를 기준으로 경제적 계급(재산)·정치적 정당(권력)·사회적 지위(위신)의 다양한 기준에 의해 결정되는 객관적인 개념인데 비해, 사회계급은 Marx의 경제적 생산관계, 특히 생산수단의 소유정도에 따라 결정되는 것으로 계급의식을 내포하는 주관적인 개념이다.

▶ 사회계층과 사회계급의 비교

사회계층	사회계급
• 사회계층은 사회구조를 분석적, 기술적으로 파악하는 개념이다.	• 사회계급은 사회구조를 총체적, 역사적으로 파악하는 개념이다.
• 사회계층은 **연속선상의 객관적인 개념**이다.	• 사회계급은 **비연속선상의 주관적인 개념**이다.
• 사회계층은 다양한 기준에 의해 분류된다.	• 사회계급은 단일한 기준에 의해 분류된다.
• 사회계층은 수입(소득), 직업, 교육정도 등에 의해 분류된다.	• 사회계급은 경제력(소득)만으로 분류된다.
• 사회계층은 사회의 통합과 균형을 중요시한다.	• 사회계급은 사회의 모순과 갈등을 중요시한다.

② 사회계층의 결정요인

일반적으로 경제력과 수입, 직업, 교육수준, 가정배경 등이 사회계층을 결정하는 중요한 요인이다. 그 중에서도 수입, 직업, 교육수준의 3가지 기준을 가장 중요한 변인으로 보고 있다.

- 수입(소득)

  수입의 양적 측면뿐만 아니라, 그 수입의 원천과 안정성도 사회계층과 긴밀한 관련이 있다. 그 원천이 떳떳할수록, 또 안정적일수록 높은 사회적 지위를 차지한다. 따라서 수입의 질적 측면이 중요하다.
- 직업

  직업은 현대사회에서 수입이나 교육수준, 생활수준 등과 밀접한 관계를 가지고 있다. 직업과 관련된 요인으로는 직업의 종류뿐만 아니라, 그 직업이 요구하는 교육과 훈련정도, 직업의 중요성과 전문성 등이 개인의 사회적 지위를 결정한다.
- 교육수준

  이것은 개인이 어떠한 교육을 받았으며, 어느 정도의 교육을 받았느냐하는 것이 사회적 지위나 신분과 직접적으로 관련된다는 것을 말해 준다. 현대사회에서는 전문적 지식과 기술이 요청되는데, 그러한 지식과 기술이 오랜 기간 학교교육을 통해 습득되고 있다.
- 가정배경

  예를 들면, 부모의 사회·경제적 지위 등은 사회계층의 위치를 결정하는 변인이 될 수 있다.

논점24 사회계층에 대한 관점

① 기능주의이론
- 기능주의에서는 사회계층을 조화롭고 자연스러운 기능의 분화현상으로 이해한다. Spencer의 사회적 진화론에 근거하고 있으며, Parsons, Merton, Davis & Moore, Blau & Duncan 등이 대표자이다.

  현대사회는 능력주의 사회, 전문가지배 사회, 민주주의 사회이다. 사회구성원은 사회적으로 수행해야 할 기능과 역할이 분화되며, 각자의 능력에 따라 역할을 수행해야 하고 분업을 기초로 하여 전체적인 목적을 위하여 협동적으로 과업을 수행해야 한다.
- 따라서 각자의 지위와 역할, 능력에 따른 사회적 보상과 평가를 받으며, 이러한 차별적 보상은 불평등이라기보다는 정당하다고 간주한다. 상관과 부하에 대한 사회적 보상과 평가의 차이는 근본적으로 그들이 수행하는 기능과 역할에 따라 결정된다. 그래서 사회계층은 사회구성원의 합의에 바탕을 두고 있다고 본다.

② 갈등주의이론
- 이와 달리, 갈등주의는 사회계층을 인간에 의한 인위적인 불평등현상으로 간주한다. Marx의 경제결정론에 근거하고 있고, Dahrendorf, Tumin, Bowles & Gintis 등이 대표자이다. 사회계급의 근본적인 원인은 사회제도, 특히 사유재산제도에서 유래한 것으로 간주하였다. Marx에 의하면, 사회계급은 인간이 제도적으로 창안해 낸 불평등구조이다. 그는 인류의 불평등이 경제적 생산관계에 의해 결정된다고 주장하였다. 그리하여 농경사회에서는 지주와 농민간의 계급이, 산업사회에서는 자본가와 노동자간의 계급이 인위적으로 형성되는데, 이와 같은 불평등구조를 종식시키기 위해서 계급투쟁이 일어나는 것은 역사적 필연이라고 주장하였다.
- 따라서 능력주의 선발관은 허구에 불과할 뿐이며, 사회계층은 사회구성원의 합의에 의한 것이라기보다는 지배계층의 이익을 위해 사회적 약자에 대한 사회적 강자의 지배-복종관계에 기초한다고 본다.

논점25 사회이동의 의의/원인

① 의의

사회이동(social mobility)이란 사회체제 속에서 개인이나 집단이 어떤 사회적 지위에서 다른 사회적 지위로 이동하는 것을 뜻한다. 즉, 개인이나 집단의 사회적 지위 또는 계층의 이동을 의미한다. 이러한 사회이동은 수입(소득), 직업의 변화뿐만 아니라 의식의 변화 등을 내포하는 개념이다. 사회이동의 기준은 주로 부모가 소속했던 계층이 되지만, 과거 자신이 소속했던 계층이 되기도 한다.

② 사회이동의 원인

사회이동의 원인으로는 개인의 특성을 비롯한 경제력과 수입, 직업, 교육수준, 가정배경 등이 있다. 개인의 특성 중에서도 지력이나 학업성취, 적성, 성취동기, 사회성, 포부수준 등은 사회적 상승이동을 결정하는 중요한 요인이다.

논점26 사회이동에 대한 관점

① 기능주의이론

기능주의는 교육을 통해 사회이동이 자유롭게 이루어질 수 있다고 본다. 즉, 교육기회가 모든 사람에게 균등하게 배분됨으로써 사회적 불평등을 감소시킬 수 있다고 주장한다. 교육은 직접적으로 개인의 노동생산성을 향상시킬 뿐만 아니라 사회이동을 결정하는 중요한 요인이라고 본다. 현대사회는 능력주의 사회, 전문가지배 사회, 민주주의 사회이므로 개인의 능력에 기초한 자유경쟁방식에 의해 결정된다. 이러한 자유경쟁을 가능하게 하는 대표적인 기관이 학교이다. 그러므로 학교교육은 교육선발제도의 보편적인 준거이다.

② 갈등주의이론

기능주의에서는 교육기회의 불평등이 감소되면 사회적 불평등 역시 감소된다고 주장하고 있으나, 실제적으로는 교육과 사회이동간의 상관관계가 매우 낮다. 갈등주의는 교육에 의해서는 사회이동이 자유롭게 이루어질 수 없다고 본다. 그래서 교육기회의 불평등 감소가 반드시 사회적 불평등 감소로 연결되지는 못한다고 주장한다.

학교는 기존의 지배계층의 이익을 위한 사회적 기구에 불과하며, 계급관계 재생산의 조정기제에 불과하다. 학교교육은 지배계층의 이익을 위해 공헌하는 동시에 현존하는 사회적 불평등을 유지시키고 그 계층구조를 공고히 하고 있다.

논점27 교육의 평등

사회적 불평등의 기원에 대하여 Platon은 그것을 자연의 모습이자 섭리로 간주하였다. 그러나 Rousseau, Marx는 인류의 불평등은 사유재산제도에서 비롯된다고 주장하였다. 사회의 계층화는 사회의 불평등구조를 의미한다. 사회계층을 보는 관점에 따라 사회적 불평등문제를 해결하는 방식은 다르지만 이를 위해서는 무엇보다도 교육에 주목하지 않을 수 없다. 사회적 불평등을 해소하고 사회적 평등을 구현하기 위해서는 교육의 평등이 실현될 때 가능하기 때문이다.

교육의 평등은 교육의 기회균등 개념뿐만 아니라 교육결과의 평등까지도 내포하는 개념이다. 교육의 평등은 크게 교육기회의 평등과 교육내용의 평등으로 구분할 수 있으며, 교육기회의 평등은 허용적 평등과 보장적 평등, 교육내용의 평등은 교육조건의 평등(과정적 평등)과 교육결과의 평등(결과적 평등)으로 분류할 수 있다.(김신일, 1999)

논점28 교육평등관의 분류 : 허용적 평등과 보장적 평등

① 허용적 평등
- 의의
  허용적 평등은 모든 사람들에게 능력에 따라 동등한 교육기회가 주어져야 한다는 관점이다. 주어진 교육기회를 누릴 수 있는가의 여부는 개인의 역량과 형편에 달려있는 것이며, 다만 이제까지 법이나 제도적으로 특정집단에게만 교육기회가 허용되고 신분, 성, 종교, 인종, 민족 등을 이유로 교육기회를 차별하는 것은 철폐되어야 한다는 것이다. 교육을 받을 기회는 모든 사람들에게 허용되지만, 그렇다고 해서 모든 사람들이 같은 수준의 교육을 받아야 한다고는 생각하지 않았다.
- 실증적 근거
  개인의 타고나는 능력은 각각 다르다고 믿었기 때문에 교육의 양은 능력에 비례해야 한다고 생각하였다. 교육기회는 엄격한 기준에 의한 선발을 통해 주어져야 한다. 따라서 중등교육이나 고등교육은 능력있는 인재에게만 주어져야 한다. 특히 대학교육은 인재군(pool of ability) 또는 재능예비군(reserve of talent)에게만 주어져야 한다는 것이다(예 : McKintosh의 연구).
- 실현방안
  이는 능력주의에 근거한 교육기회의 허용적 평등을 의미한다. 이 허용적 평등을 실현하기 위한 정책으로는 영재교육이나 조기교육 등이 있고, 헌법 제31조 및 교육기본법 제3조, 제4조가 그것이다.

② 보장적 평등
- 의의
  보장적 평등은 모든 사람들에게 사회·경제적 제약조건을 제거하여 교육기회를 보장해 주어야 한다는 관점이다. 즉, 교육기회가 주어진다고 해도 경제적 제약조건이나 사회적 장애 또는 지리적 장애로 인해 교육이 불가능한 사람들에게는 이것들을 제거해 주어야 한다는 것이다.

- 실증적 근거

  그런데 조기선발시험제도 폐지, 복선형 학제 폐지 → 단선형 학제 도입, 중등교육의 무상·의무교육화 등 교육기회를 개방하는 영국의 교육개혁정책(1944년 교육법)의 결과에서 나타난 바와 같이, 보장적 평등정책이 실시된다고 해도 교육기회 분배구조에 있어서 사회적 편파는 제거할 수 없다는 것이다. 결국 보장적 평등정책은 교육기회의 확대를 가져왔지만 사회계층간의 교육기회 분배구조까지 변화시키지는 못한다는 것이다. 교육기회가 확대되는 것과 교육기회 분배구조가 평등해지는 것은 다른 문제이기 때문이다.

- 실현방안

  이는 평등주의에 근거한 교육기회의 보장적 평등을 의미하는데, 〈같은 것은 같게 취급해야 한다〉는 동일의 원리에 토대를 둔다. 이 보장적 평등을 실현하기 위한 정책으로는 벽지(僻地)에 사는 어린이들을 위해 통학비를 지급하는 것, 낙도(落島)에 사는 어린이들을 위해 통학선을 운영하는 것 등이 있으며, 장학금제도, 무상·의무교육제도, 방송통신교육 등이 대표적인 예다.

논점29 교육평등관의 분류 : 과정적 평등과 결과적 평등

① 과정적 평등

- 의의

  초등교육과 중등교육의 취학이 보편화되자 학교간의 차이가 문제로 등장하였다. 학부모들이 학교에 따라 교사의 질적 수준이 다르고, 교육과정 기타 교육여건이 다른 것을 문제삼기 시작했다. 이제 교육기회의 평등은 단지 취학의 평등이 아니라 평등하게 효과적인 학교를 의미하는 것이다.

  과정적 평등은 교육과정, 교육시설·설비, 교사의 자질 등에 있어서 학교간의 차이가 없이 평등해야 한다는 관점이다. 학교간의 차이가 학생들의 학업성적과 상급학교 진학의 차이를 초래하므로 교육의 평등을 실현하기 위해서는 학교간의 차이를 없애야 한다는 것이다.

- 실증적 근거

  그런데 Coleman보고서(1966)에 따르면, 학교의 교육조건(교과서, 교수방법, 교육과정, 교육시설·설비, 교사의 자질 등)은 학생들의 학업성적과 별 관계가 없는 것으로 나타났다. 오히려 학생들의 가정배경과 동료집단이 큰 영향을 주는 것으로 나타났다.

요컨대, 학생들의 학업성취에 큰 영향을 주는 것은 학교의 교육조건이 아니라 학생들의 가정배경과 동료집단이라는 것이다. 즉, '학교의 효과가 미미하다'는 것이다. 이것은 유전이나 가정환경의 차이 때문에 형성된 학생들의 학업성취 격차를 학교가 변화시킬 수 없다는 의미이다. 그래서 이것을 학교무용론(學校無用論)으로 해석해서는 안 된다. 그 후 Jencks(1972)의 연구결과도 비슷한 결론을 내놓았다. 즉, 학교간의 차이가 학생들의 학업성적에 미치는 영향은 미미하다는 것이다.

- 실현방안

이는 곧 기능이론(평등주의)에 근거한 교육조건의 평등이다. 교육조건의 평등을 실현하기 위한 정책은 과거 우리나라의 고등학교 평준화정책(1974)이 대표적인 예인데, 학생들의 학교간 균등배정을 근본적인 목적으로 교사의 질적 평준화와 교육여건의 평준화를 도모하고자 하였다.

② 결과적 평등

- 의의

학교의 교육조건이 평등해도 교육결과의 평등이 보장되지 않게 되자 교육결과에서의 평등, 즉 학업성취에서의 평등을 이루어야 한다는 주장이 나타났다. Coleman보고서는 문화실조론이 등장하는 계기가 되었고, 동시에 교육의 평등정책을 교육조건의 평등→교육결과의 평등으로 전환시키는 데에 기여하였다.

결과적 평등은 과정적 평등이 이루어진다고 해도 교육결과의 평등이 보장되어야 한다는 관점이다. 즉, 교육은 단순히 학교에 다니는데 목적이 있는 것이 아니고, 배워야 할 것을 배우는데 목적이 있음으로 교육결과(=학업성취)가 동일하지 않으면 결코 평등이 아니라는 것이다.

결과적 평등을 보장하려면 학습부진아에게 더 많은 교사의 노력과 시간이 투입되어야 하고, 우수한 학생보다 열등한 학생에게 더 좋은 교육조건이 제공되어야 한다. 이것은 일종의 역차별(逆差別)이다. 이 문제는 Rawls의 **보상적 평등정책**을 통해 정당화된다. 보상적 평등정책이란 가정배경으로 인해 사회적으로 불리한 위치에 있는 학생·계층·지역에 더 많은 혜택을 주고자 하는 국가·사회적 차원의 노력이다.

- 이론적 근거

Rawls는 그의 저서 〈정의론(1971)〉에서 〈사람은 각자 다른 잠재능력을 가지고 각자 다른 환경의 가정에서 태어난다. 누가 어떤 잠재능력을 가지고 어떤 가정에서 태어나는가 하는 것은 순전히 우연의 결과인데, 마치 '자연의 복권추첨'과 같은 것이다〉라고 하여 무지의 veil을 가정한다. 그는 무지의 veil이라는 원초적 상태를 가정하고, 정의의 제1원칙으로 평등한 자유의 원칙과 정의의 제2원칙으로 기회균등의 원칙 및 차등의 원칙(maximin의 원칙)에 근거한 '공정성으로서의 정의(justice-as-fairness)'를 주장하였다.

특히 〈어떤 대안에서 오는 최악의 결과가 다른 대안들에서 오는 최악의 결과에 비해 가장 우월한 경우에는 그 대안을 채택하게 된다〉는 maximin의 원칙은 보상적 평등정책을 정당화하는 전략이다.

- 실현방안

이는 주로 갈등이론(신Marxism)에 근거한 교육결과의 평등인데, 〈다른 것은 다르게 취급해야 한다〉는 차등의 원리에 바탕을 둔다. 교육결과의 평등을 실현하기 위한 정책은 미국의 Head Start Project와 Middle Start Project, 영국의 교육우선지구(Educational Priority Area) 등이 있다. 우리나라에서는 저소득계층 취학전 자녀의 학비지원제도, 농어촌출신학생의 대학 특례입학제도, 도서·벽지지역의 중학교 의무교육 우선실시 등이 대표적인 예이다.

논점30 학업성취 격차의 원인에 관한 논쟁 : 학업성취 격차이론

① **지능결핍론**

타고난 지적 능력(지능)의 차이가 학생들의 학업성취 격차를 유발한다고 보는 입장인데, 주로 능력주의에 근거하고 있다.

② **환경결핍론**

사회·경제적 가정배경이나 가정의 문화적 환경요인의 차이가 학생들의 학업성취 격차를 유발한다고 보는 입장이다. 이는 주로 평등주의와 **문화실조론, 문화다원론**에 근거하고 있다.

Coleman보고서(1966)는 4,000개 학교, 600,000여명의 학생들을 대상으로 연구를 진행하였는데, 미국 내의 주요 인종집단 및 소수민족집단의 학교간의 교육기회와 교육효과의 불평등현상을 분석하고 원인을 설명하는데 목적이 있었다. 그 연구결과는 다음과 같다.

- 교과서, 교수방법, 교육과정, 교육시설·설비, 교사의 자질 등은 학업성적에 주는 영향이 미미하며, 이 중에서 교사의 자질은 학교의 다른 요인보다 상대적으로 학업성적에 주는 영향이 크다.
- 학생의 가정배경은 학생의 학업성적에 영향을 미치는 가장 중요한 요인이다.
- 학생집단(동료집단)의 사회적 관계는 가정배경과는 별도로 다른 어떤 요인보다도 학생의 학업성적에 미치는 영향이 크다.
- 학생이 환경을 통제할 수 있다는 신념과 태도는 학생의 학업성적과 매우 관계가 깊다.

- 학교의 특성변인 중에서 학생의 구성 특성과 교사의 자질 특성이 학생의 학업성적에 미치는 효과는 어느 정도 있으나, 전체 변량의 약 10% 밖에 설명해 주지 못한다.

요컨대, Coleman은 학교가 학생들의 학업성취에 별다른 기여를 못하고 있으며, 따라서 사회평등화를 위한 기능을 제대로 수행하지 못하고 있다는 결론을 내렸다.

Jencks(1972)의 연구결과도 Coleman보고서(1966)를 지지하는 입장이다. 지적 능력(지능)의 차이를 설명해 주는 정도는 가정배경, 유전, 기타 학교의 특성 순서로 제시되었으며, 학업성취에 영향을 주는 요인은 가정배경, 지적 능력, 기타 인종의 차이 및 학교의 특성 순서로 제시되었다. 따라서 학교는 학생들의 학업성취에 큰 영향을 주지 못한다는 결론을 내렸다.

논점31 학업성취 격차의 결정요인

① 학교내적 요인
- 학교규모와 학급규모
  학교규모와 학급규모가 작을수록 학업성적이 높아진다는 연구결과가 있지만, 이와 반대의 연구결과도 있어서 서로 엇갈리고 있다.
- 학급편성과 계열편성
  능력별 학급편성이 학업성적 향상에 도움이 된다는 오래된 상식이 있다. 그러나 능력별 학급편성이나 계열편성과 학업성취에 관한 실제의 연구결과는 서로 엇갈리고 있다.
- 학교의 교육조건
  학교의 교육조건은 교과서, 교수방법, 교육과정, 교육시설·설비, 교사의 자질 등을 의미하며, 학교간의 차이는 바로 교육조건의 차이를 의미한다. 도시와 농촌간의 학업성취 격차가 현저한 것도 이러한 교육조건의 차이에서 비롯된다고 본다. 그래서 교육조건의 차이를 해소하면 그러한 학업성취 격차를 해소할 수 있다는 것이다.
  Coleman보고서(1966)는 학교의 교육조건이 학생들의 학업성취에 큰 영향을 줄 것이라는 전제하에 연구를 진행하였다. 그런데 학교의 교육조건은 학생들의 학업성적과 별 관계가 없는 것으로 나타났다. 오히려 학생들의 가정배경과 동료집단이 큰 영향을 주는 것으로 나타났다.
  요컨대, 학생들의 학업성취에 큰 영향을 주는 것은 학교의 교육조건이 아니라 학생들의 가정배경과 동료집단이라는 것이다. 즉, '학교의 효과가 미미하다'는 것이다. 이것은 유전이나 가정환경의 차이 때문에 형성된 학생들의 학업성취 격차를 학교가 변화시킬 수 없다는 의미이다. 그래서 이것을 학교무용론(學校無用論)으로 해석해서는 안 된다. 그 후 Jencks(1972)의 연구결과도 비슷한 결론을 내놓았다. 즉, 학교간의 차이가 학생들의 학업성적에 미치는 영향은 미미하다는 것이다.

- 교사의 기대
교사의 차별적인 기대는 학생의 부정적(또는 긍정적) 자아개념을 형성하여 자기충족적 예언으로 작용할 수 있다. Rosenthal & Jacobson은 Oak학교 학생들을 대상으로 실험적 연구를 하였는데, IQ점수에 근거하여 20%의 학생명단을 교사에게 넘겨주고 '유능한 학생'이라는 거짓정보를 알려주었다. 사실은 그 학생들은 IQ점수와 아무런 관계가 없었고 무작위로 선정한 학생들이었다. 연구결과에 따르면, 8개월 후에 그 학생들은 다른 학생들에 비해 지능지수가 훨씬 더 높았다. 교사의 긍정적인 기대가 학생의 학업성취에 미치는 이러한 현상을 Pygmalion효과라고 한다. 이러한 효과는 자기충족적 예언 또는 자성적 예언(self-fulfilling prophecy)으로 불리고 있다. 교사의 기대에 따른 효과는 저학년일수록, 하류계층일수록, 학생의 학업성적이 중간일수록 뚜렷한 것으로 드러났다.

- 학생문화 · 학교풍토
Coleman은 〈청소년사회〉라는 저서에서 학생들이 공통적으로 가지고 있는 가치관과 태도 등의 학생문화(student culture)가 학생들의 생활태도에 영향을 주어 학업성적에 영향을 준다고 주장하였다.
Brookover 등의 사회체제접근에 의하면, 교사의 기대와 평가, 교사의 기대와 평가에 대한 학생의 지각 등의 학교풍토(school climate)가 학업성취에 영향을 주고 있다.

② 학교외적 요인
- 개인적 요인 : 지능
지능과 학업성적간의 상관관계는 약 r=.50~.80을 보고하고 있다. 즉, 지능이 높으면 학업성적이 높다는 오래된 상식을 뒷받침하고 있다. 그러나 지능이 가정환경에, 특히 사회 · 경제적 가정배경에 영향을 받는다는 주장에 대한 논쟁이 계속되고 있기 때문에 순수한 지능의 영향과 사회 · 경제적 가정배경의 영향을 구별하여 결론을 내리기는 어렵다. Jensen은 지능과 사회 · 경제적 가정배경간의 상관관계를 r=.35~.40으로 보고하고 있다.

- 가정적 요인 : 사회 · 경제적 가정배경
사회 · 경제적 가정배경은 학업성취에 큰 영향을 미친다. 사회 · 경제적 가정배경은 지능을 제외하고는 학업성취에 가장 큰 영향을 미치는 것으로 밝혀지고 있으나, 지능과 비교할 때 어느 것이 더 큰 영향을 미치는지에 관해서는 결론을 내리기가 어렵다.

Coleman은 학업성취에 영향을 미치는 가정배경을 자본으로 간주하고, 인간자본-경제자본-사회자본-문화자본의 4가지로 구분하였다. 그 중에서도 학업성취에 가장 큰 영향을 미치는 것은 **사회자본**으로 부모와 자녀간의 상호작용, 부모의 양육태도, 부모의 기대와 관심, 부모의 규범과 신뢰 등을 말한다. 이에 대해 **문화자본**은 부모의 교육수준, 부모의 성향과 태도, 참고도서와 백과사전, 가정분위기 등을 말한다.

- 사회적 요인 : 지역사회의 특성

    학업성취에 영향을 주는 학교외적 요인에는 사회·문화적 환경이 있다. 학교를 둘러싸고 있는 사회·문화적 환경, 즉 지역사회의 특성이 학업성취에 직·간접적으로 영향을 준다.

논점32 사회변동의 의의

① 사회변동의 개념

일반적으로 사회변동은 문화변동 또는 문화변화를 내포한다. 사회변동이란 사회적 상호작용 또는 사회구조가 근본적으로 변화하는 것을 말한다. 예를 들면, 인구구조, 역할구조, 계층구조, 가족관계, 노사관계 등의 변화가 이에 해당한다.

오늘날의 각종의 제도와 조직, 도덕, 법률, 관습, 사회적 가치와 규범 등은 모두 오랜 사회변화의 과정에서 누적적으로 이루어진 것이다. 즉, 각종의 제도와 문화는 사회변화에 의하여 발전해 간다.

② 사회변동의 동인

사회변동의 동인은 발견과 발명, 정치적 변동 및 외래문화의 전파 등이 있다. 발견은 이미 존재하고 있는 사실이나 관계에 대한 새로운 인식이다. 발명은 낡은 사실이나 관념을 새롭게 이용하거나 이를 결합하여 새롭게 탄생시키는 것이다. 또 혁명이나 정변과 같은 정치적 변동 및 외래문화의 전파는 사회변동을 일으킨다. 다만, 사회변동이 어느 하나의 원인에 의하여 일어난다기보다는 여러 가지 원인이 복합적으로 작용하여 일어난다고 할 것이다.

논점33 문화변화와 주변인

① 의의
- 문화변동(curtural change, 문화변화)이란 어떤 원인으로 인해 문화형태 또는 문화구조가 근본적으로 변화하는 것을 의미한다. 이러한 문화변화란 문화의 부분적인 변화가 아니라 문화형태 또는 문화구조의 전체적인 변화를 말한다.
  문화변화의 동인은 발견과 발명, 정치적 변동 등의 대내적 동인과 외래문화의 전파 등의 대외적 동인으로 나눌 수 있다. 특히 문화접변, 문화전파와 문화변형 등의 대외적 동인은 문화변화의 속도를 조절하는 데에 큰 영향을 미친다.
- 문화변화의 과정에서 개인은 혼란한 상황을 접하게 되는데, 이러한 혼란기에는 주변인이 생긴다. 신·구문화가 공존하는 사회 속에서 개인은 새로운 것에 매력을 느끼면서도 낡은 것에 강한 애착을 느끼거나 혹은 낡은 것을 외면하면서도 새로운 것에 충분하게 익숙하지 못해 강한 저항을 느끼는 것이다. 이 때 신·구문화의 경계선상에 놓여 있는 인간을 주변인(marginal man, 경계인)이라고 한다. 이러한 현상은 청소년기에 현저하게 나타난다.

② 문화전계, 문화접변 등
- 문화전계(문화주입), 문화접변(문화이식)
  한 문화를 담당하는 기성세대가 그 문화를 다음 세대로 전달·계승하는 현상을 문화전계(문화전달, 문화계승, 문화전승) 또는 문화주입(enculturation)이라고 하는데, 사회구성원이 한 사회의 문화를 내면화하는 사회화과정을 의미한다. 두 문화가 오랫동안 접촉하여 한쪽 문화 또는 양쪽 문화가 모두 변화되는 현상을 문화접변 또는 문화이식(acculturation)이라고 하는데, 흔히 지배적인 위치에 있는 사회의 문화가 종속적인 위치에 있는 사회에 이식된다고 본다.
  학습자에게 어떤 가치와 신념을 합리적인 이유와 근거도 없이 주입하여 받아들이게 하는 교화(indoctrination)는 바로 문화주입의 예이고, 일제가 우리민족에게 일본어·일본사교육을 강제한 것은 문화이식의 대표적인 예이다.
- 문화전파
  한편, 문화전파(cultural diffusion)란 문화접변보다 광의의 개념으로 한 문화요소가 한 사회 속에서 또는 다른 사회로 확산되어 나가는 현상을 말하며, 특정한 사회만의 고유한 문화는 없으며, 각 사회의 문화요소가 서로 전파된다고 본다. 문화전파는 직접전파(예 : 한자의 전래), 간접전파(예 : 서학의 전래) 및 자극전파(예 : 이두의 발명)를 포함한다. 따라서 모든 종류의 문화모방, 문화동화 등을 포함하는 개념이다.

- 문화변형

  문화변형(transculturation)이란 두 문화가 접촉하여 다른 문화에 동화되거나 그에 반발하는 과정을 거치면서 두 문화와는 다른 형태의 제3의 문화가 성립되는 현상(예 : 한글의 창제, 동학의 창시)을 말하는데, 문화접변이나 문화이식을 의미하는 '문화변용'과는 구별되는 개념이다.

논점34 문화지체

문화지체란 문화의 각 부분 사이의 변화속도가 일정하지 않음으로 인해서 어떤 부분이 다른 부분의 변화에 뒤떨어지는 정도를 가리키는 개념이다. Ogburn은 〈사회변동(1966)〉이란 저서에서 문화를 기술문화(물질문화)와 가치문화(비물질문화)로 나누고, 기술문화는 급격히 변화하는데 비해 가치문화는 그 변화를 뒤따르지 못하는 부조화현상을 문화지체(cultural lag)라고 하였다. 여기서 기술문화는 독립변인으로, 가치문화는 종속변인으로 보고 있다.

문화지체론은 현대사회에서 가족, 종교, 교육 등의 변동이 과학기술의 급격한 변동을 뒤따르지 못하는 현상에도 적용되고 있다. 예를 들면 휴대폰이 크게 발달하면서 생활이 편리해졌지만 무분별한 사용으로 인해 타인에게 불쾌감을 주는 경우가 자주 발생한다는 사실, 자동차 보급률은 급속하게 증가되고 있지만 안전운행에 대한 운전자들의 교통의식은 제자리에 머물고 있다는 사실이다.

이를 그림으로 표현하면 다음과 같다.

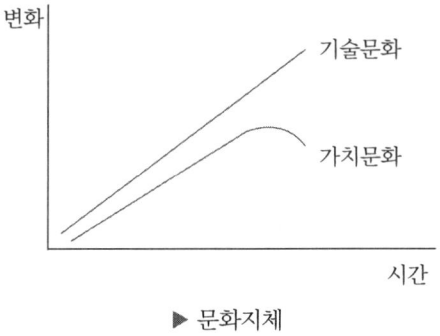

▶ 문화지체

논점35 문화실조

문화실조는 인간발달의 초기에 문화적으로 취약한 환경에서 성장한 아동은 발달상의 어떤 결손을 갖게 된다는 개념이다. 즉, 문화실조(cultural deprivation, 문화박탈)란 인간발달에서 요구되는 문화적 환경요인의 결핍이나 과잉 등에서 일어나는 지적·성격적·사회적 발달의 부분적인 상실, 지연 및 왜곡현상을 의미한다.

문화실조 아동의 특징은 언어능력이 떨어지고, 학습부진아일 가능성이 크다. 또한 학습방법에 대한 정보가 부족하고, 부정적 자아개념이 형성되어 있을 가능성이 크다. 예를 들어 어떤 학생이 산간지역에 오랫동안 살게 됨으로써 지적 발달이 지연되었다면, 기초학습능력을 길러주는 교육프로그램을 제공해서 열악한 교육환경에 처해 있는 문화적 결손을 보충해 주어야 한다.

논점36 문화기대와 평균인

- 문화기대란 문화가 개인에게 특정한 생활양식에 따라 행동할 것을 요구하는 것을 말한다. Durkheim은 이를 '문화가 갖는 구속'이라고 하였다. 문화기대는 사회를 통제하기 위한 것으로 학교문화는 그 학생들에게 문화기대를 갖고 구속함으로써 학교를 통제하고 질서를 유지하는 것이다. 따라서 문화기대는 개인에게 인성을 판찍는 압력을 행사한다.

  개인은 문화기대를 피할 수 없으며, 개인은 문화기대에 의해 그의 인성을 형성하는 것이다. 이러한 문화기대는 개인의 선택이 자유로운 임의적 기대와 그렇지 못한 강제적 기대, 개인의 자발성에 입각한 내부적 기대와 그렇지 못한 외부적 기대로 나눌 수 있다.

- 문화기대에 따라 사고방식과 행동방식을 형성함으로써 사회적으로 승인받은 인간을 평균인(average man, 정상인)이라고 한다. 학교교육은 문화기대에 맞는 평균인을 기르는 것이다. 문화기대를 배반함으로써 사회적으로 승인받지 못한 인간을 비정상인이라고 한다. 결국 교육이란 의도적이고 계획적으로 문화기대를 가지고 인성을 판찍는 압력을 행사하여 평균인을 만들어 내는 강제적 기대이자 외부적 기대이다.

논술 모의고사 4-1

- 이 예상문제는 주요대학 교재를 분석·통합하여 저작되었으며, 〈저작권법〉에 따라 무단 복제, 배포, 출판 및 전자출판 등 저작권을 침해하는 일체의 행위를 금지합니다.

다음은 사회의 교육적 기능(교육의 사회적 기능)을 중심으로 문화변화 등과 교육의 관계를 제시한 내용이다. 이 내용을 바탕으로 ⓐ에서 언급된 사회의 교육적 기능에 대하여 각각 논하시오. 그리고 문화주입(enculturation) 및 문화이식(acculturation)의 개념을 각각 예를 들어 설명하고, 문화지체(cultural lag) 및 문화실조(cultural deprivation)의 개념을 각각 예를 들어 설명하시오. 〔총20점〕

(가) 교육의 기능은 개인적 측면과 사회적 측면으로 나누어 살펴볼 수 있다. 교육의 개인적 기능은 바로 사회화 기능이며, 교육의 사회적 기능은 (ⓐ : 문화전승 및 사회통합, 사회개혁, 사회적 충원, 사회적 이동) 기능 등이 있다. 교육이 갖는 가장 중요한 사회적 기능은 문화전승 및 사회통합 기능이다. 교육은 문화를 창조하고 사회를 변화시키는 기능을 갖고 있지만, 우선 과거로부터 내려온 문화유산을 전달·계승하는 기능을 수행한다. 교육의 일차적인 과제는 문화전승 기능이다. 그 구체적인 표현이 사회화 기능이고, 사회질서의 유지·존속과 사회통합 기능이다.

인간이 자기가 속해 있는 사회집단의 사고방식과 행동방식 등의 문화내용을 내면화하고 자기의 독특한 개성과 자아를 형성해 가는 과정을 사회화라고 한다. 사회화란 사회적 측면에서 보면 문화전승의 과정이고, 개인적 측면에서는 자아형성의 과정이다.

(나) 문화변동(cultural change, 문화변화)이란 어떤 원인으로 인해 문화형태 또는 문화구조가 근본적으로 변화하는 것을 의미한다. 이러한 문화변화란 문화의 부분적인 변화가 아니라 문화형태 또는 문화구조의 전체적인 변화를 말한다. 문화변화의 동인은 발견과 발명, 정치적 변동 등의 대내적 동인과 외래문화의 전파 등의 대외적 동인으로 나눌 수 있다. 특히 문화접변, 문화전파와 문화변형 등의 대외적 동인은 문화변화의 속도를 조절하는 데에 큰 영향을 미친다.

문화변화의 과정에서 개인은 혼란한 상황을 접하게 되는데, 이러한 혼란기에는 주변인이 생긴다. 신·구 문화가 공존하는 사회 속에서 개인은 새로운 것에 매력을 느끼면서도 낡은 것에 강한 애착을 느끼거나 혹은 낡은 것을 외면하면서도 새로운 것에 충분하게 익숙하지 못해 강한 저항을 느끼는 것이다. 이 때 신·구문화의 경계선상에 놓여 있는 인간을 주변인(marginal man, 경계인)이라고 한다. 이러한 현상은 청소년기에 현저하게 나타난다.

(다) 문화지체론은 현대사회에서 가족, 종교, 교육 등의 변동이 과학기술의 급격한 변동을 뒤따르지 못하는 현상에도 적용되고 있다. 문화실조 아동의 특징은 언어능력이 떨어지고, 학습부진아일 가능성이 크다. 또한 학습방법에 대한 정보가 부족하고, 부정적 자아개념이 형성되어 있을 가능성이 크다.

〈배 점〉

- 답안의 논리적 구성 및 표현 〔총4점〕
- 논술의 내용 〔총16점〕
  · ⓐ에서 언급된 사회의 교육적 기능 논의 〔8점〕
  · 문화주입 및 문화이식의 개념 설명 〔4점〕
  · 문화지체 및 문화실조의 개념 설명 〔4점〕

논술 모의고사4-1 기본답안

I. 서설

교육은 사회가 가지는 기능의 하나라고 할 수 있다. 사회는 각 개인이 태어나기 이전부터 이미 존재하고 있는데, 사회는 그 나름대로의 문화를 가지고 있다. 그래서 그 사회에 태어난 사람 또는 그 사회에서 살아가려는 사람은 그가 속한 사회의 문화를 학습하지 않으면 안 된다. 문화는 사회구성원으로서의 인간에 의해 형성된다. 인간은 문화를 학습한 결과 그 자신의 삶이 풍부해지고 문화를 전승하며, 또 창조해낸다. 교육의 내용도 문화에서 선택되어 조직되며, 교육의 방법도 문화전파의 과정이다.

아래에서는 사회의 교육적 기능에 대하여 각각 논의하고, 문화주입 및 문화이식의 개념을 설명한 다음, 문화지체 및 문화실조의 개념을 차례대로 살펴보고자 한다.

II. 사회의 교육적 기능

첫째, 문화전승 및 사회통합 기능이다. 교육은 문화를 창조하고 사회를 변화시키는 기능을 하기에 앞서서, 우선 기존의 문화유산을 전달·계승하고 사회의 동질성을 유지하는 보수적 기능을 한다. 또한 교육을 통한 사회통합 기능은 학교사회에서 학생들로 하여금 정상적이고 공인된 행동은 권장하지만, 비정상적인 행동에 대해서는 일정한 제재를 가하는 보수적 기능을 한다.

둘째, 사회개혁 기능이다. 교육은 보수적 기능만 하는 것이 아니라 사회를 바람직한 방향으로 개선, 발전시키는 진보적이고 혁신적인 기능을 하기도 한다. 즉, 새로운 문화를 창조하는 기능을 담당한다.

셋째, 사회적 충원 기능이다. 교육의 사회적 선발과 충원 기능은 지식과 기술, 가치관, 태도, 습관 등의 변화에 따른 인력의 선발과 분류·배치의 기능을 의미한다. 교육은 사회적 충원 기능을 통해 개인의 능력, 업적과 성취에 따라 사회적 지위와 역할을 배분한다.

넷째, 사회적 이동 기능이다. 교육의 사회적 이동 기능은 전문적 지식과 기술의 습득을 통해서 사회적 신분과 지위, 직업 등의 변화를 촉진하는 기능을 말한다. 현대사회는 귀속지위보다 성취지위를 우선적으로 요구하기 때문에 개인의 가정배경이나 지역, 성별, 종교, 사회적 신분보다 학업성적, 전문적 지식과 기술의 습득을 더 중요시한다.

III. 문화주입 및 문화이식의 개념

한 문화를 담당하는 기성세대가 그 문화를 다음 세대로 전달·계승하는 현상을 문화전계 또는 문화주입(enculturation)이라고 하는데, 사회구성원이 한 사회의 문화를 내면화하는 사회화과정을 의미한다. 두 문화가 오랫동안 접촉하여 한쪽 문화 또는 양쪽 문화가 모두 변화되는 현상을 문화접변 또는 문화이식(acculturation)이라고 하는데, 흔히 지배적인 위치에 있는 사회의 문화가 종속적인 위치에 있는 사회에 이식된다고 본다.

학습자에게 어떤 가치와 신념을 합리적인 이유와 근거도 없이 주입하여 받아들이게 하는 교화(indoctrination)

는 바로 문화주입의 예이고, 일제가 우리민족에게 일본어·일본사교육을 강제한 것은 문화이식의 대표적인 예이다.

Ⅳ. 문화지체 및 문화실조의 개념

Ogburn은 「사회변동」이란 저서에서 문화를 기술문화와 가치문화로 나누고, 기술문화는 급격히 변화하는데 비해 가치문화는 그 변화를 뒤따르지 못하는 부조화현상을 문화지체(cultural lag)라고 하였다. 여기서 기술문화는 독립변인으로, 가치문화는 종속변인으로 보고 있다. 예를 들면 휴대폰이 크게 발달하면서 생활이 편리해졌지만 무분별한 사용으로 인해 타인에게 불쾌감을 주는 경우가 자주 발생한다는 사실이다.

문화실조(cultural deprivation)란 인간발달에서 요구되는 문화적 환경요인의 결핍이나 과잉 등에서 일어나는 지적·성격적·사회적 발달의 부분적인 상실, 지연 및 왜곡현상을 의미한다. 예를 들어 어떤 학생이 산간지역에 오랫동안 살게 됨으로써 지적 발달이 지연되었다면, 기초학습능력을 길러주는 교육프로그램을 제공해서 열악한 교육환경에 처해 있는 문화적 결손을 보충해 주어야 한다.

Ⅴ. 결어

교육의 사회적 기능은 문화전승 및 사회통합, 사회개혁, 사회적 충원, 사회적 이동 기능 등이 있다. 교육이 갖는 가장 중요한 사회적 기능은 문화전승 및 사회통합 기능이다. 문화주입은 사회구성원이 한 사회의 문화를 내면화하는 사회화과정을 의미한다. 문화이식은 흔히 지배적인 위치에 있는 사회의 문화가 종속적인 위치에 있는 사회에 이식된다고 본다.

문화지체란 문화의 각 부분 사이의 변화속도가 일정하지 않음으로 인해서 어떤 부분이 다른 부분의 변화에 뒤떨어지는 정도를 가리키는 개념이다. 문화실조는 인간발달의 초기에 문화적으로 취약한 환경에서 성장한 아동은 발달상의 어떤 결손을 갖게 된다는 개념이다.

논술 모의고사4-2

• 이 예상문제는 주요대학 교재를 분석·통합하여 저작되었으며, 〈저작권법〉에 따라 무단 복제, 배포, 출판 및 전자출판 등 저작권을 침해하는 일체의 행위를 금지합니다.

다음은 기능이론과 갈등이론의 특징과 학교교육관 그리고 신교육사회학의 특징을 제시한 내용이다. 이 내용을 바탕으로 Durkheim이 분류한 사회화의 유형과 Dreeben이 주장한 학교사회화의 내용 4가지를 각각 설명하시오. 그리고 Bowles & Gintis가 주장한 경제적 재생산이론에 대하여 설명하고, Bernstein이 분류한 어법의 유형을 각각 설명하시오. 〔총20점〕

(가) 사회계층은 기능적 차이에 바탕을 두고 있으며, 적재적소 배치의 원리와 차등적 보상의 원리에 따른 결과일 뿐이다. 따라서 사회계층은 업적과 성취에 따라 유동적이고 상대적이다. 이러한 체제(system)의 관점에서 사회를 설명하는 이 이론은 현실을 주어진 것으로 인정하는 현상유지를 지지하고 있다.

Durkheim은 도덕적 개인주의에 입각하여 국가와 학교에 의한 도덕교육을 중요시하고, '교육은 사회생활을 위한 준비를 아직 갖추지 못한 새로운 세대에 대한 기성세대의 영향력의 행사이다'라고 정의하였다. 그 목적은 전체로서의 사회환경과 장차 아동이 소속하게 되는 특수한 사회환경의 2가지 측면이 요구하는 지적·도덕적·신체적 특성을 육성하고 계발하는데 있다. Dreeben은 학교에서 습득하게 되는 사회적 가치와 규범에 주목하여 '학교사회화'의 내용을 4가지로 설명하고 있다.

(나) 모든 사회는 이해관계를 둘러싼 개인간 및 집단간의 갈등과 투쟁의 연속적인 과정이자 끊임없는 변동의 과정이라고 본다. Marxism, 신Marxism은 진보적이고 혁명지향적이며, 교육과 사회의 미래에 대하여 낙관적인 반면, Weberism은 보수적이고 현상유지적이며, 교육과 사회의 미래에 대하여 비교적 회의적이고 비관적이다.

한편, Bowles & Gintis는 학교가 사회적 불평등을 재생산하고 정당화하고 있으며, 미국의 학교교육은 사회평등화의 역사가 아니었다고 주장하였다. 그래서 학교는 사회적 불평등을 유지시키고 지배계급의 이익에 봉사하는 도구이다. 나아가 학교교육이 능력주의에 따른 것처럼, 인재를 적재적소에 배치하는 것처럼 위장함으로써 사회적 불평등을 정당화한다는 것이다.

(다) 이 이론은 기존의 교육과정과 학교내부의 제반 현상을 주어진 것으로 받아들이지 않고, 그것이 지니고 있는 사회적 의미를 비판적으로 분석하여 이해하고자 한다.

Bernstein은 사회언어학적 연구에서 교육내용에 관한 주제가 교육사회학에서 차지하는 중요성을 인식시키는데 결정적인 공헌을 하였다. 그에 의하면 언어를 사회화하는 사회제도 중에서 가장 중요한 것은 가족이며, 가족내부에서 이루어지는 언어의 사회화과정에 대해 결정적인 영향을 미치는 요인은 계급구조이다.

〈배 점〉

• 답안의 논리적 구성 및 표현 〔총4점〕
• 논술의 내용 〔총16점〕
 · Durkheim의 사회화의 유형 설명 〔4점〕
 · Dreeben의 학교사회화의 내용 4가지 설명 〔4점〕
 · Bowles & Gintis의 경제적 재생산이론 설명 〔4점〕
 · Bernstein의 어법의 유형 설명 〔4점〕

논술 모의고사4-2 기본답안

I. 서설

기능주의이론은 사회는 여러 부분으로 구성되어 있으며, 각 부분은 전체의 존속과 유지를 위하여 필요한 각각의 기능을 수행한다는 입장이다. 갈등이론은 사회는 집단간의 이해관계에서 비롯되는 강제와 저항, 경쟁, 투쟁으로 인해 끊임없는 변화가 일어난다는 입장이다. 그리고 신교육사회학은 학교내부의 교육과정, 교사와 학생간의 상호작용 등에 관심을 두는 입장이다.

다음에서는 Durkheim의 사회화의 유형과 Dreeben의 학교사회화의 내용을 각각 설명하고, Bowles & Gintis의 경제적 재생산이론 및 Bernstein의 어법의 유형을 간략히 살펴보고자 한다.

II. 기능이론

1. Durkheim의 사회화의 유형

그는 교육을 사회화와 동일시하고, 사회화를 위한 교육의 기능을 보편사회화와 특수사회화의 2가지 측면으로 구별하였다. 보편사회화는 전체로서의 사회환경이 요구하는 지적·도덕적·신체적 특성을 육성하는 것을 말하고, 특수사회화는 개인이 소속하게 되는 특수한 사회환경이 요구하는 지적·도덕적·신체적 특성을 계발하는 것을 말한다. 즉, 보편사회화는 사회구성원들의 동질성을 형성하는 것이고, 특수사회화는 각자가 소속하게 되는 직업사회의 규범을 학습하는 것이다. 그는 사회가 분화됨에 따라 보편사회화에서 특수사회화로 이행하지만 보편사회화를 강조했는데, 사회 전체를 위한 사회구성원들의 동질성 확보가 필요하기 때문이다.

2. Dreeben의 학교사회화의 내용

첫째, 독립성이다. 학생들이 주어진 과제를 수행하고 자신의 행동에 대해서 책임을 져야 할 때 습득되는 규범이다. 이는 자율학습에서 길러질 수 있다. 둘째, 성취성이다. 학생들이 최선을 다해 과제를 수행하고 성과에 따라 대우받아야 할 때 습득되는 규범이다. 이는 학업성적에서 찾아볼 수 있다.

셋째, 보편성이다. 학생들이 같은 과제를 수행하고 같은 규칙이 적용될 때 습득되는 규범이다. 그 예는 일제수업에서 찾아볼 수 있다. 넷째, 특수성이다. 학생들이 다른 과제를 수행하거나 예외의 규범이 적용될 때 습득되는 규범이다. 그 예는 능력별 학급편성이나 개별화수업에서 찾아볼 수 있다.

III. 갈등이론 및 신교육사회학

1. Bowles & Gintis의 경제적 재생산이론

Bowles & Gintis에 의하면, 학교교육의 위계구조와 자본주의 사회체제의 위계구조는 그 대응원리에 따라 필요한 지식과 규범을 은밀히 주입한다. 즉, 초등교육에서는 하위직에 적합한 복종과 순응·시간엄수 등을, 중등교육에서는 중간직에 적합한 지식과 기술·규범과 가치 등을, 그리고 고등교육에서는 최고관리직에 적합한 독립성·자율성·지도성 등을 전수한다. 따라서 학교교육은 자본주의 사회체제의 위계질서를 그대로 반영하고 있으며, 이를 통해 자본주의 사회구조를 재생산한다.

요컨대, 학교교육은 재능있는 사람들을 선발·분류·배치하기보다는 사회적 불평등을 정당화하고 학생들에게 무력감과 열등감을 심어주는 제도이다. 또 학교교육은 잠재적 교육과정을 통해 위계질서, 억압과 통제에 순응하도록 한다. 학교는 차별사회화를 통해 사회의 불평등구조를 재생산한다.

2. Bernstein의 어법의 유형

그는 언어의 사회화과정에 대한 연구에서 언어를 사회적 맥락에 구속되어 사용하는 제한된 어법(restricted linguistic code)과 언어를 사회적 맥락으로부터 독립하여 사용하는 정교한 어법(elaborated linguistic code)으로 구분하고, 학교에서는 주로 정교한 어법을 사용함으로써 기존의 계급구조를 강화하게 된다고 주장한다. 제한된 어법은 의존적·구체적이고 비논리적이며, 주로 하류계층이 사용한다. 그리고 문법과 문장규칙이 부정확하고 단순하다. 정교한 어법은 독립적·추상적이고 논리적·분석적이며, 주로 중·상류계층이 사용한다. 그리고 문법과 문장규칙이 정확하고 복잡하다.

언어는 지식을 매개하는 중요한 수단으로 언어는 학생들의 학업성취와 밀접한 관계가 있다. 따라서 정교한 어법을 잘 쓰지 못하는 하류계층의 학생들은 중·상류계층의 학생들보다 학업성취가 낮을 수밖에 없다는 것이다.

Ⅳ. 결어

Durkheim은 사회가 분화됨에 따라 보편사회화에서 특수사회화로 이행하지만 보편사회화를 강조했다. Dreeben은 '학교사회화'의 내용을 독립성-성취성-보편성-특수성으로 설명하고 있다. 반면에 Bowles & Gintis에 의하면, 학교는 차별사회화를 통해 사회의 불평등구조를 재생산한다. Bernstein은 학교에서는 주로 정교한 어법을 사용함으로써 기존의 계급구조를 강화하게 된다고 주장한다.

이처럼 기능이론과 갈등이론 및 신교육사회학은 사회화라든가 학교교육을 보는 관점이 각각 다르다. 그럼에도 사회화를 분석하고 학교교육을 이해하는데 포괄적인 패러다임을 제공해 준다.

논술 모의고사4-3

• 이 예상문제는 주요대학 교재를 분석·통합하여 저작되었으며, 〈저작권법〉에 따라 무단 복제, 배포, 출판 및 전자출판 등 저작권을 침해하는 일체의 행위를 금지합니다.

다음은 학교교육팽창 및 학력상승의 원인에 관한 논쟁의 일부를 발췌한 내용이다. 이 내용을 바탕으로 학교교육팽창 및 학력상승에 관한 기술기능이론과 국민통합이론의 논리를 각각 전개하시오. 그리고 계급통제이론(대응원리)과 지위경쟁이론의 논리를 각각 전개하시오. 〔총20점〕

(가) 해방 이후 우리나라의 산업별 고용구조는 1차 산업중심에서 2차, 3차 산업중심으로 이행하였다. 농림·수산업부문의 고용인구는 크게 줄어들고, 광·공업부문과 사회간접자본 및 서비스업부문의 고용인구는 더욱 늘어났다. 산업별 직업구조는 전문·기술직은 크게 높아진 반면, 농림·수산직은 대폭 낮아졌다. 현대 산업사회는 과학기술의 변화에 따라 직업세계의 기술이 끊임없이 높아진다. 학교교육은 그 기술이 점점 높아지는 직종에 필요한 전문적 지식과 기술을 훈련시킨다. 취업을 위한 교육수준이 계속 높아지고, 더 많은 사람들이 더 오랜 기간 학교교육을 받는다.

(나) 역사적으로 살펴볼 때 교육의 팽창과 교육에 대한 정치적 통제는 근대국가의 성장과 밀접하게 관련되어 있다. 교육은 다양하고 이질적인 사회·문화적 집단과 계층으로 구성된 국민에게 일체감을 형성하는 제도이다. 오늘날 교육은 교육열의 증가에 따라 모든 국가에서 점점 팽창할 뿐만 아니라 교육내용과 교육방법, 교사양성 등 교육의 전과정이 국가의 통제하에 들어가게 되었다.

(다) 그들에 의하면, 학교교육의 사회구조와 생산현장의 사회구조는 다음과 같이 살펴볼 수 있다.
첫째, 학생은 노동자와 마찬가지로 권한이 없고 소외되어 있다. 둘째, 학교교육은 노동과 마찬가지로 목적이 아니라 수단으로 기능한다. 셋째, 분업을 통해 노동자의 역할과 단결이 제한되고 있는 것처럼 지식의 전문화와 과도한 경쟁을 통해 학생의 역할과 단결이 제한되고 있다. 넷째, 학교구조의 수준은 사회구조의 수준과 그대로 대응한다.
학교구조는 학교교육의 사회구조와 생산현장의 사회구조 사이의 대응원리(correspondence principle)를 통해 경제적 생산관계를 재생산하며, 또한 학생들에게 사회계급에 기초한 지배이데올로기를 강화함으로써 불합리한 위계구조를 재생산한다는 것이다.

(라) 학력이 사회적 지위획득의 수단으로 작용하면 진학률의 상승을 유발하고, 그 결과 학력의 가치가 떨어지므로 새로운 학력상승의 원인이 된다. 그리하여 보다 높은 학력취득을 위한 경쟁은 계속되는데, 이러한 현상을 Dore는 졸업장병(diploma disease)이라고 불렀다. 특히 Collins는 학교는 보편타당한 지식과 기술이 전달되는 곳이 아니라 지위계층의 어휘, 억양, 복장, 문화적 취향이나 심미적 태도 등의 특정한 지위문화(status culture)가 전달되는 곳이라고 주장하였다.

〈배 점〉
• 답안의 논리적 구성 및 표현〔총4점〕
• 논술의 내용〔총16점〕
 · 기술기능이론과 국민통합이론의 논리 전개〔8점〕
 · 계급통제이론과 지위경쟁이론의 논리 전개〔8점〕

논술 모의고사4-3 기본답안

I. 서설

과거에는 소수의 특권계급만 교육을 받았으나 오늘날에는 교육기회의 확대에 따라 모든 국민이 교육을 받게 되었다. 그 결과 학교교육은 폭발적으로 팽창하였고 국민의 학력 또한 상승하였다. 이러한 학교교육 팽창은 전세계적인 현상이지만 우리나라의 경우 일제의 식민지지배와 해방, 한국전쟁과 분단 등 정치·경제·사회적 요인과 맞물려 급격하고 복잡하게 전개되었다.

아래에서는 학교교육팽창 및 학력상승에 관한 기능이론의 논리를 설명한 다음, 갈등이론의 논리를 각각 살펴보고자 한다.

II. 학교교육팽창 및 학력상승에 관한 기능이론의 논리

1. 기술기능이론의 논리

학교제도와 직업구조는 상호 긴밀한 관계에 있는데, 과학기술의 진보에 따른 산업사회의 변화와 직업구조의 분화가 학교교육팽창 및 학력상승의 원인이라고 본다. 즉, 산업사회의 발달과 분업 → 전문기능인력의 훈련 → 학교교육의 확대 과정으로 설명한다. 다시 말하면 현대 산업사회에서는 과학기술의 변화에 따라 직업세계의 기술이 끊임없이 높아진다. 이로 인해 낮은 수준의 기술을 요구하는 직업의 비율이 줄어드는 반면, 높은 수준의 기술을 필요로 하는 직업의 비율은 늘어나고 있다. 이것은 Schultz의 교육투자와 인적 자본 연구에 근거하고 있다.

학교제도와 직업구조는 상호 긴밀한 관계를 유지하고 있다. 과학기술이 발달하면서 산업사회가 발달하였고, 이에 따라 직업구조가 분화하였다. 직업구조가 분화하면서 학교교육이 팽창하고 학력이 상승하였다.

2. 국민통합이론의 논리

제2차 세계대전 이후 신생독립국가에서 국가권력의 확대와 국민적 정체감 형성의 과제, 교육열의 증가와 이에 대한 정치적 통제가 학교교육팽창 및 학력상승의 원인이라고 본다. 즉, 국가권력의 확대와 국민형성의 과제 → 교육에 대한 정치적 통제 → 학교교육의 확대 과정으로 설명한다. 근대국가의 성립 초기부터 국가는 모든 국민을 대상으로 하는 공교육제도를 수립하여 우선 초등교육의 취학을 의무화했다. 그리고 중등교육을 확대시켜 나가며, 학교는 동일한 지식과 기술·규범과 가치를 모든 국민에게 보급하고 시험을 통하여 학습정도를 확인하였다. 이렇게 팽창된 학교교육은 근대국가의 이데올로기 통합 기능을 수행하였다.

특히 제2차 세계대전 이후 신생독립국가에서 국가권력의 팽창과 국민정신교육을 제도화하는데 있어서 학교교육이 수행하는 역할을 강조한다. 즉, 국가권력이 팽창하는 과정에서 국민적 정체감을 형성하기 위해서 학교교육을 제도화하게 되었고, 그 결과 학교교육이 팽창하게 되었다.

III. 학교교육팽창 및 학력상승에 관한 갈등이론의 논리

1. **계급통제이론의 논리**

   자본주의 경제체제의 유지와 자본가계급의 이익 옹호, 지배이데올로기의 주입과 경쟁의 원리에 입각한 통제가 학교교육팽창 및 학력상승의 원인이라고 본다. 즉, 자본주의 경제체제와 자본가계급의 옹호 → 경쟁의 원리에 입각한 통제 → 학교교육의 확대 과정으로 설명한다.

   그들은 자본주의 경제체제와 학교교육은 대응관계에 있기 때문에 자본주의 경제체제의 확대에 따라 학교교육도 확대된다고 주장한다. 특히 미국의 학교제도는 교육 그 자체를 위한 것이 아니고, 국민 전체를 위한 것도 아니다. 즉, 미국의 학교제도는 자본주의 사회인 미국의 자본가계급의 이익을 위하여 자본가계급에 의하여 발전하였다는 것이다. 미국의 학교제도는 처음부터 자본주의 경제체제를 유지하고, 자본주의 사회의 지배이데올로기를 주입시키는 제도적 장치로 출발하였다는 것이다.

2. **지위경쟁이론의 논리**

   개인의 성취지위가 중시되면서 사회적 지위획득, 학력취득 경쟁으로 인한 학력인플레이현상이 학교교육팽창 및 학력상승의 원인이라고 본다. 즉, 개인의 능력, 업적과 성취의 중시 → 사회적 지위획득, 학력취득 경쟁 → 학교교육의 확대 과정으로 설명한다. 현대사회에서 성취지위가 중시되면서 학력이 개인의 능력을 입증하는 기준으로 작용하게 되자 남들보다 높은 학력은 사회적 지위획득에서 유리하므로 보다 높은 학력을 취득하기 위한 경쟁이 일어났다. 학력을 취득하거나 특정 학교(대학)를 졸업하는 것이 사회적 지위획득을 보장받고 또한 획득된 지위를 지속시키는 방편으로 작용할 때 학력중심주의(學歷中心主義) 내지 학력주의(學歷主義)가 자리잡게 된다. 이것은 '학벌중심주의' 내지 '학벌주의'로 변질되고 만다.

   그런데 졸업장으로 대표되는 학력수준과 개인의 능력수준이 반드시 일치하지는 않으며, 또 교육의 질적 수준이 반드시 일치하지는 않게 된다. 학력취득 경쟁이 일어나면 학력은 직업세계의 기술과 관계없이 계속적으로 높아지고 결국에는 학력의 평가절하현상이 일어나는데, 이것을 '학력인플레이션현상'이라고 한다.

IV. 결어

이와 같이 기술기능이론과 계급통제이론은 경제적 요인으로, 국민통합이론은 정치적 요인으로, 지위경쟁이론은 사회적 요인으로 각각 학교교육팽창 및 학력상승의 원인을 설명하고 있다. 그런데 기능이론은 균형이론이므로 과잉학력현상을 설명하지 못하고 있다. 반면에 갈등이론은 불균형이론이므로 과잉학력현상을 잘 설명하고 있으나, 학교교육의 순기능을 과소평가하고 있다.

학교교육팽창은 전세계적인 현상이지만 우리나라만의 특수성도 있으므로 어느 하나의 이론을 채택해서 우리나라의 현상을 다 설명할 수는 없다. 따라서 각 이론을 종합적으로 검토, 적용하는 안목이 필요하다고 본다.

논술 모의고사 4-4

• 이 예상문제는 주요대학 교재를 분석·통합하여 저작되었으며, 〈저작권법〉에 따라 무단 복제, 배포, 출판 및 전자출판 등 저작권을 침해하는 일체의 행위를 금지합니다.

다음은 교육평등의 정의를 중심으로 교육평등관을 분류한 내용이다. 이 내용을 바탕으로 교육기회의 평등을 2가지 관점에서 각각 설명하고, 그 실현정책(실현방안)을 논하시오. 또 교육내용의 평등을 2가지 관점에서 각각 설명하고, 그 실현정책(실현방안)을 논하시오. 〔총20점〕

(가) 개인의 타고나는 능력은 각각 다르다고 믿었기 때문에 교육의 양은 능력에 비례해야 한다고 생각하였다. 교육기회는 엄격한 기준에 의한 선발을 통해 주어져야 한다. 따라서 중등교육이나 고등교육은 능력있는 인재에게만 주어져야 한다. 특히 대학교육은 인재군(pool of ability) 또는 재능예비군(reserve of talent)에게만 주어져야 한다는 것이다.

(나) 조기선발시험제도 폐지, 복선형 학제 폐지와 단선형 학제 도입, 중등교육의 무상·의무교육화 등 교육기회를 개방하는 영국의 교육개혁정책(1944년 교육법)의 결과에서 나타난 바와 같이, 이러한 평등정책이 실시된다고 해도 교육기회 분배구조에 있어서 사회적 편파는 제거할 수 없다는 것이다. 결국 이러한 평등정책은 교육기회의 확대를 가져왔지만 사회계층간의 교육기회 분배구조까지 변화시키지는 못한다는 것이다. 교육기회가 확대되는 것과 교육기회 분배구조가 평등해지는 것은 다른 문제이기 때문이다.

(다) Coleman보고서에 따르면, 학교의 교육조건은 학생들의 학업성적과 별 관계가 없는 것으로 나타났다. 오히려 학생들의 가정배경과 동료집단이 큰 영향을 주는 것으로 나타났다. 요컨대, 학생들의 학업성취에 큰 영향을 주는 것은 학교의 교육조건이 아니라 학생들의 가정배경과 동료집단이라는 것이다. 즉, '학교의 효과가 미미하다'는 것이다. 이것은 유전이나 가정환경의 차이 때문에 형성된 학생들의 학업성취 격차를 학교가 변화시킬 수 없다는 의미이다. 그래서 이것을 학교무용론(學校無用論)으로 해석해서는 안 된다. 그 후 Jencks의 연구결과도 비슷한 결론을 내놓았다. 즉, 학교간의 차이가 학생들의 학업성적에 미치는 영향은 미미하다는 것이다.

(라) Rawls는 그의 저서 「정의론」에서 '사람은 각자 다른 잠재능력을 가지고 각자 다른 환경의 가정에서 태어난다. 누가 어떤 잠재능력을 가지고 어떤 가정에서 태어나는가 하는 것은 순전히 우연의 결과인데, 마치 '자연의 복권추첨'과 같은 것이다'라고 하여 무지의 veil을 가정한다. 그는 무지의 veil이라는 원초적 상태를 가정하고, 정의의 제1원칙으로 평등한 자유의 원칙과 정의의 제2원칙으로 기회균등의 원칙 및 차등의 원칙(maximin의 원칙)에 근거한 '공정성으로서의 정의(justice-as-fairness)'를 주장하였다. 특히 '어떤 대안에서 오는 최악의 결과가 다른 대안들에서 오는 최악의 결과에 비해 가장 우월한 경우에는 그 대안을 채택하게 된다'는 maximin의 원칙은 이러한 평등정책을 정당화하는 전략이다.

〈배 점〉

• 답안의 논리적 구성 및 표현 〔총4점〕
• 논술의 내용 〔총16점〕
 · 기술기능이론과 국민통합이론의 논리 전개 〔8점〕
 · 계급통제이론과 지위경쟁이론의 논리 전개 〔8점〕

논술 모의고사4-4 기본답안

I. 서설

교육의 평등은 교육의 기회균등 개념뿐만 아니라 교육결과의 평등까지도 내포하는 개념이다. 교육의 평등은 크게 교육기회의 평등과 교육내용의 평등으로 구분할 수 있으며, 교육기회의 평등은 허용적 평등과 보장적 평등, 교육내용의 평등은 교육조건의 평등과 교육결과의 평등으로 분류할 수 있다.

아래에서는 허용적 평등과 보장적 평등을 각각 설명하면서 그 실현정책을 논의한 다음, 교육조건의 평등과 교육결과의 평등을 각각 설명하면서 그 실현정책을 살펴보고자 한다.

II. 교육기회의 평등

1. 교육기회의 허용적 평등

허용적 평등은 모든 사람들에게 능력에 따라 동등한 교육기회가 주어져야 한다는 관점이다. 주어진 교육기회를 누릴 수 있는가의 여부는 개인의 역량과 형편에 달려있는 것이며, 다만 이제까지 법이나 제도적으로 특정집단에게만 교육기회가 허용되고 신분, 성, 종교, 인종, 민족 등을 이유로 교육기회를 차별하는 것은 철폐되어야 한다는 것이다. 교육을 받을 기회는 모든 사람들에게 허용되지만, 그렇다고 해서 모든 사람들이 같은 수준의 교육을 받아야 한다고는 생각하지 않았다.

이는 능력주의에 근거한 교육기회의 허용적 평등을 의미한다. 이 허용적 평등을 실현하기 위한 정책으로는 영재교육이나 조기교육 등이 있고, 헌법 제31조 및 교육기본법 제3조, 제4조가 그것이다.

2. 교육기회의 보장적 평등

보장적 평등은 모든 사람들에게 사회·경제적 제약조건을 제거하여 교육기회를 보장해 주어야 한다는 관점이다. 즉, 교육기회가 주어진다고 해도 경제적 제약조건이나 사회적 장애 또는 지리적 장애로 인해 교육이 불가능한 사람들에게는 이것들을 제거해 주어야 한다는 것이다.

이는 평등주의에 근거한 교육기회의 보장적 평등을 의미하는데, '같은 것은 같게 취급해야 한다'는 동일의 원리에 토대를 둔다. 이 보장적 평등을 실현하기 위한 정책으로는 벽지(僻地)에 사는 어린이들을 위해 통학비를 지급하는 것, 낙도(落島)에 사는 어린이들을 위해 통학선을 운영하는 것 등이 있으며, 장학금제도, 무상·의무교육제도, 방송통신교육 등이 대표적인 예다.

III. 교육내용의 평등

1. 교육조건의 평등

과정적 평등은 교육과정, 교육시설·설비, 교사의 자질 등에 있어서 학교간의 차이가 없이 평등해야 한다는 관점이다. 학교간의 차이가 학생들의 학업성적과 상급학교 진학의 차이를 초래하므로 교육의 평등을 실현하기 위해서는 학교간의 차이를 없애야 한다는 것이다.

이는 곧 평등주의에 근거한 교육조건의 평등이다. 교육조건의 평등을 실현하기 위한 정책은 과거 우리나라의 고등학교 평준화정책(1974)이 대표적인 예인데, 학생들의 학교간 균등배정을 근본적인 목적으로 교사의 질적 평준화와 교육여건의 평준화를 도모하고자 하였다.

2. 교육결과의 평등

결과적 평등은 과정적 평등이 이루어진다고 해도 교육결과의 평등이 보장되어야 한다는 관점이다. 즉, 교육은 단순히 학교에 다니는데 목적이 있는 것이 아니고, 배워야 할 것을 배우는데 목적이 있음으로 교육결과가 동일하지 않으면 결코 평등이 아니라는 것이다.

결과적 평등을 보장하려면 학습부진아에게 더 많은 교사의 노력과 시간이 투입되어야 하고, 우수한 학생보다 열등한 학생에게 더 좋은 교육조건이 제공되어야 한다. 이것은 일종의 역차별(逆差別)이다. 이 문제는 Rawls의 보상적 평등정책을 통해 정당화된다. 보상적 평등정책이란 가정배경으로 인해 사회적으로 불리한 위치에 있는 학생·계층·지역에 더 많은 혜택을 주고자 하는 국가·사회적 차원의 노력이다.

이는 주로 신Marxism에 근거한 교육결과의 평등인데, '다른 것은 다르게 취급해야 한다'는 차등의 원리에 바탕을 둔다. 교육결과의 평등을 실현하기 위한 정책은 미국의 Head Start Project와 Middle Start Project, 영국의 교육우선지구(Educational Priority Area) 등이 있다. 우리나라에서는 저소득계층 취학전 자녀의 학비지원제도, 농어촌출신학생의 대학특례입학제도, 도서·벽지지역의 중학교 의무교육 우선실시 등이 대표적인 예이다.

IV. 결어

허용적 평등은 능력주의에 근거한 교육기회의 허용적 평등을 의미한다. 보장적 평등은 평등주의에 근거한 교육기회의 보장적 평등을 의미하는데, 사회보장적 성격을 띤다. 과정적 평등은 곧 평등주의에 근거한 교육조건의 평등이다. 결과적 평등은 주로 신Marxism에 근거한 교육결과의 평등인데, 보상적 평등정책을 정당화한다.

사회의 계층화는 사회의 불평등구조를 의미한다. 사회계층을 보는 관점에 따라 사회적 불평등문제를 해결하는 방식은 다르지만 이를 위해서는 무엇보다도 교육에 주목하지 않을 수 없다. 사회적 불평등을 해소하고 사회적 평등을 구현하기 위해서는 교육의 평등이 실현될 때 가능하기 때문이다.

제5장

교육심리학

논점1 교육심리학의 발달과정

① 연합주의

현대 교육심리학은 19세기 말 독일에서 출발하였다. Herbart는 교육학을 과학화하면서 교육목적은 윤리학에서, 교육방법은 심리학에서 그 원리를 찾아야 한다고 주장하였다. 그는 표상심리학에 바탕을 두고 통각설(統覺說)을 제시하였다. 그러나 그 당시 심리학은 오늘날의 과학적 심리학과는 달리, 아직 심리학이 철학으로부터 완전히 독립하지 못한 상태의 사변적 심리학이었다.

그 당시 유행했던 능력심리학(faculty psychology)에서는 인간의 마음은 지각·기억·상상·추리·감정(정서)·의지의 6가지 능력으로 구성되어 있다고 본다. 이러한 능력은 신체의 근육에 비유된다는 뜻에서 심근(心筋)이라고 하며, 심근을 단련시키는 데에는 적절한 교과가 있다고 본다. 즉, 수학과 라틴어는 기억과 추리를, 음악은 감정을, 종교와 도덕은 의지를 단련하는데 적합하다. 이러한 능력심리학의 영향을 받은 학습이론을 형식도야설이라고 한다.

여기서 교육은 이러한 심근을 훈련하는 것으로 정신의 도야라고 본다. 그런데 능력심리학에서는 이에 대한 과학적이고 실증적 증거가 없다는 점이다.

② 구조주의 : 정신분석학

19세기 말 독일의 Wundt는 처음으로 라이프찌히대학에 심리학실험실을 설립하고, 내성법(introspection)을 통해 인간의 의식, 정서적 반응 등을 측정하려고 과학적 접근을 시도하였다. 그의 제자인 Meumann이 그의 실험심리학적 방법을 교육에 적용하여 교육심리학의 토대를 형성하였다. 한편, 이 무렵 오스트리아의 Freud는 인간의 본성에 관한 정신분석학을 창시하여 인간의 무의식 등 심층심리를 이해하고자 하였다.

③ 기능주의 : 행동주의

20세기 초 미국의 심리학적 기능주의(Dewey 등)의 영향을 받아 Thorndike, Watson, Skinner 등이 제창한 행동주의 또한 심리학의 발달에 지대한 공헌을 하였다. 그 중에서도 교육심리학을 독자적인 학문분야로 발전시킨 학자는 Thorndike인데, 그는 시행착오설에 근거한 학습의 법칙을 발견하였다. 또한 그는 연구결과를 토대로 하여 3권으로 된 〈교육심리학〉을 저술하였다.

그리고 행동주의의 영향을 받은 Tyler, Bloom, Glaser, Mager, (Gagné) 등도 이 시기에 교육심리학의 발달에 큰 공헌을 하였다.

④ 인지이론 등

- 그런데 1970년대 심리학의 흐름이 행동주의 → 인지이론으로 전환되는 '인지혁명'이 일어나면

서 교육심리학도 자연히 그 영향을 받게 되었다. Piaget, Vygotsky가 제시한 인지발달이론과 Wertheimer, Köhler, Koffka 등을 중심으로 한 Gestalt이론, Atkinson & Shiffrin 등을 중심으로 한 정보처리이론이 그것이다.

행동주의는 인간을 포함한 유기체를 대상으로 직접 관찰과 측정이 가능한 자극-반응의 관계에 초점을 두는 반면, 인지이론은 인간의 두뇌 속에서 일어나는 정신과정에 초점을 둔다. 이러한 인지이론은 Ausubel, Bruner, Gagné 등에 의해 교육심리학으로 발전하였다.

- 한편, 인본주의(인간주의)는 전통적인 심리학이 과학적·객관적 접근이라는 이름하에 지나치게 자연과학적 방법을 추종한다고 비판하고, 인간에 대한 내적·주관적 방법을 강조하였다.

인본주의를 대표하는 Allport, Maslow, Rogers 등은 이를 교육에 적용하여 학생중심의 인간교육을 실시할 것을 주장하였다. 따라서 인본주의에서는 전통적인 교육에서 강조되어 온 지적 측면보다 감정과 정서 등 정의적 측면을 더 강조한다.

논점2 인간의 심리적 특성

- 교육은 인간을 대상으로 하는 활동이기 때문에 먼저 인간에 대한 올바른 이해가 요구된다. 이 점에서 인간을 과학적으로 연구하는 심리학적 지식이 필요하다. 교육심리학에서는 인간에 대한 심리학적 지식을 중심으로 인간의 심리적 특성과 인간발달을 검토하고, 학습의 과정을 고찰하게 된다.
- 인간의 심리적 특성 중 (인)지적 특성은 개인의 전형적인 사고과정이나 사고방법을 나타내는 특성을 말하고, 정의적 특성은 개인의 전형적인 감정과 정서를 나타내는 특성을 말한다. 그리고 운동기능적 특성(심동적 특성 혹은 심체적 특성)은 개인의 신체운동이나 신체기능과 관련된 특성이다.

지적 특성으로 지능, 창의력, 적성, 메타인지, 인지양식(사고양식), 언어발달, 학업성취, 선수학습(선행학습), 사고, 지각, 기억, 상상 등이 있으며, 정의적 특성으로는 인성(성격), 동기, 성취동기, 자아개념, 정서(감정), 불안, 가치관, 태도, 흥미, 사회성/도덕성, 포부수준(기대수준) 등이 있다.

논점3 지능의 의의

① 개념

유전형질과 개인차의 연구를 통하여 최초로 지적 능력(지능)을 연구한 학자는 19세기 말 프랑스의 Galton이다. 지능(intelligence)이란 환경에 적응하고 문제를 해결하는 일반적인 능력을 말하는데, 정보처리속도와 밀접한 관련이 있다.

Boring(1923)은 지능을 〈지능검사가 측정하는 것〉으로 정의한 바 있으며, Terman(1916)은 지능을 〈추상적으로 사고할 수 있는 능력〉으로 정의하였고, Wechsler(1940)는 지능을 〈유목적적으로 행동하고, 합리적으로 사고하며, 환경을 효과적으로 다룰 수 있는 개인의 종합적인 능력〉이라고 정의하였다. 이러한 지능은 개인의 적응적인 행동으로 문제해결요소의 특징을 내포하며, 인지적 과정에 의해서 조절된다.

② 특징

지능의 개념에 내포되어 있는 특징은 다음과 같다.

첫째, 지능은 정보를 처리하는 능력이다. 둘째, 지능은 학습능력이다. 셋째, 지능은 추상적 사고능력이다. 넷째, 지능은 환경에 적응하는 능력이고, 문제를 해결하는 능력이다. 다섯째, 지능은 적응적 방식으로 사고하며 행동하는 능력이다.

논점4 지능에 관한 유전-환경 논쟁

- 유전론 대 환경론

  지능에 관한 유전-환경 논쟁은 지능이 유전에 의하여 결정되느냐 아니면 환경에 의하여 결정되느냐하는 문제를 말한다.

  유전론자들은 지능을 결정하는 것은 생물학적 유전요인이며, 따라서 환경요인은 크게 영향을 미치지 못한다고 주장한다. Jensen(1969)의 유전론에 따르면, 인간의 지능발달은 유전에 의해 약 80%가 결정되고, 나머지 약 20%는 환경에 의해 영향을 받는다(예 : Galton의 천재연구, Goddard의 가계연구). 반면에 환경론자들은 물론 환경요인의 작용이 더 큰 역할을 한다고 주장한다(예 : Bloom의 쌍생아연구).

- 유전-환경 상호작용론

    이러한 논쟁은 아직도 끝나지 않았으나, 오늘날 일반적인 견해는 유전요인이 지능발달의 생물학적 한계를 결정해 주되, 그 한계 내에서 환경요인의 작용이 결정적인 역할을 한다고 보는 유전-환경 상호작용론에 귀결되고 있다. 이 점에서 환경의 중요성은 더욱 강조되며, 특히 어린 시절에 주어지는 초기경험의 중요성이 강조되고 있다.

- 요약

    첫째, 지능은 비교적 안정성을 가진다. 그러나 출생 후 수년간의 초기경험으로 큰 변화를 가져온다. 그 이유는 가정환경의 영향을 크게 받기 때문이다.

    둘째, 남녀간의 지능은 유의미한 차이가 없으나, 도시와 농촌 등 지역간의 지능은 유의미한 차이가 있다. 그 이유는 사회·문화적 환경의 차이에서 오는 영향을 크게 받기 때문이다.

    셋째, 지능과 학업성취간의 관계는 연구결과에 따라 다르지만, 일반적으로 약 50% 정도를 설명하거나 예언할 수 있다. 그러므로 지능이 높다고 해서 반드시 학업성취가 높은 것은 아니다.

논점5 지능이론

- Spearman의 2요인론(g-요인론)

    Spearman(1927)은 지능을 모든 인지적 과제의 해결에 공통적으로 적용되는 일반적 지능요인(g-요인)과 특수한 과제의 해결에만 요구되는 특수적 지능요인(s-요인)으로 구분하였다. 그는 g-요인을 '약방의 감초'와 같이 기본적 정신에너지로 보았는데, 바로 일반적인 능력을 의미한다. s-요인은 일반성이 낮은 능력이므로 일반적인 능력인 g-요인을 중시한다. 그에 따르면, 지능은 g-요인으로 구성되는 단일능력이 된다.

- 위계요인론
    - 의의

        위계요인론에서는 지능의 구성요인이 위계를 이루고 있다고 가정하고, 위계의 상층에는 일반능력이, 하층에는 특수능력이 위치한다고 주장한다. 따라서 구성요인의 위계수준이 높을수록 일반성이 높다. Cattell의 2층지능론, Hebb의 2층지능론, Carroll의 3층지능론 등이 위계요인론에 해당한다.

- 2층지능론

    Cattell(1963)은 일반지능을 유동적 지능(fluid intelligence)과 결정적 지능(crystallized intelligence)으로 구분하였다. **유동적 지능**은 주로 생물학적 유전요인에 의해 결정되고 두뇌라든가 중추신경계의 성숙과 관계있는 일반능력을 말한다. 여기에는 기계적 기억, 정보처리속도와 지각속도, 추상적 문제해결력, 기억력, 일반적 추리력 등이 포함된다. **결정적 지능**은 흔히 환경요인에 의해 결정되며 경험이나 연습 등 학습과 관계있는 일반능력을 말한다. 여기에는 일반상식과 지식, 언어구사력과 의사소통능력, 구체적 문제해결력, 수리력, 논리적 추리력 등이 포함된다.

    유동적 지능이 높으면 새로운 상황에 적응하는 능력과 새로운 문제를 해결하는 능력이 높다. 이에 비해 결정적 지능이 높으면 가정환경이나 학교교육을 통해 획득한 정보의 양이 많다는 뜻이다. 유동적 지능은 출생 초기에 급속히 발달하여 15~20세 무렵 정점에 이르고 이후에는 서서히 쇠퇴한다. 이에 비해 결정적 지능은 출생 이후 성인기까지 서서히 증가하여 노년기까지도 비교적 쇠퇴가 적다.

    또한 Hebb(1949)은 일반지능을 인자형 지능(genotype intelligence)과 표현형 지능(phonotype intelligence)으로 구분하였다. 인자형 지능은 유전자에 의해 결정되는 지능으로, 직접 관찰이나 측정이 불가능한 이론적 구인(구념)으로 단지 추정될 수 있을 뿐이다. 표현형 지능은 유전과 환경의 상호작용을 통해 결정되는 지능인데, 지능검사에 의해 직접 관찰되고 측정된 결과의 평균치로 일반능력에 해당한다.

- 다요인론

    다요인론에서는 Spearman의 g-요인론을 비판하면서 지능은 단일능력이 아니라 복합능력이라고 주장한다. Thurstone의 군집요인론, Thorndike의 4요인론, Guilford의 지능구조이론 등이 다요인론에 해당한다.

    Thurstone(1938)은 지능이 언어이해력-단어유창성-기억력-수리력-추리력-지각속도-공간지각을 포함한 7개의 기본적 정신능력(PMA)으로 구성되어 있다고 주장하였다. 또한 Thorndike(1941)도 지능이 문장완성력-단어유창성-수리력/추리력-지시수행력을 포함한 4개로 구성되어 있다고 주장한 바 있다.

논점6 지능이론 : Guilford의 지능구조이론

- 의의

    Guilford(1959)는 지능을 내용(contents)-조작(operations)-산출(products)의 3가지 차원으로 구조화하고, 이를 조합한 5×6×6=180개의 기본적 정신능력으로 구성된다고 주장하였다. 여기서 내용은 사고의 대상을, 조작은 사고의 방법을, 산출은 사고의 결과를 의미한다.

- 생산적 사고

    내용차원은 형태적-의미론적-상징적-행동적의 4가지로 구분되는데, 형태적은 다시 시각적-청각적으로 분류된다. 조작차원은 기억-인지적 사고-평가적 사고-수렴적 사고-발산적 사고의 5가지로 구분되는데, 기억은 다시 기억부호화-기억파지로 분류된다. 그리고 산출차원은 단위-유목-관계-체계-변환-함축의 6가지로 구분된다. 특히 수렴적 사고 및 발산적 사고는 '생산적 사고'라고 하는데, 각각 지능 및 창의력과 긴밀하게 관련된다. 어떤 문제에 대한 유일한 정답이나 해결책을 찾아내는 수렴적 사고는 지능검사에서 측정될 수 있고, 어떤 문제에 대한 다양한 대답이나 해결책을 찾아내는 발산적(확산적) 사고는 창의적 사고의 핵심이다. 그에 따르면, 지능은 단일능력이 아니라 복합능력이 된다.

- 지능과 창의력의 관계

    또한 Guilford는 창의력은 지적 능력(지능)과 다르다고 본다. IQ와 창의력점수간의 상관관계는 아주 낮을 것이라고 예언하였는데, 다수의 후속연구는 그의 예언을 지지하는 쪽으로 결론을 내렸다. 최근까지도 창의력검사가 무엇을 측정하는가에 대해서는 논란이 있지만, 일반적으로 발산적(확산적) 사고를 강조하고 있다는 점에는 의견이 일치한다.

    그의 지능구조이론에 근거하여 학교교육을 분석해 보면, 내용차원에서 언어와 상징에 치중하고 있고, 조작차원에서는 기억력과 수렴적 사고력을 중시하지만 확산적 사고력은 무시하고 있으며, 산출차원에서는 단위와 유목을 지나치게 강조하고 있다는 비판이 있다.

논점7 지능의 측정 : 지능검사

- 최초의 지능검사는 1905년 프랑스의 Binet가 정신연령의 개념을 사용하여 개발하였다. 여기서 정신연령은 개인이 지능검사에서 얻은 점수를 특정한 연령집단의 평균점수와 비교하여 표시하

는데, 이 Binet지능검사는 학습부진아를 변별하는데 그 목적이 있었다.

그 후 미국의 Terman은 독일의 Stern이 개발한 비율IQ의 개념을 사용하여 Stanford-Binet 지능검사를 제작하였고, Wechsler는 편차IQ의 개념을 도입하여 Wechsler지능검사를 제작하였는데, WAIS(성인지능검사), WISC(아동지능검사) 및 WPPSI(유아지능검사)가 있다.

- Stanford-Binet지능검사는 언어지능검사, 개인지능검사이다. 그런데 동일 연령집단의 다른 아동과의 상대적 위치 비교가 곤란하고, 영재아라든가 잠재적 영재아의 판별이 곤란하며, 지능의 하위능력을 측정하지 못한다는 문제점이 있었다. 반면에 Wechsler지능검사는 언어 및 비언어지능검사, 개인지능검사이다. 영재아는 물론 잠재적 영재아를 판별할 수 있고, 지능의 하위능력을 측정할 수 있다(예 : 언어성검사의 하위검사, 비언어성검사의 하위검사). 지능의 측정 이외에도 성격특성, 뇌손상상태 및 심리적 부적응상태를 진단할 수 있다.

논점8 지능의 측정 : 지능지수

- 지능의 측정은 지능검사에 의하는데, 그 결과는 지능지수(비율IQ)로 표시된다. IQ는 평균점수를 100으로 해서 100 이상이면 보통 이상의 지능이라고 하고, 100 이하이면 보통 이하의 지능으로 간주한다. 그런데 IQ는 가변적인 지수란 점을 인정해야 하고, 또 측정의 오차를 감안해서 해석해야 한다. 그것은 개인의 지적 능력을 판단하는데 도움을 주는 하나의 자료에 불과하다는 점을 유의해야 한다.

$$IQ = \frac{정신연령(MA)}{생활연령(CA)} \times 100$$

지능의 단계	IQ
준천재(천재)	140 이상
극히 우수한 지능	120~140
우수한 지능	110~120
보통(평균)	90~110
우둔	80~90
경계선	70~80
정신박약(정신지체)	70 이하
노둔, 치우, 백치	

- 특히 동일 연령집단의 다른 아동과의 상대적 위치 비교가 곤란한 지능지수(비율IQ)의 문제점을 해결하기 위하여 Wechsler는 편차지능지수(편차IQ)를 도입하였다. 편차지능지수는 지능의 정상분포를 가정하고, 평균과 표준편차(평균 100, 표준편차 15 또는 16)를 사용한 표준점수에 의한 지능지수인데, 한 아동의 지능을 동일 연령집단 내에서의 상대적 위치로 규정한 지능지수이다. 그래서 동일 연령집단의 다른 아동과의 상대적 위치를 비교할 수 있다.

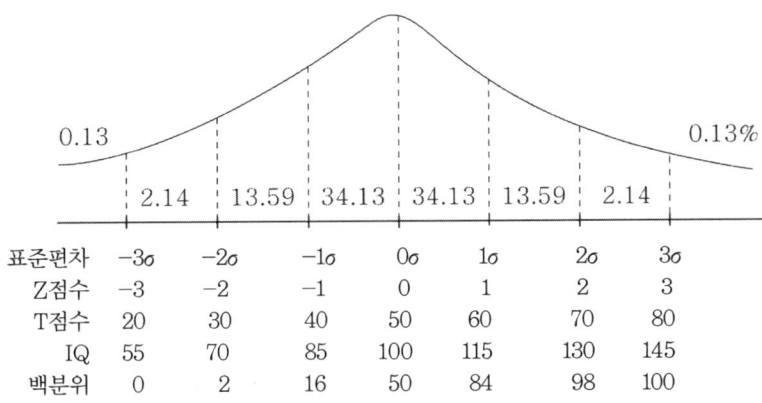

▶ IQ의 정상분포곡선

논점9 지능지수를 해석할 때의 유의사항

① 지능검사, 지능지수에 대한 오해
- 지능지수가 지능과 동일하다는 오해
  지능지수는 지능과 동일한 것이 아니라 지능을 나타내는 한 가지 지표에 불과하다.
- 지능검사는 선천적으로 타고난 지능만 측정한다는 오해
  지능검사는 선천적인 능력만 측정하는 것이 아니라 후천적인 능력도 아울러 측정한다.
- 지능검사는 지적 잠재능력을 측정한다는 오해
  지능검사는 특정 시점에서의 지적 기능을 측정할 뿐이다.
- 지능지수는 고정적이고 불변한다는 오해
  지능은 유전과 환경의 상호작용으로 발달하므로 지능지수는 변화한다. 특히 출생 이후 5세까지는 그 변화의 정도가 심하다.

- 지능검사는 개인의 지적 능력에 관한 정보를 종합적으로 제공해 준다는 오해
  어떤 단일한 지능검사로 개인의 지적 능력을 포괄적으로 알 수는 없다.
- 지능지수가 높으면 모든 교과목을 잘한다는 오해
  지능지수는 절대적 지표가 아니라 상대적 지표이다. 따라서 지능지수가 높다고 해서 모든 교과목에서 우수하다고 기대할 수는 없다.
- 지능검사는 공정하다는 오해
  대부분의 지능검사는 문화적으로 공정하지 못하다. 전통적 지능검사는 특정 인종이나 사회계층에 유리하게 구성되어 있다.

② 지능지수를 해석할 때의 유의사항
- IQ를 지적 기능의 한 가지 지표로 생각한다.
- IQ를 학업성적, 성격 등 다른 요소와 함께 사용한다.
- IQ를 점수대(점수구간, 점수범위)로 생각한다.
- IQ에 대한 과잉해석을 피해야 한다.
- 지능검사의 하위검사의 변산성에 특히 유의해야 한다. 특히 지능검사의 하위검사는 측정의 오차가 크고, 신뢰도와 타당도가 낮다는 점이다.
- IQ만을 근거로 하여 한 아동을 저능아 혹은 천재아라는 딱지를 붙여서는 절대 안 된다. 아직 검사방법, 검사도구가 불완전하여 측정의 오차가 크게 작용하기 때문이다.

논점10 창의력의 의의

① 개념

창의력(creativity)은 사물에 대한 새로운 아이디어나 지식을 결합하거나 생산해 내는 능력 또는 태도로 정의되고 있다. 그러므로 창의적 산물이란 사물을 단순히 병합시켜 놓은 것이 아니고, 사물을 새로운 상태로 변경하거나 창안해 낸 것을 의미한다. 창의력은 자신의 지적 능력을 어떻게 동원하느냐와 관계가 있으며, 정상적인 지적 능력을 가진 사람은 누구나 잠재적 창의력을 가지고 있다. 그리고 지능이 유전 이외에 환경에 의해 영향을 받는 것처럼 창의력도 환경의 영향을 받는다. 지능과 창의력은 중첩된다는 관점이 지배적이다. 지능과 창의력이 중첩된다는 관점에서 Renzulli는 **영재성 개념**의 구성요소로 평균 이상의 지능, 창의력, 과제집착력(=성취동기)을 제시하고 있다.

② 특징

창의력의 특징을 살펴보면 다음과 같다.

첫째, 창의력은 지적 요소와 정의적 요소를 모두 포함하는 인간의 심리적 특성이다. 새롭고 신기하고 희귀한 아이디어나 작품을 생산해 내는 능력은 창의력의 지적 측면이고, 자유분방하고 융통성있고 약간의 위험부담을 즐기며 사고하고 행동하는 성향은 창의력의 정의적 측면이다.

둘째, 창의력의 판단준거는 신기성(novelty)과 유용성(usefulness)이 된다. Gallagher(1985)는 창의력을 〈새로운 아이디어나 산물을 산출하거나 기존의 아이디어나 산물을 참신한 방법으로 재결합하는 인지과정〉으로 정의하고 있다. 창의력은 새로운 관계를 지각하거나 비범한 아이디어를 산출하거나 또는 기존의 사고유형에서 벗어나 새로운 사고유형으로 재결합하는 능력이다. 요컨대, 창의력은 새롭고 독창적이며 실제적으로 유용한 것을 만들어내는 능력이다.

셋째, 창의력은 창의적 과정, 창의적 산물, 창의적 인물, 환경의 압력 등 4가지 요소가 상호작용한 결과이다. Urban(1995)은 Sternberg 등의 투자이론(삼원지능이론)에 기초하여 창의력을 창의적 과정(creative process), 창의적 산물(creative product), 창의적 인물(creative person), 환경의 압력(creative press) 등 4가지 요소로 설명하고 있다.

논점11 창의력이론 : Guilford의 지능구조이론

- 사고의 유창성

  주어진 자극에 대하여 얼마나 많은 양의 반응을 할 수 있는가하는 사고능력이다. 예를 들면, 특정주제에 대해 일단 떠오르는 생각을 모두 표현한다. 문제상황에서 유용한 해결책을 가능한 한 많이 제시한다. 어떤 대상으로부터 가능한 한 많은 것을 연상한다.

- 사고의 융통성(신축성)

  어떤 문제상황에 대하여 접근하는 방법이 질적으로 얼마나 다양한가하는 사고능력이다. 예를 들면, 서로 관계가 없는 듯한 대상을 관련시켜 생각한다. 대상의 여러 가지 속성을 추론하고 추론된 속성별로 생각한다. 발상 자체를 전환시켜 다양한 관점을 적용한다.

- 사고의 독창성

  기존의 아이디어의 재결합이나 재구성이 아니라, 새로운 아이디어를 생산할 수 있는 사고능력이다. 예를 들면, 다른 사람의 관점과 다르게 생각해 본다. 기존의 생각이나 사물의 가치를 부정해 본다. 기존의 생각이나 사물을 새로운 상황에 적용해 본다.
- 사고의 정교성
  주어진 문제를 세분화하여 전개하거나 문제에 포함된 의미를 명확히 파악하는 사고능력을 말한다.
- 사고의 조직성
  주어진 문제를 체계화하여 새로운 의미를 부여하거나 문제를 구조화하여 서로 관련지을 수 있는 사고능력을 말한다.
- 지각적 개방성
  어떤 문제상황에 대하여 민감하게 있는 그대로 지각할 수 있는 능력을 의미하며, 장독립적 인지양식과 **사고의 민감성**을 포함한다.
- 성격특성
  비판에 대한 개방성, 독립성, 전통과 인습으로부터의 탈피 등을 의미하며, **동기적 요소**를 포함한다.

논점12 창의력이론 : Wallas의 문제해결이론

- 1단계 : 준비
  문제를 인식하고 문제해결에 필요한 정보를 수집·분석하는 단계이다.
- 2단계 : 부화(배양)
  문제를 잠시 제쳐 두고 다른 활동을 하거나 무의식수준에서 아이디어나 해결책을 모색하는 단계이다.
- 3단계 : 영감(조명)
  의식수준에서 아이디어나 해결책을 갑자기 인식하거나 통찰하는 단계이다. 이와 같이 문제해결의 과정에서 오랫동안 품고 있던 문제의 해결책이 일정한 기간이 경과하면서 어느 순간 의식화되는 현상을 부화효과(incubation effect)라고 한다.
- 4단계 : 검증
  문제에 대한 아이디어나 해결책을 실행하고 수정·보완하는 단계를 말한다.

논점13 창의력의 측정

- 어떤 문제에 대한 유일한 정답이나 해결책을 찾아내는 수렴적 사고는 지능검사에서 측정될 수 있고, 어떤 문제에 대한 다양한 대답이나 해결책을 찾아내는 발산적(확산적) 사고는 창의적 사고의 핵심이다. 그래서 지능검사는 수렴적 사고력을 강조하고, 창의력검사는 확산적 사고력을 강조한다.
- 창의력을 측정하는 방법은 확산적 사고검사, 자서전검사, 성격검사, 태도·흥미검사, 상급자의 판단, 교사의 판단, 또래의 판단, 산물의 평가, 저명도의 평가, 자기보고식 창의적 활동평가 등이 있다.

  일반적으로 창의력을 측정하는 도구는 Torrance창의력검사(TTCT)가 사용되는데, 유창성검사, 융통성검사, 독창성검사 등으로 구성되어 있다. 그리고 Getzels & Jackson이 개발한 창의력검사는 단어연상검사, 이야기완성검사, 용도검사, 도형찾기검사, 문제작성검사 등으로 구성되어 있다.

논점14 인지양식의 의의

① 개념

인지양식(cognitive style)이란 인지적 행동에 있어서 나타나는 개인차, 즉 인지적 과제에 대하여 개인이 일관성있게 반응하는 양식이다. 인지양식은 개인의 전형적인 정보처리방식이다. 이는 문제를 해결하는 과정에서 특정한 방식을 적용하는 사고양식(thinking style)과 유사한 개념이다. Witkin(1977)은 인지양식을 〈개인이 지각과 인지적 행동에 있어서 나타내는 특징적이고 일관성 있는 반응양식〉으로 정의하였고, Kagan 등(1965)은 인지양식을 〈외부환경을 개념적으로 유목화하고 지각적으로 조직화하는 방식에 있어서 개인의 일관성있는 선호양식〉으로 정의하고 있다. 그래서 인지양식이란 개인의 지적 능력의 차이가 아니라 개인이 사물을 지각하는 독특한 방식이 된다. 이러한 인지양식은 지적 요소와 정의적 요소를 동시에 가지고 있으며, **학습양식**과 **교수양식**으로 나타난다.

② 특징 : 인지양식과 지적 능력의 비교

첫째, 지적 능력은 인지의 내용(what)에 관련된 개념이지만, 인지양식은 인지의 방법(how)에 관련된 개념이다. 둘째, 지적 능력은 단극적이고 가치지향적 개념이지만, 인지양식은 양극적이고 가치중립적 개념이다. 그래서 양극단에 위치하는 인지양식 중 어느 것이 더 좋다 나쁘다고 판단할 수 없다. 셋째, 지적 능력은 언어, 기억, 수리, 추리 등과 같은 특정 영역에만 적용되지만, 인지양식은 인지적 과제는 물론 공간지각, 대인관계 등과 같은 광범위한 영역에까지 적용된다. 넷째, 지적 능력은 의식적으로 적용되지만, 인지양식은 무의식적으로 적용된다.

논점15 인지양식의 유형

인지양식은 지적 능력과 달리, 양극적이고 가치중립적 개념이다. Witkin은 장의존적 인지양식과 장독립적 인지양식으로 분류하였고, Kagan 등은 충동적 인지양식과 반성적(성찰적) 인지양식으로 분류하였다. 또한 Gardner는 고착된 인지양식과 융통적 인지양식으로 분류하였으며, Klein은 평준화된 인지양식과 첨예화된 인지양식으로 분류하고 있다.

한편, Sternberg는 그의 **정신자치모형**에서 다차원적 사고양식을 제안하였는데, 13가지 사고양식의 개념을 사고의 기능-사고의 형식-사고의 수준-사고의 범위-사고의 경향성의 5가지 차원으로 구분하고 있다.

논점16 인지양식의 유형 : 장의존적 인지양식과 장독립적 인지양식(Witkin, 1977)

- 장의존적 인지양식

  장의존형(field-dependent style) 학습자는 사물을 지각할 때 그 사물의 배경이 되는 주변환경의 영향을 많이 받는 사람으로, 자극을 비교적 비분석적이고 전체적·직관적으로 지각한다. 즉, 심리적인 분화가 잘 이루어지지 않아서 주어진 상황을 전체적으로 파악하려는 경향이 있다. 따라서 복잡한 자극이 주어질 때 그것을 있는 그대로 지각하고, 구조화하거나 재조직하지 못하는 경향이 있다. 또 자아와 비자아를 엄격하게 구분하지 않는 사고방식을 갖고 있으며, 외부의 비판이나 칭찬에 많은 영향을 받아서 외적·사회적 준거체제에 의존하는 경향이 강하다. 비유컨대, 장의존형 학습자는 '숲은 보되, 나무를 보지 못하는 인지양식'이다.

- 장독립적 인지양식

  장독립형(field-independent style) 학습자는 사물을 지각할 때 그 사물의 배경이 되는 주변 환경의 영향을 받지 않거나 적게 받는 사람으로, 자극을 분석적으로 지각한다. 즉, 심리적인 분화가 잘 이루어져 있어서 타인 또는 상황을 보다 분화된 방식으로 경험하며, 자신의 경험을 분석하여 구조화하고 재조직한다.

  따라서 복잡한 자극이 주어질 때 필요한 요소와 불필요한 요소를 구분하고, 그것의 상호 독립성을 유지시키면서 자극을 지각한다. 또 자아와 비자아를 엄격히 구분하려는 사고방식을 가지며, 자기지향적이고 내적 준거체제에 의존해서 주어진 자료나 상황을 분석하는 성향이 있다.

  비유하면, 장독립형 학습자는 '나무는 보되, 숲을 보지 못하는 인지양식'이다.

- 요약 : 장의존형 학습자와 장독립형 학습자의 비교

장의존형 학습자	장독립형 학습자
• 사회적인 내용의 자료를 잘 학습한다.	• 사회적인 내용의 자료에 집중하는데 외부의 도움을 필요로 한다.
• 사회적 정보를 더 잘 기억한다.	• 사회적 정보를 이해할 때 맥락을 이용하는 방법을 학습해야 한다.
• 사물을 전체적·직관적으로 지각한다. 그래서 인문과학이나 사회과학 분야에 적합하다.	• 사물을 분석적으로 지각한다. 그래서 수학이나 자연과학 분야에 적합하다.
• 외부에서 설정한 구조와 목표, 강화를 필요로 한다. 그래서 **협동학습**에 적합하다.	• 자신이 설정한 목표, 강화를 갖는 경향이 있다. 그래서 **자기주도학습, 경쟁학습**에 적합하다.
• 외부의 비판이나 칭찬에 많은 영향을 받는다.	• 외부의 비판에 영향을 적게 받는다.
• 외적·사회적 준거체제에 의존하는 경향이 강하다. 따라서 내적 보상보다 외적 보상이 더 적합하다.	• 내적 준거체제에 의존한다. 그러므로 외적 보상보다 내적 보상이 더 적합하다.
• 비구조화된 자료나 상황을 학습하는데 어려움을 겪는다.	• 비구조화된 자료를 자기 나름대로 구조화할 수 있다.
• 주어진 상황을 있는 그대로 받아들이고 재조직하지 못하는 경향이 있다.	• 주어진 상황을 분석하여 재조직할 수 있다.
• 문제해결에 대한 보다 명료한 지시를 필요로 한다.	• 명료한 지시나 안내 없이도 문제를 더 잘 해결할 수 있다.

장의존형 학습자는 '기억조성술'을 활용하는 방법을 학습할 필요가 있다. 그리하여 장의존형 학습자는 '숲은 보되, 나무를 보지 못하는 인지양식'인데 비해, 장독립형 학습자는 '나무는 보되, 숲을 보지 못하는 인지양식'이다.

장의존적 인지양식과 장독립적 인지양식은 Witkin 등이 제작한 신체조정검사, 잠입도형검사를 통해 측정된다.

논점17 인성의 의의

① 개념

인성(personality, 성격)은 원래 '가면(假面)'을 의미하는 라틴어의 persona에서 유래되었다. 인성에 대한 정의는 관점에 따라 다양하지만, 일반적으로 인성은 인간관계 속에서 개인의 독특한 행동과 사고를 특징짓는 비교적 지속적인 심리적 특성을 말한다. Allport(1961)는 인성이란 〈개인의 독특한 행동과 사고를 결정하는 개인내 심리적·생리적 체제의 역동적인 조직〉이라고 정의하였다.

인성의 특성은 독특성, 일관성, 적응성인데, 이것은 인성연구의 핵심주제이기도 하다. 특히 성격이론 내지 성격발달이론에서는 인성의 일관성을 전제로 해서 인성연구가 이루어진다.

② 특징

이러한 인성의 개념에 내포되어 있는 특징은 다음과 같다.

첫째, 인성은 개인의 독특한 특성이다. 그러나 대다수의 사람들이 공유하는 특성이 있는데, 그래서 인성은 집단이 공유하는 특성과 개인에서만 발견되는 특성이 있다. 둘째, 인성은 심리적 측면과 생리적 측면을 모두 포함하는 개념이다. 일반적으로 인성의 심리적 측면을 성격(character)이라고 하고, 생리적 측면을 기질(temperament)이라고 한다. 셋째, 인성은 지적 요소와 정의적 요소를 모두 포함하는 개념이다. 다만, 인성의 개념 속에는 정의적 요소가 우세하기 때문에 정의적 특성으로 보는 것이다.

넷째, 인성은 역동적인 조직이란 점에서 일정한 구조를 가정하고 있다. Freud에 의하면, 인성구조는 본능(id, 원욕), 자아(ego), 초자아(superego)로 구성되어 있다. 그는 이 3가지 기능이 조화와 균형을 유지할 때 인간의 원만한 적응이 이루어진다고 주장하였다. 다섯째, 인성은 성장해 가면서 형성되는데, 외적 환경이나 경험에 따라 변화될 수 있다. 인성은 비교적 안정성을 가지고 있지만 외적 조건에 따라 적응적으로 변화해 간다.

논점18 성격이론

① **유형론**

사례분석 등 경험적 방법을 사용한 성격이론으로 과거에는 Hippocrates의 체액론, Kretschmer의 체격론과 Sheldon의 체격론 등이 있었다.

Freud학파에 속하는 Jung은 성격을 성적 에너지인 libido의 지향과 생활양식에 따라 외향형-내향형과 판단형-인식형으로 구분하고, '개별화된 인간'을 건강한 성격의 소유자로 간주하였다. Adler는 성격을 사회적 관심과 활동을 기준으로 회피형-지배형-획득형(기생형)-사회형으로 구분하고, '창조적 자기'를 건강한 성격의 소유자로 간주하였다.

② **특성론**

요인분석 방법을 사용한 성격이론으로 심리측정적 접근을 채택한 점이 특징이다. Allport는 성격을 공통특성과 개별특성으로 구분하고 '성숙한 인간'을 건강한 성격의 소유자로 간주하였고, Cattell은 성격을 표면특성과 근원특성으로 구분하고 이를 바탕으로 성격요인검사(16PF)를 개발하였다.

논점19 동기의 의의

① **개념**

동기(motivation)는 원래 '움직인다'는 의미를 가진 라틴어인 movere에서 유래되었다. '말을 물가에 끌고 갈 수는 있으나, 물을 먹지 않으려는 말에게 물을 먹일 수는 없다'는 속담은 학습에 있어서 동기의 중요성을 잘 설명해 준다. 동기가 유발되지 않고서는 효과적인 학습이 불가능하기 때문이다.

동기란 유기체가 그 욕구를 충족시키기 위하여 유인(목표)을 추구하는 심리적 과정 또는 상태를 말한다. 동기는 유기체를 행동하게 만드는 심리적 힘이다. 즉, 동기는 어떤 행동을 유발하고 유지시키며, 그 행동의 방향을 결정짓는 원동력이다. Morgan & King(1971)은 동기란 〈행동을 일으키는 원동력〉이라고 정의하였다.

동기란 욕구의 표출이고, 유인에 의해 유발되고 유지된다. 또한 기대에 의해 유발되고 유지된다. 여기서 유인은 목표를, 기대는 목표를 달성할 수 있는 가능성을 말한다.

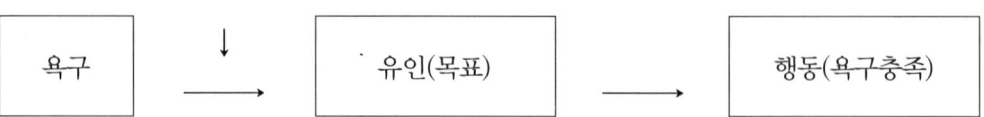

② 특징
- 학습과 관련하여 동기는 흥미, 태도, 가치, 경향성, 준비성, 본능(instinct), 욕구(need), 충동(drive), 유인(incentive), 기대(expectancy) 등의 성질을 포함한다. Morgan & King(1971)은 동기의 기능을 4가지로 언급하면서 이것을 학습동기에 적용하였다.

  첫째, 학습활동을 자극하고 유발하는 발생적(활성적) 기능이다. 둘째, 학습목표를 지향하도록 유도하는 방향적(지향적) 기능이다. 셋째, 학습된 내용을 지속적으로 유지시키는 조절적 기능이다. 넷째, 학습활동의 빈도 혹은 강도를 반복시키는 강화적 기능이다.

- 일반적으로 동기의 기능을 살펴보면 다음과 같다.

  첫째, 동기는 유기체의 행동을 조절한다. 둘째, 동기는 유기체의 행동을 유발하고 유지시킨다. 셋째, 동기는 유기체의 행동을 방향짓는다. 넷째, 동기는 유기체의 행동을 선택하게 한다. 다섯째, 동기는 학습속도를 결정짓는다. 여섯째, 동기는 학습의 도달한계를 결정짓는다. 일곱째, 동기는 학습의 오류를 결정짓는다.

  또한 동기는 학습흥미, 학습태도를 형성한다. 동기는 욕구를 일으킨 만큼 실제 행동을 일으킨다. 그리고 학습해 가면서 동기가 유발될 수도 있다. 나아가 동기는 인지적 특성에도 영향을 미친다는 점이다. (이와 관련하여 교육과정 전반과 일상생활에 걸쳐 광범위하게 동기화되는 **일반동기**와 특정 과목이나 특정 내용의 학습에 관해서만 국지적으로 동기화되는 **특수동기**로 구분할 수 있다.)

논점20 동기이론 : 동기의 분류

- 내재적 동기와 외재적 동기
  학습상황에서 분명히 동기화된 학생들은 유목적적이고 정력적으로 학습을 수행한다. 이러한 동기는 내재적 동기(intrinsic motive)와 외재적 동기(extrinsic motive)로 구분된다.

내재적 동기는 지적 호기심·자기성취감·자기만족감 등의 동인(動因)에 의해 유발되는 동기와 자발적인 학습의욕을 뜻하며, 그 행동 자체가 목적이 되는 동기이다. 반면에 외재적 동기는 부모나 교사의 칭찬·보상·경쟁 등의 유인(誘因)에 의해 유발되는 동기를 말하며, 행동은 다른 목적을 달성하기 위한 수단이 되는 동기이다. Bruner가 강조하는 탐구정신, 발견정신 등은 모두 내재적 동기의 일종이다.

- 1차적 동기(생리적 동기)와 2차적 동기(사회적 동기, 심리적 동기)

  또한 동기는 1차적 동기(primary motive)와 2차적 동기(secondary motive)로 구분되기도 한다.

  기·갈·성·수면 등 생리적 욕구와 관련된 학습되지 않은 욕구를 1차적 동기라고 하며, 학습욕구·성취욕구·권력욕구 등 사회적 욕구 또는 심리적 욕구와 관련된 학습된 욕구를 2차적 동기라고 한다. 특히 성취동기는 내재적 동기이며, 학습된 동기의 일종이다.

논점21 Maslow의 욕구위계론

- 의의

  Maslow는 인간의 욕구가 선천적이며 그 강도에 따라 다음과 같이 5가지가 위계를 이루고 있다고 가정하였다. 그는 생리적 욕구 → 안전의 욕구 → 사회적 욕구 → 존경의 욕구(자기존경의 욕구와 타인에 의한 존경의 욕구로 구분) → 자아실현의 욕구의 5가지로 구분하였다. 여기서 모든 수준의 욕구는 자아실현의 욕구로 귀결되므로 성장욕구는 바로 자아실현의 욕구이고, 그 이외의 욕구는 모두 결핍욕구에 속한다.

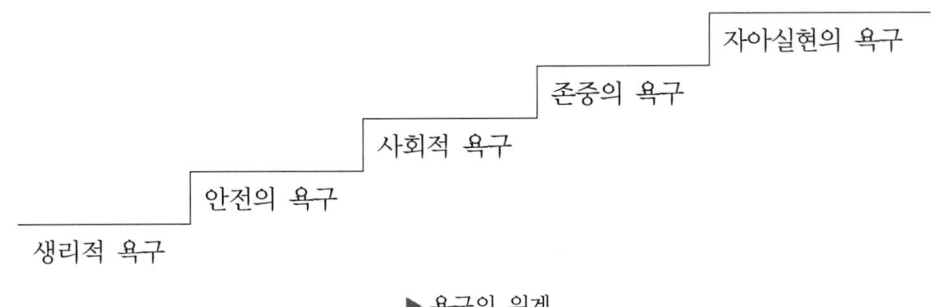

▶ 욕구의 위계

- 기본가정

Maslow에 의하면, 인간의 욕구가 중복됨이 없이 일련의 위계적인 계층을 이루고 있다고 가정한다. 이러한 계층은 낮은 수준의 욕구에서 높은 수준의 욕구로 배열되어 있으며, 낮은 수준의 욕구가 충족되면 그것은 더 이상 동기화의 역할을 하지 못하고 높은 수준의 욕구가 행동을 동기화시키는 역할을 한다.

그의 욕구위계론의 주요한 특징은 다음과 같다.

- 인간의 욕구는 선천적이며 생물학적 근원을 갖고 있다.
- 생리적 욕구와 안전의 욕구 일부는 학습되지 않는다.
- 기본적인 욕구는 환경조건에 의해 변경이 가능하다고 본다.
- 기본적인 욕구는 그 욕구충족을 위한 행동을 선택하고 조절한다.
- 존경의 욕구와 자아실현의 욕구의 강도가 가장 낮다.
- 성장욕구는 진리, 정의, 질서 등을 추구하는 행동이다.
- 결핍욕구가 충족되어야 성장욕구가 나타난다.
- 성장욕구도 선천적이며 생물학적으로 타고난다고 본다.
- 성장욕구가 충족되지 못하면 무관심, 우울증, 소외감 등 메타병리를 유발한다.
- 결핍욕구와 달리, 성장욕구는 위계를 이루고 있지 않다. (그는 욕구위계에서 예외를 인정하고 있다.)

논점22 욕구위계론의 교육적 시사

첫째, 개인에 따라 욕구수준이 다를 수 있다. 둘째, 교사가 추구하는 욕구와 학생이 추구하는 욕구는 다를 수 있다. 셋째, 하위수준의 욕구를 먼저 충족시켜야 한다. 넷째, 모든 학생에게 상위수준의 욕구를 강요해서는 안 된다. 다섯째, 교사는 학생의 욕구상태를 먼저 점검해야 한다.

논점23 Rogers의 자기이론

- 의의

  Rogers는 개인이 자신과 환경을 어떻게 지각하고 있는가에 따라 사고·감정·행동이 결정된다고 전제한다. 그는 주관적 경험이 사고와 행동을 결정하고, 사고와 행동은 현상학적으로 결정된다는 점을 강조한다. 무엇보다도 대인관계를 중시한다. 대인관계는 개인의 성장을 촉진할 수도 있지만 성장을 방해하거나 좌절시킬 수도 있다는 것이다.

- 기본가정

  Rogers는 인본주의의 입장에서 외적 환경과 구분되는 개인의 내적 세계를 전제로 하여 자기(self)를 강조한다. 그에 의하면, 개인은 내적 세계에서 선천적인 실현경향성에 따라 자기를 형성해 가는데, 그 과정에서 '유기체적 평가'가 긍정적이면 자기실현을 하게 된다. 이와 동시에 외적 환경에서 긍정적 존경의 욕구를 충족시켜 주어야 하는데, 그 과정에서 '가치의 조건(=조건적 가치)'이 내면화되지 않도록 무조건적 긍정적 존경을 경험하게 하면 완전하게 기능하게 된다는 것이다.

  그의 자기이론의 주요한 특징은 다음과 같다.
  - 인간은 선하고 창조적인 존재이다.
  - 실재는 주관적이고 현상학적이다.
  - 인간의 목적은 자기실현이고, 자기(self)를 구성한다.
  - 인간의 유일한 기본적인 동기는 선천적인 실현경향성이며, 긍정적 존경의 욕구이다.
  - 인간은 자기와 일치하는 방식으로 행동한다. 그는 자기와 자기개념을 동일시했다.

논점24 자기이론의 교육적 시사

첫째, 지식과 기능보다 감정과 정서 등 정의적 특성을 강조한다. 둘째, 사회적 가치보다 개인적 가치를 중시한다. 셋째, 자아정체성 형성을 강조한다. 넷째, 원만한 인간관계 형성을 중시한다. 다섯째, 학습자중심의 교육을 지향한다.

논점25 동기의 측정

동기, 특히 성취동기를 측정하는 도구로는 주제통각검사(TAT)가 이용된다. TAT는 30매(20매 검사)의 인물그림카드와 1매의 백색카드로 구성된 투사법이다. 동일시와 욕구-압력의 분석을 통해 주로 개인의 경험, 욕구와 충동, 불안·공포, 대인관계 및 **성취동기**와 **상상력** 등을 측정한다.

논점26 동기유발의 방법

학습동기는 분명히 학습을 진행시키고 또 촉진시킨다. 그런데 외재적 동기는 내재적 동기보다 약하거나 일시적이다. 그러므로 학습동기 유발에 있어서는 외재적 동기보다 내재적 동기에 중점을 두어야 한다.

내재적 동기유발의 방법에는 학습자의 욕구와 일치하는 학습목표의 제시, 학습목표의 명확한 인식, 개인의 흥미에 부합되는 학습과제의 제시, 긍정적 자아개념의 형성, 동일시(同一視), 지적 호기심의 제고, 성취동기의 유발, 학습결과의 귀인 등이 사용된다.

외재적 동기유발의 방법에는 학습과제에 대한 계속된 성공경험과 학습결과에 대한 정보의 제공, 부분해답의 제공, 보상(과 처벌)의 제공, 협동심과 경쟁심의 적절한 활용 등이 있다. 이제 동기유발의 방법을 정리하면 다음과 같다.

논점27 Bandura의 자기효능감이론

① 의의
- 개념
  일반적으로 사람은 잘할 수 있다고 믿는 일은 열심히 하고, 잘할 수 없다고 믿는 일은 열심히 하지 않는 경향이 있는데, Bandura의 자기효능감은 개인이 가지고 있는 이러한 믿음과 관련이 있다. 자기효능감(self-efficacy)은 어떤 행동을 할 수 있는 능력에 대한 신념을 말한다. 자신감을 의미하는 자기효능감은 어떤 행위를 하면 어떤 결과가 나타날 것인가에 대한 신념을 의미하는 **결과기대(성과기대)**와 구별된다.
- 자기효능감과 자기개념의 관계

  자기효능감은 자신의 능력에 대한 판단이지만, 자기개념은 자기 자신에 대한 총체적 판단으로 자기효능감을 포함한다. 한편, 자기존중감은 자신의 가치에 대한 판단으로 자기가치감이라고도 한다.

② 자기효능감의 결정요인

Bandura는 자기효능감에 영향을 미치는 요인으로 직접적 성취경험-대리경험-언어적 설득-정서적 각성의 4가지 요인을 제시하고 있다.
- 직접적 성취경험 : 일반적으로 성공경험은 자기효능감을 높이고, 실패경험은 자기효능감을 낮춘다. 자기효능감을 판단하는 과정에는 능력 외적 요인이 수행의 성공이나 실패에 기여한 정도, 과제의 난이도, 노력의 투입량, 외부의 도움 등이 영향을 미친다.
- 대리경험 : 모델링을 통한 대리강화, 대리학습은 자기효능감을 높인다. 모델링(modeling)의 과정에는 자신과 모델의 유사성, 모델의 과제수행정도, 모델의 성공이나 실패, 모델의 특성 등이 영향을 미친다.
- 언어적 설득 : 다른 사람의 칭찬과 격려 등 언어적 설득은 자기효능감을 높인다.
- 정서적 각성(생리적 상태) : 문제상황을 예상했을 때와 같이, 정서적 각성이나 생리적 상태는 자기효능감에 영향을 미친다.

논점28 Seligman의 학습된 무력감이론

① 의의

자기효능감이 '나는 무엇이든 잘할 수 있다'는 신념이라면, 학습된 무력감은 '나는 아무것도 할 수 없다'는 신념이다. 학습장면에서 학습된 무력감은 아무리 노력을 해도 실패할 것이라는 기대로 나타난다. 학습된 무력감((learned helplessness, 학습된 무기력)은 인생을 전혀 통제할 수 없고, 무엇을 해도 실패를 피할 수 없다는 신념을 의미한다.

학습된 무력감은 반복적인 실패를 내적-안정적-통제불가능한 능력부족으로 귀인하는 현상과 관련이 있다. 학습된 무력감이란 아무리 노력해도 성공할 수 없다는 부정적 자아개념, 즉 능력부족이나 운명 등으로 여기는 인지적·정서적·동기적 박탈현상이다.

② 학습된 무력감의 기제
- 학습된 무력감은 과거의 경험을 통해 형성된 자신의 행위와 그 결과가 아무런 관계가 없다는 비유관관계(non-contingency, 비수반관계)에 대한 인식을 통제가능한 장면으로 일반화할 때 나타난다. 예를 들어 아무리 열심히 노력해도 반복해서 실패하면 노력을 해도 소용없다는 인식을 하게 되는데, 그 결과 다른 상황에서도 마찬가지로 실패할 것이라는 기대를 갖게 된다는 것이다.
- Seligman(1975)은 학습된 무력감을 연구하기 위해 개를 대상으로 실험적 연구를 하였다. 이 실험에서는 먼저 개에게 아무리 애를 써도 피할 수 없는 전기충격을 계속적으로 가한 후, 옆방으로 뛰어 넘기만 하면 전기충격을 피할 수 있는 실험장면으로 개를 옮겼다. 그런데 놀랍게도 개는 전기충격을 피하려는 시도를 전혀 하지도 않은 채 고통을 묵묵히 받아들였다. 물론 그 전에 전기충격을 받지 않은 개는 전기충격을 피하는 방법을 쉽게 학습하였다.

논점29 Weiner의 귀인이론

① 의의

귀인(歸因)이란 어떤 과제의 성공이나 실패에 대한 원인귀속을 뜻한다. 능력이 좋아서 성적이 높다고 생각하는 학생은 성적이 높은 원인을 능력으로 귀인하고 있고, 운이 나빠 성적이 낮다고 생각하는 학생은 성적이 낮은 원인을 운으로 귀인하고 있다.

귀인이론은 어떤 행위의 결과에 대해 인과적 설명, 즉 원인귀속이 동기에 큰 영향을 준다고 가정한다. 이것은 Heider가 제시한 행동의 결과에 대한 공식, 즉 결과 = f(능력, 노력, 환경) 그리고 Rotter의 통제부위이론에 근거를 둔다. Weiner는 학생의 성공이나 실패의 원인을 능력, 노력, 운(재수), 과제곤란도 등으로 설명하고 있다. 이러한 원인은 다음과 같이 3가지 차원으로 분류된다.

② 귀인의 차원
- 원인의 소재차원
성공-실패의 원인을 학생 자신의 내부에서 찾느냐 외부에서 찾느냐의 문제이다. 능력·노력은 내적 변인으로, 과제곤란도·운 등은 외적 변인으로 분류된다. 이러한 소재차원은 자부심이나 자기존중감에 영향을 준다.

- 원인의 안정성차원

  성공–실패의 원인이 시간과 상황에 따라 안정적인가 불안정적인가의 문제이다. 능력·과제곤란도는 안정적 변인으로, 노력·운 등은 불안정적 변인으로 분류된다. 이러한 안정성차원은 성공기대나 실패기대에 영향을 준다.

- 원인의 통제가능성차원

  성공–실패의 원인이 학생 자신의 의지에 의해 통제될 수 있는가 통제될 수 없는가의 문제이다. 노력은 통제가능한 변인으로, 능력·과제곤란도·운 등은 통제불가능한 변인으로 분류된다. 이러한 통제가능성차원은 당사자의 죄책감이나 수치심, 상대방의 분노나 동정심에 영향을 준다.

- 요약과 수학시험의 예

  이를 요약하면 다음과 같다.

결과의 원인	귀인의 차원
능력	내적–안정적–통제불가능
노력	**내적–불안정적–통제가능**
과제난이도	외적–안정적–통제불가능
운(재수)	외적–불안정적–통제불가능

  어떤 행동의 결과에 대한 원인을 모두 고려한 경우의 수는 $2 \times 2 \times 2 = 8$가지로 구분되는데, 예를 들어 수학시험에 실패한 원인을 설명하기 위하여 한 학생이 사용할 수 있는 귀인의 차원을 종합하면 다음과 같다.

수학시험에 실패한 원인	귀인의 차원
수학이 적성에 안 맞아.	내적–안정적–통제불가능
평소 공부를 안 해.	내적–안정적–통제가능
시험 당일에 지독히 아팠어.	내적–불안정적–통제불가능
TV 보느라고 공부를 못했어.	**내적–불안정적–통제가능**
학교의 요구사항이 너무 많아. (또는 시험의 합격기준이 너무 높아.)	외적–안정적–통제불가능
교사의 채점이 늘 편파적이었어.	외적–안정적–통제가능
시험 당일에 운이 나빴어.	외적–불안정적–통제불가능
시험 전날 친구들이 찾아와서 놀았어.	외적–불안정적–통제가능

논점30 귀인변경프로그램

귀인이론의 교육적 의의는 학교학습의 성공-실패에 대해 그 원인을 무엇이라고 지각하느냐에 따라서 후속학습의 성공-실패에 대한 기대가 아주 달라진다는 것이다. 그래서 학습자가 학습결과에 대한 원인을 무엇으로 지각하고 있는지를 파악하면 그의 미래의 학업성취를 예측할 수 있고, 나아가 학습자의 인과적 귀인을 바람직한 변인으로 변경시키면 미래의 학업성취를 향상시킬 수 있다는 것이다.

이를 정리하면 학생이 학교학습에서의 성공-실패를 외적 변인보다는 내적 변인에, 안정적 변인보다는 불안정적 변인에, 통제불가능한 변인보다는 통제가능한 변인에 귀인시킬 때 학습동기가 증가될 수 있다는 것이다.

이와 관련하여 Dweck(1975)의 가설은 다음과 같다.

실패경험 → 능력부족 귀인 → 무능력과 무기력 → 학업성취 감소의 부적절한 인과적 귀인을 변경시키면, 실패경험 → 노력부족 귀인 → 죄책감과 수치심 → 학업성취 증가의 적절한 인과적 귀인이 된다. Weiner(1984)의 귀인변경프로그램의 목적은 이러한 인과적 귀인의 흐름을 변경시키는 것이다. (그의 귀인변경프로그램에서는 다음과 같은 방법으로 훈련을 하는데, 후술하는 귀인이론의 교육적 시사와 중복된다.)

논점31 귀인이론에 대한 평가

① 행동주의와 인지이론의 비교

일반적으로 외재적 동기보다 내재적 동기가 더 바람직하다. 내적으로 동기화된 학생은 외적 보상이나 결과에 관계없이 학습된 행동을 강하게 지속하기 때문이다. 내재적 동기와 외재적 동기는 독립적이지만 상호보완적이다. 외재적 동기화를 통하여 궁극적으로 내재적 동기화를 유발시킬 수 있다.

행동주의에서는 외적 보상이 학습동기를 유발한다고 본다. 따라서 내재적 동기보다 외재적 동기를 우선한다. 그러나 인지이론, 특히 귀인이론에서는 학습에서의 성공이나 실패를 능력, 운(재수) 등으로 귀인하고 있을 때는 외적 보상에도 불구하고, 학습동기가 유발되지 않는다는 것을 지적하고 있다. 그래서 외재적 동기보다 내재적 동기를 중시한다.

② 귀인이론의 교육적 시사

귀인이론에 따르면, 학습결과에 대해서 일방적으로 강화를 주는 것보다는 학생이 학습결과에 대해서 먼저 어떻게 귀인하고 있는지를 파악하여 이에 맞는 강화를 주어야 한다는 것이다.

첫째, 학습의 성공-실패에 대한 학생 자신의 지각을 강조한다. 둘째, 학습의 성공-실패에 대한 원인을 찾아가는 학생 자신의 인지적 과정을 강조한다. 셋째, 학습과제에서 학생 자신의 성공경험을 제공하도록 한다. 넷째, 학습과제에서의 성공은 학생 자신의 노력과 능력에 기인한다는 확신을 갖도록 한다. 다섯째, 그럼에도 학습결과에 대하여 학생 자신이 책임지도록 해야 한다는 주장이 교사의 책임경감을 의미하는 것은 아니라는 점에 유의해야 한다.

논점32 불안의 의의/유형(분류)

① 의의

기본적인 욕구는 보편적이며 유기체에 내재된 동기이다. 인간의 기본적인 욕구가 강해지면 심리적 긴장상태가 되어 불안이 생성된다. 일반적으로 학교학습에 있어서 불안의 정도는 욕구수준, 즉 동기수준을 표현하는 것이다.

불안(anxiety)이란 내적으로나 외적으로 감당하기 힘든 자극에 의해 생겨나는 심리적 긴장, 초조, 근심과 걱정, 공포 등의 정서적 반응이다. 불안은 분명하지 않은 대상에 의해 생겨난다는 점에서 분명한 대상에 의해 일어나는 **공포(fear)**와 구별된다. 불안은 유기체의 안전이 위협받을 때 나타난다. 특히 시험불안이 학교교육에 있어서 중요한 의미를 갖는다. 왜냐하면 학교에서처럼 성취지향적이고 시험이 많은 사회는 없기 때문이다.

② 불안의 유형(분류)

- 특성불안과 상태불안

  불안은 특성불안과 상태불안으로 구분된다. 특성불안(trait anxiety)은 개인에게 내재되어 있는 불안으로, 일반불안이라고도 한다. 이 특성불안은 광범위한 상황에서 느끼는 비교적 지속적인 정서반응이다. 특성불안을 느끼는 상황에서는 손에 땀이 배이고 심장박동이 빨라지며 강박적인 행동을 하는 등 신체적·정서적 특성을 보인다. 특성불안은 주로 유전적 특징으로 비교적 지속적이며, 개인차가 뚜렷하다.

상태불안(state anxiety)은 특수한 상황에서 느끼는 불안으로, 특수불안이라고도 한다. 이 상태불안은 특수한 장면에서 느끼는 일시적인 정서반응으로 시험불안(test anxiety, 검사불안)은 상태불안의 일종이다. 시험불안은 시험을 치는 도중은 물론, 시험을 예상하는 장면이나 시험을 치고 난 후에도 경험할 수 있다. 특성불안을 가지고 있지 않은 사람도 특수한 장면에서 상태불안을 경험할 수 있다. 상태불안은 생활환경의 변화에 민감해서 일시적이며, 개인차가 뚜렷하지 않다.

- 촉진불안과 방해불안

  불안은 인지적 요소·정의적 요소·행동적 요소를 포함한다. 또한 불안이 반드시 해로운 것은 아니다. 그래서 적응적 기능을 하는 불안을 촉진불안이라고 하며, 부적응적 기능을 하는 불안을 방해불안이라고 한다.

논점33 불안과 학습효과 등의 관계

① 불안과 학습효과의 관계

불안과 학습효과는 다양한 과제에서 '역U' 형태의 함수관계를 가진다는 결론이다. 그러므로 불안수준이 너무 낮거나 너무 높으면 학습효과가 낮고, 불안수준이 중간정도일 때 학습효과가 가장 높다는 사실이다.

다음 그림에서 살펴보면, 불안수준이 낮으면 학습량도 적고, 불안수준이 높아지면 학습량도 많아진다. 그러나 학습량의 증대는 불안의 중간수준(=적정수준)까지이고, 불안수준이 너무 높아지면 학습량은 다시 적어진다.

② 불안과 학습효과, 과제난이도의 관계

또한 불안의 적정수준은 과제난이도에 따라 다르다는 연구결과이다. 즉, 어려운 과제의 경우 중간수준보다 낮은 불안이 적정수준이고, 쉬운 과제의 경우 중간수준보다 높은 불안이 적정수준이 된다. 그래서 어려운 시험의 경우 불안이 높은 학생이 불안이 낮은 학생보다 시험성적이 낮다. 이와 관련하여 시간을 제한하지 않을 때와 간단한 과제가 주어졌을 때는 불안수준이 높은 학생이 유리하였고, 시간제한이 가해질 때와 복잡한 과제가 주어졌을 때는 불안수준이 높은 학생이 불리하고 불안수준이 낮은 학생이 유리하였다.(Sarason 등, 1961)

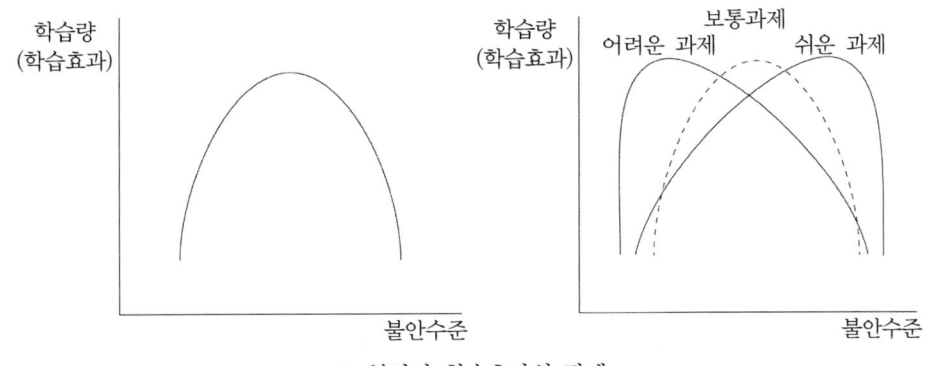

▶ 불안과 학습효과의 관계

③ 불안과 학습효과, IQ의 관계

한편, 중간정도의 IQ를 가진 학생은 불안수준이 낮은 학생이 불안수준이 높은 학생보다 학업성취가 좋았다는 연구결과이다. IQ가 비교적 낮은 학생에게는 높은 불안수준이 학업성취도에 아무런 영향을 미치지 못하고, IQ가 아주 높은 학생에게는 높은 불안수준이 학업성취도를 촉진시키는 경향이 있었다. 능력이 있는 학생이 능력이 없는 학생보다 어느 정도는 불안에서 얻는 이익이 더 많다. 그러므로 필요에 따라 교사는 IQ가 높은 학생에게는 신중히 불안을 증가시킬 필요가 있다.(Spielberger 등, 1966)

논점34 발달의 개념/원리

① 발달의 개념
- 인간발달은 유기체와 그를 둘러싼 환경의 끊임없는 상호작용과정이며, 그것은 성숙의 과정인 동시에 학습의 과정이다. 발달은 연령이 증가함에 따라 나타나는 인간의 신체적 변화와 정신적 변화를 총칭하는 개념이다. 즉, 발달은 수태의 순간에서부터 사망에 이르기까지 전생애에 걸쳐 나타나는 모든 변화를 의미하며, 신체적 측면의 변화뿐만 아니라 정신적 측면의 변화가 모두 포함된다. 이러한 발달에는 긍정적인 변화와 부정적인 변화가 모두 포함된다. 또한 지적·정의적 변화와 신체적 변화가 모두 포함된다.
- 성장(growth)은 발달과 유사한 개념이지만, 주로 신체적 측면의 변화와 양적 측면의 변화를 지칭한다. 발달은 주로 정신적 측면의 변화와 질적 측면의 변화를 지칭하지만, 성장을 포괄하는

개념이다.

한편, 성숙(maturation)은 환경요인과는 비교적 무관하게 유전요인에 의해 나타나는 특정한 변화를 의미한다. 학습(learning)은 환경요인에 의해 나타나는 특정한 변화를 의미한다. 발달은 성숙과 학습을 모두 포괄하는 개념이다. Koffka에 의하면, 발달은 유기체의 양적 증대(와 질적 변화), 구조의 정밀화와 기능의 유능화를 의미한다.

② 발달의 원리
- 발달은 성숙(유전)과 학습(환경)의 상호작용의 결과이다.
  성숙은 주로 생물학적 유전의 결과로 나타나는 변화를 말하며, 학습은 주로 환경이나 경험의 결과로 나타나는 변화를 뜻한다.
- 발달에는 일정한 순서와 방향이 있다.
  발달의 이전 단계는 다음 단계의 기초가 되며, 이전 단계에서 다음 단계로 이행할 때는 보다 높은 차원의 발달이 이루어진다. 영아 또는 유아의 경우 유치(젖니)가 나오는 순서, 언어(옹알이)를 배우는 순서가 있다. 일반적으로 두(頭) → 미(尾), 상(上) → 하(下), 내(內) → 외(外), 근(近) → 원(遠) 및 전체 → 부분의 발달은 모두 위계적이다.
- 발달에는 결정적 시기가 있다.
  학령 전기에 언어적 발달이 급격하게 증가한다. 그리고 사춘기 전후에 키와 몸무게 등 신체적 성장이 급격하게 나타난다.
- 발달속도는 개인차가 있으며, 발달속도는 일정하지 않다.
  모든 유기체의 발달은 일정한 발생학적 순서를 따른다. 그러나 발달속도와 발달시기에 있어서는 개인차가 있다. 개인차는 2가지 측면이 있다. 연령에 따라 한 개인의 심리적 특성이 서로 다른 개인내 차이(intra-individual difference)와 각 개인들의 심리적 특성이 서로 다른 개인간 차이(inter-individual difference)가 그것이다.
  그리고 발달속도가 일정하지 않다. 즉, 지적·정의적 특성에 따라 또는 신체의 부위에 따라 발달속도가 다르다. 또 개인의 발달단계에 따라 한 측면의 발달속도가 일정하지 않다. 예컨대, 신체의 부위에 따라 독특한 발달곡선이 있음은 이를 증명하고 있다.
- 발달은 전체적인 반응 → 특수한 부분적인 반응으로 분화한다.
  영·유아의 반응은 전체적이지만, 연령이 증가함에 따라 점점 특수하고 분화된 반응으로 나타난다.
- 발달의 각 측면은 상호 관련되어 통합한다.
  신체적 성장과 지적 발달, 성격적 발달, 사회적 발달은 무관하게 이루어지는 것이 아니라 통합되어 발달한다. 그래서 발달은 분화와 통합의 과정이다.
- 장기적으로 발달은 연속적이지만, 단기간의 성장(발달)은 불규칙적이고 단계적이다.
  인간발달은 장기적인 관점에서 연속성이 있으나, 어떤 특정한 기간 예컨대, 유치원 또는 초등학교 시기라는 단기간의 성장(발달)은 다분히 불규칙적이고 질적이다.
- 연령이 증가함에 따라 발달경향의 예언이 점점 더 어려워진다.
  발달의 계열을 통과하는 데에는 개인차가 있으나 대부분의 아동들이 거치는 계열 그 자체는 상당히 비슷하다. 이러한 연속적 계열은 유전요인의 지배를 많이 받는 영·유아의 경우 더 명백히 나타난다. 그러나 아동이 성장함에 따라 환경요인이 변화함으로 그 발달경향과 행동특성의 예언은 점점 더 어려워진다.

논점35 발달의 적기성

- 준비성
  교육은 아무 시기에나 가능한 것이 아니라 그 학습을 할 수 있는 모든 신체적·정신적 조건이 성숙되어야 하는데, 이것을 학습의 준비성(readiness)이라고 한다. 즉, 학습의 준비성이란 특정한 학습을 하는데 필요한 신체적·정신적 조건의 성숙상태를 말한다.
  이와 같은 준비성 개념에서 살펴보면, 학교교육의 과정은 학생들의 준비성을 염두에 두고 구성되어야 한다. 대부분의 학교제도가 5~6세에서 학교교육을 시작하도록 되어 있는 것도 바로 이와 같은 준비성을 고려한 것이다. 즉, 평균적으로 5~6세가 되어야 신체적으로나 정신적으로 학교학습을 할 수 있는 준비성이 구비된다고 보는 것이다. 이 학습의 준비성에 대하여 이견이 없는 것은 아니다. 학습의 준비성이 자연적으로 달성될 수 있도록 기다릴 수만은 없다는 견해가 있는데, 이와 관련하여 인간발달에 관한 논쟁이 있다.
- 결정적 시기
  결정적 시기(critical period)란 특정한 심리적 특성이 학습되는 시기가 있는데, 만일 그 시기에 학습이 이루어지지 못하면 이후에는 학습이 제대로 이루어지지 못한다는 개념이다. 이 개념은 Lorenz(1957)의 새끼오리의 각인(imprinting)에 관한 연구에서 발견된 것이다. 이러한 현상은 인간에서도 개략적으로 발견되며, 그 결과 일정한 시기에 특정한 행동을 습득해야 된다는 생각을 갖게 되었다. 일찍이 Freud도 인간발달의 과정에는 결정적 시기가 있다는 것을 시사하였으며,

그것은 3~5세에 있다고 주장하였다. (이와 관련하여 인간발달에 관한 논쟁이 있다.)

이와 같은 결정적 시기 개념은 인간발달의 과정에서 초기환경 혹은 초기경험의 중요성을 시사하는 근거가 되고 있다. 특정한 시기에 특정한 행동을 학습할 수 있는 환경조건이 주어지지 못하면 발달의 결손이 오게 되고, 그 결손은 학습장애를 초래함으로써 새로운 결손을 낳는다. 결국에는 발달의 결손이 누적되기 때문에 어릴 때의 초기환경 혹은 초기경험이 중요하다는 근거가 된다.

논점36 인간발달론과 교육

① 자연성숙론

인간은 성숙할 때까지 그의 성취수준을 기다려서 그에 맞는 교육과정을 구성해야 한다고 주장한다. Rousseau의 합자연의 원리, 직관의 원리에서 찾을 수 있다. 〈시간이 해답이다(time is answer)〉라는 Hymes의 말은 자연성숙론의 주장을 대변한다. 모든 아동을 성숙할 때까지 기다려서 그 발달단계에 맞게 교육과정을 구성하고, 또 학습할 수 있는 때를 정확하게 파악하여 그에 따라 교육투입을 해야 교육효과가 있다는 것이다. Hilgard, Gesell 등이 이에 속한다.

자연성숙론의 논거는 다음과 같다.

- 나이가 들어야 유의미학습이 가능하다.
- 조기교육보다 후기교육이 더 효과적이다.
- 언어발달에는 성숙이 전제된다.
- 인간발달에는 준비성 내지 결정적 시기가 존재하지 않는다.
- 보상교육프로그램은 실패했다.

② 환경경험론

인간이 성숙하여 학습할 준비가 될 때가 기다린다는 것은 시간낭비이며 비능률적이다. 그러므로 아동의 발달단계를 확인하여 체계적으로 학습할 수 있도록 교육과정을 구성해야 한다고 주장한다. 즉, 외적 환경이나 경험이 아동의 발달에 결정적인 영향을 미친다는 가정하에 학령전 교육을 중요시한다. Bruner는 〈어떤 교과든지 그 지적 성격에 충실한 형태로, 어떤 발달단계에 있는 어떤 아동에게도 효과적으로 가르칠 수 있다〉는 대담한 가설을 제시하였다. Lorenz, Freud, Deutch, Hunt, Bloom 등이 이에 속한다.

환경경험론의 논거는 다음과 같다.

- 학습할 수 있으면 가르쳐야 한다.
- 조기교육은 후기교육을 촉진한다.
- 인간발달에는 준비성 내지 결정적 시기가 존재한다.
- 조기교육은 오(誤)개념 획득을 방지한다.
- 학습자의 준비도수준이 높다.

논점37 Freud의 정신분석학

- 정신구조

  Freud의 정신분석학은 인간의 무의식 등 심층심리를 이해하고자 하는 인간의 정신세계의 구조와 작용에 관한 이론이다.

  그는 인간의 정신세계가 바다에 떠있는 빙산(氷山)과 같다고 본다. 인간의 정신세계는 크게 빙산에 있어서 물위에 떠있는 부분에 해당하는 10%의 의식과 물속에 잠겨있는 부분에 해당하는 90%의 무의식(전의식 포함)으로 구성되어 있다. 따라서 모든 인간행동은 무의식의 지배를 받는데, 무의식에 있는 2가지 본능이 행동의 동기로서 중요한 역할을 한다고 주장한다. 그에 의하면 인간의 본능(id)에는 삶의 본능(eros)과 죽음의 본능(thanatos)이 있다. 삶의 본능은 성적 욕구인 libido의 근원이고, 죽음의 본능은 공격성의 원인이 된다. 모든 인간행동은 이러한 2가지 본능이 상호작용한 결과인데, 그 결과는 꿈, 실수(실언·실자 등), 신경증적 증후 그리고 문학 및 예술작품 등으로 나타난다.

- 성격구조와 libido

  그의 정신분석학에서는 인간의 성격구조가 무의식에 관여하는 본능(id), 의식에 관여하는 자아(ego), 의식과 무의식에 모두 관계하는 초자아(superego)로 구성되어 있다. 여기서 본능(id : 원욕, 원초아, 원자아, 욕구 또는 충동)은 충동과 쾌락의 원리에 따라, 자아(ego)는 현실과 타협의 원리에 따라, 초자아(superego)는 자아-이상과 양심의 원리에 따라 작동한다.

  인간은 선천적으로 성적 욕구인 libido를 가지고 태어난다. 이 libido는 일생동안 성적 에너지로 작동하며, 0~2세까지는 libido에 의해 지배된다고 가정하고 있다. 이러한 본능은 선천적이며, 모든 욕구와 충동의 원천이다. 자아와 초자아는 본능에서 분화된다. 그는 범성설(pan-sexualism)에 근거를 두고, 인간의 성격발달을 성적 갈등을 해결하는 과정으로 설명하고 있다.

논점38 Freud학파의 신정신분석학(=신프로이트이론)

Freud는 인간의 무의식 등 심층심리를 분석하는데 있어서 지나치게 생물학적 결정론에 집착하고 있다. 특히 인간의 성격형성이나 행동에 있어서 본능이 결정적인 역할을 한다는 점을 강조했는데, 오늘날 인간의 성격발달이 본능에 의해 결정된다고 보는 사람은 거의 없는 실정이다. 또한 그는 성적 욕구인 libido의 중요성을 강조했는데, 이것은 마치 인간이 성의 노예인 것처럼 간주되어 인간의 참된 모습을 왜곡하기 쉽다는 사실이다.

그러나 Jung, Adler, Sullivan, Horney, Erikson 등을 포함한 Freud학파는 일반적으로 인간의 성격발달에 있어서 중요한 요인은 선천적으로 물려받은 생물학적 유전요인인 본능보다 후천적으로 경험하는 사회·문화적 환경요인인 자아를 더욱 중요시하고 있다.

논점39 Freud의 심리-성적 발달이론

① 의의

Freud의 심리-성적 발달이론은 성적 에너지이자 성적 욕구인 libido를 중심으로 본능(id), 자아(ego), 초자아(superego)가 형성되는 과정을 설명한다. 그의 성격발달이론에 의하면, 성적 에너지이자 성적 욕구인 libido가 집중되는 특정 신체부위에 따라 구강기 → 항문기 → 남근기 → 잠재기 → 생식기의 5단계를 거치면서 인간의 성격발달이 이루어진다. 만약 어떤 단계에서 욕구가 좌절되면(=갈등과 불안이 해결되지 못하면) 그 단계에 고착(fixation)이 된다.

② 심리-성적 발달단계

- 구강기(oral stage, 0~2세)

   입과 입술, 혀가 중요한 쾌락의 원천으로 젖을 빨고 음식을 먹는 데에서 쾌락을 얻는 시기이다. 이유(離乳)는 이 시기의 중요한 갈등이다.

   이 시기는 원욕(id)에 의해 지배되고, 욕구의 좌절이나 과잉충족으로 인한 고착의 징후는 과도한 음주와 흡연, 다변(多辯), 의존성 혹은 냉소, 적대감, 공격성 등으로 나타난다.

- 항문기(anal stage, 2~3세)

   항문이 중요한 쾌락의 원천으로 대·소변 등 배설을 하는 데에서 쾌락을 얻는 시기이다. 대·

소변 가리기 등의 배변훈련을 통해 원욕을 통제하게 된다.

이 시기는 원욕(id)과 자아(ego)에 의해 지배되고, 고착의 징후는 순종심, 절약과 인색(吝嗇), 잔인성, 청결함 혹은 반항심, 사치와 낭비, 완고함, 불결함 등으로 나타난다.

- 남근기(phallic stage, 3~5세)

  성기가 중요한 쾌락의 원천으로 남아가 자신의 성기를 만지는 데에서 쾌락을 느끼는 시기이다. 동시에 이성의 부모에게 성적 욕망을 느끼는 시기인데, 남아는 어머니를 성적 욕망의 대상으로 여기고(Oedipus Complex), 여아는 아버지를 그 대상으로 삼아 사랑에 빠진다(Electra Complex). 그러나 남아는 거세불안, 여아는 남근선망으로 인해 성적 갈등이 유발되는데, 결국은 동성의 부모를 **동일시(identification)** 하는 과정을 통해 성적 갈등이 해소된다. 그래서 원욕을 통제하게 되고, 갈등과 불안의 무의식적 억압을 통해 도덕성이 발달하게 된다는 것이다.

  이 시기는 원욕(id)과 자아(ego) 및 초자아(superego)의 의해 지배되며, 고착의 징후는 동성애(同性愛), 성적 불감증, 겸손을 가장한 오만함 혹은 허영심, 자부심과 만용, 성적 문란함 등으로 나타날 수 있다.

- 잠재기(latency stage, 5~11세 아동기)

  성적 욕구와 갈등이 억압되어 성에 대해 무관심한 시기로, 지적 탐구활동이 활발하게 나타난다.

- 생식기(genital stage, 11세 이후 청소년기)

  다시 성문제에 깊은 관심을 갖고 성행위를 통해 성적 만족을 추구하는 시기로, 이성에 대한 관심과 사랑이 본격적으로 나타난다.

논점40 Erikson의 심리-사회적 발달이론

① 의의

- Erikson의 심리-사회적 발달이론은 Freud의 정신분석학에 기반을 두고 있다. Erikson의 성격발달이론은 인간의 자아(ego)가 점진적으로 형성되는 과정을 설명하는데, 원욕이나 초자아에는 큰 관심을 두지 않았다.

  그에 의하면 인간의 성격발달은 기본적 신뢰감 대 불신감 → 자율성 대 수치감(회의감) → 주도성(솔선성) 대 죄책감 → 근면성 대 열등감 → 자아정체감 대 역할혼미 → 친밀감 대 고립감 → 생산성 대 침체감 → 자아통합감 대 절망감의 8단계를 거친다. 각 발달단계는 독립된 것이 아니라 상호 관련되어 있으며, 각 발달단계의 특성은 최적의 발달을 위한 결정적 시기(critical period)가 있다. 특히 성격발달을 사회적 갈등(성적 갈등×)을 기준으로 설명하고 있는데, 각 발달단계에서 나타나는 **심리-사회적 위기**의 해결을 강조하고 있다.

- Erikson은 점성적 원리(epigenetic principle)에 근거를 두고, 성격발달을 심리-사회적 위기의 해결방법에 따라 각 단계마다 긍정적인 측면과 부정적인 측면의 이분법적으로 설명하고 있다. 점성적 원리란 태아가 발달하는 과정에서 특정 시점에서 특정 신체기관이 나타나고 점진적으로 통합, 형성되는 원리를 말한다.

  그에 의하면 각 발달단계에서 자아는 주로 적응적이고 긍정적인 태도를 형성해야 하지만 약간의 부적응적이고 부정적인 태도도 필요하다. 예를 들면, 기본적 신뢰감은 적응적이며 긍정적인 태도이지만 불신감도 자아보호의 한 형태로써 함께 발달되어야 한다고 주장한다.

② 심리-사회적 발달단계
- 제1단계 : 기본적 신뢰감 대 불신감(0~1세)

  Freud의 구순기에 해당하는 단계이다. 신생아기 및 영아기의 심리-사회적 위기는 기본적 신뢰감 대 불신감으로, 이를 통해 '희망'의 덕목을 습득하게 된다.

  중요한 사회적 관계는 어머니와의 관계이며, 어머니와의 관계의 질이 양보다 더 중요하다. 적응적인 태도는 경험의 일관성·계속성·불변성에 의해 기본적 신뢰감과 안정감을 획득하는 것이다.

- 제2단계 : 자율성 대 수치감(회의감)(2~3세)

  Freud의 항문기에 해당되는 단계이다. 유아기의 위기는 자율성 대 수치감(회의감)으로, 이를 통해 '의지'의 덕목을 습득하게 된다.

  중요한 사회적 관계는 이제 부모와의 관계이며, 자율적인 행동에 대해 외부의 통제를 경험하게 된다. 적응적인 태도는 자율적인 대·소변 가리기 등의 배변훈련을 통해 자기통제와 독립성을 획득하는 것이다.

- 제3단계 : 주도성(솔선성) 대 죄책감(4~5세)

  Freud의 남근기에 해당되는 단계이다. 취학전 아동기의 위기는 주도성 대 죄책감으로, 이를 통해 '목적'의 덕목을 습득하게 된다.

  중요한 사회적 관계는 부모를 비롯한 가족과의 관계이며, 어떤 과제를 계획하고 수행하며 처리하는 능력을 덧붙인 것이다. 적응적인 태도는 도덕적 책임감과 자기주도성을 통한 독창성을 획득하는 것이다.

- 제4단계 : 근면성 대 열등감(6~11세 아동기)

  Freud의 잠복기에 해당되는 단계이다. 아동기의 위기는 학교생활을 통한 근면성 대 열등감으로, 이를 통해 '유능성'의 덕목을 발달시키게 된다.

중요한 사회적 관계는 이웃과 학교의 또래, 또래집단, 교사 등이며, 지적 호기심과 성취가 그 행동의 핵심이 된다. 적응적인 태도는 성공적인 학교생활을 통해 신체적·지적·정서적·사회적 능력을 획득하고 자신감과 도전의식을 형성하는 것이다.

- 제5단계 : 자아정체감 대 역할혼미(12~18세 청소년기)

Freud의 생식기에 해당되는 단계이다. 청소년기의 위기는 다양한 역할놀이를 통한 자아정체감 대 역할혼미(역할혼돈)로, 이를 통해 '충실성'의 덕목을 발달시키게 된다.

중요한 사회적 관계는 학교와 사회의 동료, 동료집단, 교사 등이며, 성역할과 직업선택에서 오는 혼란을 극복하는 것이 특히 중요하다. 적응적이고 긍정적인 태도는 경험의 일관성·계속성·불변성에 의한 **자아정체감(ego-identity)**을 형성하는 것이다. 자아정체감이란 나는 누구인가, 나는 무엇이 될 것인가 등의 '자아정체감 위기'를 경험하는 과정에서 성취하게 되는 심리-사회적 안정감을 의미한다. 이는 신체적인 안정감, 자신의 진로에 대한 인식, 타인의 인정을 받을 수 있다는 내적 확신 이외에도 성역할의 확립, 직업선택 등을 포함한다.

이 과정에서 Erikson은 심리적 유예(psychological moratorium, 정체감 유예)가 바람직하다고 하였는데, 심리적 유예란 개인과 사회에 대한 긍정적인 모험과 탐색을 할 수 있는 기간을 말한다.

- 제6단계 : 친밀감 대 고립감(19~24세 성년기)

성인기의 위기는 친밀감 대 고립감으로, 이를 통해서는 '사랑'의 덕목을 발달시키게 된다.

- 제7단계 : 생산성 대 침체감(25~54세 중년기)

중년기의 위기는 생산성 대 침체감으로, 이를 통해서는 '배려'의 덕목을 발달시키게 된다.

- 제8단계 : 자아통합감 대 절망감(55세 이후 노년기)

노년기의 위기는 자아통합감 대 절망감으로, 이를 통해서는 '지혜'의 덕목을 발달시키게 된다.

논점41 Piaget의 인지발달이론

- 도식(schema)

인지이론에는 크게 Piaget, Vygotsky가 제시한 인지발달이론과 Gestalt이론, 정보처리이론 등을 포함한 인지학습이론이 있다. Piaget는 생물학적 또는 발생학적 인식론(epigenetic epistemology)에 근거를 두고, 도식, 조직과 적응이라는 개념을 사용하여 그의 인지발달이론을 설명하고 있다.

도식(schema)이란 환경에 대한 내적 표상으로 지적 구조(인지구조)이다. 동물의 위장(胃腸)이 환경에 효과적으로 적응하는 신체적 구조인 것과 같이, 도식은 환경에 효과적으로 적응하는 정신적 구조이다. 도식은 유전론의 주장과 같이 생득적인 것도, 환경론의 주장과 같이 환경 속의 자극을 단순히 모사한 것도 아니고 유기체가 능동적으로 구성한 것이다. 발달이 진행됨에 따라 도식은 점차 분화되고 통합되어 수많은 도식이 만들어지는데, 감각운동도식은 상징도식으로, 상징도식은 조작도식으로 확대된다. 특히 개념적 차원의 도식을 감각운동도식과 구별하여 지적 구조(인지구조)라고 부른다.

발달이 진행됨에 따라 감각운동도식 → 상징도식 → 조작도식으로 변화해 가는 이러한 도식은 조직과 적응이라는 지적 기능(인지기능)을 통해 발달한다. 이러한 도식이 질적으로 변화되는 과정이 바로 인지발달이다. 즉, 인지발달은 유기체가 환경과 상호작용하는 가운데 도식을 정교화하고 조직화하는 과정이다.

Piaget는 인지발달의 문화적 보편성을 가정하고, 인지발달은 불연속적 과정이라고 본다. 즉, 인지발달은 지적 기능이 연속적으로 축적되는 과정이 아니라 질적으로 급격하게 변용되는 과정이다. 이러한 인지발달단계의 특징은 다음과 같다.

- 인지발달은 문화적 보편성이 있다.
- 발달단계의 순서는 일정하다.
- 발달단계는 양적 차이가 아니라 질적 차이가 있다.
- 특정 발달단계는 자신과 환경에 대한 인지발달수준을 나타낸다. 또한 특정 발달단계에서의 인지발달수준은 비교적 동질적이다.
- 인지발달은 단계적으로 급격하게 이루어진다. 즉, 인지발달은 불연속적 과정이다.

- 조직과 적응

조직과 적응은 상호보완적 과정으로 조직이 내적 측면에 관련되는 반면, 적응은 외적 측면에 관련된다. 조직은 사고 그 자체의 구조화를 의미한다. 적응에 의해서만 조직이 가능하고, 조직에 의해서만 적응이 가능한 것이다. 여기서 적응은 동화와 조절이라는 지적 기능(인지기능)으로 설명된다.

그에 의하면 지적 구조는 후천적이고 가변적이지만, 지적 기능은 선천적이고 불변적이며 항상성을 지닌다.

논점42 Vygotsky의 사회·문화적 인지발달이론

- 근접발달영역(ZPD)

    Vygotsky는 변증법을 주창한 Marx의 영향을 받았으며, 근접발달영역, 비계설정과 협동학습이라는 개념을 사용하여 그의 사회·문화적 인지발달이론을 설명하고 있다.

    근접발달영역(ZPD)은 현재적 발달수준과 잠재적 발달수준 사이의 격차를 의미하며, 혼자서는 문제를 해결할 수 없지만 다른 사람의 도움을 받으면 문제를 해결할 수 있는 영역이다. 여기서 현재적 발달수준은 혼자서 문제를 해결할 수 있는 수준이고, 잠재적 발달수준은 다른 사람의 도움을 받으면 문제를 해결할 수 있는 수준이다. 그는 현재적 발달수준은 이미 완성된 발달의 '열매'에, 잠재적 발달수준은 아직 미완성된 발달의 '꽃' 또는 '꽃봉오리'에 비유하고, 현재적 발달수준보다 잠재적 발달수준이 사고발달수준을 더 정확하게 나타낸다고 주장한다.

    또한 아동의 현재적 발달수준이 동일해도 다른 사람의 도움을 받아서 문제를 해결할 수 있는 근접발달영역은 개인에 따라 차이가 있다. 따라서 현재적 발달수준이 동일한 아동이라고 해도 교사로부터 도움을 받았을 때 어떤 아동이 다른 아동보다 더 높은 성취를 보였다면, 그 아동의 잠재적 발달수준이 더 높다고 말할 수 있다. 그래서 잠재적 발달수준에 포함되는 근접발달영역을 마법의 중간지대(magic middle-zone)라고도 부른다.

    Vygotsky는 인지발달의 문화적 상대성을 가정하고, 인지발달은 변증법적 과정으로 본다. 이 점에서 그는 근접발달영역의 창출(확대)을 교수-학습지도의 가장 본질적인 사명으로 간주하고 있다. 이와 같은 근접발달영역의 특징은 다음과 같다.

    - 근접발달영역은 진정한 학습이 가능한 영역이다.
    - 책임의 전이, 사유화(私有化, 개인화)를 통한 내면화(內面化)가 가장 활발하게 일어나는 영역이다.
    - 학습이 사고발달의 필수조건임을 시사해 주는 개념이다.
    - 사회적 상호작용을 강조하는 비계설정과 협동학습을 중시해야 한다.
    - '지적 잠재력'을 측정하려면 역동적 평가(수행평가)를 실시해야 한다.

- 사회적 상호작용 : 비계설정과 협동학습

    Vygotsky는 문화형태로 존재하는 지식은 사회적 상호작용을 통해 전달(mediation, 중재)되어 내면화(內面化)된다고 주장한다. 그래서 인간발달은 처음에는 사회적-문화적 국면에서, 그 다음에는 개인적-심리적 국면에서 나타난다. 내면화는 사회적-문화적 현상을 개인적-심리적 현상으로 변형하는 과정으로 사회적 상호작용을 통해 지식을 획득하는 과정이다.

사회화과정에서 언어가 중추적인 역할을 하는데, 왜냐하면 아동의 언어능력이 높을수록 성인과의 대화를 더 잘 이해하므로 성인과의 상호작용을 통해 더 많은 것을 학습할 수 있기 때문이다. 언어는 사고의 도구로서 사고발달을 촉진하고, 자신의 행동을 조절하며, 사회적 상호작용을 가능하게 하는 도구이다. 이러한 언어발달에 있어서 **비계설정(scaffolding, 발판화)과 협동학습**이 중요시된다.

논점43 Piaget의 인지발달이론 : 인지발달기제

① 의의
- Piaget에 의하면, 출생 직후의 영아는 능동적인 생물학적 유기체이다. 유기체는 환경과 끊임없는 상호작용을 통해 자신은 물론 외부환경에 관한 지식을 습득한다. 그 유기체가 지적 인간으로 발달하게 되는 이유는 외부환경을 인지하는 구조의 질적 변화를 계속하기 때문이다.
  그에 의하면, 인지발달이란 인지구조의 계속적인 질적 변화이다. 인지구조와 그에 따른 변화는 기존의 구조를 기초로 하여 발달한다. 새로운 인지구조는 기존의 구조를 바꾸어 놓는 것이 아니라, 새로운 인지구조가 이전의 구조와 결합하여 이전의 낡은 구조에 질적 변화를 가져오는 것이다.
- Piaget는 인지발달을 크게 감각운동기 → 전조작기 → 구체적 조작기 → 형식적 조작기의 4단계로 구분하여 설명하였다. 그러나 이 단계는 단순히 불연속적인 단계가 아니라, 발달과정을 설명하기 위하여 장기적으로 연속적인 발달을 단기적으로 불연속적인 단계로 구분한 것이다. 발달은 누적적인 흐름으로 새로운 단계는 이전 단계와 통합된다. 각 발달단계는 독립적인 것이 아니며, 각 발달단계의 특징 또한 특정 연령범위에 고정된 것이 아니다.

② 인지발달기제 : 조직과 적응
- 조직
  조직(organization)이란 기존의 여러 가지 도식이 연결되어 구조화되는 상태, 즉 하나의 통합된 체계를 만들어가는 과정이다(예 : 사과, 배, 감을 일반적인 범주인 과일의 하위범주로 생각하는 것). 이러한 조직은 동화와 조절의 과정을 촉진하여 도식의 성장, 발달과 창조를 담당한다.
- 동화
  동화(assimilation)는 새로운 사실이나 개념 등 외부의 자극을 기존의 도식에 맞게 수정(흡수)

하는 지적 기능이다. 즉, 기존의 도식을 적용하는 과정이다(예 : 강아지만 보아온 아이가 고양이를 보고 강아지라고 하는 것). 다만, 언어획득과 관련하여 외부의 자극을 왜곡하여 동화할 때는 과잉일반화(과잉확대, 과잉축소)가 발생하거나 오(誤)개념이 형성된다.

- 조절

조절(accommodation)은 새로운 사실이나 개념 등 외부의 자극에 맞게 기존의 도식을 수정(변형)하는 지적 기능이다. 즉, 새로운 도식을 창출하는 과정이다(예 : 박쥐를 보고 새라고 하지 않고 새와는 다른 것이라고 하는 것).

그런데 동화와 조절은 단순히 수동적인 과정이 아니라 능동적인 과정이다. 동화는 도식의 성장(=양적 측면의 변화)을 담당하지만, 조절은 도식의 발달과 창조(=질적 측면의 변화)를 담당한다. 그래서 놀이에서는 동화가 우세하지만, 모방에서는 동화보다 조절이 우세하게 나타난다. 그리고 성인의 사고에서는 동화가 우세하지만, 아동의 사고에서는 동화보다 조절이 우세하게 나타난다.

- 평형화

평형화(equilibration)는 동화와 조절의 2가지 기능이 균형을 유지하는 상태, 즉 도식과 환경 사이의 균형을 이루어가는 과정이다(예 : '파악도식'을 가지고 있는 경우 장난감 등은 잡으려고 하지만, 칼은 잡으려고 하지 않는 것).

그러나 실제로 이 2가지 기능은 불균형상태에 있다. 유기체는 기존의 도식으로 동화하여 균형상태를 유지한다. 그런데 이 균형상태는 순간적이며, 새로운 문제해결을 위해서는 기존의 도식을 변경하는 조절에 의해 다시 균형상태가 이루어진다. 즉, 동화와 조절의 과정으로 누적적 자기조정에 의해 도식(인지구조)이 성장, 발달하는 것이다.

Piaget는 아동의 인지발달을 결정하는 4가지 요인으로 성숙, 물리적 환경, 사회적 환경, 평형화를 들고 있다. 다만, 새로운 정보가 기존의 도식과 일치하지 않는 경우 그 정보를 무시한다면, 균형상태가 파괴되지 않기 때문에 아동의 인지발달은 일어나지 않는다.

논점44 Kohlberg의 도덕성발달이론의 의의/특징

Piaget의 도덕성발달이론을 확대·발전시킨 Kohlberg는 인간의 도덕성발달 또한 지적 발달의 한계를 넘지 못한다고 보았다. 따라서 도덕성발달과 지적 발달은 병행(결합)한다는 것이다. Kohlberg는 아동과 성인(15, 16세 이후)을 대상으로 도덕적 dilemma를 제시한 후에 이 가상의 갈등상황에 대한 도덕적 판단과 추리에 근거하여 3수준 6단계의 도덕성발달이론을 주장하였다. 그의 도덕성발달이론의 특징을 요약하면 다음과 같다.

- 도덕발달에는 인지발달이 필수조건이다. 즉, 인지발달은 도덕발달의 선행조건이다. 따라서 인지발달단계는 도달할 수 있는 도덕발달단계를 한계짓는다.
- 도덕이란 도덕적 사고의 구조를 의미한다. 여기서 도덕적 사고의 구조는 도덕적 사고의 영역(내용)과 확연히 구별된다는 점이다.
- 도덕적 판단은 도덕적 행위를 결정한다. 즉, 도덕적 판단은 도덕적 행동과 일치한다.
- 도덕발달의 기본기제는 인지적 불균형(갈등)이다.
- 도덕발달은 문화적 보편성, 성적 보편성이 있다.
- 발달단계의 순서는 일정하다.
- 발달단계는 양적 차이가 아니라 질적 차이가 있다.
- 도덕발달은 단계적으로 급격하게 이루어진다. 즉, 도덕발달은 불연속적 과정이다.

> Kohlberg는 다음과 같은 'Heinz의 dilemma'라는 가상의 갈등상황을 제시하여 도덕성발달수준을 판단하였다.
>
> 유럽에서 Heinz라는 남자의 부인이 암에 걸려 죽어가고 있었는데, 그 부인을 살릴 수 있는 약이 그 마을에 사는 어느 약사에 의해 발명되었다. 그런데 그 약은 가격이 매우 높았는데, 왜냐하면 약값을 제조원가의 10배나 높게 매겼기 때문이었다.
>
> Heinz는 돈을 구하기 위하여 모든 노력을 다하였으나, 그 약값의 절반 밖에 구할 수가 없었다. Heinz는 약사에게 자기 부인이 지금 죽어가고 있다고 설명하고, 그 약을 싸게 팔거나 아니면 일단 외상으로라도 자기에게 팔아 달라고 간청하였다. 그러나 약사는 그 약으로 돈을 벌어야 한다면서 거절했다. 절망에 빠진 Heinz는 결국 약방을 부수고 들어가서 약을 훔쳤다. Heinz가 한 일은 정당한 것인가? 만약 정당하다면 왜 그러한가?

논점45 Kohlberg의 도덕성발달이론 : 도덕성발달단계

• 전인습적 수준(2~11, 12세)

전도덕성의 시기이다. 다만, Piaget의 이론 중 타율적 도덕성에 해당하는 시기이다.

단계	특징
제1단계 : 벌과 복종에 의한 도덕성	• 단순한 신체적, 물리적 힘이 복종과 도덕적 판단의 기준이 된다. 다른 사람의 욕구와 감정을 전혀 인식하지 않는다. • 도덕적 판단의 주관화가 특징이다. • 약육강식의 원리, 적자생존의 원리와 같은 힘의 원리에 의해 지배된다. 그래서 도덕적 행동의 의미와 가치는 전혀 인식하지 않는다. • 부모님께 야단맞지 않으려고 귀가시간을 지키는 경우가 이에 속한다.
제2단계 : 욕구충족수단으로서의 도덕성	• 자기 자신의 개인적, 물질적 욕구를 충족시켜 주는 자기중심적 사고가 도덕적 판단의 기준이 된다. 다른 사람의 욕구와 감정을 인식하기 시작한다. • 도덕적 판단의 상대화가 나타난다. • 조망수용의 미발달, 시장교환의 원리, 도구적-상대적 쾌락주의의 원리에 의해 지배된다. • 위조, 사기, 뇌물수수, 횡령과 배임 등이 이에 속한다.

• 인습적 수준(11, 12~15, 16세)

타율적 도덕성의 시기이다. 다만, Piaget의 이론 중 자율성 도덕성에 해당하는 시기이다.

단계	특징
제3단계 : 대인관계의 조화를 위한 도덕성	• 다른 사람과의 사회적 관계가 도덕적 판단의 기준이 된다. 특히 부모와 같은 권위자를 기준으로 도덕적 판단을 한다. • 도덕적 판단의 객체화가 이루어진다. • 조망수용의 발달, 착한 소년-착한 소녀 지향, 다수결의 원리에 의해 지배된다. 그래서 도덕적 행동의 상대성과 다양성은 전혀 인식하지 않는다. • 부모님을 걱정시키지 않으려고 귀가시간을 지키는 경우가 이에 속한다.
제4단계 : 법과 질서의 준수로서의 도덕성	• 법과 질서, 관습 등이 도덕적 판단의 기준이 된다. 여기서 법은 고정불변의 것이다. • 도덕적 판단의 사회화가 이루어진다. • 엄격한 준법정신에 의해 지배되며, 예외의 원리는 없다. • 전기공급의 중단, 가스공급의 중단 등이 이에 속한다.

- 후인습적 수준(15, 16세 이후)

  자율적 도덕성의 시기이다. 한편, Piaget의 이론 중 자율적 도덕성에 해당하는 시기이다.

단계	특징
제5단계 : 사회계약 정신으로서의 도덕성	• 정의, 자유와 평등 등에 대한 다양한 해석(합의)이 도덕적 판단의 기준이 된다. 여기서 법은 고정불변의 것이 아니라 유동적인 것이다. • 도덕적 판단의 일반화가 이루어진다. • 법의 사회적 유용성에 따른 합의를 중시하며, 예외의 원리를 인식한다. 그래서 도덕적 판단의 공리성과 상대성, 가변성을 중요시한다. • 모세의 십계명(十誡命)이 이에 속한다고 보는 견해가 있다.(이성진, 1998)
제6단계 : 보편적 도덕원리에 대한 확신으로서의 도덕성	• 자기 자신이 선택한 도덕원리와 양심의 결단이 도덕적 판단의 기준이 된다. 단, 이 때 도덕적 판단은 극히 개인적이기 때문에 일반적인 사회질서와 불일치될 수도 있다. • 도덕적 판단의 궁극화(보편화)가 이루어진다. • 정의, 자유와 평등, 인간의 존엄성 존중과 생명 존중 등을 강조하며, 이러한 도덕원리는 포괄적이고 보편적이며, 추상적이다. • 예수의 황금률(黃金律), Kant의 정언명령(定言命令), 소크라테스의 죽음 등이 이에 속한다.

논점46 Kohlberg의 이론의 교육적 적용

첫째, 도덕교육의 목표는 일반적이고 추상적인 도덕적 판단능력과 추리능력을 발달시키는데 있다. 둘째, 도덕교육의 내용은 도덕적 갈등상황을 제시하여 인지적 불균형(갈등)을 유발해야 한다. 균형상태가 파괴되지 않으면 아동의 도덕발달은 일어나지 않기 때문이다. 셋째, 도덕교육의 방법으로는 도덕적 갈등상황에 대한 토의법, 역할연기법이 효과적이다. 토론과정에서 자신의 도덕적 판단을 점검하고 다른 사람의 도덕적 판단과 비교할 수 있는 기회를 갖게 된다. 이것은 도덕을 문화적으로 전수하거나 교화(주입)하는 것과 엄연히 구별된다는 점이다.

논점47 Vygotsky의 사회·문화적 인지발달이론 : 사회적 상호작용

① 의의
- Vygotsky에 따르면, 사회·문화적 환경이 인지발달에 중요한 역할을 한다. 인간은 다른 사람들과 사회적 관계 속에서 서로 영향을 주고받으며 살아가는 사회적 존재이다. 인간의 지적 기능도 독립적으로 발달하는 것이 아니라 한 사회의 문화 속에서 다른 사람들과 상호작용하는 가운데 발달하는 사회적 학습의 결과이다. 그에 따르면, 아동이 속한 문화권에서 타인과 상호 작용하는 과정에서 인지발달이 이루어진다. 이러한 사회적 상호작용은 언어와 상징을 통해 전달(mediation, 중재)된다는 것이다.
- Vygotsky는 언어를 사회적 상호작용을 중재하는 가장 중요한 요인으로 보고, 언어와 사고가 서로 교차되거나 결합되는 과정을 분석함으로써 인지발달을 설명하고 있다. 그는 아동의 내적 언어와 사회적 언어(외적 언어)를 구별하였다. 내적 언어는 자기에게 소리내지 않고 하는 말, 즉 사고를 의미하고, 사회적 언어는 타인에게 소리내어 하는 말을 의미한다. 그런데 자기중심적 언어는 사회적 언어에서 내적 언어로 발달하는 과도기적 현상이다.

    Piaget는 자기중심적 언어를 사고의 미성숙을 표시하는 것으로 보았지만, Vygotsky는 자기중심적 언어를 사고의 미성숙 표시가 아니라 문제해결을 위한 사고의 도구라고 보았다. 그는 자기중심적 언어 또는 내적 언어를 중심으로 **개인적 언어(private speech, 私的 言語)**가 변화하는 과정을 인지발달의 과정으로 설명하였다.

② 사회적 상호작용 : 비계설정과 협동학습
- 비계설정(scaffolding, 발판화)

    Vygotsky에 의하면, 아동의 인지능력은 성인이나 유능한 타인과의 상호작용을 통해 조력을 받아가며 문제를 해결하는 과정에서 발달한다. 따라서 사물의 가역성을 이해하는 가역적 사고와 같은 인지능력은 아동 혼자의 힘으로 획득되는 것이 아니라 부모, 교사, 또래 등 성인이나 유능한 타인의 지도를 받아 획득되는 것이다. 이와 같이 아동이 자신의 현재 발달수준보다 약간 높은 수준의 과제를 해결할 수 있도록 도와주는 것을 비계설정(scaffolding, 발판화)이라고 한다. 비계(발판)란 본래 건설현장에서 근로자들이 발을 딛고 서서 일할 수 있도록 나무나 철판 등을 사용하여 만들어 놓은 가설물을 말한다.

    아동 혼자서는 해결할 수 없는 과제를 해결할 수 있도록 조력하는데 발판화의 목적이 있다. 학습초기에는 학생이 독자적으로 과제를 해결하기 어려우므로 성인이나 유능한 타인이 적절한 도움을 주어야 한다. 학습이 진전될수록 발판화의 필요성은 감소한다. 이것은 학생이 지식과 기능을 내면화하여 독자적으로 적용할 수 있을 때까지 내면화과정을 지지해 주어야 한다는 것을 의미한다. 발판화과정에서 중요한 것은 학생의 능력과 책임이 향상됨에 따라 학습후기에는 도움을 점진적으로 감소시켜야 한다는 것이다.

본질적으로 발판화과정은 교사-학생의 상호작용을 강조하며, 이와 같은 상호작용을 통해 인지능력이 점진적으로 향상된다는 것을 의미한다. 발판화과정을 제공할 때는 근접발달영역(ZPD)을 파악하여 현재 발달수준보다 약간 높은 수준의 과제를 제시하는 것이 효과적이다(예 : 시범을 보이기, 오류를 교정하기, 동기유발하기, 힌트와 피드백을 제공하기, 기초기능을 계발하기, 질문하기(답변하기×), 구체적이고 현실적인 목표를 제시하기, 절차와 방법을 설명하기 등). 이것은 수업활동이나 학습과제의 수준을 결정하는 것이 중요하다는 것을 의미한다.

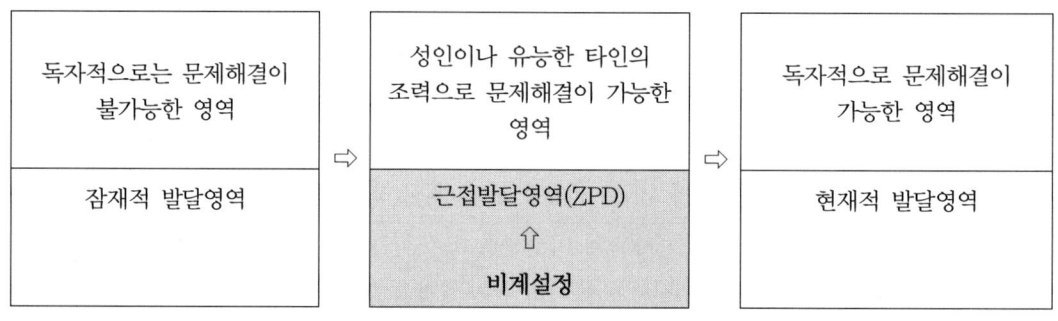

▶ 근접발달영역과 비계설정

Vygotsky의 인지발달은 변증법적 과정을 수반하는데, 이와 관련하여 발달의 4가지 원천으로 내적-생물학적 요인, 외적-물리적 요인, 개인적-심리적 요인, 사회적-문화적 요인을 들 수 있다. 각 요인 간에서 갈등이 일어나기도 하고, 각 요인 내에서 갈등이 일어나기도 한다. 예를 들어 개인의 질병은 가족의 긴장을 유발하거나 직업수행을 위협하기도 한다.

인지발달은 이러한 요인 간에서 혹은 요인 내에서 일어나는 불가피한 갈등을 해결하는 과정으로 일생동안 계속되는 변증법적 과정이다. 이와 같은 인지발달기제는 Piaget의 평형화(equilibration) 개념과 비교된다.

- 협동학습

논점48 학습의 의의

① 학습의 개념
- 학습(learning)이란 경험 또는 연습의 효과로 나타나는 비교적 지속적인 행동의 변화이다(행동주의). 또한 학습이란 인지구조의 변화 또는 장기기억에의 저장을 말한다(인지이론).
  그러므로 학습이 일어나기 위해서는 반드시 어떤 형태의 경험 또는 연습이 있어야 하며, 학습의 결과는 일시적이 아닌 비교적 오랜 기간 지속되는 행동의 변화로 나타나야 한다. 이 경우 행동은 외현적 행동뿐만 아니라 내현적 행동까지도 포함한다. 다만, 생득적인 반응변화, 성숙에 의한 자연적 행동변화, 피로·약물 등에 의한 일시적 상태의 행동변화는 제외한다.
  이러한 학습에는 긍정적인 변화와 부정적인 변화가 모두 포함된다. 또한 지적·정의적 변화와 신체적 변화가 모두 포함된다. 한편, 학습에는 의도적인 학습과 우연적인 학습이 모두 포함된다.
- 학습과 수행은 구별된다. 즉, 학습은 행동잠재력의 변화를 의미하고, 수행은 행동잠재력을 직접 관찰할 수 있는 행동을 의미한다. 그래서 학습은 직접 관찰할 수 없고, 수행에서 추론할 수 있을 뿐이다. 다만, Skinner와 같은 급진적 행동주의는 학습과 수행을 동일시하고 있지만, 인지학습이론을 비롯한 대부분의 학습이론에서는 학습과 수행을 구분한다(통설적 견해).
  학습의 개념은 동기와 같이 인간의 내부에서 일어나는 어떤 현상을 기술하기 위하여 만들어진 가설적 개념이다. 학습이 실제 일어나는 것은 보이지 않는다. 보이는 것은 행동의 변화이며, 이것을 기술하기 위하여 '학습'이라는 용어를 쓴 것에 불과하다.

② 학습의 4요소 : 학습의 성립조건
  Dollard & Miller(1950)는 학습의 4요소를 다음과 같이 규정하고 있다.
  학습이 이루어지기 위해서는 학습자가 무엇인가를 원해야 하고(동기), 지각해야 하며(감지, 감수), 행해야 한다(반응). 그리고 무엇인가를 얻어야 한다(보상). 학습이 이루어지는 과정에는 적어도 이와 같은 요소가 내포되어 있다. 이 학습의 4요소는 **학습의 성립조건**이라고 할 수 있다. 첫째, 일정한 욕구나 동기가 있어야 한다. 이러한 욕구나 동기는 학습하려는 의욕을 말한다. 둘째, 외부의 자극을 감지 또는 감수해야 한다. 외부의 자극을 유기체가 지각하는 것을 말한다. 셋째, 유기체가 반응을 해야 한다. 이 경우 반응(행동)은 외현적 행동뿐만 아니라 내현적 행동까지도 포함한다. 넷째, 보상 또는 강화를 얻어야 한다. 보상을 얻어야 한다는 것은 강화를 받아야 한다는 것이다.

논점49 행동주의적 이론의 의의

① 행동주의

행동주의에 의하면, 학습은 유기체에 주어지는 특정한 자극과 유기체내에서 일어나는 반응의 결합이라고 본다. 즉, 학습이란 자극(S)-반응(R)의 결합이라고 본다. 이러한 견해는 Pavlov의 고전적 조건화, Thorndike의 도구적 조건화, Skinner의 조작적 조건화 등에서 찾아볼 수 있다. 행동주의는 심리학의 연구대상을 마음에서 행동으로 돌려놓은 접근이다. 행동주의적 접근은 심리학이 과학적인 학문으로 인정받기 위해서는 의식이나 무의식 등 마음을 연구할 것이 아니라, 객관적인 관찰과 측정이 가능한 행동을 연구해야 한다고 주장한다.

② 고전적 조건화

초기의 행동주의는 러시아의 Pavlov가 개를 대상으로 한 소화기관에 관한 실험적 연구에서 출발한다. 그는 개에게 고기를 줄 때마다 그 직전에 종소리를 들려주기를 반복하였는데, 나중에는 개가 종소리만 들어도 침을 흘리는 것을 발견하였다. 여기서 종소리를 자극(S), 침분비를 반응(R)이라고 한다. 이와 같이 자극과 반응이 연합되는 것을 조건화(conditioning)라고 하는데, 조작적 조건화에 비해 초기에 이루어진 것이어서 고전적 조건화라고 한다. 이러한 심리학적 접근을 미국의 Watson이 **행동주의(behaviorism)**라고 명명하고, 유기체의 학습현상을 설명하는데 적용하였다. 그래서 행동주의적 접근을 S-R이론이라고도 한다.

③ 조작적 조건화

조작 또는 작동(operation)은 유기체가 환경에 대해 능동적으로 어떤 반응(행동)을 하는 것을 말한다. 이와 같이 유기체가 먼저 능동적으로 어떤 행동을 하면 이를 강화시켜 그 행동을 변화시키는 과정을 조작적 조건화라고 한다. 여기서 강화는 바로 환경자극이 된다. 이러한 조작적 조건화는 Skinner에 의해 체계화되었는데, 그는 **강화의 원리**를 적용하여 유기체의 학습현상을 설명하였다.

고전적 조건화에서는 자극이 반응을 유발하는데 여기서 이 반응은 수동적인 반면, 조작적 조건화에서는 먼저 반응이 능동적으로 나온 뒤에 이것이 강화가 되는 환경자극과 연합이 된다고 주장한다.

논점50 Pavlov의 고전적 조건형성의 의의

- 개념

  Pavlov는 개를 대상으로 소화기관에 관한 실험적 연구를 하는 과정에서 조건반사를 발견하였다. 배고픈 개에게 고기를 주면 무조건적으로 침을 흘린다. 고기가 아닌 종소리를 듣고서는 물론 침을 흘리지 않는다. 그러나 고기를 주기 직전에 종소리를 울리고 고기를 주는 일을 여러 번 반복하게 되면, 마침내는 종소리만 듣고서도 침을 흘리게 된다. 배고픈 개는 고기를 주면 무조건적으로 침을 흘리므로 여기서 고기는 무조건자극(UCS)이 되고, 침분비는 무조건반응(UCR)이 된다. 종소리는 그 자체 침분비를 유발하지 못하기 때문에 처음에는 중립자극(NS)이다. 그러나 이 중립자극을 무조건자극과 시간적으로 근접시켜 반복적으로 제시하면, 마침내는 중립자극도 무조건자극과 마찬가지로 침분비를 유발하게 된다. 그리하여 중립자극이었던 종소리는 조건자극(CS)이 되고, 침분비라는 조건반응(CR)을 유발하게 된다.

  이와 같이 중립자극과 무조건자극을 결합시켜 결국에는 조건자극에 의한 조건반응을 일으키는 과정을 고전적 조건형성이라고 한다.

- 무조건반사와 조건반사의 구별

  Pavlov의 실험에서 고기는 무조건자극(UCS), 종소리는 조건자극(CS)이라고 하며, 고기에 대한 반응으로서 침분비는 무조건반응(UCR), 종소리에 대한 반응으로서 침분비는 조건반응(CR)이라고 한다.

  고전적 조건형성에서는 조건형성의 과정이 무조건자극에 의존하기 때문에 무조건자극은 조작적 조건형성에 있어서 강화(=1차적 강화)에 해당된다는 점이다. 다만, 고전적 조건형성에서는 유기체가 '조작적 행동'을 통해 강화를 통제할 수 없고, 강화가 조작적 행동에 수반되지 않는다는 점이다. 이러한 고전적 조건형성의 과정을 도식화하면 다음과 같다.

조건형성 전	고기(UCS) 종소리(NS)	⇨ 침분비(UCR) ⇨ (정향반사)	무조건반사
조건형성 중	종소리(NS) + 고기(UCS)	⇨ 침분비(UCR)	
조건형성 후	종소리(CS)	⇨ 침분비(CR)	조건반사

논점51 고전적 조건형성의 기본원리

고전적 조건형성의 기본원리는 다음과 같이 살펴볼 수 있다.

- 시간의 원리(근접성의 원리)
  조건자극과 무조건자극의 시간적 간격이 가까울수록 조건형성이 용이하게 일어난다는 것이다. 이에 따라 **고전적 조건형성의 유형**은 다음과 같이 구분된다.
  첫째, 조건자극과 무조건자극이 동시에 제시될 때 동시조건형성이라고 한다. 둘째, 조건자극을 먼저 제시하고 난 후에 무조건자극이 제시될 때 지연조건형성이라고 하는데, 이 때 시간적 간격은 조건자극이 약 0.5초 먼저 제시될 때 조건형성이 가장 강력하다고 한다.(Lieberman, 1993) 셋째, 조건자극을 제시하고 난 후에 조건자극을 중단하고 무조건자극을 제시할 때 흔적조건형성이라고 한다. 넷째, 후행(역행)조건형성은 무조건자극을 먼저 제시하고 조건자극을 나중에 제시하는 것인데, 조건형성이 일어나기 어렵다.

- 일관성의 원리
  동일한 조건자극을 일관성있게 제공할 때 조건형성이 용이하게 일어난다는 것이다.

- 강도의 원리(효과의 원리)
  무조건자극이 조건자극에 비해 강할수록 조건형성이 용이하게 일어난다는 것이다.

- 빈도의 원리(연습의 원리)
  조건자극과 무조건자극의 결합이 계속 반복될 때 조건형성이 용이하게 일어난다는 것이다.

- 수반성의 원리
  무조건자극이 조건자극에 직접 수반되어야 한다는 것이다.

논점52 Thorndike의 도구적 조건형성의 의의

- 개념
  Thorndike는 그의 문제상자를 사용하여 고양이를 대상으로 시행착오에 관한 실험적 연구를 하는 과정에서 학습은 자극-반응의 결합으로 일어난다고 주장하였다.
  배고픈 고양이를 문제상자 속에 가둬놓고 밖에는 생선(보상)을 놓아두었다. 그 속에는 빗장이 달려있는데, 그 빗장을 누르면 문제상자의 문이 열리고 밖으로 탈출할 수 있다. 문제상자 속에 있는 고양이는 처음에는 이리저리 움직이는 등 여러 가지 시행착오적 반응을 반복하다가 마침내는 빗장을 누르고 밖으로 탈출하였다. 이 때 빗장을 누르는 반응을 지속시키기 위해서는 고양이가 밖으로 나올 때마다 보상을 주어야 한다. 시행착오적 반응 그 자체만으로는 자극-반응의 결합이 불가능하고 반드시 보상이 있어야 한다.

Thorndike는 학습이 시행착오(trial and error)를 통해 일어난다고 본다. 이 시행착오학습은 연합주의라고 불리며, 특히 **도구적 조건형성**이라고 한다. 그의 도구적 조건형성은 Skinner에 의해 체계화되어 조작적 조건형성으로 발전하였다.

- 시행착오설

시행착오학습은 문제상황에서 적절한 반응을 선택하고 결합하는 과정을 통해서 일어나는 학습이다. 이것은 문제상황에서 성공한 반응이 결합되고, 실패한 반응이 소거되는 점진적인 과정을 통해 일어난다. 자극-반응의 결합은 반복을 통해 기계적으로 형성되며, 의식적인 노력은 전혀 필요하지 않다. 이 시행착오학습의 과정을 그림으로 살펴보면 다음과 같다.

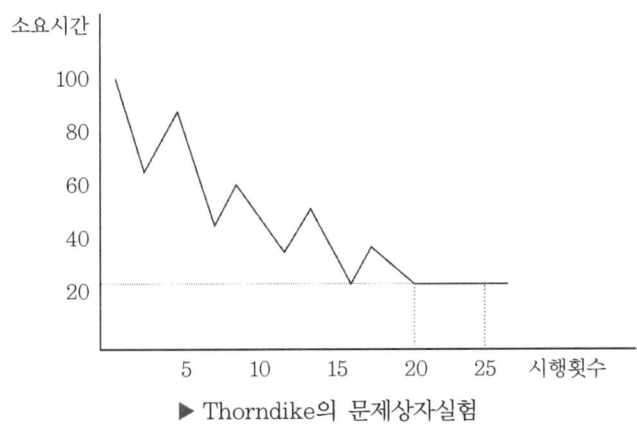

▶ Thorndike의 문제상자실험

논점53 시행착오설에 근거한 학습의 법칙

Thorndike는 시행착오설에 근거하여 다음과 같은 학습의 법칙을 발견하였다.

- 효과의 법칙(law of effect)

만족스러운 결과가 주어질 때 유기체는 반응을 반복한다는 것이다. 즉, 유기체의 반응을 유발하기 위해서는 만족스러운 결과가 주어져야 한다는 것이다. 이는 강도의 법칙이라고도 하는데, 학습이 자극-반응의 단순한 결합보다는 반응의 결과(보상, 처벌)에 따라 달라진다는 것을 의미한다.

- 연습의 법칙(law of exercise)

  연습의 횟수가 증가할수록 자극-반응의 결합이 견고해진다는 것이다. 즉, 자극-반응의 결합을 견고하게 하기 위해서는 연습의 횟수를 증가시켜야 한다는 것이다. 이는 빈도의 법칙이라고도 하는데, 사용의 법칙과 불사용의 법칙이 포함된다.

- 준비성의 법칙(law of readiness)

  학습자의 준비성에 따라 학습효과가 달라질 수 있다는 것이다. 즉, 어떤 학습이 일어나기 위해서는 심리적·생리적으로 충분한 성숙상태가 준비되어 있어야 한다는 것이다. 이는 보상과 처벌에 대한 근거를 제공한다.

논점54 Skinner의 조작적 조건형성의 의의

- 개념

  Skinner는 그의 Skinner box를 사용하여 쥐와 비둘기를 대상으로 강화의 원리를 실험적 연구하는 과정에서 조작적 조건형성을 주장하였다.

  배고픈 쥐를 Skinner box 속에 들여보낸다. Skinner box는 레버, 먹이공급장치, 먹이접시 등으로 설계되어 있다. 배고픈 쥐는 여러 가지 반응을 보이다가 우연히 레버를 누르게 된다. 그 순간 먹이접시에 먹이가 떨어지고 동시에 불빛이 짧은 순간 반짝인다. 쥐는 잽싸게 먹이를 먹어치운다. 그 후에 쥐는 배가 고플 때마다 다시 레버를 누르게 된다. 이러한 과정이 반복되면서 쥐는 레버 누르기를 학습하게 된다. 즉, 조건형성이 되는 것이다. 여기서 쥐가 처음 레버를 누른 것은 반응이고, 주어진 먹이는 그 다음 레버를 누르는 반응을 유발하면서 강화(자극)의 역할을 한다.

  Pavlov와 달리, 이처럼 유기체가 먼저 반응을 한 후에 강화(자극)를 주는 방식으로 행동을 변화시키는 과정을 조작적 조건형성이라고 한다. 이러한 Skinner의 이론을 **강화이론(reinforcement theory)**이라고 부른다. Skinner는 반응-자극의 관계를 이해하면 모든 행동을 이해하고 예언할 수 있다는 극단적인 견해를 피력했다. 그래서 그의 이론은 '급진적 행동주의'라고도 불린다.

- 대응적 행동과 조작적 행동의 구별

  Pavlov의 이론에서 반응은 자극에 의해 유발된(elicited) 반응을 지칭한다. 이와 같이 유발된 반응을 '대응적(반응적, 반사적) 행동'이라고 한다. Pavlov의 실험에서는 종소리(CS) 혹은 고기(UCS)가 제시되어야 개가 침을 흘리는 반응을 나타낸다. 이렇게 유발된 반응은 수동적이며 불수의적인 성격을 지닌다(예 : 동공반사, 무릎반사).

반면에 Skinner의 관심은 자극에 의해 유발된 반응보다는 유기체에 의해 스스로 방출된(emitted) 반응에 있었다. 이 점에서 '조작적 행동'이라고 하는데, 이렇게 방출된 반응은 더욱 능동적이며 수의적이고, 의도적이며 목표지향적 성격을 지닌다. 즉, 유기체가 환경에 대해 조작적으로 행위를 가하고 있는 것이다(예 : 글쓰기, 노래부르기, 수강신청하기).

선행하는 자극에 의해 통제되는 대응적 행동과 달리, 조작적 행동은 행동에 수반되는 결과에 의해 통제된다. 그래서 Pavlov의 이론을 S-R형 조건형성, Skinner의 이론을 R-S형 조건형성이라고 부른다.

논점55 조작적 조건형성의 기본원리

조작적 조건형성의 기본원리는 다음과 같이 나누어 살펴볼 수 있다.
- 강화의 원리 -행동수정의 원리-
  행동에 수반되는 결과를 중시하는 강화의 원리(또는 벌의 원리)는 다음과 같다.
  유기체는 긍정적인 결과(강화)를 얻을 수 있는 행동은 반복하고, 부정적인 결과(벌)나 중립적인 결과가 수반되는 행동은 반복하지 않는다.
  자극-반응의 관계를 학습한다고 주장하는 Thorndike의 시행착오학습과 달리, Skinner는 반응-자극의 관계를 학습한다고 주장한다. Skinner는 반응에 선행하는 자극보다 반응에 수반되는 결과에 큰 관심을 둔다. 그는 강화를 통제하면 인간의 행동은 얼마든지 통제할 수 있다고 주장하고 있다. 그에 따르면, 의식적이든 무의식이든 우리의 행동은 강화에 의해 통제를 받는다. 이것을 **강화의 원리**라고 한다.
  그는 인간이 자유의지를 가지고 있다는 생각은 환상에 불과하다고 단정하고, 이상향을 그린 그의 소설 〈Walden Two(1948)〉에서 강화를 이용해서 이상적인 사회를 건설하기 위한 청사진을 제시했다.
- 강화의 조건 -행동수정의 조건-
  강화의 조건을 정리하면 다음과 같다.
  첫째, 강화는 즉각적으로 주어야 한다. 그래서 지연된 강화는 효과가 작다. 둘째, 강화는 점진적으로 주어야 한다. 셋째, 강화는 일관성있게 주어야 한다. 넷째, 강화는 충분하게(빈도나 강도가 약간 높게) 주어야 한다. 다섯째, 강화는 목표행동에 맞추어 직접 주어야 한다. 여섯째, 실제로 강화물의 효과를 검증해야 한다. 일곱째, 강화는 반응에 수반되어야 한다.

이와 같은 강화의 원리와 조건은 강화든 벌이든 똑같이 적용되는 원칙이 된다.

논점56 조작적 조건형성의 주요개념

- 강화

  강화란 특정 행동의 빈도나 강도를 증가시키는 과정을 말하며, 강화물(강화인, 강화자)은 강화의 수단으로 사용하는 자극을 지칭한다. 따라서 강화물과 강화는 다르다. 또 강화물의 효과는 개인에 따라서 다르다.

  강화는 크게 정적 강화와 부적 강화로 구분된다. 정적 강화란 유쾌자극(정적 강화물)을 제공함으로써 특정 행동의 빈도나 강도를 증가시키는 과정이고(예 : 상장을 수여하는 것, 미소를 지어 주는 것), 부적 강화란 불쾌자극(부적 강화물)을 제거함으로써 특정 행동의 빈도나 강도를 증가시키는 과정이다(예 : 숙제를 면제해 주는 것, 청소를 제외시켜 주는 것). 여기서 정적 강화물의 예는 음식, 물, 성적 자극, 칭찬, 돈 등이 있으며, 부적 강화물의 예는 전기충격, 체벌, 비난, 질책, 꾸중 등이 있다.

  또한 강화는 1차적 강화와 2차적 강화로 구분될 수도 있다. **1차적 강화**는 생리적 강화 또는 무조건강화라고도 하며, **2차적 강화**는 사회적 강화, 심리적 강화 또는 조건강화라고도 한다.

- 벌(처벌)

  벌(처벌)은 특정 행동의 빈도나 강도를 감소시키는 과정을 말한다. 벌은 부적 강화와 구별되는 개념이다. 즉, 벌은 강화(부적 강화×)에 반대되는 개념이다.

  벌은 크게 정적 벌과 부적 벌로 구분된다. '수여성 벌'이라고도 하는 정적 벌은 불쾌자극(정적 벌물)을 제공함으로써 특정 행동의 빈도나 강도를 감소시키는 과정이며(예 : 체벌을 가하는 것, 질책이나 꾸중을 하는 것), '박탈성 벌'이라고도 하는 부적 벌은 유쾌자극(부적 벌물)을 제거함으로써 특정 행동의 빈도나 강도를 감소시키는 과정이다(예 : 격리(TO), 벌금이나 과태료부과). 그런데 정적 벌물을 부적 강화물, 부적 벌물을 정적 강화물이라고도 한다.

  벌 또한 1차적 벌에 해당하는 **체벌**과 2차적 벌에 해당하는 **심리적 벌**로 구분될 수도 있다.

• 요약

이러한 강화와 벌(처벌)의 관계를 도식화하면 다음과 같다.

▶ 강화와 벌(처벌)의 관계

	유쾌자극	불쾌자극
반응 후 자극의 제공(+)	**정적 강화** (예 : 상장, 미소)	정적 벌(수여성 벌) (예 : 체벌, 꾸중)
반응 후 자극의 제거(-)	부적 벌(박탈성 벌) (예 : TO, 과태료부과)	**부적 강화** (예 : 숙제면제, 청소제외)

논점57 Bandura의 관찰학습이론의 의의

① 개념

Bandura의 사회적 학습이론은 전통적인 행동주의에서 주장하는 강화가 없어도, 단순히 다른 사람의 행동을 모방하고 관찰함으로써 학습이 일어난다고 주장한다. 이는 종래의 관찰학습이론, 모방학습이론 또는 **모델링이론**(modelling theory)으로 불려왔다.

그는 실험적 연구를 통해 관찰학습이론을 제안하였는데, 실험내용은 주로 모델의 공격적 행동에 관한 것이었다. 첫 번째 아동집단에게는 모델이 인형을 상대로 공격적 행동을 한 후에 보상을 받는 영화내용을 보여주었다. 두 번째 아동집단에게는 모델이 인형을 상대로 공격적 행동을 한 후에 벌을 받는 영화내용을 보여주었다. 세 번째 아동집단에게는 모델의 공격성에 대해 보상이나 벌을 받지 않는 중립적인 영화내용을 보여주었다. 그 후에 영화필름과 똑같은 상황에서 세 집단의 공격성의 정도를 측정하였다.

그 결과 첫 번째 아동집단이 가장 공격적이었고, 두 번째 아동집단이 가장 덜 공격적이었다. 여기서 첫 번째 아동집단은 대리강화를, 두 번째 아동집단은 대리벌을 경험한 것이다. 즉, 각 집단은 모델링을 통하여 대리경험, 대리학습을 한 것이다. 이러한 관찰학습이론에서는 수행이 없어도 학습이 이루어진다. 그래서 학습은 수행과 구별된다.

② 사회인지학습이론

전통적인 행동주의에서는 학습이란 자신의 행동을 직접 경험함으로써 이루어진다고 주장하였지만, Bandura의 관찰학습이론은 직접적인 경험을 통해 이루어지는 거의 모든 학습은 모방과 관찰을 통해 대리적으로 일어날 수 있다고 주장한다. 그래서 관찰학습에 의해 많은 시행착오를 줄일 수 있다는 점이다.

사회적 학습이론은 행동주의에 기반을 두고 출발했지만, 나중에는 인간의 내면에서 일어나는 인지적 과정도 중시하는 이론으로 발전하였다. 따라서 사회적 학습이론에서는 외적 요인뿐만 아니라 내적 요인인 인지적 요소도 중시한다. 즉, 사회적 학습이론은 관찰이 가능한 다른 사람의 외적 행동을 단순히 모방하고 관찰하는 것만이 아니라 인간의 내적 행동이 변화하는 인지적 과정을 연구한다.

이러한 사회적 학습이론은 행동주의와 인지이론을 통합하는 입장으로, 최근에는 **사회인지학습이론**으로 불리고 있다. 그래서 사회적 학습이론을 '인지이론'에 포함시켜 설명하기도 한다.

논점58 관찰학습의 효과

- 모델링효과
  모방과 관찰을 통해 새로운 행동과 기능을 학습한다. 모델이 어떤 행동을 했을 때 보상을 받는 것을 본 관찰자(학습자)가 모델의 행동을 학습하는 것이 그 예이다. 이러한 모델링(modelling)의 과정은 주의집중 → 파지 → 재생 → 동기화의 4단계로 구분된다.
- 촉진효과
  모방과 관찰을 통해 이미 학습된 행동이 촉진된다. 음악회에서 청중이 박수칠 때 같이 박수를 치는 것이 그 예이다.
- 금지효과(제지효과)
  모방과 관찰을 통해 이미 학습된 행동을 억제하거나 금지한다. 제지효과에는 대리벌이 작동하는데, 일벌백계(一罰百戒)가 대표적인 예이다.
- 탈제지효과
  모방과 관찰을 통해 이미 학습된 부적절한 행동이 촉진된다. 지각을 했는데도 별다른 처벌을 받지 않은 친구를 본 학습자가 평소와 달리 지각을 하는 것이 그 예이다.
- 대리선동효과
  모방과 관찰은 개인의 정서적 반응을 유발한다. 슬픈 영화를 보면서 눈물을 흘리는 경우가 대표적인 예이다.

논점59 관찰학습의 전형(하위이론)

하위이론	특징
① 직접모방학습 (모방학습)	• 관찰자(학습자)가 모델의 특수한 행동을 관찰하고 모델의 행동을 그대로 모방함으로써 강화를 받게 되는 학습이다(예 : 교사가 아동에게 심부름을 시키고 그대로 하면 칭찬을 해주는 것). • 학습자에게 반드시 강화가 주어진다는 점이 특징인데, 강화에는 직접강화, 대리강화, 자기강화 등이 있다. • 조작적 조건형성과 밀접한 관계가 있다.
② 동일시(모형학습)	• 관찰자(학습자)가 모델의 비도구적인(일반적인) 행동을 관찰, 모방하는 학습이다(예 : 아동이 동성의 부모를 동일시하는 것). • 학습자에게 반드시 강화가 주어지지는 않는다는 점이 특징이다. 즉, 강화가 없어도 학습이 이루어진다. • 정신분석학적 이론과 밀접한 관련이 있다.
③ 무시행학습 (no-trial learning)	• 모델의 행동을 관찰한 후에 관찰자가 예행연습할 기회가 없음에도 불구하고 학습이 일어나는 경우를 말한다(예 : 잠재적 학습). • 학습자에게 반드시 강화가 주어지지는 않는다는 점이 특징이다. 즉, 강화가 없어도 학습이 이루어진다. 나아가 수행이 없어도 학습이 이루어진다. • 인지이론과 밀접한 관련이 있다.
④ 동시학습 (co-learning)	• 모델과 관찰자가 동시에 동일한 과제를 수행하는 학습사태에서 관찰자가 모델의 행동을 모방하는 학습이 일어나는 경우를 말한다(예 : 다른 아동이 공부하는 것을 보고 자기도 공부하는 것). • 학습자에게 반드시 강화가 주어지지는 않는다는 점이 특징이다. 즉, 강화가 없어도 학습이 이루어진다. • 사회적 학습이론의 하위이론으로, 모델이 하는 행동이 관찰자의 행동에 영향을 미칠 때, 이를 '사회적 촉진'이라고 한다.
⑤ 고전대리조건형성 (vicarious classical conditioning)	• 모델의 정서적 반응을 관찰하고 관찰자에게 그와 비슷한 정서적 반응의 학습이 일어나는 경우를 말한다. 슬픈 영화를 보면서 눈물을 흘리는 경우가 대표적인 예인데, 이러한 상태를 대리선동(vicarious instigation)이라고 한다. 즉, 관찰자가 모델의 무조건적 정서반응을 목격하고 그에 대해 정서반응을 일으키는 것이다(예 : 감정이입(empathy, 공감), 동정(sympathy, 동감)). • 학습자에게 반드시 강화가 주어지지는 않는다는 점이 특징이다. 즉, 강화가 없어도 학습이 이루어진다. • 고전적 조건형성과 밀접한 관련이 있다.

논점60 인지이론의 의의

① 인지학습이론

인지학습이론에 의하면, 학습은 단순히 행동의 변화가 아니라 인지구조의 변화 또는 장기기억에의 저장을 의미한다. 인지구조의 변화는 자극-반응의 기계적인 결합이나 조건형성을 통하여 일어나는 것이 아니라 자신과 환경을 이해하려는 인간의 정신과정을 통하여 일어난다. 이러한 인지학습이론에는 Gestalt이론, 정보처리이론 등이 있다.

인지학습이론은 심리학의 연구대상을 다시 행동에서 마음으로 되돌려 놓았다. 인지(cognition)란 인간의 두뇌 속에서 일어나는 일련의 정신과정을 말한다. 따라서 인지학습이론은 인간의 두뇌 속에서 일어나는 부호화(기명) → 저장(파지) → 인출(재생, 재인)이라는 일련의 지적 사고과정을 연구한다.

② Gestalt이론

- Wertheimer의 지각심리학

  Gestalt이론은 Wertheimer의 지각심리학과 Köhler의 통찰설에서 출발한다. 이 Gestalt이론은 그 후 Lewin의 장이론과 Tolman의 기호-형태이론에 영향을 주었으며, 나아가 Bandura의 사회적 학습이론에도 많은 영향을 주고 있다.

  Wertheimer(1912)는 인간의 지각이 현상 자체이지 현상을 구성하는 요소가 아니라고 주장하고, 일종의 착시현상인 파이현상(phi phenomenon, 가현운동=두 개의 빛이 빠른 속도로 번갈아 깜빡거리면 마치 한 개의 빛이 앞뒤로 움직이는 듯한 착시현상)에 대한 실험적 연구를 통해 그의 주장을 입증하였다. 그는 인간이 경험하고 학습하는 것은 통합된 전체로서의 장(field)이며, 이를 자극이나 반응과 같은 개개의 요소로 분석하는 것은 무의미하다고 주장하였다. 그리하여 환원주의·분석주의에 반대하고, 목적주의·총체주의에 입각하고 있다.

  인간은 지각의 장을 하나의 통합된 형태로 조직화 혹은 체계화하는 경향이 있는데, 이것은 선천적이며 생득적인 능력이라고 보았다. 그리고 이러한 지각의 경향을 간결성의 법칙(law of prägnanz, 함축성의 법칙, 조직성의 법칙 혹은 체제성의 법칙)이라고 불렀다. 간결성의 법칙에는 가까운 자극끼리 묶어서 유의미한 형태로 지각하는 근접성의 법칙(law of proximity), 비슷한 자극끼리 묶어서 유의미한 형태로 지각하는 유사성의 법칙(law of similarity), 처음에 시작한 형태와 똑같은 형태로 지각하는, 즉 곡선은 곡선으로 직선은 직선으로 지각하는 연속성의 법칙(law of continuity, 계속성의 법칙), 불완전한 형태를 완전한 형태로 지각하는 폐쇄성의 법칙(law of closure, 완결성의 법칙) 및 복잡하고 불규칙적인 형태를 단순하고 규칙적인 형태로 지각하는 단순성의 법칙(law of simplicity)이 포함된다. 학습은 이러한 간결성의 법칙에 따른다고 할 수 있다.

- 특징

    Gestalt이론의 특징을 정리하면 다음과 같다.
    - 지각은 실재와 다르다.
    - 전체는 부분의 합과 다르다.
    - 유기체는 경험을 능동적으로 구조화한다. 즉, 유기체는 조직화된 전체(Gestalt)를 구성한다.
    - 유기체는 경험을 특정한 방식으로 조직화 혹은 체계화하는 경향이 있다. 즉, 유기체는 간결성의 법칙에 따라 지각한다.
    - 학습은 간결성의 법칙(law of prägnanz)에 따른다.
    - 문제해결은 시행착오의 과정이 아니라, 통찰의 과정이다.

- 생산적 사고

    Wertheimer는 간결성의 법칙을 학습에 적용하여 **생산적 사고(productive thinking)** 의 중요성을 강조한다. 생산적 사고는 문제의 성질과 구조를 이해하는 유의미학습으로 맹목적으로 암기하는 기계적 기억과 대비된다.

③ 정보처리이론

학습은 경험내용을 획득하는 과정인데 비해, 기억은 경험내용을 저장하여 필요한 때에 이를 인출하여 활용하는 과정이다.

기억은 크게 단기기억-장기기억으로 구분되기도 하지만, 최근에는 감각기억-단기기억-장기기억으로 구분하고 있다. 기억은 기명(記銘) → 파지(把持) → 재생(再生) → 재인(再認)의 과정으로 설명되기도 하지만, 일반적으로 주의/지각 → 시연 → 부호화(기명) 및 저장(파지) → 인출(재생, 재인)의 과정으로 설명되고 있다. 한편, 망각은 기억흔적이 소멸되거나 기억에 저장된 정보를 인출하지 못하는 현상을 말한다.

정보처리이론은 인간의 정신과정을 기억과정 내지 정보처리과정으로 보고, 이를 컴퓨터에 비유하여 과학적으로 연구한다. 정보처리이론에서는 인간의 사고, 지각, 기억, 상상 등 정신과정을 연구하는데, 특히 지식을 습득하는 학습과정과 문제해결과정에 중점을 둔다.

이러한 정보처리적 접근의 대표자는 Simon, Newell, Miller, Atkinson & Shiffrin 등을 들 수 있다. 또한 행동주의로 출발하였으나 최근에는 정보처리적 접근을 선택한 교육심리학자로는 Gagné 등이 있다.

논점61 Köhler의 통찰설

① 개념

Köhler(1925)는 침팬지를 대상으로 실험적 연구를 하는 과정에서 학습은 반복에 의하여 고정되는 자극-반응의 기계적인 결합이 아니라 반복을 필요로 하지 않는, 전체적인 관계를 파악함으로써 일어난다고 주장하였다.

침팬지의 손이 닿지 않는 천장에 바나나를 매달아 놓으면 침팬지는 바나나를 따먹기 위해 손을 뻗치고 발돋움을 하거나 뛰어오르는 행동을 한다. 이러한 시도가 실패하면 침팬지는 맹목적으로 시행착오적 행동을 하는 대신에 주의깊게 문제장면을 관찰한 후 막대기로 바나나를 따거나 여러 개의 막대기를 연결하여 바나나를 딴다. 한편으로는 주위에 있는 상자를 쌓아놓고 그 위에 올라가서 바나나를 딴다. 여기서 침팬지는 분명히 시행착오적 반응을 반복하지 않았다. 몇 번의 시행이 있은 다음에 막대기를 갖고 놀다가 얼마 후 아무런 시행도 없이 막대기라는 수단을 이용하여 바나나라는 목표를 얻는데 성공했다. 처음에 막대기와 바나나는 아무런 관계가 없었으나, 침팬지는 그것을 수단-목적간의 역학적 관계로 파악했던 것이다.

이처럼 시행착오적 반응이 아니라 반복을 필요로 하지 않는, 전체적인 관계를 파악하는 지능적 행동을 통찰(insight)이라고 한다.

② 특징

이러한 침팬지의 행동을 통해 다음과 같은 통찰학습의 과정을 추론할 수 있다. 첫째, 학습자가 문제에 직면한다. 문제는 인지적 불균형(갈등)을 유발함으로써 학습을 일으키는 동기가 형성된다. 둘째, 학습자가 문제를 탐색한다. 탐색은 시행착오적 행동이 아니라 부분과 부분간의 관계, 부분과 전체간의 관계를 파악하는 행동이다. 셋째, 이와 같은 관계의 이해, 즉 통찰(insight)에 의한 학습이 일어난다.

여기서 Köhler는 부분과 부분간의 관계, 부분과 전체간의 관계의 이해를 통찰로 간주하고, 통찰형성을 학습이라고 주장하였다. 통찰형성은 전체상황의 역학적 관계를 파악하는 지능적 행동을 의미한다. 이것은 가설검증의 과정이라고 할 수 있다. 통찰학습에서는 문제해결에의 전환이 급격하고 완벽하게 일어나며, 아하현상(a-ha phenomenon)을 경험한다. 따라서 간결성의 법칙에 따른다고 할 수 있다.

통찰학습의 특징을 살펴보면 다음과 같다.
- 통찰에 의한 수행은 보통 원활하고 오류가 없다.
- 통찰에 의한 해결은 상당한 기간동안 유지되고 기억된다.

- 통찰에 의한 원리는 쉽게 다른 문제장면에 전이되어 적용된다(예 : 형태이조설).
- 통찰에 의한 학습은 행동주의에서 주장하는 점진적인 학습이 아니라, 실무율(all-or-none)적인 학습이다.

논점62 Tolman의 기호-형태이론 : 목적적 행동주의

① 개념

Tolman(1948)은 유기체의 기대(expectation)를 충족시켜 주는 의미체(significant)와 기호(sign)간의 관계에 대한 인지적 지도를 획득하는 과정을 학습이라고 주장하였다. 여기서 기호는 목표를 달성하기 위한 수단을, 의미체는 기대를 충족시켜 주는 목표를 말한다. 따라서 학습은 기호-의미체간의 관계를 형성하는 과정이 된다. 즉, 사전적 인지(pre-cognition)이며, 인지적 지도(cognitive map)를 형성하는 과정이 된다. 요컨대, 수단-목적간의 관계에 대한 인지적 지도를 획득하는 과정을 학습으로 본다.

'목적적 행동주의'라고 불리는 Tolman의 기호-형태이론(sign-gestalt theory)은 학습을 관찰이 가능한 행동에 국한시킨다는 점에서 행동주의와 맥락을 같이하고 있지만, 다음과 같은 점에서 명백하게 인지적 요소를 인정하고 있다.

첫째, 행동은 자극-반응의 관계와 같은 미시적 반응이 아니라 어떤 목표를 지향한다는 점에서 거시적 반응이다. 둘째, 행동을 결정하는 4가지 변인으로 생리적 요인인 내분비선(E)과 더불어 유전(H), 연령(A), 훈련(T) 등의 개인차 요인을 고려한다. 셋째, 학습을 단순히 자극-반응의 결합으로 나타나는 행동표상의 획득이 아니라 목표를 달성할 수 있는 수단 사이의 관계에 대한 인지적 지도의 획득으로 본다.

이 점에서 Tolman의 학습이론은 Bandura의 사회적 학습이론과 같이 행동주의와 인지이론을 통합하는 입장이다. 그래서 그의 학습이론은 **잠재적 학습이론, 기호-의미체이론(S-S이론)** 또는 **기호-의미체-기대이론**이라고도 불린다.

② 특징

- 잠재적 학습실험

    전통적인 행동주의에서는 강화를 받은 행동만 학습되고 강화를 받지 않은 행동은 학습되지 않는다고 주장하였으나, Tolman은 강화를 받지 않은 행동이라도 잠재적 학습(latent learning)

으로 남아 있어서 그 다음 학습에 영향을 미친다고 주장하였다. 잠재적 학습은 일반적으로 어느 한 순간에 유기체에게 잠재되어 있지만 학습의 수행으로 나타나지 않은 학습을 말한다.

잠재적 학습실험은 강화에 의해 학습이 일어난다는 전통적인 행동주의에 대한 부분적인 비판에서 시도되었다. Tolman & Honzik(1930)은 세 집단의 쥐를 사용하여 하루에 20회의 미로상자 실험을 하였다. 1집단 쥐에는 처음부터 도착점에 도달해도 보상을 주지 않았고, 2집단 쥐에는 처음부터 도착점에 도달하면 항상 보상을 주었으며, 3집단 쥐는 보상을 주지 않다가 실험이 시작된 11일째부터 도착점에 도달하면 보상을 주었다.

그들은 3집단 쥐가 2집단 쥐보다 수행수준이 높다는 사실을 입증하였다. 이러한 실험결과는 보상(강화)은 수행변인이지 학습변인이 아니라는 Tolman의 주장을 지지해 주고 있다.

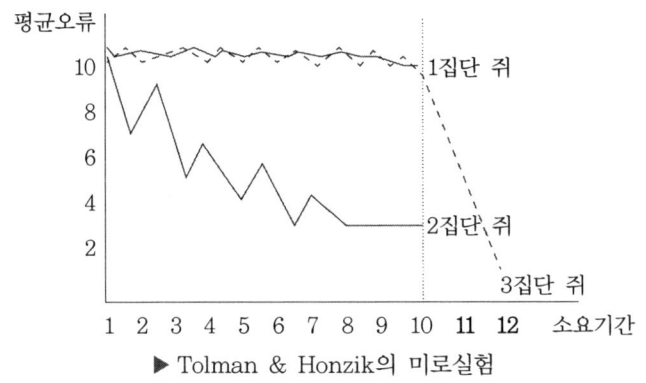

▶ Tolman & Honzik의 미로실험

이와 같은 실험결과를 정리하면 다음과 같다.

첫째, 강화는 수행에만 영향을 줄 뿐, 학습에는 영향을 주지 않는다. 즉, 강화가 없어도 학습이 이루어진다(강화는 학습의 필수요건×). 둘째, 수행은 학습에 영향을 주지 않는다. 즉, 수행이 없어도 학습이 이루어진다(수행은 학습의 필수요건×). 셋째, 따라서 학습은 수행과 구별된다.

논점63 정보처리이론의 의의

① 개념

정보처리이론에 의하면, 기억이란 감각기억-단기기억-장기기억으로 이루어지고, 감각기관에 투입된 정보를 부호화하고 저장하며 인출하는 일련의 정신과정이다.

감각기관에 수용된 정보는 우선 감각기억에 저장된다. 그러나 감각기억에 저장된 정보는 주의를 기울이지 않는 한 곧바로 소멸된다. 주의가 집중된 정보는 단기기억에 전달된다. 단기기억의 저장능력은 제한적이어서 시연되지 않는 정보는 대치(치환)되어 망각되고, 시연을 거친 정보는 저장이 지속되거나 장기기억에 전이된다. 장기기억의 저장능력은 무제한이지만 저장된 정보는 간섭이나 인출실패에 의해 망각될 수 있다.

Norman 등은 단기기억을 1차적 기억(의식적, 능동적), 장기기억을 2차적 기억(연합적, 수동적)이라고 불렀다. 단기기억에서는 주로 음운적 부호화가 이루어지고, 장기기억에서는 주로 의미론적 부호화가 이루어진다는 점에서 차이가 있다.

② 특징

정보처리과정은 질적이고 단계적이며 불연속적 과정인 동시에 연속적 과정이다. 또한 정보처리체계는 상호작용적 관계이고, 학습은 학습자와 환경의 상호작용의 결과이자 장기기억에의 저장이다. 그 특징을 정리하면 다음과 같다.

- 인간의 정신과정을 기억과정으로 보며, 특히 지식을 습득하는 학습과정에 중점을 둔다.
- 인간의 정신과정을 정보처리과정으로 보고, 문제해결과정에 관심을 둔다.
- 정보처리에 관한 2중저장고모형(기억구조모형)에 의하면, 기억구조는 기본적으로 3단계 5과정으로 이루어진다. 정보저장고(기억구조)는 감각기억-단기기억-장기기억의 3단계로 이루어지고, 정보처리과정(기억과정)은 주의/지각 → 시연 → 부호화(기명) 및 저장(파지) → 인출(재생, 재인)의 5과정으로 이루어진다. 또한 메타인지(집행통제)를 포함한다. 여기서 정보처리과정을 인지과정, 인지전략이라고도 부른다.
- 감각기억, 단기기억, 장기기억에 저장된 정보는 망각된다. 특히 장기기억에서의 망각은 일반적으로 억압설, 간섭설, 인출실패설, 왜곡설 등으로 설명될 수 있다.
- 메타인지는 정보처리과정을 인식하고 조절·통제한다.

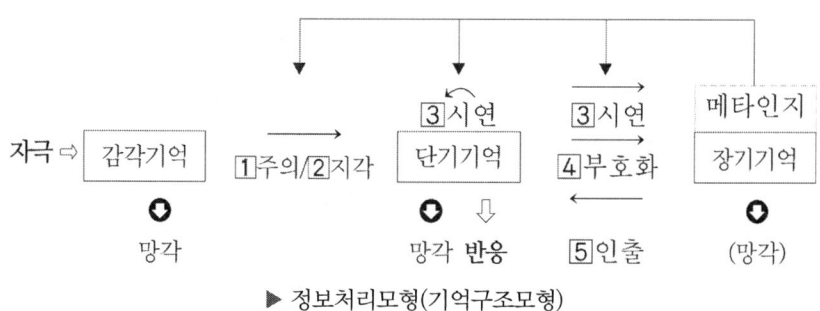

▶ 정보처리모형(기억구조모형)

논점64　정보저장고(기억구조) : 감각기억

- 감각기억 또는 단기감각기억, 감각등록기는 투입된 정보를 극히 짧은 순간 원래의 물리적 형태로 정확하게 복사하여 기억한다. 이러한 감각기억의 지속시간은 대략 1~4(5)초 정도이고, 기억용량은 거의 무제한(처리시 제한)이다. 그러나 감각기억의 정보는 너무 짧은 순간 파지되기 때문에 의식할 수 없다.
- 감각기억의 형태는 잔상기억과 잔향기억, 형태기억으로 구분된다. 잔상기억은 정보를 약 0.5~1초 동안 시각적 형태로, 잔향기억은 정보를 약 1~4(5)초 동안 청각적 형태로 부호화 및 저장한다.

  형태기억에 있어서는 주로 미분화된 정보의 부호화 및 저장이 일어나는데, 이러한 미분화된 정보를 식별하는 과정을 **형태재인(pattern recognition)**이라고 한다. 이 과정은 근본적으로 감각기억의 정보와 장기기억의 정보를 비교, 분석하는 과정이며, 거의 자동적으로 일어난다.
- 감각기억에 파지된 정보는 ①주의/②지각의 과정을 거쳐 단기기억으로 전이되며, 감각기억에서의 망각은 대체로 소멸에 의해 일어난다.

논점65　정보저장고(기억구조) : 단기기억(작업기억)

- 단기기억은 제한된 정보를 짧은 시간동안 파지하는 임시저장고를 말한다. 이러한 단기기억의 지속시간은 대략 10~20(30)초 정도이고, 기억용량(memory span, 기억범위)은 제한되어 7±2 청크(chunk)인데, Miller는 7이라는 숫자를 마법의 수(magic number)라고 불렀다.

  단기기억의 제한된 용량은 학습에도 큰 영향을 미칠 수 있다. 예를 들어, 책을 읽을 때 단어에 골몰하거나 발음에 신경을 쓰면 단기기억의 용량이 소진되어 그 의미를 제대로 파악할 수 없게 된다.
- 단기기억에서는 의식적 사고가 일어나기 때문에 **의식(意識)**이라고 부르며, 흔히 작업기억(working memory)이라고도 불린다. 그래서 단기기억은 정신적 작업대에 비유된다. 감각기억에 투입된 정보와 장기기억에 파지된 정보는 특별한 정신활동이 이루어지지 않으면 인식할 수 없지만, 단기기억에 파지된 정보는 인식할 수 있다. 단기기억의 의식은 감각기억에서 전이된 정보와 장기기억에서 인출된 정보로 구성된다. 특히 단기기억에서는 제한된 정보를 짧은 시간동안 처

리하는 과정에서 병목현상(bottle-neck phenomenon)이 나타나기도 한다.
- 단기기억으로 전이된 정보는 ③시연, ④정교화, 조직화 등의 부호화과정을 거쳐 단기기억 자체 또는 장기기억으로 전이되고, 단기기억에서의 망각은 대체로 시연의 부재, 자극대치(자극치환), 소멸에 의해 일어난다.

논점66 정보저장고(기억구조) : 장기기억

- 우리들의 경험과 지식은 장기기억이라고 하는 거대한 정보창고에 저장된다. 이러한 장기기억은 (반)영구적 기억저장고로 지속시간과 기억용량이 거의 무제한이다.
  장기기억에는 각종의 정보와 지식, 태도, 기능 등 우리들이 일생동안 경험하고 학습한 모든 것들이 저장되어 있다.
- 장기기억의 형태는 명시적 기억과 암시적 기억으로 구분된다. 명시적 기억(explicit memory, 명시지)은 **의식적 기억**으로 유의미기억과 일화기억, 조건적 기억으로 구성되며, 암시적 기억(implicit memory, 암시지 또는 암묵지)은 **무의식적 기억**으로 시험불안 등 조건화된 정서반응, 절차적 기억이 포함된다.
  유의미기억(의미론적 기억)은 특정한 사실, 개념, 원리나 법칙, 문제해결전략 등을 언어적 형태와 비언어적(시각적) 형태로, 일화기억(자서전적 기억)은 개인의 독특한 경험과 지식을 주로 시각적 심상형태로 부호화하고 저장한다.
  장기기억에 파지된 체계화된 지식을 지식기반(knowledge-base)이라고 하는데, 장기기억은 지식 및 도식으로 개념화된다. 장기기억에 저장된 지식의 유형은 명제적 지식(기술적 지식)과 방법적 지식(절차적 지식), 조건적 지식으로 구분된다. 기술적 지식은 유의미기억과 일화기억으로, 절차적 지식은 절차적 기억으로, 조건적 지식은 조건적 기억으로 이루어진다.
  이제 도식모형(schema model)에 따르면, 지식은 도식에 저장된다. 도식은 수많은 정보를 유의미한 범주로 조직화된 지식구조 혹은 인지구조이다. 즉, 도식은 사상의 표준적인 형태 혹은 규칙을 명시하는 정형이다.
- 한편, 장기기억에 저장된 정보는 ⑤인출의 과정을 통해 단기기억의 의식에 재생되거나 재인된다. 장기기억에서의 망각은 일반적으로 억압, 간섭, 인출실패, 왜곡 등에 의해 일어난다.

논점67 정보처리과정(기억과정) : 주의/지각, 시연

① 주의/지각

주의 혹은 지각은 감각기억에 순간적으로 파지된 수많은 정보 중에서 특정정보를 선택하는 인지전략이다. 주의 혹은 지각의 가장 독특한 특성은 선택성이다. 이것은 주의 혹은 지각이 환경의 어떤 측면에는 집중하지만 다른 측면을 무시하는 것을 가리킨다. 수많은 정보 중에서 중요한 정보를 선택하는 여과과정을 선택적 주의 혹은 지각이라고 한다.

정보처리적 접근의 기본가정은 인간의 정보처리능력이 한정되어 있다는 것이다. 인간은 정보처리능력의 한계로 인해 감각기관에 파지된 정보를 모두 처리할 수 없다. 감각기관에 파지된 수많은 정보를 모두 처리해야 한다면 정보처리체계는 과부하된 컴퓨터처럼 다운되고 말 것이다. 그래서 부득이 수많은 정보 중에서 특정정보를 선택해서 인지해야 한다(예 : cocktail party효과).

② 시연

시연은 원래의 정보를 그대로 마음속으로 반복하는 인지전략으로 단순한 반복(연습)과 다르다. 즉, 반복은 정보를 경험적으로 연습하는 것이고, 시연은 의식적으로 반복하는 것이다. 그래서 시연을 암송(暗誦)이라고도 한다. 시연은 2가지 기능이 있는데, 하나는 정보를 단기기억으로 파지하는 것이고, 다른 하나는 단기기억의 정보를 장기기억으로 전이하는 것이다.

이러한 시연은 유지형 시연과 정교형 시연으로 구분된다. 유지형 시연은 특정정보를 단순히 마음속으로 반복하는 것으로, 시연은 일반적으로 '유지형 시연'을 가리킨다(예 : 暗誦). 유지형 시연의 효과는 일시적이다. 즉, 특정정보를 반복하기만 해도 기억이 향상되지만 쉽게 망각된다. 정교형 시연은 연합형성이나 심상형성, 맥락형성을 이용해서 새로운 정보를 지식기반과 관련짓는 것이다(예 : 자극대치). 정교형 시연은 첫째, 특정정보를 다른 정보로 대치하며 둘째, 새로운 정보를 지식기반과 관련짓고 셋째, 기존의 정보를 회상하는데 도움을 주는 단서를 만들 수 있다.

논점68 정보처리과정(기억과정) : 부호화 및 저장

- **의의**

  부호화는 정보를 유의미하게 만들거나 기존의 정보와 새로운 정보를 관련짓는 인지전략으로 '유의미부호화(의미론적 부호화)'를 가리킨다. 유의미부호화는 특정정보를 다른 형태로 변환하여 장기기억에 파지하는 인지전략이다. 인지전략은 특정정보를 부호화하고 저장하며 인출하기 위해 사용하는 모든 정신활동을 의미하는데, 시연, 정교화, 조직화, 심상화, 맥락화, 기억술 등이 대표적인 전략이다. 그리고 이것은 바로 학습전략이 된다.

- **시연**

- **정교화**

  정교화는 특정정보에 의미를 추가하거나 기존의 정보와 새로운 정보를 관련짓는 인지전략이다. 즉, 정교화는 특정정보의 의미를 확대하고 심화시키는 인지전략이다. 그래서 정보의 의미를 해석하는 것, 사례를 드는 것, 추론을 하는 것, 구체적인 특성을 분석하는 것, 다른 정보나 지식과의 관계를 분석하는 것 등이 포함된다. 정교화는 정보를 단순히 마음속으로 반복하는 시연과 구분된다. 정교화는 '정교형 시연'을 가리킨다.

  정교화전략에는 요약, 해석, 메모, 비유(유추), 기억술 등이 있다. 또한 정교화는 정보를 유의미하게 부호화하는 전략이지만, 정교화과정에서 정보는 상당한 정도로 변형된다는 점에서 조직화와 구별된다.

  정교화전략이 기억을 촉진하는 이유는 다음과 같다. 첫째, 정교화는 새로운 정보와 장기기억에 저장된 정보 사이에 간섭을 방지한다. 둘째, 정교화는 장기기억에 저장된 정보를 인출하는 단서를 제공한다. 셋째, 정교형 시연은 원래의 정보가 회상되지 않을 때 그 정보를 추론하는데 도움을 준다.

- **조직화**

  조직화는 특정정보를 유의미하고 일관성있는 범주로 유목화하는 인지전략이다. 정보를 유의미한 범주로 유목화하면 원래의 정보를 그대로 기억하는 것보다 더 잘 기억할 수 있다. 유의미한 범주로 유목화하면 정보가 체계화되어 인출할 때 특정정보가 다른 정보를 회상하는 단서가 되기 때문이다. 그런데 조직화되지 않은 정보는 잘 기억되지 않는다. 우리들은 수업내용이 조직화되지 않고 두서가 없으면 제대로 이해되지 않는다는 사실을 이미 잘 알고 있다. 예를 들어 개, 배추, 사과, 망치, 염소, 복숭아, 삽, 감자, 호미, 양파, 배, 고양이의 12개 단어를 제시하고, 다음에 그것을 회상할 때 가축, 채소, 과일, 연장의 4개 범주로 조직화하면 기억에 도움을 준다.

조직화전략에는 도표작성, 개요, 위계도, 개념도, 모델의 제시 등이 있다. 조직화는 정보를 유의미하게 부호화하는 전략으로, 흔히 범주화라든가 유목화를 사용한다.

조직화전략이 기억을 촉진하는 근거는 다음과 같다. 첫째, 범주화나 유목화는 새로운 정보와 장기기억에 저장된 정보 사이에 간섭을 방지한다. 둘째, 범주화나 유목화는 장기기억에 저장된 정보를 인출하는 단서의 역할을 한다. 셋째, 정보를 조직화하면 정보를 경제적으로 파지할 수 있다.

- 심상형성

심상형성은 특정정보에 대한 시각적 심상형태를 활용하는 인지전략이다. 시각적 심상형태는 정보에 대한 정신적 그림이요, 청사진이다.

이러한 심상형태가 장기기억에 저장된 정보의 인출을 촉진하는 이유는 이중부호화모형(dual coding model)과 시청각학습으로 설명될 수 있다. 이중부호화모형에 의하면, 언어적 형태와 비언어적(시각적) 형태의 두 가지 방식으로 부호화되는 정보가 언어적 형태의 한 가지 방식으로 부호화되는 정보보다 더 잘 기억된다는 것을 시사한다. 그리고 비언어적 형태의 정보가 언어적 형태의 정보보다 기억에 미치는 영향이 더 크다는 것을 시사한다.

- 맥락형성

맥락형성은 특정정보를 부호화할 때의 특수한 상황이나 조건과 연결짓는 인지전략이다. 장기기억에 저장된 정보를 인출할 때는 여러 가지 인출단서의 영향을 받는다.

이와 같은 인출단서에 의해 저장된 정보의 인출이 영향을 받는다는 사실은 부호화특수성원리(encoding specificity principle)와 상태의존학습으로 잘 설명된다. 부호화특수성원리는 효과적인 인출단서가 될 수 있는 다양한 맥락이나 조건을 사용하여 학습내용을 가르쳐야 한다는 것을 시사한다. 그러므로 시험조건이 학습조건과 일치할수록 학습내용의 인출이 촉진될 수 있다는 것을 시사한다.

- 기억술

장소법, 핵심어법, 두문자법, 연결법, 운율법 등의 기억전략은 기억에 도움을 준다.

논점69 정보처리과정(기억과정) : 인출(재생, 재인)

- 의의

    인출은 장기기억에 저장되어 있는 정보에 접근하는 인지과정이다. 컴퓨터에서 인출은 신속하고 자동적으로 이루어지지만, 인간의 정보처리체계에서 인출은 재구성적이고 의식적으로 이루어지는 과정이다. 장기기억에 저장된 정보의 인출은 부호화과정과 인출단서에 의해 결정된다. 인출에는 특수한 상황에서의 인출단서가 큰 영향을 준다. 인출단서는 장기기억에 저장된 정보에 접근할 수 있는 실마리를 말한다. 인출단서는 저장되어 있는 정보를 활성화한다. 따라서 장기기억에 필요한 정보가 저장되어 있다고 해도 인출단서가 없으면 접근하기가 불가능하다. 무엇보다도 인출은 부호화과정과 밀접한 관련이 있다.

- 부호화특수성원리

    Tulving & Thomson(1970)의 부호화특수성원리(encoding specificity principle)는 정보를 부호화할 때의 시간과 장소, 생리적·정서적 상태와 같은 상황이나 조건이 가장 효과적인 인출단서가 된다는 것으로, 맥락의 효과를 강조한다. 이에 의하면, 인출조건이 부호화조건과 일치할수록 정보의 인출이 촉진된다. '훈련은 실전처럼'이라는 속담은 부호화특수성원리를 잘 설명한다. 모의고사라든가 예행연습은 부호화특수성원리를 응용한 예이다.

- 상태의존학습

    상태의존학습(state-dependent learning)은 특정한 정서적 상태에서 학습한 내용은 그와 같은 정서적 상태에서 더 잘 회상되는 현상을 말한다. 이것은 부호화특수성원리를 학습에 적용한 것인데, 구성주의 학습의 하나인 '상황학습'으로도 잘 설명된다.

    이에 따르면, 학습시점의 정서적 상태와 회상시점의 정서적 상태가 일치할수록 학습한 내용이 촉진된다. 정서적 상태의존학습은 시험상황이 학습상황과 일치할수록 시험점수가 높을 것임을 시사한다.

논점70 학습의 전이(transfer of learning)의 의의

학교교육에서 배운 내용이 나중의 일상생활에서 전혀 적용되지 못한다면 학교교육은 그 존재이유를 상실하고 말 것이다. 또한 학교교육 중에서도 이전의 학습은 이후의 학습을 보다 용이하게 촉진할 수 있어야 한다.

이전의 선수학습이 새로운 후행학습에 미치는 영향이나 효과를 학습의 전이(transfer of learning)라고 한다. 일반적으로 선행학습이 후행학습에 긍정적 영향을 주는 정적 전이효과와 선행학습이 후행학습에 부정적 영향을 주는 부적 전이효과가 있다. 학습의 전이는 학습의 영향이나 효과를 설명하며, 특히 장기기억과 밀접한 관련이 있다.

논점71 전이의 유형(1)

① 정적 전이와 부적 전이
- 전이의 효과는 선행학습이 후행학습을 촉진하는 정적 전이와 선행학습이 후행학습을 방해하는 부적 전이로 나타난다.
  학교학습에 있어서 전이는 대부분 정적 전이를 가리킨다. 문제해결의 과정에서 나타나는 기능적 고착(functional fixedness, 어떤 사물을 그 전형적인 용도로만 국한시켜 지각하는 현상)은 부적 전이의 사례이다. 또한 부적 전이는 망각의 기본기제이다. 한편, 선행학습이 후행학습에 아무런 영향이나 효과를 미치지 못하는 현상을 영전이(zero transfer)라고 한다. 영어의 시제에 대한 공부는 수학의 함수공부에 아무런 영향을 주지 않으므로 영전이에 해당한다.
- 수학학습이 과학학습을 촉진하는 경우, 영어학습을 잘해서 불어학습에 도움이 된 경우, 도덕적 원리를 배운 것이 도덕적 행동에 긍정적인 영향을 미친 경우 등은 정적 전이의 예이다. 기성세대가 개정된 맞춤법에 잘 적응하지 못하는 경우, 독단과 고집으로 인해 새로운 이념이나 사상에 유연하게 대처하지 못하는 경우, 영어학습을 잘하지 못해서 불어학습에 방해가 된 경우 등은 부적 전이의 예이다.

② 일반적 전이와 특수적 전이
- Bruner는 선행학습과 후행학습이 전혀 다른 장면에서 일어나는 일반적 전이(불특수적 전이)와

선행학습과 후행학습이 동일하거나 유사한 장면에서 일어나는 특수적 전이로 분류하였다. 특수적 전이는 일반적 전이에 비해 쉽게 나타나고, 또 쉽게 학습될 수 있다. 학습의 기저원리가 같은 근접전이와 원격전이는 특수적 전이의 사례가 된다. 영전이는 일반적 전이로 설명될 수 있다. '형식도야설'과 '형태이조설'은 일반적 전이로 설명되며, '동일요소설'은 특수적 전이로 설명된다.
- 국어학습이 화학학습에 영향을 미치는 경우가 일반적 전이의 예이고, 국어 문법학습이 국어 작문학습에 영향을 미치는 경우가 특수적 전이의 예이다.

③ 근접전이와 원격전이
- 선행학습과 후행학습이 기저원리는 물론, 피상적 특성도 같거나 비슷한 장면에서 일어나는 경우를 근접전이라고 하며, 선행학습과 후행학습이 기저원리는 같지만 피상적 특성이 다른 장면에서 일어나는 경우를 원격전이라고 한다.
  근접전이는 이전의 문제와 새로운 문제가 매우 비슷하다. 그러나 원격전이는 이전의 문제와 새로운 문제가 매우 다르게 보인다는 점이다.
- 2+3=5를 배운 것이 11+19=30을 배울 때 영향을 미치는 경우는 근접전이의 예이고, 2+3=5를 배운 것이 9-6=3을 배울 때 영향을 미치는 경우는 원격전이의 예이다.

논점72 전이의 유형(2)

① 수평적 전이와 수직적 전이
- Gagné는 선행학습과 후행학습의 수준이 동일하거나 유사한 장면(문제)에서 나타나는 수평적 전이와 선행학습과 후행학습의 수준이 위계적인 장면(문제)에서 나타나는 수직적 전이로 분류하였다. 일반적으로 특정한 교과목의 학습이 다른 교과목의 학습에 영향을 미칠 때는 수평적 전이가 나타난다. '위계적 학습유형'에서와 같이 선행학습이 후행학습의 기초가 될 때는 수직적 전이가 나타난다. 또 교육과정을 계열화할 때는 수직적 전이가 일어나도록 해야 한다.
- 덧셈을 배우고 나서 뺄셈을 배우는 경우, 구구단 2단을 배운 후에 구구단 3단을 배우는 경우, 나눗셈을 배우고 나서 분수를 배우는 경우 등은 수평적 전이의 예이다. 덧셈을 배우고 나서 곱셈을 배우는 경우, 구구단을 배운 후에 분수를 배우는 경우, 분수를 배우고 나서 분수의 덧셈이나 뺄셈을 배우는 경우 등은 수직적 전이의 예이다.

② 자동적 전이와 의식적 전이
- Perkins 등은 선행학습한 지식과 기술을 새로운 장면(문제)에 비의도적으로 적용하는 자동적 전이(무의식적 전이)와 선행학습한 지식과 기술을 새로운 장면(문제)에 의도적으로 적용하는 의식적 전이를 구분하고 있다.

    자동적 전이는 '동일요소설'이 부활한 것으로 볼 수 있으며, 고도로 학습된 지식이 새로운 문제를 해결할 때는 자동적 전이가 일어난다. 이전에 학습한 지식이 새로운 문제에 능동적으로 동원될 때는 의식적 전이가 일어난다.
- 한 자릿수 덧셈의 원리를 완전히 배운 후에 두 자릿수 덧셈에 적용한다면 자동적 전이의 예가 되고, 원의 면적을 구하는 방법을 이용하여 원뿔의 면적을 구한다면 의식적 전이의 예가 된다.

논술 모의고사 5-1

• 이 예상문제는 주요대학 교재를 분석·통합하여 저작되었으며, 〈저작권법〉에 따라 무단 복제, 배포, 출판 및 전자출판 등 저작권을 침해하는 일체의 행위를 금지합니다.

다음은 지능의 구조에 관한 이론과 창의력의 구조에 관한 이론 중 일부를 소개한 내용이다. 이 내용을 바탕으로 Cattell이 분류한 지능의 유형과 Guilford가 주장한 지능의 구조를 각각 설명하고, 지능지수를 해석할 때의 유의사항을 3가지 이상 논하시오. 또한 Guilford가 제시한 창의적 사고의 특징(구성요소)을 3가지 이상 설명하고, Wallas가 제시한 창의적 사고의 4단계를 설명하시오. 〔총20점〕

(가) Spearman은 지능을 모든 인지적 과제의 해결에 공통적으로 적용되는 일반적 지능요인(g-요인)과 특수한 과제의 해결에만 요구되는 특수적 지능요인(s-요인)으로 구분하였다. 그는 g-요인을 '약방의 감초'와 같이 기본적 정신에너지로 보았는데, 바로 일반적인 능력을 의미한다. s-요인은 일반성이 낮은 능력이므로 일반적인 능력인 g-요인을 중시한다. 그에 따르면, 지능은 g-요인으로 구성되는 단일능력이 된다. 위계요인론에서는 지능의 구성요인이 위계를 이루고 있다고 가정하고, 위계의 상층에는 일반능력이, 하층에는 특수능력이 위치한다고 주장한다. 따라서 구성요인의 위계수준이 높을수록 일반성이 높다. Cattell의 2층지능론, Hebb의 2층지능론, Carroll의 3층지능론 등이 위계요인론에 해당한다.

　다요인론에서는 Spearman의 g-요인론을 비판하면서 지능은 단일능력이 아니라 복합능력이라고 주장한다. Thurstone의 군집요인론, Thorndike의 4요인론, Guilford의 지능구조이론 등이 다요인론에 해당한다.

(나) 지능검사, 지능지수에 대한 오해가 존재한다. 지능지수가 지능과 동일하다는 오해, 지능검사는 선천적으로 타고난 지능만 측정한다는 오해, 지능검사는 지적 잠재능력을 측정한다는 오해, 지능지수는 고정적이고 불변한다는 오해 등이 그것이다.

(다) Guilford는 창의력을 '새롭고 신기하며 독창적인 것을 창안해 내는 능력'으로 정의하면서 심리측정적 접근으로 창의력을 설명하고 있다. 그의 지능구조이론에서 발산적 사고를 창의적 사고의 특징으로 간주하여 사고의 독창성 등으로 설명하고 있다. Torrance는 창의력을 '어떠한 문제를 인식하고 해결하기 위하여 아이디어를 산출하고, 가설을 설정하여 검증하며, 그 결과를 전달하는 과정'으로 정의하고, 창의력을 측정하는 도구로 Torrance창의력검사(TTCT)를 개발하였다.

　Sternberg는 그의 삼원지능이론에서 창의적 행동에 기초한 정보처리능력의 자동화와 통찰력을 의미하는 경험적 요소를 '창조적 능력'으로 설명하고 있다. Wallas는 그의 문제해결이론에서 창의적 사고를 문제해결의 과정으로 설명하는데, 문제해결은 일련의 4단계를 거친다.

〈배 점〉

• 답안의 논리적 구성 및 표현 〔총4점〕
• 논술의 내용 〔총16점〕
 · Cattell의 지능의 유형 설명 〔4점〕
 · Guilford의 지능의 구조 설명 〔4점〕
 · 지능지수를 해석할 때의 유의사항 논의 〔2점〕
 · Guilford의 창의적 사고의 특징 설명 〔3점〕
 · Wallas의 창의적 사고의 4단계 설명 〔3점〕

논술 모의고사5-1 기본답안

I. 서설

지능(intelligence)이란 환경에 적응하고 문제를 해결하는 일반적인 능력을 말하는데, 정보처리속도와 밀접한 관련이 있다. 창의력(creativity)은 사물에 대한 새로운 아이디어나 지식을 결합하거나 생산해 내는 능력 또는 태도로 정의되고 있다. 창의력은 자신의 지적 능력을 어떻게 동원하느냐와 관계가 있으며, 정상적인 지적 능력을 가진 사람은 누구나 잠재적 창의력을 가지고 있다. 그리고 지능이 유전 이외에 환경에 의해 영향을 받는 것처럼 창의력도 환경의 영향을 받는다.

아래에서는 Cattell의 지능의 유형과 Guilford의 지능의 구조를 각각 설명하고, 지능지수를 해석할 때의 유의사항을 논의한 다음, Guilford의 창의적 사고의 특징(구성요소) 등을 차례로 설명하고자 한다.

II. 지능의 구조

1. Cattell의 지능의 유형

Cattell은 일반지능을 유동적 지능(fluid intelligence)과 결정적 지능(crystallized intelligence)으로 구분하였다. 유동적 지능은 주로 생물학적 유전요인에 의해 결정되고 두뇌라든가 중추신경계의 성숙과 관계있는 일반능력을 말한다. 여기에는 기계적 기억, 정보처리속도와 지각속도, 추상적 문제해결력, 기억력, 일반적 추리력 등이 포함된다. 결정적 지능은 흔히 환경요인에 의해 결정되며 경험이나 연습 등 학습과 관계있는 일반능력을 말한다. 여기에는 일반상식과 지식, 언어구사력과 의사소통능력, 구체적 문제해결력, 수리력, 논리적 추리력 등이 포함된다.

유동적 지능이 높으면 새로운 상황에 적응하는 능력과 새로운 문제를 해결하는 능력이 높다. 이에 비해 결정적 지능이 높으면 가정환경이나 학교교육을 통해 획득한 정보의 양이 많다는 뜻이다. 유동적 지능은 출생 초기에 급속히 발달하여 15~20세 무렵 정점에 이르고 이후에는 서서히 쇠퇴한다. 이에 비해 결정적 지능은 출생 이후 성인기까지 서서히 증가하여 노년기까지도 비교적 쇠퇴가 적다.

2. Guilford의 지능의 구조

Guilford는 지능을 내용(contents)-조작(operations)-산출(products)의 3가지 차원으로 구조화하고, 이를 조합한 5×6×6=180개의 기본적 정신능력으로 구성된다고 주장하였다. 여기서 내용은 사고의 대상을, 조작은 사고의 방법을, 산출은 사고의 결과를 의미한다.

내용차원은 형태적-의미론적-상징적-행동적의 4가지로 구분되는데, 형태적은 다시 시각적-청각적으로 분류된다. 조작차원은 기억-인지적 사고-평가적 사고-수렴적 사고-발산적 사고의 5가지로 구분되는데, 기억은 다시 기억부호화-기억파지로 분류된다. 그리고 산출차원은 단위-유목-관계-체계-변환-함축의 6가지로 구분된다. 특히 수렴적 사고 및 발산적 사고는 '생산적 사고'라고 하는데, 각각 지능 및 창의력과 긴밀하게 관련된다. 어떤 문제에 대한 유일한 정답이나 해결책을 찾아내는 수렴적 사고는 지능검사에서 측정될 수 있고, 어떤 문제에 대한 다양한 대답이나 해결책을 찾아내는 발산적 사고는 창의적 사고의 핵심이다. 그에 따르면, 지능은 단일능력이 아니라 복합능력이 된다.

III. 지능지수를 해석할 때의 유의사항

첫째, IQ를 지적 기능의 한 가지 지표로 생각한다. IQ를 학업성적, 성격 등 다른 요소와 함께 사용한다. 둘째, IQ를 점수대로 생각한다. IQ에 대한 과잉해석을 피해야 한다. 셋째, 지능검사의 하위검사의 변산성에 특히 유의해야 한다. 특히 지능검사의 하위검사는 측정의 오차가 크고, 신뢰도와 타당도가 낮다는 점이다. 넷째, IQ만을 근거로 하여 한 아동을 저능아 혹은 천재라는 딱지를 붙여서는 절대 안 된다. 아직 검사방법, 검사도구가 불완전하여 측정의 오차가 크게 작용하기 때문이다.

IV. 창의력의 구조

1. Guilford의 창의적 사고의 특징

첫째, 사고의 유창성이다. 주어진 자극에 대하여 얼마나 많은 양의 반응을 할 수 있는가하는 사고능력이다. 예를 들면, 특정주제에 대해 일단 떠오르는 생각을 모두 표현한다. 둘째, 사고의 융통성이다. 어떤 문제상황에 대하여 접근하는 방법이 질적으로 얼마나 다양한가하는 사고능력이다. 예를 들면, 서로 관계가 없는 듯한 대상을 관련시켜 생각한다. 셋째, 사고의 독창성이다. 기존의 아이디어의 재결합이나 재구성이 아니라, 새로운 아이디어를 생산할 수 있는 사고능력이다. 예를 들면, 다른 사람의 관점과 다르게 생각해 본다.

그 밖에도 사고의 정교성, 사고의 조직성, 사고의 민감성, 동기적 요소를 포함한다.

2. Wallas의 창의적 사고의 4단계

1단계, 준비는 문제를 인식하고 문제해결에 필요한 정보를 수집·분석하는 단계이다. 2단계, 부화(배양)는 문제를 잠시 제쳐 두고 다른 활동을 하거나 무의식수준에서 아이디어나 해결책을 모색하는 단계이다. 3단계, 영감(조명)은 의식수준에서 아이디어나 해결책을 갑자기 인식하거나 통찰하는 단계이다. 이와 같이 문제해결의 과정에서 오랫동안 품고 있던 문제의 해결책이 일정한 기간이 경과하면서 어느 순간 의식화되는 현상을 부화효과(incubation effect)라고 한다. 4단계, 검증은 문제에 대한 아이디어나 해결책을 실행하고 수정·보완하는 단계를 말한다.

V. 결어

Cattell은 일반지능을 유동적 지능과 결정적 지능으로 구분하였다. Guilford는 지능을 내용-조작-산출의 3가지 차원으로 구조화하고, 그의 지능구조이론에서 발산적 사고를 창의적 사고의 특징으로 간주하여 사고의 유창성, 사고의 융통성, 사고의 독창성 등으로 설명하고 있다. Wallas는 그의 문제해결이론에서 창의적 사고를 문제해결의 과정으로 설명하는데, 문제해결은 준비 → 부화 → 영감 → 검증의 4단계를 거친다.

지능과 창의력은 중첩된다는 관점이 지배적이다. 지능과 창의력이 중첩된다는 관점에서 Renzulli는 영재성 개념의 구성요소로 평균 이상의 지능, 창의력, 과제집착력을 제시하고 있다.

논술 모의고사 5-2

• 이 예상문제는 주요대학 교재를 분석·통합하여 저작되었으며, 〈저작권법〉에 따라 무단 복제, 배포, 출판 및 전자출판 등 저작권을 침해하는 일체의 행위를 금지합니다.

다음은 Gardner의 다중지능이론과 Sternberg의 삼원지능이론 중 일부를 소개한 내용이다. 이 내용을 바탕으로 다중지능이론의 특징(3가지 이상)과 ⓐ에서 언급될 지능(3가지 이상)을 각각 설명하고, 삼원지능이론의 특징(3가지 이상)과 ⓑ에서 언급될 지능을 각각 설명하시오. 그리고 감성지능의 구성요인을 제시하시오. 〔총20점〕

(가) 그는 뇌상해자에 대한 신경생물학적 연구, 신동, 백치, 천재, 자폐증환자, 학습장애아 등에 대한 기술, 다양한 문화권의 다양한 인종과 생활사 등에 대한 인류학적 보고, 기타 지능에 관한 문화기술적 연구 등을 종합하여 적어도 7(9)개의 비교적 독립적인 지능이 있다고 주장하였다.

그는 지능을 '한 문화권 또는 여러 문화권에서 가치롭게 인정되는 문제를 해결하거나 산물을 창조해 내는 능력'으로 정의하였다. 최근에는 기존의 7개의 지능 이외에도 자연적 지능, 실존적 지능이 추가되었다. 이와 관련하여 Project Spectrum을 비롯하여 Key School Project, PIFS Project, Arts PROPEL 등을 제안하였다. 지능의 유형은 언어적 지능, 논리-수학적 지능, 공간적 지능, 음악적 지능, 신체-운동적 지능, (ⓐ) 등이 존재한다. 각 지능은 서로 독립적으로 존재하지만, 상호의존적 관계에 있다. 그리고 각 지능의 상대적 중요성은 동일하다고 주장한다.

(나) 그의 삼원지능이론은 지적 측면뿐만 아니라 실제적 측면도 강조한다. 지능은 지능검사에 의해 측정된 IQ가 아니라 일상생활 속에서 문제를 해결하는 요소와 관련되어 있으며, 따라서 지능은 여러 개의 하위이론으로 구성된 복잡한 과정으로 본다. 종래의 지능이론은 지능의 근원을 오직 개인과 행동, 상황 중 그 일부에서만 찾으려고 했기 때문에 불완전한 이론이 되었다고 주장한다.

그는 성공한 사람들의 특징은 학습능력이 뛰어날 뿐만 아니라 새로운 환경을 선택하고, 환경에 적응하며, 환경을 변형하는 능력이 높다는 사실에 주목했다. 최근에는 (ⓑ)이란 개념을 제안하면서 지능을 '전문성 개발과 지혜'로 정의하였다.

(다) 전통적 지능검사를 통해 측정한 지능지수(IQ)의 한계와 현대 산업사회의 요구 등을 배경으로 정서적 지능이 등장하였다. Gardner의 다중지능이론에서 대인관계지능은 타인의 감정을 인식할 수 있는 능력이며, 내성지능은 자신의 감정을 인식할 수 있는 능력으로 이 두 가지 지능은 정서적 지능에 속한다. 이러한 다중지능이론에 기초를 두고 Mayer & Salovey는 감성지능이론을 제안하였으며, Goleman은 「감성지능(Emotional Intelligence, 1995)」이란 저서를 출간한 바 있다.

〈배 점〉

• 답안의 논리적 구성 및 표현 〔총4점〕
• 논술의 내용 〔총16점〕
  · 다중지능이론의 특징 설명 〔3점〕
  · ⓐ에서 언급될 지능 설명 〔3점〕
  · 삼원지능이론의 특징 설명 〔3점〕
  · ⓑ에서 언급될 지능 설명 〔2점〕
  · 감성지능의 구성요인 제시 〔5점〕

논술 모의고사5-2 기본답안

I. 서설

지능이론은 대략 심리측정적 접근과 인지적 접근으로 구분되는데, 요인분석적 접근이라고도 하는 심리측정적 접근은 전통적 지능이론을 대표하고 있다. Piaget의 인지발달이론을 시작으로 특히 정보처리적 접근을 시도한 Sternberg의 삼원지능이론과 질적 접근을 시도한 Gardner의 다중지능이론은 대안적 지능이론으로 평가받고 있다. 그리고 전통적 지능검사를 통해 측정한 지능지수(IQ)의 한계 등을 배경으로 정서적 지능이 등장하였다.

아래에서는 다중지능이론의 특징과 지능의 종류를 설명한 다음, 삼원지능이론의 특징과 성공적 지능을 설명하고, 이어서 감성지능의 구성요인을 살펴보고자 한다.

II. 다중지능이론

1. 다중지능이론의 특징

Gardner가 주장한 다중지능이론은 지능을 7(9)개의 서로 독립적인 내용으로 분류한 이론으로, 문화기술적 연구 및 뇌기능 분화이론에 근거하고 있다. 그의 다중지능이론의 특징을 요약하면 다음과 같다.

첫째, 지능은 단일능력이 아니라 복합능력이다. 둘째, 문화적 상대주의에 근거한다. 따라서 각 지능의 상대적 중요성은 동일하다. 셋째, 요인분석적 접근을 비판하고, 질적 접근을 채택했다. 즉, 문화기술적 연구에 근거하고 있다. 넷째, 다양한 형태의 평가기법을 모색한다. 예를 들면 수행평가를 강조한다. 다섯째, 재능(talent)을 지능으로 간주하여 지능과 재능을 구별하지 않는다.

2. 지능의 종류

개인간(인간관계) 지능은 다른 사람의 기분, 기질, 동기를 이해하고 파악하며, 협동하는 능력이다. 이는 정서적 지능의 일종으로 사회적 지능이라고도 한다. 개인내(자기이해) 지능은 자기 자신을 이해하고 통찰하며, 자신의 감정을 구별하는 능력이다. 이는 정서적 지능의 일종이다.

자연적(자연관찰) 지능은 동·식물이나 주변사물 등을 관찰하고, 공통점과 차이점을 분석하는 능력이다. 실존적(영적) 지능은 인간의 존재이유, 인간의 본성과 가치, 생사(生死)의 문제 등에 대한 철학적 혹은 종교적 사고능력이다.

III. 삼원지능이론

1. 삼원지능이론의 특징

Sternberg가 주장한 삼원지능이론은 개인-행동-상황을 종합한 삼위일체지능이론으로, 지능을 인지적 요소 또는 정보처리적 요소로 간주하고 있다. 그의 삼원지능이론의 특징을 요약하면 다음과 같다.

첫째, 지능은 단일능력이 아니라 복합능력이다. 둘째, 문화적 상대주의에 근거한다. 이것은 맥락하위이론에서 전제되어 있다. 셋째, 요인분석적 접근을 비판하고, 정보처리적 접근을 채택했다. 넷째, 다양한 형태의 평가기법을 모색한다. 예를 들면 수행평가를 강조한다. 다섯째, 정보처리능력, 특히 작업기억능력을 중시한다.

2. 성공적 지능

그의 성공적 지능이란 분석적 능력, 창조적 능력, 실용적 능력의 3가지 측면이 균형(조화)을 유지하는 능력을 의미한다. 특히 실용적 능력은 '새로운 환경을 선택하거나 새로운 환경에 적응하거나 기존의 환경을 변형하는 능력'으로 성공적 지능과 거의 동일시되고 있다. 이 능력은 학위취득, 직업선택, 결혼 등 개인적 목적을 달성하는데 필요한 능력으로 실용적 지능이라고 불린다. 실용적 능력은 메타요소, 수행요소, 지식획득요소를 실생활에 적용하는 능력이다. 실용적 능력은 전통적 지능검사로 측정한 IQ라든가 학업성적과 무관한 것으로, 학교교육이 아니라 일상생활을 통해 획득되는 것이다.

IV. 감성지능의 구성요인

Mayer & Salovey는 감성지능 또는 정서적 지능(EI)을 '자신의 감정과 타인의 감정을 점검하는 능력, 그러한 감정을 구별하는 능력, 그리고 자신의 사고와 행동을 촉진시키는 능력'으로 정의하였다. 이와 같은 감성지능을 구성하는 5가지 요인은 다음과 같다.

첫째, 자신의 감정을 인식하는 것이다. 이것은 내적 성찰, 자기이해를 의미한다. 둘째, 자신의 감정을 통제하는 것이다. 이것은 자기통제능력, 즉 자제력을 의미한다. 셋째, 자신에게 동기를 부여하는 것이다. 이것은 인내심, 목표설정능력, 만족지연능력을 포함한다. 넷째, 타인의 감정을 인식하는 것이다. 이는 공감능력 내지 감정이입능력을 의미한다. 다섯째, 타인의 감정을 통제하는 것이다. 이는 원만한 대인관계를 형성하는 능력으로 사회적 지능을 의미한다.

V. 결어

Gardner가 주장한 다중지능이론과 Sternberg가 주장한 삼원지능이론은 우선 요인분석적 접근을 비판했다는 점에서 공통점이 있다. 하지만 다중지능이론은 질적 접근을 채택한 반면, 삼원지능이론은 정보처리적 접근을 채택했다는 점에서 차이점이 있다. Sternberg의 성공적 지능이란 분석적 능력, 창조적 능력, 실용적 능력의 3가지 측면이 균형을 유지하는 능력을 의미한다.

그리고 Gardner의 다중지능이론에서 대인관계지능은 타인의 감정을 인식할 수 있는 능력이며, 내성지능은 자신의 감정을 인식할 수 있는 능력으로 이 두 가지 지능은 정서적 지능에 속한다.

논술 모의고사5-3

• 이 예상문제는 주요대학 교재를 분석·통합하여 저작되었으며, 〈저작권법〉에 따라 무단 복제, 배포, 출판 및 전자출판 등 저작권을 침해하는 일체의 행위를 금지합니다.

다음은 성격의 측정방법과 동기의 구조에 관한 이론 중 일부를 소개한 내용이다. 이 내용을 바탕으로 자기보고법(표준화검사법) 대 투사법을 비교 설명하고, McClelland가 개발한 성취동기육성프로그램과 Atkinson이 제시한 기대×가치이론에 대하여 각각 설명하시오. 그리고 Maslow가 제시한 욕구위계론의 특징과 교육적 시사점을 각각 3가지 이상 논하시오. 〔총20점〕

(가) 다면적성격검사(MMPI)는 4개의 타당도척도와 10개의 임상척도로 구성된 자기보고법이다. 이는 사례분석 등 경험적 방법을 사용, 주로 비정상적 성격특성을 측정하지만 일반적인 성격특성도 측정할 수 있다. 성격요인검사(16PF)는 1개의 타당도척도와 14개의 성격척도로 구성된 자기보고법이다. 이는 요인분석 방법을 사용, 주로 일반적인 성격특성을 측정하지만 비정상적 성격특성도 측정할 수 있다.
반면에 Rorschach잉크반점검사는 10매의 ink-blot카드로 구성된 투사법이다. 자유연상반응에 대한 양적 분석과 언어표현에 대한 질적 분석을 통해 주로 욕구와 충동, 불안·공포, 대인관계 등을 측정한다. 주제통각검사(TAT)는 30매의 인물그림카드와 1매의 백색카드로 구성된 투사법이다. 동일시와 욕구-압력의 분석을 통해 주로 개인의 경험, 욕구와 충동, 불안·공포, 대인관계 및 성취동기와 상상력 등을 측정한다.

(나) 그의 성취동기(n-Ach. 성취욕구)이론에 의하면, 성취동기가 높은 사람은 다음과 같은 행동특성을 가지고 있다. 첫째, 과업지향성 둘째, 적절한 모험성 셋째, 자신감 넷째, 자기책임감 다섯째, 정력적이고 혁신적인 활동성 여섯째, 현재와 미래지향성 일곱째, 결과를 알고 싶어 하는 경향성 등이 그것이다.

(다) 그의 성취동기이론에 따르면, 성취동기는 성공기대의 핵심인 성공확률과 밀접한 관계가 있다. 구체적으로 동기는 성공확률이 50%일 때 가장 높지만, 성공확률이 그보다 높거나 낮으면 동기가 유발되지 않는다. 그 이유는 과제나 목표가 너무 어려우면 목표의 유인가는 100%가 되지만, 성공확률이 낮아지므로 동기수준이 낮아진다. 반대로 과제나 목표가 너무 쉬우면 목표의 유인가가 0이 되어서, 성공확률이 높아져도 동기수준이 낮아진다. 그래서 성취동기를 높이려면 난이도가 중간수준의 목표를 제시해야 하는 것이다.

(라) 그는 인간의 욕구가 선천적이며 그 강도에 따라 다음과 같이 5가지가 위계를 이루고 있다고 가정하였다. 그는 생리적 욕구 → 안전의 욕구 → 사회적 욕구 → 존경의 욕구 → 자아실현의 욕구의 5가지로 구분하였다. 여기서 모든 수준의 욕구는 자아실현의 욕구로 귀결되므로 성장욕구는 바로 자아실현의 욕구이고, 그 이외의 욕구는 모두 결핍욕구에 속한다.

〈배 점〉

- 답안의 논리적 구성 및 표현 〔총4점〕
- 논술의 내용 〔총16점〕
  · 자기보고법 대 투사법의 비교 설명 〔4점〕
  · 성취동기육성프로그램 설명 〔3점〕
  · 기대×가치이론 설명 〔3점〕
  · 욕구위계론의 특징과 교육적 시사점 논의 〔6점〕

논술 모의고사5-3 기본답안

I. 서설

성격에 대한 정의는 관점에 따라 다양하지만, 일반적으로 성격은 인간관계 속에서 개인의 독특한 행동과 사고를 특징짓는 비교적 지속적인 심리적 특성을 말한다. 성격의 측정방법은 크게 자기보고법과 투사법이 있다. 동기란 유기체가 그 욕구를 충족시키기 위하여 유인을 추구하는 심리적 과정 또는 상태를 말한다. 동기이론에는 여러 가지가 있지만, 인지이론적 접근과 인본주의적 접근이 대표적이다.

다음에서는 자기보고법(표준화검사법) 대 투사법을 비교 설명하고, 성취동기육성프로그램과 기대×가치이론에 대하여 설명한 다음, 이어서 욕구위계론의 특징과 교육적 시사점을 논의하고자 한다.

II. 자기보고법 대 투사법의 비교

자기보고법은 질문지법이라고도 하며, 흔히 표준화검사문항으로 구성된 MMPI, 16PF, MBTI 등이 대표적이다. 이것은 피험자의 자기이해를 필요로 한다. 그래서 피험자가 검사문항에 대해 거짓반응을 할 가능성이 있다. 따라서 자기보고법의 타당도는 낮을 수 있지만, 신뢰도·객관도는 높은 편이다. 그런데 자기보고법의 타당도는 높다고 보고된다.

투사법은 여러 장의 그림이나 도형으로 구성된 Rorschach잉크반점검사, TAT, BGT 등이 있다. 이것은 피험자의 자기이해를 필요로 하지 않는다. 그러므로 피험자가 검사문항에 대해 거짓반응을 할 가능성이 낮다. 따라서 투사법의 타당도는 자기보고법에 비해 높은 편이지만, 신뢰도·객관도는 낮다는 점이다.

III. 성취동기이론

1. 성취동기육성프로그램

McClelland의 성취동기육성프로그램에서는 다음과 같은 방법으로 훈련을 한다.

첫째, 학생들에게 성취동기를 개발할 수 있다고 느끼게 한다. 둘째, 학생들에게 성취동기가 얼마나 유익한 것인가를 보여준다. 셋째, 학생들이 이전보다 개선된 성취동기가 유발되고 있음을 심상을 형성하게 한다. 넷째, 구체적인 목표를 성취하도록 격려한다. 다섯째, 목표성취의 진전상태를 점검한다. 여섯째, 이와 더불어 온정적이고 관용적인 분위기를 조성한다.

2. 기대×가치이론

기대×가치이론에 따르면, 어떤 행동을 할 것인가는 그 행동을 통해 목표를 달성할 수 있는 가능성(성공기대)과 목표를 선호하는 정도(유인가치)에 따라 결정된다. 즉, 어떤 목표를 선호하고 그 목표를 달성할 수 있다고 생각할 때는 노력을 한다. 그러나 어떤 목표를 선호하지만 자신의 능력으로는 달성할 수 없거나 혹은 그 목표를 달성할 수 있다고 해도 전혀 선호하지 않는다면 아무런 노력도 하지 않는다.

기대×가치이론에 속하는 Atkinson의 성취동기이론은 성공기대가 낮은 학습자가 왜 노력을 하지 않는지를 잘 설명해 준다. 그것은 과거의 실패경험이 성공기대를 너무 낮추어서 성취동기 또한 낮아지는 결과를 초래한 것이다.

※ Atkinson의 성취동기이론에 따르면, 성취행동으로 나타나는 성취동기는 성공추구경향성과 실패회피경향성의 상대적 강도에 따라 결정된다. 즉, 성취동기=성공추구경향성(+)+실패회피경향성(−)이 되는데, 성공추구경향성과 실패회피경향성은 상호배타적 관계에 있다. 성공추구경향성=성공추구동기×성공확률×성공의 유인가=성공기대×성공의 유인가에 의해 결정되는데, 성공기대의 핵심인 성공확률과 성공의 유인가는 상호배타적 관계에 있다. 반면에 실패회피경향성=실패회피동기×실패확률×실패의 유인가=실패기대×실패의 유인가에 의해 결정된다.

요약하면 성취행동에 있어서는 성공추구경향성이 높을수록, 실패회피경향성이 낮을수록 노력을 많이 한다. 그래서 성공추구경향성을 높이고 실패회피경향성을 낮추는 것이 성취동기를 높이는 관건이다.

IV. 욕구위계론의 특징과 교육적 시사점

Maslow에 의하면, 인간의 욕구가 중복됨이 없이 일련의 위계적인 계층을 이루고 있다고 가정한다. 이러한 계층은 낮은 수준의 욕구에서 높은 수준의 욕구로 배열되어 있으며, 낮은 수준의 욕구가 충족되면 그것은 더 이상 동기화의 역할을 하지 못하고 높은 수준의 욕구가 행동을 동기화시키는 역할을 한다.

그의 욕구위계론의 주요한 특징은 첫째, 인간의 욕구는 선천적이며 생물학적 근원을 갖고 있다. 둘째, 기본적인 욕구는 환경조건에 의해 변경이 가능하다고 본다. 셋째, 결핍욕구가 충족되어야 성장욕구가 나타난다. 넷째, 성장욕구도 선천적이며 생물학적으로 타고난다고 본다. 다섯째, 결핍욕구와 달리, 성장욕구는 위계를 이루고 있지 않다.

그 교육적 시사점은 첫째, 개인에 따라 욕구수준이 다를 수 있다. 그러므로 교사가 추구하는 욕구와 학생이 추구하는 욕구는 다를 수 있다. 둘째, 하위수준의 욕구를 먼저 충족시켜야 한다. 그러므로 모든 학생에게 상위수준의 욕구를 강요해서는 안 된다. 셋째, 교사는 학생의 욕구상태를 먼저 점검해야 한다.

V. 결어

자기보고법은 질문지법이라고도 하며, 흔히 표준화검사문항으로 구성되지만, 투사법은 여러 장의 그림이나 도형으로 구성된다. McClelland의 성취동기육성프로그램에서는 특히 학생들에게 성취동기를 개발할 수 있다고 느끼게 한다는 점이다. 기대×가치이론에 속하는 Atkinson의 성취동기이론은 성공기대가 낮은 학습자가 왜 노력을 하지 않는지를 잘 설명해 준다.

그리고 욕구위계론의 주요한 특징은 무엇보다도 결핍욕구가 충족되어야 성장욕구가 나타난다는 점이다. 그러니까 하위수준의 욕구를 먼저 충족시켜야 한다. 그러므로 모든 학생에게 상위수준의 욕구를 강요해서는 안 된다는 교육적 시사점을 준다.

논술 모의고사 5-4

• 이 예상문제는 주요대학 교재를 분석·통합하여 저작되었으며, 〈저작권법〉에 따라 무단 복제, 배포, 출판 및 전자출판 등 저작권을 침해하는 일체의 행위를 금지합니다.

다음은 발달의 의의를 중심으로 인간발달에 관한 논쟁 그리고 성격발달이론 중 일부를 소개한 내용이다. 이 내용을 바탕으로 발달의 원리를 5가지 이상 설명하고, 인간발달에 관한 자연성숙론 대 환경경험론을 비교 설명하시오. 그리고 Freud가 주장한 성격발달단계에서 3~5세 남근기(phallic stage)의 특징과 Erikson이 주장한 성격발달단계에서 12~18세 청소년기의 특징을 각각 설명하시오. 〔총20점〕

(가) 성장(growth)은 발달과 유사한 개념이지만, 주로 신체적 측면의 변화와 양적 측면의 변화를 지칭한다. 발달은 주로 정신적 측면의 변화와 질적 측면의 변화를 지칭하지만, 성장을 포괄하는 개념이다. 한편, 성숙(maturation)은 환경요인과는 비교적 무관하게 유전요인에 의해 나타나는 특정한 변화를 의미한다. 학습(learning)은 환경요인에 의해 나타나는 특정한 변화를 의미한다. 발달은 성숙과 학습을 모두 포괄하는 개념이다. Koffka에 의하면, 발달은 유기체의 양적 증대(와 질적 변화), 구조의 정밀화와 기능의 유능화를 의미한다.

(나) 결정적 시기(critical period)란 특정한 심리적 특성이 학습되는 시기가 있는데, 만일 그 시기에 학습이 이루어지지 못하면 이후에는 학습이 제대로 이루어지지 못한다는 개념이다. 이 개념은 Lorenz의 새끼오리의 각인(imprinting)에 관한 연구에서 발견된 것이다. 이러한 현상은 인간에서도 개략적으로 발견되며, 그 결과 일정한 시기에 특정한 행동을 습득해야 된다는 생각을 갖게 되었다. 일찍이 Freud도 인간발달의 과정에는 결정적 시기가 있다는 것을 시사하였으며, 그것은 3~5세에 있다고 주장하였다. 이와 관련하여 인간발달에 관한 논쟁이 있다.

(다) 그의 심리-성적 발달이론은 성적 에너지이자 성적 욕구인 libido를 중심으로 본능(id), 자아(ego), 초자아(superego)가 형성되는 과정을 설명한다. 그의 성격발달이론에 의하면, 성적 에너지이자 성적 욕구인 libido가 집중되는 특정 신체부위에 따라 구강기 → 항문기 → 남근기 → 잠재기 → 생식기의 5단계를 거치면서 인간의 성격발달이 이루어진다. 만약 어떤 단계에서 욕구가 좌절되면 그 단계에 고착(fixation)이 된다.

(라) 그의 심리-사회적 발달이론은 Freud의 정신분석학에 기반을 두고 있다. 그의 성격발달이론은 인간의 자아(ego)가 점진적으로 형성되는 과정을 설명하는데, 원욕이나 초자아에는 큰 관심을 두지 않았다. 그에 의하면 인간의 성격발달은 기본적 신뢰감 대 불신감 → 자율성 대 수치감 → 주도성 대 죄책감 → 근면성 대 열등감 → 자아정체감 대 역할혼미 → 친밀감 대 고립감 → 생산성 대 침체감 → 자아통합감 대 절망감의 8단계를 거친다. 각 발달단계는 독립된 것이 아니라 상호 관련되어 있으며, 각 발달단계의 특성은 최적의 발달을 위한 결정적 시기(critical period)가 있다. 특히 성격발달을 사회적 갈등을 기준으로 설명하고 있는데, 각 발달단계에서 나타나는 심리-사회적 위기의 해결을 강조하고 있다.

〈배 점〉

- 답안의 논리적 구성 및 표현 〔총4점〕
- 논술의 내용 〔총16점〕
  · 발달의 원리 설명 〔4점〕
  · 자연성숙론 대 환경경험론의 비교 설명 〔4점〕
  · 남근기의 특징 설명 〔4점〕
  · 청소년기의 특징 설명 〔4점〕

논술 모의고사5-4 기본답안

I. 서설

인간발달은 유기체와 그를 둘러싼 환경의 끊임없는 상호작용과정이며, 그것은 성숙의 과정인 동시에 학습의 과정이다. 발달은 연령이 증가함에 따라 나타나는 인간의 신체적 변화와 정신적 변화를 총칭하는 개념이다. 이에 관한 성격발달이론은 Freud의 심리-성적 발달이론과 Erikson의 심리-사회적 발달이론이 대표적이다.

아래에서는 발달의 원리를 설명하고, 자연성숙론 대 환경경험론을 비교 설명한 다음, 이어서 남근기의 특징과 청소년기의 특징을 각각 살펴보고자 한다.

II. 발달의 원리

첫째, 발달은 성숙과 학습의 상호작용의 결과이다. 성숙은 주로 생물학적 유전의 결과로 나타나는 변화를 말하며, 학습은 주로 환경이나 경험의 결과로 나타나는 변화를 뜻한다. 둘째, 발달에는 결정적 시기가 있다. 학령 전기에 언어적 발달이 급격하게 증가한다. 그리고 사춘기 전후에 키와 몸무게 등 신체적 성장이 급격하게 나타난다. 셋째, 발달은 전체적인 반응에서 특수한 부분적인 반응으로 분화한다. 영·유아의 반응은 전체적이지만, 연령이 증가함에 따라 점점 특수하고 분화된 반응으로 나타난다.

넷째, 발달의 각 측면은 상호 관련되어 통합한다. 신체적 성장과 지적 발달, 성격적 발달, 사회적 발달은 무관하게 이루어지는 것이 아니라 통합되어 발달한다. 그래서 발달은 분화와 통합의 과정이다. 다섯째, 장기적으로 발달은 연속적이지만, 단기간의 성장(발달)은 불규칙적이고 단계적이다. 인간발달은 장기적인 관점에서 연속성이 있으나, 어떤 특정한 기간 예컨대, 유치원 또는 초등학교 시기라는 단기간의 성장은 다분히 불규칙적이고 질적이다.

III. 자연성숙론 대 환경경험론의 비교

자연성숙론에서는 인간은 성숙할 때까지 그의 성취수준을 기다려서 그에 맞는 교육과정을 구성해야 한다고 주장한다. Rousseau의 합자연의 원리, 직관의 원리에서 찾을 수 있다. '시간이 해답이다(time is answer)'라는 Hymes의 말은 자연성숙론의 주장을 대변한다.

자연성숙론의 논거는 다음과 같다. 첫째, 언어발달에는 성숙이 전제된다. 둘째, 인간발달에는 준비성 내지 결정적 시기가 존재하지 않는다. 셋째, 보상교육프로그램은 실패했다.

환경경험론에서는 인간이 성숙하여 학습할 준비가 될 때가 기다린다는 것은 시간낭비이며 비능률적이다. 그러므로 아동의 발달단계를 확인하여 체계적으로 학습할 수 있도록 교육과정을 구성해야 한다고 주장한다. 즉, 외적 환경이나 경험이 아동의 발달에 결정적인 영향을 미친다는 가정하에 학령전 교육을 중요시한다. Bruner는 '어떤 교과든지 그 지적 성격에 충실한 형태로, 어떤 발달단계에 있는 어떤 아동에게도 효과적으로 가르칠 수 있다'는 대담한 가설을 제시하였다.

환경경험론의 논거는 다음과 같다. 첫째, 인간발달에는 준비성 내지 결정적 시기가 존재한다. 둘째, 조기교육은 오(誤)개념 획득을 방지한다. 셋째, 학습자의 준비도수준이 높다.

IV. 성격발달이론

1. 남근기의 특징

성기가 중요한 쾌락의 원천으로 남아가 자신의 성기를 만지는 데에서 쾌락을 느끼는 시기이다. 동시에 이성의 부모에게 성적 욕망을 느끼는 시기인데, 남아는 어머니를 성적 욕망의 대상으로 여기고, 여아는 아버지를 그 대상으로 삼아 사랑에 빠진다. 이것은 각각 Oedipus Complex, Electra Complex라고 불린다. 그러나 남아는 거세불안, 여아는 남근선망으로 인해 성적 갈등이 유발되는데, 결국은 동성의 부모를 동일시(identification)하는 과정을 통해 성적 갈등이 해소된다. 그래서 원욕을 통제하게 되고, 갈등과 불안의 무의식적 억압을 통해 도덕성이 발달하게 된다는 것이다.

이 시기는 원욕(id)과 자아(ego) 및 초자아(superego)의 의해 지배되며, 고착의 징후는 동성애(同性愛), 성적 불감증, 겸손을 가장한 오만함 등으로 나타날 수 있다.

2. 청소년기의 특징

Freud의 생식기에 해당되는 단계이다. 청소년기의 위기는 다양한 역할놀이를 통한 자아정체감 대 역할혼미로, 이를 통해 '충실성'의 덕목을 발달시키게 된다.

중요한 사회적 관계는 학교와 사회의 동료, 동료집단, 교사 등이며, 성역할과 직업선택에서 오는 혼란을 극복하는 것이 특히 중요하다. 적응적이고 긍정적인 태도는 경험의 일관성·계속성·불변성에 의한 자아정체감(ego-identity)을 형성하는 것이다. 자아정체감이란 나는 누구인가, 나는 무엇이 될 것인가 등의 '자아정체감 위기'를 경험하는 과정에서 성취하게 되는 심리-사회적 안정감을 의미한다. 이는 신체적인 안정감, 자신의 진로에 대한 인식, 타인의 인정을 받을 수 있다는 내적 확신 이외에도 성역할의 확립, 직업선택 등을 포함한다.

이 과정에서 Erikson은 심리적 유예(psychological moratorium)가 바람직하다고 하였는데, 심리적 유예란 개인과 사회에 대한 긍정적인 모험과 탐색을 할 수 있는 기간을 말한다.

V. 결어

이러한 발달에는 긍정적인 변화와 부정적인 변화가 모두 포함된다. 또한 지적·정의적 변화와 신체적 변화가 모두 포함된다.

남근기의 특징은 Oedipus Complex, 거세불안, 동일시, 무의식적 억압과 도덕성의 발달, 초자아의 발달로 요약된다. 청소년기의 특징은 자아정체감 대 역할혼미, 심리적 유예로 대표된다. Erikson의 성격발달이론은 인간의 자아(ego)가 점진적으로 형성되는 과정을 설명하는데, 원욕이나 초자아에는 큰 관심을 두지 않았다는 점에서 Freud의 성격발달이론과 차이가 있다.

논술 모의고사 5-5

· 이 예상문제는 주요대학 교재를 분석·통합하여 저작되었으며, 〈저작권법〉에 따라 무단 복제, 배포, 출판 및 전자출판 등 저작권을 침해하는 일체의 행위를 금지합니다.

다음은 Piaget의 인지발달이론과 Vygotsky의 사회·문화적 인지발달이론의 주요개념을 정리한 내용이다. 이 내용을 바탕으로 Piaget가 제시한 인지발달단계의 특징을 3가지 이상 설명하고, 조직과 적응에 대하여 각각 예를 들어 설명하시오. 그리고 Vygotsky가 제시한 근접발달영역(ZPD)의 특징을 3가지 이상 설명하고, 비계설정(scaffolding)에 대하여 예를 들어 설명하시오. 〔총20점〕

(가) 그는 생물학적 또는 발생학적 인식론(epigenetic epistemology)에 근거를 두고, 도식, 조직과 적응이라는 개념을 사용하여 그의 인지발달이론을 설명하고 있다. 도식(schema)이란 환경에 대한 내적 표상으로 인지구조이다. 동물의 위장(胃腸)이 환경에 효과적으로 적응하는 신체적 구조인 것과 같이, 도식은 환경에 효과적으로 적응하는 정신적 구조이다. 도식은 유전론의 주장과 같이 생득적인 것도, 환경론의 주장과 같이 환경 속의 자극을 단순히 모사한 것도 아니고 유기체가 능동적으로 구성한 것이다. 발달이 진행됨에 따라 도식은 점차 분화되고 통합되어 수많은 도식이 만들어지는데, 감각운동도식은 상징도식으로, 상징도식은 조작도식으로 확대된다. 특히 개념적 차원의 도식을 감각운동도식과 구별하여 인지구조라고 부른다. 조직과 적응은 상호보완적 과정으로 조직이 내적 측면에 관련되는 반면, 적응은 외적 측면에 관련된다. 조직은 사고 그 자체의 구조화를 의미한다. 적응에 의해서만 조직이 가능하고, 조직에 의해서만 적응이 가능한 것이다. 여기서 적응은 동화와 조절이라는 인지기능으로 설명된다.

(나) 그는 변증법을 주장한 Marx의 영향을 받았으며, 근접발달영역, 비계설정과 협동학습이라는 개념을 사용하여 그의 사회·문화적 인지발달이론을 설명하고 있다. 근접발달영역(ZPD)은 현재적 발달수준과 잠재적 발달수준 사이의 격차를 의미하며, 혼자서는 문제를 해결할 수 없지만 다른 사람의 도움을 받으면 문제를 해결할 수 있는 영역이다. 여기서 현재적 발달수준은 혼자서 문제를 해결할 수 있는 수준이고, 잠재적 발달수준은 다른 사람의 도움을 받으면 문제를 해결할 수 있는 수준이다. 그는 현재적 발달수준은 이미 완성된 발달의 '열매'에, 잠재적 발달수준은 아직 미완성된 발달의 '꽃' 또는 '꽃봉오리'에 비유하고, 현재적 발달수준보다 잠재적 발달수준이 사고발달수준을 더 정확하게 나타낸다고 주장한다.

사회화과정에서 언어가 중추적인 역할을 하는데, 왜냐하면 아동의 언어능력이 높을수록 성인과의 대화를 더 잘 이해하므로 성인과의 상호작용을 통해 더 많은 것을 학습할 수 있기 때문이다. 언어는 사고의 도구로서 사고발달을 촉진하고, 자신의 행동을 조절하며, 사회적 상호작용을 가능하게 하는 도구이다. 이러한 언어발달에 있어서 비계설정(scaffolding)과 협동학습이 중요시된다.

〈배 점〉

- 답안의 논리적 구성 및 표현 〔총4점〕
- 논술의 내용 〔총16점〕
  · Piaget의 인지발달단계의 특징 설명 〔4점〕
  · 조직과 적응 설명 〔4점〕
  · Vygotsky의 근접발달영역(ZPD)의 특징 설명 〔4점〕
  · 비계설정(scaffolding) 설명 〔4점〕

논술 모의고사5-5 기본답안

I. 서설

Piaget는 생물학적 또는 발생학적 인식론(epigenetic epistemology)에 근거를 두고, 도식, 조직과 적응이라는 개념을 사용하여 그의 인지발달이론을 설명하고 있다. Vygotsky는 변증법을 주창한 Marx의 영향을 받았으며, 근접발달영역, 비계설정과 협동학습이라는 개념을 사용하여 그의 사회·문화적 인지발달이론을 설명하고 있다.

그럼에도 아동을 능동적인 존재로 간주하고, 인지적 도전을 통해 사고능력이 발달하며, 사회적 상호작용을 중시한다는 점에서 Piaget와 Vygotsky는 공통점이 있다. 아래에서는 Piaget의 인지발달단계의 특징, 조직과 적응에 대하여 설명한 다음, Vygotsky의 근접발달영역(ZPD)의 특징과 비계설정(scaffolding)에 대하여 차례로 설명하고자 한다.

II. Piaget의 인지발달이론

1. 인지발달단계의 특징

Piaget는 인지발달의 문화적 보편성을 가정하고, 인지발달은 불연속적 과정이라고 본다. 즉, 인지발달은 지적 기능이 연속적으로 축적되는 과정이 아니라 질적으로 급격하게 변용되는 과정이다. 이러한 인지발달단계의 특징은 다음과 같다.

첫째, 인지발달은 문화적 보편성이 있다. 둘째, 발달단계의 순서는 일정하다. 또한 발달단계는 양적 차이가 아니라 질적 차이가 있다. 셋째, 특정 발달단계는 자신과 환경에 대한 인지발달수준을 나타낸다. 또한 특정 발달단계에서의 인지발달수준은 비교적 동질적이다. 넷째, 인지발달은 단계적으로 급격하게 이루어진다. 즉, 인지발달은 불연속적 과정이다.

2. 조직과 적응

조직(organization)이란 기존의 여러 가지 도식이 연결되어 구조화되는 상태, 즉 하나의 통합된 체계를 만들어가는 과정이다. 예를 들어 사과, 배, 감을 일반적인 범주인 과일의 하위범주로 생각하는 것이다.

동화(assimilation)는 새로운 사실이나 개념 등 외부의 자극을 기존의 도식에 맞게 수정하는 지적 기능이다. 즉, 기존의 도식을 적용하는 과정이다. 강아지만 보아온 아이가 고양이를 보고 강아지라고 하는 것이 그 예가 된다. 조절(accommodation)은 새로운 사실이나 개념 등 외부의 자극에 맞게 기존의 도식을 수정하는 지적 기능이다. 즉, 새로운 도식을 창출하는 과정이다. 박쥐를 보고 새라고 하지 않고 새와는 다른 것이라고 하는 것이 그 예가 된다.

III. Vygotsky의 사회·문화적 인지발달이론

1. 근접발달영역(ZPD)의 특징

Vygotsky는 인지발달의 문화적 상대성을 가정하고, 인지발달은 변증법적 과정으로 본다. 이 점에서 그는 근접발달영역의 창출을 교수-학습지도의 가장 본질적인 사명으로 간주하고 있다. 이와 같은 근접발달영역의 특징은 다음과 같다.

첫째, 근접발달영역은 진정한 학습이 가능한 영역이다. 이와 함께 책임의 전이, 사유화(私有化)를 통한 내면화(內面化)가 가장 활발하게 일어나는 영역이다. 둘째, 학습이 사고발달의 필수조건임을 시사해 주는 개념이다. 셋째, 사회적 상호작용을 강조하는 비계설정과 협동학습을 중시해야 한다. 넷째, '지적 잠재력'을 측정하려면 역동적 평가를 실시해야 한다.

2. 비계설정(scaffolding)

Vygotsky에 의하면, 아동의 인지능력은 성인이나 유능한 타인과의 상호작용을 통해 조력을 받아가며 문제를 해결하는 과정에서 발달한다. 따라서 사물의 가역성을 이해하는 가역적 사고와 같은 인지능력은 아동 혼자의 힘으로 획득되는 것이 아니라 부모, 교사, 또래 등 성인이나 유능한 타인의 지도를 받아 획득되는 것이다. 이와 같이 아동이 자신의 현재 발달수준보다 약간 높은 수준의 과제를 해결할 수 있도록 도와주는 것을 비계설정(scaffolding, 발판화)이라고 한다.

본질적으로 발판화과정은 교사-학생의 상호작용을 강조하며, 이와 같은 상호작용을 통해 인지능력이 점진적으로 향상된다는 것을 의미한다. 발판화과정을 제공할 때는 근접발달영역(ZPD)을 파악하여 현재 발달수준보다 약간 높은 수준의 과제를 제시하는 것이 효과적이다. 예를 들면 시범을 보이기, 오류를 교정하기, 동기유발하기, 힌트와 피드백을 제공하기, 기초기능을 계발하기, 질문하기, 구체적이고 현실적인 목표를 제시하기, 절차와 방법을 설명하기 등이다.

IV. 결어

Piaget는 인지발달의 문화적 보편성을 가정하고, 인지발달은 불연속적 과정이라고 본다. 조직은 동화와 조절의 과정을 촉진하여 도식의 성장, 발달과 창조를 담당한다. 그런데 동화와 조절은 단순히 수동적인 과정이 아니라 능동적인 과정이다. 동화는 도식의 성장을 담당하지만, 조절은 도식의 발달과 창조를 담당한다.

한편, Vygotsky는 인지발달의 문화적 상대성을 가정하고, 인지발달은 변증법적 과정으로 본다. 발판화과정에서 중요한 것은 학생의 능력과 책임이 향상됨에 따라 학습후기에는 도움을 점진적으로 감소시켜야 한다는 것이다. 이것은 수업활동이나 학습과제의 수준을 결정하는 것이 중요하다는 것을 의미한다.

논술 모의고사 5-6

• 이 예상문제는 주요대학 교재를 분석·통합하여 저작되었으며, 〈저작권법〉에 따라 무단 복제, 배포, 출판 및 전자출판 등 저작권을 침해하는 일체의 행위를 금지합니다.

다음은 Kohlberg의 도덕성발달이론과 Gilligan의 여성의 도덕성발달이론 그리고 Marcia의 정체감지위이론에 관한 사례와 그 주요내용의 일부이다. 이 내용을 바탕으로 도덕성발달이론의 특징을 3가지 이상 설명하고, ⓐ와 ⓑ에 해당하는 도덕성발달단계에 대하여 각각 설명하시오. 그리고 여성의 도덕성발달이론의 특징을 3가지 이상 설명하고, ⓒ와 ⓓ에 해당하는 정체감지위에 대하여 각각 설명하시오. [총20점]

(가) 그는 다음과 같은 'Heinz의 dilemma'라는 가상의 갈등상황을 제시하여 도덕성발달수준을 판단하였다. 유럽에서 Heinz라는 남자의 부인이 암에 걸려 죽어가고 있었는데, 그의 부인을 살릴 수 있는 약이 그 마을에 사는 어느 약사에 의해 발명되었다. 그런데 그 약은 가격이 매우 높았는데, 왜냐하면 약의 가격을 원가의 10배나 높게 매겼기 때문이었다. Heinz는 돈을 구하기 위하여 모든 노력을 다하였으나, 약값의 절반 밖에 구할 수가 없었다. Heinz는 약사에게 자기 부인이 지금 죽어가고 있다고 설명하고, 그 약을 싸게 팔거나 아니면 나중에 갚을 테니 일단 외상으로라도 팔아 달라고 간청하였다. 그러나 약사는 그 약으로 돈을 벌어야 한다고 말하면서 냉정히 거절했다. 절망에 빠진 Heinz는 결국 약국을 부수고 들어가서 약을 훔쳤다. Heinz가 한 일은 정당한 것인가? 만약 정당하다면 왜 그러한가?
(ⓐ : 찬성 – Heinz가 약을 훔쳐도 된다. 그가 처음부터 돈을 안 내겠다고 한 것도 아니고, 그 약의 원가는 200달러밖에 안 되므로 2,000달러(10배)를 훔친 것도 아니다. 반대 – Heinz가 약을 훔쳐서는 안 된다. 약을 훔치는 것은 범죄이고 처벌을 받기 때문이다. 그는 약국에 큰 피해를 입혔고 비싼 약을 훔쳤다.)
(ⓑ : 찬성 – Heinz가 약을 훔치는 것은 좋은 남편이라면 당연한 일이다. 아내에 대한 사랑으로 약을 훔친 것은 비난할 수 없다. 물론 일반 사회에서 훔치는 것은 나쁜 것이다. 반대 – Heinz가 약을 훔쳐서는 안 된다. 일반 사회에서도 아내가 죽는 것은 그의 잘못이 아니며, 그가 몰인정하거나 아내를 사랑하지 않기 때문이 아니다. 약사가 이기적이고 몰인정한 사람이다.)

(나) 그녀는 추상적인 도덕원리를 중시하며, 소년과 성인 남성만을 대상으로 연구한 Kohlberg의 도덕성발달이론을 비판하였다. 또한 성인 남성은 제4단계 이상의 도덕성발달수준을 보이는 반면, 성인 여성은 대부분 제3단계의 도덕성발달수준을 보이기 때문에 여성의 도덕성발달수준이 남성에 비해 낮다는 Kohlberg의 주장을 비판하였다. 형식적이고 추상적인 '정의(justice)의 도덕'을 주장한 Kohlberg와 달리, 그녀는 상황적이고 구체적인 '배려(caring)의 윤리'를 주장한다.

(다) 그는 청소년기의 정체감지위를 정체감 위기의 경험여부와 과업에 대한 몰입여부를 기준으로 정체감 성취 등의 4가지 유형으로 분류했다.
(ⓒ : 어린 시절부터 어른들의 말씀을 잘 듣고 '착한 어린이'로 인정받던 아이들이 청소년기에 이르러서도 어른들의 가치관이나 태도를 그대로 자기의 것으로 내면화시킨 것을 말한다. 이것은 부모로부터 심리적 분리를 거쳐서 하나의 독립된 인간으로 성장, 발달할 가능성이 닫힌 상태이다.)
(ⓓ : 부모와 교사 등 어른들의 가치관이나 생활태도에 회의를 느끼면서 자기 나름의 독특한 존재 의미를 찾아서 방황하는 것이 특징이다. 어린 시절부터 받아들이고 믿고 있던 어른들의 가치관이나 생활태도에 실망하고 질문을 던지지만 아직 자기 나름의 가치관이나 생활태도가 확실하지 않은 상태이다.)

⟨배 점⟩
- 답안의 논리적 구성 및 표현 〔총4점〕
- 논술의 내용 〔총16점〕
  - 도덕성발달이론의 특징 설명 〔4점〕
  - ⓐ와 ⓑ에 해당하는 도덕성발달단계 설명 〔4점〕
  - 여성의 도덕성발달이론의 특징 설명 〔4점〕
  - ⓒ와 ⓓ에 해당하는 정체감지위 설명 〔4점〕

논술 모의고사5-6 기본답안

I. 서설

Kohlberg는 아동과 성인을 대상으로 도덕적 dilemma를 제시한 후에 이 가상의 갈등상황에 대한 도덕적 판단과 추리에 근거하여 3수준 6단계의 도덕성발달이론을 주장하였다. Gilligan은 성적 갈등, 낙태 등 실제의 도덕적 dilemma에 직면해 있는 29명의 임신여성에 대한 임상적 방법에 근거하여 여성의 도덕성 발달수준을 주장하였다. 그리고 Marcia는 청소년기의 정체감지위를 정체감 위기의 경험여부와 과업에 대한 몰입여부를 기준으로 정체감 성취-정체감 유예-정체감 혼미-정체감 유실의 4가지 유형으로 분류했다.

아래에서는 도덕성발달이론의 특징과 도덕성발달단계에 대하여 설명한 다음, 여성의 도덕성발달이론의 특징을 설명하고, 정체감지위에 대하여 차례로 살펴보고자 한다.

II. Kohlberg의 도덕성발달이론과 Gilligan의 여성의 도덕성발달이론

1. 도덕성발달이론의 특징

첫째, 도덕발달에는 인지발달이 필수조건이다. 즉, 인지발달은 도덕발달의 선행조건이다. 따라서 인지발달단계는 도달할 수 있는 도덕발달단계를 한계짓는다. 둘째, 도덕이란 도덕적 사고의 구조를 의미한다. 여기서 도덕적 사고의 구조는 도덕적 사고의 내용과 확연히 구별된다는 점이다. 셋째, 도덕적 판단은 도덕적 행위를 결정한다. 즉, 도덕적 판단은 도덕적 행동과 일치한다. 넷째, 도덕발달의 기본기제는 인지적 불균형이다. 다섯째, 도덕발달은 문화적 보편성, 성적 보편성이 있다.

2. 도덕성발달단계 : 제1단계와 제3단계

사례의 ⓐ는 제1단계, 벌과 복종에 의한 도덕성에 해당한다. 단순한 신체적, 물리적 힘이 복종과 도덕적 판단의 기준이 된다. 다른 사람의 욕구와 감정을 전혀 인식하지 않는다. 도덕적 판단의 주관화가 특징이다. 약육강식의 원리, 적자생존의 원리와 같은 힘의 원리에 의해 지배된다. 그래서 도덕적 행동의 의미와 가치를 전혀 인식하지 않는다. 부모님께 야단맞지 않으려고 귀가시간을 지키는 경우가 이에 속한다.

사례의 ⓑ는 제3단계, 대인관계의 조화를 위한 도덕성에 해당한다. 다른 사람들과의 사회적 관계가 도덕적 판단의 기준이 된다. 특히 부모와 같은 권위자를 기준으로 도덕적 판단을 한다. 도덕적 판단의 객관화가 이루어진다. 조망수용의 발달, 착한 소년-착한 소녀 지향, 다수결의 원리에 의해 지배된다. 그래서 도덕적 행동이 사회적 편견이나 고정관념에 따른다. 부모님을 걱정시키지 않으려고 귀가시간을 지키는 경우가 이에 속한다.

3. 여성의 도덕성발달이론의 특징

첫째, 추상적인 정의와 공정성을 중시하고 있는 Kohlberg와 달리, Gilligan은 여성의 도덕성을 규정짓는 가장 중요한 특징으로 타인에 대한 배려와 동정심을 강조하고 있다. 둘째, 일반적으로 여성은 사회적 관계와 타인에 대한 배려와 책임을 다하도록 사회화된다. 셋째, 개인의 권리를 중시하는 남성에 비해, 여성은 공동체의 관계를 중시하며 다른 사람들의 감정을 이해하는 공감능력(empathy)이 더 높다. 넷째, 따라서 이성중심적이고 경쟁지향적인 남성에 비해, 여성은 감정중심적이고 협력지향적인 특징을 갖는다. 다섯째, 문화적 상대주의에 근거를 두고, 나아가 여성해방운동(feminism)을 강조한다.

III. Marcia의 정체감지위이론 : 정체감 유실과 정체감 유예

사례의 ⓒ는 정체감 유실에 해당한다. 정체감 유실은 정체성 위기를 경험하지 않고 과업에 대한 몰입정도가 강한 상태이다. 타인의 목표와 가치에 몰입하고 정체성이 확립된 것처럼 행동하는 상태를 말한다. 이 상태의 특징은 부모나 교사 등 타인의 권위에 맹종한다는 것이다.

사례의 ⓓ는 정체감 유예에 해당한다. 정체감 유예는 정체성 위기를 경험하지만 과업에 대한 몰입정도가 약한 상태이다. 특정한 과업이나 역할에 전념하지 못하고 결정을 연기하거나 선택을 유보한 상태를 말한다. 이 상태는 여러 가지 대안을 검토하지만 특정한 과업이나 역할에 몰입하지 못하고 있다.

IV. 결어

Piaget의 도덕성발달이론을 확대·발전시킨 Kohlberg는 인간의 도덕성발달 또한 지적 발달의 한계를 넘지 못한다고 보았다. 따라서 도덕성발달과 지적 발달은 병행한다는 것이다. 도덕성발달단계 중 제1단계는 약육강식의 원리, 적자생존의 원리와 같은 힘의 원리에 의해 지배된다. 제3단계는 착한 소년-착한 소녀 지향, 다수결의 원리에 의해 지배된다. 형식적이고 추상적인 '정의(justice)의 도덕'을 주장한 Kohlberg와 달리, Gilligan은 상황적이고 구체적인 '배려(caring)의 윤리'를 주장한다.

그리고 정체감 유실의 특징은 부모나 교사 등 타인의 권위에 맹종한다는 것이다. 정체감 유예는 여러 가지 대안을 검토하지만 특정한 과업이나 역할에 몰입하지 못하고 있다.

논술 모의고사5-7

- 이 예상문제는 주요대학 교재를 분석·통합하여 저작되었으며, 〈저작권법〉에 따라 무단 복제, 배포, 출판 및 전자출판 등 저작권을 침해하는 일체의 행위를 금지합니다.

다음은 학습의 의의를 중심으로 행동주의적 접근의 실험적 연구를 소개한 내용이다. 이 내용을 바탕으로 Dollard & Miller가 규정한 학습의 4요소(성립조건)를 설명하고, 고전적 조건형성과 조작적 조건형성의 특징(각각 3가지 이상)을 비교 설명하시오. 그리고 ⓐ에서 언급된 고전적 조건형성의 기본원리를 각각 설명하고, ⓑ와 ⓒ에서 언급된 조작적 조건형성의 기본원리를 각각 설명하시오. 〔총20점〕

> (가) 학습과 수행은 구별된다. 즉, 학습은 행동잠재력의 변화를 의미하고, 수행은 행동잠재력을 직접 관찰할 수 있는 행동을 의미한다. 그래서 학습은 직접 관찰할 수 없고, 수행에서 추론할 수 있을 뿐이다. 다만, Skinner와 같은 급진적 행동주의는 학습과 수행을 동일시하고 있지만, 인지학습이론을 비롯한 대부분의 학습이론에서는 학습과 수행을 구분한다. 학습의 개념은 동기와 같이 인간의 내부에서 일어나는 어떤 현상을 기술하기 위하여 만들어진 가설적 개념이다. 학습이 실제 일어나는 것은 보이지 않는다. 보이는 것은 행동의 변화이며, 이것을 기술하기 위하여 '학습'이라는 용어를 쓴 것에 불과하다.
>
> (나) 그는 개를 대상으로 소화기관에 관한 실험적 연구를 하는 과정에서 조건반사를 발견하였다. 배고픈 개에게 고기를 주면 무조건적으로 침을 흘린다. 고기가 아닌 종소리를 듣고서는 물론 침을 흘리지 않는다. 그러나 고기를 주기 직전에 종소리를 울리고 고기를 주는 일을 여러 번 반복하게 되면, 마침내는 종소리만 듣고서도 침을 흘리게 된다. 배고픈 개는 고기를 주면 무조건적으로 침을 흘리므로 여기서 고기는 무조건자극(UCS)이 되고, 침분비는 무조건반응(UCR)이 된다. 종소리는 그 자체 침분비를 유발하지 못하기 때문에 처음에는 중립자극(NS)이다. 그러나 이 중립자극을 무조건자극과 시간적으로 근접시켜 반복적으로 제시하면, 마침내는 중립자극도 무조건자극과 마찬가지로 침분비를 유발하게 된다. 그리하여 중립자극이었던 종소리는 조건자극(CS)이 되고, 침분비라는 조건반응(CR)을 유발하게 된다.
>
> (다) 고전적 조건형성의 기본원리는 (ⓐ : 시간의 원리(근접성의 원리), 강도의 원리, 빈도의 원리), 일관성의 원리, 수반성의 원리 등으로 살펴볼 수 있다.
>
> (라) 그는 그의 Skinner box를 사용하여 쥐와 비둘기를 대상으로 강화의 원리를 실험적 연구하는 과정에서 조작적 조건형성을 주장하였다. 배고픈 쥐를 Skinner box 속에 들여보낸다. Skinner box는 레버, 먹이공급장치, 먹이접시 등으로 설계되어 있다. 배고픈 쥐는 여러 가지 반응을 보이다가 우연히 레버를 누르게 된다. 그 순간 먹이접시에 먹이가 떨어지고 동시에 불빛이 짧은 순간 반짝인다. 쥐는 잽싸게 먹이를 먹어치운다. 그 후에 쥐는 배가 고플 때마다 다시 레버를 누르게 된다. 이러한 과정이 반복되면서 쥐는 레버 누르기를 학습하게 된다. 즉, 조건형성이 되는 것이다. 여기서 쥐가 처음 레버를 누른 것은 반응이고, 주어진 먹이는 그 다음 레버를 누르는 반응을 유발하면서 강화의 역할을 한다.
>
> (마) 조작적 조건형성의 기본원리는 (ⓑ : 강화의 원리(또는 벌의 원리), ⓒ : 강화의 조건)으로 나누어 살펴볼 수 있다.

〈배 점〉

- 답안의 논리적 구성 및 표현 〔총5점〕
- 논술의 내용 〔총15점〕
  - 학습의 4요소 설명 〔3점〕
  - 고전적 조건형성과 조작적 조건형성의 특징 비교 설명 〔6점〕
  - ⓐ에서 언급된 고전적 조건형성의 기본원리 설명 〔3점〕
  - ⓑ와 ⓒ에서 언급된 조작적 조건형성의 기본원리 설명 〔3점〕

논술 모의고사5-7 기본답안

I. 서설

학습(learning)이란 경험 또는 연습의 효과로 나타나는 비교적 지속적인 행동의 변화이다. 또한 학습이란 인지구조의 변화 또는 장기기억에의 저장을 말한다. 행동주의에 의하면, 학습은 유기체에 주어지는 특정한 자극과 유기체내에서 일어나는 반응의 결합이라고 본다. 즉, 학습이란 자극(S)-반응(R)의 결합이라고 본다. 이러한 견해는 Pavlov의 고전적 조건화, Skinner의 조작적 조건화 등에서 찾아볼 수 있다.

다음에서는 학습의 4요소(성립조건)를 설명하고, 고전적 조건형성과 조작적 조건형성의 특징을 비교 설명한 다음, 고전적 조건형성과 조작적 조건형성의 기본원리를 각각 설명하고자 한다.

II. 학습의 4요소

Dollard & Miller는 학습의 4요소를 다음과 같이 규정하고 있다. 학습이 이루어지기 위해서는 학습자가 무엇인가를 원해야 하고, 지각해야 하며, 행해야 한다. 그리고 무엇인가를 얻어야 한다. 학습이 이루어지는 과정에는 적어도 이와 같은 요소가 내포되어 있다. 이 학습의 4요소는 학습의 성립조건이라고 할 수 있다.

첫째, 일정한 욕구나 동기가 있어야 한다. 이러한 욕구나 동기는 학습하려는 의욕을 말한다. 둘째, 외부의 자극을 감지 또는 감수해야 한다. 외부의 자극을 유기체가 지각하는 것을 말한다. 셋째, 유기체가 반응을 해야 한다. 이 경우 반응은 외현적 행동뿐만 아니라 내현적 행동까지도 포함한다. 넷째, 보상 또는 강화를 얻어야 한다. 보상을 얻어야 한다는 것은 강화를 받아야 한다는 것이다.

III. 고전적 조건형성과 조작적 조건형성의 특징 비교

1. 고전적 조건형성의 특징

중립자극과 무조건자극을 결합시켜 결국에는 조건자극에 의한 조건반응을 일으키는 과정을 고전적 조건형성이라고 한다. 이와 같은 고전적 조건형성의 특징은 다음과 같다.

첫째, 자극(S)이 반응(R) 앞에 온다. 따라서 특수한 자극이 특수한 반응을 일으킨다. 둘째, 대응적 행동으로, 반응은 유발(elicited)된다. 셋째, 학습과정에서 자극대치가 일어난다. 넷째, 생리적, 정서적 반응을 잘 설명한다. 다섯째, 말초신경계, 불수의근과 관련이 있다.

2. 조작적 조건형성의 특징

유기체가 먼저 반응을 한 후에 강화를 주는 방식으로 행동을 변화시키는 과정을 조작적 조건형성이라고 한다. 이러한 조작적 조건형성의 특징은 다음과 같다.

첫째, 반응(R)이 강화, 즉 자극(S) 앞에 온다. 따라서 특수한 반응을 일으키는 특수한 자극은 없다.

둘째, 조작적 행동으로, 반응은 방출(emitted)된다. 셋째, 학습과정에서 자극대치가 거의 일어나지 않는다. 넷째, 자발적, 의도적 반응을 잘 설명한다. 다섯째, 중추신경계, 수의근과 관련이 있다.

IV. 고전적 조건형성과 조작적 조건형성의 기본원리

1. 고전적 조건형성의 기본원리

시간의 원리 또는 근접성의 원리란 조건자극과 무조건자극의 시간적 간격이 가까울수록 조건형성이 용이하게 일어난다는 것이다. 이에 따라 고전적 조건형성의 유형은 동시조건형성, 지연조건형성, 흔적조건형성, 역행조건형성으로 구분된다.

강도의 원리 또는 효과의 원리란 무조건자극이 조건자극에 비해 강할수록 조건형성이 용이하게 일어난다는 것이다. 빈도의 원리 또는 연습의 원리란 조건자극과 무조건자극의 결합이 계속 반복될 때 조건형성이 용이하게 일어난다는 것이다.

2. 조작적 조건형성의 기본원리

행동에 수반되는 결과를 중시하는 강화의 원리(또는 벌의 원리)는 다음과 같다. 유기체는 긍정적인 결과를 얻을 수 있는 행동은 반복하고, 부정적인 결과나 중립적인 결과가 수반되는 행동은 반복하지 않는다.

강화의 조건을 정리하면 다음과 같다. 첫째, 강화는 즉각적으로 주어야 한다. 그래서 지연된 강화는 효과가 작다. 둘째, 강화는 점진적으로 주어야 한다. 셋째, 강화는 일관성있게 주어야 한다. 넷째, 강화는 충분하게 주어야 한다. 다섯째, 강화는 목표행동에 맞추어 직접 주어야 한다. 여섯째, 실제로 강화물의 효과를 검증해야 한다. 일곱째, 강화는 반응에 수반되어야 한다.

V. 결어

이러한 학습에는 긍정적인 변화와 부정적인 변화가 모두 포함된다. 또한 지적 · 정의적 변화와 신체적 변화가 모두 포함된다. 한편, 학습에는 의도적인 학습과 우연적인 학습이 모두 포함된다. 학습의 4요소는 학습의 성립조건이라고 할 수 있다.

선행하는 자극에 의해 통제되는 대응적 행동과 달리, 조작적 행동은 행동에 수반되는 결과에 의해 통제된다. 그래서 Pavlov의 이론을 S-R형 조건형성, Skinner의 이론을 R-S형 조건형성이라고 부른다. 고전적 조건형성의 기본원리는 시간의 원리, 강도의 원리, 빈도의 원리 등으로 살펴볼 수 있으며, 조작적 조건형성의 기본원리는 강화의 원리와 강화의 조건으로 나누어 살펴볼 수 있다.

논술 모의고사 5-8

• 이 예상문제는 주요대학 교재를 분석·통합하여 저작되었으며, 〈저작권법〉에 따라 무단 복제, 배포, 출판 및 전자출판 등 저작권을 침해하는 일체의 행위를 금지합니다.

다음은 행동주의적 접근의 실험적 연구와 그 주요개념을 정리한 내용이다. 이 내용을 바탕으로 ⓐ에서 언급된 고전적 조건형성의 주요개념을 각각 설명하고, ⓑ와 ⓒ에서 언급된 조작적 조건형성의 주요개념을 각각 설명하시오. 또한 ⓓ에서 언급된 강화방법과 ⓔ에서 언급된 강화(와 벌) 방법에 대하여 각각 설명하시오. [총20점]

(가) 그는 개를 대상으로 소화기관에 관한 실험적 연구를 하는 과정에서 조건반사를 발견하였다. 배고픈 개에게 고기를 주면 무조건적으로 침을 흘린다. 고기가 아닌 종소리를 듣고서는 물론 침을 흘리지 않는다. 그러나 고기를 주기 직전에 종소리를 울리고 고기를 주는 일을 여러 번 반복하게 되면, 마침내는 종소리만 듣고서도 침을 흘리게 된다. 배고픈 개는 고기를 주면 무조건적으로 침을 흘리므로 여기서 고기는 무조건자극(UCS)이 되고, 침분비는 무조건반응(UCR)이 된다. 종소리는 그 자체 침분비를 유발하지 못하기 때문에 처음에는 중립자극(NS)이다. 그러나 이 중립자극을 무조건자극과 시간적으로 근접시켜 반복적으로 제시하면, 마침내는 중립자극도 무조건자극과 마찬가지로 침분비를 유발하게 된다. 그리하여 중립자극이었던 종소리는 조건자극(CS)이 되고, 침분비라는 조건반응(CR)을 유발하게 된다.

(나) 고전적 조건형성의 주요개념은 (ⓐ : 소거, 자발적 회복, 자극일반화, 자극변별), 고차적 조건형성 등으로 살펴볼 수 있다.

(다) 그는 그의 Skinner box를 사용하여 쥐와 비둘기를 대상으로 강화의 원리를 실험적 연구하는 과정에서 조작적 조건형성을 주장하였다. 배고픈 쥐를 Skinner box 속에 들여보낸다. Skinner box는 레버, 먹이 공급장치, 먹이접시 등으로 설계되어 있다. 배고픈 쥐는 여러 가지 반응을 보이다가 우연히 레버를 누르게 된다. 그 순간 먹이접시에 먹이가 떨어지고 동시에 불빛이 짧은 순간 반짝인다. 쥐는 잽싸게 먹이를 먹어 치운다. 그 후에 쥐는 배가 고플 때마다 다시 레버를 누르게 된다. 이러한 과정이 반복되면서 쥐는 레버 누르기를 학습하게 된다. 즉, 조건형성이 되는 것이다. 여기서 쥐가 처음 레버를 누른 것은 반응이고, 주어진 먹이는 그 다음 레버를 누르는 반응을 유발하면서 강화의 역할을 한다.

(라) 조작적 조건형성의 주요개념은 (ⓑ : 정적 강화와 부적 강화, ⓒ : 정적 벌과 부적 벌)로 나누어 살펴볼 수 있다.

(마) 적응행동을 증가시키는 기법에는 (ⓓ : 조형(shaping), 차별강화, Premack원리), 토큰강화(token economy), 용암법(fading) 등이 있다. 부적응행동을 감소시키는 기법에는 (ⓔ : 소거, 상반행동강화, 격리(TO)), 체벌 등이 있다.

〈배 점〉

- 답안의 논리적 구성 및 표현 [총4점]
- 논술의 내용 [총16점]
  · ⓐ에서 언급된 고전적 조건형성의 주요개념 설명 [4점]
  · ⓑ와 ⓒ에서 언급된 조작적 조건형성의 주요개념 설명 [4점]
  · ⓓ에서 언급된 강화방법 [4점]
  · ⓔ에서 언급된 강화(와 벌)방법 [4점]

논술 모의고사5-8 기본답안

I. 서설

행동주의에 의하면, 학습은 유기체에 주어지는 특정한 자극과 유기체내에서 일어나는 반응의 결합이라고 본다. 즉, 학습이란 자극(S)-반응(R)의 결합이라고 본다. 중립자극과 무조건자극을 결합시켜 결국에는 조건자극에 의한 조건반응을 일으키는 과정을 고전적 조건형성이라고 한다. 유기체가 먼저 반응을 한 후에 강화를 주는 방식으로 행동을 변화시키는 과정을 조작적 조건형성이라고 한다.

아래에서는 고전적 조건형성과 조작적 조건형성의 주요개념을 각각 설명한 다음, 강화방법에 대하여 각각 살펴보고자 한다.

II. 고전적 조건형성과 조작적 조건형성의 주요개념

1. 고전적 조건형성의 주요개념

조건형성이 된 후에 무조건자극을 중단하고 조건자극만 계속 제시하게 되면 조건반응이 사라지는데, 이러한 현상을 소거(extinction)라고 한다. 소거가 일어난 후에 얼마동안 휴식기를 가진 다음에 조건자극이 다시 제시되면 조건반응이 되살아나는데, 이러한 현상을 자발적 회복(spontaneous recovery)이라고 한다. 자발적 회복으로 재생되는 것을 보면, 소거는 '일시적 억압'현상이다.

일반적으로 조건형성의 초기에 조건자극과 유사하게 지각된 자극에 대해서도 조건반응이 일어나는데, 이러한 현상을 자극일반화라고 한다. '자라 보고 놀란 가슴 솥뚜껑 보고 놀란다.'는 속담이 그 예이다. 그러나 조건형성이 진행됨에 따라 자극을 구별하는 능력이 생겨서 초기의 무조건자극과 연합된 특정한 자극에만 반응을 나타내는데, 이것을 자극변별이라고 한다. '아 다르고 어 다르다.'는 속담이 그 예이다. 이러한 자극변별은 자극일반화와 상반되는 것이 아니라 상호보완적 관계에 있는 것이다.

2. 조작적 조건형성의 주요개념

강화란 특정 행동의 빈도나 강도를 증가시키는 과정을 말하며, 강화물은 강화의 수단으로 사용하는 자극을 지칭한다. 따라서 강화물과 강화는 다르다. 또 강화물의 효과는 개인에 따라서 다르다. 정적 강화란 유쾌자극을 제공함으로써 특정 행동의 빈도나 강도를 증가시키는 과정이고, 부적 강화란 불쾌자극을 제거함으로써 특정 행동의 빈도나 강도를 증가시키는 과정이다. 상장을 수여하는 것은 정적 강화의 예이고, 숙제를 면제해 주는 것은 부적 강화의 예이다.

벌(처벌)은 특정 행동의 빈도나 강도를 감소시키는 과정을 말한다. 벌은 부적 강화와 구별되는 개념이다. 즉, 벌은 강화에 반대되는 개념이다. '수여성 벌'이라고도 하는 정적 벌은 불쾌자극을 제공함으로써 특정 행동의 빈도나 강도를 감소시키는 과정이며, '박탈성 벌'이라고도 하는 부적 벌은 유쾌자극을 제거함으로써 특정 행동의 빈도나 강도를 감소시키는 과정이다. 체벌을 가하는 것은 수여성 벌의 예이며, 격리(TO)는 박탈성 벌의 예이다.

III. 강화방법

1. 적응행동을 증가시키는 기법

조형(shaping)은 차별강화와 점진적 접근을 통하여 목표행동을 형성해 가는 것을 말한다. 이러한 조형은 복잡한 행동이나 새로운 행동의 학습과정을 잘 설명해 준다. 어린아이에게 언어를 가르치는 것 등에서 조형이 적용된 예를 찾을 수 있다. 학교학습에 있어서 조형이 적용된 예는 행동목표, 프로그램 학습과 교수기계(teaching machine), 행동수정 등이 있다.

차별강화는 여러 가지 행동 중에서 특정한 행동만 선택적으로 강화하는 것을 말한다. 차별강화는 적절한 행동을 증가시키는데 목적이 있다. 수업 중에 발표를 잘하지 않는 학생이 발표할 때에만 칭찬한다면 차별강화가 된다. 이러한 차별강화는 부적절한 행동을 하지 않을 때 강화를 주는 점에서 적절한 행동을 할 때 강화를 주는 상반행동강화와 차이가 있다.

Premack원리는 발생빈도가 높거나 선호도가 높은 행동을 강화물로 이용해서 발생빈도가 낮거나 선호도가 낮은 행동을 증가시키는 원리를 말한다. 이 기법을 적용하려면 아동이 가장 좋아하는 활동을 강화물로 사용하면 된다. 공부하기를 싫어하고 만화보기를 좋아하는 아동에게 만화보기를 강화물로 사용해서 공부하는 활동을 하게 할 수 있다.

2. 부적응행동을 감소시키는 기법

소거는 강화를 중단하여 행동을 약화시키거나 제거하는 것을 말한다. 따라서 문제행동을 없애려면 그 행동을 할 때 강화를 주지 않으면 된다. 수업 중에 떠드는 학생을 무시하는 교사는 소거를 활용하고 있다.

상반행동강화는 부적절한 행동과 양립할 수 없는 적절한 행동을 했을 때 강화하는 것을 말한다. 적절한 행동을 증가시키는데 목적이 있는 차별강화와 달리, 상반행동강화는 부적절한 행동을 감소시키는데 목적이 있다. 무단결석을 자주 하는 학생이 학교에 출석했을 때에만 칭찬한다면 상반행동강화가 된다.

격리(TO)는 문제행동을 했을 때 정적 강화의 기회를 박탈하여 문제행동을 감소시키는 기법으로, 부적 벌의 일종이다. 수업 중에 떠드는 학생을 복도에 나가 서 있게 하는 것이 이에 해당한다. 격리의 2가지 조건은 첫째, 문제행동이 발생한 장소에는 문제행동의 강화물이 있어야 한다. 둘째, 학생이 일시적으로 격리되어 있을 장소에는 강화물이 없어야 한다.

IV. 결어

선행하는 자극에 의해 통제되는 대응적 행동과 달리, 조작적 행동은 행동에 수반되는 결과에 의해 통제된다. 그래서 Pavlov의 이론을 S-R형 조건형성, Skinner의 이론을 R-S형 조건형성이라고 부른다. 고전적 조건형성의 주요개념은 소거, 자발적 회복, 자극일반화, 자극변별 등으로 살펴볼 수 있으며, 조작적 조건형성의 주요개념은 정적 강화와 부적 강화, 정적 벌과 부적 벌로 나누어 살펴볼 수 있다. 또한 적응행동을 증가시키는 기법에는 조형(shaping), 차별강화, Premack원리 등이 있으며, 부적응행동을 감소시키는 기법에는 소거, 상반행동강화, 격리(TO) 등이 있다.

논술 모의고사5-9

• 이 예상문제는 주요대학 교재를 분석·통합하여 저작되었으며, 〈저작권법〉에 따라 무단 복제, 배포, 출판 및 전자출판 등 저작권을 침해하는 일체의 행위를 금지합니다.

다음은 학습의 사례를 중심으로 행동주의와 인지주의의 의의를 제시하고 학습에 관한 실험적 연구를 소개한 내용이다. 이 내용을 바탕으로 학습의 개념을 설명하고, 행동주의와 인지주의의 특징(각각 3가지 이상)을 비교 설명하시오. 그리고 시행착오학습의 법칙을 설명하고, 통찰학습의 특징(3가지 이상)을 설명하시오. 〔총20점〕

> (가) 학생들은 유용하고 좋은 행동뿐만 아니라 무용하고 비적응적이며 나쁜 행동도 학습한다. 나아가 학생들은 교사가 학습하기를 바라지 않는 것을 학습하기도 한다. 여기에 교육의 어려움이 있는지도 모른다. 학습은 지적 학습 또는 '책에서 배우는 것'에만 한정되어 있지 않다. 인간은 지식, 개념, 원리뿐만 아니라 태도, 가치, 느낌, 운동기능, 심지어 신경증과 공포증까지도 학습한다. 학교에서 학생들은 10−2=8이고 10÷2=5라는 것, 영어단어를 정확하게 쓰는 것 등을 학습하지만, 학교를 싫어하는 것, 어떤 선생님을 무서워하는 것, 다른 학생을 '왕따'시키는 행동 등도 학습한다.
>
> (나) 행동주의는 심리학의 연구대상을 마음에서 행동으로 돌려놓은 접근이다. 행동주의적 접근은 심리학이 과학적인 학문으로 인정받기 위해서는 의식이나 무의식 등 마음을 연구할 것이 아니라, 객관적인 관찰과 측정이 가능한 행동을 연구해야 한다고 주장한다.
>
> (다) 그는 그의 문제상자를 사용하여 고양이를 대상으로 시행착오에 관한 실험적 연구를 하는 과정에서 학습은 자극-반응의 결합으로 일어난다고 주장하였다. 배고픈 고양이를 문제상자 속에 가둬놓고 밖에는 생선을 놓아두었다. 그 속에는 빗장이 달려있는데, 그 빗장을 누르면 문제상자의 문이 열리고 밖으로 탈출할 수 있다. 문제상자 속에 있는 고양이는 처음에는 이리저리 움직이는 등 여러 가지 시행착오적 반응을 반복하다가 마침내는 빗장을 누르고 밖으로 탈출하였다. 이 때 빗장을 누르는 반응을 지속시키기 위해서는 고양이가 밖으로 나올 때마다 보상을 주어야 한다. 시행착오적 반응 그 자체만으로는 자극-반응의 결합이 불가능하고 반드시 보상이 있어야 한다.
>
> (라) 인지학습이론은 심리학의 연구대상을 다시 행동에서 마음으로 되돌려 놓았다. 인지(cognition)란 인간의 두뇌 속에서 일어나는 일련의 정신과정을 말한다. 따라서 인지학습이론은 인간의 두뇌 속에서 일어나는 부호화 → 저장 → 인출이라는 일련의 지적 사고과정을 연구한다.
>
> (마) 그는 침팬지를 대상으로 실험적 연구를 하는 과정에서 학습은 반복에 의하여 고정되는 자극-반응의 기계적인 결합이 아니라 반복을 필요로 하지 않는, 전체적인 관계를 파악함으로써 일어난다고 주장하였다. 침팬지의 손이 닿지 않는 천장에 바나나를 매달아 놓으면 침팬지는 바나나를 따먹기 위해 손을 뻗치고 발돋움을 하거나 뛰어오르는 행동을 한다. 이러한 시도가 실패하면 침팬지는 맹목적으로 시행착오적 행동을 하는 대신에 주의깊게 문제장면을 관찰한 후 막대기로 바나나를 따거나 여러 개의 막대기를 연결하여 바나나를 딴다. 한편으로는 주위에 있는 상자를 쌓아놓고 그 위에 올라가서 바나나를 딴다. 여기서 침팬지는 분명히 시행착오적 반응을 반복하지 않았다. 몇 번의 시행이 있은 다음에 막대기를 갖고 놀다가 얼마 후 아무런 시도도 없이 막대기라는 수단을 이용하여 바나나라는 목표를 얻는데 성공했다. 처음에 막대기와 바나나는 아무런 관계가 없었으나, 침팬지는 그것을 수단-목적간의 역학적 관계로 파악했던 것이다.

〈배 점〉
- 답안의 논리적 구성 및 표현 〔총5점〕
- 논술의 내용 〔총15점〕
  · 학습의 개념 설명 〔3점〕
  · 행동주의와 인지주의의 특징 비교 설명 〔6점〕
  · 시행착오학습의 법칙 설명 〔3점〕
  · 통찰학습의 특징 설명 〔3점〕

논술 모의고사5-9 기본답안

I. 서설

교육이 인간행동을 변화시키는 과정이라고 한다면 인간행동의 변화를 초래하는 기제가 바로 학습이다. 학습을 설명하기 위한 이론에는 행동주의적 접근과 인지주의적 접근이 있다. 행동주의적 접근에서는 시행착오학습을 강조하지만, 인지주의적 접근에서는 통찰학습을 강조한다. 학습이론이 제시하는 개념과 원리 등은 인간의 심리적 특성을 이해하는데 있어서, 나아가 수업지도와 생활지도 및 상담을 실천하는데 있어서도 필요하다.

아래에서는 학습의 개념을 설명하고, 행동주의와 인지주의의 특징을 비교 설명한 다음, 시행착오학습의 법칙과 통찰학습의 특징을 차례로 살펴보고자 한다.

II. 학습의 개념

학습(learning)이란 경험 또는 연습의 효과로 나타나는 비교적 지속적인 행동의 변화이다. 또한 학습이란 인지구조의 변화 또는 장기기억에의 저장을 말한다.

그러므로 학습이 일어나기 위해서는 반드시 어떤 형태의 경험 또는 연습이 있어야 하며, 학습의 결과는 일시적이 아닌 비교적 오랜 기간 지속되는 행동의 변화로 나타나야 한다. 이 경우 행동은 외현적 행동뿐만 아니라 내현적 행동까지도 포함한다. 다만, 생득적인 반응변화, 성숙에 의한 자연적 행동변화, 피로·약물 등에 의한 일시적 상태의 행동변화는 제외한다. 이러한 학습에는 긍정적인 변화와 부정적인 변화가 모두 포함된다. 또한 지적·정의적 변화와 신체적 변화가 모두 포함된다. 한편, 학습에는 의도적인 학습과 우연적인 학습이 모두 포함된다.

III. 행동주의와 인지주의의 특징 비교

1. 행동주의의 특징

행동주의에 의하면, 학습은 유기체에 주어지는 특정한 자극과 유기체내에서 일어나는 반응의 결합이라고 본다. 즉, 학습이란 자극(S)-반응(R)의 결합이라고 본다. 이러한 행동주의의 특징은 다음과 같다. 첫째, 인간을 수동적 존재로 보고, '전체는 부분의 합과 같다'는 입장이다. 둘째, 학습과 발달을 동일시한다. 셋째, 학습은 행동의 변화이다. 그래서 시행착오학습을 강조한다. 넷째, 강화는 수행에 영향을 주고, 동시에 학습에 영향을 준다. 따라서 학습과 수행을 동일시한다. 다섯째, 학습과정의 일반성, 법칙성을 강조한다.

2. 인지주의의 특징

인지학습이론에 의하면, 학습은 단순히 행동의 변화가 아니라 인지구조의 변화 또는 장기기억에의 저장을 의미한다. 인지구조의 변화는 자극-반응의 기계적인 결합이나 조건형성을 통하여 일어나는 것이 아니라 자신과 환경을 이해하려는 인간의 정신과정을 통하여 일어난다. 이러한 인지이론의 특징은 다음과 같다.

첫째, 인간을 능동적 존재로 보고, '전체는 부분의 합과 다르다', '전체는 부분의 합 이상이다'는 입장이다. 둘째, 발달이 학습에 선행한다는 Piaget의 입장과 학습이 발달에 선행한다는 Vygotsky의 입장이 있다. 셋째, 학습은 인지구조의 변화 또는 장기기억에의 파지이다. 그래서 통찰학습을 강조한다. 넷째, 강화는 수행에 영향을 주지만, 학습에는 영향을 주지 않는다. 따라서 학습과 수행을 구별한다. 다섯째, 학습과정의 특수성, 개별성을 강조한다.

IV. 시행착오학습의 법칙과 통찰학습의 특징

1. 시행착오학습의 법칙

Thorndike는 학습이 시행착오(trial and error)를 통해 일어난다고 본다. 이 시행착오학습은 연합주의라고 불리며, 특히 도구적 조건형성이라고 한다. 시행착오학습은 문제상황에서 적절한 반응을 선택하고 결합하는 과정을 통해서 일어나는 학습이다. 이것은 문제상황에서 성공한 반응이 결합되고, 실패한 반응이 소거되는 점진적인 과정을 통해 일어난다. 자극-반응의 결합은 반복을 통해 기계적으로 형성되며, 의식적인 노력은 전혀 필요하지 않다.

첫째, 효과의 법칙(law of effect)은 만족스러운 결과가 주어질 때 유기체는 반응을 반복한다는 것이다. 즉, 유기체의 반응을 유발하기 위해서는 만족스러운 결과가 주어져야 한다는 것이다.

둘째, 연습의 법칙(law of exercise)은 연습의 횟수가 증가할수록 자극-반응의 결합이 견고해진다는 것이다. 즉, 자극-반응의 결합을 견고하게 하기 위해서는 연습의 횟수를 증가시켜야 한다는 것이다.

셋째, 준비성의 법칙(law of readiness)은 학습자의 준비성에 따라 학습효과가 달라질 수 있다는 것이다. 즉, 어떤 학습이 일어나기 위해서는 심리적·생리적으로 충분한 성숙상태가 준비되어 있어야 한다는 것이다.

2. 통찰학습의 특징

시행착오적 반응이 아니라 반복을 필요로 하지 않는, 전체적인 관계를 파악하는 지능적 행동을 통찰

(insight)이라고 한다.

Köhler는 부분과 부분간의 관계, 부분과 전체간의 관계의 이해를 통찰로 간주하고, 통찰형성을 학습이라고 주장하였다. 통찰형성은 전체상황의 역학적 관계를 파악하는 지능적 행동을 의미한다. 이것은 가설검증의 과정이라고 할 수 있다. 통찰학습에서는 문제해결에의 전환이 급격하고 완벽하게 일어나며, 아하 현상(a-ha phenomenon)을 경험한다. 따라서 간결성의 법칙에 따른다고 할 수 있다.

첫째, 통찰에 의한 수행은 보통 원활하고 오류가 없다. 둘째, 통찰에 의한 해결은 상당한 기간동안 유지되고 기억된다. 셋째, 통찰에 의한 원리는 쉽게 다른 문제장면에 전이되어 적용된다. 넷째, 통찰에 의한 학습은 행동주의에서 주장하는 점진적인 학습이 아니라, 실무율(all-or-none)적인 학습이다.

V. 결어

학습과 수행은 구별된다. 즉, 학습은 행동잠재력의 변화를 의미하고, 수행은 행동잠재력을 직접 관찰할 수 있는 행동을 의미한다. 그래서 학습은 직접 관찰할 수 없고, 수행에서 추론할 수 있을 뿐이다. 행동주의에서는 인간을 수동적 존재로 보고, 환원주의·분석주의의 입장이다. 반면에 인지이론에서는 인간을 능동적 존재로 보고, 목적주의·총체주의의 입장이다.

Thorndike는 시행착오설에 근거하여 효과의 법칙, 연습의 법칙, 준비성의 법칙과 같은 학습의 법칙을 발견하였다. 통찰학습의 특징을 살펴보면 형태이조설의 주장처럼, 통찰에 의한 원리는 쉽게 다른 문제장면에 전이되어 적용된다.

제6장

교육공학

논점1 교육공학의 의미

① 교육에서의 공학(교육적 공학)

산물(products)로서의 공학을 의미하며, hardware-software 2가지 요소만 포함한다.

교육에서의 공학은 지식과 기능을 가르치기 위한 수단으로서 교육에 도입되는 모든 시청각매체를 의미한다. 따라서 각종의 시청각매체가 교육적 필요에 따라 단편적으로 채택되어 활용되는데, 이를 시청각교육이라고 한다. 학습자의 제반 특성(요구와 관심, 흥미 등)을 고려하지 않을 뿐만 아니라 학습자가 어떻게 학습하고 있는지를 고려하지 않는다. 또한 시청각매체 자체의 기술적 특성이 교수매체 선정의 가장 중요한 기준이 되기 때문에 학습자의 욕구와 관심 등을 중요시하지 않는다. 이 교육에서의 공학은 자연과학적/매체 개념의 공학이자 hardware로서의 공학, 교수로서의 공학이다. 이는 상대적 공학이라고도 하는데, 인간이 없는 교육공학으로 설명된다.

② 교육의 공학

과정(process)으로서의 공학을 의미하며, hardware-software-사회과학지식 3가지 요소의 불완전한 적용을 포함한다(예 : 체제접근, 행동과학).

교육의 공학은 교육의 전과정을 체계적으로 계획-실행-평가하는 것을 의미한다. 따라서 각종의 시청각매체를 교육적 필요에 의해 단편적으로 활용하는 것이 아니라 교육의 전과정을 하나의 체제로 보고, 체제의 유기적인 적합성에 근거하여 교수매체를 선정한다. 이는 시청각교육통신과 교수공학에 해당한다. 그래서 학습의 기본원리 및 학습자의 제반 특성(요구와 관심, 흥미 등)에 근거하여 교수매체가 선정되고, 공학은 학습자를 위해 존재한다. 또한 시청각매체 자체의 기술적 특성뿐만 아니라 교육목표의 적합성이 교수매체 선정의 가장 중요한 기준이 된다.

다만, '교육에서의 공학'과 '교육의 공학'은 다음과 같은 특징을 가지고 있다. 첫째, 행동주의의 영향을 받고 있다. 둘째, 양적 연구에 기반을 두고 학습의 결과를 중요시한다. 셋째, 과학적·객관적 연구를 중시하는 경험과학적이며 분석적 접근을 채택한다. 넷째, 학습자를 수동적인 존재로 본다. 이 교육의 공학은 행동과학적 개념의 공학이자 software로서의 공학, 학습으로서의 공학이다. 이는 구조적 공학이라고도 하는데, 인간을 도와주는 교육공학으로 설명된다.

③ 인간의 교육공학

산물로서의 공학, 과정으로서의 공학을 포괄하는 내용(contents)으로서의 공학을 의미한다. hardware-software-사회과학지식 3가지 요소의 완전한 적용을 포함한다(예 : 체제접근, 인지과학, 구성주의).

인간의 교육공학은 새로운 의미의 교육공학으로 현재의 **교육공학**에 해당하며, 다음과 같은 특징을 가지고 있다. 첫째, 인지이론, 특히 구성주의의 영향을 받고 있다. 둘째, 질적 연구에 기반을 두고 학습의 과정을 중요시한다. 셋째, 교육의 효과성을 전체적으로 이해하는 총체적 접근을 채택한다. 넷째, 학습자를 능동적이고 주체적이며 구성적인 존재로 본다.

이러한 인간의 교육공학은 인지과학적 개념의 공학을 포괄하는 대안적 교육공학, 인간적 교육공학이다. 이는 인간을 이해하는 교육공학으로 논의된다.

논점2 교육공학의 개념/특징

① 교육공학의 개념

미국교육공학회(AECT)에서는 교육공학을 '교수공학'으로 대치하여 정의하고 있다. Seels & Richey(1994)에 의하면, 교수공학은 〈학습을 위한 과정(process)과 자원(resource)의 설계, 개발, 활용(적용), 관리, 평가에 관한 이론과 실제〉이다.

② 교육공학의 특징
- 교육공학은 학습의 과정과 결과에 영향을 주는 것을 목적으로 한다.
  학습자의 인지구조(지식, 태도, 기능 등)가 변화하는 학습이 실제 이루어지도록 하는데 관심이 있다.
- 교육공학은 학습을 위한 과정(process)과 자원(resource)을 모두 포함한다.
  학습이 이루어지는 일련의 과정을 연구·개발하면서 동시에 그 과정의 산물인 매체와 자료, 환경 등 자원을 연구·개발한다.
- 교육공학은 설계, 개발, 활용(적용), 관리, 평가 영역을 모두 포함한다.
  학습에 영향을 주기 위한 과정과 자원을 설계하거나 개발하고, 개발된 매체와 자료 등을 활용하며 또 관리한다. 그리고 다양한 평가를 실시한다.
- 교육공학은 학습문제를 해결하기 위하여 지식을 적용하는 분야이며, 실제에 적용되는 지식을 생성하는 이론이다.
  다양한 연구와 경험으로부터 체계화된 지식과 이론, 모형을 만들어내며, 이러한 지식과 이론을 실제의 학습문제를 해결하는데 적용한다.

논점3 교육공학의 영역

① 설계 영역

설계는 특정한 교육문제를 해결하기 위해서 다양한 규범적·처방적 활동을 계획하는 것이다. 설계 영역은 교수체제 설계-메시지 설계-교수전략 설계-학습자특성 설계 4가지로 구성되어 있다.

② 개발 영역

개발은 매체를 이용하거나 제작하여 메시지(정보, 학습내용)를 전달하는 과정이다. 개발 영역은 인쇄공학 개발-시청각공학 개발-컴퓨터기반공학 개발-통합공학 개발 4가지로 구성되어 있다.

③ 활용(적용) 영역

활용은 학습을 위해 과정과 자원을 사용하는 활동이다. 교육공학은 이 활용 영역으로부터 시작되었다. 활용 영역에는 매체 활용-혁신의 보급-실행과 제도화-정책과 규제 4가지가 포함된다.

④ 관리 영역

관리는 학습을 위해 과정과 자원을 경영관리하는 활동이다. 관리 영역에는 프로젝트 관리-자원 관리-전달체제 관리-정보 관리 4가지가 포함된다.

⑤ 평가 영역

일반적으로 교육평가는 학습자의 학업성취도 측정과 교육프로그램의 효과 측정 중에서 전자에 중점을 두고 있다. 그러나 교육공학에 있어서 평가는 후자, 즉 교육프로그램의 효과를 분석하는데 중점을 두고 있다. 평가 영역은 문제분석-준거지향측정-형성평가-총괄평가 4가지로 구성된다.

논점4 교육공학의 효과

① 교육의 과학화

정보통신기술을 교수-학습과정에 이용함으로써 교육문제에 관한 과학적 접근을 제시하고, 그 결과를 교육현장에 적용할 수 있다. 그리하여 교육의 과학적 합리성을 촉진할 수 있다.

② 교육의 효율화

정보통신기술을 교수-학습과정에 이용함으로써 학습자의 학습속도를 개선할 수 있으며, 교사의 잡무처리를 감소시킬 수 있다. 그리하여 교육의 효율성, 경제성을 향상시킬 수 있다.

③ 학습의 개별화

정보통신기술을 이용하면 개인차에 적합한 학습의 개별화, 학습의 다양화가 가능하다.

④ 학습의 직접화와 즉시화

컴퓨터, 멀티미디어, 인터넷 등을 활용하여 역동적인 학습경험을 제공함으로써 학습의 직접화가 가능하다. 또한 학습경험을 있는 그대로 사실적으로 제공함으로써 학습이 즉시화가 가능하다.

⑤ 비동시적 학습

교육공학을 활용하면 누구든지 언제나 어디서나 원하는 학습을 할 수 있다. 즉, 컴퓨터, 멀티미디어, 인터넷 등을 활용하면 시·공간을 초월한 학습이 가능하다(예 : 원격교육, 사이버교육).

⑥ 상호작용적(양방향적) 학습

교육공학을 활용하면 교사와 학습자간, 학습자와 학습자간의 양방향적 학습이 가능하다.

논점5 교육공학의 한계

① 교육의 비인간화 우려

교육을 기계·기구로 대치함으로써 비인간적 접근을 시도하는 학문이라는 데에서 오는 우려이다(예 : 초기 교육에서의 공학).

② 교육의 획일화 우려

수업을 기계·기구에 의해 수행함으로써 획일적인 교육이 될 수 있다는 우려이다(예 : 초기 시청각교육).

③ 학생들의 정의적·사회적 발달을 저해 우려

교사와 학습자간, 학습자와 학습자간의 접촉이 단절되어 점차 인간의 상호작용능력을 저하시키고 성격적·사회적 발달장애를 초래할 수 있다는 우려이다(예 : 인성교육의 문제).

그러나 교육공학은 인간관계를 발전시키고 사회적 상호작용을 촉진시킬 수 있다는 점이다. 컴퓨터, 멀티미디어, 인터넷 등에 의해 상호작용적(양방향적) 학습이 가능하기 때문이다.

④ 교육의 수단을 중시 우려

정보통신기술(정보통신매체)이 교육의 과정에 깊숙이 침투하여 교육의 목적과 내용을 간과하고, 교육의 수단과 기술을 강조할 수 있다는 우려이다(예 : 목표전도).

그러나 교육공학의 기술을 학습하는 것은 교육의 목적과 내용을 학습하기 위한 수단이지, 결코 그 자체가 목적이 아니라는 점이다.

⑤ 교육비의 증대 우려

교육공학의 잠재적 가능성이 충분히 발휘되려면 초기에 엄청난 비용이 소요될 수도 있다는 우려이다(예 : 학부모의 교육비 가중).

그러나 장기적 측면에서 비용-효과를 분석해 보면, 기존의 전통적인 교육방법보다 비용이 절약된다는 점이다.

논점6 시청각교육

① 의의

1930년대 후반 라디오 · 녹음기 · 축음기 · 영사기 · TV 등의 출현으로 시각교육에 청각적 요소가 통합된 시청각교육이 대두하였다. 시청각교육은 시청각자료를 교육과정에 활용함으로써 교수-학습과정의 효과성을 향상시키려는 교육방법이다. 다시 말해서 **시청각적 교육방법**이다. 1947년 미국의 시각교육국 → 시청각교육국으로 개편되었다.

시청각자료란 의미를 전달하기 위해서 주로 읽기(독해)에 의존하지 않는 자료이다. 즉, 라디오 · 녹음기 · 축음기 · 슬라이드 · 영화 · 실물 · 모형 · 시범(modelling) · 견학 · 전시 · 그림과 사진 · 칠판 · 융판 · 게시판 등을 모두 포함한다. 시청각교육에서는 어떤 말의 의미를 다른 말을 가지고 정의할 때는 무의미한 암기에 지나지 않는 형식주의 또는 언어주의에 빠지기 쉬우므로 비언어적 경험 또는 감각적 경험을 적절하게 제공해야 하며, 이러한 감각적 경험을 효과적으로 제공할 수 있는 것이 시청각자료이다. 이에 따라 시청각자료를 '비언어적 자료' 또는 '감각적 자료'로, 시청각교육을 '비언어적 교육방법'으로 규정하기도 한다.

② 시청각교육의 기능 : 시청각적 교육방법의 기능
- 학습으로의 도입을 촉진시킨다. 즉, 학습흥미를 자극하고 학습동기를 유발한다.

- 감성적인 인식의 한계를 확대시킨다. 즉, 경험의 한계를 확대시킨다.
- 살아있는 개념을 형성한다. 즉, 구체적인 경험을 제공한다.
- 구체적인 경험의 일반화 또는 추상화를 촉진한다.
- 바람직한 학습태도를 형성한다.
- 영속적인 학습결과를 유지시킨다.
- 수업으로의 학습자의 참여를 유도한다.
- 유의미한 정보·지식을 전달한다.
- 학습상태의 진단과 처방이 가능하다.
- 학생의 문제해결력을 보완하고, 교사의 육체적 한계를 보완해 준다.

③ 시청각교육모형

논점7 시청각교육의 교육적 의의

첫째, 교수-학습지도의 효율성을 향상시킬 수 있다. 둘째, 구체적인 경험을 제공한다. 셋째, 구체적인 경험의 일반화 또는 추상화를 촉진한다. 넷째, 학습흥미를 자극하고 학습동기를 유발한다. 다섯째, 문제해결력과 창의력을 신장할 수 있다. 다섯째, 시간의 경제성을 확보할 수 있다(예: 집단학습지도).

논점8 시청각교육모형 : Hoban부자(父子)의 교육과정의 시각화

- Hoban부자(父子)는 〈교육과정의 시각화(1937)〉에서 교육의 목적은 경험의 일반화에 있다고 주장하였다. 경험의 일반화를 위해서 교사는 직접경험을 언어와 연결시키는 중요한 역할을 하여야 한다. 즉, 추상적인 내용을 구체적인 예시를 통해서 일반화된 개념을 형성하도록 지도하여야 하고, 이를 위해서는 시각매체의 적절한 사용이 필요하다는 것이다.

따라서 직접경험을 언어와 결합시키고 추상성을 구체성에 의해서 뒷받침하기 위해서는 학생들에게 반(半)구체적, 반(半)추상적 시각매체를 제시하여야 한다는 것이다.
- 그들은 시각매체의 가치를 구체성에 의해 판단되는 것으로 가정하고, 구체성과 추상성의 축을 사용하여 시각매체를 분류하였다. 그들은 매체가 사실을 구체적으로 표현할수록 정보를 더 정확하게 전달할 수 있는 반면(예 : 전체장면), 추상적으로 표현할수록 정보를 이해하는데 어려움을 겪는다고 주장하였다(예 : 언어).

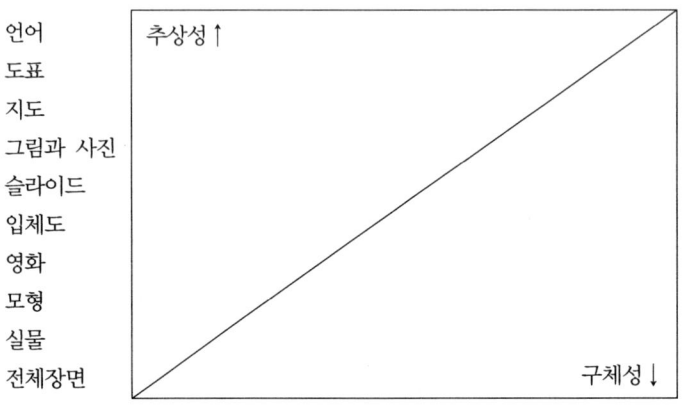

▶ Hoban부자(父子)의 교육과정의 시각화

논점9 시청각교육모형 : Dale의 경험의 원추와 Bruner의 표상양식

① Dale의 경험의 원추
- Dale는 진보주의 교육이론에 바탕을 두고, 〈시청각적 교육방법(1954)〉에서 시청각자료란 의미를 전달하기 위해서 주로 읽기(독해)에 의존하지 않는 자료(=비언어적 자료 또는 감각적 자료)이며, 시청각교육이란 자연(세계)을 교실 안으로 끌어들이는 방법(=비언어적 교육방법 또는 감각적 교육방법)이라고 주장하였다.
- 그는 경험의 원추로 알려진 시청각매체를 분류하고, 행동에 의한 경험과 학습(직접적·목적적 경험, 구성된 경험, 극화된 경험의 3가지) → 관찰에 의한 경험과 학습(시범, 견학, 전시 및 TV, 영화, 그림과 사진의 6가지) → 추상에 의한 경험과 학습(시각기호, 언어기호의 2가지)을 구분하였다.
- 그는 학습자가 구체적인 직접경험을 먼저 학습한 다음에(예 : 직접적·목적적 경험), 추상적인

간접경험을 통해 학습하는 것이 보다 효과적이라고 주장하였다(예 : 언어기호).

- 그가 주장한 경험의 원추는 가장 구체적인 직접경험을 하위단계로 해서 점점 간접경험으로 배열하고 상위단계로 올라갈수록 추상적인 것으로 배열되어 있는데, 정점에는 언어기호가 위치하고 있다.

이 경험의 원추는 학습자의 발달단계와 관련이 있다. 그래서 발달단계가 낮은 초등학생은 구체적인 직접경험에 의한 학습을 하고, 발달단계가 높은 중등학생이나 대학생은 상징적인 언어기호에 의한 학습을 기대하고 있다.

추상성↑	언어기호 시각기호	← 상징적 표상양식
	라디오, 녹음기, 그림과 사진 영화 TV	← 영상적 표상양식
구체성↓	전시 견학 시범(modelling) 극화된 경험 구성된 경험(모형) 직접적·목적적 경험	← 행동적(작동적) 표상양식

▶ Dale의 경험의 원추와 Bruner의 표상양식

② Bruner의 표상양식

Bruner에 의하면, 학습자는 작동적 표상양식(직접경험 등) → 영상적 표상양식(그림과 사진 등) → 상징적 표상양식(언어, 문자 등)의 순서에 따라 학습이 이루어진다.

이것은 Dale이 구분한 행동에 의한 경험 → 관찰에 의한 경험 → 추상에 의한 경험과 개념적으로 다르다. 무엇보다도 Dale이 주장한 관찰에 의한 경험에 해당하는 매체는 시범, 견학, 전시 및 TV, 영화, 그림과 사진의 6가지(라디오×, 녹음기×)인데 비해, Bruner가 주장한 영상적 표상양식에 해당하는 매체는 TV, 영화, 그림과 사진의 3가지(라디오×, 녹음기×)라는 점이다.

논점10 시청각교육통신 : 통신이론의 도입

① 의의

제2차 세계대전 이후 시청각교육 분야에 교육의 과정을 양방향적 통신으로 보는 통신개념과 완전한 체제로 보는 체제개념이 도입되어 시청각교육통신으로 확대되었다. 1963년 미국의 시청각교육국 → 시청각통신국으로 개편되기도 하였다.

② Berlo의 S-M-C-R모형

- 일반적으로 통신의 과정모형은 다음과 같다.

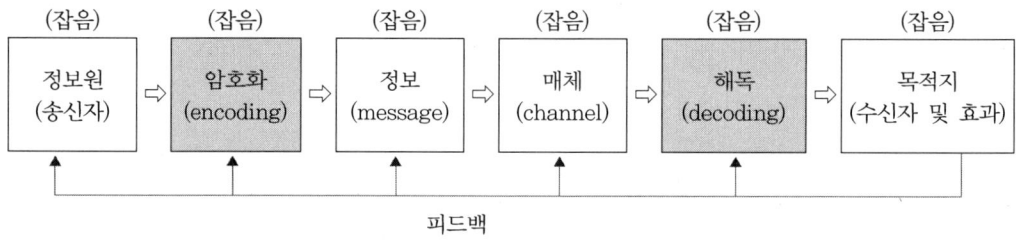

통신은 흔히 언어와 문자, 기호 등을 통하여 송신자의 의견이나 사상을 수신자에게 전달하는 과정이다. 이것은 단순히 내용의 전달이 아니라, 의미의 전달을 의미한다. 통신은 내용의 단순한 전달만으로는 충분하지 못하며, 의미가 반드시 이해되어야 한다. 즉, 통신은 내용의 전달과 이해를 포함하는 과정이다.

- Berlo(1960)의 S-M-C-R모형은 정보원(S, 송신자)-정보(M)-매체(C)-수신자(R)로 구성된다. 이를 구체적으로 살펴보면 다음과 같다.

정보원(S)	정보(M)	매체(C)	수신자(R)
통신기술	요소	시각	통신기술
태도	구조	청각	태도
지식	내용	촉각	지식
사회체제	처리	미각	사회체제
문화양식	암호화(coding)	후각	문화양식

▶ Berlo의 S-M-C-R모형

첫째, 교수-학습과정의 정보원(source, 송신자)과 수신자(receiver), 즉 교수자와 학습자에는 통신기술(communication technology), 태도, 지식, 사회체제, 문화양식의 5가지 하위요인이 포함된다.

둘째, 정보(message)에는 정보의 요소, 구조, 내용, 처리, 암호화(coding)의 5가지 하위요인이 포함된다.

셋째, 매체(channel)에는 시각, 청각, 촉각, 미각, 후각의 5가지 하위요인이 포함된다.

③ 통신이론의 적용
- Shannon & Schramm(1964)에 의하면, 효과적인 교육통신은 교수자의 경험의 장과 학습자의 경험의 장이 서로 중첩되었을 때 가능하다. 교수자와 학습자에 의한 경험의 장이 중첩되지 않는다면 정보의 일부만 학습자에게 전달되고 수용된다.

  그러므로 교사는 학생들과 공유하는 경험의 장을 확장하기 위하여 수업 전에 학생들에게 학습내용에 대한 요약을 제공하거나 학생들이 학습내용을 소화할 수 있도록 사전학습을 시키고, 수업 후에는 학습내용을 반복적으로 연습시키는 사후학습을 실시해야 한다.
- 교육현장에서의 피드백은 학급토의, 학생면담, 시험결과, 숙제점검, 얼굴표정, 몸짓(gesture), 자세(posture) 등이 포함되는데, 피드백의 가치는 교사가 의도한 대로 수업이 이루어졌는지의 효과성여부를 판단하는 근거가 된다. 그리고 학습현장에서 발생하는 잡음, 즉 교실 안의 혼탁한 공기와 잘못된 조명, 교실 밖의 소음, 학생의 잡담 등을 제거해야 한다.

논점11 시청각교육통신 : 초기 체제이론의 도입

① Finn의 검은상자(black box)모형
- 체제(system)란 공동의 목적을 달성하기 위하여 상호작용하는 구성부분들로 이루어진 조직체를 의미한다. 각 구성부분들은 상호의존적·상호보완적·상호작용적 관계에 있다. 체제는 구성부분의 개별성을 인정하면서도 공동의 목적을 향하여 질서정연하게 움직이는 결합체로서 전체성을 지니고 있다. 체제는 구성부분들의 기능이 전체로 결합되는 과정에서 일정한 형태를 갖게 되는데, 그 형태는 전체로서 환경과 상호작용한다.

  교육공학에 적용된 초기 체제개념은 체제를 산물로 보았다. 그러나 시청각교육에서와 같이 고립된 산물이 아니라 완전한 수업을 제공할 수 있도록 조직되고 통합된 산물로서의 개념이다. 초기 체제이론은 유기체의 내부과정을 중시한 신행동주의의 S-O-R모형의 영향을 받은 것이다.

- Finn(1961)의 검은상자(black box)모형은 교수-학습과정을 다양한 교수방법으로 조직되고 통합된 체제로 간주하였다.

  교수-학습체제의 구성요소에는 전통적 집단수업방식, 소집단수업방식, 개별수업방식, 교수기계(teaching machine)를 이용한 자동적 학습방식, 창조적 학습방식 등이 포함되는데, 이것을 상황에 따라 통합적으로 활용함으로써 교수-학습체제의 효율성을 증가시킬 수 있다고 지적하였다. 여기서 검은상자(black box)는 내부구조를 알 수 없어도 자극(투입)을 조정함으로써 어떤 반응(산출)을 얻을 수 있다는 학습심리학적 개념이다.

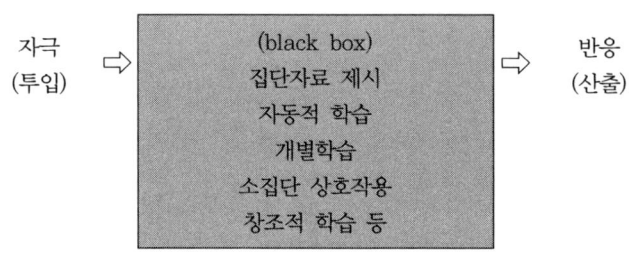

▶ Finn의 검은상자(black box)모형

② 체제이론의 적용

첫째, 교육공학의 기본단위는 개별적인 교수매체가 아니라, 통합된 교수-학습체제이다. 둘째, 개별적인 교수매체는 교사의 보조물이 아니라, 통합된 교수-학습체제의 구성요소로 간주해야 한다. 셋째, 교수-학습체제를 구성하기 위해서는 사전에 교수전략의 통합적인 활용을 일관성있게 계획해야 한다. 넷째, 또한 교수매체와 자료의 사용도 교수목표를 기준으로 일관성있게 계획해야 한다.

논점12 시청각교육통신의 교육적 의의

① 시청각교육통신의 개념

시청각교육통신은 교육의 이론과 실천으로써 교수-학습과정을 통제하는 각종의 정보를 고안하고 이용하는 분야이다. 통신개념과 체제개념의 도입으로 형성된 시청각교육통신의 교수-학습이론은 유기체의 내부과정을 중시한 신행동주의 S-O-R모형에 바탕을 두고 있다.

② 시청각교육통신의 교수-학습이론
- Ely, Finn 등(1963)에 의하면, 시청각교육통신체제의 교수-학습과정을 모형으로 나타내면 다음과 같다.

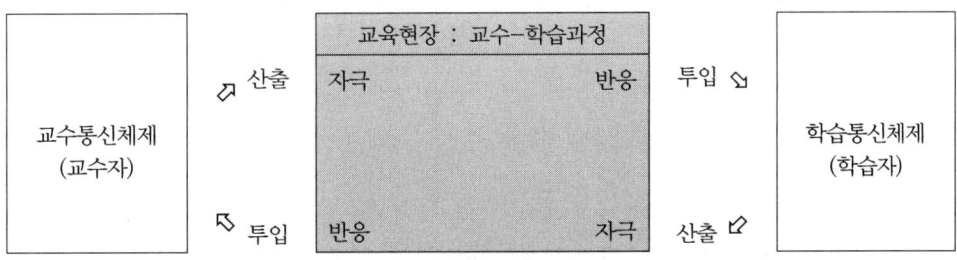

▶ 시청각교육통신체제의 교수-학습과정

그런데 교수자는 학습자의 학습효과를 극대화하기 위해 통신매체를 시청각매체로 활용하여 그 통신매체를 교수-학습과정과 연결시키고 있다. 여기서 시청각교육통신체제는 교수-학습과정 전체체제 속의 하위체제로 본다. 시청각교육통신체제의 목적은 교육현장에 투입되는 정보를 고안하고 사용하는 것이다.

- 이러한 시청각교육통신체제를 구성하는 5가지 요소는 다음과 같다.
  - 정보(message) : 학습자에게 제시된 정보로써 학습내용이며, 기호로 표시된다.
  - 매체-도구(channel-instrument) : 정보를 전달하는 기계·기구(=교구)이다.
  - 방법(method) : 정보를 효과적으로 제시하기 위한 절차와 기술이다.
  - 인사요원(staff) : 학습내용을 제작하거나 전달하는데 협력하는 시청각통신전문가, 기사 등이며, **교사는 제외**된다.
  - 환경(environment) : 교육현장을 시청각교육통신체제에 적합하게 조정, 통제한다.

③ 시청각교육통신의 특징
첫째, 시청각교육통신체제에서는 정보(message)의 선정은 다루지 않으며, 그것은 교육과정(curriculum)에 속한다. 즉, 시청각교육통신체제는 정보의 선정을 다루는 교육과정과는 별개의 체제이다. 둘째, 시청각통신전문가, 기사 등 인사요원은 교수-학습과정 전체체제 중에서 교육현장에만 관여한다. 셋째, 시청각교육통신체제의 어떤 요소를 고려할 때에는 학습자에 대하여 세심한 관심을 가져야 한다. 넷째, 시청각통신전문가, 기사 등이 제시한 정보는 학습자의 반응을 알 수 있도록 교육목표를 행동적으로 상세화해야 한다.

논점13 교수매체의 교수적 특성(Kemp & Smellie, 1989)

매체의 대리물(surrogates, 대용물)적 특성	매체의 인공물(artifacts)적 특성
• 매체가 교사의 대리물로 사용되는 경우, 수업의 전 과정에서 매체가 수업활동을 전적으로 떠맡는 역할을 한다.	• 매체가 교사의 인공물로 사용되는 경우, 교사와 매체는 전혀 다른 역할을 하게 된다. 즉, 교사는 학생의 학습활동을 총괄하고, 매체는 교사의 수업활동을 돕는 역할을 한다.
• 매체의 대리물적 특성은 수업을 매체에 적용하는 경향이 있다.	• 매체의 인공물적 특성은 매체를 수업에 적용하는 경향이 있다.
• 매체의 대리물적 특성은 매체의 기술적 완벽성을 추구하며, 다양한 매체보다는 최적의 매체를 지향한다. 또한 매체제작의 기술적 질을 강조한다.	• 매체의 인공물적 특성은 매체의 한계나 결함을 어느 정도 인정하고, 교수목표에 대한 지식을 추구한다. 또한 최적의 매체보다는 다양한 대안적 매체를 수용한다.
• 매체의 대용물적 특성은 지역 자체에서 매체제작의 기술적 완벽성을 추구하며, 중앙의 기술적 보조의 필요성만 강조한다.	• 매체의 인공물적 특성은 매체제작에 있어서 교사와 학생들이 공동으로 노력할 것을 강조하고, 기술적 완벽성은 덜 추구한다.

논점14 교수매체의 기능적 특성

- 고정성

  고정성은 어떤 사물이나 상황을 포착하여 보존, 저장하는 것이다. 예를 들면, 사진과 그림, 비디오테이프·비디오디스크 등으로 특정 사물이나 상황을 고정화하는 것이다.

- 조작성

  조작성은 특정 사물이나 사건을 여러 가지 방법으로 변형시키는 것을 말한다. 예를 들면, 꽃이 피는 모습이나 동물이 움직이는 모습을 보통의 속도로 촬영하여 느리게 또는 빠르게 재생시키는 방법이다.

- 확충성(확장성)

  고정성이 특정 사물이나 사건을 시간을 초월하여 전달하는 것인데 비해, 확충성(확장성)은 공간을 확대하여 어떤 사물이나 사건에 대한 경험을 여러 사람들에게 제공하는 것이다. 예를 들면, 특정 사물이나 사건을 여러 사람들에게 제공하여 공동으로 경험하게 하는 방법이다.

논점15 교수매체의 기능

① 교수활동의 매개기능
교사가 학습자를 지도할 때 교수활동의 보조수단(매개수단)으로 교수매체를 사용하여 학습효과를 높이는 기능이다.

② 정보·지식의 전달기능
교사와 학습자간 또는 학습자 상호간에 정보와 지식을 신속하고 정확하게 전달하여 학습효과를 높이는 기능이다.

③ 학습경험의 구성기능
지식과 기능을 습득하기 위해 기계·기구를 사용하는 기능이다. 여기서 교수매체 자체는 학습경험을 포함하고 있으며, 또한 지식과 기능을 습득하기 위한 대상이 된다.

④ 교수기능
교수매체를 활용하여 학습자의 지적 능력을 개발하는 것이다.

⑤ 학습기능
교수매체를 활용하여 학습자가 과제를 분석하고 이해하는 능력을 배양하는 것이다.

논점16 교수매체의 효과(Kemp & Smellie, 1989)

- 수업의 표준화가 가능하다.
- 수업의 질을 개선할 수 있다.
- 학습흥미, 학습동기를 유발한다.
- 시간의 경제성을 확보할 수 있다(예 : 집단학습지도).
- 비동시적 학습을 촉진한다(예 : 원격교육, 사이버교육).
- 양방향적 학습을 촉진한다.
- 교사의 수업태도를 변화시킬 수 있다.
- 학생의 학습태도를 변화시킬 수 있다.

논점17 교수매체의 선정 및 활용

① 교수매체 선정의 기본요소
- 학습자(학습자특성)
  학습자(학습자특성)는 수업매체를 선정하는 중요한 변인이 된다. 학습자의 제반 특성에 따라 사용되는 수업매체는 달라진다. 따라서 수업매체를 선정할 때는 학습자의 연령, 지능, 요구와 관심, 흥미, 학습양식 등을 고려할 필요가 있다.
- 학습목표(학습과제)
  학습목표(학습과제)는 수업매체를 선정하는 중요한 변인이 된다. 학습목표를 사회에 둘 것인가, 교과(지식)에 둘 것인가, 학습자에 둘 것인가에 따라 수업매체의 사용은 달라진다. 즉, 특수한 학습목표를 성취하기 위해 어떤 수업매체가 필요한가하는 것은 달라진다.
- 학습환경(학습사태)
  학습자나 수업목표 등에 의해 결정되는 수업환경(수업사태)은 수업매체를 선정하는 중요한 변수가 된다. 예를 들면, Gagné가 제시한 수업사태는 주의집중의 유도 → 학습목표의 제시 → 선수학습요소의 재생 유도 → 자극(학습자료)의 제시 → 학습지도 → 수행의 유도 → 피드백의 제공 → 수행의 평가 → 파지와 전이의 유도 등 9단계를 거친다. 이러한 일련의 수업사태의 흐름에 따라 수업매체를 찾아내야 한다.
- 매체(자료)의 난이도 등
  그리고 매체(자료)의 난이도, 매체의 적절성, 매체의 경제성, 매체의 질적 양호도 등은 수업매체 선정의 기본요소라고 한다.

② Heinich 등의 ASSURE모형
  교수매체의 선정 및 활용에 관한 모형으로 Heinich 등(1996)이 제시한 ASSURE모형이 있다. 이것은 학습자의 분석(A) → 목표의 진술(S) → 매체와 자료의 선택(S) → 매체와 자료의 활용(U) → 학습자의 참여유도(R) → 평가와 수정(E)의 6단계를 나타내는 두문자(頭文字)를 합성한 것이다.
- 학습자의 분석(Analyze)
  학습자의 제반 특성을 분석하는 단계이다.
  첫째, 연령, 학력, 지위, 지능, 흥미 등 학습자의 일반적 특성을 분석한다. 둘째, 선수학습지식 등 학습자의 출발점행동을 분석한다. 셋째, 학습양식 선호도를 분석한다. 넷째, 이를 토대로 심화·보충지도를 한다.

- 목표의 진술(State)

    구체적 목표를 진술, 분석하는 단계이다. 흔히 Mager의 행동적 목표진술방식인 조건(상황)-준거(수락기준)-도달점행동(성취행동)이 활용되고 있다.

    첫째, 학습자의 행동으로 나타날 수 있도록 진술한다. 둘째, 학습자의 행동은 관찰과 측정이 가능한 행동결과(성취행동)로 진술한다. 셋째, 학습자의 행동이 나타난 수 있는 조건(상황)을 진술한다. 넷째, 학습목표의 달성여부를 판단할 수 있는 준거(수락기준)를 진술한다.

- 매체와 자료의 선택(Select)

    학습자에 대한 분석과 진술된 목표를 바탕으로 이에 적합한 교수방법, 교수매체와 자료 등을 선택하는 단계이다.

    첫째, 어떤 매체와 자료를 사용할 것인지를 결정한다. 둘째, 기존 매체와 자료에서 사용할 수 있는 자료를 선택한다. 셋째, 기존 매체와 자료를 수정한다. 넷째, 새로운 매체와 자료를 제작한다.

- 매체와 자료의 활용(Utilize)

    실제의 수업에서 교수매체와 자료 등을 활용하는 단계이다.

    첫째, 매체와 자료가 수업목표에 적합한지를 검토한다. 둘째, 수업활동을 지원하기 위한 매체와 자료를 준비한다. 셋째, 매체와 자료를 사용하는데 알맞은 환경을 준비한다. 넷째, 매체에 관한 정보를 제공한다.

- 학습자의 참여유도(Require)

    학습자의 능동적이고 자발적인 참여(반응)를 유도하는 단계이다.

- 평가와 수정(Evaluate)

    수업이 종료된 후에 매체와 자료의 활용이 수업목표의 성취에 어느 정도 효과가 있었는지를 평가하고 수정·보완하는 단계이다.

    첫째, 수업목표의 성취에 대한 평가를 한다(예 : 총괄평가). 둘째, 수업과정 자체에 대한 평가를 한다(예 : 형성평가). 셋째, 수업방법, 수업매체와 자료 등에 대한 평가를 한다. 넷째, 이를 토대로 피드백을 제공한다.

논술 모의고사 6-1

- 이 예상문제는 주요대학 교재를 분석·통합하여 저작되었으며, 〈저작권법〉에 따라 무단 복제, 배포, 출판 및 전자출판 등 저작권을 침해하는 일체의 행위를 금지합니다.

다음은 교육공학의 의미 3가지와 교육공학의 정의를 제시한 내용이다. 이 내용을 바탕으로 교육공학의 특징을 3가지 이상 설명하고, 교육공학의 설계, 개발 및 평가 영역을 각각 설명하시오. 그리고 교육공학의 효과에 대하여 3가지 이상 논하시오. [총20점]

> (가) 교육에서의 공학 내지 교육적 공학이란 산물(products)로서의 공학을 의미하며, hardware-software 2가지 요소만 포함한다. 교육에서의 공학은 지식과 기능을 가르치기 위한 수단으로서 교육에 도입되는 모든 시청각매체를 의미한다. 따라서 각종의 시청각매체가 교육적 필요에 따라 단편적으로 채택되어 활용되는데, 이를 시청각교육이라고 한다. 학습자의 제반 특성을 고려하지 않을 뿐만 아니라 학습자가 어떻게 학습하고 있는지를 고려하지 않는다. 또한 시청각매체 자체의 기술적 특성이 교수매체 선정의 가장 중요한 기준이 되기 때문에 학습자의 욕구와 관심 등을 중요시하지 않는다.
> 이 교육에서의 공학은 자연과학적/매체 개념의 공학이자 hardware로서의 공학, 교수로서의 공학이다. 이는 상대적 공학이라고도 하는데, 인간이 없는 교육공학으로 설명된다.
>
> (나) 교육의 공학이란 과정(process)으로서의 공학을 의미하며, hardware-software-사회과학지식 3가지 요소의 불완전한 적용을 포함한다. 교육의 공학은 교육의 전과정을 체계적으로 계획-실행-평가하는 것을 의미한다. 따라서 각종의 시청각매체를 교육적 필요에 의해 단편적으로 활용하는 것이 아니라 교육의 전과정을 하나의 체제로 보고, 체제의 유기적인 적합성에 근거하여 교수매체를 선정한다. 이는 시청각교육통신과 교수공학에 해당한다. 그래서 학습의 기본원리 및 학습자의 제반 특성에 근거하여 교수매체가 선정되고, 공학은 학습자를 위해 존재한다. 또한 시청각매체 자체의 기술적 특성뿐만 아니라 교육목표의 적합성이 교수매체 선정의 가장 중요한 기준이 된다. 이 교육의 공학은 행동과학적 개념의 공학이자 software로서의 공학, 학습으로서의 공학이다. 이는 구조적 공학이라고도 하는데, 인간을 도와주는 교육공학으로 설명된다.
>
> (다) 인간의 교육공학이란 산물로서의 공학, 과정으로서의 공학을 포괄하는 내용(contents)으로서의 공학을 의미한다. hardware-software-사회과학지식 3가지 요소의 완전한 적용을 포함한다. 인간의 교육공학은 새로운 의미의 교육공학으로 현재의 교육공학에 해당한다.
> 이러한 인간의 교육공학은 인지과학적 개념의 공학을 포괄하는 대안적 교육공학, 인간적 교육공학이다. 이는 인간을 이해하는 교육공학으로 논의된다.
>
> (라) 미국교육공학회(AECT)에서는 교육공학을 '교수공학'으로 대치하여 정의하고 있다. Seels & Richey에 의하면, 교수공학은 '학습을 위한 과정(process)과 자원(resource)의 설계, 개발, 활용, 관리, 평가에 관한 이론과 실제'이다.

〈배 점〉

- 답안의 논리적 구성 및 표현 [총5점]
- 논술의 내용 [총15점]
  · 교육공학의 특징 설명 [3점]
  · 교육공학의 설계, 개발 및 평가 영역 설명 [9점]
  · 교육공학의 효과 논의 [3점]

논술 모의고사6-1 기본답안

I. 서설

교육공학의 의미는 교육에서의 공학, 교육의 공학, 인간의 교육공학으로 전개되어 왔다. 인간의 교육공학은 새로운 의미의 교육공학으로 현재의 교육공학에 해당하며, 인간을 이해하는 교육공학으로 논의된다. Seels & Richey에 의하면, 교수공학은 '학습을 위한 과정(process)과 자원(resource)의 설계, 개발, 활용, 관리, 평가에 관한 이론과 실제'이다.

다음에서는 교육공학의 특징을 설명하고, 교육공학의 설계, 개발 및 평가 영역을 각각 설명한 다음, 이어서 교육공학의 효과에 대하여 논의하고자 한다.

II. 교육공학의 특징

첫째, 교육공학은 학습의 과정과 결과에 영향을 주는 것을 목적으로 한다. 학습자의 인지구조가 변화하는 학습이 실제 이루어지도록 하는데 관심이 있다. 둘째, 교육공학은 학습을 위한 과정(process)과 자원(resource)을 모두 포함한다. 학습이 이루어지는 일련의 과정을 연구·개발하면서 동시에 그 과정의 산물인 매체와 자료, 환경 등 자원을 연구·개발한다. 셋째, 교육공학은 학습문제를 해결하기 위하여 지식을 적용하는 분야이며, 실제에 적용되는 지식을 생성하는 이론이다. 다양한 연구와 경험으로부터 체계화된 지식과 이론, 모형을 만들어내며, 이러한 지식과 이론을 실제의 학습문제를 해결하는데 적용한다.

III. 교육공학의 설계, 개발 및 평가 영역

1. 설계 영역

설계는 특정한 교육문제를 해결하기 위해서 다양한 규범적·처방적 활동을 계획하는 것이다. 설계 영역은 교수체제 설계-메시지 설계-교수전략 설계-학습자특성 설계 4가지로 구성되어 있다.

교수체제 설계는 교수-학습과정을 하나의 체제로 가정하고 이를 체제접근에 의거하여 설계하는 과정이다. 일반적으로 체제적 교수설계는 분석(A) → 설계(D) → 개발(D) → 실행(I) → 평가(E)의 5단계에 따라 진행된다. 메시지 설계(message design)는 주의, 지각 등과 관련된 인지과학적 원리에 기초하여 송신자와 수신자 사이의 통신에 직접 관계되는 메시지를 매체로 설계하는 과정이다.

교수전략 설계는 교수사태를 선택하고, 메시지를 계열화하는 교수방법이다. 학습자특성 설계는 교수-학습과정에 영향을 미치는 연령, 지능, 동기, 가정배경, 선수학습지식 등과 같은 학습자특성변인이다.

2. 개발 영역

개발은 매체를 이용하거나 제작하여 메시지를 전달하는 과정이다. 개발 영역은 인쇄공학 개발-시청각공학 개발-컴퓨터기반공학 개발-통합공학 개발 4가지로 구성되어 있다.

인쇄공학 개발은 교재, 그림과 사진 등과 같은 매체와 자료를 제작하고, 메시지를 전달하는 방법을 말한다. 시청각공학 개발은 슬라이드·영화·OHP·라디오·TV 등 시청각매체를 이용하여 자료를 제작하고, 메시지를 전달하는 방법을 말한다.

컴퓨터기반공학 개발은 컴퓨터를 이용하여 자료를 제작하고, 메시지를 전달하는 방법을 말한다. 예를 들면 컴퓨터보조학습(CAI), 컴퓨터관리학습(CMI) 등이 있으며, 최근의 컴퓨터매개통신(CMC), 웹기반수업(WBI)도 이에 속한다. 통합공학 개발은 컴퓨터를 활용하여 여러 가지 유형의 매체를 통합하고, 메시지를 전달하는 방법을 말한다. 그런데 통합공학 개발은 컴퓨터, 멀티미디어를 포괄하는 개념이다.

3. 평가 영역

일반적으로 교육평가는 학습자의 학업성취도 측정과 교육프로그램의 효과 측정 중에서 전자에 중점을 두고 있다. 그러나 교육공학에 있어서 평가는 후자, 즉 교육프로그램의 효과를 분석하는데 중점을 두고 있다. 평가 영역은 문제분석-준거지향측정-형성평가-총괄평가 4가지로 구성된다.

문제분석은 요구를 확인하여 교육적으로 해결할 수 있는 것인지를 검토하고, 과정과 자원을 고려하여 목표와 그 우선순위를 결정하는 것이다. 준거지향측정은 사전에 설정된 목표에 비추어 학습자의 성취도를 측정하는 것이다. 형성평가는 교수프로그램을 설계·개발하는 과정에서 의도한 결과를 확인하고 교육프로그램을 수정·보완하기 위해 실시되는 평가이다. 총괄평가는 교수프로그램을 실행한 후에 그 가치와 유용성을 결정하기 위해 실시되는 평가이다.

IV. 교육공학의 효과

첫째, 학습의 개별화이다. 정보통신기술을 이용하면 개인차를 고려한 학습의 개별화, 학습의 다양화가 가능하다. 둘째, 학습의 직접화와 즉시화이다. 컴퓨터, 멀티미디어, 인터넷 등을 활용하여 역동적인 학습경험을 제공함으로써 학습의 직접화가 가능하다. 또한 학습경험을 있는 그대로 사실적으로 제공함으로써 학습이 즉시화가 가능하다. 셋째, 비동시적 학습이다. 교육공학을 활용하면 누구든지 언제나 어디서나 원하는 학습을 할 수 있다. 즉, 컴퓨터, 멀티미디어, 인터넷 등을 활용하면 시·공간을 초월한 학습이 가능하다. 원격교육, 사이버교육이 그 예이다.

V. 결어

교육공학은 설계, 개발, 활용, 관리, 평가 영역을 모두 포함한다. 학습에 영향을 주기 위한 과정과 자원을 설계하거나 개발하고, 개발된 매체와 자료 등을 활용하며 또 관리한다. 그리고 다양한 평가를 실시한다. 그 중 설계 영역은 교수체제 설계-메시지 설계-교수전략 설계 등 4가지로 구성되어 있다. 개발 영역은 인쇄공학 개발-시청각공학 개발-컴퓨터기반공학 개발 등 4가지로 구성되어 있다. 평가 영역은 문제분석-준거지향측정-형성평가 등 4가지로 구성된다. 교육공학의 효과는 특히 상호작용적 학습이다. 교육공학을 활용하면 교사와 학습자간, 학습자와 학습자간의 양방향적 학습이 가능하다.

제7장

교육연구법

논점1 교육연구의 목적

교육연구의 목적은 계획된 방향으로 인간행동의 변화를 보다 더 효과적으로 이루어질 수 있도록 하는데 필요한 원리와 법칙, 이론 등이 무엇인가를 찾아내는 것이다. 이러한 원리와 법칙, 이론 등을 통해 사상(事象)을 기술 → 설명 → 예언 → 통제하는데 교육연구의 목적이 있다. 이것은 과학적 탐구의 목적이라고 할 수 있는데, 과학적 탐구의 목적은 사상(事象)을 기술 → 설명 → 예언 → 통제하는데 있다.

기술(description)은 어떤 사실이나 현상에 대해 관찰한 사실을 있는 그대로 기록, 서술하는 것이다. 기술이 무엇(what)에 해당하는 사실에 초점을 두는 것이라면, 설명(explanation)은 왜(why)에 해당하는 의문에 대답하는 것으로 어떤 사실이나 현상의 원인이나 사실의 근거를 찾아내는 것이다. 설명이 인과관계를 밝혀내는 것이라면, 예측(prediction)은 원리와 법칙, 사실에 관한 진술로부터 어떤 사실이 일어나기 전에 그 사실을 이끌어내는 것이다. 통제(control)는 어떤 사실이나 현상의 원인 또는 조건을 조작하여 인위적으로 그 사실이나 현상을 일어나게 하거나 혹은 일어나지 않게 하는 것이다.

논점2 양적 연구와 질적 연구

① 양적 연구
- 개념
  양적 연구는 수량화된 자료를 바탕으로 통계적 방법을 사용하여 과학적 지식을 발견할 수 있다고 주장한다. 실증주의적 패러다임 혹은 합리주의적 패러다임에 근거하고 있으며, Comte, Spencer, Durkheim 및 Thorndike 등이 대표자이다.
  실증주의적 패러다임은 사회과학과 자연과학의 연구대상은 달라도 연구방법은 같아야 한다는 '방법론적 1원론(=방법론적 자연주의)'을 고수한다. 또 자료를 수집하기 전에 가설을 설정한다. 즉, 연역적 방법으로 가설을 설정한다.
- 특징
  첫째, 감각적 경험에 인식의 토대를 둔다. 둘째, 현상간의 관계를 파악한다. 셋째, 현상을 지배하는 법칙을 발견한다. 넷째, 자연과학적 연구방법을 적용한다(예 : 요인분석). 다섯째, 다수의 표본을 연구대상으로 탐구한다. 여섯째, 소수의 변인만을 고려하고 외생변인을 통제한다.
이러한 주장은 객관성, 검증가능성 및 가치중립성이라는 특징으로 요약된다. 실증주의적 패러다임은 본질적으로 수량적, 계량적이므로 **양적 연구**라고도 한다. 따라서 기술적 연구(예 : 조사연구), 실험적 연구(실험법), 인과-비교연구(사후연구) 등은 양적 연구에 속한다.

② 질적 연구
- 개념

  질적 연구는 간주관적(상호주관적) 이해에 바탕을 두고 현상을 자연 그대로의 상태에서 연구해야 한다고 주장한다. 자연주의적 패러다임 혹은 인본주의적 패러다임에 근거하고 있으며, Weber가 대표자이다. 자연주의적 패러다임의 인식론적 기초가 된 것은 현상학·해석학, 실존주의, 자연주의 및 사회행위발생학 등이다.

  자연주의적 패러다임은 사회과학과 자연과학의 연구대상이 다르므로 연구방법도 달라야 한다는 '방법론적 2원론(=후기실증주의)'을 주장한다. 또 자료를 수집하기 전에 가설을 미리 설정하지 않는다. 즉, 귀납적 방법으로 가설을 도출한다.

- 특징

  첫째, 연구대상을 연구자의 관점으로 관찰한다. 셋째, 기술적이고 해석적으로 자료를 분석한다. 셋째, 현상을 상황과 맥락 속에서 이해한다(예 : 총체분석). 넷째, 소수의 표본을 연구대상으로 탐구한다. 다섯째, 다수의 변인을 고려하고 외생변인을 통제하지 않는다.

  이러한 주장은 간주관성(상호주관성) 및 가치지향성이라는 특징으로 요약된다. 자연주의적 패러다임은 **질적 연구**, '현장에 근거한 이론' 또는 문화기술적 연구라고도 하며, 연구자의 주관적 성격이 강하다. 그 연구방법은 주로 역사연구, 사례연구, 현장연구를 비롯하여 민속방법론, 참여관찰법, 심층면접법 등이 사용된다.

논점3 기술적 연구과 실험적 연구, 현장연구(김종서 외, 2002)

① 기술적 연구

어떤 변인을 조작하는 과정을 관찰하지 않고, 사상(事象)을 있는 그대로 기술하고 해석하는 연구방법을 말한다. 그 연구방법으로는 조사연구, 발달연구, 사례연구, 현장연구, 상관연구 등이 있다.

② 실험적 연구

가설의 합리성을 검증하기 위하여 어떤 변인을 조작하여 나타나는 변화를 관찰하고 분석하는 연구방법을 말한다. 그 연구방법으로는 실험실실험과 현장실험이 있다.

③ 현장연구

교육실천의 개선을 목적으로 교사가 현장의 문제를 중심으로 실험적 연구를 하지만, (조건의 통제를 거의 하지 않고) 연구의 처음부터 실천과 개선을 강조하는 연구방법을 말한다. 널리 기술적 연구로 분류되는 현장연구는 대표적인 질적 연구방법이다.

논점4 실험적 연구 : 변인과 조건의 통제

① 독립변인과 종속변인

변인은 연구대상에 영향을 주는 모든 조건으로, 독립변인과 종속변인으로 구분된다. 독립변인은 실험설계에 의해 도입되는 환경요인, 즉 실험변인을 말하고, 종속변인은 독립변인에 따라 예언된 유기체의 행동변화를 말한다.

예를 들면, 시청각 교구를 사용하면(독립변인) 학습효과가 증진될 것이다(종속변인).

② 실험집단과 통제집단, 실험적 처치

어떤 실험적 조건을 조작하여 유기체의 행동변화를 관찰하기 위한 집단을 실험집단, 아무런 실험적 조건을 조작하지 않고 실험집단과의 차이를 비교하기 위한 집단을 통제집단(비교집단)이라고 한다. 여기서 실험적 조건을 조작하는 것은 독립변인을 조작하는 것으로, **실험적 처치**라고도 한다.

예를 들면, 시청각 교구를 사용하면 학습효과가 증진될 것인지에 관한 실험연구에서 두 집단간의 차이를 비교하고자 한다. 즉, 한 집단에는 시청각 교구를 사용하고(실험집단 : 실험적 처치), 다른 집단에는 시청각 교구를 사용하지 않거나 전통적 방법으로 지도하였다(통제집단).

③ 변인과 조건의 통제

변인의 통제 내지 조건의 통제란 실험집단과 통제집단의 독립변인 이외의 모든 자극변인을 동일하게 해주는 것이다. 즉, 독립변인 이외의 모든 자극변인을 제거하거나 동등하게 하는 것이다. 일반적으로 실험적 연구에서는 독립변수는 1~2개이고, 다른 자극변수는 통제된다.

독립변수는 독립자극변수, 그 이외의 자극변수는 관련자극변수라고 한다. 종속변수는 종속반응변수, 그 이외의 반응변수는 관련반응변수라고 한다. **가설검증**이란 실험집단의 종속변수와 통제집단의 종속변수간의 차이를 비교하는 것이다. 즉, 실험적 처치의 효과를 평가하는 것이다. 예를 들면, 시청각 교구를 사용하면 학습효과가 증진될 것인지에 관한 실험연구에서 두 집단간의 차이를 비교하고자 한다. 즉, 한 집단에는 시청각 교구를 사용하고, 다른 집단에는 시청각 교구를 사용하지 않거나 전통적 방법으로 지도하였다. 여기서 시청각 교육의 사용(독립변수)과 전통적 방법의 사용(독립변수) 이외의 학생의 질, 교사의 질, 숙제의 분량 등을 동일하게 해야 한다(변수와 조건의 통제 : 외생변수의 통제).

이제 실험집단의 행동변화의 차이와 통제집단의 행동변화의 차이를 비교하고, 이 차이를 실험적 처치의 효과라고 결론짓는다(가설검증).

④ 외생변인의 통제

실험설계에서는 외생변인의 영향을 최소화하거나 제거해야 한다. 이러한 외생변인을 통제하는 방법은 다음과 같다.

첫째, 무선화를 이용한다. 피험자와 실험적 조건을 실험집단과 통제집단에 무선표집, 무선배치한다. 둘째, 외생변인을 제거한다. 외생변인이 될 수 있는 변인을 제거하거나 외생변인이 될 수 있는 변인을 동등하게 한다. 셋째, 외생변인을 독립변인으로 취급한다. 외생변인을 하나의 독립변인으로 취급하여 실험설계에 포함시킨다. 넷째, 대응(짝짓기)을 이용한다. 외생변인의 영향을 동등하게 받을 수 있는 실험집단과 통제집단을 선정한다(예 : 쌍생아연구). 다섯째, 상쇄를 이용한다. 피험자를 바꾸거나 실험적 처치의 순서를 바꾸어 실시한다.

논점5 실험적 연구 : 실험설계의 타당도

① 의의

- 실험설계를 계획할 때는 실험설계의 타당도를 위협하는 여러 요인들을 고려하여 실험결과의 내적 타당도와 외적 타당도를 높여야 한다.

  내적 타당도는 독립변인과 종속변인간의 인과관계를 의미하는 것으로, 실험적 처치가 실제로 실험결과를 가져오는가의 문제이다. 실험설계의 통제에 영향을 미치는 모든 조건은 내적 타당도의 문제가 되는데, 특히 외생변인(가외변인)의 통제여부에 좌우된다. 외적 타당도는 실험결과의 대표성을 의미하는 것으로, 한 실험결과를 다른 실험상황이나 실험대상에 어느 정도 일반화시킬 수 있는가의 문제이다.
- 이 2가지의 타당도는 상호배타적 관계에 있다. 즉, 내적 타당도가 높은 실험결과는 외적 타당도가 낮고, 외적 타당도가 높은 실험결과는 내적 타당도가 낮다. 그러나 원칙적으로 내적 타당도가 낮은 실험결과에 대해서는 외적 타당도를 논할 필요도 없다.

② 내적 타당도를 저해하는 요인

역사(history)	실험이 진행되는 도중에 일어난 특수한 사건으로, 예기치 못했던 사건이 실험결과에 미치는 영향(예 : 우발적 사건의 발생)
피험자의 선정(selection)	실험집단과 비교집단 사이에 피험자의 동질성이 결여됨으로써 실험결과가 다르게 나타나는 경향(예 : 무선표집×, 무선배치×)
피험자의 성숙(maturation)	시간의 경과에 따라 나타나는 피험자의 내적 변화가 피험자의 반응에 주는 영향(예 : 피로의 증가, 흥미의 감소)
피험자의 선정과 성숙간의 상호작용(selection-maturation interaction)	실험집단과 비교집단 사이에 피험자의 선정과 피험자의 성숙이 상호작용하여 실험결과가 다르게 나타나는 경향(예 : 도시지역 학생들과 농촌지역 학생들 사이의 학습속도 차이)
검사의 경험(testing)	피험자의 사전검사를 받은 경험이 사후검사에 주는 영향(예 : 기억효과, 연습효과)
피험자의 실험적 탈락(experimental mortality)	피험자가 실험상황에 참여하지 못함으로써 실험결과에 미치는 영향(예 : 피험자의 중도포기)
통계적 회귀(statistical regression)	극단적인 점수를 받은 피험자를 선발하는 경우에 일어나기 쉬운 통계적 현상으로, 처음에 점수가 아주 높은 학생들이나 아주 낮은 학생들을 선발하여 실험처치를 하고, 다음에 그 학생들을 대상으로 실험처치를 하는 경우에 실험결과가 다르게 나타나는 경향(예 : '평균으로의 회귀')
측정도구의 사용(instrumentation)	측정도구의 변화, 실험자나 채점자의 변화가 실험결과에 미치는 영향(예 : 신뢰도의 결여, 객관도의 결여)

③ 외적 타당도를 저해하는 요인

실험상황에 대한 반동효과/실험참여에 대한 반동효과	실험상황과 일상생활상황 사이에 동질성이 결여됨으로써 실험처치의 결과가 다르게 나타나는 경향/피험자 자신이 실험상황에 참가하고 있다는 사실을 인식함으로써 실험처치의 결과가 다르게 나타나는 경향(예 : Hawthorne효과)
중다실험처치에 의한 간섭효과	한 피험자가 여러 가지 실험처치를 받는 경우에 이전의 처치에 의한 경험이 이후의 실험처치를 받을 때까지 계속됨으로써 실험결과가 다르게 나타나는 경향
사전검사와 실험처치간의 상호작용효과	사전검사의 실시로 인해 실험처치에 대한 피험자의 관심이 증가(감소)함으로써 실험결과가 다르게 나타나는 경향
피험자의 선정과 실험처치간의 상호작용효과	피험자의 선발(유형)에 따라 실험처치의 결과가 다르게 나타나는 경향

논점6 교육연구의 절차

일반적으로 가설-귀납적 연구의 절차는 연구문제의 선정 → 연구문제의 분석 → 가설의 형성 → 연구설계 → 측정도구의 제작 → 표집 → 자료의 수집 → 자료의 분석 → 결과의 평가 → 결과의 보고라는 단계를 거친다.

① 연구문제의 선정

연구의 가치는 연구문제가 얼마나 의의가 있느냐에 의하여 결정된다. 연구문제를 선택하는 데는 다음과 같은 일반적인 기준이 있다.
- 연구문제는 새로운 결론이 예측되어야 하며 중복이 되는 것은 피해야 한다.
- 연구문제는 그 분야에서 의의가 있고 중요한 것이어야 한다.
- 연구문제는 현실적으로 수행이 가능한 것이어야 한다.

② 연구문제의 분석

선정된 연구문제가 어떠한 문제인가를 관련된 문헌 등을 통해 파악한다. 연구문제를 분석하는 데는 다음과 같은 사항이 중요시된다.
- 연구문제에 포함되어 있는 것을 비교, 분석한다.
- 연구문제와 관련된 문헌이나 선행연구를 고찰한다.
- 이와 같은 과정을 통해 가설형성의 근거를 마련한다.

③ 가설의 형성

연구를 통해 얻어질 결과를 잠정적으로 예언하는 과정이다. 가설은 상상이나 추측에 의해 설정되는 것이 아니다. 가설을 설정하기 위해서는 다음과 같은 사항이 중요시된다.
- 문헌에 대한 고찰, 선행연구의 결과, 관련된 사실 등에 근거하여 가설을 형성한다.
- 가설은 변인간의 관계를 진술하되, 경험적으로 검증할 수 있어야 한다.
- 기존의 원리와 법칙, 이론을 체계적으로 분석하고, 이론적으로 연역하는 과정을 거쳐 가설을 형성한다.

④ 연구설계(조사설계)

설정된 가설을 검증하기 위하여 각종의 연구계획을 수립하는 과정이다. 연구계획에는 연구실행계획, 연구실험계획, 가설검증계획, 가설평가계획 등이 포함된다. 이와 같은 연구설계에서는 다음과 같은 사항이 정해져야 한다.

- 연구대상의 선정과 표집 등을 정한다.
- 검사상황, 검사절차를 정한다.
- 검사방법, 검사도구를 정한다.
- 검증방법, 평가방법을 정한다.

⑤ 실행/실험 : 측정도구의 제작 → 표집 → 자료의 수집

설정된 가설을 일정기간 동안 연구대상 개인이나 집단에 실제로 적용하여 실행한다.
- 측정도구의 타당도 · 신뢰도 · 객관도 등을 고려하여 최적의 측정도구를 제작한다.
- 표집방법은 무선표집방식이 대표적이다.
- 자료의 수집방법에는 관찰법, 면접법, 질문지법, 조사법, 검사법, 사회성측정법, 평정법, 투사법 등이 있다.

⑥ 가설의 검증 : 자료의 분석 → 결과의 평가

가설을 검증하기 위하여 수집된 자료를 분석, 종합하고 결과를 평가하는 과정이다.
- 자료의 분석은 연구문제의 해답을 얻기 위한 수단으로 연구목적에 따라 이루어진다. 변인간의 관계를 분석하기 위한 통계적 방법에는 요인분석, 상관분석, 회귀분석, 경로분석 등이 있다. 집단간의 차이를 비교, 분석하기 위한 통계적 방법에는 Z검증, t검증, F검증, x^2검증 등이 있다.
- 결과의 평가는 수집된 자료의 통계적 처리결과에 근거하여 객관적으로 해석함으로써 일반화한다.

⑦ 결과의 보고(연구보고서의 작성)

모든 과정의 연구보고서를 서면으로 작성한다.

제7-2장

교육통계학

논점1 측정치의 의의

① 개념

측정이란 사물의 특성이나 인간의 행동(특성)을 언어로 서술하는 것이 아니라, 수량으로 표시하는 것을 말한다. 예를 들어 어떤 사람의 키가 매우 크다고 말하는 것은 그 사람의 키를 서술한 것이고, 어떤 사람의 키가 190cm라고 말하는 것은 그 사람의 키를 수치로 표시한 것이다. 이와 같이 측정(measurement)은 사물의 특성이나 인간의 행동(특성)을 수치로 표시하는 활동이다.

② 특성
- 측정치는 한 대상의 특성이나 속성의 크기를 일정한 척도로 측정해서 얻은 수치를 말한다. 예를 들어 길이, 넓이, 무게, 부피나 시간과 같은 속성의 크기를 자, 저울, 시계 등으로 측정해서 얻은 수치이다.
- 측정치는 그 특성이나 속성이 연속적 수치이다. 그래서 항상 약수(略數)로 표시된다. 예를 들어 어떤 사람의 신장을 측정한 결과 175cm라고 하면, 그 사람의 신장은 정확히 175cm라고 할 수 없고 175cm 근처라고 하는 것이 더 타당하다. 왜냐하면 길이는 점의 연속이기 때문이다. 따라서 측정치 175cm는 174.5cm~175.5cm 사이를 말한다. 여기서 175cm를 표시된 최후의 단위 숫자, 174.5cm~175.5cm 사이를 측정치의 정확한계(exact limit) 또는 실한계(real limit)라고 한다.
- 측정치는 그 성질이 연속적 수치이기 때문에 항상 약수로 표시되어 반올림하는 경우가 있다. 그런데 꼭 중간의 수치는 5이다. 그래서 5보다 큰 수치는 반올림하고, 5보다 작은 수치는 버린다. 예를 들어 44.501을 소수점 첫째 자리에서 반올림하면 45가 되고, 44.499를 소수점 첫째 자리에서 반올림하면 44가 된다.

논점2 측정치의 종류 : 척도의 종류

① 명명척도(nominal scale)
- 개념

  사물을 분류하기 위하여 이름을 부여하는 척도이다. 즉, 어떤 사물에 임의적으로 수치를 부여한 것이다(예 : 운동선수의 배번, 주민등록증의 번호, 강의실의 번호 등). 남자를 1, 여자를 2로 표시하는 것, 서울특별시를 1, 부산광역시를 2, 경기도를 3으로 표시하는 것도 그 예이다.
- 특성
  - 그 특징은 일대일 변환으로 하나의 사물은 하나의 이름을 부여받는다.
  - 수치가 아무런 속성도 없고, 오직 사물을 분류하는 기능을 할 뿐이다.
  - 덧셈(加)·뺄셈(減)·곱셈(乘)·나눗셈(除)의 통계적 조작이 전혀 적용되지 않는다.
  - 그러므로 **최빈치**를 비롯하여 유목에 따른 사례수, 백분율의 계수, phi상관계수(φ), 유관상관계수(C) 등을 계산하는 것이 가능하다.

② 서열척도(ordinal scale)
- 개념

  사물의 등위(순위)를 나타내기 위하여 사용하는 척도이다. 즉, 어떤 사물을 그 속성의 크기에 따라 수치를 부여한 것이다(예 : 신장이나 체중의 크기에 따른 순위, 학업성적에 따른 석차 등). 한 집단의 학생을 신장의 크기에 따라 차례로 수치를 부여하는 것, 한 집단의 학생을 학력검사의 점수(학업성적)에 따라 석차를 매기는 것이 그 예이다.
- 특성
  - 그 특징은 단조증가함수 또는 단조감소함수로 측정단위의 동간성이 없다.
  - 수치가 분류와 서열성을 갖추고 있으며, 단지 순위를 나타낸다.
  - 덧셈(加)·뺄셈(減)·곱셈(乘)·나눗셈(除)의 통계적 조작이 적용되지 않는다.
  - 그러므로 **최빈치와 중앙치**를 비롯하여 백분위점수, 4분편차, 등위상관계수(ρ, τ) 등을 계산하는 것이 가능하다.

③ 동간척도(interval scale, 등간척도)
- 개념

  일정한 동간성, 임의영점과 임의단위를 가지고 있는 척도이다. 측정단위가 똑같은 간격에 똑같은 단위를 부여한 것으로 동간성을 갖추고 있다(예 : 온도, 연령, IQ, 불쾌지수, 학력검사의 점수(학업성적) 등).

C온도 5°, 10°, 15°의 측정치가 있을 때, 10°-5°의 열량차와 15°-10°의 열량차는 같고, 10-5=15-10이 성립된다. 연령 10세, 20세, 30세, 40세, 50세가 있을 때, 20세-10세의 햇수와 50세-40세의 햇수와 같으며, 20-10=50-40이 성립된다.

- 특성
  - 임의영점이란 아무것도 없는 것(nothing)이 아니라 무엇이 있는데도 임의적으로 없는 것으로 합의한 어떤 것(something)을 의미한다. 임의단위란 어느 정도의 변화에 얼마나 수치를 부여한다고 합의한 것이다.
    예컨대, C온도 0°가 아무것도 없는 것이 아니고 무엇이 있는데도 임의적으로 어떤 수준을 정하여 0°라고 합의한 것이다. 어떤 학생의 수학점수가 0점인 것은 수학능력이 전혀 없음을 의미하는 것이 아니고 수학능력이 어느 정도 있으나 0점을 얻었을 뿐임을 의미하는 것이다.
  - 수치가 분류, 서열성과 동간성을 갖추고 있다.
  - 덧셈(加)·뺄셈(減)은 성립되지만, 곱셈(乘)·나눗셈(除)은 성립되지 않는다.
    예컨대, C온도 20°의 열량은 10°의 열량의 2배라고 말할 수 없다. 수학점수 100점을 받은 학생의 수학능력이 0점인 학생의 100배, 20점인 학생의 5배라고 말할 수 없다.
  - 그리고 **최빈치와 중앙치, 평균치**를 비롯하여 표준편차, 적률상관계수(r) 등을 계산하는 것이 가능하다.

④ 비율척도(ratio scale)
- 개념
  일정한 동간성, 절대영점과 임의단위를 가지고 있는 척도이다. 측정단위가 동간성 이외에 절대영점을 갖추고 있다(예 : 길이, 넓이, 무게, 부피, 시간 및 각종의 표준점수, 편차IQ 등). 신장이나 체중의 크기가 0cm 또는 0kg인 것은 아무것도 없는 것을 의미하며, 신장이나 체중의 크기는 다른 측정단위로 표시될 수 있다.
- 특성
  - 0은 절대영점으로 아무것도 없는 것(nothing)을 의미한다. 임의단위란 어느 정도의 변화에 얼마나 수치를 부여한다고 합의한 것으로, 절대적이 아니다.
  - 수치가 분류, 서열성, 동간성과 절대영점을 갖추고 있다.
  - 덧셈(加)·뺄셈(減)·곱셈(乘)·나눗셈(除)이 모두 성립된다.
  - 따라서 **최빈치와 중앙치, 평균치**를 비롯하여 표준편차, 적률상관계수(r) 등을 모두 계산하는 것이 가능하다.

논점3　변인

① 변인 대 상수
- 변인

  변인 또는 변수(variable)는 사물이나 특성의 특정한 집합으로 그 구성요소의 값이 각각 다른 수치이다. 즉, 그 구성요소의 값이 변화하는 수치이다(예: 신장이나 체중 등). 변인은 독립변인과 종속변인으로 구분된다.
- 상수

  이에 반해 상수(constant)는 특정한 조건에서 그 구성요소의 값이 일정한(고정된) 수치이다. 즉, 그 구성요소의 값이 변화하지 않는 수치이다(예: $\pi=3.14$, 한 집단의 평균신장이나 평균체중 등).

② 양적 변인 대 질적 변인
- 양적 변인

  양적 변인은 사물이나 특성을 수치로 표시할 수 있는 변인을 말한다(예: 연령, 지능, 신장이나 체중, 시간 등). 양적 변인은 다시 연속적 변인과 불연속적 변인으로 구분된다.
- 질적 변인

  그러나 질적 변인은 사물이나 특성을 수치로 표시할 수 없고 오직 분류만을 위한 변인을 말한다(예: 성별, 지역, 종교, 직업 등).

③ 연속적 변인 대 불연속적 변인
- 연속적 변인

  연속적 변인은 주어진 범위 내에서 무한한 수치를 가질 수 있는 변인을 말한다(예: 신장이나 체중, 시간 등).
- 불연속적 변인

  반면에 불연속적 변인은 주어진 범위 내에서 한정된 수치만을 가질 수 있는 변인을 말한다(예: 연령, 지능 등).

논점4 백분위(점수)와 백분점수

① 원점수와 진점수

어떤 검사에서 정확하게 반응한 문항의 수를 원점수라고 하는데, 흔히 백점만점척도로 표시된다. 한편, 동일한 검사를 반복해서 실시하면 그 점수가 변한다. 반복적인 검사가 가능할 경우에 얻어지는 점수의 가설적인 평균값을 **진점수**라고 하며, 측정의 표준오차는 그러한 진점수가 위치할 가능성이 있는 점수의 범위를 나타낸다.

② 백분위(점수)와 백분점수
- 개념

  백분위(점수)는 한 집단에서 어떤 점수 아래에 있는 누가사례수의 백분율(%)을 말한다. 이 백분위에 해당하는 원점수를 **백분점수**라고 한다. 백분위는 %로 표시되고, 백분점수는 백점만점척도상의 수치로 표시되는 차이가 있을 뿐이다. 양자는 같은 척도상의 대응되는 점수인데, 이를 합쳐서 백분척도라고 한다. 예를 들면, 한 학생이 수학점수 71점을 받고 백분위 60이라고 하면, 그 학생의 점수보다 낮은 점수를 받은 학생들이 전체 학생들 중 60%가 된다는 것이다.

- 백분위(점수)의 공식

  한 정상분포에서 평균과 표준편차를 알고 있는 경우 어떤 점수가 어느 위치에 있는지를 알 수 있으므로 그 점수의 누가백분율과 백분위점수를 알 수 있다. 예를 들면, 정상분포를 가정한 한 집단에서 평균 60점이고 표준편차 15점인 경우 영어점수 75점의 누가백분율은 84%이고, 백분위점수는 84이다.

  백분위(점수)의 공식은 다음과 같다.

  $$\text{백분위(점수)} = \frac{\text{어떤 점수까지의 누가사례수}}{\text{전체 사례수}} \times 100$$

  $$\text{누가빈도분포에서의 백분위(점수)} = \frac{\text{어떤 점수가 있는 바로 아래 급간까지의 누가사례수} + (\text{어떤 점수가 있는 급간의 사례수} \div \text{급간의 크기}) \times (\text{어떤 점수의 상실한계점수} - \text{어떤 점수가 있는 바로 그 급간의 하실한계점수})}{\text{전체 사례수}} \times 100$$

  원점수를 백분위로 변환하는 데에는 누가빈도분포 및 누가백분율빈도분포를 바탕으로 계산된다. 예를 들면, 수학점수 74점의 백분위는 30/50×100=60이다.

급간(X)	빈도(f)	누가빈도	누가백분율빈도
95~99	1	50	100
90~94	2	49	98
85~89	4	47	94
80~84	5	43	86
75~79	8	38	76
70~74	10	30	60
65~69	6	20	40
60~64	4	14	28
55~59	4	10	20
50~54	2	6	12
45~49	3	4	8
40~44	1	1	2

- 백분위(점수)의 특성
  - 어떤 집단 내에서 한 개인의 상대적 위치를 비교할 수 있다. 왜냐하면 전체 사례수를 100으로 보고 한 개인의 등위를 상대적으로 표시한 점수이기 때문이다.
  - 한 검사를 다른 집단에 실시했을 때 비교정보를 제공해 준다. 따라서 집단의 크기나 시험의 종류가 다르더라도 어떤 집단 내에서 한 개인의 상대적 위치를 비교할 수 있다.
  - 점수분포가 정규분포를 가정할 수 없으며, 서열척도에 속한다. 그러므로 평균과 표준편차를 계산할 수 없다(있다×).
  - 원점수를 백분위로 변환할 때 중간부분의 점수는 과소평가되고, 극단적인 점수는 과대평가되는 경향이 있다.
  - 원점수의 분포형태를 반영하지 않기 때문에 백분위간의 작은 차이를 확대하여 해석할 수 있다. 예를 들면, 학생들이 같은 점수대에 몰려있으면 같은 점수대가 아닌 학생들의 백분위간의 차이가 작더라도 원점수간의 차이는 클 수 있다. 또한 학생들이 점수대의 중앙에 몰려있으면 원점수간의 차이가 작더라도 백분위간의 차이가 크게 나타남으로 개인차가 큰 것으로 해석할 수 있다.

논점5 집중경향의 의의

① 개념

집중경향치(central tendency)란 한 점수분포에 있는 여러 가지 점수들을 대표하는 측정치이다. 집중경향치는 한 점수분포가 어떤 대표적인 경향으로 집중되어 있는가를 기술해 주는데, 이에는 최빈치, 중앙치, 평균치가 있다.

② 성질

집중경향치는 한 집단의 특성을 하나의 수치로 대표하여 기술해 준다. 이러한 집중경향치간의 관계를 통해 검사문항의 난이도를 판단할 수 있다. 그러나 이를 통해 검사도구의 일관성이라든가 검사문항의 변별도를 판단할 수는 없다는 점에 유의해야 한다.

논점6 집중경향치 : 최빈치(M_o)

① 개념

최빈치(mode, M_o)는 한 집단에서 가장 빈번하게 나타나는 점수 또는 측정치를 말한다. 즉, 한 점수분포에서 가장 많은 사례수(빈도)에 해당하는 점수 또는 유목을 의미한다. 그런데 유목은 자연적 분류에 의한 것(예 : 성별, 지역, 종교)과 인위적 분류에 의한 것(예 : 신장, 체중)이 있다. 전자를 질적 유목, 후자를 양적 유목이라고 한다. 질적 유목은 불연속적이고, 양적 유목은 연속적이다. 또한 질적 유목은 양적 유목으로, 양적 유목은 질적 유목으로 변환될 수 있다.

② 최빈치의 공식

• 묶지 않은 자료의 최빈치 계산방법

다음은 묶지 않은 자료이다.

(94, 95, 95, 96, 98, 98, 101, 101, 101, 101, 101, 101, 101, 105, 105, 105, 108, 110, 120, 130)에서 가장 빈번히 나타난 점수는 101이다. 따라서 이 분포의 최빈치는 101이다.

• 묶은 자료의 최빈치 계산방법

묶은 자료의 최빈치는 가장 많은 사례수(빈도)에 해당하는 급간의 중간점(Xm)이다. 다음은 어떤 집단의 수학점수의 분포이다. 따라서 최빈치는 42이다. 최빈치는 가장 빈번히 나타난 점수라는 점에서 그 분포를 대표하는 집중경향치의 하나이다.

급간(X)	중간점(Xm)	빈도(f)
65~69	67	3
60~64	62	1
55~59	57	6
50~54	52	14
45~49	47	13
40~44	42	19
35~39	37	8
30~34	32	4
25~29	27	2
20~24	22	2

③ 최빈치의 성질

집중경향치를 가장 빨리 알고 싶거나 대략적으로 알고 싶을 때에는 최빈치를 사용한다. 이러한 최빈치는 점수분포에 따라 하나 이상 있을 수 있다(예 : 단봉 또는 양봉).

④ 최빈치의 용도

최빈치는 분포곡선의 정점에서 그은 수직선이 가로축(X축)과 교차하는 점수로, 명명척도, 서열척도, 동간척도, 비율척도의 모든 측정치에서 계산할 수 있다.

첫째, 집중경향치를 가장 빨리 알고 싶을 때 둘째, 집중경향치를 대략적으로 알고 싶을 때 셋째, 어떤 집단에서 가장 유행하는 것을 알고 싶을 때(예 : 학교에서 책상과 의자를 만들 때, 타자기의 문자를 배열할 때, 남녀의 기성복을 만들 때) 등에 사용한다.

논점7 집중경향치 : 중앙치(M_{dn})

① 개념

중앙치(median, M_{dn})는 한 집단의 점수를 그 크기의 순서로 배열했을 때 전체 사례수를 정확하게 상-하로 50%씩 갈라놓는 점수 또는 측정치를 말한다. 즉, 한 점수분포에서 전체 사례수의 1/2에 해당하는 점수 또는 측정치를 말한다.

② 중앙치의 공식
- 묶지 않은 자료의 중앙치 계산방법

  다음은 홀수와 짝수로 구성된 묶지 않은 자료이다.

  자료가 홀수인 경우 (3, 4, 5, 6, 7, 10, 11)에서 중앙치는 6이다. 자료가 짝수인 경우 (4, 6, 7, 8, 9, 11, 14, 15)에서 중앙치는 8+9/2=8.5가 된다.

- 묶은 자료의 중앙치 계산방법

  묶은 자료의 중앙치는 다음의 공식을 사용한다.

  중앙치=전체 사례수의 1/2이 있는 급간의 하실한계점수+급간의 크기(전체 사례수의 1/2-전체 사례수의 1/2이 있는 바로 아래 급간까지의 누가사례수÷전체 사례수의 1/2이 있는 급간의 사례수)

급간(X)	빈도(f)	누가빈도
65~69	1	
60~64	2	
55~59	5	
50~54	7	
45~49	13	
40~44	10	32
35~39	8	22
30~34	7	14
25~29	4	7
20~24	3	3

여기서 중앙치를 계산하는 절차는 다음과 같다.

첫째, 우선 N/2을 계산한다. 따라서 N/2=60/2=30이다.

둘째, N/2이 들어있는 급간까지의 누가빈도를 계산한다. 누가빈도 30이 들어있는 급간은 40~44이다. 따라서 누가빈도 22의 점수는 39.5이고, 중앙치는 39.5와 44.5의 사이에 있다.

셋째, N/2이 들어있는 급간의 바로 아래 급간의 누가빈도에서 몇 개의 사례수를 더 올라가면 N/2이 되는지를 계산한다. 30-22=8개의 사례수만 더 올라가면 누가빈도 30이 된다.

넷째, N/2이 들어있는 급간에서 8개의 사례수에 해당하는 점수를 계산한다. 그런데 급간의 크기 : 급간의 사례수=5 : 10이다. 즉, 5 : 10=x : 8, x=5×8/10=4이다.

다섯째, 끝으로 이 계산결과를 N/2이 들어있는 급간의 하실한계 점수에 더해 준다. 즉, 39.5+4=43.5가 된다.

③ 중앙치의 성질

점수분포가 극히 심하게 편포되어 있거나 극단적인 점수가 있을 때에는 평균치보다 중앙치가 더 충실하게 집중경향치를 반영한다.

④ 중앙치의 용도

중앙치는 분포곡선의 면적을 2등분하는 수직선이 가로축(X축)과 교차하는 점수로, 서열척도, 동간척도, 비율척도에서 계산할 수 있다.

첫째, 평균치를 계산할 시간적 여유가 없을 때 둘째, 빈도분포가 극히 심하게 편포되어 있을 때 (가장 신뢰롭다) 셋째, 극단적인 점수의 영향을 배제하고 싶을 때 넷째, 빈도분포의 상-하반부에 관심이 있을 때 다섯째, 측정단위의 동간성이 의심될 때나 빈도분포의 서열상 위치를 알고 싶을 때 등에 사용한다.

논점8 집중경향치 : 평균치(M 또는 $\bar{X}$)

① 개념

평균치(arithmetic mean, M 또는 $\bar{X}$, 산술평균)는 한 점수분포의 모든 점수를 총합해서 전체 사례수로 나눈 점수 또는 측정치인데, 가장 신뢰로운 집중경향치이다.

이러한 평균치는 한 점수분포에서 편차의 대수적 총합이 영이 되는 점수를 말한다. 즉, 한 점수분포를 양분하여 아래쪽 편차의 총합과 위쪽 편차의 총합이 같게 되는 점수를 말한다.

점수(X)	빈도(f)	편차	
56	1	6	
55	0	5	
54	1	4	
53	1	3	
52	0	2	
51	0	1	위쪽 편차의 총합 : 13
50	1	0	————————————
49	2	-1	아래쪽 편차의 총합 : -13
48	1	-2	따라서 편차의 대수적 총합 :
47	0	-3	13+(-13)=0
46	1	-4	
45	1	-5	

② 평균치의 공식
- 묶지 않은 자료의 평균치 계산방법

  다음은 묶지 않은 자료이다.

  (45, 46, 48, 49, 49, 50, 53, 54, 56)에서 M=450/9=50이다. 평균치는 각 점수를 그 사례수로 곱한 다음 이를 총합하고, 그 총합을 전체 사례수로 나누어 구한다.

  평균치의 공식은 다음과 같다.

$$M = \frac{\Sigma X}{N} \quad (M : 평균치, X : 각 점수, N : 전체 사례수)$$

$$= \frac{\Sigma(fX)}{N} \quad (M : 평균치, f : 각 사례수, X : 각 점수, N : 전체 사례수)$$

점수(X)	빈도(f)	fX	
56	1	56	
55	0	0	
54	1	54	
53	1	53	
52	0	0	N=9
51	0	0	$\Sigma(fX)$=450
50	1	50	M=450/9=50
49	2	98	
48	1	48	
47	0	0	
46	1	46	
45	1	45	

- 묶은 자료의 평균치 계산방법

  묶은 자료의 평균치는 각 점수(X) 대신에 급간의 중간점(Xm)을 그 사례수로 곱한 다음 그 총합을 전체 사례수로 나누어 구한다.

급간(X)	중간점(X_m)	빈도(f)	fX_m	
65~69	67	3	201	
60~64	62	1	62	
55~59	57	6	342	
50~54	52	14	728	N=72
45~49	47	13	611	$\Sigma(fX_m)$=3,264
40~44	42	19	798	M=3,264/72=45.33
35~39	37	8	296	
30~34	32	4	128	
25~29	27	2	54	
20~24	22	2	44	

여기서 묶은 자료의 평균치를 구하는 '간편계산방법'은 한 점수분포에서 편차의 대수적 총합이 0이 되는 사실을 적용한다. 즉, 평균치의 아래쪽 편차의 총합과 위쪽 편차의 총합의 절대치가 같다는 사실을 적용한다.

평균치가 있다고 추측되는 가정평균치(AM)를 임의로 정하고, 편차의 대수적 총합이 0이 되도록 그 가정평균치를 조정하여 평균치(M)를 구한다. 이 간편계산방법에 의한 평균치의 공식의 다음과 같다.

$$M = AM + i \left(\frac{\Sigma(fd)}{N} \right)$$

(M : 평균치, AM : 가정평균치, i : 급간의 크기, f : 각 사례수, d : 가정편차, N : 전체 사례수)

급간(X)	중간점(X_m)	빈도(f)	가정편차(d)	fd	
65~69	67	3	5	15	
60~64	62	1	4	4	
55~59	57	6	3	18	
50~54	52	14	2	28	N=72
45~49	47	13	1	13	AM=42
40~44	42	19	0	0	i=5
35~39	37	8	−1	−8	$\Sigma(fd)$=78+(−30)=48
30~34	32	4	−2	−8	M=42+5(48/72)=45.33
25~29	27	2	−3	−6	
20~24	22	2	−4	−8	

이러한 간편계산방법에 의해 평균치를 구하는 절차는 다음과 같다.

첫째, 점수분포에서 가정평균치를 임의로 정한다. 가정평균치는 점수분포의 중간부분에 있는 급간이면서 사례수가 가장 많은 급간으로 정한다.

둘째, 각 가정편차를 계산한다. 가정편차(d)는 X_m-AM이다.

셋째, 각 급간의 사례수와 가정편차를 곱하여 각 급간의 가정편차의 총합을 계산한다.

넷째, 가정평균치의 위쪽 가정편차의 총합과 아래쪽 가정편차의 총합을 계산한다. 그리고 이를 총합한다.

다섯째, 가정편차의 총합에 급간의 크기를 곱한다. (또는 가정편차의 총합을 전체 사례수로 나눈다.)

여섯째, 가정편차의 총합을 전체 사례수로 나눈다. (또는 전체 사례수로 나눈 가정편차의 총합에 급간의 크기를 곱한다.)

일곱째, 끝으로 가정평균치를 교정요인($=i(\Sigma(fd)/N)$으로 교정해 준다.

③ 평균치의 성질

평균치는 모든 점수를 다 고려하며, 각 점수의 편차의 총합은 항상 0이고, 분포곡선의 역률(力率)의 중심점이다. 그리고 각 점수의 편차($X-M$)의 제곱의 총합은 각 점수와 다른 임의적인 점수의 차이의 제곱의 총합보다 항상 작다.

④ 평균치의 용도

평균치는 분포곡선을 비교적 수평하게 하는 가로축(X축)상의 점수로, 등간척도, 비율척도에서 계산할 수 있다.

첫째, 가장 신뢰로운 집중경향치를 알고 싶을 때 둘째, 표집방법에 따른 변화(=표집오차)를 가장 작게 하고 싶을 때 셋째, 분포의 좌-우가 대칭으로 정상분포에 가까울 때 넷째, 집중경향치로서의 기능 이상의 어떤 다른 정보를 파악하고 싶을 때 다섯째, 변산도나 상관도 등을 계산하고 싶을 때 등에 사용한다.

논점9 변산도의 의의

① 개념

변산도 또는 분산도(variability)란 한 집단의 점수들이 흩어져 있는 정도를 말한다. 즉, 어떤 빈도분포에서 점수들이 집중경향치로부터 얼마나 떨어져 있는가의 정도를 의미한다.

변산도는 한 집단의 동질성 또는 이질성의 정도를 설명해 준다. 즉, 개인차의 정도를 설명해 주며, 또 검사도구의 일관성(=신뢰도)을 설명해 주고, 나아가 교육연구에서 추리통계학의 도구로 사용될 수 있다. 이러한 분포상태를 알아보는 변산도수치에는 범위, 4분편차, 평균편차, 변량 및 표준편차가 있다.

② 성질

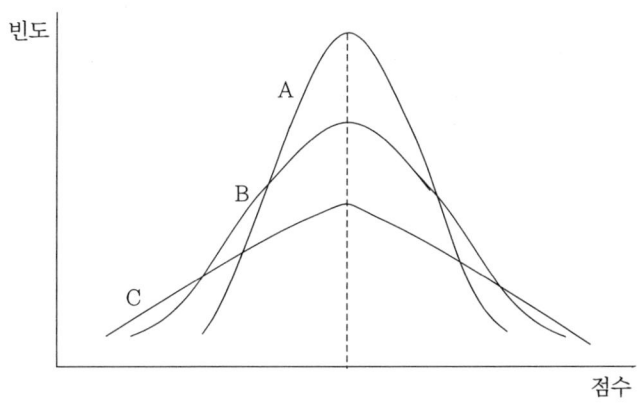

A, B, C는 집중경향이 같지만, 변산도는 각각 다르다.

여기서 집중경향치가 같다고 해서 세 학생(A, B, C)의 학업성적이 같다거나 세 학급(A, B, C)의 학업성적이 같다고 말할 수는 없다. 즉, 세 학생간에 학업성적의 차이가 있고 세 학급간에 학업성적의 차이가 있다는 것이다.

- A학생의 학업성적은 C학생의 학업성적보다 비교적 일관성이 있다. B학생은 양자의 중간에 해당된다. 이와 같은 변산성은 개인내 차이에서 생긴 것이기 때문에 개인내 변산도(intra-individual variability)라고 한다.
- A학급의 개인차는 C학급의 개인차보다 작고, C학급의 개인차는 A학급의 개인차보다 크다. B학급은 양자의 중간에 해당된다. 이와 같은 변산성은 개인간 차이에서 생긴 것이기 때문에 개인간 변산도(inter-individual variability)라고 한다.
- A학생의 학업성적은 변산도가 작고 C학생의 학업성적은 변산도가 크다. 또 A학급의 개인차는 변산도가 작고 C학급의 개인차는 변산도가 크다. 이와 같이 변산도가 작은 경우를 '동질적'이라고 하고, 변산도가 큰 경우를 '이질적'이라고 한다.

논점10 변산도수치 : 범위(R)

① 개념

범위(range, R)란 한 점수분포에서 최고점수와 최저점수간의 차이를 말한다. 범위의 공식은 R= 최고점수-최저점수+1이다. (여기서 1을 더하는 것은 최고점수와 최저점수의 상실한계 및 하실한계에서의 거리가 범위가 되기 때문이다.)

최고점수가 95점이고 최저점수가 30점이면 범위는 66이다. (30, 41, 44, 57, 59, 65, 65, 67, 71, 71, 71, 78, 84, 89, 90, 95)에서 범위는 R=95-30+1=66이다.

② 범위의 성질

한 집단의 점수가 변하면 변산도도 물론 변한다.

범위는 최빈치와 마찬가지로 편리하게 계산할 수 있지만, 가장 신뢰롭지 못하다. 그 이유는 양극단에 있는 점수만이 범위를 결정하는 데에 작용하기 때문이다. 다시 말해서 최고점수와 최저점수만이 범위를 결정할 뿐, 그 사이에 있는 점수는 아무런 영향을 미치지 않기 때문이다.

③ 범위의 용도

첫째, 변산도수치를 가장 빨리 알고 싶을 때 둘째, 전체 점수의 범위를 알고 싶을 때 셋째, 양극단의 점수를 알고 싶을 때에 사용할 수 있다.

논점11 변산도수치 : 4분편차(Q)

① 개념

4분편차(quartile deviation, Q)란 한 점수분포의 중앙에서 전체 사례수의 50%가 차지하고 있는 범위의 1/2을 말한다. 즉, 한 점수분포의 아래에서 전체 사례수의 25%가 있는 척도상의 점수(P_{25})와 아래에서 전체 사례수의 75%가 있는 척도상의 점수(P_{75}) 사이의 1/2을 의미한다. 4분편차의 공식은 Q=P_{75}-P_{25}/2이다.

이를 그림으로 표시하면 다음과 같다. 여기서 알 수 있는 것은 분포형태의 편포성이다. 즉, (P_{75}-P_{50})〉(P_{50}-P_{25})이면 정적 편포이고, (P_{75}-P_{50})〈(P_{50}-P_{25})이면 부적 편포이다.

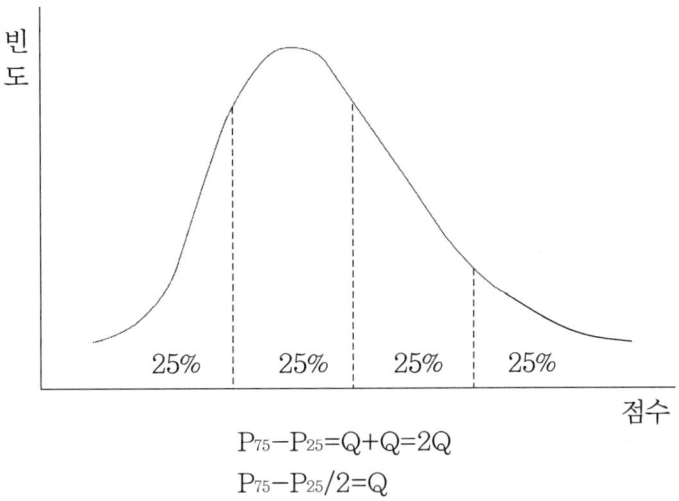

$P_{75}-P_{25}=Q+Q=2Q$
$P_{75}-P_{25}/2=Q$

- 묶지 않은 자료에서 4분편차를 구하면 다음과 같다. (5, 33, 36, 40, 54, 69, 70, 71, 80, 88, 91, 95)에서 4분편차는 Q=80-40/2=20이다.
- 묶은 자료의 4분편차는 중앙치를 구하는 공식을 활용한다. 중앙치는 전체 사례수의 50%가 있는 척도상의 점수(P50)가 되는데, P25과 P75는 중앙치를 구하는 공식을 활용한다.

② 4분편차의 성질

4분편차는 범위와 달리, 극단적인 점수의 영향을 받지 않는다. 4분편차가 크면 그 변산도도 크다고 할 수 있지만, 실질적인 변산성을 나타낸다고 할 수는 없다. 그래서 4분편차는 변산도로서의 신뢰성이 높지 못하다. 그 이유는 그 집단 내에서 개개의 측정치를 고려하지 않고, 그 사례수만을 고려하고 있기 때문이다. 다시 말해서 중앙에 있는 50%의 사례수가 중앙치를 중심으로 한 분산상태를 표시해 주는 측정치이기 때문이다.

③ 4분편차의 용도

첫째, 집중경향치로써 중앙치만 알고 있을 때 둘째, 중앙에 있는 50%의 사례수에 관심이 있을 때 셋째, 빈도분포가 극히 심하게 편포되어 있을 때 넷째, 극단적인 점수가 변산도수치에 영향을 준다고 여겨져 이를 배제하고 싶을 때에 사용할 수 있다.

논점12 변산도수치 : 평균편차(AD)

① 개념

평균편차(average deviation, AD)란 한 점수분포에서 모든 점수의 편차의 절대치를 합한 것을 평균한 것이다. 여기서 편차란 각 점수가 평균치에서 얼마나 떨어져 있는가를 의미하는 것으로, 편차는 X−M이다. 평균편차의 공식은 다음과 같다.

$$AD = \frac{\Sigma |X-M|}{N} \quad (AD : 평균편차, N : 전체 사례수)$$

$$AD = \frac{\Sigma |f(X-M)|}{N} \quad (AD : 평균편차, f : 각 사례수, N : 전체 사례수)$$

- 묶지 않은 자료에서 평균편차를 계산하면 다음과 같다. (11, 15, 15, 16, 16, 17, 17, 17, 18, 20)에서 평균편차는 AD=16/10=1.6이다.
- 묶은 자료의 평균편차는 각 점수(X) 대신에 급간의 중간점(Xm)에서 편차를 구하여 그 사례수로 곱한 다음 그 절대치의 총합을 전체 사례수로 나누어 구한다.

② 평균편차의 성질

(11, 15, 15, 16, 16, 17, 17, 17, 18, 20)에서 평균편차 1.6은 10명의 점수가 평균치 16.2에서 평균적으로 1.6 떨어져 있다는 것이다. 이와 같은 평균편차는 4분편차보다 신뢰로운 변산도이지만, 통계적 조작에는 한계가 있다.

평균편차가 클수록 개인 또는 집단이 이질적이고, 그것이 작을수록 개인 또는 집단이 동질적이다. (한 점수분포가 정상분포에 가까우면 M±1AD 사이에 전체 사례수의 약 58%가 포함되어 있다.)

③ 평균편차의 용도

평균편차는 통계적 조작의 한계로 인해 거의 사용되지 않는다.

논점13 변산도수치 : 표준편차(SD 또는 σ)

① 개념

표준편차(standard deviation, SD 또는 σ)는 한 점수분포에서 모든 점수의 편차의 제곱의 총합의 평균의 제곱근이다. 표준편차는 가장 신뢰로운 변산도이며, 널리 사용되고 있다.

표준편차는 한 점수분포에서 모든 점수의 편차(편차를 합한 것×)를 평균한 것이라는 점에서 평균편차와 같다. 그러나 그 평균치를 계산하는 방법이 다르다.

평균편차의 계산에서는 각 편차의 절대치를 모두 합했지만, 표준편차의 계산에서는 각 편차를 제곱하고, 이를 모두 합한 다음 전체 사례수로 나누고, 그 제곱근($\sqrt{\ }$)을 구한다. 표준편차의 공식은 다음과 같다.

$$SD = \sqrt{\frac{\Sigma(X-M)^2}{N}} \quad \text{(SD : 표준편차, N : 전체 사례수)}$$

$$SD = \sqrt{\frac{\Sigma f(X-M)^2}{N}} \quad \text{(SD : 표준편차, } f \text{ : 각 사례수, N : 전체 사례수)}$$

이에 따라 표준편차를 계산하는 절차는 다음과 같다.

첫째, 한 점수분포에서 평균치를 계산한다.

둘째, 각 점수와 평균치의 차이, 즉 편차(X-M)를 계산한다.

셋째, 각 편차를 제곱하고, 이를 모두 합한다.

넷째, 각 편차의 제곱의 총합을 전체 사례수로 나눈다. 특히 이 수치를 **변량(variance, 분산)**이라고 한다.

다섯째, 그 제곱근($\sqrt{\ }$)을 구한다. 이 값을 표준편차라고 하는데, 변량은 표준편차를 제곱한 값이다. 변량 및 표준편차는 항상 양수(+)인데, 음수를 제곱하면 항상 양수가 되기 때문이다.

- 묶지 않은 자료에서 표준편차를 계산하면 다음과 같다. (4, 7, 9, 10, 11, 14, 15)에서 표준편차는 SD= $\sqrt{88/7}$ =3.55이다.
- 묶은 자료의 표준편차는 각 점수(X) 대신에 급간의 중간점(X_m)에서 편차를 구하여 제곱하고, 그 사례수로 곱한 다음 그 총합을 전체 사례수로 나누고, 그 제곱근($\sqrt{\ }$)을 구한다. 이 계산방법은 상당히 복잡하다. 그래서 간편계산방법에 의한 표준편차를 구한다. 이 간편계산방법에 의한 표준편차의 공식은 다음과 같다.

$$SD = i\sqrt{\frac{\Sigma(fd)^2}{N} - \left(\frac{\Sigma(fd)}{N}\right)^2} = \frac{i}{N}\sqrt{N\Sigma(fd)^2 - (\Sigma(fd))^2}$$

(SD : 표준편차, i : 급간의 크기, f : 각 사례수, d : 가정편차, N : 전체 사례수)

② 표준편차의 성질

표준편차는 가장 신뢰로운 변산도이다. 그 이유는 한 점수분포에 있는 모든 점수의 변산성을 반영하기 때문이다.

한 점수분포에 있는 모든 점수의 변산성이 증가하면 표준편차의 크기도 증가한다. 표준편차는 점수분포에 있는 모든 점수의 영향을 받는다. 특히 극단적인 점수의 영향을 많이 받는다. 그리고 각 점수의 편차(X-M)의 제곱의 총합은 각 점수와 다른 임의적인 점수의 차이의 제곱의 총합보다 항상 작다.

표준편차가 클수록 개인 또는 집단이 이질적이고, 그것이 작을수록 개인 또는 집단이 동질적이다. 한 점수분포가 정상분포에 가까우면 M±1σ 사이에 전체 사례수의 약 68%가, M±2σ 사이에 전체 사례수의 약 95%가, M±3σ 사이에 전체 사례수의 약 99%가 포함된다.

예를 들어 어떤 학급의 국어성적이 평균 60점이고 표준편차 10점이라고 할 때, 그 점수분포가 정상분포에 가까우면 50~70점 사이에 68%의 학생(점수)이, 40~80점 사이에 95%의 학생(점수)이, 30~90점 사이에 99%의 학생(점수)이 분포되어 있다는 것이다.

③ 표준편차의 용도

첫째, 가장 신뢰로운 변산도수치를 알고 싶을 때 둘째, 정상분포곡선과 관련된 해석이 필요할 때 셋째, 누가백분율과 백분위점수, 표준점수 등의 통계적 조작이 필요할 때 넷째, 극단적인 점수가 변산도수치에 영향을 준다고 여겨져 이를 고려하고 싶을 때에 사용한다.

제8장

교육과정(教育課程)

논점1 교육과정의 의의

① **교육과정의 어원**

현대적인 의미의 교육과정 논의를 시도한 사람은 영국의 Spencer이지만, 교육과정이라는 용어를 처음으로 사용한 것은 1918년 출간된 Bobitt의 〈교육과정(curriculum)〉이다. 그가 사용한 curriculum이라는 용어는 라틴어의 currere(말이 뛴다, 말이 뛰는 길)에서 그 어원을 찾을 수 있는데, 명사로서의 currere는 '경주로(course of race)'를 뜻한다. 즉, 학생이 일정한 목표를 향해 달리는 과정을 의미한다.

이것이 교육에 전용되어 학생이 일정한 목표를 향해 학습하는 내용 또는 경험하는 내용, 즉 교수요목(course of study)이란 말로 사용되었다. 이와 같이 학교에서 학생이 공부할 내용도 정해져 있으며, 다른 내용을 공부하는 것은 허용되지 않는다. 국어, 수학, 과학, 사회, 도덕 등과 같이 초등학교에서 배우는 내용, 중학교에서 배우는 내용, 고등학교에서 배우는 내용이 정해져 있다. 또한 1학년에서 배우는 내용, 2학년에서 배우는 내용, 3학년에서 배우는 내용이 정해져 있다. 그래서 교육과정은 교수요목, 교과 또는 학과와 동의어가 된다.

② **교육과정의 정의**

교육과정은 교육의 수단, 즉 인간행동을 바람직한 방향으로 변화시키는데 작용하는 수단이 된다. 이와 같이 변화시키는 과정을 교육의 과정이라고 할 때 교육의 과정에는 왜(why, 목적), 무엇을(what, 내용), 어떻게(how, 방법), 얼마나 달성되었는가(how much, 평가)의 4가지 문제가 포함된다. 이와 같은 교육의 과정 전체계획을 교육과정(curriculum)이라고 한다.

교육과정이란 교육목적을 달성하기 위하여 문화내용에서 선택한 조직화된 지식의 체계 또는 생활경험으로, 이 학습경험이 언제, 어디서 행해질 것인가를 종합한 교육의 과정 전체계획이다. 그러므로 교육과정이란 학교의 지도하에 학습자가 학습해야 할 내용으로 계획된 지식의 체계 또는 경험의 계열이다.

논점2 현대 교육과정의 특징

① 개별화

현대 교육과정은 학습자의 경험을 토대로 전개된다. 학생의 개인차를 존중하고, 학생의 욕구와 흥미, 능력에 부합할 수 있도록 생활경험의 교육과정을 준비해야 한다. 이러한 개별적인 욕구를 충족시키기 위한 생활경험의 교육과정은 활동중심 교육과정의 성격을 갖는다.

② 인간화

경험을 기반으로 하는 현대 교육과정은 인간을 자아실현의 존재로 보고, 교육의 과정을 자아실현의 과정으로 이해한다. 그래서 기존의 학문중심 교육과정을 비판하고, 인간중심 교육과정과 잠재적 교육과정을 중요시한다.

③ 종합화(통합화)

경험을 기반으로 하는 현대 교육과정은 분과화를 지양하고, 종합화(통합화)를 지향한다. 교과와 교과 사이를 관련짓는 교육과정의 종합화는 교과통합의 기준에 따라 분과적인 교과를 통합된 교과로 구성한다.

④ 지역화(지역사회화)

현대 교육과정은 중앙통제적이며 획일적인 교육과정의 구성·운영을 지양하고, 지역의 특수성에 따라 교육과정의 지역화(지역사회화)를 지향한다. 따라서 지역의 실정에 맞게 지역의 자원을 개발할 수 있도록 교육과정이 구성·운영되어야 한다.

논점3 교육과정과 교과서의 재구성 형태

① 재구성의 의의
- 교육과정과 교과서의 관계
  교과서는 교육과정의 내용을 반영하는 기본지침서이다. 교과서는 교육과정의 내용을 효과적으로 전달하기 위해서 만들어진 것이다. 따라서 교육과정의 내용과 교과서의 내용이 반드시 일치하는 것은 아니며, 교육과정이 교과서를 포괄하는 상위개념이다. 즉, 교과서는 교육과정의 내용을 구현하되, 학습의 효과성을 고려하여 교사와 학생들의 교과서 사용을 염두에 두고, 경제성을 바탕으로 내용과 외형을 만들어 이를 학교에 보급한 것이다.
- 재구성의 의의
  교과서의 재구성이란 교과서의 내용을 어떤 원칙에 따라 변경하여 수업하는 것이다. 교과활동과 특별활동의 내용 배열은 반드시 학습의 순서를 의미하는 것이 아니므로 필요한 경우에는 (학습의 목표×), 학습의 순서와 비중, 방법 등을 조정하여 운영할 수 있다(예 : 집중이수제, 대체이수제, block-time제). 또 학습의 효과를 높이기 위하여 교과용도서 이외에 교육방송, 시청각교재, 각종의 학습자료 등을 활용한다.

② 재구성의 필요성
  첫째, 전국적인 수준을 대상으로 만들어진 교과서는 모든 지역의 학교에서 사용하기가 어렵다. 따라서 중앙집권적 교육과정 개발체제의 문제점을 보완하기 위하여 각 학교의 실정에 따라 교과서의 내용을 변경하여 수업할 필요가 있다. 둘째, 교사의 전문성과 자율성을 확보하기 위하여 교사가 학생들의 특성에 맞게 교과서의 내용을 변경하여 수업할 필요가 있다.

③ 재구성의 방법
  첫째, 교과서의 수준별 재구성으로, 학생들의 능력에 따라 교과서 내용의 난이도수준을 조정하여 재구성하는 방식이다. 둘째, 교과통합에 의한 재구성으로, 둘 이상의 교과나 학문을 통합하여 재구성하는 방식이다.

④ 재구성의 한계
  교과서의 재구성은 국가의 교육과정 기준과 시·도 교육청의 교육과정 편성·운영지침의 범위 내에서만 가능한 것이다. 또 이러한 재구성을 담당할 교사 또는 교사집단이 이에 필요한 지식과 기술을 갖추어야 한다.

논점4 교과중심 교육과정의 의의

① 개념

교과중심 교육과정은 고대 그리스의 7자유학과에 기원을 두고 있지만, 구체적으로는 중세 후반 Thomas Aquinas의 교육사상을 기반으로 한다. 그래서 이성의 도야와 영원불변하는 진리를 중시한다. 전통적 교육철학의 이와 같은 관점은 현대의 항존주의 및 본질주의 교육철학으로 계승되었다.

특히 Hutchins의 제자인 Adler는 항존주의에 입각하여 자유교양교육을 중심으로 한 'Paideia 학교'를 제안하였고, Hirsch는 본질주의에 입각하여 그의 저서 〈문화적 문해(1987)〉에서 한 사회 전체가 동의할 수 있는 핵심지식과 문화가 있다고 보면서 문화적 문해(cultural literacy)의 습득을 교육목표로 제시하였다.

교과중심 교육과정이란 조직화된 지식의 체계를 중시하는 교육과정으로, 학교의 지도하에 학생들에게 전달되는 교과, 교재를 말한다. 즉, 교수요목(course of study)으로서의 교육과정이다.

② 특징

교육과정의 가장 오래된 개념이 교과중심 교육과정으로 이는 1900년대부터 교육과정학자들의 관심대상이 되었는데, 이와 같은 교과중심 교육과정의 특징은 다음과 같다.

- 문화유산의 전달이 주된 교육내용이다. 교과는 문화유산을 분류하여 논리적이고 체계적으로 조직한 것이다. 따라서 교과중심 교육과정을 '문화유산중심 교육과정'이라고 할 수 있다.
- 체계적인 지식의 습득과 이성의 계발을 중시한다. 주지주의·지식주의적 교과를 중심으로 한 지식의 습득과 이성의 계발을 중시한다.
- 교사중심·교재중심의 교육을 강조한다.
- 설명위주의 교수방법을 요구한다(예: 설명적 교수).
- 한정된 교과영역 안에서만 교수-학습활동이 이루어진다.
- 반복과 연습을 강조하는 형식도야설에 근거한다.
- 교과의 논리화를 강조한다. 교과중심 교육과정에서는 교과전문가의 견해를 반영하여 '교과의 논리화'에 따라 교육내용이 선정·조직된다.

논점5　교과중심 교육과정 교육의 목표 등

① 교육의 목표

교과중심 교육과정은 문화유산의 전달을 통한 이성의 계발에 교육의 목적이 있다. 교육을 통하여 학생들에게 제공하는 많은 지식은 오랜 역사 속에서 축적된 문화유산이며, 그 중에서도 가장 가치 있고 가장 심오한 문화내용을 정선하여 교과로 구성하기 때문에 교과는 문화유산을 분류하여 논리적이고 체계적으로 조직한 것이다.

② 교과중심 교육과정의 장·단점
- 장점
  첫째, 문화유산을 전달하는데 가장 알맞다. 둘째, 조직화된 지식의 체계는 경험을 해석하는데 유용하다. 셋째, 지필검사 등 학습성과의 평가가 용이하다. 넷째, 교사와 학생, 학부모에게 심리적 안정감을 준다. 다섯째, 교육과정에 대한 중앙통제가 용이하다.
- 단점
  첫째, 단편적인 지식의 암기에 치중할 수 있다. 둘째, 교과내용이나 학습경험의 논리적 배열이 비능률적이다. 셋째, 학생들의 흥미와 필요, 능력 등이 무시될 수 있다. 넷째, 문제해결력, 창의력 등 고등정신기능의 개발이 곤란하다. 다섯째, 교사중심·교재중심으로 실생활문제와 동떨어진 지식의 습득에 빠질 수 있다.

논점6　경험중심 교육과정의 의의

① 개념

1930년대 미국에서 진보주의 교육사조가 유행하면서 교육과정 개정작업이 활발하게 진행되었다. 이 교육과정 개정작업에서는 교육과정을 단절된 교수요목으로 보지 않고, 학교의 지도하에 학생들이 가지게 되는 모든 경험으로 보고 있다.

교육과정을 교수요목으로 보는 관점과 생활경험으로 보는 관점 사이에는 큰 차이가 있다. 즉, 교과중심 교육과정이 모든 학생들에게 공통된 문서를 의미한다면, 경험중심 교육과정은 학생 개개인에 따라서 다르게 나타나는 경험 자체를 의미한다.

이와 같은 경험중심 교육과정은 결코 교과중심 교육과정을 배격한 것은 아니다. Dewey도 이 점을 분명히 하고 있는데, 학교교육에서 죽은 것 혹은 기계적인 것이 있다면 그 원천은 바로 아동의 생활과 경험을 교육과정(교과)에 종속시키는데 있다고 주장하였다. 이는 경험과 교육과정(교과) 사이의 간격을 없애야 한다는 것이다.

경험중심 교육과정이란 경험의 계열을 중시하는 교육과정으로, 학교의 지도하에 학생들이 학습하는 모든 경험을 의미한다.

② 특징

이와 같이 경험중심 교육과정은 교과중심 교육과정을 배격한 것은 아니지만 교육과정을 생각하는 관점에는 큰 차이가 있는데, 경험중심 교육과정의 특징을 살펴보면 다음과 같다.

- 교과활동 못지않게 교과외 활동을 중시한다. 교과중심 교육과정에서는 학교학습이나 교실학습을 중시한다. 그러나 경험중심 교육과정에서는 교실학습 못지않게 소풍, 여행, 전시회, 자치활동, 단체활동 등도 중시한다. 그래서 활동중심 교육과정이라고도 한다.
- 아동의 흥미와 필요를 중시한다. 따라서 아동중심 교육과정을 강조한다. 교과중심 교육과정에서는 '교과를 가르친다'는 입장이지만, 경험중심 교육과정에서는 '아동을 가르친다'는 입장을 취한다.
- 교과(교재)보다 생활(경험)을 중시한다. 경험중심 교육과정에서는 교과(교재)보다 생활(경험)을, 지식보다 활동을, 분과보다 통합을, 미래의 생활 준비보다 현재의 생활 자체를, 교사의 지도보다 학습자의 활동을 중시한다.
- 생활인의 육성을 목표로 한다. 1930년대 경제대공황은 교과중심 교육과정에 회의를 느끼게 하였고, 교육은 자아실현·인간관계·경제적 능률·공민적 책임이라는 이념 아래 생활인을 육성하고자 하였다. 그래서 생활중심 교육과정이라고도 한다.
- 교과내용의 실제를 강조하는 실질도야설과 동일요소설에 근거한다.
- 급변하는 사회에 적응하는 능력을 강조한다.
- 문제해결력과 창의력을 강조한다.
- 전인교육(全人敎育)을 강조한다. 교사중심보다 학습자중심을, 경쟁학습보다 협동학습을 강조한다.
- 교과의 심리화를 강조한다. 아동의 경험이 심리적 조직이라면, 교과는 논리적 조직이다. 교과는 경험의 재구성을 안내하는 일종의 지도이다. 교사가 교과를 학습자의 경험에 맞게 재구성하는 것을 '교과의 심리화'라고 한다.

논점7   경험중심 교육과정 교육의 목표 등

① 교육의 목표

경험중심 교육과정은 경험의 계속적인 재구성을 통해 아동의 성장을 도와주는데 교육의 목적이 있다. 그러나 교과중심 교육과정이라고 해서 경험의 계열을 아주 도외시한 것은 아니며, 경험중심 교육과정이라고 해서 지식의 체계를 전연 무시한 것도 아니다. 다만, 교육과정 구성의 중심을 교과지식에 두느냐 혹은 학생의 생활경험에 두느냐에 의한 구분일 뿐이다.

② 경험중심 교육과정의 장-단점
- 장점

  첫째, 학생들의 흥미와 필요에 따라 교육과정이 구성된다. 둘째, 학생들의 자발적인 활동을 촉진할 수 있다. 셋째, 실천에 의한 교육(learning by doing)의 원리에 따라 역동적인 학습이 가능하다. 넷째, 문제해결력, 창의력 등 고등정신기능을 개발할 수 있다. 다섯째, 협동심, 책임감, 사회성 등의 민주적 생활태도와 가치를 계발할 수 있다. 여섯째, 실생활문제를 해결하는 능력을 계발할 수 있다.

- 단점

  첫째, 체계적인 지식의 습득을 경시할 수 있다. 둘째, 기초학력을 저하시킬 수 있다. 셋째, 교육과정의 논리적 배열이 곤란하다. 넷째, 직접경험에 따른 시간의 경제성이 문제된다. 다섯째, 직접경험의 원리가 새로운 상황에 바로 적용될 수 없다.

논점8   학문중심 교육과정의 의의

① 개념

1960년대 경험중심 교육과정에서 학문중심 교육과정으로 변천하였다. 이와 같은 변천에 대하여 흔히 1957년 구(舊)소련의 인공위성 Sputnik 발사에 따른 충격을 그 동기라고 하고 있으나, 직접적인 동기라고 할 수는 없다. 학문중심 교육과정이 출현한 직접적인 동기로는 지식과 기술의 폭발적인 증가를 들 수 있다. 또한 교과를 잘 가르치려면 지식의 구조를 잘 가르쳐야 한다는 적극적인 입장, 경험중심 교육과정에 있어서 지식의 체계가 흔히 소홀히 되는 결함이 지적되면서 학문중심 교육과정이 출현했다.

학문중심 교육과정은 아동의 자발적인 탐구를 통한 지적 활동을 강조한다는 점에서 경험과 생활이 강조한 원래의 의도를 보충한다고 하겠다. 즉, 학문중심 교육과정을 '지식탐구과정의 조직'이라고 정의하는 경우 이것은 명백히 경험중심 교육과정 중의 한 부분을 구체화한 것에 불과하다. 특히 **Bruner를 중심으로 한 신본질주의**는 교과활동과 3R's 등 기초학습을 강조함으로써 학문중심 교육과정의 철학적 배경이 되었다.

학문중심 교육과정은 의도된 학습결과를 구조화시킨 것으로, 학문에 내재해 있는 지식탐구과정의 조직, 즉 지식의 구조를 의미한다.

② 특징

지식탐구과정의 조직으로 정의되는 학문중심 교육과정의 특징은 다음과 같다.

- 교과내용은 지식의 구조를 핵심으로 선정·조직한다.

  한 교과의 교육과정은 그 교과의 구조를 나타내는 일반원리 또는 기본원리를 가장 깊이 이해하고 있는 사람들에 의하여 결정되어야 한다.(Bruner, 1960) Bruner에 의하면, 교육과정은 각 교과의 전문가(학자)들이 각 교과가 나타내고 있는 지식의 구조를 가장 명백히 표현할 수 있도록 지식을 체계적으로 조직한 것을 의미한다.

  지식의 구조는 학문에 내재되어 있는 기본적 아이디어, 일반적 아이디어, 기본개념과 기본원리, 일반개념과 일반원리, 핵심적 아이디어 등과 동의어이다. 즉, 지식의 구조는 각 학문분야에서 가르쳐야 할 가장 중요한 기본적인 개념과 원리 등을 논리적이고 체계적으로 조직한 것을 의미한다. 지식의 구조의 특징은 표현양식, 경제성, 생성력이다.

  지식의 구조는 학습의 전이(transfer of learning)를 용이하게 한다. 또한 낱낱의 사실은 구조화된 전체가 될 때 쉽게 이해될 수 있다. 학습의 전이란 한 사태에서의 학습이 다른 사태에서의 학습에 미치는 효과를 말하며, 전이가 높다는 것은 그 효과가 크다는 것을 뜻한다. 여기서 학문중심 교육과정은 **일반적 전이(특수적 전이×)**에 입각하고 있다.(김종서 외, 1993)

- 교과내용은 나선형 교육과정 또는 나선형 조직으로 선정·조직한다.

  어떤 교과든지 그 지적 성격을 그대로 두고, 어떤 발달단계에 있는 어떤 아동에게도 효과적으로 가르칠 수 있다.(Bruner, 1960) Bruner가 제시한 이 대담한 가설은 아동이 그의 사고방식에 맞게 알아들을 수 있는 언어와 자료를 써서 가르치면, 어떤 교과내용도 이해할 수 있다는 뜻이다. 동일한 교과내용을 발달단계와 관계없이 가르치되, 다만 발달단계가 올라감에 따라 교과내용의 폭과 깊이가 달라질 뿐이라는 관점이다. 즉, 나선형 교육과정은 가장 완벽한 교과의 상태를 가정하고 그 교과에 담겨진 기본개념과 기본원리를 그 사고방식에 맞게 가르치며, 학년이 올라감에 따라 점차로 심화·확대해 나가는 교육과정을 말한다.

그러므로 나선형 교육과정(spiral curriculum)은 동일한 교과내용을 그 이해의 수준에 따라 교과내용의 폭과 깊이를 점차로 증대시켜 나가는 교육과정이다. Bruner는 동일한 교과내용을 학습자의 발달단계에 맞게 번역하는 표현양식을 행동적(작동적) 표현양식 → 영상적 표현양식 → 상징적 표현양식의 3단계로 제안하였다.

- 교육의 과정에서 탐구방법 또는 탐구과정을 중시한다.

  지식의 최전선에서 새로운 지식을 만들어내는 학자들이 하는 것이나 초등학교 3학년 학생들이 하는 것이나를 막론하고, 모든 지적 활동은 근본적으로 동일하다.(Bruner, 1960) 학자들이 하는 것이나 학생들이 하는 것이나를 막론하고, 지적 활동의 종류에 있어서는 본질적으로 동일하다는 것이다. 다만, 지적 활동의 수준에 있어서만 차이가 있다는 것이다.

  학문중심 교육과정에서는 교과를 가르칠 때 교사가 교과에 내재되어 있는 기본개념과 기본원리를 찾아내어 이것을 학생들에게 제시(전달)하는 것이 아니라, 전문분야의 학자들이 탐구하는 방법으로 이를 찾아내도록 한다. 즉, 물리학을 공부할 때는 물리학자가 하는 방법을 학생들에게 하도록 한다. 물리학자는 전문분야의 학문을 탐구하기 때문에 비록 그 수준은 다를지언정 학생들도 물리학의 구조를 탐구하도록 한다. 즉, 물리학을 올바르게 공부하려면 물리학자가 되어야 한다는 뜻이다. 그래서 '탐구중심 교육과정'이라고 부른다.

- 학습자의 내적 동기, 즉 발견의 기쁨을 중시한다.

  이와 같은 탐구과정에는 발견의 기쁨이 따른다. 이는 지식탐구 자체에서 오는 지적 기쁨이요, 유레카(eureka)로 대표되는 발견의 기쁨이다. 이와 같이 개발된 학습방법의 학습능력은 또한 전이가 높다(예 : 발견학습).

논점9 학문중심 교육과정 교육의 목표 등

① 교육의 목표

학문중심 교육과정에서는 급변하는 사회에 적극적으로 대처하고 사회발전의 흐름을 주도하기 위해서는 학습자의 지적 능력을 높이는 것이 필요하다고 본다. 그래서 학문중심 교육과정에서는 학생들에게 학자들이 하는 것과 같은 것을 가르쳐야 한다는 것이다. 학문중심 교육과정은 학문에 내재해 있는 지식탐구과정의 조직, 즉 지식의 구조를 배우도록 하는 것을 교육의 목적으로 삼는다.

수많은 지식과 기술 중에서 선별해서 가르쳐야 하기 때문에 선정의 기준이 문제가 된다. 그 선정기준은 학문에 내재해 있는 전이가(value of transfer)가 높은 지식이 되어야 한다. 이와 같이 전이가가 높은 지식을 '지식의 구조'라고 한다. 지식의 구조는 학문에 특유한 사물을 보는 안목, 현상을 보는 안목 또는 기본적 아이디어, 일반적 아이디어, 핵심적 아이디어 등의 교육내용이다.

② 학문중심 교육과정의 장-단점
- 장점

  첫째, 나선형 교육과정을 구성하기 때문에 질 높은 교육이 가능하다. 둘째, 지식의 구조는 표현양식, 경제성, 생성력이 있기 때문에 학습의 전이가 용이하다. 셋째, 탐구방법 또는 탐구과정을 중시하기 때문에 문제해결력과 창의력의 개발이 가능하다. 넷째, 학습자의 내적 동기를 통해 학습방법의 학습능력의 개발이 가능하다.

- 단점

  첫째, 지적 교육에 치중하고 정의적 교육을 경시할 수 있다. 둘째, 지식의 구조를 이해하기가 어렵다. 셋째, 급변하는 사회에 적응하는 능력을 습득하기가 어렵다. 넷째, 학습자의 흥미와 필요, 사회의 요구와 필요를 무시할 수 있다. 다섯째, 교과(지식)의 통합을 외면하고 교과의 단절을 심화시킬 수 있다.

논점10 인간중심 교육과정의 의의

① 개념

인간교육의 관점에서 요구하는 교육과정, 즉 인간중심 교육과정의 정의는 대단히 어려운 일이다. 그럼에도 인간중심 교육과정은 형식적 측면과 내용적 측면에서 다음과 같이 정의할 수 있다. 형식적 측면에서의 인간중심 교육과정은 학생들이 학교생활을 하는 동안에 가지는 모든 경험이고, 내용적 측면에서는 인간존중의 신념 아래 최대한의 자아실현을 가져오는 교육과정이다. 인간중심 교육과정은 실존주의 교육철학과 인지심리학의 영향을 크게 받고 있다. 그러므로 인간중심 교육과정(인본주의 교육과정)은 자아실현을 위하여 학생들이 학습하는 경험의 총체이며, 학생들이 학교생활을 하는 동안에 갖게 되는 모든 경험을 의미한다.

② 특징

이와 같은 인간교육의 관점에서 요구하는 교육과정, 즉 인간중심 교육과정의 특징은 다음과 같다.

- 인간존중을 핵심으로 하는 교육과정이다.

  인간중심 교육과정은 인간의 존엄성 존중과 생명 존중사상을 학생들에게 경험하게 하는 교육과정이다. 따라서 학생간의 비교가 아니라 한 개인의 성장과 발전을 가장 중시한다. 예를 들면, 규준지향평가나 준거지향평가보다 자기지향평가를 더욱 강조한다. 또한 금지·억압·처벌보다도 조장·자유·칭찬을 장려한다.

- 자아실현을 목표로 하는 교육과정이다.

  인간중심 교육과정의 목표는 자아실현인을 육성하는데 있다. Maslow는 그의 욕구위계론에서 인간의 궁극적인 욕구는 자아실현의 욕구라고 하였다.

- 표면적(명시적, 공식적) 교육과정 못지않게 잠재적(암시적, 비공식적) 교육과정을 중시한다.

  인간중심 교육과정은 학교의 지도에 의하여 학생들이 경험하는 것과 학교의 지도가 없거나 또는 이와 관계없이 학생들이 경험하는 것을 모두 포함한다. 표면적 교육과정은 학생들의 지적·기능적 발달에 직접적으로 영향을 미치는 반면, 잠재적 교육과정은 학생들의 정의적 발달에 크게 영향을 미친다.

- 교육과정의 통합을 강조한다.

  교육과정의 통합을 통해 인간의 자아실현을 구현하고, 교육의 효율성과 적합성을 확보하여 학생중심의 교육을 실천할 수 있다.

- 학교환경의 인간화(人間化)를 강조한다.

  가장 시급한 교육과제의 하나는 인간적인 학교환경을 창조하는 방법을 배우는데 있다.

- 인간주의적 교사를 가장 중요시한다.

  인간주의적 교사는 '솔직하고 진실한 교사'이며, 아동에 대한 수용, 공감적 이해, 일치, 신뢰와 애정 등을 요구하고 있다.

- 교사는 학습의 촉진자(facilitator)가 되어야 한다.
- 실제적 과제를 중시하는 상황학습설과 형태이조설에 입각하고 있다.
- 학생중심의 교육을 중시한다.
- 전인교육(全人敎育)을 목적으로 삼는다.

논점11 인간중심 교육과정 교육의 목표 등

① 교육의 목표

인간중심 교육과정에서는 학생을 성장가능성을 지닌 능동적이고 주체적인 존재로 본다. 인간중심 교육과정은 학생의 타고난 잠재능력을 계발하여 최대한의 자아실현을 하도록 돕는 것을 교육의 목적으로 삼는다.

인간중심 교육과정은 학생의 자아실현을 강조하며, 이 자아실현의 과정을 거쳐 전인(全人)을 육성하려는 교육과정이다. 즉, 학생이 학교생활을 하는 동안에 갖게 되는 의도된 경험과 의도되지 않은 경험의 총체이다.

② 인간중심 교육과정의 장-단점
- 장점
  첫째, 인간의 감정과 정서를 중요시하였다. 둘째, 인간교육, 인성교육에 공헌하였다. 셋째, 생활지도 및 상담분야에 공헌하였다.
- 단점
  첫째, 실증적인 자료가 부족하다. 둘째, 자아실현인의 육성은 비현실적이다. 셋째, 지식·기술의 학습방법으로는 부적절하다.

논점12 표면적 교육과정의 의의

- 개념

  학생들이 학교생활을 하는 동안에 가지는 모든 경험으로 정의되는 인간중심 교육과정은 2가지로 나누어 생각할 수 있다. 하나는 학교의 의도·계획·지도에 의하여 학생들이 가지게 되는 경험을 의미하는 표면적(명시적, 공식적) 교육과정이고, 다른 하나는 학교의 의도·계획·지도가 없는데도 학생들이 가지게 되는 경험을 의미하는 잠재적(암시적, 비공식적) 교육과정이다. 인간중심 교육과정에서는 이 모든 경험을 포함한다. 따라서 인간중심 교육과정은 경험중심 교육과정보다도 그 범위가 훨씬 포괄적이다.

  이러한 관점에서 표면적 교육과정의 정의는 다음과 같다.

교과중심, 경험중심, 학문중심, 인간중심 교육과정과 같이 의도적으로 계획해서 문서화된 교육내용을 말한다. 즉, 공적 문서에 들어있는 교육내용을 말한다. 예를 들면, 국가의 교육과정 기준, 시·도 교육청의 교육과정 편성·운영지침, 학교교육과정 편성·운영, 교과서, 교사의 수업계획과 수업지도안, 교과활동, 교과외 활동 일부 등이다.

- 특징

표면적 교육과정에는 분명한 의도가 포함되어 있는 의도적인 학습이고, 명시적이고 가시적(可視的)이며, 지적·기능적 발달에 주로 작용한다.

논점13 잠재적 교육과정의 의의

- 개념

학생들이 학교생활을 하는 동안에 가지는 모든 경험으로 정의되는 인간중심 교육과정은 2가지로 나누어 생각할 수 있다. 하나는 학교의 의도·계획·지도에 의하여 학생들이 가지게 되는 경험을 의미하는 표면적(명시적, 공식적) 교육과정이고, 다른 하나는 학교의 의도·계획·지도가 없는데도 학생들이 가지게 되는 경험을 의미하는 잠재적(암시적, 비공식적) 교육과정이다. 인간중심 교육과정에서는 이 모든 경험을 포함한다. 따라서 인간중심 교육과정은 경험중심 교육과정보다도 그 범위가 훨씬 포괄적이다.

이러한 관점에서 잠재적 교육과정의 정의는 다음과 같다.

잠재적 교육과정은 학교의 물리적 조건, 학교의 제도 및 행정조직, 사회적·심리적 상황을 통해 (공적 문서에 들어있지 않기 때문에) 학교에서는 의도하지 않았는데도 학교생활을 하는 동안에 학생들이 은연중에 가지게 되는 경험을 말한다. 즉, 잠재적 교육과정은 (공적 문서에 들어있지 않기 때문에) 학교에서 의도적으로 가르치지 않았는데도 학생들이 은연중에 경험한 교육내용을 말한다. 예를 들면, 시간에 대한 개념, 질서에 대한 개념, 교사의 권위에 대한 개념 등이 그것이다.

- 특징

잠재적 교육과정은 비의도적인 학습과 연결되어 암시적이고 비가시적(非可視的)이며, 정의적 발달에 주로 작용한다. 따라서 학생들의 사회적·도덕적 측면에 큰 영향을 미친다.

잠재적 교육과정은 학교의 물리적 조건, 학교의 제도 및 행정조직, 사회적·심리적 상황(교사의 인격, 교사와 학생간의 상호작용, 학교 및 학급분위기 등)에 의해 크게 영향을 받는다. 그런데 '잠재적'이란 개념에는 적어도 3가지 내용이 포함되어 있다.

첫째, 전혀 예기치 못했던 경험이다. 동시학습이 대표적인 예인데, 수학시간에 수학을 배우지만 동시에 수학을 싫어하는 것도 배운다. 둘째, 예상했으나 의도와는 관련이 없는 경험이다. 놀이에 의한 경험으로 학급친구를 경쟁의 상대로 여기는 것이 그 예이다. 셋째, 의도했으나 숨겨져 있는 경험이다. 학교제도 자체에서 나오는 교육의 역기능이 그 예가 되며, 영교육과정(null curriculum)도 포함될 수 있다.

논점14 잠재적 교육과정의 원천

Jackson은 학교생태를 권력성, 군집성, 상벌(평가)로 구분하였다. 김종서 외(1993)는 학교생태를 목적성, 강요성(강제성), 군집성, 위계성으로 구분하고 있다. 이러한 학교생태가 잠재적 교육과정의 원천이 된다.

- 목적성 : 학교교육의 목적에는 표면적 목적(공식적 목적)과 잠재적 목적(실제적 목적, 비공식적 목적)이 있는데, 이 양자가 불일치하게 되면 잠재적 목적이 우선한다는 연구결과가 있다.(Bloom, 1964) 여기서 학교교육은 표면적 목적보다 잠재적 목적에 더 충실한 관행이 있다.
- 강요성(강제성) : 학교에는 일정기간 출석의무와 일정한 교육과정, 일정한 학년제도가 있다. 그래서 의무교육이나 학년제도, 시간표 등은 학생들에게 규칙을 강요하고 있다.
- 군집성 : 학교는 개인적 특성이나 가정배경 등이 다른 학생들이 모여 있는 사회이다. 그래서 학교는 집단문화의 융해적인 기능을 담당하고 있다.
- 위계성 : 교사와 학생간의 위계, 교사와 교사간의 위계, 학생과 학생간의 위계가 있다. 특히 교사와 학생간의 위계는 권위자로서의 교사, 평가자로서의 교사, 동일시대상으로서의 교사가 있다.

논점15 영교육과정(null curriculum)의 의의

- 개념

  영교육과정은 공적 문서에 들어있지 않기 때문에 학교에서 의도적으로 가르치지 않는 교육내용으로 학생들이 경험하지 못한 것들을 말한다. 예를 들면, 사회교과서에서 사회적 약자에 대한 논의를 배제하는 것, 생물학적 진화론은 가르치고 성경의 창조론은 가르치지 않는 것, 일본의 역사교과서에서 한국 침략에 관한 내용을 의도적으로 배제하는 것 등이다.

- 특징

  Eisner는 학교교육과정에서 의도적으로 배제되어 왔던 교과내용을 주장하였다. 그는 학교에서 다양한 생산적 사고양식이 간과되고 있음을 지적하였다. 즉, 교육과정에서 시·청각적 사고, 공감적 사고, 직관적 사고 및 상상력 등이 무시되고 있다는 것이다. 교육과정은 '선택'의 결과에 따른 포함과 배제의 산물이기 때문에 영교육과정은 선택의 필연적 부산물이다(예 : 체육, 음악, 미술교과의 수업시수가 적어 많은 내용이 가르쳐지지 않고 배제되는 것).

  영교육과정은 학생들이 공식적 교육과정을 배우는 동안 유실되게 되는 '교육기회학습'이라고 할 수 있다. 영교육과정은 의도적으로 특정한 지식과 기술, 태도, 가치, 기타 사고방식 등을 배제하여 삭제한 것이다.

  표면적 교육과정, 잠재적 교육과정과 함께 '제3의 교육과정'으로써 영교육과정에 대한 논의는 학교교육이 의도적으로 배제한 교과내용이 없는지를 살펴보게 하는 계기가 될 수 있다.

논점16 공식적 교육과정의 분류 : 교육과정의 구성영역에 따른 분류

구성영역		특징
교육과정 총론		학교교육과정의 전체성과 균형성을 확보하기 위한 교육과정(예 : 우리나라 국가의 교육과정 기준)
교육과정 각론	교과 교육과정	과업지향적 형식적 교육과정(예 : 교사의 수업활동 등)
	교과외 교육과정	인화지향적 준형식적 교육과정(예 : 재량활동, 특별활동, 방과후 활동 등)

논점17 교육과정의 수준에 따른 분류 : 김종서 외(1993)의 분류

- 국가 및 사회수준의 교육과정
  국가 및 사회가 일련의 의사결정을 해 놓은 문서를 말한다. 이 수준의 교육과정은 문서화되어 있는 것이 그 특징이다. 예를 들어 국민교육헌장, 교육기본법에 제시된 교육의 이념과 목적, 교육부 훈령 또는 고시, 장학자료, 교과서, 교사용 교과지침서 등이 있다.
- 교사수준의 교육과정
  교사가 만들어 놓은 문서와 실제로 가르치는 행위를 말한다. 예를 들어 수업계획과 수업지도안, 수업행동 등이 있다.
- 학생수준의 교육과정
  학생들이 학교생활을 하는 동안에 가지는 경험의 총체를 말한다. 이 수준의 교육과정은 교육과정의 도달점이 된다. 학생들의 학습능력이나 가정배경 등에 따라 개인차가 있을 수 있다. 특히 잠재적 교육과정은 이 학생수준의 교육과정의 중요성을 시사하고 있다.
  이 학생수준의 교육과정의 특징은 교육과정을 경험 자체로 본다. 따라서 이 수준의 교육과정은 개별화를 인정한다. 이러한 3수준의 교육과정의 관계를 도식화하면 다음과 같다.

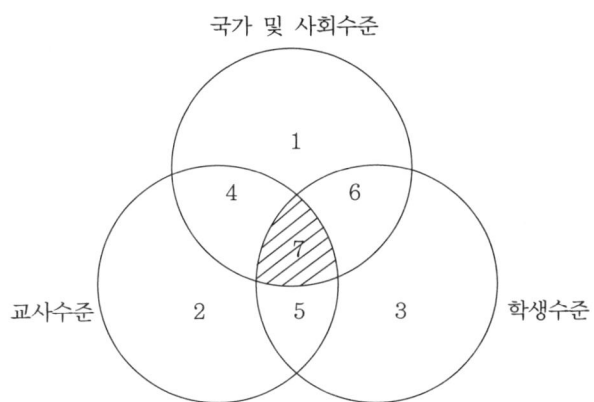

여기서 영역3 : 잠재적 교육과정에 해당한다.
영역7 : 이상적인 상태의 교육과정에 해당한다.

▶ 3수준의 교육과정의 관계

논점18 교육과정 개발에 관한 목표모형의 의의

- Tyler의 교육과정 개발모형은 교육목표가 설정되면 이에 따라 교육내용이 선정·조직되고, 교수-학습과정(실제지도)이 전개되며, 최종적으로 교육평가가 이루어진다고 본다. 이와 같이 그 기준을 교육목표에 두는 교육과정 개발모형을 목표중심모형 또는 목표모형이라고 한다.
  Tyler, Taba, Bloom 등이 주장한 목표모형에서는 교육목표 그 자체가 가치지향적 성격을 내포하지 않는다(가치중립적 접근). 그러나 교육목표는 반드시 가치지향적 성격을 내포하는 개념으로 그것은 특히 교육철학에 의하여 주어진다고 보는 것이다.
- Tyler는 그의 저서 〈교육과정과 수업의 기본원리(1949)〉에서 4가지의 질문을 통해 그의 주장을 체계화하였다.
  첫째, 학교는 어떤 교육목표를 달성하고자 하는가? 둘째, 교육목표를 달성하기 위하여 어떤 학습경험이 제공될 수 있는가? 셋째, 학습경험을 효과적으로 조직하는 방법은 무엇인가? 넷째, 교육목표가 얼마나 달성되었는가를 평가하는 방법은 무엇인가?

논점19 교육과정 개발에 관한 목표모형 : Tyler의 교육과정 개발모형

- 연역적 방법
  Tyler는 교육의 과정 구성요소를 교육목표의 설정 → 학습경험의 제공(선정) → 학습경험의 조직 → 교육평가의 4가지로 제시하였다. 따라서 그의 교육과정 개발모형에 의하면, 교육의 과정은 교육목표의 설정에서 시작하여 학습경험의 선정과 학습경험의 조직을 거쳐 교육평가에 이르고, 그 결과가 다음의 교육목표로 이어지는 순환적 과정이다.
  교육목표는 교육의 과정에서 가장 먼저 결정되어야 한다는 의미에서 뿐만 아니라 그 이후의 절차에서도 기준이 되어야 한다는 의미에서도 가장 중요한 요소로 본다. 즉, 교육프로그램을 설계·개발하는 데에는 어떤 교육목표를 추구할 것인지가 미리 밝혀져야만 한다. 이 교육목표는 교과내용을 선정하고 교과내용을 조직하며, 수업지도의 절차를 개발하며, 평가문항을 개발하는 기준이 된다. 이와 같이 Tyler는 교육목표를 우선시하고, 교육프로그램의 다른 모든 요소는 교육목표를 달성하기 위한 수단으로 간주하였다.

- 교육목표 설정의 자원

  Tyler는 교육목표를 설정하는 5대 자원으로 학습자, 사회, 교과(지식), 교육철학, 학습심리학을 제시하였다. 교육목표는 본질적으로 가치(가치판단)의 문제이며, 그것은 특히 교육철학에 의하여 주어진다. 학습심리학 또한 중요한 원천(자원)이 된다.

  그는 교육목표 진술의 일반원리로 교육목표의 포괄성, 구체성, 일관성, 가변성, 실현가능성(달성가능성) 등을 제시하고 있다.

- 합리적 목표모형

  교육과정 설계와 수업설계를 통합한 그의 합리적 목표모형을 도식화하면 다음과 같다.

  그는 특히 학습경험 선정의 원리로 기회의 원리, 만족의 원리, 지도가능성의 원리, 일경험 다성과의 원리, 일목표 다경험의 원리 등을 제시하였다. 또한 학습경험 조직의 원리로 계속성의 원리, 계열성의 원리, 통합성의 원리 등을 제시하였다.

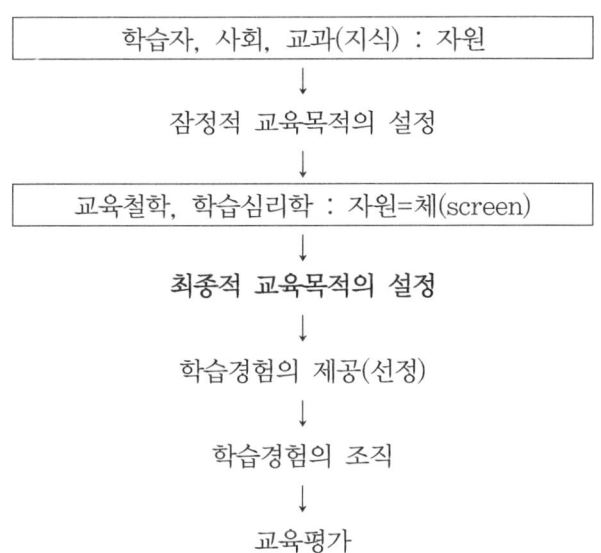

논점20 교육과정 개발에 관한 내용모형의 의의

- 전술한 목표모형에 의하면, 교육에서 가르치려고 의도하는 것은 교육프로그램이 끝난 후에 학습자가 보여줄 수 있는 행동이다. 그 행동을 할 수 있으면 교육목표를 달성한 것이지만, 그 행동이 가치있는 것인가의 문제는 무시된다. 그러나 교육이란 학습자가 행동할 수 있을 뿐만 아니라 그 행동의 결과에 내재해 있는 가치를 실현해야 할 필요가 있는 것이다. 예를 들어 목표모형에서는 방정식을 풀 수 있다는 행동의 결과를 강조하지만, 내용모형에서는 방정식을 풀어낸 행동의 결과에 내재되어 있는 수학적 사고방식이라는 가치를 강조한다는 점이다.
- Bruner의 교육과정 개발모형은 학생들에게 무엇을 가르칠 것인가라는 질문에 '지식의 구조'를 가르쳐야 한다고 본다. 이렇게 그 기준을 지식의 구조라는 교육내용에 두는 교육과정 개발모형을 내용중심모형 또는 내용모형이라고 한다.

  Bruner, Peters, Phenix, Broudy 등이 주장한 내용모형에서는 교육목표 그 자체의 가치지향적 성격을 교육내용에 붙박여 있는 가치에서 직접적으로 찾고 있다. 즉, 교육내용이 가치지향적 성격을 선험적, 논리적으로 내포하고 있다는 것이다.
- 구(舊)소련의 인공위성 Sputnik가 발사된 다음 해인 1959년 미국의 Woods Hole회의에서 교육학자와 교육과정학자가 모여 초·중등학교에서 과학교육을 어떻게 개선할 것인가 등에 관하여 논의하였다. 이 회의의 결과를 보고한 것이 Bruner의 저서 〈교육의 과정(1960)〉인데, 여기서 그는 '지식의 구조'가 교육내용이 되어야 한다고 주장하였다. 이외에도 Schwab, Walker, Peters, Phenix, Broudy 등이 교육내용으로서 교과(지식)를 주장하였다. 교과란 한 전문분야의 조직화된 지식의 체계를 의미한다.

논점21 교육과정 개발에 관한 내용모형 : Bruner의 교육과정 개발모형

- 지식의 구조
  지식의 구조는 학문에 내재되어 있는 기본적 아이디어, 일반적 아이디어, 기본개념과 기본원리, 일반개념과 일반원리, 핵심적 아이디어 등과 동의어이다. 즉, 지식의 구조는 각 학문분야에서 가르쳐야 할 가장 중요한 기본적인 개념과 원리 등을 논리적이고 체계적으로 조직한 것을 의미한다. 지식의 구조의 특징은 표현양식, 경제성, 생성력이다.

표현양식(mode of representation)은 학습자의 발달단계에 따라 행동적(작동적) 표현양식 → 영상적 표현양식 → 상징적 표현양식의 순서로 이루어진다. 경제성(economy)이란 학습자가 기억해야 할 정보의 양이 적은 상태를 의미한다. 생성력(power)이란 새로운 명제를 창출해 내거나 문제해결을 위한 아이디어를 생산해 내는 정도를 의미한다. 예를 들면, 생물학에서 자벌레가 기어 올라갈 때는 반드시 지면과 15°의 경사를 이루면서 기어 올라간다는 사실은 단순히 따로 떨어진 사실로 존재하는 것이 아니라, 향성(向性)이라는 일반원리로 설명되는 여러 가지 사실과 관련되어 있다.

- 교과의 언어

지식의 구조는 4가지 가치(장점)를 가지고 있는데, 이를 정리하면 다음과 같다.

첫째, 학습한 내용을 쉽게 이해할 수 있다. 둘째, 학습한 내용을 전체의 구조 속에서 오랫동안 기억할 수 있다. 셋째, 새로운 사태에 일반적 전이를 용이하게 한다. 넷째, 학생들은 각 학문분야에서 학자들이 하는 일과 그 일의 성과를 알 수 있다. 즉, 기초지식과 고등지식 사이의 간격을 좁힐 수 있다.

과거에는 교과의 언어가 아니라, 교과의 중간언어를 가르쳐 왔다. '교과의 언어'란 물리학자들이 물리현상을 탐구하는 방법 자체를 가리키며, '교과의 중간언어'란 물리학자들이 물리현상을 탐구한 결과를 전달해 주는 것을 가리킨다.

- 나선형 교육과정

Bruner에 의하면, 학생들에게 가르쳐야 할 교육내용은 지식의 구조이다. 교육내용은 가치있는 것이어야 하며, 교육내용은 지식의 구조가 되어야 한다. 학생들은 그 발달단계에 따라 학문을 하는 수준에 있어서 차이가 있다. 즉, 초등학교에서 처음 교과를 배울 때는 아주 유치한 수준에서 그 교과에 관련된 현상을 이해하는 방법을 배운다. 그러나 비록 유치한 수준이지만 그 현상을 이해할 때는 학자들이 하는 것과 동일한 종류의 아이디어를 사용한다는 점에서 학자들과 동일한 종류의 일을 하는 것이다. 학년이 올라감에 따라 학생들은 여전히 동일한 아이디어를 배우지만 그것을 좀 더 심도있고 치밀하게 배운다. 결국 학생들이 하는 일은 그 수준에 있어서도 점점 학자들이 하는 일과 동일하게 된다. 이와 같은 교육과정을 나선형 교육과정이라고 부른다.

그러므로 나선형 교육과정(spiral curriculum)은 동일한 교과내용을 그 이해의 수준에 따라 교과내용의 폭과 깊이를 점차로 증대시켜 나가는 교육과정이다. Bruner는 동일한 교과내용을 학습자의 발달단계에 맞게 번역하는 표현양식을 행동적(작동적) 표현양식 → 영상적 표현양식 → 상징적 표현양식의 3단계로 제안하였다. 예를 들면, 천칭의 원리를 설명할 때 아주 어린 아동에게는 seesaw를 타면서 가르치고, 좀 더 성숙한 아동에게는 천칭의 모형이나 그림을 통하여 천칭의 원리를 설명하며, 가장 성숙한 단계의 학생에게는 언어표현이나 수학공식을 통해 그 원리를 표현한다.

나선형 교육과정은 고등교육과정 → 중등교육과정 → 초등교육과정의 순서로 선정·조직되지만, 초등교육과정 → 중등교육과정 → 고등교육과정의 순서에 따라 학습해 간다. Bruner의 지식의 구조는 교육내용 조직방법에서 나선형 조직을, 학습방법에서 탐구학습(발견학습)을 채택하여 **학문중심 교육과정**으로 발전하였다.

논점22 Skilbeck의 학교중심 교육과정 설계·개발모형

- 의의

  학교중심 교육과정 개발모형은 교육기관(학교)에서 학생들의 학습프로그램을 계획-적용-평가하는 교육과정 개발모형으로, '교사배제 교육과정'을 주도하는 중앙집권적 교육과정 개발체제의 상대적인 개념이다.

  우리나라 제7차 교육과정에 따르면, 〈학교교육과정은 국가의 교육과정 기준과 시·도 교육청의 교육과정 편성·운영지침을 근거로 지역의 특수성과 학교의 실정, 학생의 실태에 알맞게 학습자의 교육경험의 질을 관리하는 구체적인 교육실천방안을 각 학교별로 마련한 의도적인 교육프로그램의 계획〉이다. 이러한 학교교육과정은 교육의 효율성과 적합성을 향상시키기 위해서 필요하고, 학습자중심의 교육을 구현하기 위해서 필요하며, 교사의 전문성과 자율성을 신장시키기 위해서 필요하다.

- 학교중심 교육과정 개발모형의 필요성(목적)

  첫째, 학교의 특성을 고려한 학교교육과정을 편성·운영한다. 둘째, 지역의 특수성과 학교의 실정, 학생의 실태에 알맞게 학습자중심의 교육과정을 운영한다. 셋째, 교육수요자의 다양한 욕구와 흥미, 능력을 수용함으로써 학습자의 교과선택권을 확대한다. 넷째, 교육과정 개발에 있어서 교사를 참여하게 함으로써 교사의 전문성과 자율성을 신장시킨다. 다섯째, 중앙집권적 교육과정 개발체제를 지양하고, 지방분권적 교육과정 개발체제를 지향한다.

- 학교중심 교육과정 개발모형의 절차

  Skilbeck(1984)의 학교중심 교육과정 개발모형은 상황분석 → 목적의 설정 → 학습프로그램의 구성 → 해석과 실행 → 조정과 평가의 5단계로 이루어진다.

  상황분석에서는 교사의 가치관, 학생의 적성 등의 내적 요인과 학부모의 기대, 지역사회의 요구, 교과의 성격 등의 외적 요인을 분석한다. 목적의 설정에서는 기대되는 학습결과를 진술하며, 교육활동의 방향을 제시하기 위한 가치의 문제가 포함된다. 학습프로그램의 구성에서는 수업활동을 설계하고, 수업자료(자료단원과 학습단원)를 구비한다. 해석과 실행에서는 교육과정 개발에 있어서 문제를 판단하고 실행한다. 그리고 조정과 평가에서는 점검, 조정과 평가(피드백), 학습프로그램의 재구성 등이 포함된다.

논점23 Wiggins 등의 역행교육과정(backward curriculum) 설계 · 개발모형

- 의의

  역행교육과정(backward curriculum) 설계모형은 미국의 교육과정 기준운동에서 비롯된 것인데, 성취기준을 중심으로 한 교육과정 설계모형이다. **성취기준**은 각 교과목에서 학생들이 학습을 통해 성취해야 할 지식 · 기능 · 태도의 모든 특성을 진술한 것이다. 이는 단위학교에서 이루어지는 교수-학습활동 및 평가의 실질적인 근거가 되고, 교수-학습과정의 질 관리를 위한 준거가 된다. 또한 교사를 평가전문가로 보고, 교사의 책무성과 직결된 평가에 중점을 둔다.

- 역행교육과정 설계모형의 특징

  Wiggins 등(1998)의 역행교육과정 설계모형은 교육목표의 설정 → 학습경험의 선정 · 조직 → 평가의 실시라는 선형적 접근 혹은 순환적 접근이 아니라 교육목표의 설정→평가의 계획→교육과정과 수업의 계획이라는 비선형적 접근이다.

- 역행교육과정 설계모형의 절차

제1단계 : 기대하는 결과를 확인한다.	교육목표 설정과 교육문제 개발의 단계이다.
제2단계 : 수용할 만한 증거를 결정한다.	평가의 계획 단계이다. 특히 단원목표(=성취기준)에 대한 '지속적 이해'의 종류는 설명 → 해석 → 적용 → 관점(비판) → 공감(수용) → 자기지식의 6가지가 있다.
제3단계 : 학습경험과 수업을 계획한다.	교육과정과 수업의 계획 단계이다.

논점24 교육과정 설계(교육과정 개발)의 의의

① 교육과정과 교육의 과정

교육과정(敎育課程)은 실체적 개념이고, 교육의 과정은 절차적 개념이기 때문에 엄격히 말하면 양자는 구별된다. 하지만 교육의 과정에 있어서 교육과정을 핵심요소로 간주하고, 교육과정 구성요소를 교육의 과정 구성요소와 같은 맥락으로 이해하는 견해가 일반적이다.

Tyler(1949)는 교육과정 설계와 수업설계에 있어서 기본적으로 제기되는 4가지의 질문은 교육목적의 설정 → 학습경험의 제공(선정) → 학습경험의 조직 → 교육평가라고 하였다. 또한 Taba(1955)는 이를 바탕으로 요구분석 → 교육목적의 설정 → 교육내용의 선정·조직 → 교수-학습형태(교수-학습과정) → 교육평가로 구성된다고 하였다.

정범모(1956)는 교육의 과정을 교육목적의 설정 → 학습경험의 선정 → 학습경험의 조직 → 실제지도 → 교육평가의 5단계로 구성하고 있다. 그리고 김종서 외(1993)는 교육의 과정을 교육목표의 설정 → 교육내용의 선정 → 교육내용의 조직 → 교수-학습과정(실제지도) → 교육평가의 5단계로 구성하고 있다. 이를 구체적으로 살펴보면 다음과 같다.

② 요구분석(요구사정)

바람직한 이상상태와 현재의 수행상태간의 격차를 요구(needs)라고 하는데, 이와 같이 기대하는 이상상태(목표)와 실제의 수행상태간의 격차를 분석하고 요구(문제)의 우선순위를 결정하는 과정을 요구분석 또는 요구사정(needs analysis)이라고 한다.

요구분석의 표적대상은 일반적으로 참가자(학생, 교사, 교육행정가, 학부모, 지역사회 등)-교육프로그램-조직구조의 3가지이다. 요구분석의 과정은 다음과 같다.

제1단계 : 기대하는 이상상태(목표)를 정의한다.
제2단계 : 실제의 수행상태를 파악한다.
제3단계 : 이상상태와 수행상태간의 격차를 분석한다.
제4단계 : 요구(문제)의 우선순위를 결정하고, 목표를 결정한다.

논점25 교육과정 설계 : 교육목표의 설정

① 의의
- 개념

    교육목표는 교육을 통하여 달성하고자 하는 행동의 변화, 즉 바람직한 성장·발달의 상태를 지칭하며, 지식과 이해·동기·태도와 가치관·흥미 등 제반 특성의 일반적이고 특수한 행동 특성의 변화를 포함한다. 일정한 시간이 경과하는 동안 특정한 교육활동이 수행되어 기대하는 학습결과를 교육목표라고 한다면, 교육목표를 결정하는 일이야말로 모든 교육활동의 제1단계 작업이다.

    교육목표를 진술하는데 고려해야 할 일반원리는 교육목표의 포괄성, 구체성, 일관성, 가변성, 실현가능성(달성가능성) 등이다. 이러한 교육목표의 기능은 다음과 같다.

    첫째, 교육활동의 기본방향을 제시한다. 둘째, 교육내용을 선정·조직하는 근거가 된다. 셋째, 교수-학습과정을 통제한다. 넷째, 교육평가의 기준이 된다. 다섯째, 학습동기를 유발한다.

- 교육목표 진술의 일반원리

    첫째, 교육목표의 포괄성 둘째, 교육목표의 구체성(행위동사를 사용) 셋째, 교육목표의 일관성 넷째, 교육목표의 가변성 다섯째, 교육목표의 실현가능성(달성가능성) 여섯째, 교육주체에 의한 교육목표의 내면화 등이다.

    무엇보다도 교육목표는 교육내용, 교수-학습과정, 교육평가와 일관성을 유지해야 한다. 교육목표 진술방식으로는 Tyler, Bloom, Mager 등이 제시한 행동적 목표진술방식이 널리 활용되고 있다.

② 교육목표 설정의 자원

Tyler(1949)는 교육목표 설정의 5대 자원으로 학습자, 사회, 교과(지식), 교육철학, 학습심리학을 제시하고 있다. 즉, 학습자의 흥미와 욕구를 반영해야 하고, 사회적 가치와 문화유산을 분석해야 하며, 교과전문가의 의견을 반영해야 한다. 그리고 민주주의 국가이념에 바탕을 두어야 하며, 인간의 심리적 특성과 인간발달 및 학습의 과정을 반영해야 한다.

그 중에서도 교육철학은 교육목표를 걸러내는 1차적인 체(screen)의 역할을 한다. 학습심리학은 2차적인 체(screen)의 역할을 한다.

③ 교육목표의 분류

전통적으로 지육·덕육·체육으로 분류했지만, 최근에는 Bloom(1956)의 〈교육목표분류학〉에 따라 인지적 영역(cognitive domain)·정의적 영역(affective domain)·운동기능적 영역(psycho-motor domain, 심동적 영역 혹은 심체적 영역)으로 분류하고 있다.

인지적 영역이란 **복합성의 원리**에 따라 지식-이해-적용-분석-종합-평가와 같이 단순한 지식과 이해에서부터 고도의 정신능력에 관련된 목표이다. 정의적 영역이란 **내면화의 원리**에 따라 지각(감수, 감지)-반응-만족-가치화-조직화-인격화와 같이 감정과 정서, 태도, 가치관 등의 신념체계에 관련된 목표이다. 그리고 운동기능적 영역에는 인간의 신체근육이나 신체기능을 강조하는 목표이다.

④ 교육목표의 수준

이것은 교육목표의 명세화에 관한 문제이다. 즉, 교육목표는 그 명세화의 정도에 따라 일반적 교육목표 → 교육과정목표 → 교과목표 → 단원목표 → 수업목표/학습목표 → 평가목표의 수준으로 구분할 수 있다. 그러므로 교육목표는 가장 일반적이고 포괄적인 수준의 목표이다.

논점26 교육과정 설계 : 교육내용의 선정

① 의의

학습경험을 결정하는 일은 교육목표의 달성을 위한 교육내용의 선정·조직에 있어서 중심적인 역할을 한다. 문화유산으로부터 선정하여 조직한 지식의 체계를 교과(敎科)라고 하며, 그것은 교육과정에서 취급되는 중요한 학습경험을 차지하게 된다.

교육내용을 선정하는데 적용되는 원리에는 기회의 원리, 만족의 원리, 지도가능성의 원리, 일경험 다성과의 원리, 일목표 다경험의 원리 등이 있다. 또한 교육내용 선정의 기준은 다음과 같다. 첫째, 설정된 교육목적을 달성할 수 있는 것이어야 한다(범위의 기준). 둘째, 사회가 요구하는 가치있고 역동적인 것이어야 한다(객관적 기준). 셋째, 학생의 흥미와 필요, 능력 등의 발달수준에 부합하는 것이어야 한다(주관적 기준). 넷째, 학습경험의 양은 최소필요기준을 충족시켜야 한다. 예를 들어 3R's 등이다(최소요구기준).

② 교육내용 선정의 원리

논점27 교육과정 설계 : 교육내용의 조직

① 의의

교육내용이 선정되면 다음은 이를 조직해야 한다. 교육내용을 어떻게 수직적으로 체계를 세우며, 수평적으로 관련을 짓느냐하는 2가지 조직의 문제이다. 그 하나는 수직적 조직의 원리이고(예 : 계속성, 계열성), 다른 하나는 수평적 조직의 원리이다(예 : 통합성, 범위 등).

교육내용을 조직하는데 적용되는 원리에는 계속성의 원리, 계열성의 원리, 통합성의 원리 등이 있다. 특히 계속성과 계열성을 포괄하는 수직적 연계성(vertical articulation)이란 이전에 학습한 내용과 앞으로 학습할 내용이 서로 잘 연결될 수 있도록 교육내용을 조직하는 것인데, 어떤 학습의 종결점이 다음 학습의 출발점과 서로 잘 연계될 수 있도록 교육내용을 조직하는 것이다. 반면에 통합성, 범위 등을 포괄하는 수평적 연계성(lateral articulation)은 수평적 계속성을 말한다.

② 교육내용 조직의 원리

논점28 교육과정 설계 : 교수-학습과정(실제지도)

① 의의

교수-학습과정은 어떻게 가르칠 것인가를 결정하고 실제로 학생들을 지도하는 활동이다. 따라서 실제로 학생들이 갖게 되는 학습경험과정이다. 여기에는 수업절차, 수업방법, 수업매체와 자료, 교사와 학생간의 상호작용, 학교 및 학급분위기 등이 망라된다.

교수-학습과정은 실제로 전개되는 학습경험과정이기 때문에 이에 관련되는 다양한 요인들(예를 들면 교사, 학생, 교육목표와 교육내용, 교육조건, 학교 및 학급분위기 등)의 상호작용적 관계를 의미있게 통합하는 사고체계가 필요하다.

② 학업성취의 변인

이 단계에서는 학생들의 학업성취를 학습결과로 기대한다. 교수-학습과정에서는 학생들을 신체적·정신적으로 변화시키는 것을 목적으로 하기 때문이다.

이러한 학업성취는 학습자변인과 환경변인의 상호작용의 결과이다. 여기서 학습자변인에는 학습자의 지적 능력, 성격, 동기, 태도와 가치관, 기존의 경험 등이 있으며, 환경변인에는 교사를 포함하여 수업목표와 수업내용·수업조건(수업환경)·학교 및 학급분위기 등이 있다.

$$A = f(L, E) \quad (A : \text{학업성취}, L : \text{학습자}, E : \text{환경})$$

논점29 교육과정 설계 : 교육평가

① 의의

평가는 인간행동의 변화의 정도, 즉 교육목표의 달성도를 검증하는 것이다. 교육의 과정 자체의 계획과 운영은 가설(假說)에 기초한 활동이라고 볼 수 있으며, 그 타당성을 검증하고 필요한 개선책을 마련하는 데 요구되는 경험적인 자료는 학습이 진행되는 과정과 학습된 결과의 평가에서 구할 수 있다.

여기에서는 평가의 계속성과 평가의 교육목표에 대한 일관성이 중요하다. 평가의 계속성이란 교육의 과정에서 평가는 항상 계속되어야 한다는 것을 뜻하고, 평가의 교육목표에 대한 일관성이란 교육목표가 평가의 주된 기준이 되어야 한다는 뜻이다.

② 교육평가의 방법

교육의 과정을 평가하는 방법에는 크게 2가지 접근이 있다. 그 하나는 경험적·실증적 전통에 바탕을 두고 있는 양적 평가방법이고, 다른 하나는 현상학·해석학적 전통에 바탕을 두고 있는 질적 평가방법이다.

양적 평가방법은 실험설계를 구성하고, 독립변인과 종속변인간의 인과관계를 분석하여 객관적 방법으로 사건이나 현상을 측정한다. 반면에 질적 평가방법은 인간 개개인의 사고방식과 행동방식, 태도, 가치관 등을 포함한 모든 사건이나 프로그램을 간주관적(상호주관적) 이해에 바탕을 두고 평가한다.

논점30 제7차 교육과정(1997~2007) : 수준별 교육과정

- 학생의 능력, 적성, 흥미와 필요 등에 대한 개인차를 최대한으로 고려한 수업을 통해 학생 개개인의 성장과 교육의 효율성을 극대화할 수 있도록 수준별 교육과정을 도입한다. 이 수준별 교육과정은 국민공통 기본교육기간(10년간)과 선택중심 교육기간(2년간)에 걸쳐 실시한다.
- 수준별 교육과정의 유형에는 단계형-심화·보충형-선택형이 있다.
  학습내용의 논리적 위계가 비교적 분명하고 능력의 개인차가 심각하게 작용하는 교과목을 단계별로 세분화한 단계형 수준별 교육과정, 학습내용의 논리적 위계가 분명하지 않고 능력의 개인차가 심각하게 작용하지 않는 기본과목을 중심으로 심화학습이나 보충학습이 가능하도록 한 심화·보충형 수준별 교육과정, 학습내용의 난이도를 고려하여 기본과목을 종류와 수준에 따라 설치하고 학생이 선택할 수 있게 한 선택형 수준별 교육과정이 그것이다.

수준별 교육과정	교과목	기타
단계형	수학, 영어	국민공통 기본교육과정에 적용
심화·보충형	국어, 영어, 사회, 과학	
선택형	일반선택과목, 심화선택과목	선택중심 교육과정에 적용

논점31 우리나라 교육과정 개정상의 특징

① 관주도적 교육과정 개발체제
  우리나라 교육과정 개발체제는 교육부가 주체가 된 관주도적 중앙집권적 교육과정 개발체제이다. 교육부장관은 법적 효력을 지닌 '교육과정령'을 고시한다.

② 주로 교과중심 교육과정 개정
  우리나라 교육과정 개정은 주로 교과중심 교육과정에 바탕을 두었다. 그래서 학생들의 생활과 경험보다 교과와 교재를 우선하였고, 학생들의 발달단계를 고려한 교육과정 개정이 거의 없었다.

③ 미국 중심의 교육철학 또는 교육과정이론에 따른 교육과정 개정
  우리나라 교육과정 개정은 미국 중심의 교육철학 또는 교육과정이론에 따라 이루어져 왔다. 그

당시의 교육과정이론에 따라 경험중심 교육과정, 학문중심 교육과정, 인간중심 교육과정 그리고 통합교육과정이 크게 반영되었다.

④ 약 8~10년 주기의 전면적인 교육과정 개정

우리나라 교육과정 개정은 약 8~10년 주기의 전면적인 개정이 이루어져 왔다. 이와 함께 부분적인 수시개정보다는 전면적인 일시개정이 채택되어 왔다.

⑤ 정치·경제적 논리에 따른 교육과정 개정

우리나라 교육과정 개정은 교육적 논리보다는 정치·경제적 논리에 따라 이루어져 왔다는 사실이다. 그 결과 교육의 내재적 가치보다 외재적 가치를 중시하는 경향을 낳기도 했다.

논술 모의고사 8-1

• 이 예상문제는 주요대학 교재를 분석·통합하여 저작되었으며, 〈저작권법〉에 따라 무단 복제, 배포, 출판 및 전자출판 등 저작권을 침해하는 일체의 행위를 금지합니다.

다음은 교육과정의 정의와 교육과정 개념의 발달배경을 제시한 내용이다. 이 내용을 바탕으로 현대 교육과정의 특징을 3가지 이상 설명하고, 교과중심 교육과정과 경험중심 교육과정의 특징을 각각 3가지 이상 설명하시오. 또한 학문중심 교육과정과 인간중심 교육과정의 특징을 각각 3가지 이상 설명하시오. 〔총20점〕

(가) 교육과정은 교육의 수단, 즉 인간행동을 바람직한 방향으로 변화시키는데 작용하는 수단이 된다. 이와 같이 변화시키는 과정을 교육의 과정이라고 할 때 교육의 과정에는 왜(why), 무엇을(what), 어떻게(how), 얼마나 달성되었는가(how much)의 4가지 문제가 포함된다. 이와 같은 교육의 과정 전체계획을 교육과정(curriculum)이라고 한다.

(나) 이 교육과정은 고대 그리스의 7자유학과에 기원을 두고 있지만, 구체적으로는 중세 후반 Thomas Aquinas의 교육사상을 기반으로 한다. 그래서 이성의 도야와 영원불변하는 진리를 중시한다. 전통적 교육철학의 이와 같은 관점은 현대의 항존주의 및 본질주의 교육철학으로 계승되었다.

(다) 1930년대 미국에서 진보주의 교육사조가 유행하면서 교육과정 개정작업이 활발하게 진행되었다. 이 교육과정 개정작업에서는 교육과정을 단절된 교수요목으로 보지 않고, 학교의 지도하에 학생들이 가지게 되는 모든 경험으로 보고 있다. 교육과정을 교수요목으로 보는 관점과 생활경험으로 보는 관점 사이에는 큰 차이가 있다. 즉, 이전의 교육과정이 모든 학생들에게 공통된 문서를 의미한다면, 이 교육과정은 학생 개개인에 따라서 다르게 나타나는 경험 자체를 의미한다.

(라) 1960년대 이전의 교육과정에서 이 교육과정으로 변천하였다. 이와 같은 변천에 대하여 흔히 1957년 구(舊)소련의 인공위성 Sputnik 발사에 따른 충격을 그 동기라고 하고 있으나, 직접적인 동기라고 할 수는 없다. 이 교육과정이 출현한 직접적인 동기로는 지식과 기술의 폭발적인 증가를 들 수 있다. 또한 교과를 잘 가르치려면 지식의 구조를 잘 가르쳐야 한다는 적극적인 입장, 이전의 교육과정에 있어서 지식의 체계가 흔히 소홀히 되는 결함이 지적되면서 이 교육과정이 출현했다.

(마) 현대 산업사회에서 인간교육은 이념적 관점과 현실적 관점에서 그 필요성이 더욱 부각되고 있다. 이념적 관점에서 인간교육의 필요성은 교육의 기능을 어떻게 보느냐에 따라 교육의 실제는 크게 달라진다는 점이다. 현실적 관점에서 인간교육의 필요성은 산업사회가 고도화됨에 따라 인간소외·인간성상실의 경향이 심각한 문제로 제기되고 있다는 점이다.

〈배 점〉

• 답안의 논리적 구성 및 표현 〔총5점〕
• 논술의 내용 〔총15점〕
 · 현대 교육과정의 특징 설명 〔3점〕
 · 교과중심 교육과정의 특징 설명 〔3점〕
 · 경험중심 교육과정의 특징 설명 〔3점〕
 · 학문중심 교육과정의 특징 설명 〔3점〕
 · 인간중심 교육과정의 특징 설명 〔3점〕

논술 모의고사8-1 기본답안

I. 서설

교육과정이란 교육목적을 달성하기 위하여 문화내용에서 선택한 조직화된 지식의 체계 또는 생활경험으로, 이 학습경험이 언제, 어디서 행해질 것인가를 종합한 교육의 과정 전체계획이다. 교과중심 교육과정이란 조직화된 지식의 체계를 중시하는 교육과정이며, 경험중심 교육과정이란 경험의 계열을 중시하는 교육과정이다. 학문중심 교육과정은 의도된 학습결과를 구조화시킨 것이고, 인간중심 교육과정은 자아실현을 위하여 학생들이 학습하는 경험의 총체이다.

아래에서는 현대 교육과정의 특징을 설명하고, 교육과정 개념의 발달배경에 따른 각 교육과정의 특징을 각각 살펴보고자 한다.

II. 현대 교육과정의 특징

첫째, 개별화이다. 현대 교육과정은 학습자의 경험을 토대로 전개된다. 학생의 개인차를 존중하고, 학생의 욕구와 흥미, 능력에 부합할 수 있도록 생활경험의 교육과정을 준비해야 한다. 이러한 개별적인 욕구를 충족시키기 위한 생활경험의 교육과정은 활동중심 교육과정의 성격을 갖는다. 둘째, 인간화이다. 경험을 기반으로 하는 현대 교육과정은 인간을 자아실현의 존재로 보고, 교육의 과정을 자아실현의 과정으로 이해한다. 그래서 기존의 학문중심 교육과정을 비판하고, 인간중심 교육과정과 잠재적 교육과정을 중요시한다.

셋째, 종합화이다. 경험을 기반으로 하는 현대 교육과정은 분과화를 지양하고, 종합화를 지향한다. 교과와 교과 사이를 관련짓는 교육과정의 종합화는 교과통합의 기준에 따라 분과적인 교과를 통합된 교과로 구성한다. 넷째, 지역화이다. 현대 교육과정은 중앙통제적이며 획일적인 교육과정의 구성·운영을 지양하고, 지역의 특수성에 따라 교육과정의 지역화를 지향한다. 따라서 지역의 실정에 맞게 지역의 자원을 개발할 수 있도록 교육과정이 구성·운영되어야 한다.

III. 각 교육과정의 특징

1. 교과중심 교육과정의 특징

교과중심 교육과정이란 학교의 지도하에 학생들에게 전달되는 교과, 교재를 말한다. 즉, 교수요목(course of study)으로서의 교육과정이다.

첫째, 문화유산의 전달이 주된 교육내용이다. 교과는 문화유산을 분류하여 논리적이고 체계적으로 조직한 것이다. 따라서 교과중심 교육과정을 '문화유산중심 교육과정'이라고 할 수 있다. 둘째, 체계적인 지식의 습득과 이성의 계발을 중시한다. 주지주의·지식주의적 교과를 중심으로 한 지식의 습득과 이성의 계발을 중시한다. 셋째, 교과의 논리화를 강조한다. 교과중심 교육과정에서는 교과전문가의 견해를 반영하여 '교과의 논리화'에 따라 교육내용이 선정·조직된다.

2. 경험중심 교육과정의 특징

경험중심 교육과정이란 학교의 지도하에 학생들이 학습하는 모든 경험을 의미한다.

첫째, 교과활동 못지않게 교과외 활동을 중시한다. 교과중심 교육과정에서는 학교학습이나 교실학습을 중시한다. 그러나 경험중심 교육과정에서는 교실학습 못지않게 소풍, 여행, 전시회, 자치활동, 단체활동 등도 중시한다. 그래서 활동중심 교육과정이라고도 한다. 둘째, 아동의 흥미와 필요를 중시한다. 따라서 아동중심 교육과정을 강조한다. 교과중심 교육과정에서는 '교과를 가르친다'는 입장이지만, 경험중심 교육과정에서는 '아동을 가르친다'는 입장을 취한다. 셋째, 교과의 심리화를 강조한다. 아동의 경험이 심리적 조직이라면, 교과는 논리적 조직이다. 교과는 경험의 재구성을 안내하는 일종의 지도이다. 교사가 교과를 학습자의 경험에 맞게 재구성하는 것을 '교과의 심리화'라고 한다.

3. 학문중심 교육과정의 특징

학문중심 교육과정은 학문에 내재해 있는 지식탐구과정의 조직, 즉 지식의 구조를 의미한다.

첫째, 교과내용은 지식의 구조를 핵심으로 선정·조직한다. 지식의 구조는 학문에 내재되어 있는 기본적 아이디어, 일반적 아이디어, 기본개념과 기본원리, 일반개념과 일반원리, 핵심적 아이디어 등과 동의어이다. 즉, 지식의 구조는 각 학문분야에서 가르쳐야 할 가장 중요한 기본적인 개념과 원리 등을 논리적이고 체계적으로 조직한 것을 의미한다. 지식의 구조의 특징은 표현양식, 경제성, 생성력이다.

둘째, 교과내용은 나선형 교육과정 또는 나선형 조직으로 선정·조직한다. 그러므로 나선형 교육과정(spiral curriculum)은 동일한 교과내용을 그 이해의 수준에 따라 교과내용의 폭과 깊이를 점차로 증대시켜 나가는 교육과정이다. Bruner는 동일한 교과내용을 학습자의 발달단계에 맞게 번역하는 표현양식을 작동적 표현양식 → 영상적 표현양식 → 상징적 표현양식의 3단계로 제안하였다.

셋째, 교육의 과정에서 탐구방법 또는 탐구과정을 중시한다. 학문중심 교육과정에서는 교과를 가르칠 때 교사가 교과에 내재되어 있는 기본개념과 기본원리를 찾아내어 이것을 학생들에게 제시하는 것이 아니라, 전문분야의 학자들이 탐구하는 방법으로 이를 찾아내도록 한다. 즉, 물리학을 공부할 때는 물리학자가 하는 방법을 학생들에게 하도록 한다. 그래서 '탐구중심 교육과정'이라고 부른다.

4. 인간중심 교육과정의 특징

인간중심 교육과정은 학생들이 학교생활을 하는 동안에 갖게 되는 모든 경험을 의미한다.

첫째, 인간존중을 핵심으로 하는 교육과정이다. 인간중심 교육과정은 인간의 존엄성 존중과 생명 존중사상을 학생들에게 경험하게 하는 교육과정이다. 따라서 학생간의 비교가 아니라 한 개인의 성장과 발전을 가장 중시한다. 예를 들면, 규준지향평가나 준거지향평가보다 자기지향평가를 더욱 강조한다. 또한 금지·억압·처벌보다도 조장·자유·칭찬을 장려한다. 둘째, 자아실현을 목표로 하는 교육과정이다. 인간중심 교육과정의 목표는 자아실현인을 육성하는데 있다. Maslow는 그의 욕구위계론에서 인간의 궁극적인 욕구는 자아실현의 욕구라고 하였다. 셋째, 표면적 교육과정 못지않게 잠재적 교육과정을 중시한다. 인간중심 교육과정은 학교의 지도에 의하여 학생들이 경험하는 것과 학교의 지도가 없거나 또는 이와 관계없이 학생들이 경험하는 것을 모두 포함한다. 표면적 교육과정은 학생들의 지적·기능적 발달에 직접적으로 영향을 미치는 반면, 잠재적 교육과정은 학생들의 정의적 발달에 크게 영향을 미친다.

IV. 결어

교과중심 교육과정은 문화유산의 전달을 통한 이성의 계발에 교육의 목적이 있으며, 경험중심 교육과정은 경험의 계속적인 재구성을 통해 아동의 성장을 도와주는데 교육의 목적이 있다. 학문중심 교육과정은 학문에 내재해 있는 지식탐구과정의 조직, 즉 지식의 구조를 배우도록 하는 것을 교육의 목적으로 삼고, 인간중심 교육과정은 학생의 타고난 잠재능력을 계발하여 최대한의 자아실현을 하도록 돕는 것을 교육의 목적으로 삼는다. 특히 인간중심 교육과정은 교육과정 개념의 발달배경에 따른 각 교육과정의 특징을 통합하는 개념으로, 개별화, 인간화, 종합화 등으로 특징지어지는 현대 교육과정이다.

논술 모의고사8-2

• 이 예상문제는 주요대학 교재를 분석·통합하여 저작되었으며, 〈저작권법〉에 따라 무단 복제, 배포, 출판 및 전자출판 등 저작권을 침해하는 일체의 행위를 금지합니다.

다음은 교육과정과 교과서의 관계 그리고 교육과정 개념의 발달배경을 제시한 내용이다. 이 내용을 바탕으로 교과서의 재구성의 필요성·방법·한계를 논의하고, 경험중심 교육과정과 학문중심 교육과정의 장-단점(각각 2가지 이상)을 각각 논하시오. 그리고 통합교육과정 내지 중핵교육과정의 특징과 기능(각각 2가지 이상)을 각각 설명하시오. [총20점]

(가) 교과서는 교육과정의 내용을 반영하는 기본지침서이다. 교과서는 교육과정의 내용을 효과적으로 전달하기 위해서 만들어진 것이다. 따라서 교육과정의 내용과 교과서의 내용이 반드시 일치하는 것은 아니며, 교육과정이 교과서를 포괄하는 상위개념이다. 즉, 교과서는 교육과정의 내용을 구현하되, 학습의 효과성을 고려하여 교사와 학생들의 교과서 사용을 염두에 두고, 경제성을 바탕으로 내용과 외형을 만들어 이를 학교에 보급한 것이다.

(나) 1930년대 미국에서 진보주의 교육사조가 유행하면서 교육과정 개정작업이 활발하게 진행되었다. 이 교육과정 개정작업에서는 교육과정을 단절된 교수요목으로 보지 않고, 학교의 지도하에 학생들이 가지게 되는 모든 경험으로 보고 있다. 교육과정을 교수요목으로 보는 관점과 생활경험으로 보는 관점 사이에는 큰 차이가 있다. 즉, 이전의 교육과정이 모든 학생들에게 공통된 문서를 의미한다면, 이 교육과정은 학생 개개인에 따라서 다르게 나타나는 경험 자체를 의미한다.

이와 같은 교육과정은 결코 이전의 교육과정을 배격한 것은 아니다. Dewey도 이 점을 분명히 하고 있는데, 학교교육에서 죽은 것 혹은 기계적인 것이 있다면 그 원천은 바로 아동의 생활과 경험을 교육과정(교과)에 종속시키는데 있다고 주장하였다. 이는 경험과 교육과정(교과) 사이의 간격을 없애야 한다는 것이다.

(다) 1960년대 이전의 교육과정에서 이 교육과정으로 변천하였다. 이와 같은 변천에 대하여 흔히 1957년 구(舊)소련의 인공위성 Sputnik 발사에 따른 충격을 그 동기라고 하고 있으나, 직접적인 동기라고 할 수는 없다. 이 교육과정이 출현한 직접적인 동기로는 지식과 기술의 폭발적인 증가를 들 수 있다. 또한 교과를 잘 가르치려면 지식의 구조를 잘 가르쳐야 한다는 적극적인 입장, 이전의 교육과정에 있어서 지식의 체계가 흔히 소홀히 되는 결함이 지적되면서 이 교육과정이 출현했다.

이 교육과정은 아동의 자발적인 탐구를 통한 지적 활동을 강조한다는 점에서 경험과 생활이 강조한 원래의 의도를 보충한다고 하겠다. 즉, 이 교육과정을 '지식탐구과정의 조직'이라고 정의하는 경우 이것은 명백히 이전의 교육과정 중의 한 부분을 구체화한 것에 불과하다. 특히 Bruner를 중심으로 한 신본질주의는 교과활동과 3R's 등 기초학습을 강조함으로써 이 교육과정의 철학적 배경이 되었다.

(라) Herbart는 단원 개념을 발전시켰는데, 이 단원 개념이 곧 교육과정의 통합 개념이다. Herbart는 낱낱의 사실을 관계없이 나열하여 가르치는 것보다 작은 묶음으로 통합하여 가르치는 것이 학습효과를 증진시킨다고 보고, 이것을 단원(einheit)이라고 불렀다. 이와 같은 단원 개념은 미국의 Morrison이 발달시켰는데, 그는 단원(unit)을 인간행동의 변화를 위하여 학생들에게 제공되는 의미있는 학습내용이나 학습경험의 통합된 조직이라고 하였다. 즉, 단원은 지식이나 경험의 작은 묶음으로 학습내용이나 학습경험의 종합성·통일성·단일성·전체성·통합성을 의미하며, 이는 이 교육과정의 핵심이 된다.

그 후 Dewey, Kilpatrick 등 진보주의는 경험을 유기체와 환경의 통합으로 보고, 이 경험은 학습자의 목적 또는 문제를 중심으로 통합된다고 하였다. 즉, 지식과 기능은 목적달성이나 문제해결을 위한 도구이며, 이 도구는 목적 또는 문제에 통합된다고 하였다. 중핵형 교육과정은 이 교육과정의 대표적인 형태이다.

⟨배 점⟩
- 답안의 논리적 구성 및 표현 〔총4점〕
- 논술의 내용 〔총16점〕
  · 교과서의 재구성의 필요성 · 방법 · 한계 논의 〔4점〕
  · 경험중심 교육과정의 장–단점 논의 〔4점〕
  · 학문중심 교육과정의 장–단점 논의 〔4점〕
  · 통합교육과정(중핵교육과정)의 특징과 기능 설명 〔4점〕

논술 모의고사8-2 기본답안

I. 서설

교육과정이란 학교의 지도하에 학습자가 학습해야 할 내용으로 계획된 지식의 체계 또는 경험의 계열이다. 경험중심 교육과정이란 경험의 계열을 중시하는 교육과정이고, 학문중심 교육과정은 의도된 학습결과를 구조화시킨 것이다. 통합교육과정은 학생들이 보다 의미있는 학습을 하게 하기 위하여 교과간에 밀접한 관련을 짓거나, 광역화하거나, 교과의 선을 없애는 교육과정을 말한다.

아래에서는 교과서의 재구성의 필요성 등을 논의하고, 경험중심 교육과정과 학문중심 교육과정의 장–단점을 각각 논의한 다음, 통합교육과정(중핵교육과정)의 특징과 기능을 차례로 설명하고자 한다.

II. 교과서의 재구성의 필요성 · 방법 · 한계

재구성의 필요성은 첫째, 전국적인 수준을 대상으로 만들어진 교과서는 모든 지역의 학교에서 사용하기가 어렵다. 따라서 중앙집권적 교육과정 개발체제의 문제점을 보완하기 위하여 각 학교의 실정에 따라 교과서의 내용을 변경하여 수업할 필요가 있다. 둘째, 교사의 전문성과 자율성을 확보하기 위하여 교사가 학생들의 특성에 맞게 교과서의 내용을 변경하여 수업할 필요가 있다.

재구성의 방법은 첫째, 교과서의 수준별 재구성으로, 학생들의 능력에 따라 교과서 내용의 난이도수준을 조정하여 재구성하는 방식이다. 둘째, 교과통합에 의한 재구성으로, 둘 이상의 교과나 학문을 통합하여 재구성하는 방식이다.

재구성의 한계를 살펴보면, 교과서의 재구성은 국가의 교육과정 기준과 시 · 도 교육청의 교육과정 편성 · 운영지침의 범위 내에서만 가능한 것이다. 또 이러한 재구성을 담당할 교사 또는 교사집단이 이에 필요한 지식과 기술을 갖추어야 한다.

III. 경험중심 교육과정과 학문중심 교육과정의 장-단점

1. 경험중심 교육과정의 장-단점

경험중심 교육과정이란 학교의 지도하에 학생들이 학습하는 모든 경험을 의미한다.

장점은 첫째, 학생들의 자발적인 활동을 촉진할 수 있다. 그래서 활동중심 교육과정이라고도 한다. 둘째, 문제해결력, 창의력 등 고등정신기능을 개발할 수 있다. 따라서 아동중심 교육과정을 강조한다. 셋째, 협동심, 책임감, 사회성 등의 민주적 생활태도와 가치를 계발할 수 있다. 그래서 생활중심 교육과정이라고도 한다.

단점은 첫째, 체계적인 지식의 습득을 경시할 수 있다. 둘째, 기초학력을 저하시킬 수 있다. 셋째, 교육과정의 논리적 배열이 곤란하다.

2. 학문중심 교육과정의 장-단점

학문중심 교육과정은 학문에 내재해 있는 지식탐구과정의 조직, 즉 지식의 구조를 의미한다.

장점은 첫째, 나선형 교육과정을 구성하기 때문에 질 높은 교육이 가능하다. 나선형 교육과정(spiral curriculum)은 동일한 교과내용을 그 이해의 수준에 따라 교과내용의 폭과 깊이를 점차로 증대시켜 나가는 교육과정이다. 둘째, 지식의 구조는 표현양식, 경제성, 생성력이 있기 때문에 학습의 전이가 용이하다. 지식의 구조는 각 학문분야에서 가르쳐야 할 가장 중요한 기본적인 개념과 원리 등을 논리적이고 체계적으로 조직한 것을 의미한다. 셋째, 탐구방법 또는 탐구과정을 중시하기 때문에 문제해결력과 창의력의 개발이 가능하다. 그래서 '탐구중심 교육과정'이라고 부른다.

단점은 첫째, 지적 교육에 치중하고 정의적 교육을 경시할 수 있다. 둘째, 학습자의 흥미와 필요, 사회의 요구와 필요를 무시할 수 있다. 셋째, 교과의 통합을 외면하고 교과의 단절을 심화시킬 수 있다.

IV. 통합교육과정의 특징과 기능

통합교육과정의 대표적인 형태가 경험중심 교육과정에서의 통합교육과정이고, 이 중 가장 광범위하게 실천에 옮겨진 통합교육과정이 사회중심 중핵교육과정이다. 사회중심 중핵교육과정은 사회기능 또는 사회문제를 중핵으로 모든 교과지식이나 생활경험을 이에 통합하는 교육과정을 말한다. 통합교육과정은 일반적으로 교과내용보다 학습과정에, 지식의 체계보다 지적 활동에, 논리적 배열보다 심리적 배열에 중점을 두고 있다.

이와 같은 통합교육과정의 특징을 살펴보면 첫째, 교과의 선을 없애고, 사회기능이나 사회문제를 중핵으로 교육과정을 선정·조직한다. 둘째, 학습자의 흥미와 필요에 알맞은 학습경험을 선정·조직한다. 셋째, 사회기능이나 사회문제를 중핵으로 모든 교과와 경험을 통합한다.

또한 통합교육과정의 기능을 살펴보면 첫째, 어떤 사상의 변화에 역동적으로 대처할 수 있다. 예컨대, 지식의 구조를 중핵으로 한다. 둘째, 학습하는 방법을 학습하는 교육이 가능하다. 예컨대, 발견학습을 활용한다. 셋째, 사회적 상호작용을 촉진하고 협동심을 육성할 수 있다. 예컨대, 협동학습을 활용한다.

V. 결어

경험중심 교육과정은 경험의 계속적인 재구성을 통해 아동의 성장을 도와주는데 교육의 목적이 있고, 학문중심 교육과정은 학문에 내재해 있는 지식탐구과정의 조직, 즉 지식의 구조를 배우도록 하는 것을 교육의 목적으로 삼는다. 특히 사회중심 중핵교육과정은 급변하는 사회에 있어서 사회·문화적 공통요인의 가치를 재해석함으로써 사회적응 및 사회개조에 필요한 능력과 기술, 태도를 계발하고자 하는데 그 목적이 있다.

그리고 교과서의 재구성이란 교과서의 내용을 어떤 원칙에 따라 변경하여 수업하는 것인데, 각 교육과정의 장-단점, 특징과 기능을 파악하여 그 내용을 구현하여야 한다.

논술 모의고사 8-3

* 이 예상문제는 주요대학 교재를 분석·통합하여 저작되었으며, 〈저작권법〉에 따라 무단 복제, 배포, 출판 및 전자출판 등 저작권을 침해하는 일체의 행위를 금지합니다.

다음은 교육과정과 교과서의 관계 그리고 잠재적 교육과정과 영교육과정의 발달배경을 제시한 내용이다. 이 내용을 바탕으로 교과서의 재구성의 필요성·방법·한계를 논의하고, 잠재적 교육과정의 특징(3가지 이상)을 표면적 교육과정과 비교 설명하고, 잠재적 교육과정의 원천(3가지 이상)을 설명하시오. 그리고 영교육과정(null curriculum)에 대하여 예를 들어 설명하시오. 〔총20점〕

(가) 교과서는 교육과정의 내용을 반영하는 기본지침서이다. 교과서는 교육과정의 내용을 효과적으로 전달하기 위해서 만들어진 것이다. 따라서 교육과정의 내용과 교과서의 내용이 반드시 일치하는 것은 아니며, 교육과정이 교과서를 포괄하는 상위개념이다. 즉, 교과서는 교육과정의 내용을 구현하되, 학습의 효과성을 고려하여 교사와 학생들의 교과서 사용을 염두에 두고, 경제성을 바탕으로 내용과 외형을 만들어 이를 학교에 보급한 것이다.

(나) 학생들은 학교생활을 하면서 분명히 성장과 발달에 도움이 되는 좋은 경험을 하고 있지만, 반면에 학교생활을 하는 동안에 개인성장이나 사회발전에 저해되는 내용의 경험도 하고 있다. 즉, 학교는 진(眞)·선(善)·미(美)로 가득 차 있어서 그 순기능만 수행하고 있는 것이 아니라 위(僞)·악(惡)·추(醜)도 더불어 있어서 그 역기능도 수행하고 있기 때문이다. 이것은 종래의 교육과정 개념의 한계에서 비롯되는 인간중심 교육과정의 한 측면이다.

(다) 교육과정의 정의는 교과중심, 경험중심, 학문중심, 인간중심 교육과정에 따라 다른데, 잠재적 교육과정은 이와 같은 교육과정 중에서 어떤 교육과정 개념을 따를 것인지가 문제된다. 여기서 교육과정의 실체를 공통된 문서로 보는 관점과 경험 자체로 보는 관점이 있는데, 교과중심이나 학문중심 교육과정은 교육과정의 실체를 공통된 문서로 보고 있는 반면, 경험중심이나 인간중심 교육과정은 경험 자체로 보고 있다. 그런데 잠재적 교육과정은 분명히 문서는 아니다. 따라서 교과중심이나 학문중심 교육과정은 잠재적 교육과정을 포섭할 수 없다. 경험중심 교육과정은 경험 자체가 교육과정이지만 '의도되고 계획되고 지도된 경험'을 교육과정으로 보기 때문에 '비(非)의도성'을 특징으로 하는 잠재적 교육과정이 포함될 수 없다.

(라) Eisner는 표면적 교육과정과 잠재적 교육과정 이외에도 영교육과정(null curriculum)이 있음을 확인하였다. 즉, 영교육과정이란 공식적으로 존재하지 않으면서도 학생들에게 일정한 영향이나 효과를 미치는 교육과정을 말한다. 학교에서 가르치는 교과영역이 있는 반면, 의도적으로 혹은 관습적으로 가르치지 않는 교과영역이 있다. 이 가르치지 않는 교과영역이 학생들에게 일정한 영향을 미칠 때 영교육과정이라고 한다. 학교에서 가르치는 교과영역은 충분한 논의를 거쳐 선택된 최선의 것들이라기보다는 의도적으로 혹은 관습적으로 가르쳐 온 것들이기 때문에 교육과정에 포함된 경우가 많다.

〈배 점〉
* 답안의 논리적 구성 및 표현 〔총4점〕
* 논술의 내용 〔총16점〕
  · 교과서의 재구성의 필요성·방법·한계 논의 〔4점〕
  · 잠재적 교육과정의 특징 설명 〔4점〕
  · 잠재적 교육과정의 원천 설명 〔4점〕
  · 영교육과정 설명 〔4점〕

논술 모의고사8-3 기본답안

I. 서설

교육과정이란 학교의 지도하에 학습자가 학습해야 할 내용으로 계획된 지식의 체계 또는 경험의 계열이다. 표면적 교육과정은 학교의 의도·계획·지도에 의하여 학생들이 가지게 되는 경험을 의미하고, 잠재적 교육과정은 학교의 의도·계획·지도가 없는데도 학생들이 가지게 되는 경험을 의미한다. 영교육과정이란 공식적으로 존재하지 않으면서도 학생들에게 일정한 영향이나 효과를 미치는 교육과정을 말한다.

아래에서는 교과서의 재구성의 필요성 등을 논의하고, 잠재적 교육과정의 특징과 원천을 각각 설명한 다음, 영교육과정에 대하여 간략히 설명하고자 한다.

II. 교과서의 재구성의 필요성·방법·한계

재구성의 필요성은 첫째, 전국적인 수준을 대상으로 만들어진 교과서는 모든 지역의 학교에서 사용하기가 어렵다. 따라서 중앙집권적 교육과정 개발체제의 문제점을 보완하기 위하여 각 학교의 실정에 따라 교과서의 내용을 변경하여 수업할 필요가 있다. 둘째, 교사의 전문성과 자율성을 확보하기 위하여 교사가 학생들의 특성에 맞게 교과서의 내용을 변경하여 수업할 필요가 있다.

재구성의 방법은 첫째, 교과서의 수준별 재구성으로, 학생들의 능력에 따라 교과서 내용의 난이도수준을 조정하여 재구성하는 방식이다. 둘째, 교과통합에 의한 재구성으로, 둘 이상의 교과나 학문을 통합하여 재구성하는 방식이다.

재구성의 한계를 살펴보면, 교과서의 재구성은 국가의 교육과정 기준과 시·도 교육청의 교육과정 편성·운영지침의 범위 내에서만 가능한 것이다. 또 이러한 재구성을 담당할 교사 또는 교사집단이 이에 필요한 지식과 기술을 갖추어야 한다.

III. 잠재적 교육과정의 특징과 원천

1. 잠재적 교육과정의 특징

표면적 교육과정에는 분명한 의도가 포함되어 있는 의도적인 학습이고, 명시적이고 가시적(可視的)이며, 지적·기능적 발달에 주로 작용한다. 이에 반해 잠재적 교육과정은 비의도적인 학습과 연결되어 암시적이고 비가시적(非可視的)이며, 정의적 발달에 주로 작용한다. 따라서 학생들의 사회적·도덕적 측면에 큰 영향을 미친다.

첫째, 표면적 교육과정은 단기적, 일시적 경험인 반면, 잠재적 교육과정은 장기적, 반복적 경험이다. 둘째, 표면적 교육과정은 긍정적인 가치인 반면, 잠재적 교육과정은 긍정적인 가치뿐만 아니라 부정적인 가치도 포함된다. 셋째, 표면적 교육과정은 주로 이론지식에 관련되는 반면, 잠재적 교육과정은 주로 생존기술에 관련된다.

2. 잠재적 교육과정의 원천

Jackson은 학교생태를 권력성, 군집성, 상벌로 구분하였다. 일반적으로는 학교생태를 목적성, 강요성, 군집성, 위계성으로 구분하고 있다. 이러한 학교생태가 잠재적 교육과정의 원천이 된다.

첫째, 목적성이다. 학교교육의 목적에는 표면적 목적과 잠재적 목적이 있는데, 이 양자가 불일치하게 되면 잠재적 목적이 우선한다는 연구결과가 있다. 여기서 학교교육은 표면적 목적보다 잠재적 목적에 더 충실한 관행이 있다. 둘째, 강요성이다. 학교에는 일정기간 출석의무와 일정한 교육과정, 일정한 학년제도가 있다. 그래서 의무교육이나 학년제도, 시간표 등은 학생들에게 규칙을 강요하고 있다. 셋째, 군집성이다. 학교는 개인적 특성이나 가정배경 등이 다른 학생들이 모여 있는 사회이다. 그래서 학교는 집단문화의 융해적인 기능을 담당하고 있다.

IV. 영교육과정

영교육과정은 공적 문서에 들어있지 않기 때문에 학교에서 의도적으로 가르치지 않는 교육내용으로 학생들이 경험하지 못한 것들을 말한다. 예를 들면, 사회교과서에서 사회적 약자에 대한 논의를 배제하는 것, 생물학적 진화론은 가르치고 성경의 창조론은 가르치지 않는 것, 일본의 역사교과서에서 한국 침략에 관한 내용을 의도적으로 배제하는 것 등이다.

Eisner는 학교교육과정에서 의도적으로 배제되어 왔던 교과내용을 주장하였다. 그는 학교에서 다양한 생산적 사고양식이 간과되고 있음을 지적하였다. 즉, 교육과정에서 시·청각적 사고, 공감적 사고, 직관적 사고 및 상상력 등이 무시되고 있다는 것이다. 교육과정은 '선택'의 결과에 따른 포함과 배제의 산물이기 때문에 영교육과정은 선택의 필연적 부산물이다.

V. 결어

잠재적 교육과정은 학교생활을 하는 동안에 학생들이 은연중에 경험하는 것이므로 이를 표면적 교육과정에 집어넣는다고 해도 완전히 없앨 수는 없다. 즉, 학교교육이 존재하는 한 잠재적 교육과정은 존재하기 마련이다. 따라서 양자의 구조는 불변적이며, 양자의 조화가 바람직하다. 표면적 교육과정, 잠재적 교육과정과 함께 '제3의 교육과정'으로써 영교육과정에 대한 논의는 학교교육이 의도적으로 배제한 교과내용이 없는지를 살펴보게 하는 계기가 될 수 있다.

그리고 교과서의 재구성이란 교과서의 내용을 어떤 원칙에 따라 변경하여 수업하는 것인데, 각 교육과정의 특징과 기능을 파악하여 그 내용을 구현하여야 한다.

논술 모의고사 8-4

· 이 예상문제는 주요대학 교재를 분석·통합하여 저작되었으며, 〈저작권법〉에 따라 무단 복제, 배포, 출판 및 전자출판 등 저작권을 침해하는 일체의 행위를 금지합니다.

다음은 개발목적에 따른 교육과정 개발모형 중 일부를 소개한 내용이다. 이 내용을 바탕으로 Tyler가 제시한 교육과정 개발모형의 절차를 설명하고, Skilbeck이 주장한 학교중심 교육과정 개발모형의 절차를 설명하시오. 그리고 Eisner가 주장한 교육과정 개발모형과 Wiggins 등이 주장한 역행교육과정(backward curriculum) 개발모형의 특징을 각각 3가지 이상 설명하시오. 〔총20점〕

(가) Giroux는 그의 저서 「교육과정과 수업」에서 교육과정 개발모형을 그 목적에 따라 전통주의적 개발모형, 개념-경험주의적 개발모형, 재개념주의적 개발모형의 3가지로 분류하고 있다. 재개념주의자는 종래의 교육과정학자를 전통주의자, 개념-경험주의자로 분류하면서 종래의 교육과정학자가 교육과정과 사회의 관계를 비판적으로 논의하지 못하였고, 교육과정 개념 또한 가치중립적 접근이 되지 못하였다고 비판한다.

(나) 전통주의적 개발모형은 Taylor의 과학적 경영관리체제를 교육과정에 적용한 Bobitt의 영향을 받았다. 그는 목표분석법, 활동분석법을 적용하여 교육과정 개발에 있어서 낭비와 비능률을 제거하고 생산성을 극대화하고자 하였다. 목표모형을 주장한 Tyler, Taba 등이 대표자이며, 교육과정 개발에 있어서 기술공학적 합리성을 추구하였다.

(다) 개념-경험주의적 개발모형은 교육과정의 질을 개선하기 위하여 경험적인 자료를 바탕으로 교육과정 개념을 과학적으로 정립하고자 하였다. 교육과정학자에 의한 교육과정의 정체성 연구보다는 교육철학자, 교육심리학자, 교육사회학자 등 사회과학자에 의한 연구가 시도되었다. 주로 내용모형을 주장한 Bruner, Schwab, Walker, Peters 등이 대표자이며, 자연과학에 근거한 가설검증과 같은 경험적·실증적 연구방법을 교육과정 개발에 적용하였다. 또한 가치와 사실을 엄격히 구분하고, 사실은 가설검증에 의해 분석해야 한다고 주장하였다. 한편, 학교중심 교육과정 개발모형은 교육기관에서 학생들의 학습프로그램을 계획-적용-평가하는 교육과정 개발모형으로, '교사배제 교육과정'을 주도하는 중앙집권적 교육과정 개발체제의 상대적인 개념이다. Skilbeck의 학교중심 교육과정 개발모형은 5단계로 이루어진다.

(라) 재개념주의적 개발모형은 현상학적 입장에서 기존의 교육과정을 재편성하고, 재구성하며, 재개념화해야 한다고 주장한다. '재개념주의자'라는 용어는 Pinar의 저서 「교육과정 이론화 : 재개념주의자」에서 처음으로 등장하였다. Pinar를 비롯한 Giroux, Eisner 등이 대표자이며, 교육과정과 사회의 관계를 규명하여 교육과정의 인간화를 시도하였다. 그리하여 교육과정의 내면적 본질을 이해하는데 목적이 있다.

특히 Eisner에 의하면, 교육과정 개발은 본질적으로 예술적 접근이다. 교육과정 개발의 절차는 교육목표의 설정 → 교육내용의 선정 → 학습기회의 제공 → 학습기회의 조직 → 교육내용의 조직 → 표현양식/반응양식의 개발 → 평가절차의 7단계로 이루어진다. 여기서 '학습기회의 제공 → 학습기회의 조직'은 교육내용의 조직 이전 단계에서 일어나는 비선형적 접근이다. 한편, Wiggins 등의 역행교육과정 설계모형은 교육목표의 설정 → 학습경험의 선정·조직 → 평가의 실시라는 선형적 접근 혹은 순환적 접근이 아니라 교육목표의 설정 → 평가의 계획 → 교육과정과 수업의 계획이라는 비선형적 접근이다.

〈배 점〉

· 답안의 논리적 구성 및 표현 〔총4점〕
· 논술의 내용 〔총16점〕
  · Tyler의 교육과정 개발모형의 절차 설명 〔4점〕
  · Skilbeck의 학교중심 교육과정 개발모형의 절차 설명 〔4점〕
  · Eisner의 교육과정 개발모형의 특징 설명 〔4점〕
  · Wiggins 등의 역행교육과정 개발모형의 특징 설명 〔4점〕

I. 서설

전통주의적 개발모형은 교육과정 개발에 있어서 기술공학적 합리성을 추구하였고, Tyler, Taba 등이 대표자이다. 개념-경험주의적 개발모형은 교육과정의 질을 개선하기 위하여 경험적인 자료를 바탕으로 교육과정 개념을 과학적으로 정립하고자 하였으며, Bruner, Walker 등이 대표자이다. 재개념주의적 개발모형은 현상학적 입장에서 기존의 교육과정을 재편성하고, 재구성하며, 재개념화해야 한다고 주장하는데, Giroux, Eisner 등이 대표자이다. 아래에서는 Tyler의 교육과정 개발모형과 Skilbeck의 학교중심 교육과정 개발모형의 절차를 각각 설명하고, Eisner의 교육과정 개발모형과 Wiggins 등의 역행교육과정 개발모형의 특징을 각각 살펴보고자 한다.

II. Tyler의 교육과정 개발모형의 절차

Tyler는 교육의 과정 구성요소를 교육목표의 설정 → 학습경험의 제공 → 학습경험의 조직 → 교육평가의 4가지로 제시하였다. 따라서 그의 교육과정 개발모형에 의하면, 교육의 과정은 교육목표의 설정에서 시작하여 학습경험의 선정과 학습경험의 조직을 거쳐 교육평가에 이르고, 그 결과가 다음의 교육목표로 이어지는 순환적 과정이다. Tyler는 교육목표를 설정하는 5대 자원으로 학습자, 사회, 교과, 교육철학, 학습심리학을 제시하였다. 교육목표는 본질적으로 가치의 문제이며, 그것은 특히 교육철학에 의하여 주어진다. 학습심리학 또한 중요한 원천이 된다. 그는 교육목표 진술의 일반원리로 교육목표의 포괄성, 구체성, 일관성, 가변성, 실현가능성 등을 제시하고 있다.

교육과정 설계와 수업설계를 통합한 그는 특히 학습경험 선정의 원리로 기회의 원리, 만족의 원리, 지도가능성의 원리, 일경험 다성과의 원리, 일목표 다경험의 원리 등을 제시하였다. 또한 학습경험 조직의 원리로 계속성의 원리, 계열성의 원리, 통합성의 원리 등을 제시하였다.

III. Skilbeck의 학교중심 교육과정 개발모형의 절차

Skilbeck의 학교중심 교육과정 개발모형은 상황분석 → 목적의 설정 → 학습프로그램의 구성 → 해석과 실행 → 조정과 평가의 5단계로 이루어진다.

상황분석에서는 교사의 가치관, 학생의 적성 등의 내적 요인과 학부모의 기대, 지역사회의 요구, 교과의 성격 등의 외적 요인을 분석한다. 목적의 설정에서는 기대되는 학습결과를 진술하며, 교육활동의 방향을 제시하기 위한 가치의 문제가 포함된다. 학습프로그램의 구성에서는 수업활동을 설계하고, 수업자료를 구비한다. 해석과 실행에서는 교육과정 개발에 있어서 문제를 판단하고 실행한다. 그리고 조정과 평가에서는 점검, 조정과 평가, 학습프로그램의 재구성 등이 포함된다.

IV. Eisner의 교육과정 개발모형의 특징

첫째, Eisner는 전통적인 교육과정과 행동목표를 지나치게 강조한 교육과정의 풍토를 비판하면서 예술

교육과 교육과정에 관심을 둔다. 그는 현상학적 입장에서 사회적 실재를 주관적이고 재구성적인 것으로 보고, 개인이 의미를 부여하는 것으로 본다. 이와 관련하여 교육현장이나 학교현장을 개선하기 위하여 질적 연구방법을 사용하고 있다.

둘째, 그에 의하면, 교육과정 개발은 본질적으로 예술적 접근이다. 교육과정 개발의 절차는 교육목표의 설정 → 교육내용의 선정 → 학습기회의 제공 → 학습기회의 조직 → 교육내용의 조직 → 표현양식/반응양식의 개발 → 평가절차의 7단계로 이루어진다. 여기서 '학습기회의 제공 → 학습기회의 조직'은 교육내용의 조직 이전 단계에서 일어나는 비선형적 접근이다.

셋째, Eisner는 교사가 학생들에게 학습기회를 제공하기 위해서 교육목표와 교육내용을 적합한 형태로 변형하는 능력을 교육적 상상력(educational imagination)으로 명명하고, 이를 예술성(artistry)에 비유하고 있다. 또한 교육과정 개발에 있어서 의사결정자를 예술가(artist)에 비유하고 있다. 특히 교육과정 개발에 있어서 의사결정은 교육과정을 실행하는 교사에 의해서 이루어져야 한다고 주장한다.

넷째, 교육과정의 평가는 교육과정 설계·개발의 최종단계에 이루어지는 것이 아니라, 교육과정 설계·개발의 전반에 걸쳐 이루어지는 예술적 과정이다. 그는 질적 평가방법으로 교육적 감식안(educational connoisseurship)과 교육적 비평(educational criticism) 개념을 제안하고 있다.

V. Wiggins 등의 역행교육과정 개발모형의 특징

역행교육과정(backward curriculum) 설계모형은 미국의 교육과정 기준운동에서 비롯된 것인데, 성취기준을 중심으로 한 교육과정 설계모형이다.

첫째, 성취기준은 각 교과목에서 학생들이 학습을 통해 성취해야 할 지식·기능·태도의 모든 특성을 진술한 것이다. 둘째, 이는 단위학교에서 이루어지는 교수-학습활동 및 평가의 실질적인 근거가 되고, 교수-학습과정의 질 관리를 위한 준거가 된다. 셋째, 또한 교사를 평가전문가로 보고, 교사의 책무성과 직결된 평가에 중점을 둔다. 넷째, 교육목표의 설정 → 학습경험의 선정·조직 → 평가의 실시라는 선형적 접근 혹은 순환적 접근이 아니라 교육목표의 설정 → 평가의 계획 → 교육과정과 수업의 계획이라는 비선형적 접근이다.

VI. 결어

Tyler는 교육의 과정 구성요소를 교육목표의 설정 → 학습경험의 제공 → 학습경험의 조직 → 교육평가의 4가지로 제시하였다. Skilbeck의 학교중심 교육과정 개발모형은 상황분석 → 목적의 설정 → 학습프로그램의 구성 → 해석과 실행 → 조정과 평가의 5단계로 이루어진다. 이러한 학교교육과정은 교육의 효율성과 적합성을 향상시키기 위해서 필요하고, 학습자중심의 교육을 구현하기 위해서 필요하며, 교사의 전문성과 자율성을 신장시키기 위해서 필요하다. Eisner의 교육과정 개발모형은 교사의 교육적 상상력을 중시하는 예술적 접근이자 비선형적 접근이란 점에서, Wiggins 등의 역행교육과정 개발모형은 성취기준을 중심으로 한 비선형적 접근이란 점에서 각각 특징이 있다.

제9장

수업(교수)

논점1   수업(교수)의 의의

① 개념

교수(teaching)는 수업(instruction)보다 포괄적인 개념이다. 수업은 주로 학습자의 지적·탐구적 능력을 자극하는 내용전달을 의미하는데 비해, 교수는 학습자의 모든 능력을 자극하는 포괄적인 내용전달을 의미한다. 또한 교수는 학습자가 보이는 행동변화 중에서 의도적인 것과 비의도적인 것을 모두 포함한다는 점에서 수업보다 포괄적이다.

이와 같이 교수와 수업은 개념적으로 구별되고 있으나, 실제에 있어서 양자는 동의어로 쓰이고 있다. 수업(교수)이란 학습자가 특정한 조건하에 특정한 행동을 학습할 수 있도록 환경을 계획적으로 조작하는 과정이다.(Corey 등, 1967) 그러므로 수업(교수)이란 학습자가 교육목표를 달성할 수 있도록 학습의 내적 조건과 외적 조건을 계획적으로 조정하는 과정이다.

② 특징

결국 좋은 수업이란 교수-학습이 잘 일어나도록 환경을 계획적으로 조작하는 과정이다. 이제 수업과 학습을 비교하면 다음과 같다.

논점2   수업과 학습의 비교

- 수업은 일정한 목표가 있어야 하나, 학습은 목표가 있을 수도 있고 없을 수도 있다.
  수업은 의도적인 작용이지만, 학습은 의도적인 경우도 있고 아무런 의도없이도 이루어진다는 것이다. 즉, 수업이 있는 곳에는 학습이 있으나 수업이 없는 곳에서도 학습은 이루어진다는 것이다. 그래서 수업의 성과에 대한 측정보다도 학습의 성과에 대한 측정이 곤란하다.
- 수업은 독립변수이지만, 학습은 종속변수이다.
  수업은 작용하는 투입변수(원인변수)이며, 학습은 작용한 결과 나타나는 산출변수(결과변수)이다. 즉, 수업은 작용하는 요소이고, 학습은 작용한 결과 나타나는 행동변화이다. 좋은 수업이란 독립변수에서 예상되는 종속변수가 나타나는 것을 의미한다.
- 수업은 일의적(一義的)이지만, 학습은 다의적(多義的)이다.
  교사가 가르치는 것은 하나이지만, 학생들은 제 각각 다르게 배운다는 것이다. 한 학급에 50명이 있는 경우 같은 교사의 행동에서 영향을 받는 학생들의 학습은 50개의 다른 것이 있을 수 있다는 것이다. 즉, 학생들은 각자의 지능, 적성, 동기, 흥미, 과거경험에 따라서 서로 다르게 배운다.

- 수업연구는 교실사태를 실험대상으로 하나, 학습연구는 동물을 실험대상으로 하는 경우가 많다.
  수업이론과 달리, 대부분의 학습이론은 동물을 실험대상으로 하여 여기에서 얻어진 결과를 인간의 학습에 적용시키려는 경향이 있었다. 예를 들면, 조건반사설, 시행착오설, 연합설(결합설), 통찰설, 장설 등은 동물실험에 기초하고 있다. 따라서 교실사태라든가 수업사태를 대상으로 하는 연구가 절실히 요청되고 있다.

- 수업이론은 처방적·규범적이지만, 학습이론은 기술적이다.
  수업이론은 학습의 문제점을 개선하기 위한 처방적·규범적 성격을 갖는다. 그러나 학습이론은 인간행동의 변화된 모습을 있는 그대로 기술할 뿐이다. 수업이론은 사실에 선행한다. 그러나 학습이론은 사실에 후행한다. 따라서 수업이론과 학습이론은 상호보완적이다.

- 교재-수업-학습이 일치할 때 비로소 '좋은 수업'이라고 할 수 있다.
  교재에 들어있어도 교사가 이를 모두 가르친다고 할 수는 없으며, 또한 가르친다고 해도 그대로 다 배우는 것도 아니다. 경우에 따라 교사가 가르치지 않았는데 배우는 것도 있고, 또한 교재에 들어있는 것을 가르쳐도 배우지 않는 경우도 있다.
  이와 같은 교재, 수업, 학습의 관계를 도식화하면 다음과 같다.

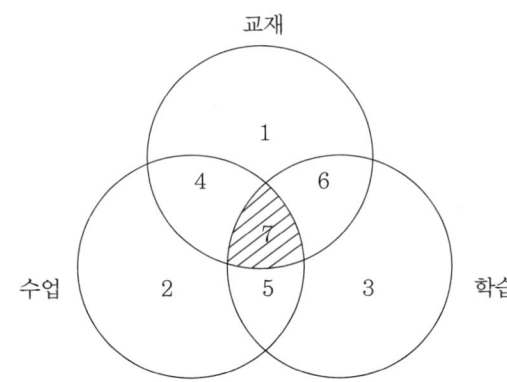

여기서 영역3 : 잠재적 교수-학습과정에 해당한다.
영역7 : 이상적인 상태의 교수-학습과정에 해당한다.

▶ 교재, 수업, 학습의 관계

논점3 수업의 원리

① 의의

교육의 목적과 내용은 철학적 관점과 사회·문화적 관점에 그 기초를 두어야 하겠지만, 교육의 방법인 수업에 있어서는 학습자의 심리적 특성에서 그 기반을 찾아야 한다. 이와 같은 관점에서 좋은 수업의 특징은 수업의 원리에 입각한 것이어야 하는데, 좋은 수업이란 수업의 원리에 따라 환경을 계획적으로 조작하는 과정이기 때문이다.

② 목적의 원리

학습자는 목적을 추구하는 유기체적 존재이다. 따라서 수업에 있어서는 우선 목적을 명확히 하여야 하고, 이를 학습자에게 확인시키도록 해야 한다.

이 목적에는 장기적 목적과 단기적 목적이 있는데, 여기서 중요한 것은 장기적 목적의 수립이다. 장기적 목적의 유무는 학습자의 학습동기에 있어서 현저한 차이를 나타낸다. 단기적 목적은 한 단원의 수업 전에 이를 학습자가 확인하도록 해야 한다. 이와 같은 단기적 목표는 수업이 끝난 후에 수업목표의 달성도를 평가자가 이를 측정할 수 있을 정도로 구체적이고 행동적 용어로 진술해야 한다는 주장이 있다. 최근에는 세분화가 가능한 지적·기능적 영역의 목표는 세분화를 하고, 정의적 영역의 목표는 세분화를 하지 않는 경향이 있다. (이에 반해 수업은 역동적이고 융통성있는 창의적인 활동이므로 행동적 목표진술을 반대하는 주장이 있다.)

③ 통합의 원리

학습자는 통합된 전일적인 존재이다. 따라서 수업에 있어서도 지적 발달, 정서적 발달, 사회적 발달이 균형과 조화를 이룰 수 있도록 해야 한다.

학습자가 통합된 유기체로서 학습하는 것을 동시학습(concomitant learning)이라고 하며, 전인적 발달을 도와주어야 한다는 것이다. 예를 들면, 수학시간에 수학을 배우면서 수학교사를 좋아하게 된다든지, 수학시간에 수학을 배우지만 동시에 수학을 싫어하는 것도 배운다. 이와 같은 통합의 원리는 교육내용을 조직할 때 다양한 교육내용이 상호 연결되고 교과내용과 생활경험이 연결되도록 조직되어야 한다는 것을 반영하고 있다.

④ 자발성(동기유발)의 원리

학습자는 능동적이고 탐구적인 존재이다. 따라서 수업에 있어서는 학습자의 지적 호기심을 충족시켜 주고 창의력이 신장되도록 해야 한다. 특히 탐구방법 또는 탐구과정은 학습의 전이가가 높기 때문에 이에 대한 수업의 필요성이 강조되고 있다. 이 관점은 학문중심 교육과정의 관점이 된다.

학습자는 성인의 표준으로 보면 미성숙하고 무력하지만 그 동년배집단의 기준으로 보면 성숙하고 유능한 존재이다. 따라서 수업에 있어서도 학습자를 중심으로 학습자의 흥미와 필요, 능력 등에 기초를 두어야 한다. 학습자는 학습자 나름대로의 인격의 소유자이므로 이 인격이 성인으로부터 부당하게 침해받지 않고 성장가능한 잠재능력이 충분히 신장되도록 도와주어야 한다. 이와 같은 관점은 인간중심 교육과정의 관점이기도 하다. 개별화의 원리를 반영한 문제해결학습, 구안학습, 통합학습, 프로그램학습(programmed learning), 발견학습 등은 모두 이를 적용한 것이다.

⑤ 개별화의 원리

학습자는 개인으로서 특유한 태도와 성격, 지적 능력을 지닌 존재이다. 따라서 수업에 있어서는 개인차에 알맞은 수업방안이 모색되어야 한다.

집단수업 속에 개인이 매몰되지 않고 하나의 존엄한 인격으로 존중하고자 하는 수업의 개별화에 관한 연구는 미국을 중심으로 전개되었다. 그 대표적인 예를 들면, St. Louis Plan(1886) → Batavia Plan(1888) → Santa Barbara Plan(1889) → Winnetka System(1918) → 무학년제도(1919)를 비롯하여 최초의 개별수업방법으로 불리는 Burk's individual system(1913, 학년제는 유지), Parkhurst의 Dalton Plan(1913, 학년제는 유지) 등이 있다. 이러한 개별화의 원리는 경험중심 교육과정을 반영하고 있다.

개인차를 고려한 학습으로는 무학년제도 이외에도 최근에는 능력별 집단편성, 팀티칭(team teaching), 자기주도적 학습, 프로그램학습(programmed learning) 등이 대표적이다.

⑥ 사회화의 원리

학습자는 사회적 인간관계를 맺으며 성장하는 사회적 존재이다. 따라서 수업에 있어서는 협동적 경험이 중시되어야 한다. 무엇보다도 타인과의 인간관계를 잘 맺으며 협동하여 학습할 수 있는 방안이 모색되어야 한다.

이와 같은 사회화의 원리는 전술한 개별화의 원리에 상호 모순되지 않는다. 개인차에 맞는 수업지도에 의하여 학습된 능력이 협동학습에서 충분히 발현되어 집단적인 학습효과를 나타내야 하기 때문에 개별화의 원리와 사회화의 원리는 상호보완적이다. 이러한 사회화의 원리는 Dewey의 축도사회(縮圖社會)로써의 학교, Olsen의 지역사회학교에서와 같이 경험중심 교육과정을 반영하고 있다.

협동적 경험을 중시하는 학습으로는 소집단학습, 협동학습이 대표적이다.

논점4 수업의 형태 : 강의법

① 의의

강의법은 역사적으로 고대 그리스 Sophist의 모순-반박법에 큰 영향을 받아 발달하였다. Sophist의 모순-반박법은 언어를 사용하여 상대방을 설득하는 웅변술을 말하며, 수사학의 일종이다. 이 강의법은 18세기 말 Herbart에 의해 더욱 체계화되었는데, 명료 → 연합 → 계통 → 방법으로 제시된 교수4단계설은 강의법의 전형으로 정착되었다.

강의법은 주로 언어를 통한 설명과 논리에 의하여 지식과 정보를 전달하는데 목적이 있는 고전적인 교수-학습방법의 일종이다. 이는 전통적 집단수업에서 설명법과 더불어 사용되어 온 교사중심·교재중심의 수업방법이다.

② 장-단점
- 장점

첫째, 지식과 정보를 체계적으로 전달할 수 있다. 둘째, 수업자료를 적절히 제시하여 학습동기를 자극할 수 있다. 셋째, 수업의 경제성이 높다. 넷째, 수업의 전체성을 제시하는데 용이하다. 다섯째, 교사-학생간의 의사소통이 가능하다(예 : 면대면(面對面)의 학습).

- 단점

첫째, 교사중심의 일제수업(一齊授業)으로 학생들이 수동적이다. 둘째, 학습내용의 장기적인 파지가 곤란하다. 셋째, 문제해결력, 창의력 등의 고등정신기능을 기르는데 미흡하다. 넷째, 교재중심으로 실생활문제와 동떨어진 지식의 습득에 빠지기 쉽다. 다섯째, 수업의 개별화가 곤란하다. 즉, 학생의 개인차를 고려한 학습이 곤란하다.

논점5 강의의 절차

강의의 절차는 다음과 같다.

① 준비단계	• 학습목표의 설정 • 학습방법의 설계(예 : 침묵의 기회 설계) • 학습매체와 자료의 점검
② 도입단계	• 교사-학생간의 관계 설정 • 학생의 주의집중, 동기유발 유도 • 학습목표의 제공(예 : 선행조직자의 제공)
③ 전개단계(또는 발전단계)	• 학습내용의 논리적 조직 • 학습내용의 명료화 • 다양한 수업방법의 사용(예 : 강의법, 설명법, 발견학습법 등)
④ 정리단계	• 학습내용의 요약정리 • 연습을 통한 강화 • 적용 및 일반화

논점6 수업의 형태 : 질문법

① 의의

질문법(문답법)은 고대 그리스 소크라테스의 대화법에 크게 영향을 받았다. 소크라테스의 대화법은 반어법과 산파법의 2단계로 구성되는데, 반어법은 학습자의 답변에 대하여 다시 질문을 하여 점점 고도의 지식을 습득하게 하는 방법이며, 산파법은 질문에 대하여 학습자가 답변하는 가운데 점차 학습자의 지식을 발전시켜 가는 방법이다. 질문법은 질문과 답변을 통하여 합리적 사고과정을 촉진하는데 근본적인 목적이 있는 교수-학습방법이다. 즉, 문답을 통하여 교수자는 학습자의 논리적 사고, 비판적 사고, 창의적 사고를 자극하는 것이다. 그래서 교수자와 학습자간 또는 학습자 상호간의 문답을 통하여 학습자는 스스로 탐구하는 능력을 기르고 학습하는 방법을 학습하게 된다.

② 장-단점
- 장점

첫째, 논점이 분명한 교수-학습활동이 가능하다. 둘째, 학습자의 적극적인 학습활동이 가능하다. 셋째, 학습흥미를 자극하고 학습동기를 유발할 수 있다. 넷째, 이미 학습한 내용의 정리에 효과적이다. 다섯째, 문제해결력, 창의력 등의 고등정신기능을 기르는데 용이하다. 여섯째, 교사-학생간의 의사소통이 원활하다(예 : 면대면(面對面)의 학습).

- 단점

  첫째, 교사중심의 설명법으로 흐르기 쉽다. 둘째, 학습속도가 지연될 수 있다. 셋째, 사고의 영역을 한정시킬 수 있다. 넷째, 사고의 연속성과 통일성을 방해할 수 있다. 다섯째, 우수아동 중심(열등아동이나 학습부진아동 중심×)의 수업이 되기 쉽다.

논점7 수업의 형태 : 문제해결법(Dewey)

① 의의

문제해결법(problem-solving method)은 학생 개인이 실생활장면에서 당면하는 문제를 해결하는 과정에서 지식·기능·태도의 제반 특성을 종합적으로 습득하게 하는 교수-학습방법이다. 문제해결법은 Dewey의 반성적 사고(reflective thinking)에 기초를 두고 확립되었다.

이러한 문제해결법의 특징은 다음과 같다.

첫째, 학교생활과 실제생활을 연결시킬 수 있다. 둘째, 생활과 경험을 중시한 교육이 이루어진다. 셋째, 학습자의 능동적이고 자율적인 학습이 이루어진다. 넷째, 전인교육, 개인차를 존중한 개별화학습이 이루어진다. 다섯째, 소집단학습, 협동학습에 적합하다.

② 장-단점

- 장점

  첫째, 학습자의 자발적인 학습이 가능하다. 둘째, 실생활문제를 바탕으로 한 통합학습이 가능하다. 셋째, 실천에 의한 학습(learning by doing), 즉 경험중심의 교육이 가능하다. 넷째, 문제해결력, 창의력 등의 고등정신기능을 기르는데 효과적이다. 다섯째, 협동심, 책임감, 사회성 등의 민주적 생활태도를 기르는데 효과적이다.

- 단점

  첫째, 기초학력을 기르는데 곤란하다. 둘째, 체계적인 지식습득이 곤란하다. 셋째, 교육현장의 혼란과 학습활동의 비일관성을 초래할 수 있다. 넷째, 학업성취의 효과가 낮다. 즉, 지적 성장이 비효율적이다.

논점8 문제해결의 절차

문제해결학습은 문제의 이해(인식) → 문제해결의 계획 → 자료의 수집·분석 → 학습활동의 전개 → 결과의 검토의 5단계로 진행된다. 여기서 문제의 이해(인식)는 문제의 제기를, 문제해결의 계획은 방법의 고안을, 자료의 수집·분석은 연구조사를, 학습활동의 전개는 실행을, 결과의 검토는 반성적 사고를 의미한다.

논점9 수업의 형태 : 역할놀이법(역할연기법)

① 의의

역할놀이 또는 역할연기(role-playing)는 문제상황에서 다양한 체험을 통해 자신과 타인을 이해하고 문제해결에 도움을 주고자 하는 극화된 놀이이다.(Shaftel & Shaftel, 1925)

역할놀이는 문제상황에서 다양한 체험의 기회를 제공해 주어 자신의 가치와 태도를 보다 분명히 알게 하고, 자신의 행동이 타인의 행동에 어떤 영향을 미치는지를 더 잘 이해할 수 있게 해준다. 즉, 타인의 역할을 통해서 자신의 가치와 태도를 분명히 인식하고, 타인과의 인관관계를 이해할 수 있게 해준다. 이와 같은 역할놀이는 타인의 역할을 통해서 의사결정능력, 의사소통능력, 인간관계능력을 기르는데 유용하다. 이러한 역할놀이의 교육적 가치는 개인적 측면과 사회적 측면에서 살펴볼 수 있다. 하나는 개인적 측면에서 각 학습자가 스스로 개인적 삶의 의미를 발견하는 것이요, 다른 하나는 사회적 측면에서 민주적 집단과정으로 인간관계에 관한 문제를 해결하는 것이다.

② 장-단점
- 장점
첫째, 학습자의 적극적인 참여를 유도할 수 있다. 둘째, 자신과 타인을 이해하고, 인간관계기술 등을 개선할 수 있다. 셋째, 가치교육, 도덕교육, 인간관계훈련 등에 적합하다. 넷째, 문제상황을 체험할 수 있는 기회를 제공해 준다.
- 단점
첫째, 수업의 시간과 비용이 많이 든다. 둘째, 가치교육이나 도덕교육의 변화가 오랜 시간이 걸린다. 셋째, 지적 학습에 비효과적이다.

논점10 수업의 형태 : simulation

① 의의

실제와 유사한 상황을 인위적으로 만들어서 실제상황에서 있을 수 있는 위험과 비용의 부담없이 학습할 수 있는 환경을 simulation(모의상황 혹은 모의실험)이라고 한다. simulation은 학습자 개인이 실제와 유사한 상황에서 다른 학습자와 상호작용을 하거나 기계·기구를 가지고 상호작용을 하면서 학습하는 방법이다.

실제에서는 높은 위험과 비용이 따르는 비행훈련·화학실험 등의 교육, 비교적 장기간에 걸친 인간관계훈련이 중요한 교육에 주로 사용된다.

② 장-단점
- 장점
  첫째, 실제와 유사한 학습환경을 제공한다. 둘째, 실제상황에 대한 발견학습이 가능하다. 셋째, 학습자의 위험부담이 없다.
- 단점
  첫째, 일반적으로 시간과 비용이 많이 든다. (그러나 실제상황에서보다 비용과 시간이 적게 든다는 점이다.) 둘째, 실제상황을 단순화하여 오개념을 형성시킬 수 있다.

논점11 수업의 형태 : game

① 의의

game은 simulation과 유사한 점이 있지만, 실제와는 전혀 다른 상상의 세계에서도 game은 가능하다는 점이 다르다.

학습자가 정해진 규칙에 따라 열심히 노력하면 목적을 달성할 수 있는 흥미롭고, 경쟁적이고, 도전적인 요소를 첨가한 환경을 game이라고 한다. game은 학습자 개인이나 집단의 경쟁심을 자극하여 실제와 유사한 상황에서 학습하거나 실제와는 전혀 다른 상상의 세계에서 학습하는 방법이다. 이는 문법이나 철자, 수학공식 암기 등의 반복적인 학습, 학습자의 흥미·경쟁·도전 등을 자극하는 학습에 주로 사용된다.

② 장-단점
- 장점

    첫째, 흥미로운 학습환경을 조성한다. 둘째, 학습동기를 자극한다. 셋째, 상상력과 창의력을 기르는데 유용하다.
- 단점

    첫째, 불필요한 경쟁심을 조장할 수 있다. 그래서 협동심을 강조하는 game도 있다. 둘째, 일반적으로 시간과 비용이 많이 든다.

논점12 수업집단의 조직 - 수직적 조직

① 학년제(graded system)

전통적인 학교제도에서 발전된 것으로 동일학년의 학생들을 단계적으로 진급시키는 집단조직이다. 교수-학습지도의 효율화라는 관점에서 주로 같은 연령의 학생들로 편성되며 동일기간에 동일교재를 이수하여 그 정도에 따라 다음 단계(학년)로 진급된다. 그러나 학생들의 개인차를 고려하지 않는다는 문제점이 있다(예 : 우리나라의 6-3-3-4학제).

② 다학년제(multi-graded system)

학년제가 지니고 있는 학생들의 개인차를 고려하고 진급의 경직성을 시정하려는 의도에서 계획적으로 구성하는 집단조직이다. 몇 개의 학년에 해당하는 학생들로 하나의 학급이 편성되며 동일학년의 개별학생은 각 교과에 대한 자기의 학력정도에 따라 1학년의 국어, 3학년의 영어, 2학년의 수학과 같은 방식으로 학습이 진행된다. 이것은 학생들의 개인차를 최대한으로 고려하는 과목별 학년제이다(예 : 복식학년제).

③ 무학년제(non-graded system)
- 의의

    무학년제(non-graded system)란 학년이나 계열을 무시하고, 개별학생의 능력이나 흥미에 맞는 교육과정을 이수할 수 있도록 학습조건을 마련해 주는 체제를 의미한다.(Goodlad & Anderson, 1966) 무학년제는 개별화의 원리와 사회화의 원리를 적용한 것으로, 학생집단은 주로 팀티칭방식으로 운영되는 경우가 많다. 따라서 학생집단의 수준표시를 학년제로 하지 않고, 교육과정을 몇 개의 단계로 나누어 편성하며 집단조직도 능력이나 흥미에 따라 편성한다. 그리고 이에 맞는 교육과정을 부과함으로써 학습효과를 높이는데 그 목적이 있다.

- 특징

  첫째, 엄격한 학년제는 없고, 학습자의 능력에 따라 수시로 진급이 가능하다.

  둘째, 학습자의 계속적인 진급을 자주 실시한다.

  셋째, 학습진도는 불규칙적이다.

  넷째, 학습내용에 따라 학습자의 진보는 불규칙적으로 본다.

  다섯째, 학습내용은 장기간에 걸쳐 폭넓게 퍼져 있으며, 학습은 수직적(종적) 과정이다.

논점13 수업집단의 조직 - 수평적 조직

① **학급담임제**

1인의 교사가 한 학급의 전교과를 담당하여 학생을 지도하는 조직으로, 주로 초등학교에서 채택되고 있다. 이는 통합교육과정에 근거하고 있다.

② **교과담임제**

한 교과 또는 몇 개의 교과를 각 교사가 담당하여 학생을 지도하는 조직으로, 주로 중·고등학교에서 채택되고 있다. 이는 통합된 교육과정을 다루기가 곤란하다.

③ **능력별 집단편성(ability grouping)**

- 의의

  또한 능력별 집단편성은 집단조직을 능력에 따라 동질적으로 편성하여 학습효과를 높이는 방법이다. 일반적으로 우수아동과 열등아동으로 구분하여 편성하는데, 이것도 지능이나 학력(성적)을 기준으로 구분하는 것이 관례이다. 능력별 집단편성은 개별화의 원리를 적용하여 교과목에 따라서 우열반(優劣班)을 편성하는 것이 관행인데, 교재와 교수방법 등을 달리하는 수업지도는 학습의 효과성을 높일 수 있다.

- 특징

  첫째, 지능이나 학력(성적), 흥미 등을 기준으로 편성한다. 둘째, 교과목에 따라서 우열반(優劣班)을 편성한다. 셋째, 진학, 취업, 집단조직 등과 같은 교육적 정치의 기능이 있다

- 장–단점
  - 장점
    첫째, 개인차에 적합한 학습이 가능하다. 둘째, 학습의 효과성을 높일 수 있다. 셋째, 교사의 수업연구 및 학생지도가 용이하다.
  - 단점
    첫째, 우수아동과 열등아동을 선별하는 기준을 결정하기가 곤란하다. 둘째, 감정적 대립과 분열을 조장할 우려가 있다. 셋째, 민주적 인간교육에 유해하며, 전인적 성장을 저해할 우려가 있다.

논점14 집단수업 대 개별화수업

① 집단수업
- 의의
  집단수업이란 사회화의 원리를 바탕으로 한 교사중심의 수업방법으로 일제수업(一齊授業)이라고도 한다. 전통적 집단수업은 최근의 소집단학습에 기초한 협동학습과 구별된다.
- 유형
  이와 같은 집단수업에는 전통적 집단수업(예 : 강의법, 설명법)을 비롯하여 소집단수업, 협동학습 등이 있다.

② 개별화수업
- 의의
  개별화수업 혹은 개인수업이란 개별화의 원리를 바탕으로 한 학생중심의 수업방법으로 개인차를 중시한다.
- 유형
  이와 같은 개별화수업에는 무학년제, 능력별 집단편성, 팀티칭, 자기주도적 학습, 프로그램학습 이외에도 개별처방수업(IPI), 개인화수업체제(PSI), 개별지도교육(IGE), 욕구대응학습프로그램(PLAN) 등이 있다.

논점 15 설명적 수업 대 발견학습

① 설명적 수업
- 의의
  - 개념

    교사중심의 수업 대 학생중심의 수업간의 논쟁은 교사의 지시성과 설명적 수업을 더 중시하는 입장 대 학생의 자발성과 발견학습을 더 중시하는 입장간의 논쟁으로 지금도 계속되고 있다. 설명적 수업은 교사의 설명과 지시에 따라서 학생들은 여러 가지 수준의 지적 학습을 할 수 있다고 전제하는 수업방법을 말한다.

  - 특징

    Ausubel은 설명적 교수를 기계적 학습(learning by rote)이나 언어주의 학습(learning by verbalism)과 구별하고, 이것을 유의미 수용학습이라고 하였다. 기계적 학습은 사전에 관련 지식도 없이 단편적인 지식과 정보를 맹목적으로 암기하는 학습이지만, 설명적 교수는 지식과 정보를 그 의미가 명료하게 부각되도록 조직화하여 제시하는 유의미 수용학습이라는 것이다. Carroll, Bloom 등은 설명적 교수가 발견학습보다 더 효율적이라고 하였으며, 특히 적절한 실험·실습을 병행한다면 기본개념과 기본원리의 학습에 대단히 성공적일 수 있다고 주장한다. 그리고 설명적 교수를 통해서 학생들은 한 학문분야의 조직화된 견해에 접하는 최적의 기회를 가지게 된다는 것이다. 왜냐하면 미성숙한 학생들보다 성숙한 교사의 조직화된 견해가 보다 월등한 것이 될 수 있기 때문이다.

- 유형

  이와 같은 설명적 수업에는 전통적인 강의법, 설명법을 비롯하여 유의미 수용학습이론, 학교학습모형, 완전학습모형, (Glaser의) 수업과정모형, 학습위계모형 등을 들 수 있다.

② 발견학습
- 의의
  - 개념

    발견학습은 교사의 지시를 최소한도로 제한하거나 혹은 전혀 교사의 지시 없이도 학생이 독자적으로 학습목표를 달성할 수 있도록 하는 학습방법을 말한다. 전술한 설명적 수업에서는 교사의 지시와 설명에 비교적 큰 비중을 두는데 반해, 발견학습에서는 학생의 자발적인 학습과 노력에 더 큰 비중을 둔다.

    이 발견학습은 특히 학문중심 교육과정에서 강조되고 있으며, 기본개념과 기본원리는 학생이 스스로 깨닫게 되고, 그러한 탐구과정에서 학습되는 탐구정신과 태도를 중시한다.

- 특징

  Bruner의 유목화이론에 의하면, 발견학습의 결과 습득하게 되는 지적 능력이 곧 유목화능력이다. 유목화란 '개념화 또는 개념형성, 개념획득'을 뜻하며, 사상(事象) 사이에 존재하는 관계, 즉 공통점과 차이점을 발견하는 것을 말한다.

  이러한 유목화이론의 특징은 첫째, 복잡한 상황을 단순화시킨다. 둘째, 사상의 재인식을 가능하게 한다. 셋째, 사상의 분류체계 또는 통합체계를 발달시킨다. 넷째, 사상에 대한 재학습의 필요성을 감소시킨다.

  Thelen, Suchman 등은 오늘날의 교육현장은 학생들의 자율적이고 경험적 탐구활동의 기회를 너무도 제한하고 있다고 비판하면서 사고력 함양을 위한 새로운 교육목표와 교육방법이 고안되어야 한다고 주장한다. 이와 같은 새로운 학습방법은 대량의 탐색과 조작, 탐구의 기회를 제공해 주는 것이어야 한다는 것이다.

  발견학습의 가치는 기본개념과 기본원리를 의미있게 이해하는데 도움이 되고 탐구정신과 태도를 학습하는데 도움이 될 뿐만 아니라, 자아발견과 자아실현이라는 인간의 본질적인 가치와 일치된다는 측면에서 특히 중요시된다. 사실 발견학습을 정당화시키는 중요한 기본가정은 인간을 근본적으로 '탐구하는 존재'로 본다는 점이다.

- 유형

  이와 같은 탐구학습(발견학습)에는 문제해결법, 구안법, 발견학습모형 등을 들 수 있다.

논점16 Carroll의 학교학습모형

① 의의

Carroll은 주로 지적 학습에 관심을 두고 학생의 학업성취는 시간의 함수라는 관점을 제안하고, 학교에서 학생의 학습속도(학업성취)를 결정하는 변인을 능력이라는 관점에서 시간이라는 관점으로 전환시켰다. 이것이 전체 교육의 과정에 관심을 둔 완전학습을 위한 학교학습모형이다.

학교학습에 영향을 미치는 변인은 적성, 수업이해력, 지구력이라는 개인차변인과 학습기회, 수업의 질이라는 수업변인으로 분류되는데, 이 5가지 변인의 조작을 통해 학교학습의 효과를 극대화할 수 있다고 주장하였다.

② 특징
- 개인차변인
  - 적성
    최적의 학습조건에서 학생이 주어진 학습과제를 성취하는데 필요한 시간을 의미한다. 이 적성은 **출발점행동과 동의어이다.**
  - 수업이해력
    학생이 학습내용이나 교사의 설명을 이해하는 정도이다. 이 수업이해력은 일반지능과 언어능력으로 구성된다.
  - 지구력
    학생이 계속적인 노력을 투입하는 시간을 의미한다. 이 지구력은 학습동기와 유사한 개념으로 인내력이라고도 하며, 출발점행동의 일종이다.
- 수업변인
  - 학습기회
    학생에게 실제로 주어지는 시간을 의미한다.
  - 수업의 질
    학습과제의 구성, 교사의 수업방법과 절차 등을 포함한다.
- 학습속도(학업성취)
  여기서 학습에 사용한 시간은 지구력, 학습기회와 직접 관련되고, 학습에 필요한 시간은 적성, 수업이해력, 수업의 질과 직접 관계된다. 이 5가지 변인을 결합하여 학업성취를 나타내면 다음과 같다.

$$학업성취 = f\left(\frac{학습에\ 사용한\ 시간}{학습에\ 필요한\ 시간}\right)$$

논점17 Bloom의 완전학습모형

① 의의
Bloom은 대부분의 학생이 학습과제의 90% 이상 완전히 학습할 수 있다고 제안하고, 대부분의 학생이 주어진 학습과제를 완수할 수 있는 방법을 찾아내는 것이 수업활동의 임무라고 주장하였다. 이렇게 제안된 것이 완전학습을 위한 수업방법(수업전략)이다.

Bloom의 완전학습모형은 Carroll의 학교학습모형에 토대를 두고 있다. 즉, 학교학습모형에서의 적성, 수업이해력, 지구력, 학습기회, 수업의 질이라는 5가지 변인과 함께 **형성평가를 강조**하였다.

② 특징
- 개인차변인
  - 적성
    학습에 대한 적성은 학습과제의 종류에 따라 다르다. 적성을 학습에 필요한 시간으로 정의하는 것은 타당하다. 학습에 필요한 시간을 단축시키는 전략으로는 적성수준을 높여주는 것과 학습조건을 개선해 주는 것이다.
  - 수업이해력
    수업이해력을 증대시키는 전략으로는 언어능력을 높여주는 것과 수업활동에서 사용하는 언어수준을 학생의 언어수준에 맞추어야 하는 것이다.
  - 지구력
    지구력은 계속적으로 노력하는 시간으로, 학습동기와 유사한 개념이다. 지구력 자체를 높여주는 것도 필요하지만, 학습방법(학습전략)을 적절히 조작해 주는 것이 더 효과적이다. 그래서 강화의 법칙이라든가 효과의 법칙 등이 적용될 수 있다.
- 수업변인
  - 학습기회
    학습에 필요한 시간과 학습속도의 관계는 반드시 비례하는 것이 아니고, 학습에 사용한 시간과 학습속도의 관계도 반드시 비례하는 것이 아니다. 오히려 학습속도에 영향을 미치는 변인은 시간을 어떻게 활용하느냐하는 것이다.
  - 수업의 질
    수업의 질은 높이는 방법으로는 학습의 개별화가 가장 중시된다. 학생의 개인차에 적합한 다양한 학습방법(학습전략)을 고안해야 한다.
  - 형성평가
    특히 완전학습을 위한 수업과정모형에서 강조되고 있다.
- 학습속도(학업성취)
  여기서 학습에 사용한 시간은 지구력, 학습기회와 직접 관련되고, 학습에 필요한 시간은 적성, 수업이해력, 수업의 질과 직접 관계된다. 이 5가지 변인을 결합하여 학업성취를 나타내면 다음과 같다.

$$학업성취 = f \left(\frac{학습에\ 사용한\ 시간}{학습에\ 필요한\ 시간} \right)$$

논점18 Bloom의 완전학습모형 : 완전학습을 위한 수업과정모형

수업전 단계	① 기초학습결함의 진단 단계 : 진단평가를 사용한다. ② 기초학습결함의 보충지도 단계 : 프로그램학습자료를 이용한다.
본수업 단계	③ 수업목표의 명시 단계 : 구체적 수업목표를 설정한다. ④ 수업활동 단계 : 교수-학습활동을 진행한다. ⑤ 수업보조활동 단계 : 다양한 학습자료를 제시한다. ⑥ **형성평가 단계** : 계속적인 피드백을 제공한다. ⑦ 보충학습 단계 : 프로그램학습자료를 이용한다. ⑧ 심화학습 단계 : 프로그램학습자료를 이용한다. ⑨ 제2차 학습기회 단계 : 자기주도학습이나 협력학습의 기회를 준다.
수업후 단계	⑩ 총괄평가 단계 : 학업성취를 평가한다.

논점19 Skinner의 프로그램학습이론

① 의의

프로그램학습은 Skinner의 학습이론 중 강화의 원리와 계열성의 원리에 기초를 둔다. 프로그램학습은 외형상으로는 기계장치 또는 책의 형태에 의한 학습이고, 의미상으로는 과학적 실험을 바탕으로 특수하게 제작된 교재(=프로그램학습자료)를 개별적으로 학습하여 주어진 목표를 달성하는 과정이다. 그 프로그램학습자료를 담은 기계장치를 교수기계(teaching machine)라고 한다.

프로그램학습은 Pressy(1924)에 의해 창안되었으나, 그 후 Skinner(1954)가 프로그램학습의 이론과 실제를 크게 발달시켰다. 이와 같은 프로그램학습의 특징은 개별화의 원리를 적용하여 첫째, 자율적이고 독립적인 학습이고 둘째, 효과적이고 효율적인 학습이며(다만, 창의력의 개발×) 셋째, 학생들은 자신의 학습속도에 맞는 학습이 가능하다는 점이다.

② 특징

- 특징

    첫째, 학습자는 학습내용에 대해 적극적인 반응을 한다. 둘째, 학습할 내용은 효과적인 학습이 수행될 수 있도록 점진적으로 조직된다. 셋째, 학습자는 자기의 반응이 옳은지 그른지에 대해 즉각 알게 된다. 넷째, 학습자는 학습내용을 작은 단계(small step)로 익힌다. 다섯째, 프로그램학습자료는 오답반응보다 정답반응이 더 많이 나오도록 조직한다. 여섯째, 학습자는 자신의 능력에 맞는 문제부터 풀기 시작하여 단계적으로 목표를 높인다.

- 프로그램학습의 원리
  - 적극적 반응의 원리 : 학습자 자신이 능동적이고 자율적으로 학습에 참여하여 학습효과를 높일 수 있다.
  - 작은 단계(small step)의 원리 : 교재가 작은 단계로 구분되어 쉬운 것 → 어려운 것으로 점진적으로 조직된다(계열성의 원리).
  - 즉시확인의 원리 : 학습자 자신이 학습한 결과를 즉시 알려주어 정답반응이면 즉시 강화되고, 오답반응이면 즉시 수정된다(즉시강화의 원리).
  - 자기구성의 원리 : 학습에는 주어진 답지 중에서 정답을 선택하는 인지양식과 정답을 작성하는 구성양식이 있는데, 인지양식보다 구성양식으로 학습을 전개한다. 즉, 학습자 자신이 정답을 작성하면서 학습을 전개한다.
  - 자기속도(self-paced)의 원리 : 학습자의 능력에 따라 학습진도가 빠를 수도 있고 늦을 수도 있기 때문에 각자의 보조에 맞게 학습을 진행한다.
  - 자기검증의 원리 : 한 단계의 학습을 끝마치고 다음 단계의 학습으로 나아갈 때는 학습자 자신이 학습한 결과에 대해 알게 된다.

논점20 프로그램학습이론에 대한 평가

① 프로그램학습이론의 평가
  - 개인차의 측면 : 학습결과의 개인차를 인정하지 않지만, 학습과정의 개인차를 인정한다.
  - 학습동기의 측면 : 처벌보다 강화를, 내적 동기보다 외적 동기를 중시한다.
  - 수업사태의 측면 : 외적 학습환경의 조성을 중시한다.
  - 수업목표의 측면 : 행동적 목표진술을 강조한다.
  - 수업계열의 측면 : 작은 단계(small step)의 원리에 의거 점진적 접근이다. 주로 귀납적 방법을 사용한다.
  - 수업방법의 측면 : 자기주도적 학습능력을 강조한다.
  - 수업평가의 측면 : 형성평가를 강조한다.

② 프로그램학습이론의 한계

첫째, 프로그램학습자료의 제작에 있어서 비용과 시간이 많이 든다. 둘째, 교사가 학습과제를 작은 단계(small step)로 만들기가 어렵다. 셋째, 도달해야 할 학습목표가 2개 이상인 경우 어떠한 학습과정을 적용해야 할 것인가 하는 문제가 있다. 넷째, 환경과 경험에 의한 학습은 프로그램화하기가 어렵다. 다섯째, 창의력 등의 인지전략을 개발하기가 어렵다. 여섯째, 사회성과 협동심 등의 정의적 측면을 계발하기가 어렵다.

논점21 Gagné의 수업이론과 학습위계

① 의의

Gagné의 수업이론은 학습영역(학습목표 영역)에 따라 학습조건이 달라진다는 학습목표별 수업방법이다. 그는 학습의 내적 조건과 외적 조건을 강조하고 있는데, 인지이론의 영향을 받아 개념학습, 원리학습, 문제해결학습 등의 지적 학습과 관련되어 있다. 최근에는 정보처리이론을 많이 반영하고 있다. 그는 인간발달은 학습의 누적적 효과에서 기인하며, 인간의 지적 발달은 학습된 능력이 점진적으로 복잡하고 유의미한 구조로 통합되는 과정으로 본다. 학습은 언어정보, 지적 기능, 인지전략, 태도, 운동기능의 다양한 능력을 습득하기 위한 복잡한 과정으로, 연합학습이론과 정보처리이론의 결합을 통해 이 과정을 설명해야 한다는 것이다.

Gagné에 의하면, 수업설계에서는 학습영역-학습조건-학습사태의 3요인이 작용한다. 학습영역은 학습의 결과로 나타나는 성과(=학습된 능력)이고, 학습조건은 학습의 내적 조건과 외적 조건으로 구성되며, 학습사태는 학습의 내적 조건으로 학습이 일어나는 인지과정을 의미한다.

② 특징 : 수업설계의 요인
- 학습영역 : 학습목표 영역
  - 의의
    Gagné는 학습목표 영역을 5가지로 분류하고, 그에 따른 학습을 정의하고 있다. 학습목표 영역을 분류해야 할 필요성은 다음과 같다.
    첫째, 수업방법, 수업지도의 준비에 도움을 준다. 둘째, 교과간에 요구되는 수업절차를 관련짓는데 도움을 준다. 셋째, 학습결과의 평가에 서로 다른 기법이 사용되기 때문이다.
  - 언어정보
    정보나 지식을 명제의 형태로 진술하는 것을 말하며, 학교학습을 통해 배우는 가장 기본적인 능력이다. 사물의 이름이나 단순한 사실, 개념, 원리와 법칙, 조직화된 정보가 이 언어 정보에 속한다(예 : 명제적 지식).
- 지적 기능
  무엇을 아는 것과 다르게 무엇을 하는 방법을 아는 것을 말하며, 언어, 문자, 숫자 등 상징을 사용하여 환경과 상호작용할 수 있는 능력이다. 이와 같은 지적 기능(인지기능)을 갖추면 환경을 그 나름대로 개념화해서 반응할 수 있다(예 : 방법적 지식).
- 인지전략
  학습자가 새롭고 복잡한 문제의 핵심이나 본질을 파악하여 개념화하는 것, 학습자가 문제해결과정에서 보여주는 내적 행동방식을 말한다. 이와 같은 인지전략이 중요한 이유는 자신의 학습과정 또는 사고과정을 조절·통제하는 방법이기 때문이다. 여기서 인지전략은 메타인지전략을 포함하는 개념이다(예 : 조건적 지식).
- 태도
  여러 가지 종류의 행동이나 대상 중에서 어떤 것을 선택하는 내적 상태이다. 이 태도는 강화와 대리강화, 모델링(modelling), 동일시 등을 통해 학습된다.
- 운동기능
  인간의 신체적 활동을 실행(연습)하는 기능이다. 이 운동기능은 연습, 모델링(modelling) 등을 통해 학습된다.
- 학습조건
  - 의의
    그의 수업이론에 의하면, 학습의 내적 조건과 외적 조건은 학습과제의 종류와 학습자의 특성에 따라 달라진다.
  - 학습의 내적 조건
    학습의 내적 조건이란 학습자의 내부에서 일어나는 인지과정으로, 선행학습, 학습동기, 성취동기, 자아개념, 주의집중 등이 포함된다. 학습사태의 시간계열은 지각→획득→파지→재생의 4단계로 구성되는데, 이는 9단계로 구체화된다.
  - 학습의 외적 조건
    학습의 외적 조건이란 학습자의 학습을 외부에서 지원해 주는 교사의 수업절차와 방법으로, 강화의 원리, 효과의 원리, 연습의 원리, 근접(접근)의 원리 등이 포함된다. 학습의 외적 조건은 학습은 언어정보, 지적 기능, 인지전략, 태도, 운동기능에 따라 달라지고, 학습자의 특성에 따라 달라진다.
- 학습사태

논점22 Gagné의 수업이론과 학습위계 : 학습사태

- 의의

    수업이란 학습의 내적 조건과 외적 조건의 상호작용, 즉 학습의 내적 조건이 변화할 수 있도록 외적 조건을 조정하는 과정이다.(Gagné, 1965) 수업장면에서 교사가 학습의 외적 조건을 통제하는 일련의 활동을 수업사태라고 하며, 이에 대응하는 학습의 내적 조건을 학습사태라고 한다.

- 학습사태

    학습의 내적 조건이다. 학습사태는 주의집중 → 학습목표에 대한 기대형성 → 선수학습요소의 단기기억으로 재생 → 자극에 대한 선택적 지각 → 의미론적 부호화 → 재생과 반응 → 강화 → 재생과 강화 → 파지와 일반화 등 9단계를 거친다.

- 수업사태

    교사가 학습의 외적 조건을 통제하는 일련의 활동이다. 수업사태 또한 주의집중의 유도 → 학습목표의 제시 → 선수학습요소의 재생 유도 → 자극(학습자료)의 제시 → 학습지도 → 수행의 유도 → 피드백의 제공 → 수행의 평가 → 파지와 전이의 유도 등 9단계를 거친다.

▶ 수업사태와 학습사태

수업사태의 9단계	학습사태의 9단계
① 주의집중	① 주의집중의 유도
② 학습목표에 대한 기대형성	② 학습목표의 제시
③ 선수학습요소의 단기기억으로 재생	③ 선수학습요소의 재생 유도
④ 자극에 대한 선택적 지각	④ 자극(학습자료)의 제시
⑤ 의미론적 부호화	⑤ 학습지도
⑥ 재생과 반응	⑥ 수행의 유도
⑦ 강화	⑦ 피드백의 제공
⑧ 재생과 강화	⑧ 수행의 평가
⑨ 파지와 일반화	⑨ 파지와 전이의 유도

▶ 수업사태

수업사태의 9단계	적용사례
① 주의집중의 유도 시청각자료 등의 방법으로 학습자의 주의와 동기를 유발하는 단계	교통사고 신문기사를 읽어준다.
② 학습목표의 제시 학습과제에 대한 기대를 형성하는 단계(예 : 행동적 목표진술)	교통표지판의 모양과 명칭 등을 학습한다고 알려준다.

③ 선수학습요소의 재생 유도 이미 학습한 지식·기능·태도를 인출하는 단계	이미 학습한 교통표지판의 모양과 명칭 등을 변별하게 한다.
④ 자극(학습자료)의 제시 선택적으로 지각할 수 있도록 학습자료를 제시하는 단계	짝을 지어 교통표지판의 모양과 명칭, 의미를 함께 제시한다. 또한 짝을 지어 비교하며 그 모양과 명칭 등을 제시한다.
⑤ 학습지도 의미론적 부호화를 할 수 있도록 '통합교수'하는 단계	여러 가지 교통표지판의 모양과 명칭, 의미를 함께 제시하고, 그 모양과 명칭 등이 맞는지 틀리는지를 알아본다. 또한 교통표지판의 모양과 명칭 등을 맞게 연결시키는지를 알아본다.
⑥ 수행의 유도 학습한 내용을 직접 실행(연습)하고 확인하는 단계	여러 가지 교통표지판의 모양과 명칭 등에 대한 질문을 통해 반응을 유도한다.
⑦ 피드백의 제공 수행결과의 정확성에 대한 강화를 제공하는 단계	수행결과에 대한 교정적 정보를 제공한다.
⑧ 수행의 평가 학습한 내용을 확인, 점검하고 강화해 주는 단계 (예 : 형성평가)	여러 가지 교통표지판의 모양과 명칭 등을 보여 주고 확인, 점검하고 강화해 준다.
⑨ 파지와 전이의 유도 학습한 내용에 대한 인출단서를 제공하고, 연습, 적용하는 단계	여러 가지 교통표지판의 모양과 명칭 등을 다양한 상황에서 제공하고, 그것을 확인하는 연습의 기회를 제공한다.

수업사태의 9단계는 일반적이지만 고정불변의 것은 아니다. 또한 이 9단계를 모든 교과수업에 빠짐없이 적용해야 하는 것도 아니다.

논점23 Gagné의 수업이론과 학습위계 : 학습목표별 수업의 원리

- 의의
  Gagné가 주장한 수업의 원리는 학습목표별 수업의 원리라고 할 수 있다. 그는 학교학습에서 가장 중요한 지적 기능 영역에 중점을 두고, 이에 대한 학습과제 분석을 통해 학습위계를 체계화하였다.
- 언어정보
  Ausubel의 선행조직자의 제공 등 의미있게 조직된 맥락 속에서 정보나 지식을 제시해야 한다. 또 정교화, 조직화, 심상화, 맥락화 등의 의미론적 부호화, 인출단서의 제공이 효과적이다.
- 지적 기능
  학교학습에서 가장 중요한 지적 기능 영역은 변별학습 → 구체적 개념학습 → 정의된 개념학습(추상적 개념학습) → 규칙학습 → 고차적 규칙학습으로 단계화된다. 이는 바로 학습과제 분석을 통해 체계화된 것이다.
- 인지전략

  학습방법이나 사고방법 등의 독창적인 사고전략으로 지적 기능의 학습을 통해 가능하다. 또 생산적 사고를 개발하기 위하여 연습의 기회를 제공할 때 효과적이다.
- 태도

  강화와 대리강화, 모델링(modelling), 동일시 등을 제공할 때 효과적이다.
- 운동기능

  연습, 모델링(modelling) 등을 제공할 때 효과적이다.

논점24 Gagné의 수업이론과 학습위계 : 학습과제 분석과 학습위계

① 학습과제 분석

어떤 학습단원의 최종적인 학습목표를 달성하기 위한 **지적 기능(인지기능) 영역**은 상호 관련되어 위계구조가 이루어지는데, 이를 분석·추출하여 체계화하는 것을 학습과제 분석이라고 한다. 즉, 학습과제는 학습해야 할 요소가 어떤 단계에 따라 배열되어 있는 전체를 의미하는 것으로, 이는 학습요소의 위계적인 관계를 표시한 수업지도(instructional map)이다.

이러한 학습과제 분석은 상위기능 → 하위기능으로 분석·추출하는 형태를 취한다.

② 학습위계

Gagné는 지적 기능 영역을 8가지로 구분하면서 서로 위계적인 성격을 띤 기능(능력)으로 세분화하였는데, 이것이 그의 유명한 학습위계(learning hierarchy)이다. 즉, 어떤 학습과제를 성공적으로 학습하기 위해서는 여러 단계로 구성되어 있는 이전의 하위단계를 먼저 거쳐야 한다는 것이다.

Gagné의 기본가정은 어떤 학습과제든지 세분화할 수 있으며, 세분화된 요소는 상-하위 위계구조로 배열되어 있다는 것이다. 그래서 하위기능 → 상위기능으로 순차적으로 학습할 것을 주장하였다. 이 과정에서 **귀납적 방법**을 강조하고 있다. 따라서 어떤 학습과제든지 나중의 학습을 위해 필요한 단순한 기능(능력)이 미리 완전히 학습될 수 있도록 위계적으로 배열되어 있어야 한다. 그는 단순 → 복잡의 계열로 발달되는 지식을 지적 기능 영역으로 분류하였다. 이러한 학습위계를 바탕으로 다음과 같은 위계적 학습형태를 주장하였다. 학습위계는 신호연합학습 → 자극-반응연합학습 → 연쇄학습 → 언어연합학습 → 변별학습 → 개념학습 → 원리학습(규칙학습) → 문제해결학습(고차적 규칙학습)으로 단계화된다.

▶ 학습위계

위계적 학습유형	적용사례
① 제1유형 : 신호연합학습 고전적 조건화과정과 같이, 수동적이고 무의지적이다.	불안, 공포 등 정서적 반응을 일으키는 것
② 제2유형 : 자극-반응연합학습 도구적/조작적 조건화과정과 같이, 능동적이고 의지적이다.	공부를 잘했을 때 즉각 칭찬해 주는 것
③ 제3유형 : 연쇄학습 신체를 사용할 때의 자극-반응결합이다.	자전거타기, 글씨쓰기
④ 제4유형 : 언어연합학습 언어를 사용할 때의 자극-반응결합이다.	영어단어 외우기, 수학공식 암기하기
⑤ 제5유형 : 변별학습 자극간의 차이점을 구별하는 것이다.	영어단어의 단수·복수를 구별하기, 삼각형과 사각형을 구분하기
⑥ 제6유형 : 개념학습 자극간의 공통점이나 유사점을 파악하는 것이다.	영어단어의 단수·복수의 공통점을 분류하기, 삼각형과 사각형의 공통점을 열거하기
⑦ 제7유형 : 원리학습(규칙학습) 2개 이상의 개념을 연결하는 것이다.	원리나 법칙에 따르기, 주어와 술어의 수를 일치시키기
⑧ 제8유형 : 문제해결학습(고차적 규칙학습) 기존의 원리를 조합하여 새로운 원리를 형성하는 것이다.	새로운 문제해결방법을 찾기, 창조, 설계와 개발 등
학교학습에서는 개념학습, 원리학습, 문제해결학습이 가장 중요한 학습형태이다. 문제해결학습을 위해서는 원리학습이, 원리학습을 위해서는 개념학습이 이미 완전학습되어 있어야 한다.	

논점25 Reigeluth의 정교화이론

① 의의

Reigeluth & Merrill(1979)은 교수설계의 변인을 교수조건-교수방법-교수결과의 3가지 범주로 분류하였다. Reigeluth의 정교화이론은 교과내용의 조직방법과 조직전략에 초점을 두고 학습효과를 극대화하려는 **거시적 수준**의 교수설계이론이다. 특히 학습내용의 선정과 조직화, 계열화, 종합자, 요약자 등의 측면에서 교수-학습과정을 설계하는데 처방적 교수전략을 구체적으로 제시하고 있다.

정교화이론은 3개의 정교화 조직전략과 하나의 처방적 체제로 구성되어 있다. 특히 정교화 조직전략에는 개념적 정교화 조직전략-절차적 정교화 조직전략-이론적(논리적) 정교화 조직전략이 있다. 이 조직전략은 각각 7가지 교수설계의 전략요소로 구성되어 있는데, 정교화된 계열화, 선수학습요소의 계열화, 요약자, 종합자, 비유(유추), 인지전략 활성자, 학습자 통제 등이 그것이다. 이러한 정교화이론은 Ausubel의 선행조직자와 포섭자, Gagné의 학습과제 분석과 학습위계 등을 이론적 배경으로 하고 있는데, 이들의 공통점은 단순 → 복잡의 계열로 학습내용을 조직해야 한다는 점이다.

② 특징
- 교수설계의 변인

  Reigeluth & Merrill(1979)은 교수설계의 변인을 교수조건-교수방법-교수결과의 3가지 범주로 분류하였다.
  - 교수조건

    교수설계자나 교사에 의해 통제될 수 없는 제약조건으로, 교수조건에는 교수목적, 교과내용특성, 학습자특성, 제약조건의 4가지 하위요소가 포함된다.
  - 교수방법

    교수설계자나 교사에 의해 통제될 수 있는 조건으로, 교수방법에는 조직전략, 전달전략, 관리전략의 3가지 하위요소가 포함된다. 특히 조직전략에는 미시적 전략(예 : Merrill의 내용요소제시이론)과 거시적 전략(예 : Reigeluth의 정교화이론)이 있다. 전달전략에는 교사의 수업방법과 절차, 수업매체와 자료 등이 속하고, 관리전략에는 수업계열을 결정하는 방법, 수업매체의 선택 및 활용을 위한 시간계획 등이 속한다.
  - 교수결과

    서로 다른 교수조건하에 사용된 교수방법이 나타내는 효과로, 교수결과에는 효과성, 효율성, 매력성(=학습동기)의 3가지 하위요소가 포함된다. 여기에 안정성을 포함시키기도 한다. 특히 Keller의 ARCS이론은 학습동기를 유발하고 유지시키는 다양한 전략을 제시하고 있다.
- 교수설계이론의 분류
  - 처방적 이론은 교수조건과 교수결과가 독립변인이 되고, 교수방법은 종속변인이 되어 교수방법을 처방하고자 하는 이론이다. 기술적 이론은 교수조건과 교수방법을 독립변인으로 보고, 그 변인들의 상호작용에 의해 나타나는 교수결과를 종속변인으로 보는 이론이다.
  - 처방적 이론은 교수목적이 정해지고, 그 교수목적을 성취하기 위해 주어진 교수조건하에 최선의 교수방법을 탐구하는 것으로 의도적인 반면(가치지향적 성격), 기술적 이론은 교수목적

이 정해지지 않고, 주어진 교수조건하에 이루어진 교수결과에 중점을 두고 단순히 서술하는데 관심을 둔다(가치중립적 성격). 따라서 처방적 이론에서 교수결과는 성취하고자 했던 바로 그 결과이지만, 기술적 이론에서의 결과는 반드시 기대했던 결과가 아닐 수도 있다.

논점26 Reigeluth의 정교화이론 : 교수설계의 전략요소

교수설계의 전략요소는 정교화된 계열화, 선수학습요소의 계열화, 요약자, 종합자, 비유(유추), 인지전략 활성자, 학습자 통제 등의 7가지이다.

- 정교화된 계열화

  정교화된 계열화는 단순→복잡의 계열로 학습내용을 조직화하는 것이다. 이와 같은 단순→복잡의 계열을 카메라의 zoom lens에 비유하여 설명한다. 즉, 카메라의 zoom lens를 통해 학습내용의 전체의 관계를 개괄적으로 살펴본 후에 zoom-in(정수화, 개요화)하여 각각의 구성요소를 상세히 살펴보고, zoom-out(요약화, 종합화)하여 다시 전체의 관계를 살펴본다. 그래서 학습내용의 전체와 세부를 반복적으로 살펴보는 것이다.

  이러한 정교화 조직전략은 학습내용의 특성에 따라 개념적 정교화 조직전략-절차적 정교화 조직전략-이론적(논리적) 정교화 조직전략으로 구분된다. 개념적 정교화는 연역적 방법의 계열화를, 절차적 정교화는 방법과 절차의 계열화를, 이론적 정교화는 귀납적 방법의 계열화를 사용한다.

- 선수학습요소의 계열화

  선수학습요소의 계열화는 '학습구조'에 기초를 두고, 새로운 학습내용을 학습하기 전에 먼저 어떤 지식·기능·태도를 학습해야 하는지를 나타내는 것이다.

- 요약자

  요약자는 학습한 내용의 망각을 방지하기 위해 복습하는데 사용되는 전략요소이다.

- 종합자

  종합자는 학습한 내용을 비교·분석하고 연결시키며, 통합하는데 사용되는 전략요소이다.

- 비유(유추)

  비유(유추)는 새로운 아이디어를 친숙한 아이디어와 연관시키는데 사용되는 전략요소이다.

- 인지전략 활성자

  인지전략 활성자는 학습자의 학습방법이나 사고방법으로 심상화, 맥락화, 기억법 등의 의미론적 부호화를 만들어내는 전략요소이다.
- 학습자 통제
  학습자 통제는 학습자가 스스로 학습내용, 학습속도, 인지전략, 학습전략 등을 선택하고 계열화하는 전략요소이다.

논점27 Merrill의 내용요소제시이론

① 의의

Merrill의 내용요소제시이론은 Reigeluth의 정교화이론과 마찬가지로 하나의 처방적 체제이지만, 미시적 수준이라는 점에서 차이가 있다. Merrill의 내용요소제시이론은 교수설계의 변인 중 교수방법과 조직전략에 초점을 두고 학습효과를 극대화하려는 **미시적 수준**의 교수설계이론이다. 그는 복잡한 학습과제를 각각의 내용요소로 구분, 수행요소와 결합한 후에 그에 적절한 교수전략을 제시하였다.

내용요소제시이론은 교수-학습과정을 설계하는데 지표로 이용될 수 있는 처방적 교수전략을 제시하고 있다. 그 주요개념은 내용×수행 행렬표, 자료제시형태, 일관성과 적절성 등이다.

이 내용요소제시이론은 Gagné의 지적 기능 영역의 분석을 기초로 해서 이것을 내용×수행으로 2원화하여 행렬표(matrix)로 제시하였다.

② 특징 : 내용×수행 행렬표

학습내용은 사실, 개념, 절차, 원리의 4가지 요소이고, 학습수행은 기억, 활용(적용), 발견의 3가지 요소이다. 이것을 내용×수행으로 2원화하면 행렬표(matrix)가 만들어진다.
- 내용요소
  - 사실(fact) : 숫자, 기호 등으로 지칭되는 특정한 사물이나 사건을 말한다.
  - 개념(concept) : 모두 공통성이나 유사성을 지니고 있는 사물이나 사건의 집합을 말한다.
  - 절차(procedure) : 특정한 목적을 달성하기 위한 단계나 문제를 해결하기 위한 단계를 말한다.
  - 원리(principle) : 어떤 사건이나 현상이 일어나는 이유와 원인을 설명하거나 예측하는 규칙으로, 상관관계나 인과관계를 뜻한다.
- 수행요소
  - 기억(memory) : 학습한 내용을 재생하거나 재인하는 것이다.

- 활용(use, 적용) : 학습한 내용을 구체적인 사태에 적용하는 것이다.
- 발견(find) : 학습한 내용을 바탕으로 새로운 아이디어를 창안하는 것이다.

● 내용×수행 행렬표

학습수행	발견		④	⑦	⑩
	활용		③	⑥	⑨
	기억	①	②	⑤	⑧
		사실	개념	절차	원리
		내용요소			

논점28 Merrill의 내용요소제시이론 : 자료제시형태

자료제시형태는 수업형태(수업방법)를 말하는데, 1차적 자료제시형태와 2차적 자료제시형태, 과정제시형태, 절차제시형태 등이 있다. 1차적 자료제시에서는 일관성을 유지하는 것이 중요하고, 2차적 자료제시에서는 적절성을 유지하는 것이 중요하다.

① 1차적 자료제시형태
- 일반성과 사례(특수성) 중에서 개념, 절차, 원리는 일반성에 의해서도 특수한 사례에 의해서도 제시될 수 있다. 다만, '사실'은 일반성이 없고 특수성을 띤 사례이다.
- 설명법과 질문법(탐구법) 중에서 사실, 개념, 절차, 원리는 설명법에 의해서도 질문법에 의해서도 제시될 수 있다.

	설명법	질문법
일반성	법칙	재생(재인)
사례	예시	연습

② 2차적 자료제시형태
사실, 개념, 절차, 원리를 용이하게 습득하도록 도와주는 선수학습-맥락화-기억법-표현법-도움말-피드백의 6가지 '정교화기법'을 사용한다.

③ 과정제시형태
학습과제를 사고하는 방법, 인지하는 방법에 관한 지침을 말한다.

④ 절차제시형태
수업매체와 자료, 교구 등을 조작하는 단계에 관한 지침을 말한다.

논점29 학습동기 : Brophy 등의 교사주도적 학습동기 유발방법

- 의의
  Brophy 등의 교사주도적 학습동기 유발방법은 기대×가치이론에 근거하고 있다. 기대×가치 이론에 따르면, 학생이 해결해야 할 과제에 투입하는 노력수준은 과제를 성공적으로 수행할 수 있다고 기대하는 정도와 과제 자체의 가치, 즉 과제를 수행했을 때 얻게 될 유인가치에 의해 좌우된다.

- 학습동기 유발을 위한 필수조건
  학습동기 유발을 위한 필수조건은 다음과 같다.
  첫째, 내·외적 학습환경을 조성해 주어야 한다. 둘째, 적정수준의 난이도를 유지하여 도전감을 부여해 주어야 한다. 셋째, 의미있는 학습과제를 제공해 주어야 한다. 넷째, 학습동기 유발 전략을 알맞게 활용해야 한다. 다섯째, 학업성취를 가능하게 하는 학습프로그램을 제공해 주어야 한다. 여섯째, 목표설정과 계획수립, 자기강화 등의 기법을 가르쳐 주어야 한다. 일곱째, 학업실패의 원인을 교정해 줄 수 있는 기법을 가르쳐 주어야 한다. 여덟째, 노력과 수행, 수행과 결과의 관련성을 인식시켜 주어야 한다.

- 학습동기 유발방법
  학습동기 유발방법은 내적 보상에 의한 경우와 외적 보상에 의한 경우로 나누어진다.
  내적 보상에 의한 학습동기 유발방법에는 학습자의 욕구와 일치하는 학습목표의 제시, 학습목표의 명확한 인식, 개인의 흥미에 부합되는 학습과제의 제시, 긍정적 자아개념의 형성, 동일시(同一視), 지적 호기심의 제고, 성취동기의 유발, 학습결과의 귀인 등이 사용된다.
  외적 보상에 의한 학습동기 유발방법에는 학습과제에 대한 계속된 성공경험과 학습결과에 대한 정보의 제공, 부분해답의 제공, 보상(과 처벌)의 제공, 협동심과 경쟁심의 적절한 활용 등이 있다.

- 요약 : 학습동기 유발을 위한 교사의 역할

학습동기 유발이 좌절된 학습자의 행동	학습동기 유발을 위한 교사의 역할
① 학생이 무엇을 학습해야 할지를 모른다.	① 명확한 수업목표를 제시해 주고, 어떻게 성취할 수 있는지 그리고 어떠한 보상이 주어지는지를 설명해 주어야 한다.
② 학습내용이 단조롭고 지루하며, 재미없다.	② 학습내용이 흥미로운 실제의 사례를 제시하고, 시청각학습이나 협동학습을 통한 유인체제를 강구해야 한다.
③ 학습과제나 학습목표를 끝마치는데 상당한 시간과 노력이 요구된다.	③ 학습목표를 몇 단계로 구분하여 단기적 목표로 제시해 주어야 한다.
④ 학생이 제한된 학습경험을 갖고 있고, 또한 선수학습이 결핍되어 있다.	④ 학생의 학습경험에 대한 배경을 확인하여 우선적으로 학습해야 할 정보를 제공해 주어야 한다.
⑤ 학생이 수업에 대한 불안감을 갖고 있다.	⑤ 교실의 수업풍토에서 학생들이 심리적 안정감을 갖도록 교수-학습전략을 채택해야 한다.
⑥ 학생이 소외감을 가지고 있고, 자아존중감이 없다.	⑥ 학생 스스로가 존엄성과 개성이 있음을 깨우쳐 주고, 다른 학생에게는 없는 장점(강점)을 발견하여 이를 적극적으로 격려해 주어야 한다.
⑦ 성적이 낮으면 벌을 받는다.	⑦ 다른 학생의 성적과 비교하지 말고, 자신이 설정한 학습목표와 경쟁하고 개인의 학업향상을 강조해야 한다.
⑧ 학생의 포부수준(기대수준)이 낮다.	⑧ 실현가능한 학습목표를 성취하도록 도와주어야 한다.
⑨ 학생의 성취동기가 낮다.	⑨ 학생에게 자신감(자아효능감)을 갖도록 해주고, 성취의 가치를 재인식시켜 주어야 한다.
⑩ 학생이 교사를 싫어하면 해당 교과목도 싫어하게 된다.	⑩ 학생과 신뢰관계를 유지하며, 학생과 적극적으로 상호작용을 하도록 노력해야 한다.

논점30 Keller의 ARCS이론 : 학습동기 유발전략(1)

① 의의

Keller가 제안한 ARCS이론은 학습동기에 관한 일반적인 개념모형으로, 주의력(Attention) → 관련성(Relevance, 적절성) → 자신감(Confidence) → 만족감(Satisfaction)의 두문자(頭文字)를 합성한 것이다. 학습동기에 관한 ARCS이론의 핵심적인 4가지 요인은 학습자의 주의력을 집중시키고, 학습자의 흥미와 학습과제의 적절성을 확인시키고, 학습자가 새로운 능력과 학습과제를 달성할 수 있다는 자신감을 고취시키며, 학습과제를 성공적으로 수행한 결과에 따라서 만족감을 갖도록 해주는 것으로 구성되어 있다. 이러한 학습동기의 4가지 요인은 결코 독립적인 것이 아니라 서로 상호작용하는 것이다.

Keller는 학습동기의 4가지 요인을 정의하면서 이를 다시 3가지 하위요인으로 구분했는데, 이러한 하위요인을 유발하고 유지시키는데 필요한 세부전략을 정리하면 다음과 같다.

② 학습동기 유발전략
- 주의력(Attention)

  주의력을 집중시키는 전략은 예상치 않은 변화, 기대하지 않은 재치, 다양한 방식의 의사소통 등의 기법을 사용하여 학생들의 흥미를 유발하는 것이다. 특히 지적 호기심의 유발은 주의력의 필수조건이다.
  - 지각적 주의환기 전략 : 시청각효과(시청각매체)의 활용, 비일상적인 내용이나 사건의 제시, 주의분산 자극의 지양
  - 탐구적 주의환기 전략 : 신비감의 제공
  - 다양성 전략 : 일방향적 교수와 양방향적 교수의 혼합, 목적-내용-방법의 기능적 혼합
- 관련성(Relevance, 적절성)

  관련성을 확인하는 전략은 학습과제가 학습자의 다양한 흥미에 부합되고, 학습자에게 의미있고 가치있는 것을 포함한다. 특히 관련성은 학습활동의 매력성과 긴밀한 관계가 있다.
  - 친밀성 전략 : 친밀한 인물이나 사건의 활용, 구체적이고 친숙한 그림의 활용, 친밀한 예문 및 배경지식(사전지식)의 활용
  - 목적지향성 전략 : 실용적 목적의 제시
  - 필요·동기와의 부합성강조 전략 : 비경쟁적 학습상황의 선택, 협력적 학습상황의 제시

논점31 Keller의 ARCS이론 : 학습동기 유발전략(2)

① 의의

② 학습동기 유발전략
- 자신감(Confidence)

  자신감을 형성하는 전략은 학습과제를 성공적으로 끝마칠 수 있다는 신념을 갖게 될 때 유발되는 것이다. 이 자신감(자아효능감)은 성취동기에 의해 형성된다.

- 학습의 필요조건제시 전략 : 수업의 목표와 구조의 제시, 선수학습요소의 판단, 시험조건의 확인
- 성공의 기회제시 전략 : 적정수준의 난이도 유지, 다양한 수준의 난이도 제시
- 개인적 조절감증대 전략 : 노력이나 능력으로 성공 귀인

● 만족감(Satisfaction)

만족감을 부여하는 전략은 학습과제를 성공적으로 끝마쳤을 때 성공경험을 하면서 형성되는 것이다. 이것을 '강화'라고 한다.

- 자연적 결과강조 전략 : 연습문제를 통한 적용기회의 제공, 후속 학습상황을 통한 적용기회의 제공, simulation 등을 통한 적용기회의 제공
- 긍정적 결과강조(강화) 전략 : 적절한 강화계획의 활용(예 : 간헐강화계획), 선택적 보상체제의 활용
- 공정성강조 전략 : 수업의 목표와 내용의 일관성 유지

논점32 구성주의의 유형

인지적(개인적) 구성주의	• Piaget의 인지발달이론에 근거를 두고 있다. • 지식은 개인 내적으로 구성된다(평형화). • 지식은 개인이 외부환경과 상호작용을 하면서 기존의 도식을 검증하고 수정한 결과이다. • 인지발달은 보편적 계열을 따른다. • 도식(인지구조)은 일반적이고 추상적 표상이다. • 급진적 구성주의라고도 부른다.
맥락적(사회적) 구성주의	• Vygotsky의 인지발달이론에 근거를 두고 있다. • 지식은 사회·문화적 맥락 속에서 구성된다(내면화). • 지식은 외부환경과 상호작용을 하면서 기존의 경험을 재해석하고 재구성한 결과이다. • 인지발달은 상대적이고 맥락-의존적이다. • '간주관성'을 중시하는데, 개인이 타인의 관점을 공유하는 변증법적 과정을 간주관성이라고 한다(예 : 사회적 협상). • 변증법적 구성주의라고도 부른다.

논점33 구성주의 학습의 의의

① 개념

구성주의 학습은 학습자중심의 교육으로 지식은 전수되는 것이 아니라 구성되는 것으로 보며, 지식이란 개인의 인지활동이나 사회적 상호작용의 결과로 이해한다. 여기서 개인의 인지활동이란 자기성찰을 말하고, 사회적 상호작용이란 다른 사람들과의 의사소통 혹은 문화적 동화를 말한다. 또 유의미한 지식구성은 질문을 비롯하여 갈등, 모순, 대립, 불일치, 부조화 등에 의해 촉진되는 것으로 본다. 그리고 우리가 만드는 세계 또는 실재에 관한 다양한 관점을 인정한다. 구성주의 학습은 실제적이고 구체적인, 복잡한 상황을 여과없이 제시하여 학습자의 인지적 도전을 유도함으로써 학습자의 능동적이고 자발적인 학습을 유도하고자 한다.

② 특징

구성주의 학습의 기본원리를 요약하면 다음과 같다.

- 지식은 객관적으로 존재하는 것이 아니라 주관적으로 구성되는 것이다. 지식은 사회·문화적 맥락 속에서 구성되는 것이다.
- 지식은 고정불변의 것이 아니라 끊임없이 변화되는 것이다. 그래서 지식구성의 개별성과 다양성을 강조한다.
- 반성적 사고(reflective thinking)는 학습의 원동력이다.
- 학습은 인지적 불균형(갈등)을 해소하는 과정이다.
- 학습은 사회적 상호작용과정이다.
- 학습은 언어와 상징에 의해 촉진된다.
- 실제적 과제(authentic task)에 대한 자기주도적 학습 및 협동학습을 강조한다.
- 참검사 또는 역동적 평가를 중시한다.
- 학습자는 능동적이고 자율적이며 주체적인 존재이다.
- 교사는 학습의 촉진자이며, 조력자·안내자이다.

논점34 Jonassen의 구성주의 학습환경 설계모형

① 의의

구성주의 학습을 촉진하는 일반적인 조건은 실제적 과제(authentic task), 자기성찰(자기반성), 중다관점(상호주관성), 주인의식(자기주도적 학습), 협동학습 등이다. Jonassen이 제안한 구성주의 학습환경 설계모형은 '문제/프로젝트 배경'을 중심부에 두고, 구성주의 학습환경을 이루고 있는 구성요소를 동심원으로 표현하고 있다.

일반적으로 교수자의 교수방법은 시범(modelling) → 안내(coaching) → 비계설정(scaffolding, 발판화)으로 제시되고, 학습자의 학습방법은 명료화 → 성찰(반성) → 탐구방법으로 제시되고 있다.

② 특징

구성주의 학습환경의 구성요소를 정리하면 다음과 같다.

- 문제/프로젝트 배경

  대개 복잡하고 비구조화된 문제나 프로젝트를 제공하며, 이 문제나 프로젝트가 학습을 주도한다. 이는 문제/프로젝트 조작공간, 문제/프로젝트 표상, 문제/프로젝트 맥락으로 구성된다.

- 관련된 사례

  학습자의 인지구조를 정교화하고 인지적 유연성을 증진하는데 도움을 준다.

- 정보자원

  학습자가 문제를 정의하고 가설을 설정하며, 이를 검증하는데 도움을 준다.

- 인지적 도구대안

  컴퓨터 등은 학습자가 실제생활의 문제를 해결해 나가는 인지적 과정을 지원하고 촉진하는 기능을 한다.

- 대화/협동을 위한 도구

  시범(modelling)-안내(coaching)-비계설정(scaffolding)은 학습자 상호간의 정보교환이나 학습과정을 지원하고 촉진하는 기능을 한다.

- 사회적/맥락적 지원

  기타 교수자에 대한 지원체제라든가 학습자에 대한 지도체제 등이 포함된다.

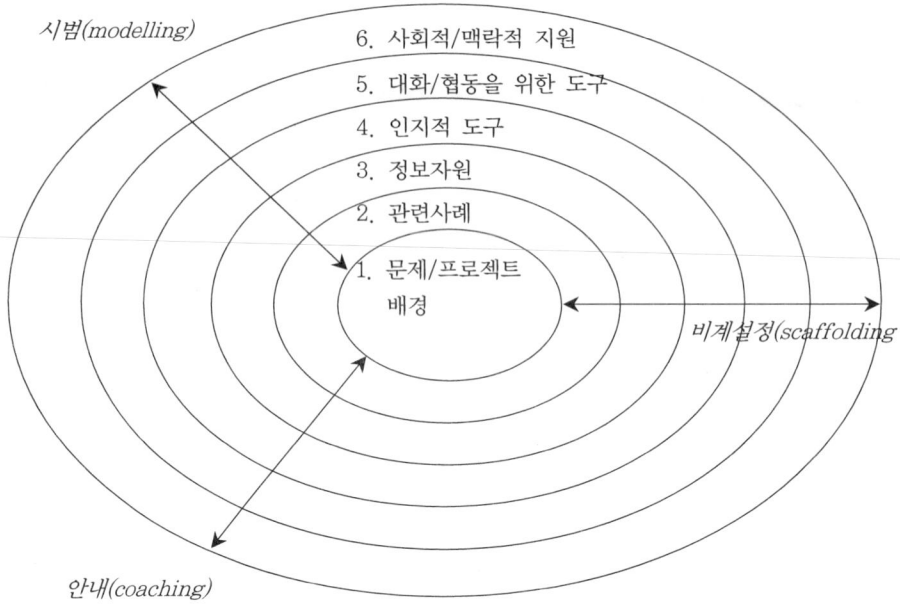

▶ 구성주의 학습환경 설계모형(Jonassen, 1999)

논점35 협동학습의 의의

① 개념

협동학습(co-operative learning)은 다른 능력을 가진 학생들로 소집단을 구성하여 공동의 과제 해결을 위해 지도력과 책임을 공유하고, 공동의 노력으로 학습목표를 달성하는 방법이다. 즉, 협동학습은 소집단 내에서 이질적인 학생들이 공동의 노력으로 학습목표를 달성하는 방법이다. 협동학습은 사회화의 원리를 적용한 것인데, 역할분담을 통해 경쟁학습의 역기능을 줄일 수 있고, 공동의 과제를 해결하는 능력 등 인지발달을 촉진할 수 있으며, 인간관계기술 등을 개발할 수 있다.

이제 전통적 소집단수업과 협동학습을 비교하면 다음과 같다.

첫째, 전통적 소집단수업에서는 구성원들의 긍정적 상호의존성, 대면적 상호작용성이 거의 없지만, 협동학습에서는 긍정적 상호의존성, 대면적 상호작용성이 항상 존재한다.

둘째, 전통적 소집단수업에서는 구성원들의 능력과 흥미 등의 개인적 특성에 있어서 동질적 집단이 되지만, 협동학습에서는 이질적 집단이 된다.

셋째, 전통적 소집단수업에서는 교사의 관찰과 개입 및 피드백이 거의 없지만, 협동학습에서는 교사의 적극적인 관찰과 개입 및 피드백이 제공된다.

② 특징

협동학습의 기본원리를 요약하면 다음과 같다.
- 보통 2(4)~6명으로 팀(소집단)을 구성한다.
- 다른 능력을 가진 학생들로 팀을 구성한다.
- 협동적 과제구조, 협동적 보상구조를 갖는다.
- 긍정적 상호의존성, 대면적 상호작용성을 중요시한다.
- 공동의 과제해결에 대한 개별적 책무성을 중요시한다.
- 지도력을 공유한다.
- 책임을 공유한다.
- 개별점수와 집단점수를 모두 반영한다. 특히 집단점수에 따른 집단보상이 중요하다.
- 의사결정기술 및 의사소통기술, 인간관계기술이 중요하다.

③ 협동학습의 장-단점

- 장점

  첫째, 문제해결력, 창의력 등의 고등정신기능을 개발할 수 있다. 둘째, 협동심, 책임감, 사회성 등의 민주적 생활태도와 가치를 계발할 수 있다. 셋째, 가치교육, 도덕교육, 인간관계훈련 등에 적합하다. 넷째, 자신과 타인에 대한 이해를 증진할 수 있다. 다섯째, 인지적 측면과 정의적 측면의 균형을 도모할 수 있다.

- 단점

  첫째, 학습의 과정과 방법보다 학습의 결과에 치중할 수 있다. 둘째, 집단구성원의 잘못된 이해를 강화할 수 있다. 셋째, 집단간 편파현상을 유발할 수 있다. 집단간 편파현상이란 자기가 소속한 집단구성원에게는 호의적인 반면, 다른 집단구성원에게는 적대적인 감정을 표출하는 현상을 말한다. 넷째, Matthew효과를 유발할 수 있다. Matthew효과란 학업성취가 높은 학습자는 더욱 학업성취가 높아지는 반면, 낮은 학습자는 더욱 학업성취가 낮아지는 현상을 말한다. 다섯째, Ringelmann효과를 유발할 수 있다. Ringelmann효과란 협력적 학습상황에서 적극적으로 활동하지 않은 학습자가 적극적으로 활동한 학습자의 학업성취를 공유하는 현상을 말하는데, 무임승차자효과(free-rider effect)와 유사한 개념이다.

논점36 협동학습 수업의 절차 등

① 협동학습 수업의 절차

협동학습 수업의 일반적인 절차는 다음과 같다.

제1단계 : 구체적인 수업목표를 제시한다.
제2단계 : 교재 등을 통한 정보(학습내용)를 제공한다.
제3단계 : 협동학습 팀(소집단)을 조직한다.
제4단계 : 각 팀별로 학습과제를 부과하고 집단토론을 한다.
제5단계 : 학습결과를 평가하고 집단보고서를 작성한다.
제6단계 : 개인보상과 집단보상을 제공한다.

② 협동학습 수업의 기술

협동학습 수업의 기술에는 재진술, 3단계 면접, 번갈아 말하기(round robin), 번갈아 글쓰기(round table), 발언 막대기(talking chips), 인정 막대기(affirmation chips), 카드 맞추기(flash card) 등이 있다.

논점37 전통적 소집단수업과 협동학습의 비교

전통적 소집단수업	협동학습
상호의존성, 상호작용성이 거의 없다.	긍정적인 상호의존성, 대면적인 상호작용성이 항상 존재한다.
동질적 집단구성이 된다.	이질적 집단구성이 된다.
개인적 책무성이 없다.	공동의 학업성취에 대한 개인적 책무성이 존재한다.
주로 한 학생이 지도력을 독점한다.	집단이 지도력을 공유한다.
자신에 대한 책임만 지고, 책임을 공유하지 않는다.	집단이 책임을 공유한다.
개인점수만 반영한다.	개인점수와 집단점수를 모두 반영한다.
교사의 관찰과 개입이 거의 없다.	교사의 적극적인 관찰과 개입이 제공된다.
교사의 피드백이 거의 없다.	교사의 적절한 피드백이 제공된다(교정적 피드백).

논점38 수업의 과정의 의의

① Herbart학파의 수업과정모형

Herbart는 단원 개념과 관련하여 수업의 과정을 명료 → 연합 → 계통 → 방법의 4단계로 제시한 바 있다. **명료**는 신·구개념을 구분하고 신개념을 명확히 파악하는 단계(준비 → 제시의 단계)이고, **연합**은 신·구개념을 결합하는 단계(비교의 단계)이다. **계통**은 신·구개념을 비교하여 조직하고 체계화하는 단계(체계화의 단계)이며, **방법**은 신개념을 새로운 지식이나 사태에 적용하는 단계(적용의 단계)이다. 여기서 명료와 연합의 단계를 전심(專心)의 단계, 계통과 방법의 단계를 치사(致思)의 단계라고 한다.

Herbart학파의 Ziller는 분석 → 종합 → 연합 → 계통 → 방법의 5단계로 제시하면서 지적 묶음을 이 단계에 따라 통일성있게 가르쳐야 한다고 주장하였다. 이 Herbart학파의 수업과정모형은 주로 지식을 중심으로 하는 교과중심의 교재단원을 전개할 때 알맞다.

② 진보주의의 학습과정모형

경험중심의 단원을 전개할 때에는 Dewey의 문제해결법(problem-solving method)과 Kilpatrick의 구안법(project method)이 가장 대표적이다.

Dewey의 문제해결법은 문제의 이해(인식) → 문제해결의 계획 → 자료의 수집·분석 → 학습활동의 전개 → 결과의 검토의 5단계로 구성되며, Kilpatrick의 구안법은 목적의 설정 → 계획 → 실행 → 평가의 4단계로 구성된다. 이 진보주의의 학습과정모형은 실험·실습과 같은 학습활동을 전개하거나 경험중심의 경험단원을 전개할 때 가장 알맞다.

③ Glaser의 수업과정모형

최근의 수업과정이론은 Glaser의 수업과정모형이다. Glaser(1963)는 수업의 과정을 하나의 체제(system)로 간주하고, 그것을 수업목표의 설정 → 출발점행동의 진단 → 수업절차 → 수업평가의 4단계로 구분하고 있다.

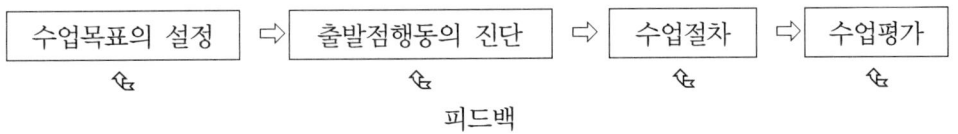

이 모형의 특징을 살펴보면 수업은 한 단계 한 단계가 바로 뒤따르는 후속단계의 활동을 결정하는 계속적인 결정과 평가의 과정이다. 즉, 한 학습단원의 수업목표가 설정되면 이 수업목표를 달성하

는데 필요한 학생들의 출발점행동이 정확하게 진단되고, 그에 따라 학생들에게 어떠한 수업지도가 주어져야 할 것인가가 처방되며, 최종적으로 수업지도의 결과가 총합적으로 평가되는 수업의 과정의 개념모형이다.

그런데 수업목표의 설정에는 수업목표의 진술이 포함되며, 여기에 Gagné의 학습과제 분석을 추가하여 일반적으로 수업의 과정은 수업목표의 설정 → 학습과제 분석 → 출발점행동의 진단 → 수업절차(수업방법, 수업매체, 형성평가 등) → 수업평가의 순서로 이루어진다.

논점39 수업목표의 설정

① 의의

교육목표는 그 명세화의 정도에 따라 일반적 교육목표 → 교육과정목표 → 교과목표 → 단원목표 → 수업목표/학습목표 → 평가목표의 수준으로 구분할 수 있다. 그러므로 수업목표는 세분화된 교육목표이다. 즉, 수업목표는 단원목표가 다시 구체화되어 1~2교시의 수업을 위해 설정된 목표로서 세분화된 행동적 용어로 진술된다.

수업목표는 한 단원의 수업이 끝났을 때 학생들로부터 기대되는 성취정도이다. 즉, 수업목표는 기대되는 학업성취정도를 명세적으로 기술한 도달점행동 또는 성취행동이다.

수업목표는 가능한 한 행동적 용어로 표현해야 한다. 즉, 수업이 끝난 후에 학생들이 수업목표의 달성도를 행동으로 표시하면 평가자가 이를 측정할 수 있을 정도로 구체적이고 행동적 용어로 표현해야 한다. 그래야만 학생들이 수업목표에 몇 % 정도 도달하였는지를 알 수 있기 때문이다.

② 수업목표의 진술
- 의의

  수업목표를 진술하는 데에는 '해결한다', '구별한다', '비교한다', '표현한다', '예를 들어 설명한다' 등의 구체적·세부적인 용어를 사용한다. 이와 같이 행동적 목표진술방식은 명시적 동사 또는 행위동사를 사용하는데, 이를 특히 성취목표(수행목표, 행동목표)라고 부른다.

  그러므로 기존의 수업목표에서 흔히 사용했던 '이해한다', '추정한다', '파악한다', '인식한다', '뜻을 안다' 등의 추상적·포괄적인 용어를 사용하지 않는다. 왜냐하면 이와 같은 일반적 목표진술은 성취내용이나 수준에서 다의적으로 해석될 수 있기 때문이다.

  이와 같이 명세화가 가능한 지적·기능적 영역의 수업목표는 명시적 동사로 진술하는 것이 바람직하지만, 학생의 감정과 정서, 태도, 가치관 등과 같은 정의적 영역의 수업목표는 명시적 동사로 진술할 수 없을 뿐만 아니라 진술해서도 안 된다.

- 행동적 목표진술의 필요성(목적)

  첫째, 수업계획을 보다 명확하게 수립할 수 있다. 둘째, 교수-학습의 기본방향, 학습과제의 선택, 학습매체와 자료의 선택을 명확하게 해준다. 셋째, 교과의 내용과 행동을 명확하게 해준다. 넷째, 수업방법, 수업지도의 명확한 지침을 제공해 준다. 다섯째, 학습평가의 명확한 기준을 제공해 준다.

- 행동적 목표진술의 장-단점
  - 장점

    첫째, 수업계획을 보다 명확하게 수립할 수 있다. 둘째, 교과의 내용과 행동을 명세화할 수 있다. 셋째, 수업방법, 수업지도의 명확한 지침을 제공해 준다. 넷째, 학습평가의 명확한 기준을 제공해 준다. 다섯째, 교사와 학생간의 의사소통을 촉진할 수 있다.

  - 단점

    첫째, 수업계획의 전체성 확보가 곤란하다. 둘째, 수업활동의 전체성 확보가 곤란하다. 셋째, 음악, 미술 등과 같은 정의적 영역의 목표진술에는 적용하기가 곤란하다. 넷째, 학생들의 자유로운 사고활동을 저해할 수 있다.

논점40 수업목표의 설정 : 수업목표 진술의 일반원리

첫째, 수업목표는 구체적이고 행동적 용어로 진술되어야 한다. 즉, 행위동사로 진술되어야 한다. 둘째, 수업목표는 학생의 행동(교사의 행동×)으로 진술되어야 한다. 셋째, 수업목표는 학습의 결과(학습의 과정×)로 진술되어야 한다. 넷째, 수업목표는 내용과 행동의 2가지 측면에서 조작적으로 진술되어야 한다. 다섯째, 하나의 수업목표에는 하나의 행위동사만 포함되어야 한다. 즉, 하나의 내용목표에는 하나의 행동목표만 포함되어야 한다.

논점41 학습과제 분석의 의의

① 의의

어떤 학습단원의 최종적인 학습목표를 달성하기 위한 **지적 기능(인지기능) 영역**은 상호 관련되어 위계구조가 이루어지는데, 이를 분석·추출하여 체계화하는 것을 학습과제 분석이라고 한다. 즉, 학습과제는 학습해야 할 요소가 어떤 단계에 따라 배열되어 있는 전체를 의미하는 것으로, 이는 학습요소의 위계적인 관계를 표시한 수업지도(instructional map)이다.

이러한 학습과제 분석은 상위기능 → 하위기능으로 분석·추출하는 형태를 취한다.

② 학습과제 분석의 필요성(목적)

첫째, 학습요소를 확인할 수 있다. 한 단원에 있는 학습요소의 수는 대개 10~20개 정도이다. 둘째, 학습요소 상호간의 관련성을 파악할 수 있다. 셋째, 학습요소의 누락이나 중복을 발견할 수 있다. 넷째, 수업의 순서를 알 수 있다. 다섯째, 형성평가의 기준이 된다. 여섯째, 학습에 필요한 선수학습요소를 확인할 수 있다.

논점42 학습과제 분석의 기법/절차/활용

① 학습과제 분석의 기법

학습과제 분석의 기법은 다음과 같다.

군집분석법	언어정보 영역의 분석에 사용한다(예 : 우리나라 역대대통령의 업적 바로알기).
위계분석법	지적 기능, 운동기능 영역의 분석에 사용한다(예 : 지도를 보고 두 지점간의 거리 계산하기, 농구공 shooting하기).
통합분석법	위계분석법과 군집분석법을 혼합한 방법으로, 태도 영역의 분석에 활용한다(예 : 국기에 대한 적극적인 태도 형성하기).
이러한 학습과제 분석법은 인지전략 영역에는 적합하지 않은데, 그 이유는 '생산적 사고'와 관련이 있는 학습영역이기 때문이다.	

② 학습과제 분석의 절차

학습과제 분석의 절차는 다음과 같다.

제1단계 : 최종적인 수업목표를 확인하고 진술한다.

제2단계 : 학습요소를 분석·추출한다.

제3단계 : 학습요소의 구조도를 작성한다.

제4단계 : 학습요소의 위계구조, 즉 수업의 순서를 결정한다.

③ 학습과제 분석의 활용

첫째, 수업과정 분석에 도움을 둔다. 둘째, 학습조건 분석에 도움을 준다. 셋째, 수업계획, 수업지도에 도움을 준다. 넷째, 형성평가에 아주 유용하다.

논점43 출발점행동의 진단

① 의의
- 어떤 학습과제를 습득하는 데에는 학습에 필요한 선수학습(선행학습)이 있어야 하는데, 이것을 출발점행동 또는 투입행동(entry behavior)이라고 한다. 이것은 특정학습을 시작하기 전에 학습자가 미리 갖추고 있어야 할 지식·기능·태도의 모든 특성을 말한다. 즉, 교사가 의도하는 특정학습을 시작하는 단계에 있어서 학생이 사전에 습득한 학습요소를 말한다.
  따라서 출발점행동이란 하나의 학습지도가 시작되는 출발점에서 학생이 갖고 있는 행동특성이다. 반면에 도달점행동이란 하나의 학습지도가 끝난 후에 학생이 갖게 될 행동특성이다.
- 출발점행동에 대한 사전평가는 첫째, 학생들이 이미 학습한 단원에서 무엇을 어느 정도 배웠는지를 점검한다. 둘째, 학생들이 수업에 필요한 지식·기능·태도를 갖추고 있는지를 점검한다. 셋째, 처방적인 수업활동과 수업평가는 도달점행동에 기초를 두어야 한다.

② 학습결함의 발견과 처치

출발점행동을 파악하기 위해서는 2단계가 필요하다.

첫째, 학습결함의 발견 단계이다. 효율적인 수업계획을 세우기 위해서는 한 단원의 학습에 필요한 선수학습요소를 분석하고, 적절한 방법에 의하여 선수학습요소에 있어서 학습결함을 가진 학생들에게는 그것을 보충할 수 있는 학습계획이 마련되어야 한다.

이와 같은 목적을 위해서는 새로운 단원이 시작되기 전에 그 단원의 학습에 필요한 선수학습요소로 구성된 기초학력진단검사가 학습결함의 정도를 알기 위해서 실시된다.

둘째, 학습결함의 처치 단계이다. 선수학습에서 결함을 가진 학생들은 후속학습의 출발점에서 이미 학습결함을 지닌 채 출발하게 됨으로 이를 보충할 수 있는 학습계획이 준비되어야 한다. 학습결함을 처치하기 위하여 가장 좋은 방법은 교사에 의한 직접 보충지도 등이다. 선수학습에서 결함을 지닌 학생들만 별도로 모아 자율학습시간이나 방과후 특별학습시간을 마련하여 새로운 단원을 학습하는 데 꼭 필요한 선수학습을 직접 보충지도를 한다. 이 때 프로그램학습자료를 이용하기도 한다.

논점44 수업절차

① 의의

이 수업절차에는 수업목표를 달성하기 위한 수업계획과 수업활동이 포함된다. 수업절차는 일련의 수업의 과정에서 가장 중심적인 단계로서, 교사는 수업계획을 수립하여 수업활동을 전개한다. 교사의 수업계획은 학습요소에 따른 시간계획, 수업형태(수업방법), 수업매체와 자료, 집단조직 등을 들 수 있다. 수업활동에서 특히 유의해야 할 점은 다음과 같다.

첫째, 사용이 가능한 수업매체와 자료를 적시에 조직적으로 활용한다.
둘째, 불필요한 판서 대신 지도, 도표, graph, chart 등을 사용한다.
셋째, 필요한 실험·실습을 다 한다.
넷째, 학생들의 수업이해도를 확인하면서 수업을 진행한다.
다섯째, 학생들의 학습곤란이나 오류를 파악하여 부단히 수업활동의 개선을 도모한다(예 : 형성평가).
여섯째, 한 시간의 수업이 끝나면 학습한 학습내용을 요약정리해 준다.

② 수업지도안의 작성

- 수업방법이 결정되면, 교사는 수업계획을 수립(=수업지도안 혹은 학습지도안)하여 수업활동을 전개한다. 수업계획은 단기적 계획(時案, 日案, 週案 등)과 장기적 계획(단원계획, 월간계획, 연간계획 등)이 있다.

- 수업지도안의 내용에는 수업목표, 수업내용과 수업활동, 수업방법, 수업매체와 자료, 예상되는 수업결과와 이에 대한 평가방법이 제시되어야 한다. 또한 학습환경을 구성하여야 하고, 선행학습과 후행학습을 연결시켜야 한다.

- 수업지도안의 형식에는 단원명, 단원설정의 이유, 지도의 목표, 차시지도의 계획, 본시지도의 계획, 매체와 자료, 평가 등이 제시되어야 한다.

논점45 수업절차 : 수업지도의 절차

수업지도의 절차는 다음과 같다.

준비단계	강의의 절차 참조
① 도입단계	• 학습자의 주의집중 유도 • 학습자의 동기유발 유도 • 학습목표의 제시(예 : 선행조직자의 제공) • 선수학습과 관련짓기
② 전개단계 (또는 발전단계)	• 학습내용의 제시 • 학습매체와 자료의 제공 • 학습자의 참여 유도 • 다양한 수업방법의 사용(예 : 강의법, 설명법, 발견학습법 등) • 시간과 자원의 관리(예 : 탐색, 해석 등)
③ 정리단계	• 학습내용의 요약정리 • 연습을 통한 강화 • 적용 및 일반화 • 보충자료의 제공 및 차시수업의 예고

논점46 수업평가

① 의의

수업평가는 학생의 도달점행동, 즉 학생의 수업목표에 대한 학습성과를 확인하는 단계이다. 이러한 평가 중의 하나는 수업과정 자체의 평가이고, 다른 하나는 학생의 학업성취에 대한 평가이다. 수업과정 자체의 평가는 형성평가에 의해서 이루어지고, 학생의 학업성취에 대한 평가는 주로 총합평가에 의해서 이루어진다.

이 형성평가와 총합평가는 수업목표의 달성도를 평가한다는 공통점이 있으나, 양자의 차이점은 다음과 같다.

첫째, 형성평가는 수업활동의 일부이지만, 총합평가는 수업활동의 결과를 평가한다. 둘째, 형성평가는 단기간에 걸쳐 실시하지만, 총합평가는 비교적 장기간에 걸쳐 실시한다. 셋째, 형성평가는 학생의 성적을 산출하지 않지만, 총합평가는 학생의 성적을 산출하여 기록한다. 넷째, 형성평가는 그 결과를 즉각적인 수업방법, 수업지도의 개선 및 교정학습에 이용하지만, 총합평가는 그 결과를 본인 및 학부모에게 통지하는데 이용한다.

② 형성평가와 총합평가
- 형성평가

  형성평가는 수업이 진행되는 도중에 수업목표의 달성도를 계속적으로 점검하고 그 결과를 교사와 학생이 확인하는 과정이다. 즉, 교사는 수업활동의 개선을 위한 정보를 수집하고, 학생은 학습곤란이나 오류가 무엇인지를 개별적으로 파악하는 수업활동의 일부이다.

  형성평가의 목적은 학생 자신이 수업목표의 달성도를 확인하도록 하고, 교사가 그 정도에 따라 교정학습을 결정하는데 도움을 주는 것이다. 따라서 형성평가의 기준은 어디까지나 수업목표이며, 행위동사로 설정된 수업목표를 검사문항으로 만든다. 그래서 형성평가는 절대평가방법이 되어야 하며, 어떤 학생의 성적을 다른 학생의 성적과 비교한다든지 평균과 표준편차 등을 산출하여 기록으로 남긴다든지 또는 학부모에게 알리는 일은 하지 않는다.

  이러한 형성평가는 2~3개의 소단원의 학습이 끝날 때마다 실시하되, 채점은 학생 자신이 한다. 형성평가는 각 소단원의 수업시간을 이용하여 실시하는 것을 원칙으로 한다.

- 총합평가

  총합평가는 학생의 수업목표에 대한 도달상태를 최종적으로 검토하여 성적을 산출하기 위해서 실시되는 과정이다.

  이 총합평가의 목적은 수업계획과 수업활동의 효과성을 파악하기 위한 것이다. 총합평가의 결과는 통계적으로 처리되고 기록되며, 학생 및 학부모에게 알리는 것이 관례이다. 총합평가는 학생이 그 동안에 학습한 수업내용을 취합한 것이어야 하고, 설정된 수업목표의 도달여부를 기준으로 하는 절대평가방법이 되어야 하며, 필요에 따라 상대평가방법이 쓰일 수 있다.

  이와 같은 총합평가는 한 대단원의 수업이 종결되거나, 한 학기 또는 학년 말에 1~2회 정도 실시하는 것을 원칙으로 한다.

논술 모의고사 9-1

• 이 예상문제는 주요대학 교재를 분석·통합하여 저작되었으며, 〈저작권법〉에 따라 무단 복제, 배포, 출판 및 전자출판 등 저작권을 침해하는 일체의 행위를 금지합니다.

다음은 학습과 수업(교수)의 관계를 중심으로 수업방법을 분류한 내용이다. 이 내용을 바탕으로 수업의 특징(5가지 이상)을 학습과 비교 설명하고, 강의법과 질문법의 장–단점(각각 2가지 이상)을 각각 논하시오. 또한 토의법의 장–단점(각각 2가지 이상)을 논하시오. 〔총20점〕

(가) 학습은 개인이 그를 둘러싼 환경과 상호작용하는 과정에서 나타나는 여러 가지 형태의 비교적 지속적인 행동의 변화이다. 이와 같이 학습이란 개인과 환경의 상호작용에 의하여 나타나는 비교적 지속적인 행동의 변화를 말한다. 이 경우 행동은 외현적 행동뿐만 아니라 내현적 행동까지도 포함한다. 다만, 생득적인 반응 변화, 성숙에 의한 자연적 행동변화, 피로·약물 등에 의한 일시적 상태의 행동변화는 제외한다.
교수(teaching)는 수업(instruction)보다 포괄적인 개념이다. 수업은 주로 학습자의 지적·탐구적 능력을 자극하는 내용전달을 의미하는데 비해, 교수는 학습자의 모든 능력을 자극하는 포괄적인 내용전달을 의미한다. 또한 교수는 학습자가 보이는 행동변화 중에서 의도적인 것과 비의도적인 것을 모두 포함한다는 점에서 수업보다 포괄적이다. 이와 같이 교수와 수업은 개념적으로 구별되고 있으나, 실제에 있어서 양자는 동의어로 쓰이고 있다.

(나) ○○법은 역사적으로 고대 그리스 Sophist의 모순–반박법에 큰 영향을 받아 발달하였다. 이 ○○법은 18세기 말 Herbart에 의해 더욱 체계화되었는데, 명료→연합→계통→방법으로 제시된 교수4단계설은 ○○법의 전형으로 정착되었다. ○○법은 주로 언어를 통한 설명과 논리에 의하여 지식과 정보를 전달하는데 목적이 있는 고전적인 교수–학습방법의 일종이다. 이는 전통적 집단수업에서 설명법과 더불어 사용되어 온 교사중심·교재중심의 수업방법이다.

(다) □□법은 고대 그리스 소크라테스의 대화법에 크게 영향을 받았다. □□법은 질문과 답변을 통하여 합리적 사고과정을 촉진하는데 근본적인 목적이 있는 교수–학습방법이다. 즉, 문답을 통하여 교수자는 학습자의 논리적 사고, 비판적 사고, 창의적 사고를 자극하는 것이다. 그래서 교수자와 학습자간 또는 학습자 상호간의 문답을 통하여 학습자는 스스로 탐구하는 능력을 기르고 학습하는 방법을 학습하게 된다.

(라) △△법은 학습목적에 적합한 집단을 구성해서 자유로운 토론과 대화, 집단사고(group thinking)를 통해 문제를 해결하는 교수–학습방법이다. △△법은 교수자와 학습자간 또는 학습자 상호간의 의사소통, 즉 토론과 대화를 전제로 한다. 질문법을 개선한 '회화법'에서 비롯되어 오늘날까지 널리 사용되고 있다. 소집단 학습이자 공동학습의 일종인 △△수업은 사회과 수업뿐만 아니라 가치, 태도, 인생문제 및 교육문제 등에 있어서 서로 다른 의견을 발표하고 수렴하여 일정한 방향을 모색하는데 효과적인 교수–학습지도이다. 대개 학생들끼리 토론하는 것이 일반적이지만 교사가 참여하는 경우도 있다. 이 경우 교사는 토론을 매개하는 중재자의 역할을 하는 것이 바람직하다.

〈배 점〉

• 답안의 논리적 구성 및 표현 〔총4점〕
• 논술의 내용 〔총16점〕
 · 수업의 특징 설명 〔4점〕
 · 강의법의 장–단점 논의 〔4점〕
 · 질문법의 장–단점 논의 〔4점〕
 · 토의법의 장–단점 논의 〔4점〕

논술 모의고사9-1 기본답안

I. 서설

수업이란 학습자가 특정한 조건하에 특정한 행동을 학습할 수 있도록 환경을 계획적으로 조작하는 과정이다. 그러므로 수업이란 학습자가 교육목표를 달성할 수 있도록 학습의 내적 조건과 외적 조건을 계획적으로 조정하는 과정이다. 교수나 수업은 교사의 행동을 말하며 학습은 학생의 행동을 말한다. 전통적으로 수업의 형태, 즉 수업방법에는 강의법과 질문법, 토의법 등이 있다.

아래에서는 수업의 특징을 설명하고, 강의법과 질문법의 장-단점, 토의법의 장-단점을 차례로 논의하고자 한다.

II. 수업의 특징

첫째, 수업은 일정한 목표가 있어야 하나, 학습은 목표가 있을 수도 있고 없을 수도 있다. 수업은 의도적인 작용이지만, 학습은 의도적인 경우도 있고 아무런 의도없이도 이루어진다는 것이다. 둘째, 수업은 독립변수이지만, 학습은 종속변수이다. 수업은 작용하는 투입변수이며, 학습은 작용한 결과 나타나는 산출변수이다. 셋째, 수업은 일의적(一義的)이지만, 학습은 다의적(多義的)이다. 교사가 가르치는 것은 하나이지만, 학생들은 제 각각 다르게 배운다는 것이다.

넷째, 수업연구는 교실사태를 실험대상으로 하나, 학습연구는 동물을 실험대상으로 하는 경우가 많다. 수업이론과 달리, 대부분의 학습이론은 동물을 실험대상으로 하여 여기에서 얻어진 결과를 인간의 학습에 적용시키려는 경향이 있었다. 다섯째, 수업이론은 처방적·규범적이지만, 학습이론은 기술적이다. 수업이론은 학습의 문제점을 개선하기 위한 처방적·규범적 성격을 갖는다. 그러나 학습이론은 인간행동의 변화된 모습을 있는 그대로 기술할 뿐이다.

III. 강의법과 질문법, 토의법의 장-단점

1. 강의법의 장-단점

강의법은 주로 언어를 통한 설명과 논리에 의하여 지식과 정보를 전달하는데 목적이 있는 고전적인 교수-학습방법의 일종이다.

장점은 첫째, 지식과 정보를 체계적으로 전달할 수 있다. 둘째, 수업자료를 적절히 제시하여 학습동기를 자극할 수 있다. 셋째, 교사-학생간의 의사소통이 가능하다. 면대면(面對面)의 학습이기 때문이다. 단점은 첫째, 교사중심의 일제수업(一齊授業)으로 학생들이 수동적이다. 둘째, 문제해결력, 창의력 등의 고등정신기능을 기르는데 미흡하다. 셋째, 수업의 개별화가 곤란하다. 즉, 학생의 개인차를 고려한 학습이 곤란하다.

2. 질문법의 장-단점

질문법은 질문과 답변을 통하여 합리적 사고과정을 촉진하는데 근본적인 목적이 있는 교수-학습방법이다.

장점은 첫째, 학습흥미를 자극하고 학습동기를 유발할 수 있다. 둘째, 문제해결력, 창의력 등의 고등정신기능을 기르는데 용이하다. 셋째, 교사-학생간의 의사소통이 원활하다. 면대면(面對面)의 학습이기 때문이다. 단점은 첫째, 학습속도가 지연될 수 있다. 둘째, 사고의 영역을 한정시킬 수 있다. 셋째, 사고의 연속성과 통일성을 방해할 수 있다.

3. 토의법의 장-단점

토의법은 학습목적에 적합한 집단을 구성해서 자유로운 토론과 대화, 집단사고(group thinking)를 통해 문제를 해결하는 교수-학습방법이다.

장점은 첫째, 복잡한 학습목표의 달성에 효과적이다. 둘째, 문제해결력, 창의력 등의 고등정신기능을 기르는데 효과적이다. 셋째, 협동심, 책임감, 사회성 등의 민주적 생활태도를 기르는데 효과적이다. 단점은 첫째, 수업의 시간과 비용이 많이 든다. 둘째, 기초학력을 기르는데 곤란하다. 셋째, 체계적인 지식습득이 곤란하다.

IV. 결어

좋은 수업이란 교수-학습이 잘 일어나도록 환경을 계획적으로 조작하는 과정이다. 교재-수업-학습이 일치할 때 비로소 '좋은 수업'이라고 할 수 있다. 강의법은 지식과 정보를 체계적으로 전달할 수 있지만, 수업의 개별화가 곤란하다. 질문법은 교사-학생간의 의사소통이 원활하지만, 학습속도가 지연될 수 있다. 토의법은 복잡한 학습목표의 달성에 효과적이지만, 체계적인 지식습득이 곤란하다.

이와 같이 수업의 특징을 이해하고, 여러 가지 수업방법의 장-단점을 파악하는 것은 좋은 수업을 실천하기 위한 필수조건이 된다.

논술 모의고사 9-2

- 이 예상문제는 주요대학 교재를 분석·통합하여 저작되었으며, 〈저작권법〉에 따라 무단 복제, 배포, 출판 및 전자출판 등 저작권을 침해하는 일체의 행위를 금지합니다.

다음은 수업이론의 의의를 중심으로 수업이론을 분류한 내용이다. 이 내용을 바탕으로 Carroll이 제안한 학교학습모형에서 개인차변인과 수업변인, 학업성취를 각각 설명하고, Bloom이 제안한 완전학습모형의 단계를 제시하시오. 그리고 Skinner가 제안한 프로그램학습의 원리를 3가지 이상 설명하시오. 〔총20점〕

(가) Bruner에 의하면, 수업이론은 처방적(prescriptive)이고 규범적(normative)이어야 한다. 왜냐하면 지식과 기술을 학습하는데 가장 효과적인 과정을 수립하고, 이를 실천하기 위한 원리를 제시한다는 점에서 수업이론은 처방적 성격을 구비해야 한다는 것이다. 그리고 수업이론은 지식과 기술을 학습해야 할 수준을 판단하는 준거(criterion)와 학습자가 일정한 수준에 도달하는데 필요한 조건을 제시해야 하는데, 그 일반성의 수준이 높게 진술되어야 한다는 점에서 수업이론은 규범적 성격을 갖추어야 한다는 것이다. 그런데 수업이론에 비해서 학습이론이나 발달이론은 다분히 기술적(descriptive)이고 간접적 성격을 가지고 있다.

(나) Carroll은 주로 지적 학습에 관심을 두고 학생의 학업성취는 시간의 함수라는 관점을 제안하고, 학교에서 학생의 학습속도(학업성취)를 결정하는 변인을 능력이라는 관점에서 시간이라는 관점으로 전환시켰다. 이것이 전체 교육의 과정에 관심을 둔 완전학습을 위한 학교학습모형이다. 학교학습에 영향을 미치는 변인은 개인차변인과 수업변인으로 분류되는데, 이 5가지 변인의 조작을 통해 학교학습의 효과를 극대화할 수 있다고 주장하였다.

(다) Bloom은 대부분의 학생이 학습과제의 90% 이상 완전히 학습할 수 있다고 제안하고, 대부분의 학생이 주어진 학습과제를 완수할 수 있는 방법을 찾아내는 것이 수업활동의 임무라고 주장하였다. 이렇게 제안된 것이 완전학습을 위한 수업방법이다. Bloom의 완전학습모형은 Carroll의 학교학습모형에 토대를 두고 있다. 즉, 학교학습모형에서의 5가지 변인과 함께 형성평가를 강조하였다.

(다) 프로그램학습은 Skinner의 학습이론 중 강화의 원리와 계열성의 원리에 기초를 둔다. 프로그램학습은 외형상으로는 기계장치 또는 책의 형태에 의한 학습이고, 의미상으로는 과학적 실험을 바탕으로 특수하게 제작된 교재를 개별적으로 학습하여 주어진 목표를 달성하는 과정이다. 그 프로그램학습자료를 담은 기계장치를 교수기계(teaching machine)라고 한다. 프로그램학습은 Pressy에 의해 창안되었으나, 그 후 Skinner가 프로그램학습의 이론과 실제를 크게 발달시켰다. 이와 같은 프로그램학습의 특징은 개별화의 원리를 적용하여 첫째, 자율적이고 독립적인 학습이고 둘째, 효과적이고 효율적인 학습이며 셋째, 학생들은 자신의 학습속도에 맞는 학습이 가능하다는 점이다.

〈배 점〉

- 답안의 논리적 구성 및 표현 〔총4점〕
- 논술의 내용 〔총16점〕
  · 학교학습모형에서 개인차변인과 수업변인 설명 〔4점〕
  · 학교학습모형에서 학업성취 설명 〔4점〕
  · 완전학습모형의 단계 제시 〔4점〕
  · 프로그램학습의 원리 설명 〔4점〕

I. 서설

Bruner에 의하면, 수업이론은 처방적(prescriptive)이고 규범적(normative)이어야 한다. Carroll은 주로 지적 학습에 관심을 두고 학생의 학업성취는 시간의 함수라는 관점을 제안하고, Bloom은 대부분의 학생이 학습과제의 90% 이상 완전히 학습할 수 있다고 제안하였다. 프로그램학습은 Skinner의 학습이론 중 강화의 원리와 계열성의 원리에 기초를 둔다.

아래에서는 학교학습모형에서 개인차변인과 수업변인, 학업성취를 각각 설명하고, 완전학습모형의 단계를 제시한 다음, 프로그램학습의 원리를 간략히 살펴보고자 한다.

II. 학교학습모형과 완전학습모형

1. 학교학습모형에서 개인차변인과 수업변인

적성, 수업이해력, 지구력은 개인차변인에 속한다. 적성은 최적의 학습조건에서 학생이 주어진 학습과제를 성취하는데 필요한 시간을 의미한다. 이 적성은 출발점행동과 동의어이다. 수업이해력은 학생이 학습내용이나 교사의 설명을 이해하는 정도이다. 이 수업이해력은 일반지능과 언어능력으로 구성된다. 지구력은 학생이 계속적인 노력을 투입하는 시간을 의미한다. 이 지구력은 학습동기와 유사한 개념으로 인내력이라고도 하며, 출발점행동의 일종이다.

학습기회, 수업의 질은 수업변인에 속한다. 학습기회는 학생에게 실제로 주어지는 시간을 의미한다. 수업의 질은 학습과제의 구성, 교사의 수업방법과 절차 등을 포함한다.

2. 학교학습모형에서 학업성취

여기서 학습에 사용한 시간은 지구력, 학습기회와 직접 관련되고, 학습에 필요한 시간은 적성, 수업이해력, 수업의 질과 직접 관계된다. 이 5가지 변인을 결합하여 학업성취를 나타내면 다음과 같다.

$$학업성취 = f (학습에 사용한 시간 \div 학습에 필요한 시간)$$

학업성취는 주어진 과제를 학습하는데 필요한 시간에 비해 학습에 실제로 사용한 시간이 얼마나 되느냐에 의해 결정된다. 학습에 필요한 시간은 적성과 수업이해력 및 수업의 질에 의해 결정되고, 학습에 실제로 사용한 시간은 지구력과 학습기회에 의해 결정된다.

학교학습모형에 의하면, 모든 학생이 특정한 과제의 학습에 필요한 시간을 실제로 모두 활용할 수 있을 때 학습목표를 100% 성취할 것이라는 기대를 할 수 있다. 이것은 현재의 상대평가를 절대평가로 전환시키는 계기를 마련하였다. 그리고 Bloom의 완전학습모형의 이론적 근거는 이러한 학교학습모형에 토대를 두고 있다.

3. 완전학습모형의 단계

완전학습을 위한 수업과정모형은 수업전 2단계 → 본시수업 7단계 → 수업후 1단계로 이루어진다. 1단계, 학습결손의 진단 단계이다. 2단계, 학습결손의 보충지도 단계이다.

3단계, 수업목표의 명시 단계에서는 구체적 수업목표를 설정한다. 4단계, 수업활동 단계에서는 교수-학습활동을 진행한다. 5단계, 수업보조활동 단계에서는 다양한 학습자료를 제시한다. 6단계, 형성평가 단계에서는 지속적인 피드백을 제공한다. 7단계, 보충학습 단계는 프로그램학습자료를 이용한다. 8단계, 심화학습 단계도 프로그램학습자료를 이용한다. 9단계, 제2차 학습기회 단계에서는 자기주도학습이나 협력학습의 기회를 준다.

10단계, 총괄평가 단계이다.

III. 프로그램학습의 원리

프로그램학습은 의미상으로는 과학적 실험을 바탕으로 특수하게 제작된 교재를 개별적으로 학습하여 주어진 목표를 달성하는 과정이다.

첫째, 작은 단계(small step)의 원리이다. 교재가 작은 단계로 구분되어 쉬운 것에서 어려운 것으로 점진적으로 조직된다. 둘째, 즉시확인의 원리이다. 학습자 자신이 학습한 결과를 즉시 알려주어 정답반응이면 즉시 강화되고, 오답반응이면 즉시 수정된다. 셋째, 자기구성의 원리이다. 학습에는 주어진 답지 중에서 정답을 선택하는 인지양식과 정답을 작성하는 구성양식이 있는데, 인지양식보다 구성양식으로 학습을 전개한다. 즉, 학습자 자신이 정답을 작성하면서 학습을 전개한다.

넷째, 자기속도(self-paced)의 원리이다. 학습자의 능력에 따라 학습진도가 빠를 수도 있고 늦을 수도 있기 때문에 각자의 보조에 맞게 학습을 진행한다. 다섯째, 자기검증의 원리이다. 한 단계의 학습을 끝마치고 다음 단계의 학습으로 나아갈 때는 학습자 자신이 학습한 결과에 대해 알게 된다.

IV. 결어

학교학습모형에서 적성, 수업이해력, 지구력은 개인차변인에 속하고, 학습기회, 수업의 질은 수업변인에 속한다. 여기서 학습에 사용한 시간은 지구력, 학습기회와 직접 관련되고, 학습에 필요한 시간은 적성, 수업이해력, 수업의 질과 직접 관계된다. 완전학습을 위한 수업과정모형은 수업전 2단계 → 본시수업 7단계 → 수업후 1단계로 이루어진다. 프로그램학습의 원리에는 즉시확인의 원리, 자기구성의 원리, 자기검증의 원리 등이 있다.

Bloom의 완전학습모형은 Carroll의 학교학습모형에 토대를 두고 있다. 프로그램학습의 특징은 개별화의 원리를 적용하여 학생들은 자신의 학습속도에 맞는 학습이 가능하다는 점이다.

논술 모의고사 9-3

- 이 예상문제는 주요대학 교재를 분석·통합하여 저작되었으며, 〈저작권법〉에 따라 무단 복제, 배포, 출판 및 전자출판 등 저작권을 침해하는 일체의 행위를 금지합니다.

다음은 수업이론의 의의를 중심으로 수업이론을 분류한 내용이다. 이 내용을 바탕으로 Gagné가 제시한 수업이론에서 학습영역 5가지를 설명하고, 학습과제 분석의 방법 3가지와 학습위계 8가지를 각각 예를 들어 설명하시오. 〔총20점〕

(가) Bruner에 의하면, 수업이론은 처방적(prescriptive)이고 규범적(normative)이어야 한다. 왜냐하면 지식과 기술을 학습하는데 가장 효과적인 과정을 수립하고, 이를 실천하기 위한 원리를 제시한다는 점에서 수업이론은 처방적 성격을 구비해야 한다는 것이다. 그리고 수업이론은 지식과 기술을 학습해야 할 수준을 판단하는 준거(criterion)와 학습자가 일정한 수준에 도달하는데 필요한 조건을 제시해야 하는데, 그 일반성의 수준이 높게 진술되어야 한다는 점에서 수업이론은 규범적 성격을 갖추어야 한다는 것이다. 그런데 수업이론에 비해서 학습이론이나 발달이론은 다분히 기술적(descriptive)이고 간접적 성격을 가지고 있다.

(나) Gagné의 수업이론은 학습영역(학습목표 영역)에 따라 학습조건이 달라진다는 학습목표별 수업방법이다. 그는 학습의 내적 조건과 외적 조건을 강조하고 있는데, 인지이론의 영향을 받아 개념학습, 원리학습, 문제해결학습 등의 지적 학습과 관련되어 있다. 최근에는 정보처리이론을 많이 반영하고 있다. 그는 인간발달은 학습의 누적적 효과에서 기인하며, 인간의 지적 발달은 학습된 능력이 점진적으로 복잡하고 유의미한 구조로 통합되는 과정으로 본다. 학습은 5가지의 다양한 능력을 습득하기 위한 복잡한 과정으로, 연합학습이론과 정보처리이론의 결합을 통해 이 과정을 설명해야 한다는 것이다.

(다) Gagné는 학습목표 영역을 5가지로 분류하고, 그에 따른 학습을 정의하고 있다. 학습목표 영역을 분류해야 할 필요성은 다음과 같다. 첫째, 수업방법, 수업지도의 준비에 도움을 준다. 둘째, 교과간에 요구되는 수업절차를 관련짓는데 도움을 준다. 셋째, 학습결과의 평가에 서로 다른 기법이 사용되기 때문이다.

(라) 어떤 학습단원의 최종적인 학습목표를 달성하기 위한 지적 기능 영역은 상호 관련되어 위계구조가 이루어지는데, 이를 분석·추출하여 체계화하는 것을 학습과제 분석이라고 한다. 즉, 학습과제는 학습해야 할 요소가 어떤 단계에 따라 배열되어 있는 전체를 의미하는 것으로, 이는 학습요소의 위계적인 관계를 표시한 수업지도(instructional map)이다.

(마) Gagné는 지적 기능 영역을 8가지로 구분하면서 서로 위계적인 성격을 띤 기능으로 세분화하였는데, 이것이 그의 유명한 학습위계(learning hierarchy)이다. 즉, 어떤 학습과제를 성공적으로 학습하기 위해서는 여러 단계로 구성되어 있는 이전의 하위단계를 먼저 거쳐야 한다는 것이다.

〈배 점〉

- 답안의 논리적 구성 및 표현〔총4점〕
- 논술의 내용〔총16점〕
  · 학습영역 5가지 설명〔5점〕
  · 학습과제 분석의 방법 3가지 설명〔3점〕
  · 학습위계 8가지 설명〔8점〕

I. 서설

Bruner에 의하면, 수업이론은 처방적(prescriptive)이고 규범적(normative)이어야 한다. Gagné의 수업이론은 학습영역에 따라 학습조건이 달라진다는 학습목표별 수업방법이다. Gagné가 주장한 수업의 원리는 학습목표별 수업의 원리라고 할 수 있다. 그는 학교학습에서 가장 중요한 지적 기능 영역에 중점을 두고, 이에 대한 학습과제 분석을 통해 학습위계를 체계화하였다.

다음에서는 학습영역을 설명하고, 학습과제 분석의 방법과 학습위계를 차례로 살펴보고자 한다.

II. 학습영역

첫째, 언어정보는 정보나 지식을 명제의 형태로 진술하는 것을 말하며, 학교학습을 통해 배우는 가장 기본적인 능력이다. 사물의 이름이나 단순한 사실, 개념, 원리와 법칙, 조직화된 정보가 이 언어 정보에 속한다. 둘째, 지적 기능은 무엇을 아는 것과 다르게 무엇을 하는 방법을 아는 것을 말하며, 언어, 문자, 숫자 등 상징을 사용하여 환경과 상호작용할 수 있는 능력이다. 이와 같은 지적 기능을 갖추면 환경을 그 나름대로 개념화해서 반응할 수 있다. 셋째, 인지전략은 학습자가 새롭고 복잡한 문제의 핵심이나 본질을 파악하여 개념화하는 것, 학습자가 문제해결과정에서 보여주는 내적 행동방식을 말한다. 이와 같은 인지전략이 중요한 이유는 자신의 학습과정 또는 사고과정을 조절·통제하는 방법이기 때문이다. 여기서 인지전략은 메타인지전략을 포함하는 개념이다.

넷째, 태도는 여러 가지 종류의 행동이나 대상 중에서 어떤 것을 선택하는 내적 상태이다. 다섯째, 운동기능은 인간의 신체적 활동을 실행하는 기능이다.

III. 학습과제 분석의 방법과 학습위계

1. 학습과제 분석의 방법

학습과제 분석의 방법은 군집분석법, 위계분석법, 통합분석법이 있다.

첫째, 군집분석법은 언어정보 영역의 분석에 사용한다. 예를 들면, 우리나라 역대대통령의 업적 바로알기 등이다. 둘째, 위계분석법은 지적 기능, 운동기능 영역의 분석에 사용한다. 예를 들면, 지도를 보고 두 지점간의 거리 계산하기, 농구공 shooting하기 등이다. 셋째, 통합분석법은 위계분석법과 군집분석법을 혼합한 방법으로, 태도 영역의 분석에 활용한다. 예를 들면, 국기에 대한 적극적인 태도 형성하기 등이다.

2. 학습위계

학습위계는 신호연합학습 → 자극-반응연합학습 → 연쇄학습 → 언어연합학습 → 변별학습 → 개념학습 → 원리학습 → 문제해결학습으로 단계화된다.

신호연합학습은 고전적 조건화과정과 같이, 수동적이고 무의지적이다. 적용사례는 불안, 공포 등 정서적 반응을 일으키는 것 등이다. 자극-반응연합학습은 도구적/조작적 조건화과정과 같이, 능동적이고 의지적이다. 적용사례는 공부를 잘했을 때 즉각 칭찬해 주는 것 등이다.

연쇄학습은 신체를 사용할 때의 자극-반응결합이다. 적용사례는 자전거타기, 글씨쓰기 등이다. 언어연합학습은 언어를 사용할 때의 자극-반응결합이다. 적용사례는 영어단어 외우기, 수학공식 암기하기 등이다.

변별학습은 자극간의 차이점을 구별하는 것이다. 적용사례는 영어단어의 단수·복수를 구별하기, 삼각형과 사각형을 구분하기 등이다. 개념학습은 자극간의 공통점이나 유사점을 파악하는 것이다. 적용사례는 영어단어의 단수·복수의 공통점을 분류하기, 삼각형과 사각형의 공통점을 열거하기 등이다. 원리학습은 2개 이상의 개념을 연결하는 것이다. 적용사례는 원리나 법칙에 따르기, 주어와 술어의 수를 일치시키기 등이다. 문제해결학습은 기존의 원리를 조합하여 새로운 원리를 형성하는 것이다. 적용사례는 새로운 문제해결방법을 찾기, 창조, 설계와 개발 등이다.

IV. 결어

Gagné는 학습목표 영역을 5가지로 분류하고, 그에 따른 학습을 정의하고 있다. 학습과제는 학습해야 할 요소가 어떤 단계에 따라 배열되어 있는 전체를 의미하는데, 학습과제 분석의 방법은 군집분석법, 위계분석법 등이 있다. 어떤 학습과제를 성공적으로 학습하기 위해서는 여러 단계로 구성되어 있는 이전의 하위단계를 먼저 거쳐야 하는데, 학습위계는 신호연합학습 등 8가지로 단계화된다. 학교학습에서는 개념학습, 원리학습, 문제해결학습이 가장 중요한 학습형태이다. 문제해결학습을 위해서는 원리학습이, 원리학습을 위해서는 개념학습이 이미 완전학습되어 있어야 한다.

논술 모의고사 9-4

• 이 예상문제는 주요대학 교재를 분석·통합하여 저작되었으며, 〈저작권법〉에 따라 무단 복제, 배포, 출판 및 전자출판 등 저작권을 침해하는 일체의 행위를 금지합니다.

다음은 수업이론의 의의를 중심으로 수업이론을 분류한 내용이다. 이 내용을 바탕으로 Reigeluth & Merrill이 제시한 교수설계의 변인 3가지를 설명하고, Reigeluth가 제시한 정교화이론에서 교수설계의 전략요소를 설명하시오. 그리고 Merrill이 제시한 내용요소제시이론에서 내용요소와 수행요소, 1차적 자료제시형태와 2차적 자료제시형태를 각각 설명하시오. 〔총20점〕

(가) Bruner에 의하면, 수업이론은 처방적(prescriptive)이고 규범적(normative)이어야 한다. 왜냐하면 지식과 기술을 학습하는데 가장 효과적인 과정을 수립하고, 이를 실천하기 위한 원리를 제시한다는 점에서 수업이론은 처방적 성격을 구비해야 한다는 것이다. 그리고 수업이론은 지식과 기술을 학습해야 할 수준을 판단하는 준거(criterion)와 학습자가 일정한 수준에 도달하는데 필요한 조건을 제시해야 하는데, 그 일반성의 수준이 높게 진술되어야 한다는 점에서 수업이론은 규범적 성격을 갖추어야 한다는 것이다. 그런데 수업이론에 비해서 학습이론이나 발달이론은 다분히 기술적(descriptive)이고 간접적 성격을 가지고 있다.

(나) Reigeluth & Merrill은 교수설계의 변인을 3가지 범주로 분류하였다. Reigeluth의 정교화이론은 교과내용의 조직방법과 조직전략에 초점을 두고 학습효과를 극대화하려는 거시적 수준의 교수설계이론이다. 특히 학습내용의 선정과 조직화, 계열화, 종합자, 요약자 등의 측면에서 교수-학습과정을 설계하는데 처방적 교수전략을 구체적으로 제시하고 있다. 정교화이론은 3개의 정교화 조직전략과 하나의 처방적 체제로 구성되어 있다. 특히 정교화 조직전략에는 개념적 정교화 조직전략-절차적 정교화 조직전략-이론적(논리적) 정교화 조직전략이 있다. 이 조직전략은 각각 7가지 교수설계의 전략요소로 구성되어 있는데, 인지전략 활성자, 학습자 통제 등이 그것이다.

(다) Merrill의 내용요소제시이론은 Reigeluth의 정교화이론과 마찬가지로 하나의 처방적 체제이지만, 미시적 수준이라는 점에서 차이가 있다. Merrill의 내용요소제시이론은 교수설계의 변인 중 교수방법과 조직전략에 초점을 두고 학습효과를 극대화하려는 미시적 수준의 교수설계이론이다. 그는 복잡한 학습과제를 각각의 내용요소로 구분, 수행요소와 결합한 후에 그에 적절한 교수전략을 제시하였다.

내용요소제시이론은 교수-학습과정을 설계하는데 지표로 이용될 수 있는 처방적 교수전략을 제시하고 있다. 그 주요개념은 내용×수행 행렬표, 자료제시형태, 일관성과 적절성 등이다.

〈배 점〉

- 답안의 논리적 구성 및 표현 〔총4점〕
- 논술의 내용 〔총16점〕
  · 교수설계의 변인 3가지 설명 〔4점〕
  · 정교화이론에서 교수설계의 전략요소 설명 〔4점〕
  · 내용요소제시이론에서 내용요소와 수행요소 설명 〔4점〕
  · 내용요소제시이론에서 1차적 자료제시형태와 2차적 자료제시형태 설명 〔4점〕

I. 서설

Bruner에 의하면, 수업이론은 처방적(prescriptive)이고 규범적(normative)이어야 한다. Reigeluth의 정교화이론은 교과내용의 조직방법과 조직전략에 초점을 두고 학습효과를 극대화하려는 거시적 수준의 교수설계이론이다. Merrill의 내용요소제시이론은 교수설계의 변인 중 교수방법과 조직전략에 초점을 두고 학습효과를 극대화하려는 미시적 수준의 교수설계이론이다.

아래에서는 교수설계의 변인을 설명하고, 정교화이론에서 교수설계의 전략요소를 설명한 다음, 내용요소제시이론에서 내용요소와 수행요소 등을 차례로 살펴보고자 한다.

II. 교수설계의 변인

Reigeluth & Merrill은 교수설계의 변인을 교수조건-교수방법-교수결과의 3가지 범주로 분류하였다.

첫째, 교수조건은 교수설계자나 교사에 의해 통제될 수 없는 제약조건으로, 교수조건에는 교수목적, 교과내용특성, 학습자특성, 제약조건의 4가지 하위요소가 포함된다.

둘째, 교수방법은 교수설계자나 교사에 의해 통제될 수 있는 조건으로, 교수방법에는 조직전략, 전달전략, 관리전략의 3가지 하위요소가 포함된다. 특히 조직전략에는 미시적 전략과 거시적 전략이 있다. 전달전략에는 교사의 수업방법과 절차, 수업매체와 자료 등이 속하고, 관리전략에는 수업계열을 결정하는 방법, 수업매체의 선택 및 활용을 위한 시간계획 등이 속한다.

셋째, 교수결과는 서로 다른 교수조건하에 사용된 교수방법이 나타내는 효과로, 교수결과에는 효과성, 효율성, 매력성의 3가지 하위요소가 포함된다. 여기에 안정성을 포함시키기도 한다.

III. 정교화이론에서 교수설계의 전략요소

교수설계의 전략요소는 정교화된 계열화, 선수학습요소의 계열화, 요약자, 종합자, 비유(유추), 인지전략 활성자, 학습자 통제 등의 7가지이다.

첫째, 정교화된 계열화는 단순에서 복잡의 계열로 학습내용을 조직화하는 것이다. 이와 같은 단순에서 복잡의 계열을 카메라의 zoom lens에 비유하여 설명한다. 즉, 카메라의 zoom lens를 통해 학습내용의 전체의 관계를 개괄적으로 살펴본 후에 zoom-in하여 각각의 구성요소를 상세히 살펴보고, zoom-out하여 다시 전체의 관계를 살펴본다. 그래서 학습내용의 전체와 세부를 반복적으로 살펴보는 것이다. 둘째, 선수학습요소의 계열화는 '학습구조'에 기초를 두고, 새로운 학습내용을 학습하기 전에 먼저 어떤 지식·기능·태도를 학습해야 하는지를 나타내는 것이다.

셋째, 요약자는 학습한 내용의 망각을 방지하기 위해 복습하는데 사용되는 전략요소이다. 넷째, 종합자는 학습한 내용을 비교·분석하고 연결시키며, 통합하는데 사용되는 전략요소이다. 다섯째, 비유(유추)는 새로운 아이디어를 친숙한 아이디어와 연관시키는데 사용되는 전략요소이다.

Ⅳ. 내용요소제시이론에서 내용요소와 수행요소 등

1. 내용요소제시이론에서 내용요소와 수행요소

　학습내용은 사실, 개념, 절차, 원리의 4가지 요소이고, 학습수행은 기억, 활용, 발견의 3가지 요소이다. 이것을 내용×수행으로 2원화하면 행렬표(matrix)가 만들어진다.

　첫째, 내용요소이다. 사실(fact)은 숫자, 기호 등으로 지칭되는 특정한 사물이나 사건을 말한다. 개념(concept)은 모두 공통성이나 유사성을 지니고 있는 사물이나 사건의 집합을 말한다. 절차(procedure)는 특정한 목적을 달성하기 위한 단계나 문제를 해결하기 위한 단계를 말한다. 원리(principle)는 어떤 사건이나 현상이 일어나는 이유와 원인을 설명하거나 예측하는 규칙으로, 상관관계나 인과관계를 뜻한다.

　둘째, 수행요소이다. 기억(memory)은 학습한 내용을 재생하거나 재인하는 것이다. 활용(use)은 학습한 내용을 구체적인 사태에 적용하는 것이다. 발견(find)은 학습한 내용을 바탕으로 새로운 아이디어를 창안하는 것이다.

2. 내용요소제시이론에서 1차적 자료제시형태와 2차적 자료제시형태

　자료제시형태는 수업형태를 말하는데, 1차적 자료제시형태와 2차적 자료제시형태, 과정제시형태, 절차제시형태 등이 있다. 1차적 자료제시에서는 일관성을 유지하는 것이 중요하고, 2차적 자료제시에서는 적절성을 유지하는 것이 중요하다.

　첫째, 1차적 자료제시형태이다. 일반성과 사례 중에서 개념, 절차, 원리는 일반성에 의해서도 특수한 사례에 의해서도 제시될 수 있다. 다만, '사실'은 일반성이 없고 특수성을 띤 사례이다. 설명법과 질문법 중에서 사실, 개념, 절차, 원리는 설명법에 의해서도 질문법에 의해서도 제시될 수 있다.

　둘째, 2차적 자료제시형태이다. 사실, 개념, 절차, 원리를 용이하게 습득하도록 도와주는 선수학습-맥락화-기억법-표현법-도움말-피드백의 6가지 '정교화기법'을 사용한다.

Ⅴ. 결어

Reigeluth & Merrill은 교수설계의 변인을 교수조건-교수방법-교수결과의 3가지 범주로 분류하였다. 정교화이론에서 교수설계의 전략요소는 정교화된 계열화, 선수학습요소의 계열화, 요약자, 종합자, 비유(유추) 등의 7가지이다. 내용요소제시이론에서 학습내용은 사실, 개념, 절차, 원리의 4가지 요소이고, 학습수행은 기억, 활용, 발견의 3가지 요소이다. 자료제시형태는 수업형태를 말하는데, 1차적 자료제시형태와 2차적 자료제시형태 등이 있다.

Merrill의 내용요소제시이론은 Reigeluth의 정교화이론과 마찬가지로 하나의 처방적 체제이지만, 미시적 수준이라는 점에서 차이가 있다.

제10장

생활지도 및 상담

논점1 생활지도의 의의

① 개념

생활지도(guidance)는 학생을 안내한다, 지도한다, 이끌어준다는 뜻을 내포하고 있다. 이는 자라나는 아동과 청소년을 바람직한 방향으로 이끌어준다는 뜻이다. 생활지도의 개념은 관점에 따라서 다양하다.

생활지도는 개인으로 하여금 자기 자신과 현실환경의 이해를 통하여 건전한 적응을 할 수 있도록 조력하는 조직적인(의도적인) 교육활동이다. 이 정의에 내포되어 있는 생활지도의 특성은 다음과 같다.

첫째, 개인이 관심의 대상이 된다. 여기서 개인이란 학교의 학생을 말하며, 구체적으로는 정상적인 발달과정에 있는 학생을 의미한다. 둘째, 자기 자신과 현실환경의 이해를 돕는 것이다. 이와 같은 이해는 건전한 적응의 전제조건이 된다. 셋째, 조력(조언·충고)을 제공하는 것이다. 발달상의 문제에 직면했을 때 그 문제를 해결해야 할 주체는 본인이며, 생활지도는 전문적인 조력을 제공하는 것일 뿐이다. 넷째, 의도적인 지도활동이다. 학교교육에서 생활지도는 교과지도와 병행하는 비(非)교과적 지도활동이다. 그러나 분명한 의도와 계획에 의하여 조직화된 교육활동이라는 점이다.

② 특징

- 생활지도를 일부 문제아동을 지도하는 방법이라고 생각하거나, 어떤 사건이 있을 때 그 사건을 해결하기 위한 수단이라고 생각하는 것은 생활지도의 의미를 제대로 인식하지 못한 결과이다. 그러므로 생활지도는 모든 학생들의 성장과 자아실현을 촉진하기 위한 중요한 교육활동이라는 점을 인식해야 한다.

- 생활지도는 인간 개인의 신체적·정신적 특성과 잠재적 가능성을 바르게 이해하고, 각 개인의 사회적·교육적·직업적 발달의 잠재적 가능성을 최고수준까지 도달할 수 있도록 원조하는, 즉 자아실현을 원조하는 봉사활동을 가리킨다. 생활지도는 이 봉사활동의 모든 과정과 절차를 가리키며, 또한 이를 위해서 제공하는 모든 교육적 경험을 포함한다. 따라서 생활지도는 이 봉사활동에 관한 이론적 연구와 실제적 연구의 총체이다.

- 생활지도는 학생이 일상생활에서 해결해야 할 여러 가지 문제를 자신의 힘으로 해결할 수 있도록 지도하기 위한 의도적인 교육활동이다. 이러한 생활지도는 수업지도(교과지도)와 독립된 영역이나 기능이라기보다는 통합된 교육활동이다. 그러나 수업지도(교과지도)는 지적 활동에 중점을 두고, 생활지도는 인격완성에 초점을 둔다. 따라서 이 양자를 통합할 때 진정한 교육과정의 정신을 구현할 수 있다.

논점2 생활지도의 목표

① 생활지도의 목표
- 통합적 존재로서 인간의 전인적 발달을 촉진한다.
- 개인의 다양한 경험을 의미있게 통합한다.
- 환경에 적절하게 대응할 수 있는 심리적 특성을 발달시킨다.
- 자신을 바르게 이해하고, 자신의 심리적 특성을 현명하게 활용한다.

② 학교급별 생활지도의 목표

초등학교 생활지도의 목표	• 아동기의 발달과업을 성공적으로 수행하여 전인(全人)으로서 아동의 신체적·지적·정서적·사회적 발달이 최대한으로 이루어지도록 한다. • 아동기만이 아니라, 청소년기와 성인기 그리고 그 후의 발달단계에서 생길 수 있는 여러 가지 문제와 장애를 미리 예방하여야 한다. • 유아기로부터 현재까지의 발달과정에서 생긴 발달상의 문제와 결손이나 장애를 해결하고, 치료하는 것이어야 한다.
중등학교 생활지도의 목표	• 청소년기의 발달과업을 성공적으로 수행하여 전인(全人)으로서 청소년의 발달을 최대한으로 촉진한다. • 청소년기 이후 인생의 모든 단계에서 생길 수 있는 여러 가지 문제와 장애를 미리 예방한다. • 청소년기인 현재까지의 발달과정에서 생긴 발달상의 문제를 해결하고, 결손이나 장애를 치료한다.

논점3 생활지도의 원리

① 생활지도는 모든 학생을 대상으로 한다.

교육이 모든 학생을 대상으로 하듯이, 생활지도의 대상도 모든 학생이다. 지능이 낮고 공부를 못하는 아동이나 신체적 결함이 있어서 사회적으로 고립된 학생만이 생활지도의 대상이 되는 것이 아니라, 지능이 높고 공부를 잘하는 아동이나 신체적으로도 정상적이고 건강할 뿐만 아니라 사회적으로 잘 수용되어 있는 학생도 생활지도의 대상이 된다. 이와 같은 견해는 생활지도가 모든 학생의 건전한 심신의 성장을 도모하기 위한 것이라는 생활지도의 개념과 목표에 비추어 볼 때 너무나도 당연한 것이다.

우리의 현실에서 볼 때에도 일부 문제아동에 국한된 소극적인 지도보다는 오히려 다수의 정상적인 학생을 대상으로 그들의 개인적 특성을 발견하고, 이를 신장시켜주는 보다 적극적인 지도가 요청되고 있다.

② 생활지도는 처벌보다 지도를 우선한다.

처벌·금지·억압 등은 인간의 행동을 일시적으로 중단시킬 수는 있으나, 결코 근본적이고 지속적인 행동변화를 가져오기는 어렵다는 것이 입증되고 있다. 그러므로 처벌이나 금지, 억압은 아동을 교사나 성인이 내세우는 어떤 규범 속으로 일시적으로 끌어들이는 손쉬운 방법이기는 하지만, 최선의 방법은 되지 못한다. 과거의 전통적인 훈육(訓育)은 처벌위주의 지도였다고 할 수 있다. 그러나 생활지도는 처벌보다 안내하고 이해하는 방향으로 지도의 실제를 돌려야 한다.

잘못된 행동을 시정해 주기 위한 교사의 무분별한 처벌이 얼마나 많은 학생들을 더욱 바람직하지 못한 행동으로 이끌고 갔는가? 생활지도에 있어서 처벌은 우선 금물이다. 학생들의 잘못된 행동을 찾아내어 처벌하기 위한 생활지도가 아니라, 보다 적극적인 의미에서 그들의 올바른 행동을 찾아내어 그것을 이끌어가는 생활지도가 되어야 한다.

③ 생활지도는 치료보다 예방에 중점을 둔다.

현대의 의학이 초기에는 발생한 여러 가지 질병의 치료에 치중하였으나, 최근에는 치료는 물론 그것보다 한 걸음 앞서서 질병이 발생하지 않도록 하는 예방의학이 중요한 위치를 차지하게 되었다. 생활지도도 그 출발은 문제해결과 치료에 있었으나, 앞으로의 방향은 한 걸음 더 나아가 문제가 일어나지 않도록 하는 예방적인 지도에 치중해야 한다.

사실 어떤 문제가 발생한 후에 그것을 치료한다는 것은 그리 쉬운 일이 아닐 뿐만 아니라 많은 노력과 시간이 필요한 것이다. 이에 비해 예방적인 지도는 시간과 노력을 절약할 수 있다. 치료보다는 예방이라는 입장을 앞세울 때 생활지도는 자연히 치료를 요하는 문제의 발견보다도 예방을 요하는 문제의 발견에 더욱 힘써야 한다.

④ 생활지도는 객관적이고 과학적인 근거를 기초로 한다.

생활지도의 문제를 찾아내어 그 문제의 원인을 규명하고 문제해결을 위한 조치를 취하는 모든 것이 상식적인 판단에 기초해서는 안 된다. 상식적인 판단은 많은 경우에 있어서 큰 착오를 초래할 가능성이 있기 때문이다. 사교적이고 명랑하기 때문에 많은 학생이 누구를 좋아하겠다고 교사가 판단한 학생이 사회성조사(교우관계조사)에서 나타난 결과에 의하면, 의외로 많은 학생의 미움을 받고 잘 수용되지 못한 예를 흔히 볼 수 있는데, 그것은 교사의 주관적인 판단이 큰 착오를 초래할 가능성이 많다는 것을 의미한다. 그러므로 생활지도는 보다 정확한 판단을 하기 위하여 객관적이고 과학적인 자료와 근거를 기초로 삼아야 한다.

오늘날에는 생활지도에서의 여러 가지 문제에 관한 직접적인 자료와 근거를 제공해 줄 수 있는 과학적인 도구가 마련되어 있다. 개인의 지력, 학력, 적성, 흥미, 학습습관 등을 측정할 수 있는 각종의 심리검사가 그것이다.

⑤ 생활지도는 자율성을 기본원리로 한다.

민주사회에서 요청되는 개인적 자질의 하나로서 무엇보다도 중요한 것은 자율성(自律性)이다. 모든 사람이 자신을 다스리고 규율할 때에 진정한 민주사회로의 발전이 가능하다는 것은 너무나도 자명한 원리이다. 그러므로 민주주의 교육은 모든 교육의 실제에 있어서 타율성보다 자율성을 강조하게 된다. 생활지도도 민주주의 교육의 틀을 벗어날 수는 없으며, 그 실제에 있어서 타율성보다 자율성을 강조하게 된다.

이와 같은 견해에서 볼 때 생활지도는 단순히 학생들이 당면하는 문제를 해결해 주는 것으로 그치는 것이 아니라, 학생들이 스스로 문제를 해결해 볼 수 있는 경험을 갖도록 하는 데에 더욱 힘써야 한다. 학생들은 이와 같은 경험을 함으로써 마침내는 자신의 문제를 누구에게도 의존하지 않고 스스로 해결해 나갈 수 있는 자기-지도성을 구비하게 되는 것이다.

⑥ 생활지도는 개인의 존엄성 존중과 개성 신장에 초점을 둔다.

생활지도는 개인의 가치를 존중하고, 타고난 특성을 개발하여 독특한 개성을 가진 인간으로 성장하도록 조력해야 한다는 것이다.

⑦ 생활지도는 전인적 발달에 초점을 둔다.

생활지도는 단지 학생의 지적 발달뿐만 아니라 신체적 발달, 정서적 발달, 사회적 발달을 포함하여 전인적 발달을 촉진해야 한다는 것이다.

논점4 생활지도의 단계 : 생활지도의 활동

① 학생조사활동
- 의의

    학생조사활동(student inventory service, 학생이해활동)이란 생활지도의 기초단계로써 학생들을 개별적으로 이해하는데 필요한 기초적인 자료를 수집하는 활동이다. 학생조사활동은 학생들의 실태를 파악하여 학생들의 자기이해와 문제해결을 돕기 위한 것이다. 이를 위해서는 특히 다음 사항을 유의하여야 한다.
- 조사활동의 원칙

  첫째, 조사활동은 신뢰성·객관성이 높을 것 둘째, 조사활동은 생활지도의 목적에 타당할 것 셋째, 조사활동은 다양한 기술, 방법과 절차를 종합적으로 활용할 것 넷째, 조사활동은 조사결과를 기록, 보관할 것
- 조사활동의 영역

  학생들의 가정환경, 지능과 적성, 출신학교의 성적(학업성취도), 성격, 학습흥미 및 직업흥미, 신체건강 및 정신건강, 특별활동 등에 대한 이해가 필요하다.
- 조사활동의 단계

  요구의 인식(요구사정) → 결정·판단의 인식 → 결정의 구체화 → 판단의 구체화 → 정보의 수집 → 정보의 분석 및 해석 → 결과의 보고 → 평가와 피드백 등의 8단계를 거친다.
- 조사활동의 방법

  주로 표준화검사에 의한 방법과 임상적 방법으로 대별할 수 있다. 즉, 지능검사, 적성검사, 학업성취도검사 등의 표준화검사와 관찰법, 면접법, 질문지법, 사회성측정법, 평정법, 투사법 등의 임상적 방법이 있다. 이는 학생이해를 위한 생활지도의 도구이다.

② 정보활동

정보활동(information service)이란 학생들이 필요한 각종의 정보와 자료를 수집, 제공하여 그 개인적 성장과 사회적 적응을 돕기 위한 활동이다. 정보활동은 학생들로 하여금 그들이 직면하는 여러 가지 문제를 해결하는데 필요한 기본적인 지식을 갖게 하고, 자기 자신의 문제를 자율적으로 처리할 수 있는 책임감을 기르며, 나아가 자기발전·자기실현을 촉진하기 위한 것이다.

이를 위해 학생들에게 제공되는 정보는 크게 개인적·사회적 정보와 교육적 정보, 직업적 정보로 구별된다. 개인적·사회적 정보는 인적·물적 환경에 관한 유용한 정보와 학생들에게 자기 자신을 보다 잘 이해하고 인간관계를 개선하는데 도움이 되는 일상생활에 관한 정보를 뜻한다.

교육적 정보는 교육적 기회와 필요한 준비물에 관한 모든 형태의 유용한 정보와 자료를 말하는데, 교육과정, 입학조건, 학생생활의 기본조건 등이 포함된다. 직업적 정보는 직장이나 직종에 관한 유용한 정보와 자료를 말하는데, 입사조건, 자격조건, 작업조건, 보수와 승진, 근로자의 수급(需給) 등이 포함된다.

③ 상담활동

상담활동은 생활지도의 중핵적인 활동이다. 상담활동(counselling service)은 상담자와 내담자 간의 독특한 관계형성과 상담기술을 통하여 내담자의 자율성과 문제해결력을 증진할 수 있도록

조력하는 활동을 말한다. 이것은 정신건강을 증진시키고 건전한 적응을 돕기 위한 활동이다. 상담의 방법은 크게 지시적 상담과 비지시적 상담, 절충적 상담이 있다. 특히 (비지시적) 상담의 과정은 대략 상담관계의 형성 → 문제의 탐색 → 문제의 해석 → 재방향의 설정의 4단계를 거친다.

④ 정치활동

정치활동(placement service)이란 진학지도, 취업지도 등에 있어서 자기 자신을 정확하게 이해하여 그의 진로선택을 현명하게 하도록 도와주는 활동이다. 정치활동은 학생의 능력과 적성에 알맞은 상황에 학생을 배치하는 활동이다. 이와 같은 정치는 크게 교육적 정치와 직업적 정치로 구별된다. 교육적 정치는 학교나 학과의 선택, 자치활동이나 단체활동의 선택 등이 포함된다. 직업적 정치는 직장이나 직종의 알선, 직업의 선택 등이 포함된다.

⑤ 추수활동

추수활동(follow-up service)이란 생활지도를 받은 학생들의 추후 적응상태를 확인하고 새로운 생활지도 계획의 자료로 삼는 활동이다. 여기에는 재학생과 졸업생, 퇴학생 등이 모두 포함된다. 이러한 추수활동의 결과는 반드시 새로운 생활지도 계획에 반영되어야 한다. 추수활동은 계획적으로 실시되는 경우가 일반적이지만, 우발적으로 실시되는 경우도 있다.

이와 같은 추수활동의 내용으로는 사례연구의 대상이거나 집중적으로 교정지도를 받은 학생에 대한 추수지도, 졸업생과 그 밖의 퇴학생에 대한 추수지도, 졸업예정자로서 취업을 하고자 하는 학생이나 진학을 하고자 하는 학생에 대한 추수지도, 그리고 상담자(교사)가 내담자(학생)에게 제공한 조력의 성과를 확인하는 추수지도 등이다.

논점5 진로지도/진로교육의 의의

① 진로지도

진로(career)란 용어는 라틴어의 caro(마차를 따라간다, 마차가 가는 길)에서 유래되었으며, 한 개인의 전생애에 걸친 발달과정을 의미한다. 따라서 진로란 한 개인의 전생애를 통해 추구해야 할 일의 전체를 의미하는 개념이다.

진로지도는 자기 자신을 정확하게 이해하여 상급학교에 진학하거나 적합한 일과 직업을 선택할 수 있도록 지도해 주는 활동이다. 이러한 진로지도에는 학교나 학과의 선택은 물론, 직장이나 직종의 알선, 직업의 선택 등이 포함된다.

② 진로교육

진로교육은 학생들이 자기 자신의 흥미와 적성에 따라 필요한 지식과 기술을 배우고 평생학습을 통해 생존할 수 있는 개인의 가치를 발달시키며, 급변하는 산업사회에서 일과 직업에 성공적으로 종사할 수 있도록 하는 조직적인(의도적인) 교육프로그램이다. 다시 말하면 진로교육은 학교교육체제 속에서 학교교육의 정상적인 교육활동과 함께 이루어지는 종합적인 교육프로그램이다. 그런데 진로지도는 광범위한 교육내용, 즉 학업·직업 등을 모두 포괄하며, 전생애를 통해 추구해야 할 일과 직업을 의미한다. 직업지도는 주로 직업에 한정된 협의의 개념으로 직업적 정보를 포함한다. 반면에 진로교육은 진로지도, 직업지도를 포괄하는 상위개념이다.

논점6 진로지도/진로교육의 목표

① 진로지도/진로교육의 목표
- 자기 자신의 능력과 적성, 흥미 등을 정확하게 이해한다.
- 현대 산업사회의 정치·경제·사회·문화적 측면에서 요구되는 다양한 직업세계를 이해하고 적응한다.
- 자기 자신의 진로계획을 수립하고, 진학, 취업에 필요한 지식과 기술을 습득한다.
- 직업에 대한 건전한 가치관, 즉 직업윤리를 형성한다.

② 학교급별 진로지도/진로교육의 목표

초등학교 진로지도의 목표	• 자신의 소질과 흥미를 발견한다. • 지역사회의 각 산업체 및 여러 기관, 단체가 하는 일에 대한 이해를 통하여 모든 직업이 똑같이 소중함을 인식한다. • 직업의 중요성을 인식하여 장래 직업인으로서의 포부를 설정한다.
중학교 진로지도의 목표	• 자신의 능력과 적성을 이해한다. • 직업의 사회적 역할을 이해하여 자신의 직업을 통해 사회에 공헌할 수 있음을 인식한다. • 다양한 직업에 관한 지식을 가지고 자신의 잠정적인 진로를 계획한다.
고등학교 진로지도의 목표	• 자신의 능력과 적성 및 여러 여건을 고려하여 구체적인 진로계획을 수립한다. • 진학, 취업에 필요한 정보를 폭넓게 수집·분석하여 자신에게 적합한 학교, 직업을 선택하고 준비한다. • 직업에 대한 건전한 가치관, 즉 직업윤리를 형성한다.

논점7 진로지도/진로교육의 이론 : Parsons의 특성-요인이론

① 의의

특성-요인이론은 성격심리학 분야의 '개인차심리학'에 근거를 두고, 과학적 방법을 통해 개인의 특성과 직업의 요인(특성)을 연결시키는 것이 핵심이다.

Parsons는 그의 저서 〈직업의 선택(1907)〉에서 직업선택과 관련된 3가지 요인을 제시하였다. 자신에 대한 정확한 이해 → 직업의 특성에 대한 지식 → 이 양자의 합리적인 연결이 그것이다. 이러한 특성-요인이론은 Williamson & Darley의 지시적 상담방법으로 확대·발전되었다. 교육현장에서 실시하고 있는 여러 가지 지능검사, 적성검사, 흥미검사 등은 대부분 특성-요인이론에 근거한 것으로, 각종의 심리검사는 개인의 특성과 직업의 요인(특성)을 연결시키는 것이 목적이다.

② 주요내용
- 기본가정

  첫째, 직업선택은 개인과 직업의 관계를 합리적으로 추론하는 의사결정과정이다. 둘째, 직업선택은 발달보다 선택이 더 중요하다. 셋째, 각 개인에게는 자신에게 알맞은 하나의 직업이 있다. 넷째, 각 직업에는 그 직무내용에 알맞은 특정한 사람이 종사한다. 다섯째, 사람들은 자신의 특성에 알맞은 직업을 선택한다.

- 심리검사, 직무분석 등
  - 각종의 심리검사를 통해 각 개인의 특성(능력과 적성, 흥미 등)을 측정한다.
  - 직무분석을 통해 각 직업의 요인(자격조건, 작업조건, 보수와 승진 등)을 파악한다.
  - 이 양자의 합리적인 연결을 통해 내담자의 직업선택을 조력한다.

논점8 상담의 의의

① 개념

상담의 개념을 어떻게 정의하느냐 하는 것은 간단한 문제가 아니다. 상담이론에 따라서 상담을 보는 관점이 각각 다르기 때문이다. 또한 상담과 인접한 여러 가지 개념이 비슷한 의미로 쓰이기 때문이다.

상담이란 상담자와 내담자간에 수용적이고 구조화된 관계를 형성하고, 이 관계 속에서 내담자가 자기 자신과 현실환경에 대해서 의미있는 이해를 증진하도록 하여 궁극적으로 내담자의 성장과 발달을 촉진하는 심리적인 조력의 과정이다. 이러한 정의에 내포되어 있는 상담의 특성은 다음과 같다.

첫째, 상담관계란 단순한 인간관계(예를 들면 부모와 자녀의 관계, 교사와 학생의 관계, 의사와 환자의 관계, 친구관계 등)와 달리, 독특한 특징을 지닌 교육적인 인간관계라는 점이다. 둘째, 상담에서 다루어지는 문제가 다양함에도 불구하고, 내담자의 의사결정이나 행동변화를 내담자의 입장에서 촉진하려고 한다는 점이다. 셋째, 상담의 궁극적인 목표는 일시적인 문제해결이나 구체적인 행동변화에 있는 것이 아니라, 내담자의 성장과 발달에 있다는 점이다.

② 특징
- 상담은 상담자가 내담자를 도와주는 상호작용적 관계이다. 이 상담관계는 역동적인 관계, 전문적인 관계, 개인과 개인의 관계, 상호작용적 관계, 개인적(私的)이고 비밀적인 관계이다.
- 상담은 이론과 실제가 통합을 이루어가는 과정이다. 상담은 명백히 내담자가 자기 자신과 현실환경을 의미있게 이해하는 과정을 포함하고 있으며, 궁극적인 목표는 내담자의 성장과 발달을 촉진하는 것이다.
- Patterson(1973)은 상담의 특징을 다음과 같이 제시하고 있다.

  첫째, 상담은 내담자가 자발적으로 변화를 원하고 있다.

  둘째, 상담의 목표는 자발적인 변화를 촉진하기 위한 조건을 제공하는 것이다.

  셋째, 상담관계는 다른 모든 인간관계와 마찬가지로 일정한 제한(한계)이 내담자에게 주어진다. 이 한계는 상담자의 가치관과 철학뿐만 아니라 상담의 목표에 따라서 결정된다.

  넷째, 상담과정에서 행동변화를 촉진할 수 있는 조건은 면접을 통해서 제공된다. 모든 면접이 상담의 전부가 아니지만 상담은 항상 면접을 포함한다.

  다섯째, 상담과정에서 비록 경청이 상담의 전부는 아니지만 경청은 언제나 중요한 부분을 차지한다.

  여섯째, 상담자는 내담자를 다른 인간관계(예를 들면 부모와 자녀의 관계, 교사와 학생의 관계, 의사와 환자의 관계, 친구관계 등)와는 질적으로 구별되는 이해를 한다.

  일곱째, 상담은 개인적(私的)으로 이루어지며, 상담내용은 비밀이 보장된다.

  여덟째, 상담자는 정서적·심리적 문제를 가지고 있는 내담자와 더불어 그 문제를 해결하는 상담의 기술을 가지고 있다.

논점9   상담의 목표

① 상담의 일반적·추상적 목표
상담의 궁극적인 목표는 내담자의 성장과 발달을 촉진하는 것이다. 그러나 이것은 상담의 일반적·추상적 목표이다. 따라서 상담의 개별적·구체적 목표를 제시하면 다음과 같다.(Shertzer & Stone, 1966)

② 상담의 개별적·구체적 목표
- 내담자의 행동변화 조력
  상담은 내담자가 보다 생산적이고 건전한 생활을 할 수 있도록 행동을 변화시키는 것을 목표로 한다. 즉, 상담은 개인이 보다 생산적이고 행복한 생활을 하는데 방해가 되는 행동을 감소시키고, 개인이 만족스러운 생활을 하는데 도움이 되는 행동을 증가시키는 것을 목표로 한다. 인간관계, 가족관계, 학업성취 등과 달리, 상담의 목표는 욕구좌절에 대한 독특한 가치관을 변화시키거나 타인이나 자신에 대해서 지니고 있는 태도를 변화시키는 것을 가리키는 경우도 있다. Rogers(1942)는 상담의 결과로 인해 위협을 덜 느끼고 불안을 덜 느끼며, 이상적 자아와 지각된 현실적 자아간의 조화(통합)를 이루는 것이 상담의 구체적 목표라고 하였다.

- 내담자의 문제해결 조력
  내담자가 상담을 필요로 하는 것은 도움을 필요로 하는 문제를 가지고 있기 때문이며, 내담자는 자신의 문제를 해결하는 데에 상담자가 어떤 도움을 줄 수 있다고 믿기 때문이다. 그래서 상담은 내담자의 문제를 해결하는 것을 목표로 한다. 그러나 상담의 구체적 목표로써 문제해결이 무엇을 의미하는가하는 것은 그렇게 간단한 문제가 아니다(예 : 자아실현, 시험불안의 극복 등).
  그래서 상담의 목표를 문제해결이라고 할 때는 우선 문제를 어느 수준에서 보는가하는 것을 명백히 규정해야 할 것이다.

- 내담자의 정신건강 증진
  또 다른 상담의 목표는 내담자의 정신건강을 증진시키는 것이다. 신경증, 정신병과 같은 정신질환을 예방하는 것이 생활지도 및 상담의 목표라고 하는 주장은 생활지도 및 상담의 목표가 단순히 부적응행동의 치료에 있기보다는 적극적으로 정신건강을 촉진하는데 역점을 둔다. 정신건강을 유지하고 촉진하며, 정신질환을 예방하는 것을 상담의 목표로 주장하는 것은 '인간행동에 관한 정신의학적 모형'이라고 할 수 있다.
  그러므로 정서적·심리적 불안과 stress를 해소하는 등 정신건강을 증진시킨다는 것은 적극이고 현실적이며, 합리적인 성격을 형성한다는 것과 상통하는 것이다.

- 내담자의 잠재능력의 효율성 향상

  내담자의 사고와 행동, 대인관계, 잠재능력의 효율성을 향상시키는 것은 또 다른 상담의 목표가 된다. 현대 산업사회에 있어서 개인의 잠재능력의 효율성은 상당히 큰 비중을 차지하고 있다. 여기서 효율성이란 생산적인 사고와 행동, 적응적인 인간관계능력, 정확한 문제분석능력, 적절한 자기통제능력, 효과적인 상황대처능력을 내포한다.

  그러므로 상담의 목표로서 개인의 잠재능력의 효율성을 강조하는 것은 단순히 능률성만을 의미하는 것이 아니다. Patterson(1973)은 상담의 궁극적인 목적으로 개인의 자아실현을 제의하고 있다. 상담은 개인의 사고와 행동, 대인관계, 잠재능력을 효율적으로 증진하는데 목적이 있다.

- 내담자의 의사결정 촉진

  그리고 상담의 목표는 내담자의 중요한 의사결정을 도와주는 것이다. 상담에서는 상담자가 어떤 의사결정을 내리는 것이 아니라, 내담자가 의사결정을 내려야 한다는 것을 전제로 한다. 여기서 왜 그러한 선택과 결정을 내려야 하는 것이며, 그러한 선택과 결정을 어떻게 수행할 수 있는지에 대해서도 내담자는 명확히 알고 있어야 한다.

  그러므로 상담에서는 개인이 의사결정의 필요성을 인식하는 능력, 이에 필요한 정보를 수집하고 평가하며 선택하는 능력, 이에 관련된 정서적 태도를 함양하는 것이 강조된다.

논점10 상담의 원리

① 개별화의 원리

상담자가 내담자의 독특한 특성을 이해하고 건전한 적응을 할 수 있도록 내담자를 도와주는데 다양한 원리, 방법과 절차를 활용하는 것이다. 상담자가 개인의 개성, 즉 개인차를 존중하는 범위에서 상담이 전개되어야 한다.

② 수용의 원리

상담자가 내담자의 장-단점, 긍정적 감정과 부정적 감정, 적응적 성격과 부적응적 성격 등을 있는 그대로 받아들이는 것이다. 상담자는 내담자에게 온정적이고 수용적이어야 한다는 것으로 무조건적 긍정적 존중의 원리, 무소유적 온정의 원리라고도 한다.

③ 비심판적 태도의 원리(=비판적 태도 금지의 원리)

상담자가 내담자의 문제행동에 대하여 좋다 나쁘다 등의 판단을 해서는 안 되는 것이다. 따라서 상담자는 내담자의 행동과 태도를 객관적으로 평가하여야 하고, 어떤 문제행동에 대하여 좋다 나쁘다, 유죄이다 무죄이다, 책임져야 한다 등의 과격한 언어로 판단해서는 안 된다.

④ 자기결정의 원리

내담자가 스스로 나아갈 방향을 선택하고 결정하도록 내담자의 욕구와 잠재능력을 자극하는 것이다. 즉, 내담자의 자기선택, 자기결정을 자극하고 지도해야 한다.

⑤ 비밀보장의 원리

상담자가 내담자의 문제행동에 관하여 알고 있는 비밀을 준수하는 것이다. 상담은 본질적으로 내담자가 상담자를 신뢰하는 데에서 이루어질 수 있기 때문이다.

⑥ 의도적 감정표현의 원리

내담자가 그의 감정(특히 부정적 감정)을 자유롭게 표명하려는 그의 욕구에 대한 인식이다. 그래서 내담자가 자유롭게 의도적인 표현을 표출할 수 있도록 허용적인 분위기를 조성해 주어야 한다.

⑦ 통제된 정서관여의 원리

내담자의 통제된 감정에 대한 상담자의 이해와 반응이다. 즉, 상담자는 내담자의 정서적(감정적) 변화를 이해하여 신중하게 반응하고, 적절한 해결책을 마련하는 적극적인 관여가 필요하다.

논점11 상담의 과정

① 상담관계의 형성

상담은 상담관계의 형성에서 출발한다. 상담자와 내담자는 공동의 목적 및 목표를 설정하고, 협력적인 인간관계(rapport)를 형성한다. 이러한 상담관계의 기본조건은 수용, 공감적 이해, 일치, 신뢰 등이다.

② 문제의 탐색

실제생활에 대한 내담자의 문제나 증세를 규명하기 위한 탐색이 이루어진다.

③ 문제의 해석
상담자의 해석은 내담자의 감정뿐만 아니라 그 의도와 이면 등을 종합적으로 고려하여 이루어진다.

④ 재방향의 설정
내담자가 자신의 잘못된 관념이나 개념을 포기하고, 보다 정확한 개념을 믿게 되는 새로운 재방향의 설정이 이루어진다.

논점12 상담관계의 형성

상담은 상담관계의 형성에서 출발한다. 상담자와 내담자는 공동의 목적 및 목표를 설정하고, 협력적인 인간관계(rapport)를 형성한다. 이러한 상담관계의 기본조건은 수용, 공감적 이해, 일치, 신뢰 등이다.

① 수용(acceptance)
수용이란 인간의 가치와 존엄성에 대한 인식으로 무조건적 긍정적 존중, 무소유적 온정이라고도 한다. 상담자가 내담자의 존재, 성장과 발달의 가치를 인정하고 그러한 가치를 구현하도록 가능한 조건을 제공하려는 마음의 자세를 수용이라고 한다. 그런데 내담자를 수용한다는 것은 무엇을 대상으로 하는가의 문제가 제기된다.
첫째, 인간의 존재 그 자체를 수용하는 것이다. 내담자가 현재 어떠한 훌륭한 성취를 하고 있든, 반대로 어떠한 실패와 과오를 연속적으로 경험하고 있든 그는 지금보다 더 성장하고 발전해야 할 가치와 필요성이 있음을 존중하는 것이다. 그래서 상담자는 '죄(罪)는 미워하되, 사람은 미워하지 말라'는 표현을 한다. 둘째, 인간의 모든 행동특성을 수용하는 것이다. 내담자가 지니고 있는 신체적·지적·성격적·도덕적 행동특성을 있는 그대로 받아들이는 것이다. 셋째, 인간의 구체적인 행동을 수용한다는 것이다. 이것은 행동을 칭찬하거나 그런대로 괜찮다고 승인 내지 묵인하는 것을 의미하는 것이 아니다. 구체적인 행동을 수용한다는 것은 그 행동의 잘잘못을 떠나서 그러한 행동이 있었음을 과장하거나 왜곡하지 않고, 하나의 사실로 받아들이는 것을 말한다.

② 공감적 이해(empathic understanding)
공감적 이해는 내담자의 입장이 되어서 그를 이해하는 것으로 감정이입적 이해, 내적 준거체제에 의한 이해, 간주관적(상호주관적) 이해라고도 한다. 상담자는 내담자의 입장이 되어 그가 서 있는

자리에 서 보는 것이다. 상담자는 내담자가 지닌 감정, 가치, 이상, 고민, 갈등을 가지고 그가 처해 있는 상황에서 보는 것이다.

이와 대비되는 개념은 외적 준거체제에 의한 이해, 객관적 이해 또는 이론적(논리적) 이해 등과 같은 것이다. 공감적으로 이해한다는 것은 객관적이고 과학적인 이론만으로 인간을 이해하거나 밖으로 드러난 행동 자체를 이해하는 것과는 다르게, 인간의 심리적인 세계에서 주관적으로 움직이는 내면세계를 이해하는 것이다. 공감적으로 이해한다는 것은 다음과 같은 측면을 포함한다.

첫째, 상담자는 내담자가 하는 말을 표현된 언어의 의미를 넘어서 언어의 이면에 숨겨진 감정적인 의미까지 이해해야 한다. 내담자의 말에 포함되어 있는 감정, 의도, 동기 등을 이해하지 못한다면 상담은 성공하기가 어렵다. 그래서 상담자는 '제3의 귀를 가지고 들어라'는 표현을 한다.

둘째, 상담자는 내담자의 비언어적 표현에 담겨진 의미와 감정을 이해해야 한다. 인간은 언어적 수단보다 비언어적 수단을 통해 자신을 보다 정확하게, 보다 많이 표현하는 경우가 있다.

셋째, 상담자는 내담자의 행동을 유발하는 동기가 무엇인지를 정확히 이해해야 한다. 내담자는 자신이 어떠한 행동을 어떠한 이유로 무엇을 얻기 위해서 했는지, 그 행동에 포함된 의미를 충분히 이해하지 못하는 경우가 대부분이다.

③ 일치(genuineness)

일치란 상담자의 내적 경험과 그에 대한 인식의 합치를 의미하며, 진실, 성실, 명료, 순수, 솔직 등으로 불리고 있다. 나아가 상담자의 심리적인 내적 경험과 인식만이 아니라 그에 대한 표현도 모두 합치되는 것을 말한다. 갓난아기를 보면 어떠한 신체적 경험이나 심리적 고통과 그에 관한 표현이 일치하는 것을 볼 수 있다. 그러나 성인의 경우 내적 경험과 인식, 표현이 일치하지 않는 경우가 많다. 이와 같이 내적 경험과 외적 경험이 일치하지 않으면 상담은 성공하기가 어렵다. 특히 Rogers는 일치(genuineness)를 상담의 필수조건이라고 하여 대단히 강조하고 있다. 이와 대비되는 개념은 불일치, 허위, 허구, 가식, 불순, 경박 등이 된다. 상담관계 속에서 이루어지는 모든 의사소통과 활동은 상호 모순되거나 대립되는 결과가 아니라 각각 독립된 것으로 하나의 통합을 이룰 수 있는 것이다.

④ 신뢰(trust)

무엇보다도 내담자가 상담자의 모든 측면을 믿고 의지해야 한다는 것이다. 내담자가 상담자를 불신하면 내담자는 그의 감정과 사고, 문제와 갈등, 의사소통이 솔직하게 전달될 수 없으므로 효과적인 상담을 기대할 수 없다. 따라서 상담자는 온순하고 솔직한 감정과 태도를 가지고 개방적이어야 내담자의 신뢰를 이끌어낼 수 있다.

논점13 　상담의 방법 : 지시적 상담

- 발달과정

  20세기 초 Parsons의 직업지도에서 시작된 생활지도 운동은 Thorndike를 중심으로 한 심리측정과 심리검사 등으로 더욱 발달하게 되었다. 그리하여 과거의 직업문제라든가 학업문제를 다루었던 생활지도가 학생의 심리적 적응을 돕는 것으로 보는 개인지도, 개인상담의 성격을 띠고 발달하였다. 지시적 상담방법은 특성-요인이론에 근거한 것으로 Williamson의 〈학생상담의 방법(How to counsel student, 1939)〉이란 저서가 출간되면서 체계화되었다. 특히 당시의 정신위생 운동이 이와 같은 임상적 상담, 상담자중심 상담의 발달을 촉진하였다.

- 개념

  임상적 상담이라고도 하는 지시적 상담은 상담자가 내담자의 문제에 대한 해석을 해주고 정보를 제공하며, 지시와 충고·조언을 해주는 방법을 말한다. 그 이유는 내담자는 자신에 대하여 왜곡된 견해를 가지고 있기 때문에 내담자를 보다 객관적인 입장에서 볼 수 있는 상담자가 내담자에게 올바른 의사결정을 내릴 수 있도록 지시와 충고·조언을 해야 한다는 것이다.

- 기본가정

  첫째, 상담자의 적극적인 지시와 충고·조언을 전제로 하는데, 상담자는 풍부한 경험과 정보를 가지고 있으므로 내담자의 문제에 대해 지도를 할 수 있다.

  둘째, 지시적 상담에서는 개인의 정서적 적응보다 지적 적응을 더 강조한다. 셋째, 지시적 상담에서는 개인의 현재보다 과거를 더 중시한다. 넷째, 상담 및 심리치료는 변화의 준비기간을 의미한다. 다섯째, 내담자는 자기의 문제를 독립적으로 해결하지 못하지만, 상담자는 내담자가 인격의 모든 측면에서 최선의 방향으로 성장하도록 암시한다.

- 지시적 상담의 과정

  지시적 상담의 과정은 분석 → 종합 → 진단 → 예진 → 상담 → 추수지도의 6단계를 거친다. (Williamson, 1939)

  제1단계(분석) : 내담자에 관한 자료를 수집·분석하는 단계

  제2단계(종합) : 수집·분석된 자료를 체계화하고 조직화하는 단계

  제3단계(진단) : 내담자의 문제행동이나 그 원인을 발견하는 단계

  제4단계(예진) : 내담자의 문제행동의 변화과정을 예언(예측)하는 단계

  제5단계(상담) : 상담자와 내담자 간에 협력적인 인간관계(rapport)를 형성하고 건전한 적응을 이루어가는 단계

제6단계(추수지도) : 상담결과를 계속적으로 점검하고 확인하는 단계
- 지시적 상담의 기술
지시적 상담기술은 첫째, 순응을 강요하는 것 둘째, 환경을 변형시키는 것 셋째, 적절한 환경을 선택시키는 것 넷째, 지식과 기술을 습득시키는 것 다섯째, 행동과 태도를 변경시키는 것 등이 있다.

논점14 상담의 방법 : 비지시적 상담

- 발달과정
비지시적 상담방법은 자아이론에 근거한 것으로 Rogers의 〈상담과 정신치료(Counselling and psychotherapy, 1942)〉란 저서가 출간되면서 체계화되었다. 그의 상담을 비지시적 상담 혹은 내담자중심 상담이라고 한다. 비지시적 상담은 **인간중심 상담**으로 발전하였다.
- 개념
비지시적 상담은 상담자가 내담자의 성장력에 대한 강력한 신념을 가지고, 이 신념을 토대로 내담자의 자기성장을 촉진하는 허용적인 분위기를 조성하는 방법을 말한다. 지시적 상담과 달리, 비지시적 상담은 모든 개인은 자신의 내부에 자신의 문제를 해결할 수 있는 모든 능력과 방법을 구비하고 있다는 명제를 가정한다.
지시적 상담은 상담자(교사)를 중심으로 지시와 충고·조언 등을 주된 방법으로 하는 반면, 비지시적 상담은 내담자(학생)를 중심으로 모든 측면에서 수용적이고 허용적인 방법으로 한다. 지시적 상담은 지적 문제를 가진 내담자에게 효과적인 반면, 비지시적 상담은 특히 정서적·심리적 문제를 가진 내담자에게 효과적이다.
- 기본가정
첫째, 모든 개인은 스스로 성장력을 가지고 있기 때문에 환경에 적응할 수 있다. 모든 인간은 적절한 환경조건만 제공된다면, 자아실현을 할 수 있는 성장력이 있다는 가설을 〈if~ then~ 가설〉이라고 한다.
둘째, 비지시적 상담에서는 개인의 지적 적응보다 정서적 적응을 더 강조한다. 셋째, 비지시적 상담에서는 개인의 과거보다 현재를 더 중시한다. 넷째, 상담 및 심리치료 그 자체는 성장의 과정을 의미한다. 다섯째, 내담자는 자기의 문제를 독립적으로 해결할 수 있다고 믿는다.

- 비지시적 상담의 과정
- 비지시적 상담의 기술

논점15 지시적 상담과 비지시적 상담의 비교

	지시적 상담	비지시적 상담
주도	상담자	내담자
중점	지적 적응	정서적 적응
대상	지적 문제행동(직업문제, 학업문제 등)	정서적 문제행동(인생문제, 대인관계문제 등)
목표/목적	문제행동의 진단과 치료(=문제해결)	정서적·심리적 불안과 stress 해소(=자기실현)
진단과 처방	상담자의 진단과 처방을 중시	상담자의 진단과 처방을 배제
면접	면접을 치료(변화)의 준비기간으로 간주	면접 그 자체를 치료(성장)의 과정으로 간주
상담과정/대안	자료의 수집·분석을 중시	상담관계를 중시
상담결과	문제해결	자기실현

논점16 적응과 부적응

① 적응

적응(adjustment)이란 개인이 자기 자신과 외부환경에 대해서 조화로운 관계를 유지하는 상태를 말한다. 적응에는 외부환경의 요구나 조건에 일치하도록 자기 자신이 순응하는 과정과 자기 자신의 욕구나 조건을 충족시키기 위하여 외부환경을 통제하는 과정 그리고 순응과 통제를 동시에 충족시키며 새로운 체제를 창조하는 과정이 모두 포함된다.(Lazarus, 1976)

따라서 적응이란 사회의 요구에 수동적으로 일치한다는 소극적인 의미만을 가지는 것이 아니고, 개인이 외부환경과의 상호작용에서 능동적으로 반응한다는 적극적인 의미를 가지는 것이며, 그 결과 개인의 문제를 창조적으로 해결하는 과정이다. 이러한 적응을 설명하기 위해서 Piaget는 동화와 조절 개념을, Maslow는 자아실현 개념을 사용하였다.

② 부적응과 갈등

반면에 부적응(maladjustment)이란 개인이 외부환경에 순응하거나 외부환경을 통제하지 못하는 상태, 즉 욕구의 좌절이나 갈등상태를 말한다. 갈등(conflict)은 상호 모순되거나 대립되는 두 개 이상의 욕구가 동시에 존재하는 심리적 상태이다. 이러한 갈등의 유형은 다음과 같다.(Lewin, 1942)

- 접근-접근 갈등

  두 개의 긍정적인 욕구가 동시에 존재하는 상황에서 한쪽을 선택할 때 느끼는 갈등이다(예 : 공부하고 싶지만 영화구경도 가고 싶은 경우).

- 회피-회피 갈등

  두 개의 부정적인 욕구가 동시에 존재하는 상황에서 한쪽을 선택할 때 느끼는 갈등이다.(예 : 공부하기 싫지만 꾸중도 듣기 싫은 경우)

- 접근-회피 갈등

  긍정적인 욕구와 부정적인 욕구가 동시에 존재하는 상황에서 한쪽을 선택해야만 할 때 느끼는 갈등이다(예 : 시험에 합격하고 싶지만 공부하기 싫은 경우).

- 이중접근-회피 갈등

  두 개의 긍정적인 욕구와 부정적인 욕구가 동시에 존재하는 상황에서 한쪽을 선택해야만 할 때 느끼는 갈등이다(예 : 대학을 선택하는데 A대학은 가고 싶지만 점수가 안 되고, B대학은 점수가 무난하지만 가고 싶지 않은 경우).

논점17 정신분석학적 상담이론의 의의

① 정신구조

정신분석치료는 Freud의 정신분석학에 기초를 두고 있다. 정신분석학을 창시한 Freud를 비롯하여 Jung, Adler, Sullivan, Horney, Rank, Fromm, Erikson 등이 대표자이다.

Freud에 의하면, 인간의 정신세계는 크게 의식과 무의식(전의식 포함)으로 구성되어 있다. 의식은 지각, 기억, 추리 등과 같이 분명하게 인식할 수 있지만, 무의식은 본능과 욕망, 꿈 등을 통해서 나타나는 것으로 비현실적이고 자기중심적으로 작용한다. 무의식은 의식이 도저히 용납할 수 없는 감정과 동기가 억압되어 있다.

인간의 정신세계에서 가장 큰 비중을 차지하고 있는 부분이 무의식인데, 의식은 바다에 떠있는 빙산(氷山)의 일각에 지나지 않는다. 인간은 무의식에 있는 인식할 수도 없고 통제할 수도 없는 어떠한 힘의 지배를 받으며 살아간다. 그래서 정신분석학에서는 무의식세계에 들어가서 억압된 갈등과 동기를 의식세계로 끌어올리는 것이 상담의 목표이다. 즉, 갈등과 동기가 무의식적 상태에 있을 때는 파괴적인 힘이 있지만, 의식적 상태로 끌어올리면 파괴적인 힘이 소멸한다는 것이다.

② 성격구조와 libido

그에 의하면, 인간의 성격구조도 본능(id, 원욕), 자아(ego), 초자아(superego)로 구성되어 있다. 본능(id, 원욕)은 선천적으로 쾌락을 추구하고, 자아(ego)는 환경과의 상호작용을 통해 현실적으로 본능과 초자아를 통합하며, 초자아(superego)는 본능을 통제하고 현실의 환경을 도덕적 가치에 의해 판단하는 양심을 지향한다.

여기서 본능이나 초자아가 강해지면 정서적·심리적 불안, 정신병 등이 나타남으로써 정신건강을 해치게 된다. 따라서 정신분석학에서는 이러한 본능이나 초자아의 기능을 조절하여 자아의 기능을 강화함으로써 성격구조의 조화와 균형을 도모하는 것이 상담의 목표이다.

그는 성격발달단계의 문제를 지적하고 있다. 성적 에너지이자 성적 욕구인 libido가 어떻게 충족되는가에 따라 성격발달은 각각 다른 모습을 갖게 된다.

논점18 정신분석학적 상담이론의 주요내용

① 인간관

Freud는 어린 시절의 초기경험을 가장 중시하고, 인간의 기본적인 성격구조가 약 5~6세 이전에 형성된다고 주장한다. 그에 의하면 인간발달은 인간에게 심리적 긴장상태를 조성하는 생리적인 성숙-욕구좌절-갈등-불안 등 4개의 원천을 해소하는 과정이다. 그는 인간의 정서적 발달, 특히 도덕성발달에 중점을 두어 인간발달을 설명하고 있다. 그래서 인간의 지적 발달이나 사회성발달에 대해서는 특별한 언급을 하지 않고 있다.

② 기본가정
- 성격발달단계

    인간의 성격발달은 libido가 충족되는 구강기 → 항문기 → 남근기 → 잠재기 → 생식기의 5단계를 거치면서 이루어진다. 인간의 성격은 libido와 어린 시절의 초기경험에 의해서 결정된다. 현재의 행동과 사고는 무의식적 갈등과 동기가 원인이 된다. 만약 어떤 장애만 없다면 어떤 단계를 거치면서 정상적인 성격발달이 이루어진다. 그러나 어떤 이유로 인해 어떤 단계에서 욕구가 좌절되면 성격발달은 욕구좌절이 일어난 그 단계에 고착(fixation)이 된다.

- 불안과 방어기제

또한 불안(anxiety)은 분명한 자극이나 위험이 현실적으로 존재하지 않는데도 생겨나는 두려움의 정서인데 반해, 공포(fear)는 분명한 대상이나 위험이 존재할 때에 일어나는 두려움의 정서이다. 불안은 공포보다 포괄적인 개념이다. 흔히 원초적 불안으로 불리는 '분리불안'이 있으며, Freud는 불안을 현실적 불안-신경증적 불안-도덕적 불안으로 구분하였다.

현실적 불안은 현실세계와 자아간의 갈등에서 유발되는 불안으로 자아와 관련이 있다(예 : 시험불안). 신경증적 불안은 본능과 자아간의 갈등에서 일어나는 불안으로 본능에 위배할 때 나타난다(예 : 성적 hysteria). 도덕적 불안은 초자아와 자아간의 갈등에서 일어나는 불안으로 초자아에 위배할 때 나타난다(예 : 양심의 가책).

불안은 억압된 갈등의 결과인데, 방어기제는 이러한 불안을 통제하기 위해 발달한 것이다. 방어기제는 사회적으로 용납할 수 없는 본능의 표현과 이를 통제하려는 초자아의 압력 때문에 발생하는 불안으로부터 자아를 보호하기 위한 무의식적, 비합리적 전략을 말한다. 예를 들면, 억압/억제, 고착과 퇴행, 합리화, 투사, 주지화, 동일시, 승화, 전위 등이 있다.

논점19 정신분석학적 상담이론 : 상담 및 심리치료의 목적 등

① 상담 및 심리치료의 목적

정신분석치료의 목표는 내담자의 무의식적 갈등과 불안을 의식화하는 것이다. 즉, 인간행동의 무의식적 갈등과 동기를 자각(각성)시켜 주어 의식적 상태에서 행동할 수 있게 하는 것이다. 정신분석치료의 목표는 내담자의 본능이나 초자아의 기능을 조절하여 자아의 기능을 강화함으로써 성격구조의 조화와 균형을 도모하는 것이다.

이와 같이 정신분석치료는 과거의 초기경험을 기억(재생)하여 억압된 갈등을 해소함으로써 현재의 지적 자각(각성)을 도와주는 것이다. 상담자는 내담자가 본능과 초자아의 발달과정에서 억압된 갈등과 불안, 그로 인한 방어기제를 바르게 이해하도록 통찰을 유도하는 것이다.

② 상담의 과정

정신분석학적 상담과정은 상담관계의 형성 → 시작 → 저항의 분석 → 전이의 분석 → 훈습(working through, 철저하고 지속적인 상담활동) → 종결의 6단계로 진행된다.

③ 상담의 기법

정신분석학적 상담기법은 자유연상, 꿈의 분석, 저항의 분석, 전이의 분석, 해석과 통찰 등을 주로 사용한다. 또한 자료의 수집을 위한 심리측정과 심리검사, 진단적 면접, 질문지 등이 널리 사용된다.

- 자유연상

  상담자는 내담자의 과거의 생활사와 가족관계의 역사, 현재의 문제에 대한 진단과 분석을 한다. 그리고 상담자는 내담자에게 있는 그대로 아무런 제약없이 자유롭게 큰 소리로 말하도록 한다. 그것이 아무리 비윤리적이며 반사회적인 생각이나 감정이라고 해도 자유롭게 큰 소리로 말해야 하며, 그 내용을 선별하거나 조작해서는 안 된다. 이와 같이 현재의 문제와 관련된 과거의 초기경험을 마음에 떠오르는 대로 기억(재생)해서 표현하도록 하는 기법을 자유연상(free association)이라고 한다.

- 꿈의 분석

  꿈은 '억압된 원망(願望)의 위장된 성취'라고 본다. 내담자가 꾼 꿈을 보고하게 한다. 이 경우 꿈의 내용 그 자체(=현재몽)보다 꿈에 잠재된 상징적 의미, 즉 꿈의 사고(=잠재몽)와 무의식적 갈등과 동기에 더 관심을 둔다. 잠재몽에서 그 명백한 내용을 도출하는 것을 꿈의 작업(dream work)이라고 하는데, 이것은 무의식적 과정이다. 또 현재몽에서 그 상징적 의미를 발견하는 것을 꿈의 분석(dream analysis)이라고 하였다. 이와 같이 꿈의 내용 그 자체보다 꿈에 잠재된 상징적 의미를 분석하고 무의식적 갈등과 동기를 이해하는 기법을 꿈의 분석(dream analysis)이라고 한다.

- 저항의 분석

  자유연상을 할 때 내담자는 과거의 중요한 일이나 경험을 망각하게 되거나 거부(침묵)하게 되는 경우가 있는데, 이것을 저항이라고 한다. 이와 같이 과거의 중요한 일이나 경험을 기억하지 못하거나 거부하는 내담자의 행동과 태도를 분석하는 기법을 저항의 분석이라고 한다.

- 전이의 분석

  내담자의 애착, 증오, 시기, 질투, 수치 등의 감정은 대개 어린 시절에 부모나 가족에 대해 지니고 있던 것인데, 이것이 상담자에게 옮겨지는 것을 전이라고 한다. 이와 같이 과거의 초기경험과 관련된 내담자의 감정이 상담자에게 옮겨지는 것을 분석하는 기법을 전이의 분석이라고 한다.

- 해석과 통찰

  자유연상을 통해 무의식적 자료(꿈, 저항, 전이 등)에 내포되어 있는 상징적 의미와 무의식적 갈등과 동기를 이해하도록 하는데, 자유연상만으로는 불충분하다.

  해석이란 상담자가 무의식적 자료에 내포되어 있는 상징적 의미와 무의식적 갈등과 동기를 내담자에게 이해하도록 하는 것을 말한다. 통찰이란 내담자가 자신의 부적응행동의 원인을 이해하고 문제해결의 방법을 인정하며, 상담의 과정이 모두 긍정적인 성격을 지니고 있음을 수용하는 것을 말한다.

논점20 행동주의적 상담이론의 의의

① 행동주의

행동치료는 고전적 조건화와 조작적 조건화에 기초한 행동주의 심리학의 학습이론에 근거하고 있다. 행동치료는 인간행동에 중점을 둔 상담 및 심리치료이론으로, 고전적 조건화에 기초한 Wölpe의 상호제지의 원리와 조작적 조건화에 근거한 강화의 원리로 나누어진다. 행동주의적 접근은 Pavlov, Thorndike, Watson, Skinner를 비롯하여 Wölpe, Dollard & Miller, Bandura, Krumboltz 등이 대표자이다.

행동주의에 의하면, 학습은 유기체에 주어지는 특정한 자극과 유기체내에서 일어나는 반응의 결합이라고 본다. 즉, 학습이란 자극(S)-반응(R)의 결합이라고 본다. 이러한 견해는 Pavlov의 고전적 조건화, Thorndike의 도구적 조건화, Skinner의 조작적 조건화 등에서 찾아볼 수 있다. 행동주의는 심리학의 연구대상을 마음에서 행동으로 돌려놓은 접근이다. 행동주의적 접근은 심리학이 과학적인 학문으로 인정받기 위해서는 의식이나 무의식 등 마음을 연구할 것이 아니라, 객관적인 관찰과 측정이 가능한 행동을 연구해야 한다고 주장한다.

② 고전적 조건화

초기의 행동주의는 러시아의 Pavlov가 개를 대상으로 한 소화기관에 관한 실험적 연구에서 출발한다. 그는 개에게 고기를 줄 때마다 그 직전에 종소리를 들려주기를 반복하였는데, 나중에는 개가 종소리만 들어도 침을 흘리는 것을 발견하였다. 여기서 종소리를 자극(S), 침분비를 반응(R)이라고 한다. 이와 같이 자극과 반응이 연합되는 것을 조건화(conditioning)라고 하는데, 조작적 조건화에 비해 초기에 이루어진 것이어서 고전적 조건화라고 한다. 이러한 심리학적 접근을 미국의 Watson이 행동주의(behaviorism)라고 명명하고, 유기체의 학습현상을 설명하는데 적용하였다. 그래서 행동주의적 접근을 S-R이론이라고도 한다.

③ 조작적 조건화

조작 또는 작동(operation)은 유기체가 환경에 대해 능동적으로 어떤 반응(행동)을 하는 것을 말한다. 이와 같이 유기체가 먼저 능동적으로 어떤 행동을 하면 이를 강화시켜 그 행동을 변화시키는 과정을 조작적 조건화라고 한다. 여기서 강화는 바로 환경자극이 된다. 이러한 조작적 조건화는 Skinner에 의해 체계화되었는데, 그는 강화의 원리를 적용하여 유기체의 학습현상을 설명하였다.

고전적 조건화에서는 자극이 반응을 유발하는데 여기서 이 반응은 수동적인 반면, 조작적 조건화에서는 먼저 반응이 능동적으로 나온 뒤에 이것이 강화가 되는 환경자극과 연합이 된다고 주장한다.

논점21 행동주의적 상담이론의 주요내용

① 인간관

행동주의를 주창한 Watson의 다음과 같은 입장은 행동주의 심리학의 인간관을 극단적으로 표현하고 있다(백지설, 주입 또는 주형으로서의 교육).

〈나에게 건강한 몇 명의 아이를 달라. 그러면 나의 특별한 세계에서 그들의 재능과 흥미·습관·능력·인종여하를 불문하고, 의사·변호사·예술가·대통령 심지어 거지나 도둑이라도 당신이 선택하는 그러한 사람이 되도록 훈련시켜 주겠다.〉

② 기본가정 -행동수정의 개념모형-

첫째, 인간행동은 환경에 의해 결정된다는 환경결정론적 관점이다. 그래서 인간을 수동적 존재로 본다. 둘째, 직접 관찰과 측정이 가능한 행동에 관심을 둔다. 그리고 학습은 행동의 변화이다. 셋째, 동물행동에 관한 실험연구에 근거하여 도출된 지식을 인간행동에 적용한다. 또한 전체는 부분의 합과 같다. 넷째, 모든 행동은 학습의 산물로 본다. 따라서 적응행동뿐만 아니라 문제행동이나 부적응행동 또한 학습된 것이다. 다섯째, 부적응행동은 행동수정, 즉 재조건형성에 의해 교정될 수 있다. 조건형성의 원리를 이용하면 적응행동은 형성시키고, 부적응행동은 약화시키거나 제거할 수 있다고 본다. 특히 인지적 행동수정은 Bandura의 사회적 학습이론에 근거를 두고 있다.

논점22 행동주의적 상담이론 : 상담 및 심리치료의 목적 등

① 상담 및 심리치료의 목적

인간의 모든 행동은 학습된 것이다. 즉, 정상적인 행동은 강화 또는 모델링(modelling)에 의해 학습된 것이고, 비정상적인 행동 역시 학습된 것이다. 행동치료의 목표는 부적응행동을 약화시키거나 제거하고 적응행동으로 변화시키는 것이다.

그래서 상담자는 지시적·기술적이고 조련사의 역할을 한다. 내담자 또한 능동적으로 새로운 행동을 실천해야 한다.

② 상담의 과정

- 행동수정의 절차

  행동수정의 절차는 목표행동의 선정과 정의 → 목표행동의 기초선(baseline) 측정 → 행동수정의 기법 적용 → 행동수정의 효과 검증 → 목표행동의 일반화 등의 5단계로 진행된다.

  제1단계 : 목표행동의 선정과 정의

  학습시켜야 할 행동을 직접 관찰과 측정이 가능한 행동으로 구체화·세분화해야 한다.

  제2단계 : 목표행동의 기초선(baseline) 측정

  학습시켜야 할 행동의 발생빈도나 지속시간을 측정해야 한다.

  제3단계 : 행동수정의 기법 적용

  적응행동을 증가시키고, 부적응행동을 감소시킨다.

  제4단계 : 행동수정의 효과 검증

  행동수정의 기법 적용 이전, 즉 목표행동의 기초선 측정 단계로 반전(反轉)해서 학생의 행동변화(량)를 측정한다.

  제5단계 : 목표행동의 일반화

  학습시킨 행동을 일반화하고 고착시킨다(예 : 간헐강화계획의 활용).

- 행동수정의 조건

  행동수정의 조건을 정리하면 다음과 같다.

  첫째, 강화는 즉각적으로 주어야 한다. 그래서 지연된 강화는 효과가 작다. 둘째, 강화는 점진적으로 주어야 한다. 셋째, 강화는 일관성있게 주어야 한다. 넷째, 강화는 충분하게 (빈도나 강도가 약간 높게) 주어야 한다. 다섯째, 강화는 목표행동에 맞추어 직접 주어야 한다. 여섯째, 실제로 강화물의 효과를 검증해야 한다. 일곱째, 강화는 반응에 수반되어야 한다.

  이와 같은 행동수정의 원리와 조건은 강화든 벌이든 똑같이 적용되는 원칙이 된다.

③ 상담의 기법 -행동수정의 기법-

행동수정의 기법은 상호제지의 원리를 응용한 체계적 둔감법, 역(반)조건형성, 내폭치료, 홍수법, 혐오치료 등과 강화의 원리를 응용한 조형(shaping), 차별강화, 상반행동강화, 수행계약(유관계약), 소거, 격리(TO), 모델링(modelling) 등을 주로 사용한다. 또한 자료의 수집을 위한 심리측정과 심리검사, 진단적 면접, 질문지 등이 널리 사용된다.

- 상호제지의 원리(Wölpe, 1958)

  고전적 조건형성에 근거한 것으로 불안이나 공포 등 신경증적 반응은 그것과 양립할 수 없는 다른 강력한 반응에 의해서 억제될 수 있다는 원리이다. 불안이나 공포 등은 고전적 조건형성에 의해서 습득되며, 이러한 불안이나 공포 등은 이를 억제할 수 있는 다른 강력한 행동을 통해서 소멸될 수 있다. 즉, 신경증적 행동은 치료될 수 있다는 것이다.

  이와 같은 상호제지의 원리를 응용한 기법에는 체계적 둔감법, 역(반)조건형성, 내폭치료, 홍수법, 혐오치료, 이완훈련, 주장훈련 등이 있다.

- 강화의 원리

  행동에 수반되는 결과를 중시하는 강화의 원리(또는 벌의 원리)는 다음과 같다.

  유기체는 긍정적인 결과(강화)를 얻을 수 있는 행동은 반복하고, 부정적인 결과(벌)나 중립적인 결과가 수반되는 행동은 반복하지 않는다.

  행동수정은 '강화의 원리'를 이용해서 행동을 변화시키는 과정이다. 이 행동수정의 기본전제는 첫째, 모든 행동은 학습된다. 둘째, 강화와 벌을 이용해서 모든 행동을 수정할 수 있다.

논점23 실존주의적 상담이론의 의의/주요내용

① 의의

실존주의는 현상학의 영향을 강하게 받았고 정신분석학과 행동주의를 비판하는 가운데 나타났다. 그래서 흔히 현상학적 심리학 또는 제3세력의 심리학이라고도 한다.

실존주의는 문자 그대로 인간존재를 실존(existence)으로 규정짓고, 불안의 문제를 실존의 가장 중요한 문제로 삼은 철학이다. 그 문제의 원인은 시간적 제약과 삶과 죽음에 대한 불안에서 찾고, 그 문제의 해결방안은 인간존재의 의미를 발견하는 데에서 찾는다. 따라서 인간은 현실생활의 주체로서 어떠한 고난도 회피함이 없이 용기있게 자신의 선택과 책임 아래 감당해 가는 것이다. 성격연구에 있어서 개별기술적 접근(idiographic approach)을 중시한 Allport, 자아실현의 욕구와 절정 경험을 강조한 Maslow, 비지시적 상담 혹은 내담자중심 상담과 인간교육을 강조한 Rogers 등이 대표자이다. 그 밖에도 삶과 존재의 의미를 깊이 연구한 Frankl, 인간의 현존재와 고독을 연구한 Binswanger, 죽음과 비존재의 의미를 집중적으로 연구한 Kübler-Ross 등이 있다.

실존치료는 신경증적 불안과 실존적 불안을 구별하고, 현재와 생성되어 가는 미래에 중점을 둔다. 실존치료는 내담자의 과거의 경험배경이나 현재의 문제행동을 분석하기에 앞서서 자아인식을 강조하는 경험적 방법이다. 이러한 실존치료는 내담자의 자기인식, 자기선택, 자기책임은 자신만 할 수 있다는 기본가정에서 출발한다.

② 주요내용
- 인간관

  비결정론(자유의지론)적 관점에 근거하고 있는 실존주의에 의하면, 인간은 운명이나 혹은 환경에 의해서 만들어지는 것이 아니라 자기 자신의 선택과 결단에 의해서 만들어지는 것이며, 어느 누구도 이 일을 대신해 줄 수는 없다는 것이다. 선하게 사느냐 악하게 사느냐, 천국을 건설하느냐 지옥을 건설하느냐 하는 것은 전적으로 자기 자신의 자유로운 선택에 의한 것이며, 따라서 자기 자신 이외에는 어느 누구도 거기에 대하여 책임을 질 수 없다는 것이다. 그래서 Sartre는 〈인간은 자유롭도록 정죄(定罪)받았다〉고 하였다.

- 기본원리

  첫째, 상담자와 내담자의 인간적인 '만남'의 관계는 능률적인 관계가 아니다. 실존치료는 수단이나 도구가 아니며 지시적·기술적이어서도 안 된다(비도구성의 원리). 둘째, 실존치료의 중점은 내담자의 자아에 두어야 한다. 자아중심성이란 나 또는 나 자신과 같은 내적·주관적인 것과 관련된 것이지, 그 또는 그것과 같은 외적·객관적인 것이 아니다(자아중심성의 원리). 셋째, 상담자와 내담자의 인간적인 '만남'의 관계에서는 아직까지 알 수 없었던 것을 알 수 있는 관계로 발전한다. 상담자는 시·공간적으로 내담자의 사고와 감정, 판단 등에 직면하여 새로운 인간관계를 형성한다(만남의 원리). 넷째, 실존치료의 목적은 위기의 치료라든가 위기의 극복이 아니라, 인간의 순수성(진실성)을 회복하는 것이다(치료불가능한 위기의 원리).

논점24 　실존주의적 상담이론 : 상담 및 심리치료의 목적 등

① 상담 및 심리치료의 목적

실존치료에서는 (억압된 충동, 박약한 자아, 외상경험에서 비롯되는 신경증적 불안보다) 삶과 존재의 의미를 찾는 능력이 없기 때문에 나타나는 실존적 불안을 상담자와 내담자의 인간적인 '만남'의 관계에서 내담자의 단속적 변화(Kairos, 심리적 시간=기회의 시간)를 가져올 때 상담 및 심리치료가 끝난다는 것이다.

실존치료의 목적은 내담자의 타고난 잠재능력을 계발하여 최대한의 자아실현을 하도록 돕는 것이다. 따라서 상담자는 내담자의 자아인식이 이루어질 수 있도록 도와주어야 한다. 상담자는 수용과 공감적 이해를 가지고 진실하게 대해야 한다. 상담자는 수용적이고 허용적이며, 적극적 경청을 해야 한다. 상담자는 내담자로 하여금 자신의 선택과 그에 대한 책임을 질 수 있도록 도와주는 촉진자의 역할을 해야 한다. 특히 상담자는 지금-여기(here and now)에서 만남의 순수성(진실성)이 요구된다.

② 상담의 과정과 기법

실존주의적 상담과정을 요약하면 다음과 같다.

첫째, 상담자는 내담자의 독특한 내면세계를 이해해야 한다. 둘째, 상담과정을 통해 내담자의 독특성을 파악해야 한다. 셋째, 상담자는 내담자의 내면세계에 있는 현실적인 입장을 수용해야 한다. 넷째, 상담자는 내담자의 내면세계에 있는 자유를 촉진시켜야 한다. 다섯째, 내담자로 하여금 상담자와 대면하고 있다는 사실을 인식시켜야 한다. 여섯째, 내담자로 하여금 자신의 선택과 그에 대한 책임을 질 수 있도록 지도해야 한다.

실존주의적 상담기법에는 Frankl의 의미치료법과 Binswanger의 현존재분석법 등이 있다. 하지만 심리측정과 심리검사, 진단적 면접 등은 거의 사용하지 않는다.

- Frankl의 의미치료법(logotherapy)

　삶의 의미 · 의미에의 의지 · 의지의 자유를 기본전제로 삼은 의미치료법(logotherapy)은 내담자의 성격에서 무의식적 요인을 자각(각성)하게 하는 것으로, 내담자의 자아인식, 내담자의 자유와 책임을 강조한다. 의미치료법의 기본가정은 첫째, 내담자를 현실의 있는 그대로 이해한다. 둘째, 내담자가 보는 세계를 그가 보는 방식으로 본다. 셋째, 내담자를 독특한 구체적인 존재로 보고 이해한다.

　의미치료법의 특징은 증상 자체라든가 과거의 심리적 충격에 관심을 두지 않고, 증상에 관한 내담자의 태도에 관심을 둔다. 특히 불안의 문제를 기대불안의 문제로 본다. 즉, 기대불안이란 과거에 불안을 유발한 상황이 재발하지 않을까 하는 불안에 대한 불안을 말한다. 이를 극복하기 위한 방법에는 역설적 의도법, 탈반성법(반성제거법), 태도수정법, 소크라테스적 대화법 등이 있다.

- 역설적 의도법

    내담자가 바라지 않는 행동을 의도적으로 수행하게 하여 그 행동을 제거하는 방법, 즉 내담자가 불안의 원인과 정면으로 대결하여 극복하도록 하는 방법이다(예 : 불면증환자에게 잠을 자지 말도록 한다.).

- 탈반성법(반성제거법)

    내담자의 지나친 자아의식에서 벗어나게 하여 인생의 참된 의미를 발견하도록 하는 방법이다(예 : 불면증환자에게 주말계획을 세우도록 한다.).

- 태도수정법

    내담자의 인생에 대한 부정적인 태도를 변화시켜 긍정적인 태도를 갖도록 하는 방법으로, 흔히 소크라테스적 대화법을 활용한다(예 : 불면증환자에게 그것을 극복한 타인의 경험을 들려준다.).

- 소크라테스적 대화법

    내담자가 알지 못하는 자신의 내면세계를 스스로 발견하도록 하는 방법이다.

논점25 Gestalt적 상담이론의 의의/주요내용

① 의의

Gestalt치료는 정신분석학에 대한 반동으로 나타났는데, 현상학의 영향을 크게 받았다. Gestalt치료는 개인적 경험과 개인적 지각, 주관적 의미부여에 관심을 두고 Perls에 의해 주장된 경험적 방법이다.

Gestalt치료는 개인의 정신과 육체의 기능적 통합을 강조하여 의미있는 전체로 이해하는 방법으로, 지금-여기(here and now)에서 Gestalt의 형성과 해소를 강조한다.

Gestalt치료에 의하면, 과거는 지나가 버렸고 미래는 아직 오지 않았기 때문에 현재가 유일하게 중요한 시제이다. Gestalt치료는 과거의 문제행동을 현재로 가지고 와서 마치 그것이 지금-여기에서 일어나고 있는 것처럼 재현한다. 여기서 Gestalt란 개인이 지각한 행동의 동기를 의미한다.

즉, 자신의 욕구와 감정을 의미있는 행동의 동기로 지각한 것을 의미한다. 예를 들면, 물을 마시고 싶은 것, 공부하고 싶은 것, 교사가 되려는 것 등이다. 이러한 Gestalt를 형성하는 것은 개인의 욕구와 감정을 해소하기 위한 것이다.

② 주요내용
- 인간관
  Gestalt치료에 의하면, 인간이란 현상학적이고 실존적 존재로서 자신에게 필요한 조직화된 전체(Gestalt)를 구성하면서 살아간다. 여기서 현상학적이란 개인이 지각한 현실에 중점을 둔다는 것이요, 실존적이란 개인이 자신의 욕구를 선택하고 그에 대한 책임을 지는 존재라는 것이다.
- 기본원리
  - Gestalt란 구성부분들이 연결되어 만들어진 의미있는 전체, 즉 개인의 욕구와 감정이 연결되어 만들어진 조직화된 전체를 의미한다. 전경-배경의 원리에 따르면, 개인의 욕구와 감정의 초점이 되는 부분은 전경이 되고 초점이 되지 않는 부분은 배경이 된다. 건강한 사람은 전경과 배경이 자연스럽게 교체된다. 따라서 전경과 배경의 끊임없는 교체는 Gestalt의 형성과 해소가 된다. 예를 들면, 갈증을 느끼는 것은 갈증이 전경으로 떠오르고, 다른 모든 것은 배경으로 사라졌다는 것을 의미한다.
  그런데 Gestalt를 형성하지 못했거나 Gestalt를 해소하지 못한 상황을 미해결과제(unfinished business, 미완성과제)라고 한다. 이것이 개인의 문제행동의 원인이다. 미해결과제의 재현은 Gestalt를 형성하지 못했거나 형성된 Gestalt를 해소하지 못해서 전경으로 떠오르지 못했거나 배경으로 물러나지 못한 상황을 재경험하는 것을 말한다.
  - 인간은 사고·감정·행동을 통합된 전체로 이해한다. 인간은 모든 사고·감정·행동을 인식할 수 있는 잠재능력을 가지고 있다. 인간은 인식능력을 가지고 있기 때문에 선택할 수 있다. 인간은 자신의 선택에 대해 책임을 지는 존재이다.
  Gestalt치료의 목표는 내담자의 성숙과 성장에 있다. 내담자가 성숙한 인간이 되기 위해서는 허위층 → 공포층 → 곤경층(교착층) → 내적 파열층(내파층) → 외적 파열층(외파층) 등 신경증의 5가지 층을 벗어나야 한다.
  허위층에서 개인은 실제의 자아와 다르게 타인에게 전형적이고 허위적으로 반응한다. 공포층에서 개인은 거부해 왔던 실제의 자아를 보는 것과 관련된 정서적 고통을 회피한다. 교착층은 개인이 곤경에 빠져든 시점인데, 이 때 보고 듣고 느끼고 생각하고 결정하기 위해 환경을 조작하려고 시도한다. 내파층에서 개인은 방어기제를 중단하고 실제의 진정한 자아와 접촉한다. 외파층에서 개인은 허위, 허구, 가식을 버리고 실제의 진정한 자아를 발견한다.

논점26 Gestalt적 상담이론 : 상담 및 심리치료의 목적 등

① 상담 및 심리치료의 목적

Gestalt치료의 목적은 내담자의 사고·감정·행동의 기능적 통합을 도와주는 것이다. 그래서 상담자는 내담자가 현재의 경험을 자각(각성)하도록 도와주고, 자신의 선택과 그에 대한 책임을 지도록 자립능력을 도와주어야 한다. 상담자는 내담자의 증상을 제거하기보다는 성장에 관심을 두고, '실존적 삶'을 도와주어야 한다.

이와 같이 Gestalt치료에서는 내담자가 자신의 양극단의 감정을 수용할 수 있도록 지금-여기에서 무엇을 어떻게 경험할 것인가에 초점을 둔다. 따라서 상담자는 내담자의 이야기에 대해 진지한 흥미와 관심을 보이고 감동할 수 있어야 한다. 상담자는 내담자의 자립적인 태도를 격려하고 지지하되, 의존적인 태도를 좌절시켜야 한다. 상담자는 내담자의 저항을 수용해야 한다. 상담자는 내담자가 자신의 욕구와 감정을 자각(각성)하고 이를 환경과의 접촉을 통해 해소할 수 있도록 도와주어야 한다.

② 상담의 과정과 기법

Gestalt적 상담과정은 실존주의적 상담과정과 큰 차이가 없다.

Gestalt적 상담기법으로는 자각(각성), 접촉, 언어연습, 역전기법, 환상기법, 빈 의자기법 및 꿈의 작업(꿈의 재현) 등을 주로 사용한다.

- 자각(각성)

  내담자가 자신의 욕구와 감정을 각성하고 이를 환경과의 접촉을 통해 해소하는 과정을 말한다. 즉, Gestalt를 형성하여 전경으로 떠올리는 과정을 말한다.

- 접촉

  형성된 Gestalt를 해소하기 위해서 현재를 있는 그대로 직접 경험하는 과정을 말한다. 그러나 내사(introjection)-투사(projection)-역전(retroflection, 반전)-융합(confluence)-굴절(deflection, 편향) 등의 접촉에 대한 5가지 저항이 있으면 Gestalt를 해소하지 못하게 된다. 내사는 개인이 타인의 신념과 기준을 자신에게 동화시키지 않은 채 무비판적으로 받아들이는 것이다. 투사는 자신의 특정한 특성을 자신의 것이 아니라고 부인하고 타인에게 전가하는 것이다. 반전은 타인에게 하고 싶은 것은 자신에게 되돌리는 것이다. 융합은 개인이 자신과 환경간의 차이를 인식하지 못하는 것이며 내적 경험과 외적 환경간의 경계가 없는 것이다. 편향은 일관성있는 접촉을 어렵게 만드는 의식적 방해이며 추상적으로 일반화하는 것이다.

- 언어연습

  간접적이고 애매모호한 단어 대신에 내담자가 자신의 성장에 책임을 지는 단어를 사용하게 하는 방법이다. 예를 들면 '그것', '당신', '우리'라는 대명사 대신에 '나'라는 대명사를 사용하게 한다.

- 역전기법

  억압되거나 부정된 자신의 한 부분과 직면하여 긍정적이거나 부정적 측면을 인식하고 수용하는 방법이다. 예를 들면 극심한 억압/억제로 고통을 받고 있는 내담자에게 노출증환자의 역할을 맡게 한다.

- 환상기법

  실제장면을 상상하는 과정을 통해 과거의 경험사건을 현재의 일로 재구성하는 방법이다. 예를 들면 주장하기를 두려워하는 내담자에게 주장해야 할 상황에 있는 것처럼 상상하게 하고 주장했을 때의 느낌을 말하게 한다.

- 빈 의자기법

  실제장면에 있지 않은 인물이 빈 의자에 앉아 있다고 상상하고 대화하는 방법이다. 예를 들면 열등감으로 고통을 받고 있는 내담자에게 빈 의자에 우월감이 강한 자신이 앉아 있다고 상상하고 대화하게 한다.

논점27 인간중심 상담이론의 의의

① Rogers의 자기이론

인간중심치료는 정신분석학과 행동주의에 반대하였으며, 현상학의 영향을 강하게 받았기 때문에 실존주의적 접근과 상통하고 있다. 특히 Rogers는 정신분석치료와 행동치료가 지시적(directive)인데 비해, 인간중심치료는 비지시적(non-directive)·내담자중심(client-centered)이라고 주장하면서 경험적 방법을 사용한다.

Rogers는 개인이 자신과 환경을 어떻게 지각하고 있는가에 따라 사고·감정·행동이 결정된다고 전제한다. 그는 주관적 경험이 사고와 행동을 결정하고, 사고와 행동은 현상학적으로 결정된다는 점을 강조한다. 무엇보다도 대인관계를 중시한다. 대인관계는 개인의 성장을 촉진할 수도 있지만 성장을 방해하거나 좌절시킬 수도 있다는 것이다.

② 지시적 상담과 비지시적 상담

비지시적 상담은 상담자가 내담자의 성장력에 대한 강력한 신념을 가지고, 이 신념을 토대로 내담자의 자기성장을 촉진하는 허용적인 분위기를 조성하는 방법을 말한다. 지시적 상담과 달리, 비지시적 상담은 모든 개인은 자신의 내부에 자신의 문제를 해결할 수 있는 모든 능력과 방법을 구비하고 있다는 명제를 가정한다.

지시적 상담은 상담자(교사)를 중심으로 지시와 충고·조언 등을 주된 방법으로 하는 반면, 비지시적 상담은 내담자(학생)를 중심으로 모든 측면에서 수용적이고 허용적인 방법으로 한다. 지시적 상담은 지적 문제를 가진 내담자에게 효과적인 반면, 비지시적 상담은 특히 정서적·심리적 문제를 가진 내담자에게 효과적이다.

논점28 인간중심 상담이론의 주요내용

① 인간관

Rogers는 긍정적 입장에서 인간은 선천적으로 선하고, 인간은 동물과 질적으로 다르며, 인간은 유일하고도 통합된 전체로 간주한다(성선설). 또한 주관적 경험과 지금-여기(here and now)에서 대인관계의 특성을 중시하며, 정서적·심리적 문제를 해결하는데 있어서 개인의 선택과 책임을 강조한다.

심리적 적응은 내적 욕구와 외적 기준의 일치, 이상적 자아와 현실적 자아의 일치, 실제적 경험과 지각된 경험이 일치하는 결과이다. (이와 반대로 심리적 부적응은 내적 욕구와 외적 기준의 괴리, 이상적 자아와 현실적 자아의 괴리, 실제적 경험과 지각된 경험의 괴리가 생긴 결과이다.)

② 기본가정

첫째, 모든 개인은 스스로 성장력을 가지고 있기 때문에 환경에 적응할 수 있다. 모든 인간은 적절한 환경조건만 제공된다면, 자아실현을 할 수 있는 성장력이 있다는 가설을 〈if~ then~ 가설〉이라고 한다.

둘째, 비지시적 상담에서는 개인의 지적 적응보다 정서적 적응을 더 강조한다. 셋째, 비지시적 상담에서는 개인의 과거보다 현재를 더 중시한다. 넷째, 상담 및 심리치료 그 자체는 성장의 과정을 의미한다. 다섯째, 내담자는 자기의 문제를 독립적으로 해결할 수 있다고 믿는다.

논점29 인간중심 상담이론 : 상담 및 심리치료의 목적 등

① **상담 및 심리치료의 목적**

인간중심 상담의 목적은 충분하게 기능하는 사람(fully functioning person), 즉 자아실현인이 되도록 도와주는 것이다. 여기서 충분하게 기능하는 사람(=충분한 기능인)의 특징은 경험에의 개방성, 경험적 자유, 실존적 삶, 유기체적 신뢰성, 창조성의 5가지이다.

상담자는 내담자의 자아실현 능력을 믿고 그의 존재를 수용하고 공감적으로 이해하며 일치하는 태도를 가지고, 내담자가 스스로 성장할 수 있는 인간관계의 기본조건을 제공하는 것이다. 이와 같은 인간관계의 필수조건으로 상담자의 순수성(genuineness, 진실성)이 요구된다.

상담자는 내담자의 실제적 경험과 '가치의 조건(=조건적 가치)'에 의해 지각된 경험 사이의 괴리를 내담자가 인식하고, 현실을 있는 그대로 받아들이는 허용적인 분위기를 조성해야 한다.

② **상담의 과정**

Rogers는 〈상담과 정신치료(Counselling and Psychotherapy, 1942)〉에서 상담의 과정을 12단계로 구분하고 있다. 이 상담의 과정은 상담관계의 형성→문제의 탐색→문제의 해석→통찰→실행→통합의 6단계로 요약될 수 있다.

제1단계 : 상담관계의 형성

내담자가 상담자의 도움을 요청한다. 상담자와 내담자의 상담관계를 정의한다(상담기술 : 구조화).

제2단계 : 문제의 탐색

상담자는 내담자의 자유로운 감정표현을 촉진한다. 상담자는 내담자의 부정적/긍정적 감정표출을 수용한다(상담기술 : 즉시성, 직면, 반영, 명료화 등).

제3단계 : 문제의 해석

여기서 상담자의 해석은 내담자의 통찰로 간주된다.

제4단계 : 통찰

내담자는 자기이해와 통찰을 한다. 내담자는 의사결정과 문제에 대한 해결책을 탐색한다.

제5단계 : 실행

내담자는 긍정적 사고와 행동을 한다. 내담자는 보다 정확한 자기이해와 통찰을 한다.

제6단계 : 통합

내담자는 이상적 자아와 지각된 현실적 자아간의 조화(통합)를 경험한다. 내담자는 상담자의 도움을 필요로 하지 않는다.

③ 상담의 기법

인간중심 상담기법은 구조화, 즉시성, 직면, 반영, 명료화, 해석 등을 주로 사용한다. 그러나 심리측정과 심리검사, 진단적 면접 등은 사용하지 않는다. 상담관계의 기본조건은 수용, 공감적 이해, 일치를 포함하여 상담자의 태도와 신뢰이다.

성공적인 상담이란 바로 자아(=자아개념)의 변화를 의미한다. 그는 성공적인 상담의 조건을 다음과 같이 제시하고 있다.

첫째, 상담자와 내담자가 심리적인 접촉을 계속하고 있다. 둘째, 내담자가 불안이나 불일치의 상태에 있다. 셋째, 상담자는 내담자와의 관계에 있어서 일치를 보이고 있다. 넷째, 상담자는 내담자와의 관계에 있어서 무조건적 긍정적 존경을 경험하게 한다. 다섯째, 상담자는 내담자가 가지고 있는 내면세계의 준거체제에 관하여 공감적 이해를 경험하게 한다. 여섯째, 상담자의 무조건적 긍정적 존경과 공감적 이해가 최소한으로 내담자에게 전달된다.

논점30 청소년비행의 의의/원인

① 청소년비행의 의의

- 개념

비행은 일정한 기준(도덕, 관습, 법률, 이념과 가치, 방법과 절차 등)을 벗어나는 사회적 행동과 태도를 의미하며, 범죄와 일탈행동을 모두 포함하는 포괄적인 개념이다. 이와 같은 비행은 절대적 개념이 아니라 상대적 개념이다.

법률적 개념으로 소년범죄와 청소년비행은 명확하게 구분하기가 어렵다. 현재 실정법(형법)을 위반한 행위뿐만 아니라 여러 가지 사회적 규범을 위반하여 장차 형법을 위반할 우려가 있는 모든 행위를 청소년비행이라고 할 수 있다. 즉, 청소년비행은 절도, 강도, 강간, 살인, 약물남용 등의 심각한 소년범죄와 더불어 음주, 흡연과 같은 비교적 가벼운 일탈행동을 모두 포함하는 포괄적인 개념이다.

우리나라에서는 청소년이 실정법(형법)을 위반한 행위뿐만 아니라 장차 형법을 위반할 가능성이 있는 모든 행위까지 포괄하여 청소년비행으로 보고 있다. 한편, 성인이 위반했을 때는 범죄로 규정하지 않지만 청소년이 위반했을 때는 청소년이라는 사회적 지위 때문에 일탈행동으로 간주될 수 있는 행위를 '지위비행'이라고 한다.

- 특징

  이와 같은 청소년비행의 일반적인 특징은 즉흥성(충동성), 공격성, 조직성, 향락성, 과잉성 등을 들 수 있다.

  우리나라의 소년법과 '청소년백서'는 청소년비행을 범죄행위(14세 이상 20세 미만의 형사책임능력이 있는 소년의 범법행위), 촉법행위(12세 이상 14세 미만의 형사책임능력이 없는 소년의 행위), 우범행위(12세 이상 20세 미만의 소년의 행위)의 3가지로 구분한다. 각각 범죄소년, 촉법소년, 우범소년이라고 하는데, 우범소년은 불량행위소년과 요(要)보호소년을 포함한다.

② 청소년비행의 원인

- 개인적 요인
  - 지적 능력의 결여 : 지적 능력과 학업성적의 지체가 비행과 범죄의 원인이 된다.
  - 정서적 특성의 미성숙, 성격이상 : 정신능력의 미성숙은 판단능력을 흐리게 하고, 성격이상은 정상적인 대인관계를 어렵게 한다.
  - 자아기능의 비효율성 : 자아가 효율적으로 기능하지 못하기 때문에 비행과 범죄행위가 일어난다.
  - 비행과 범죄의 경험 : 비행과 범죄의 경험자는 그에 대한 태도가 비경험자와 다르다.
  - 성적 조숙 : 성적 조숙은 성적 문제행동을 유발한다.
- 가정적 요인
  - 가정의 교육적 기능의 약화 : 핵가족화와 가족해체현상으로 인해 가정의 교육적 기능이 마비되고 비행과 범죄가 증폭된다.
  - 부모-자녀간의 갈등 : 부부간의 갈등, 부모-자녀간의 갈등 등으로 인해 아동이 소외감을 느끼게 된다.
  - 부모의 교육수준 : 부모의 방임과 무관심, 변덕, 과잉기대 기타 결손가정으로 인해 비행과 범죄가 일어난다.
- 학교교육적 요인
  - 학업성적의 부진 : 학업성적의 지체는 학습흥미를 감소시켜 여러 가지 문제행동을 유발한다.
  - 정서적 교육의 부재 : 정서적 교육의 부재는 정상적인 인간교육, 인성교육의 문제가 된다.
  - 집단따돌림(왕따), 학교폭력 등 : 집단따돌림(왕따), 학교폭력 등은 비행과 범죄의 원인이 된다.
  - 교사의 압력 등 : 교사의 압력, 교우의 압력 등은 자신의 입장을 주장하지 못하고 무기력상태에 빠지게 한다.

- 평준화정책의 문제 : 입시위주의 교육과 주입식 지식교육은 전인교육(全人敎育)을 어렵게 한다.
- 사회적 요인
  - 산업구조·직업구조의 변화 : 산업구조·직업구조의 변화는 인간관계, 가족관계의 변화를 초래하여 비행과 범죄의 원인이 된다.
  - 가치관과 생활양식의 변화 : 가치관과 생활양식의 동요는 도덕기준이나 윤리기준의 동요를 초래하여 비행과 범죄행위를 일으킨다.
  - 사회적 규범과 개인적 욕구의 불일치 : 사회적 규범에 의해 형성된 욕구와 개인의 현실적인 욕구가 불일치할 때 비행과 범죄가 일어난다.
  - 사회통제의 문제 : 사회적 참여의 기회를 제약하는 사회통제가 지속될 때 정서적·심리적 불안과 stress를 느끼게 된다.
  - 매스미디어의 발달 : 물질만능주의, 황금만능주의를 부추기는 매스미디어의 발달로 인해 비행과 범죄가 일어난다.

논점31 청소년비행이론 : 사회학적 이론(1)

비행과 범죄, 일탈행동의 원인은 사회구조적 조건, 대인관계의 유형, 사회집단과 제도 등에 있다고 본다.

① 아노미이론(anomie theory)
- Merton의 사회구조이론(사회체제이론)에 기초를 두고 있으며, 사회구조가 특정집단에 속하는 사람들에게는 제도적 수단으로 문화적 목표를 달성할 수 없게 되어 있기 때문에 비행과 범죄가 발생한다는 것이다. 즉, 사회·경제적 지위에 있어서 상위집단에 속하는 사람들은 문화적 목표를 추구할 수 있는 제도적 수단이 더 많지만, 하위집단에 속하는 사람들은 그 정당한 방법이나 제도적 수단이 제한되어 있기 때문에 아노미상태를 느끼고 비행과 범죄, 일탈행동을 저지른다는 것이다. **아노미(anomie)**란 사회적 가치와 규범이 상실된 혼돈상태 혹은 무규범상태를 의미한다.
Durkheim의 〈자살론(1898)〉에 의하면, 사회적 통합(integration)과 규제(regulation)가 극단화될 때 자살이 일어날 가능성이 높아진다. 사회적 통합의 정도가 너무 큰 상태에서는 이타적 자살이, 너무 작은 상태에서는 이기적 자살이 높아지고, 사회적 규제의 정도가 너무 큰 상태에서는 숙명적 자살이, 너무 작은 상태에서는 '아노미적 자살'이 높아진다. 사회가 더 이상 개인의 행위를 규제하지 못하는 무규범상태를 아노미(anomie)라고 한다.
- Merton은 문화적 목표와 이를 달성할 수 있는 제도적 수단의 괴리상태를 사회해체(social disorganization)라고 하였는데, 이러한 사회해체에서 비행과 범죄, 일탈행동이 증가한다는 것이다. 그는 적응방식을 문화적 목표와 제도적 수단의 수용(+) 또는 거부(−)에 따라서 다음과 같은 5가지 유형으로 분류하였다. 여기서 혁신형, (의례형), 패배형, 반역형은 비행과 범죄를 특징짓는 행동으로 제시하였다.

적응방식	문화적 목표	제도적 수단	사례
동조형	+	+	
혁신형(개혁형)	+	−	비행과 범죄
의례형(관습형)	−	+	(비행과 범죄)
패배형(도피형)	−	−	비행과 범죄
반역형(저항형)	∓	∓	비행과 범죄

② 문화전달이론, 하위문화이론 등 문화일탈이론
- Shaw & Mckay의 문화전달이론은 비행과 범죄가 하류계급의 (비행)하위문화를 통해서 전승된다고 주장한다. Cohen의 하위문화이론에 의하면, 대항문화(counter-culture, 반문화)를 형성하는 하위문화는 비공리성·악의성·부정성(거부성)·변덕·집단자율성·단기쾌락주의 등을 특징으로 하는데, 뚜렷한 목적이나 동기를 발견한 수 없는 비행과 범죄를 설명한다. 하류계급의 (비행)하위문화는 중산계급의 문화가 지배하는 사회구조적 조건 속에서 하류계급의 청소년들이 일정한 지위에 대한 욕구좌절을 해소하려는 집단적인 반동형성의 산물이라는 것이다.
  이 하위문화이론은 비행과 범죄가 존재하는 이유를 설명하는 아노미이론에 바탕을 두고 있으며, 비행과 범죄를 사회적 학습의 결과로 설명하는 '차별접촉이론'으로 확대·발전되었다.
- 또한 Cloward & Ohlin의 차별기회구조이론은 비행과 범죄를 유발하는 기회구조의 차이(=문화적 목표를 달성하기 위한 기회구조의 박탈)에서 하류계급의 (비행)하위문화가 생성된다고 주장한다. Miller의 하층계급문화이론에 의하면, 하층계급에는 말썽피우기·강인성·영리성·흥분추구·자율성·운명주의(숙명주의) 등을 포함하는 '중점적 관심'이 존재하는데, 여기서 하층계급에 속하는 사람들의 독특한 하위문화가 형성된다. 그런데 그들의 독특한 하위문화에 대한 동조가 중산계급의 문화에 위반하게 되면 비행과 범죄가 된다는 것이다.
  이 하층계급문화이론은 비행과 범죄가 존재하는 이유를 설명하는 아노미이론에 바탕을 두고 있다.

③ 갈등이론

Marx의 경제결정론에 근거하고 있으며, 지배계급이 피지배계급에 대하여 비행과 범죄를 규정하는 방식을 분석한다. 정치·경제적 요인에 의하여 비행과 범죄가 규정된다는 것이다. 갈등이론에서는 지배계급이 피지배계급에 대한 억압과 통제의 수단으로 현행 법(法)을 어떻게 이용하고 있는지를 분석하는데 그 의의가 있다.

자본주의 사회에 있어서 정의와 법은 지배계급의, 지배계급에 의한, 지배계급을 위한 정의와 법으로 피지배계급에게는 처음부터 불리하게 만들어졌다는 것이다. 그래서 비행과 범죄는 자본가계급이 노동자계급을 억압하고 통제하기 위해서 조성하며 만들어진다는 것이다.

논점32 청소년비행이론 : 사회학적 이론(2)

① 사회적 통제이론
- Hirschi의 사회적 연대이론(social bonding theory)에 의하면, 개인은 그가 속한 가정이나 학교, 사회와 연대(유대)를 맺고 있는데, 이 사회적 연대가 약화되거나 파괴될 때 비행과 범죄의 성향을 통제할 수 없게 되어 비행과 범죄가 발생한다. 사회적 연대를 강화시키는 요인에는 애착, 몰입(개입), 헌신(참여), 신념 등이 있다. 사회적 연대이론에서는 모든 사람들이 비행과 범죄의 성향을 선천적으로 타고난다고 가정한다.

  사회적 통제는 사회적 규범의 집행을 통해 그에 대한 동조와 준수를 강제하는 과정으로, 사회적 연대의 정도가 사회적 규범의 기능을 한다.

- 또한 Matza & Sykes의 중화이론(neutralization theory)에 의하면, 비행청소년은 사회적 규범을 수용하면서도 비행과 범죄가 '나쁜 행위'라는 것을 인정하지만, 일시적·간헐적으로 도덕적 통제를 벗어나기 위해 중화(정당화, 합리화)의 기술을 사용한다. 특히 비행과 범죄가 청소년을 둘러싼 사회적 통제가 약화되거나 파괴될 때 일시적·간헐적으로 일어난다는 것이다. 그리고 중화의 기술에는 책임의 부정, 가해의 부정, 피해자의 부정, 비난자에 대한 비난, 높은 충성심에의 호소 등이 있다.

  이러한 중화이론에서는 모든 사람들이 완전히 자유로운 상태에 있는 것도 아니고, 완전히 구속된 상태에 있는 것도 아니며, 일련의 연속선상에 놓여 있다고 가정한다. 이와 같은 상태에 놓여 있는 사람들을 표류자(drifter)라고 불렀는데, (비행)청소년이 대표적인 예이다.

② 차별접촉이론
- Sutherland의 차별접촉이론 또는 차별교제이론(DAT : Differential Association Theory)은 모든 종류의 비행과 범죄행동을 사회적 학습의 결과로 설명한다. 개인의 행동은 그것이 정상적인 행동이든 비정상적인 일탈행동이든 모두 사회적 학습의 결과이며, 빈곤한 사람들이 사는 지역에는 비행과 범죄를 조장하고 촉진하는 우호적인 하위문화가 있다고 가정한다.

  개인은 사람들과 접촉하는 가운데 자신에게 중요한 사람이나 집단의 가치와 규범을 내면화하게 되는데, 특히 그것이 범죄인이나 범죄집단일 경우에는 그 가치와 규범을 학습하게 된다는 것이다.

- 차별접촉이론의 기본명제는 다음과 같다.

  첫째, 비행과 범죄행동은 학습된다. 둘째, 비행과 범죄행동은 의사소통의 과정에서 사회적 상호작용을 통해 학습된다. 셋째, 중요한 학습은 친밀한 하위집단 속에서 일어난다. 넷째, 범죄행위의 학습은 범죄행위의 기법을 배운다는 것과 범죄행위를 합리화하는 태도를 배운다는 것이다. 다섯째, 개인은 사회 속에서 다양한 가치와 규범을 학습하게 된다.

  여섯째, 중요한 접촉이 범죄인일 때에는 범죄행동을 학습하게 된다. 일곱째, 접촉의 차이는 우선성·지속성·빈도·강도 등에 있어서 다양할 수 있다. 여덟째, 범죄행동도 결국은 사회의 일반적인 욕구, 가치와 태도의 한 표현이다.

③ 낙인이론
- Becker & Lemert의 낙인이론(labelling theory)은 상징적 상호작용이론에 근거한 것으로, 어떤 사람이 자신을 범죄자로 인식하는 데에는 다른 사람들이 자신을 범죄자라고 낙인찍는(labelling) 과정에서 형성된다. 낙인이론에 의하면, 어떤 사람이 우연히 범죄자로 낙인이 찍히면 이제 의식적·상습적으로 비행과 범죄, 일탈행동을 일삼게 된다. 즉, 주위 사람들이 어떤 문제를 일으킨 청소년을 비행청소년으로 간주하고 그렇게 취급하면 그는 진짜 비행청소년으로 거듭난다는 것이다.

  성공적으로 낙인이 찍히면 이러한 낙인은 부정적 자아개념 내지 자아정체감(ego-identity)을 형성하고, 자기충족적 예언 또는 자성적 예언(self-fulfilling prophecy)으로 작용한다. 그러므로 교사의 차별적인 기대는 학생의 부정적 자아개념을 형성하여 자기충족적 예언으로 작용할 수 있다.

- 낙인찍기의 과정은 다음과 같다.

  1단계(추측의 단계) : 교사가 학생에 대한 첫인상을 형성하는 단계
  2단계(명료화의 단계) : 교사가 학생에 대한 첫인상을 확인하고 정교화하는 단계
  3단계(공고화의 단계) : 교사가 학생에 대한 첫인상을 유지하고 고정화하는 단계

논점33 벌(처벌)의 의의

① 개념
　벌(처벌)이란 어떤 행위를 금지하거나 잘못 형성된 행동을 감소시키는 과정으로, 체벌(體罰)뿐만 아니라 심리적 벌도 포함된다. 여기에는 불쾌자극을 제공하는 방법과 유쾌자극을 제거하는 방법이 있다. 벌(처벌)이란 어떤 행동의 결과가 미래에 발생하게 될 그 행동의 확률을 감소시키는 방법이다.

② 특성
- 벌의 효과는 첫째, 벌은 문제행동을 즉각 중단시켜야 할 때 효과적이다. 둘째, 벌은 정신지체아의 자해행동을 중단시켜야 할 때 효과가 있다.
- 벌의 한계는 첫째, 벌은 일시적이고 지속적인 효과가 없다. 둘째, 벌은 부적절한 행동에 대한 정보는 제공하지만 적절한 행동에 대한 정보는 제공하지 못한다.

논점34 벌(처벌)의 효과와 한계

① 벌의 효과
　벌은 부적절한 행동을 금지하거나 억제하는 효과가 있다. 이러한 효과는 보상의 제공으로는 절대 얻을 수 없고, 오직 벌을 통해서만 얻을 수 있다. 다만, 관대한 벌은 특정 장면에서 어떤 행동이 바람직하고 어떤 행동이 바람직하지 않는가에 대한 정보를 제공하기도 한다.
　Ausubel의 연구에 의하면, 야비한 행동이 바람직하지 못하다는 사실은 친절한 행동에 대한 보상을 통해서는 결코 배울 수 없고, 오직 벌에 의해서만 배울 수 있다. Bandura의 연구에 의하면, 벌은 인간행동의 변화에 의미있는 영향력을 미칠 수 있다. 특히 체벌도 신중하게 사용하면 부작용을 일으키지 않고 바람직한 효과를 거둘 수 있다. 또한 Johnston의 연구에 의하면, 벌이 부적절한 행동을 금지하거나 억제하는 데에 다른 어떤 방법보다도 효과가 있다.

② 벌의 한계
　벌은 부적절한 행동을 금지하거나 억제하는 데에는 효과가 있으나, 적절한 행동을 유발하거나 형성하는 데에는 전혀 효과가 없다. 그래서 벌은 '무엇을 하지 말아야 하는가?'에 대한 사실을

인식시킨다. 그러나 '무엇을 해야 할 것인가?'에 대해서는 아무런 기능을 하지 못한다. 즉, 새로운 행동의 유발이나 형성은 보상에 의해서만 가능하다.

첫째, 벌은 현재의 행동이 잘못되었다는 것과 앞으로 그 행동을 해서는 안 된다는 사실을 가르쳐 준다. 그러나 벌은 앞으로 어떠한 행동을 해야 하는가에 대해서는 가르쳐 주지 못한다. 둘째, 벌은 부적절한 행동을 제거하지만 벌 그 자체만으로는 부적절한 행동의 발생을 완전히 제거하지 못한다. 즉, 벌이 지속될 때는 그 행동은 억제되지만 상당한 정도의 벌이 뒤따르지 않으면 그 행동은 재발한다는 점이다.

논점35 벌의 부작용

- 회피행동을 유발한다.
  거짓말, 속임수, 의기소침, 무기력, 몽상, 퇴행, 꾀병, 결석 등의 회피행동을 발전시킬 수 있다.
- 자발성을 억제한다.
  실제의 상황에서 적극적인 행동을 하지 않고, 자발성을 파괴할 수 있다.
- 사회적 적응력을 약화시킨다.
  오히려 사회적으로 바람직한 행동의 발생을 감소시키고, 사회적 적응력을 상실시킬 수 있다.
- 부정적 모델을 내면화한다.
  체벌이란 폭력을 사용하는 교사의 행위가 학생에게 하나의 모델로서 내면화되고, 체벌과 폭력을 무의식적으로 정당화하게 된다.

논점36 벌(처벌)의 종류

① 일반적인 벌의 분류

정적 벌(수여성 벌)	불쾌자극(정적 벌물)을 제공하는 방식의 벌이다(예 : 체벌, 욕설, 비난, 질책, 꾸중 등).
부적 벌(박탈성 벌)	유쾌자극(부적 벌물)을 제거하는 방식의 벌이다(예 : 벌금이나 과태료부과, 운전면허 취소, TO 등).

② 벌의 제공방법에 의한 분류

체벌(體罰)	학생의 몸에 가해지는 불쾌자극으로, 유일한 훈육방법이라는 견해가 있다(예 : 학생의 비행에 대해 때리는 행위).
부적 연습(negative practice, 포만)	문제행동을 계속하도록 방치하여 그 자연적 벌을 받도록 하는 방법으로, 무의식적으로 하는 행위에 대한 통제방법이다(예 : 손톱을 깨무는 행위, 입술을 잡아뜯는 행위).
반응-비용 (response cost)	문제행동을 했을 때 일정한 보상을 회수하는 방법으로, 벌금이나 과태료부과가 대표적인 예이다(예 : 벌금이나 과태료부과, 운전면허 취소).
배상	학생 A가 B에게 손해보는 행동을 했을 때 A가 B에게 손해보기 이전의 상태로 돌려놓는 관행으로, 벌의 의미와 보상의 의미를 결합한 형태이다(예 : 철수가 영희를 때렸을 때 철수가 영희에게 사죄하게 하고, 교사는 철수의 사죄행위에 대해 칭찬하는 것).
격리(TO)	문제행동을 했을 때 정적 강화의 기회를 박탈하는 방법으로, 구금(拘禁)이 대표적인 예이다(예 : 수업 중에 떠드는 학생을 복도에 나가 서 있게 하는 것).

논점37 벌(처벌)을 제공할 때의 유의사항

① 즉시 제공의 원칙

벌은 가급적이면 문제행동이 발생한 직후 조기에 제공하는 것이 효과적이다. 벌을 조기에 제공하는 것은 또한 문제행동이 더 확대해 나가는 것을 조기에 차단한다는 의미도 가지고 있다.

② 즉시 강도의 원칙

벌은 문제행동을 금지하거나 억제하기에 충분할 정도로 처음부터 강하게 제공하는 것이 효과적이다. 즉, 벌은 점진적으로 강도를 높여가면서 여러 번 주는 것보다는 처음부터 강하게 한번 주는 것이 더 효과적이다. 이와 같은 즉시 제공의 원칙과 즉시 강도의 원칙을 통틀어서 '즉시성의 원칙'이라고 한다.

③ 벌-상의 효과 병행의 원칙

벌을 줄 때는 벌 대신 보상을 받을 수 있는 행동이 무엇인가를 알려주면서 벌을 제공하는 것이 바람직하다. 새로운 행동의 유발이나 형성은 보상에 의해서만 가능하기 때문이다. 이를 위해서는 첫째, 소거를 이용하는 방법 둘째, 상반행동강화를 이용하는 방법 셋째, 포화(포만)를 이용하는 방법 넷째, 변별자극을 변화시키는 방법 등이 있다.

④ '보상의 철회' 우선의 원칙

벌을 줄 때는 가급적이면 체벌보다는 보상의 철회방법을 사용하여 회피행동이 발생하지 않도록 해야 한다. 즉, 강한 부정적인 정서를 수반하는 심한 체벌을 피하고 보상의 철회방법을 사용해야 한다.

⑤ 일관성의 원칙

어떤 문제행동에 대해 처벌을 하였다면 그와 동일한 모든 문제행동에 대해서는 언제나 동일한 처벌을 사용하는 것이 바람직하다. 이것은 학생들의 입장에서 보면 〈내가 저 행동을 하면 반드시 처벌을 받을 수밖에 없다〉는 인식을 갖게 되는 상태를 뜻한다.

⑥ 상황의 원칙

처벌을 할 때는 가급적이면 교수-학습상황의 여건을 고려해서 처벌을 사용해야 한다. 즉, 가급적이면 여러 가지 주변상황의 요인을 종합적으로 고려해야 한다.

논술 모의고사10-1

- 이 예상문제는 주요대학 교재를 분석·통합하여 저작되었으며, 〈저작권법〉에 따라 무단 복제, 배포, 출판 및 전자출판 등 저작권을 침해하는 일체의 행위를 금지합니다.

다음은 상담의 의의를 중심으로 상담의 과정과 방법을 분류한 내용이다. 이 내용을 바탕으로 상담의 원리를 5가지 이상 설명하고, 상담관계의 형성에 있어서 상담관계의 기본조건을 논하시오. 또한 상담관계의 형성에 있어서 상담(면접)의 기술을 3가지 이상 논의하고, 지시적 상담과 비지시적 상담을 비교 설명하시오. 〔총20점〕

(가) 상담의 개념을 어떻게 정의하느냐 하는 것은 간단한 문제가 아니다. 상담이론에 따라서 상담을 보는 관점이 각각 다르기 때문이다. 또한 상담과 인접한 여러 가지 개념이 비슷한 의미로 쓰이기 때문이다. 상담이란 상담자와 내담자간에 수용적이고 구조화된 관계를 형성하고, 이 관계 속에서 내담자가 자기 자신과 현실환경에 대해서 의미있는 이해를 증진하도록 하여 궁극적으로 내담자의 성장과 발달을 촉진하는 심리적인 조력의 과정이다.

(나) 상담의 방법은 크게 지시적 상담과 비지시적 상담, 절충적 상담이 있다. 특히 비지시적 상담의 과정은 대략 상담관계의 형성 → 문제의 탐색 → 문제의 해석 → 재방향의 설정의 4단계를 거친다.
1단계, 상담은 상담관계의 형성에서 출발한다. 상담자와 내담자는 공동의 목적 및 목표를 설정하고, 협력적인 인간관계(rapport)를 형성한다. 이러한 상담관계의 기본조건은 신뢰 등이다. 2단계, 실제생활에 대한 내담자의 문제나 증세를 규명하기 위한 탐색이 이루어진다. 3단계, 상담자의 해석은 내담자의 감정뿐만 아니라 그 의도와 이면 등을 종합적으로 고려하여 이루어진다. 4단계, 내담자가 자신의 잘못된 관념이나 개념을 포기하고, 보다 정확한 개념을 믿게 되는 새로운 재방향의 설정이 이루어진다.

(다) 20세기 초 Parsons의 직업지도에서 시작된 생활지도 운동은 Thorndike를 중심으로 한 심리측정과 심리검사 등으로 더욱 발달하게 되었다. 그리하여 과거의 직업문제라든가 학업문제를 다루었던 생활지도가 학생의 심리적 적응을 돕는 것으로 보는 개인지도, 개인상담의 성격을 띠고 발달하였다. 이러한 상담방법은 특성-요인이론에 근거한 것으로 Williamson의 「학생상담의 방법(How to counsel student)」이란 저서가 출간되면서 체계화되었다. 특히 당시의 정신위생 운동이 이와 같은 상담자중심 상담의 발달을 촉진하였다.

(라) 또 하나의 상담방법은 자아이론에 근거한 것으로 Rogers의 「상담과 정신치료(Counselling and psychotherapy)」란 저서가 출간되면서 체계화되었다. 그의 상담을 내담자중심 상담이라고 한다. 이러한 상담은 인간중심 상담으로 발전하였다.

〈배 점〉

- 답안의 논리적 구성 및 표현 〔총4점〕
- 논술의 내용 〔총16점〕
  · 상담의 원리 설명 〔4점〕
  · 상담관계의 기본조건 논의 〔4점〕
  · 상담의 기술 논의 〔2점〕
  · 지시적 상담과 비지시적 상담의 비교 설명 〔6점〕

논술 모의고사10-1 기본답안

I. 서설

상담이란 상담자와 내담자간에 수용적이고 구조화된 관계를 형성하고, 이 관계 속에서 내담자가 자기자신과 현실환경에 대해서 의미있는 이해를 증진하도록 하여 궁극적으로 내담자의 성장과 발달을 촉진하는 심리적인 조력의 과정이다. 상담은 상담관계의 형성에서 출발한다. 상담자와 내담자는 공동의 목적 및 목표를 설정하고, 협력적인 인간관계(rapport)를 형성한다. 지시적 상담을 상담자중심 상담, 비지시적 상담을 내담자중심 상담이라고 한다.

아래에서는 상담의 원리를 설명하고, 상담관계의 기본조건과 상담(면접)의 기술을 논의한 다음, 지시적 상담과 비지시적 상담을 비교 설명하고자 한다.

II. 상담의 원리

첫째, 개별화의 원리이다. 상담자가 내담자의 독특한 특성을 이해하고 건전한 적응을 할 수 있도록 내담자를 도와주는데 다양한 원리, 방법과 절차를 활용하는 것이다. 둘째, 수용의 원리이다. 상담자가 내담자의 장-단점, 긍정적 감정과 부정적 감정, 적응적 성격과 부적응적 성격 등을 있는 그대로 받아들이는 것이다. 셋째, 비심판적 태도의 원리이다. 상담자가 내담자의 문제행동에 대하여 좋다 나쁘다 등의 판단을 해서는 안 되는 것이다.

넷째, 자기결정의 원리이다. 내담자가 스스로 나아갈 방향을 선택하고 결정하도록 내담자의 욕구와 잠재능력을 자극하는 것이다. 다섯째, 비밀보장의 원리이다. 상담자가 내담자의 문제행동에 관하여 알고 있는 비밀을 준수하는 것이다. 이외에도 의도적 감정표현의 원리, 통제된 정서관여의 원리 등이 있다.

III. 상담관계의 기본조건과 상담의 기술

1. 상담관계의 기본조건

첫째, 수용(acceptance)이다. 수용이란 인간의 가치와 존엄성에 대한 인식으로 무조건적 긍정적 존중, 무소유적 온정이라고도 한다. 상담자가 내담자의 존재, 성장과 발달의 가치를 인정하고 그러한 가치를 구현하도록 가능한 조건을 제공하려는 마음의 자세를 수용이라고 한다.

둘째, 공감적 이해(empathic understanding)이다. 공감적 이해는 내담자의 입장이 되어서 그를 이해하는 것으로 감정이입적 이해, 내적 준거체제에 의한 이해, 간주관적 이해라고도 한다. 상담자는 내담자의 입장이 되어 그가 서 있는 자리에 서 보는 것이다. 상담자는 내담자가 지닌 감정, 가치, 이상, 고민, 갈등을 가지고 그가 처해 있는 상황에 서 보는 것이다.

셋째, 일치(genuineness)이다. 일치란 상담자의 내적 경험과 그에 대한 인식의 합치를 의미하며, 진실, 성실, 명료, 순수, 솔직 등으로 불리고 있다. 나아가 상담자의 심리적인 내적 경험과 인식만이 아니라 그에 대한 표현도 모두 합치되는 것을 말한다.

2. 상담의 기술

첫째, 수용이다. 상담자가 내담자를 인간으로 존중하고, 내담자가 지금보다 더 성장하고 발전하여야 할 가치가 있음을 존중하는 것이다. 둘째, 공감적 이해이다. 상담자가 내담자의 말과 행동 중에서 표현된 내면적인 감정, 태도, 가치관 등의 의미를 정확하게 이해하는 것이다. 셋째, 일치이다. 상담자가 내담자에게 개방적이고 솔직하며 신뢰로운 사람임을 보여주는 것이다. 이외에도 신뢰, 자기노출이 있다.

IV. 지시적 상담과 비지시적 상담의 비교

1. 지시적 상담

임상적 상담이라고도 하는 지시적 상담은 상담자가 내담자의 문제에 대한 해석을 해주고 정보를 제공하며, 지시와 충고·조언을 해주는 방법을 말한다.

첫째, 상담자의 적극적인 지시와 충고·조언을 전제로 하는데, 상담자는 풍부한 경험과 정보를 가지고 있으므로 내담자의 문제에 대해 지도를 할 수 있다. 둘째, 지시적 상담에서는 개인의 정서적 적응보다 지적 적응을 더 강조한다. 셋째, 지시적 상담에서는 개인의 현재보다 과거를 더 중시한다. 넷째, 상담 및 심리치료는 변화의 준비기간을 의미한다. 다섯째, 내담자는 자기의 문제를 독립적으로 해결하지 못하지만, 상담자는 내담자가 인격의 모든 측면에서 최선의 방향으로 성장하도록 암시한다.

2. 비지시적 상담

비지시적 상담은 상담자가 내담자의 성장력에 대한 강력한 신념을 가지고, 이 신념을 토대로 내담자의 자기성장을 촉진하는 허용적인 분위기를 조성하는 방법을 말한다.

첫째, 모든 개인은 스스로 성장력을 가지고 있기 때문에 환경에 적응할 수 있다. 모든 인간은 적절한 환경조건만 제공된다면, 자아실현을 할 수 있는 성장력이 있다는 가설을 'if~ then~ 가설'이라고 한다. 둘째, 비지시적 상담에서는 개인의 지적 적응보다 정서적 적응을 더 강조한다. 셋째, 비지시적 상담에서는 개인의 과거보다 현재를 더 중시한다. 넷째, 상담 및 심리치료 그 자체는 성장의 과정을 의미한다. 다섯째, 내담자는 자기의 문제를 독립적으로 해결할 수 있다고 믿는다.

V. 결어

상담의 원리는 개별화의 원리, 수용의 원리, 비심판적 태도의 원리 등이 있다. 상담관계의 기본조건은 수용, 공감적 이해, 일치 등이다. 특히 Rogers는 일치(genuineness)를 상담의 필수조건이라고 하여 대단히 강조하고 있다. 이러한 기본조건을 바탕으로 한 상담의 기술이 필요하다.

지시적 상담은 상담자를 중심으로 지시와 충고·조언 등을 주된 방법으로 하는 반면, 비지시적 상담은 내담자를 중심으로 모든 측면에서 수용적이고 허용적인 방법으로 한다. 지시적 상담은 지적 문제를 가진 내담자에게 효과적인 반면, 비지시적 상담은 특히 정서적·심리적 문제를 가진 내담자에게 효과적이다.

논술 모의고사 10-2

• 이 예상문제는 주요대학 교재를 분석·통합하여 저작되었으며, 〈저작권법〉에 따라 무단 복제, 배포, 출판 및 전자출판 등 저작권을 침해하는 일체의 행위를 금지합니다.

다음은 행동주의 상담, 인간중심 상담의 인간관과 그 주요내용의 일부이다. 이 내용을 바탕으로 행동수정의 절차와 조건을 각각 제시하고, ⓐ에서 언급된 행동수정의 기법에 대하여 각각 설명하시오. 그리고 인간중심 상담의 과정(절차)을 설명하시오. [총20점]

(가) 행동주의를 주창한 Watson의 다음과 같은 입장은 행동주의 심리학의 인간관을 극단적으로 표현하고 있다. '나에게 건강한 몇 명의 아이를 달라. 그러면 나의 특별한 세계에서 그들의 재능과 흥미·습관·능력·인종여하를 불문하고, 의사·변호사·예술가·대통령 심지어 거지나 도둑이라도 당신이 선택하는 그러한 사람이 되도록 훈련시켜 주겠다.'
부적응행동(R)의 원인은 반응적 행동을 유발하는 원인자극(S´)과 조작적 행동을 강화·유지 또는 약화·제거하는 결과자극(S˝)으로 분류된다. 첫째, 원인자극(S´) → 부적응행동(R)으로 확인된 경우 원인자극을 조절함으로써 부적응행동(R)을 약화·제거하는 방안을 강구해야 한다. 둘째, 결과자극(S˝) → 부적응행동(R)으로 확인된 경우 결과자극을 조정함으로써 부적응행동(R)을 약화·제거하는 방안을 강구해야 한다.

(나) 행동수정의 기법은 상호제지의 원리를 응용한 (ⓐ : 체계적 둔감법, 역조건형성, 혐오치료), 내폭치료, 홍수법 등과 강화의 원리를 응용한 조형(shaping), 차별강화, 상반행동강화, 수행계약, 소거, 격리(TO), 모델링(modelling) 등을 주로 사용한다. 또한 자료의 수집을 위한 심리측정과 심리검사, 진단적 면접, 질문지 등이 널리 사용된다.

(다) Rogers는 긍정적 입장에서 인간은 선천적으로 선하고, 인간은 동물과 질적으로 다르며, 인간은 유일하고도 통합된 전체로 간주한다. 또한 주관적 경험과 지금-여기(here and now)에서 대인관계의 특성을 중시하며, 정서적·심리적 문제를 해결하는데 있어서 개인의 선택과 책임을 강조한다. 심리적 적응은 내적 욕구와 외적 기준의 일치, 이상적 자아와 현실적 자아의 일치, 실제적 경험과 지각된 경험이 일치하는 결과이다. 이와 반대로 심리적 부적응은 내적 욕구와 외적 기준의 괴리, 이상적 자아와 현실적 자아의 괴리, 실제적 경험과 지각된 경험의 괴리가 생긴 결과이다.

(라) Rogers는 「상담과 정신치료(Counselling and Psychotherapy)」에서 상담의 과정을 12단계로 구분하고 있다. 이 상담의 과정은 4단계 또는 6단계로 요약될 수 있다.

〈배 점〉

• 답안의 논리적 구성 및 표현 [총5점]
• 논술의 내용 [총15점]
 · 행동수정의 절차와 조건 제시 [6점]
 · ⓐ에서 언급된 행동수정의 기법 설명 [3점]
 · 인간중심 상담의 과정 설명 [6점]

논술 모의고사10-2 기본답안

I. 서설

행동주의 상담은 고전적 조건화와 조작적 조건화에 기초한 행동주의 심리학의 학습이론에 근거하고 있다. 행동주의 상담은 인간행동에 중점을 둔 상담 및 심리치료이론으로, 고전적 조건화에 기초한 Wölpe의 상호제지의 원리와 조작적 조건화에 근거한 강화의 원리로 나누어진다. Rogers는 개인이 자신과 환경을 어떻게 지각하고 있는가에 따라 사고·감정·행동이 결정된다고 전제한다.

아래에서는 행동수정의 절차와 조건을 제시하고, 행동수정의 기법에 대하여 각각 설명한 다음, 인간중심 상담의 과정(절차)을 살펴보고자 한다.

II. 행동주의 상담

1. 행동수정의 절차와 조건

행동수정의 절차는 목표행동의 선정과 정의 → 목표행동의 기초선(baseline) 측정 → 행동수정의 기법 적용 → 행동수정의 효과 검증 → 목표행동의 일반화 등의 5단계로 진행된다.

제1단계는 목표행동의 선정과 정의이다. 학습시켜야 할 행동을 직접 관찰과 측정이 가능한 행동으로 구체화·세분화해야 한다. 제2단계는 목표행동의 기초선(baseline) 측정이다. 학습시켜야 할 행동의 발생빈도나 지속시간을 측정해야 한다. 제3단계는 행동수정의 기법 적용이다. 적응행동을 증가시키고, 부적응행동을 감소시킨다.

제4단계는 행동수정의 효과 검증이다. 행동수정의 기법 적용 이전, 즉 목표행동의 기초선 측정 단계로 반전(反轉)해서 학생의 행동변화를 측정한다. 제5단계는 목표행동의 일반화이다. 학습시킨 행동을 일반화하고 고착시킨다.

행동수정의 조건을 정리하면 다음과 같다. 첫째, 강화는 즉각적으로 주어야 한다. 그래서 지연된 강화는 효과가 작다. 둘째, 강화는 점진적으로 주어야 한다. 셋째, 강화는 일관성있게 주어야 한다. 넷째, 강화는 충분하게 주어야 한다. 다섯째, 강화는 목표행동에 맞추어 직접 주어야 한다. 여섯째, 실제로 강화물의 효과를 검증해야 한다. 일곱째, 강화는 반응에 수반되어야 한다.

2. 행동수정의 기법

첫째, 체계적 둔감법은 불안위계에 따라 내담자가 가장 낮은 불안이나 공포를 유발하는 자극을 제시하여 그 자극에 대해 전혀 불안을 느끼지 않았을 때 다음 단계의 높은 불안유발자극을 제시하여 가장 높은 불안유발자극을 제시해도 상상 속에서 전혀 불안이나 공포를 느끼지 않도록 하는 기법으로, 역조건형성을 이용한다.

둘째, 역조건형성은 불안이나 공포 등 기존의 조건반응을 유발하는 조건자극과 새로운 자극을 결합시켜 실제상황 속에서 기존의 조건자극에 대해서 새로운 반응을 형성하는 기법이다.

셋째, 혐오치료는 문제행동을 할 때 불쾌자극을 동시에 제시하여 그 행동을 감소시키는 기법이다. 익모초는 혐오치료를 이용한 것이다.

III. 인간중심 상담의 과정

인간중심 상담의 과정은 상담관계의 형성 → 문제의 탐색 → 문제의 해석 → 통찰 → 실행 → 통합의 6단계로 요약될 수 있다.

제1단계는 상담관계의 형성이다. 내담자가 상담자의 도움을 요청한다. 상담자와 내담자의 상담관계를 정의한다. 제2단계는 문제의 탐색이다. 상담자는 내담자의 자유로운 감정표현을 촉진한다. 상담자는 내담자의 부정적/긍정적 감정표출을 수용한다. 제3단계는 문제의 해석이다. 여기서 상담자의 해석은 내담자의 통찰로 간주된다.

제4단계는 통찰이다. 내담자는 자기이해와 통찰을 한다. 내담자는 의사결정과 문제에 대한 해결책을 탐색한다. 제5단계는 실행이다. 내담자는 긍정적 사고와 행동을 한다. 내담자는 보다 정확한 자기이해와 통찰을 한다. 제6단계는 통합이다. 내담자는 이상적 자아와 지각된 현실적 자아간의 조화를 경험한다. 내담자는 상담자의 도움을 필요로 하지 않는다.

IV. 결어

행동수정의 절차는 목표행동의 선정과 정의에서 시작하여 5단계로 진행되고, 행동수정의 원리와 조건은 강화든 벌이든 똑같이 적용되는 원칙이 된다. 체계적 둔감법, 역조건형성 등은 상호제지의 원리를 응용한 행동수정의 기법이다. 인간중심 상담의 과정은 상담관계의 형성에서 시작하여 6단계로 요약될 수 있다. 행동주의 상담의 기본가정은 환경결정론적 관점이며, 백지설의 입장이다. 인간중심 상담의 기본가정은 비결정론(자유의지론)적 관점에 근거하며, 성선설의 입장이다.

제11장

교육평가

논점1 교육평가의 의의

① 개념

교육평가는 〈교육의 과정 자체의 효율성을 판단하며, 교육목표의 달성도를 판단하고, 학생에 관한 정보를 수집, 제공하는 과정〉으로 정의된다. 이러한 교육평가에는 3가지가 포함되어 있다. 첫째, 교육목표의 달성도를 평가한다. 과연 의도했던 교육목표가 인지적·정의적·운동기능적 측면에서 어느 정도 달성되었는지를 검증한다. 즉, 학생의 행동변화(량)를 검증한다. 둘째, 학생에 관한 정보의 수집, 제공이다. 특히 교육과정 구성, 생활지도 및 상담에서 꼭 필요한 것이 학생이해를 위한 기본자료이다. 셋째, 교육의 과정 각 요소들에 대한 효율성과 적합성을 평가한다. 그래서 교육목표의 설정, 교육내용의 선정, 교육내용의 조직, 교수-학습과정, 교육평가 자체의 신뢰성 및 타당성 등을 검증한다.

② 특징 : 교육평가의 목적

교육평가는 교육목표의 달성도를 평가하는 교육의 반성적 과정이다. 따라서 학생의 교육목표의 달성도를 평가할 뿐만 아니라 교사의 수업방법, 수업지도를 평가하며, 나아가 교육의 과정 자체와 교육의 사회적 공헌도까지도 평가한다. 이러한 교육평가의 목적을 살펴보면 다음과 같다.

첫째, 교육목표의 달성도를 측정한다. 둘째, 학생의 행동변화(량)를 측정한다. 셋째, 행동변화의 증거를 수집, 제공한다. 넷째, 개인차를 파악하기 위한 수단이다. 다섯째, 인간을 이해하기 위한 수단이다. 따라서 교육평가는 학생의 평가인 동시에 교사의 평가이며, 교육내용의 평가이다.

논점2 교육평가의 기능 및 한계

① 교육평가의 기능

- 학습동기의 강화 기능

  교육평가는 학생의 학습동기를 유발하고 강화해 준다. 교육평가는 대부분의 경우 외적 동기와 관련이 있는데, 예를 들면 '시험공부'가 이에 속한다.

- 교육과정의 개선, 교수-학습과정의 개선 기능

  학습곤란이나 오류의 진단, 목표달성도의 수시 확인, 개인차의 확인 등에 기초하여 광의에서는 교육과정의 개선, 협의에서는 교수-학습과정의 개선에 도움을 준다.
- 상급학교, 학부모, 지역사회의 요구충족 기능
  대학의 요구, 학부모의 필요, 지역사회의 요구를 충족시킨다.
- 교육적 정치 기능
  진학, 취업, 집단조직 등과 같은 교육적 정치의 기능이 있다(예 : 능력별 반편성).
- 교육적 선발 기능
  선발고사, 배치고사 등과 같은 교육적 선발의 기능이 있다.
- 생활지도 및 상담의 정보제공 기능
  생활지도 및 상담에서 필요로 하는 학생이해의 기본자료를 제공한다.
- 교육계획, 수업계획의 정보제공 기능
  교육계획, 수업계획에 필요한 기본자료를 제공한다.

② 교육평가의 한계
- 평가대상(평가내용)의 불명확성
  인간행동의 경우 평가대상이나 평가내용이 불분명하므로 조작적 정의가 어렵다. 특히 성실성, 정직성, 준법성 등과 같은 정의적 측면을 명확하게 정의하기가 어렵다.
- 평가방법, 평가도구의 불완전성
  인간행동에 대한 평가는 어떤 방법으로 측정해야 하는지가 불분명하다. 또한 인간행동을 평가하기 위하여 개발된 평가방법, 평가도구가 불완전하여 측정의 오차가 크게 작용한다.
- 간접평가의 문제점
  대부분의 교육평가는 직접평가가 어렵다. 즉, 간접평가의 결과에 따르고 있는데 문제점이 있다. 수학능력이 어느 정도인지를 측정하기 위해서는 수학문제를 풀게 하고, 그 결과에 따라서 수학능력을 짐작할 수 있을 뿐이다.
- 평가결과의 수량화의 문제점
  우리들이 사용하는 (원)점수에는 절대영점이 없다. 또한 교과의 성격이나 평가기준이 서로 다른데도 덧셈·뺄셈·곱셈·나눗셈을 하고 있는데 문제점이 있다. 예를 들면 학력검사의 점수 50점이나 80점은 절대기준이 없으며, 그 덧셈·뺄셈·곱셈·나눗셈을 하는 것은 성립되지 않는다.
- 평가상황의 문제점
  평가는 인간행동의 표집(표본)을 다룬다. 따라서 표집오차가 개입될 가능성이 많다는데 문제점이 있다. 예를 들면 한 학생의 준법성을 집에서 관찰하는 경우와 학교에서 관찰하는 경우, 검사시간을 제한하는 경우와 제한하지 않는 경우 그 오차변인이 크게 작용할 수 있다.

논점3 교육관의 변화

① 선발주의적 교육관(1930~40년대)
- 의의

    선발적 교육관은 어떤 교육목표라든가 교육수준에 도달할 수 있는 학습자들은 어떤 교육방법을 사용하든지 일부나 소수에 지나지 않는다고 보는 교육관이다. 이것은 전통적 교육관으로 측정관의 입장이 된다. 선발적 교육관에 입각한 평가활동은 어떤 교육목표라든가 교육수준에 도달할 가능성이 있는 소수의 엘리뜨만을 엄격히 선발하기 위한 활동이며, 개인차의 변별에 관심을 둔다.

- 특징

    첫째, 인간의 지적 능력(지능)은 유전적이고 생득적이라고 본다. 둘째, 지능과 학업성취의 상관관계가 높게 나타나면 통계적으로 매우 의미있는 것으로 간주한다. 셋째, 따라서 교육의 실패에 대한 일차적인 책임은 학습자에게 있다고 본다.

② 발달주의적 교육관(1960년대)
- 의의

    발달적 교육관은 적절한 교육방법만 제시된다면 모든 학습자들이 일정한 교육목표를 달성할 수 있다고 보는 교육관이다. 이것은 실험적 교육관으로 평가관의 입장이 된다.

    발달적 교육관에 입각한 평가활동은 일정한 교육목표를 달성할 수 있도록 모든 학습자에게 적절한 교육방법을 제공하기 위한 활동이며, 교육목표의 달성도를 평가하는데 관심을 둔다. Carroll의 새로운 지능 개념(위계요인이론), Bloom의 완전학습을 위한 수업과정모형, Glaser의 체제이론에 입각한 수업과정모형, Bruner의 지식의 구조와 나선형 교육과정, Gagné의 학습과제 분석과 학습위계, Cronbach & Snow의 적성-처치 상호작용모형 등은 발달적 교육관의 이론적 배경이 되고 있다.

- 특징

    첫째, 인간의 지적 능력(지능)은 환경과 경험에 의해서 변화될 수 있다고 본다. 둘째, 지능과 학업성취의 상관관계가 높게 나타나면 교육은 실패한 것으로 간주한다. 셋째, 따라서 교육의 실패에 대한 일차적인 책임은 교사에게 있다고 본다.

③ 인본주의적 교육관(1970년대)
- 의의

    인본적 교육관은 발달적 교육관을 확대시킨 형태로써 인간의 전인적 성장, 즉 자아실현을 중시하는 교육관이다. 이것은 총평관 또는 사정관의 입장을 취한다.
- 특징

  첫째, 인간은 가변적인 환경과 상호작용하는 능동적이고 주체적인 존재로 본다. 둘째, 교육은 인간의 전인적 성장, 즉 자아실현의 과정이다. 셋째, 여기서 교육의 실패에 대한 책임은 교사와 학생의 공동책임으로 본다.

논점4 교육평가의 관점

① 측정관(measurement)
- 의의

  측정관은 사물의 특성이나 인간의 행동(특성)을 수치로 표시하는 활동이다. 선발적 교육관에 토대를 두고 있는 이 측정관을 대표하는 학자는 Thorndike, Thurstone, Strong 등이다.
- 특징

  첫째, 인간의 행동은 불변적이고 안정적이라고 본다. 그러므로 인간의 행동은 객관적인 관찰과 측정이 가능하다고 본다(개인의 불변성).

  둘째, 검사도구의 신뢰도와 객관도를 중시한다. 왜냐하면 정확하고 오차없이 측정했는지에 관심이 있기 때문이다. 여기서 검사도구의 타당도는 예언타당도, 공인타당도의 형태로 결정된다.

  셋째, 검사방법과 절차의 표준화를 요구한다.

  넷째, 환경을 오차변인으로 간주, 무시하거나 통제한다(환경의 불변성).

  다섯째, 측정결과는 등급이나 자격부여, 선발·분류·배치를 비롯하여 예언, 실험 등에 이용된다.

  여섯째, 정상분포를 가정하고, 규준지향의 상대평가를 강조한다.

  일곱째, 주로 간접적 평가가 사용된다.

  여덟째, 주로 객관식 평가가 사용된다. 특히 양적 평가를 강조한다.

② 평가관(evaluation)
- 의의

  평가관은 측정의 결과에 어떤 기준(목표)에 비추어 가치판단을 내리는 활동이다. 발달적 교육관에 토대를 두고 있는 이 평가관을 대표하는 학자로는 Tyler, Taba, Bloom, Furst, Cronbach 등이다.

- 특징

    첫째, 인간의 행동은 변화한다고 본다. 따라서 평가는 인간의 행동변화를 판단하는 일련의 절차로 본다(개인의 가변성).

    둘째, 검사도구의 내용타당도를 중시한다. 왜냐하면 목표달성도를 확인하는데 관심이 있기 때문이다.

    셋째, 평가는 개인의 행동변화에 주된 목적이 있지만, 그 행동변화에 투입된 모든 변인의 효과를 평가하는 것도 그 목적이다.

    넷째, 환경을 행동변화의 주요변인으로 간주하고, 오차변인으로 간주하지 않는다(환경의 가변성).

    다섯째, 평가결과는 예언, 실험을 비롯하여 등급이나 자격부여, 선발·분류·배치 등에 이용된다.

    여섯째, 부적 편포를 가정하고, 규준지향의 상대평가보다 준거지향의 절대평가를 강조한다.

    일곱째, 간접적 평가, 직접적 평가가 모두 사용된다.

    여덟째, 객관식 평가, 주관식 평가가 모두 사용된다. 그래서 양적 평가, 질적 평가를 모두 강조한다.

③ 총평관(assessment)
- 의의

    총평관 또는 사정관은 특수한 상황이나 특수한 과제에 있어서 효율적인 적응에 관한 적합도의 문제인데, 총체적 평가 또는 전인격적 평가이다. 인본적 교육관에 토대를 두고 있는 이러한 총평관 또는 사정관을 대표하는 학자는 Wolf, Dave, Stodolsky 등이다.

- 특징

    첫째, 개인의 행동을 특정한 상황이나 특정한 과제와 관련시켜 판단을 한다. 그러므로 총평은 개인과 환경의 상호작용에 관심을 둔다(개인의 가변성).

    둘째, 검사도구의 구인타당도를 중시한다. 왜냐하면 개인에 관한 증거와 환경에 관한 증거 사이에 상관관계나 인과관계가 있을 것으로 가정하기 때문이다.

    셋째, 표준화검사 이외에도 관찰법, 면접법, 질문지법, 집단토의, 역할놀이 등의 다양한 기법을 사용한다. 그러므로 개인에 관한 정보는 양적 형태와 질적 형태가 된다.

    넷째, 개인과 환경의 상호작용에 의한 역동성을 활용한다(환경의 가변성).

    다섯째, 총평의 용도는 예언, 실험을 비롯하여 등급이나 자격부여, 선발·분류·배치 등에 사용된다.

    여섯째, 부적 편포를 가정하고, 규준지향의 상대평가보다 준거지향의 절대평가를 강조한다.

    일곱째, 간접적 평가, 직접적 평가가 모두 사용된다.

여덟째, 객관식 평가, 주관식 평가가 모두 사용된다. 그래서 양적 평가, 질적 평가를 모두 강조한다.

논점5 목표중심평가모형 : Tyler의 목표성취평가모형

① 의의

교육평가를 교육과정이나 수업 등 교육프로그램의 목표가 실제로 어느 정도 달성되었는지를 결정하는 것으로 보는 평가모형이다.

교육평가는 교육과정이나 수업 등 교육프로그램의 목표가 실제로 어느 정도 성취되었는지를 결정하는 과정이다.(Tyler, 1971) 교육평가는 어떤 수업이 끝났을 때 그 수업이 행동목표의 달성에 성공적이었는지를 결정하는 과정이다. 따라서 목표성취평가에 있어서 행동목표의 달성(성취)은 교육프로그램의 적절성을 의미하는 반면, 행동목표의 미달(불성취)은 교육프로그램의 부적절성을 의미한다.

② 특징

이러한 교육평가의 기능(목적)은 다음과 같다.

첫째, 교육목표의 적절성을 판단하는 준거를 제공한다. 둘째, 교육목표의 설정과 분류, 교육목표의 명세화에 기여한다. 셋째, 학습경험의 선정·조직에 기여한다. 넷째, 교수-학습과정의 개선에 기여한다. 다섯째, 교육프로그램의 개선에 기여한다.

논점6 Tyler의 목표성취평가모형 : 교육평가의 절차

그는 교육평가의 절차를 7단계로 제시하였다.

제1단계 : 교육목표를 설정한다.

제2단계 : 교육목표를 분류한다.

제3단계 : 교육목표를 행동적 용어로 표현(진술)한다.

제4단계 : 교육목표의 달성도를 측정할 수 있는 평가장면을 선정한다.
제5단계 : 평가방법, 평가도구를 개발한다.
제6단계 : 평가를 실시하고, 평가결과를 종합(자료의 수집·분석, 처리)한다.
제7단계 : 평가결과를 기록, 보고한다.

논점7 평가기준에 따른 분류 : 상대평가

① 의의
- 개념

상대기준평가 또는 상대평가는 평가기준이 표준점수에 의거하여 조작되는 평가방법이다. 즉, 표준점수에 의거한 규준지향평가(norm-referenced evaluation)이다. 그러므로 규준지향평가는 어떤 점수를 일정한 가정과 법칙에 의한 통계적 방법을 사용해서 표준점수로 변환하여 평가하는 방법이다. 상대평가의 주된 목적은 한 집단 내에서 각 점수의 개인간 비교에 있다. 이 상대평가는 표준점수(Z점수, T점수 등)로 표시하며, 선발기준에 적합하다.

상대평가는 지능, 적성, 학력 등에 관한 개인의 위치를 타인과 비교하여 평가하는 방법이다. 따라서 평가기준은 타인, 즉 그가 속한 집단의 평균이 된다. 예를 들면, 한 학년이나 학급에서 성적이 우수한 순서에 따라 수 10%, 우 20%, 미 40%, 양 20%, 가 10%로 평가하는 방법이다.

- 특징

첫째, 선발적 교육관, 측정관에 토대를 두고 있으며, **정상분포를 가정**한다. 둘째, 교육평가의 기능이 교수-학습과정과 밀접한 관계가 없다고 보며, 교육목표의 가치와 질 판단에 관심이 없다. 셋째, 검사도구의 신뢰도와 객관도를 중시하며, 교과전문가 또는 평가전문가가 작성하는 표준화검사를 주로 사용한다.

이와 같은 상대평가방법은 개인의 상대적 위치는 알려주지만, 그 개인이 주어진 교육목표를 어느 정도 달성하였는지는 알려주지 못한다는 문제점이 있다.

② 상대평가의 장-단점
- 장점

첫째, 한 집단 내에서 극히 객관적 평가가 가능하다. 둘째, 각 점수가 표시하는 가치와 한 집단 내에서 각 개인의 상대적 위치가 명확하다. 셋째, 개인차의 변별이 용이하다. 넷째, 평가결과의 해석은 타인과 비교할 때 명확하다. 다섯째, 학생들의 경쟁심을 자극하여 외적 동기유발이 가능하다.
- 단점

  첫째, 지적 계급주의, 지적 엘리트주의 등 비교육적 경쟁심을 조장한다. 둘째, 완전학습이론이 제시한 교육의 가능성을 부정한다. 셋째, 교육목표의 달성도를 파악할 수 없다. 넷째, 학생의 정신위생이나 성격장애·정서장애 등에 큰 영향을 미친다. 다섯째, 평가결과가 교육의 개선에 필요한 아무런 정보도 제공해 주지 못한다.

논점8 평가기준에 따른 분류 : 절대평가

① 의의
- 개념

  절대기준평가 또는 절대평가는 평가기준이 교육의 과정을 통해 달성하려고 하는 교육목표 또는 수업목표에 있는 평가방법이다. 즉, 목표지향평가 또는 준거지향평가(criterion-referenced evaluation)인데, 평가기준은 절대기준이라는 준거이다. 이 준거는 학습자 개인에게 교육목표로 설정된다. 그러므로 교육목표의 달성도를 평가할 수 있는 평가도구를 제작하고 이에 따라 평가된 결과를 타인과 비교하지 않고, 그대로 기록하는 평가방법이다. 이러한 절대평가는 성취율(%)로 표시하며, 자격기준에 적합하다.

  절대평가는 교육목표 또는 수업목표의 달성도를 평가하는 방법이다. 여기서 평가기준은 타인이 아니고 수업목표가 된다. 예를 들면, 수·우·미·양·가로 평가하되, 수는 수업목표의 90%이상 달성자, 우는 80~90% 달성자 등으로 정한 경우, 어떤 학년이나 학급의 전원이 90%이상을 달성하면 그 전원에 '수'의 성적을 매기는 평가방법이다.

- 특징

  첫째, 발달적 교육관, 평가관(또는 인본적 교육관, 총평관)에 토대를 두고 있으며, **부적 편포를** 가정한다. 둘째, 교육평가의 기능이 교수-학습과정과 밀접하고 유기적인 관계가 있다고 보며, 교육목표의 가치와 질 판단에 관심을 둔다. 셋째, 검사도구의 타당도를 중시하며, 교사 개인이나 교사집단이 제작하는 교사제작검사를 주로 사용한다.

  이와 같은 절대평가는 첫째, 인간의 생명을 다루는 법관자격시험이나 의사자격시험, 자동차운전면허시험 등 둘째, 학습의 위계구조가 뚜렷한 수학이나 자연과학 등 셋째, 모든 교과목의 기초학습과정에서 우선적으로 강조된다.

② 절대평가의 장-단점
- 장점

  첫째, 개인차의 극복에 관심을 두고, 교육의 효과에 대한 가능성을 긍정한다(예 : Bloom의 완전학습이론). 둘째, 학생의 도전상대는 같은 동료학생이 아니라 지적 탁월성인 준거이다. 셋째, 교육목표의 달성도를 파악할 수 있다. 넷째, 평가결과는 교육의 개선에 필요한 다양한 정보를 제공해 준다. 다섯째, 학생이 무엇을 알고 있는가 또는 무엇을 할 수 있는가에 대한 직접적인 정보를 제공해 준다.

- 단점

  첫째, 절대기준이 되는 준거의 설정이 곤란하다. 둘째, 평가결과의 통계적 처리가 곤란하다. 셋째, 개인차의 변별이 곤란하다.

논점9 평가시기(평가기능)에 따른 분류 : 진단평가

① 의의
- 개념

  진단평가는 학생들의 정치, 선수학습(선행학습)의 결핍여부, 학습결함이나 오류를 진단하기 위해 실시하는 평가이다. 즉, 수업활동이 시작되기 전에 학생들의 정치, 선수학습의 결핍여부를 파악하고, 수업활동이 진행되는 도중에 학습결함이나 오류를 진단한다.

  학생들을 그들의 능력에 알맞은 위치에 정치하기 위한 진단검사는 한 학기 또는 학년 초에 실시한다. 출발점행동을 의미하는 선수학습의 결핍여부를 파악하기 위한 진단검사도 역시 한 단원이나 한 학기 또는 학년 초에 실시한다. 이는 대부분의 경우 처방적인 수업활동과 수업평가를 목적으로 실시된다.

  반복적인 원인을 파악하기 위한 학습결함이나 오류의 진단을 위한 검사는 수업의 도중에 실시된다. 그러나 진단평가는 형성평가와 달리, 신체적·정서적·환경적 문제로 인한 수업외적 원인을 파악하기 위한 것이다.

- 특징

  이 진단평가는 일반적인 기능을 측정한다는 점에서 상대평가의 성격을 띠고 있지만, (형성평가와 마찬가지로) 구체적인 수업내용에 대한 습득여부를 평가한다는 점에서는 절대평가의 성격을 띠고 있다.

② 기능

수업활동이 시작되기 전에 실시하는 진단평가의 기능은 첫째, 학습자의 행동(특성), 즉 지능, 적성, 성격, 동기, 흥미 등을 확인한다. 둘째, 학습자가 수업목표와 관련하여 출발점행동을 어느 정도 갖추고 있는지를 확인한다. 셋째, 다음 단계로 나아갈 수 있는지를 사전평가한다. 넷째, 이에 적절한 수업방법, 수업지도를 준비한다. 다섯째, 또한 수업활동이 진행되는 도중에 실시하는 진단평가의 기능은 반복적인 학습결함이나 오류를 보이는 경우 그 원인을 확인하여 교정학습의 방향을 제시해 준다.

- 정치를 위한 진단

  학습자의 행동(특성), 즉 지능, 적성, 성격, 동기, 흥미 등을 확인한다.

- 선수학습을 위한 진단

  첫째, 학습자의 선수학습을 확인한다. 둘째, 학습자의 성취수준을 사전평가한다. 셋째, 개별화 학습에 적합한 수업방법, 수업지도를 결정한다.

- 학습결함이나 오류에 대한 수업외적 원인의 진단, 교정학습의 기회 제공

  수업의 과정에서 학습결함이나 오류를 보이는 경우 신체적·정서적·환경적 문제로 인한 수업 외적 원인을 확인하여 교정학습의 기회를 제공한다.

③ 진단평가의 방법

흔히 기초학력진단검사, 학력진단검사 등의 표준화검사를 사용한다.

논점10 평가시기(평가기능)에 따른 분류 : 형성평가(Scriven, 1967)

① 의의

- 개념

  형성평가는 수업활동이 진행되는 도중에 수업목표를 달성하기 위한 수업활동이 제대로 진행되고 있는지를 수시로 확인·점검하는 평가이며, 흔히 퀴즈·쪽지시험 등이 그 예이다.
  형성평가의 목적은 학업성취정도를 기록하고 보고하는 것이 아니라, 학습과제의 숙달정도를

결정하거나 미숙달한 부분을 지적하는데 있다. 그래서 교과내용과 관련된 지적 문제를 발견하여 즉각적으로 수업활동을 개선함으로써 완전학습을 달성하고자 하는 것이 그 목적이다. 따라서 형성평가는 총괄평가와는 다르며, 수업활동의 일부이다.

- 특징

  이 형성평가는 수업목표와 직결되어 있는 절대평가방법이다. 형성평가는 학생간의 우열을 비교하는 데에는 관심이 없고, 수업목표의 숙달정도에 관심을 둔다.

  이러한 형성평가의 특징은 첫째, 수업활동의 일부이므로 수업시간을 이용한다. 둘째, 학습결과의 피드백을 제공한다. 셋째, 수업목표의 성취기준에 기초한 절대평가를 해야 한다. 넷째, 일반적으로 교사제작검사를 사용한다.

② 기능

형성평가의 기능은 첫째, 학습결과의 피드백을 통해 학습동기를 강화해 준다. 둘째, 학습곤란이나 오류를 지적해 준다. 셋째, 교정학습의 방향을 제시해 준다. 넷째, 이에 적합한 수업방법, 수업지도를 개선해 준다. 다섯째, 교육과정의 질을 개선해 준다.

- 학습결과의 피드백

  학습결과의 피드백을 통해 학습속도를 조절하고 학습동기를 강화해 준다.

- 학습곤란이나 오류에 대한 수업내적 원인의 진단, 교정학습의 기회 제공

  수업의 과정에서 학습곤란이나 오류를 보이는 경우 지적 문제로 인한 수업내적 원인을 확인하여 교정학습의 기회를 제공한다.

- 수업방법, 수업지도의 개선

  학습곤란이나 오류를 분석함으로써 개별화학습에 적합한 수업방법, 수업지도를 개선할 수 있는 정보를 제공한다.

- 교육과정의 질 개선

  교과별 성취기준을 설정함으로써 교육과정의 질 개선을 위한 자료를 제공한다.

③ 형성평가의 방법

일반적으로 교사제작검사를 사용하며, 주로 Mager, Gagné의 목표진술방식을 따르고 있다.

논점11 평가시기(평가기능)에 따른 분류 : 총괄평가

① 의의
- 개념

  총괄평가는 일정기간의 수업활동이 끝난 후에 그 동안의 학습성과를 총합적으로 판정하는 평가이며, 흔히 월말고사, 중간고사, 학기말고사 등이 그 예이다.

  총괄평가의 결과는 기록되고 보존되며, 학생 및 학부모에게 통지된다. 또한 장래의 학업성적을 예측하고, 생활지도 및 상담의 기초자료로 흔히 활용된다. 그리고 상급학교 진학의 내신성적, 취업의 구비서류 등 행정적 목적에도 사용된다.

- 특징

  이 총괄평가는 학습성과에 대한 총합적인 평가이기 때문에 절대평가의 성격을 띠고 있지만, 학생간의 우열을 비교하는 상대평가의 성격을 띠기도 한다.

  이러한 총괄평가의 특징은 첫째, 한 단원의 학습성과가 어느 정도 달성되었는지를 판정하는 것이다. 둘째, 교육목표를 모집단으로 하여 그 모집단을 충분히 대표하는 문항을 표집(표본)해야 한다. 셋째, 수업목표의 성취기준에 기초한 절대평가를 해야 한다. 넷째, 일반적으로 교사제작검사(또는 표준화검사)를 사용한다.

② 기능

총괄평가의 기능은 첫째, 개인의 학업성적을 판정해 준다. 둘째, 후속학습을 예언해 준다. 셋째, 생활지도 및 상담의 기초자료가 된다. 넷째, 집단간 학업성취를 비교할 수 있다. 다섯째, 교육계획, 수업계획의 개선에 도움을 둔다.

- 개인의 학업성적의 총평

  학습자의 교육목표의 달성도를 판정해 주는 기능이다. 상대평가의 경우 개인차의 변별을 통해 등급이나 자격을 부여한다. 반면에 절대평가의 경우 수업목표의 성취기준을 중심으로 그 달성 여부를 제시해 준다.

- 후속학습의 예언, 생활지도 및 상담의 기초자료

  장래의 후속학습을 예언해 주는 기능을 가지고 있으므로 생활지도 및 상담의 기초자료로 흔히 활용된다.

- 집단간 학업성취의 비교

  국가간, 지역간 또는 학교간의 학업성적의 비교는 총괄평가에서 얻은 학습결과를 통해서 비교될 수 있다.

- 교육계획, 수업계획의 개선

    수업방법, 수업지도를 개선할 뿐만 아니라 좀 더 넓은 의미에서는 교육계획, 수업계획을 개선할 수 있는 정보를 제공한다.

③ 총괄평가의 방법

일반적으로 교사제작검사(또는 표준화검사)를 사용하며, 주로 Tyler, Bloom의 목표진술방식을 따르고 있다.

논점12 평가도구에 따른 분류 : 주관식 평가

주관식 평가(기술형 혹은 서술형, 서답형, 논술형)는 피험자가 정답을 구상하거나 재생(再生)하여 기술하는 방식으로 단답형, 완성형, 논문형 등이 있다.

주관식 평가는 반응의 자유가 넓고, 문항이 요구하는 관련지식은 물론 문장력·표현력 등을 내포한다. 따라서 종합적인 이해를 요구한다. 그러나 주관식 평가는 문항의 표집이 충분하지 못하다. 하지만 주관식 평가는 고등정신기능(적용력·분석력·종합력 등)을 측정하는데 알맞다.

논점13 평가도구에 따른 분류 : 객관식 평가

객관식 평가(선택형)는 제시된 답지 중에서 피험자가 선택하거나 재인(再認)하여 기재하는 방식으로 진위형, 배합형(연결형), 선다형 등이 있다.

객관식 평가는 반응의 자유가 좁고, 문항이 요구하는 관련지식만 내포한다. 따라서 정확한 지식이 요구된다. 객관식 평가는 문항의 표집을 충분히 할 수 있다. 그러나 객관식 평가는 자칫하면 단편적인 지식과 이해를 측정하는데 치중할 가능성이 있다. 또한 객관식 평가는 문항을 제작하는데 고도의 훈련과 기술을 요구한다는 점이다.

논점14 주관식 평가와 객관식 평가의 비교

① 반응의 자유

주관식 검사는 학생의 반응이나 교사의 채점의 자유가 상당히 부여되지만, 객관식 검사는 그러한 반응이나 채점의 자유가 제한된다.

② 반응의 특색

주관식 검사는 정답을 생각하기보다는 정답을 쓰는데 많은 시간을 소모하지만, 객관식 검사는 정답을 읽거나 생각하는데 더 많은 시간을 소모한다.

③ 반응의 범위

주관식 검사는 학생이 답안을 구성하여 정답할 것을 요구하는 반면(재생형), 객관식 검사는 제시된 여러 개의 답지 중 학생이 선택적으로 반응한다(재인형).

④ 문항의 표집

주관식 검사는 문항의 수가 적고 광범위한 반응을 요구하는 반면, 객관식 검사는 문항의 수가 많고 단순한 반응을 요구한다.

⑤ 추측의 작용

주관식 검사는 추측요인을 배제할 수 있으나, 객관식 검사는 추측요인이 작용할 수 있다.

⑥ 검사의 질적 수준

주관식 검사의 질적 수준은 피검사자와 검사자(채점자)에 의해 결정되지만, 객관식 검사의 질적 수준은 검사제작자에 의해 결정된다.

⑦ 노력과 시간 등

주관식 검사는 문항의 제작이 용이하지만 채점에 노력과 시간이 많이 소요되는 반면, 객관식 검사는 문항의 제작에 많은 노력과 시간이 소요되지만 채점이 용이하다.

⑧ 채점의 객관성

주관식 검사는 채점자의 임의성이 개입될 수 있으나, 객관식 검사는 채점자의 임의성이 전혀 개입될 수 없다. 즉, 객관성이 매우 높다.

논점15 표준화검사의 의의

① 개념

표준화검사는 교과전문가 또는 평가전문가가 일정한 측정이론에 입각하여 해당하는 전체 성별, 연령 또는 학년을 모집단으로 하여 제작된 검사이며, 일정한 기준(규준)에 의거 검사결과를 해석하는 검사이다. 표준화검사의 대표적인 예는 지능검사, 성취도검사(학력검사), 적성검사, 인성검사, 흥미검사 등이 있다. 표준화검사는 비표준화검사인 교사제작검사에 대응하는 검사이다. 이러한 표준화검사가 중요한 의사결정에 활용되는 경우 고부담검사(high-stake test)라고 한다.

② 특징
- 우선 검사도구의 제작과정에서 사전에 충분한 검토와 실험적 절차에 의해 검사문항의 양호도를 검증하여 작성한 검사이다.
- 측정하고자 하는 어떤 행동특성이 구체적으로 무엇인가 하는 것이 조작적으로 정의되어 표준화된 검사이다.
- 어느 집단에 실시해도 검사시간, 검사의 지시, 물리적·심리적 조건이 일정하게 유지되도록 검사방법과 절차 등이 표준화된 검사이다.
- 채점의 신뢰성, 객관성, 공정성 등이 일정하게 유지되도록 채점방법이 표준화된 검사이다.
- 일정한 통계적 방법과 실험적 절차를 거쳐 만든 객관적 기준(규준)에 의거 검사결과를 해석하는 방법이 표준화된 검사이다.

논점16 표준화검사의 제작절차

일반적으로 표준화검사의 제작절차는 검사목적의 설정 → 검사문항의 제작 → 예비검사의 실시 → 통계적 처리 → 표준화검사의 제작/편집 → 본검사의 실시 → 규준(norm)의 작성 → 검사의 양호도 검증이라는 절차를 거친다.

① 검사목적의 설정
- 검사목적을 설정한다.
- 검사내용 등 행동특성을 분석한다(예 : 교육목표 2원분류표의 작성).

- 검사문항의 형식, 검사문항의 수 등 검사문항 제작의 계획을 수립한다.

② 검사문항의 제작

전술한 검사문항 제작의 계획에 따라 검사문항을 제작한다(예 : 선다형 검사문항).

③ 예비검사의 실시 : 통계적 처리

표본집단을 대상으로 예비검사를 실시한다. 예비검사를 실시하는 목적은 다음과 같다.
첫째, 문항난이도, 문항변별도 등 검사문항의 양호도를 검증(=문항분석)한다. 둘째, 검사문항을 수정한다. 셋째, 검사시간의 길이, 검사문항의 수를 결정한다.

④ 표준화검사의 제작/편집

전술한 통계적 처리에 따라 표준화검사가 제작/편집된다.

⑤ 본검사의 실시 : 규준(norm)의 작성
- 검사대상(피험자)을 선정한다. 해당하는 전체 성별, 연령 또는 학년의 모집단을 충분히 대표할 수 있는 전국적인 수준의 표집을 선정한다.
- 표준화를 위한 본검사를 실시한다. 특히 검사시간, 검사의 지시, 물리적·심리적 조건 등이 같아야 한다.
- 규준(norm)을 작성한다. 통계적 방법을 사용하여 전국적인 수준에서 규준을 작성해야 하며, 이 규준은 검사결과를 해석하는 객관적 기준이 된다(=상대기준).

⑥ 검사의 양호도 검증
- 검사의 타당도·신뢰도·객관도를 검증한다.
- 검사지와 답안지는 별도로 작성한다.
- 검사의 가이드라인, 즉 검사요강을 작성한다.

논점17 교사작성검사와 표준화검사의 비교

① 작성자

교사작성검사는 교사 개인이나 교사집단에 의하여 작성되지만(예 : 중간고사, 학기말고사), 표준화검사는 고도로 훈련된 교과전문가 또는 평가전문가에 의하여 작성된다(예 : 대학수학능력시험).

② 작성절차

교사작성검사는 작성절차가 간단하지만, 표준화검사에서는 반드시 예비검사의 절차를 거친다. 일반적으로 교사작성검사는 교육목표 2원분류표의 작성 → 검사문항의 제작 → 검사의 실시 → 검사결과의 처리라는 절차를 거친다. 그러나 표준화검사에서는 교육목표 2원분류표의 작성 → 검사문항의 제작 → 예비검사의 실시 → 검사결과의 통계적 처리(=문항분석) → 표준화검사의 제작/편집 → 본검사의 실시 → 규준(norm)의 작성이라는 절차를 거친다.

③ 검사방법

교사작성검사의 실시는 검사방법 자체가 엄격히 규정되어 있지 않지만, 표준화검사는 검사방법과 절차, 채점방법, 검사결과의 해석 등 검사방법 자체가 표준화되어 있다.

④ 사용범위

교사작성검사는 대부분의 경우 특정집단에 한하여 사용하지만, 표준화검사는 특정집단뿐만 아니라 전국수준에서 광범위하게 사용할 수 있다.

⑤ 검사대상(검사내용)

교사작성검사는 학력검사가 주류를 이루고 있지만, 표준화검사는 학력검사뿐만 아니라 지능검사, 적성검사, 성격검사, 태도검사, 흥미검사 등 다양하다.

⑥ 규준(norm)의 존재

표준화검사는 대부분의 경우 개인이나 집단의 평가결과를 해석할 수 있는 규준이 있으나, 교사작성검사는 이러한 규준이 없다.

⑦ 검사의 양호도

교사작성검사에 비해, 표준화검사는 타당도·신뢰도·객관도가 높다. 이것을 검사의 양호도라고 한다.

논점18　규준(norm)의 존재

표준화검사는 대부분의 경우 개인이나 집단의 평가결과를 해석할 수 있는 규준이 있으나, 교사작성검사는 이러한 규준이 없다.

상대평가인 표준화검사는 전국수준에서 개인이나 집단의 상대적 위치를 알려주지만, 대부분의 경우 절대평가인 교사작성검사는 상대적 위치를 알려주지 못한다. 표준화검사에서 개인이나 집단의 상대적 위치를 알려주는 기준을 규준(norm)이라고 한다. 이 규준의 예를 들면, 평균과 표준편차, 백분위, 표준점수, 정신연령, IQ 및 편차IQ, 학년규준 등이 있다.

논점19 검사문항의 선정 및 제작 : 주관식 검사문항의 제작

① 의의
주관식 검사(서답형)는 반응의 자유가 허용된 범위 내에서 정답을 기입하게 하는 형식으로, 비구조화된 검사문항을 말한다.

② 장-단점
- 장점
  첫째, 반응의 자유가 넓다. 둘째, 문장력·표현력 등을 평가할 수 있다. 셋째, 적용력·분석력·종합력 등 고등정신기능을 평가할 수 있다. 넷째, 문항내용의 포괄성이 높다. 다섯째, 추측요인을 배제할 수 있다. 여섯째, 문항의 제작이 쉽다. 일곱째, 학생의 인성에 관한 진단적 자료를 얻을 수 있다.
- 단점
  첫째, 채점의 객관성이 낮다. 둘째, 채점의 시간과 비용이 많이 든다. 셋째, 문항표집의 대표성이 부족하다. 넷째, 단답형이나 완성형의 경우 고등정신기능을 측정하는데 부적합하다.

논점20 주관식 검사문항(특히 논문형의 경우) 제작/채점상의 유의사항

- 평가하려는 표적집단의 성질을 고려한다.
- 기초적인 지식보다는 고등정신기능을 측정하도록 문항을 만든다.
- 학생의 사고와 아이디어를 조직하고, 논리적으로 제시할 수 있도록 한다.
- 여러 문항 중에서 선택해서 응답하지 않도록 한다.
- 검사목적을 구체적으로 구조화시키고, 응답의 제한(한계)을 명확히 규정해야 한다.
- 모범답안을 미리 작성하고, 채점기준을 미리 제시한다.

- 분석적 채점방법을 사용할 것인가, 총체적(총괄적) 채점방법을 사용할 것인가를 미리 정한다.
- 학생단위로 채점하지 말고 문항단위로 채점한다.
- 답안지별로 채점하지 말고 문항별로 채점한다.
- 여러 사람이 채점(=복수채점)하여 평균을 낸다.
- 편견이나 오차가 작용하지 않도록 답안지의 내용만 보고 채점한다.
- 문항별로 점수의 비중을 다르게 해야 할 경우 미리 계획을 세운다.

논점21 주관식 검사의 형태

주관식 검사(서답형)에도 여러 가지 형태가 있다. 그 대표적인 것은 단답형, 완성형, 논문형 등이다. 그 특징을 비교하면 다음과 같다.

단답형	간단한 단어나 어구, 숫자, 기호 등을 사용하여 간단한 형태로 반응하는 형식 – 질문형, 진술문형 등
	(장점) 기초적인 지식을 측정할 수 있다. 지도, 도표 혹은 모형에 표시된 명칭과 관련된 지식을 측정하는데 적합하다(예 : 형성평가). 추측요인을 배제할 수 있다. (단점) 유사한 정답이 나올 수 있으므로 채점의 신뢰도·객관도가 낮다. 고등정신기능을 측정할 수 없다.
완성형	적합한 단어나 어구, 숫자, 기호 등을 사용하여 완전한 문장을 만드는 형식 – 불완전문장형, 불완전도표형 등
	(장점) 단답형의 장점과 거의 유사하다. (단점) 단답형의 단점과 거의 유사하다.
논문형	주어진 질문 혹은 지시에 따라 자유롭게, 무제한으로 반응할 수 있는 형식
	(장점) 고등정신기능을 측정할 수 있다. 문장력·표현력, 조직력, 창의력 등의 정신능력을 학습하는데 적합하다(예 : 총합평가). 추측요인을 배제할 수 있다. (단점) 채점의 신뢰도·객관도가 매우 낮다. 채점의 시간과 비용이 많이 든다.

논점22 검사문항의 선정 및 제작 : 객관식 검사문항의 제작

① 의의

객관식 검사(선택형)는 이미 주어진 답지 중에서 정답을 선택하여 표시하게 하는 형식으로, 구조화된 검사문항을 말한다.

② 장-단점
- 장점

  첫째, 채점의 객관성이 높다. 둘째, 채점의 시간과 비용이 적게 든다. 셋째, 문항표집의 대표성이 높다. 넷째, 검사의 내용타당도가 높다. 다섯째, 문항난이도, 문항변별도 등 문항분석의 통계적 처리가 쉽다. 여섯째, 문항난이도, 문항변별도 등을 조정하기가 쉽다. 일곱째, 학습결함이나 오류에 관한 진단적 자료를 얻을 수 있다. 여덟째, 선다형의 경우 추측요인이 적게 작용한다.

- 단점

  첫째, 반응의 자유가 좁다. 둘째, 문장력·표현력의 평가가 어렵다. 셋째, 단편적인 지식과 이해를 평가하기가 쉽다. 넷째, 문항내용의 포괄성이 부족하다. 다섯째, 추측요인이 작용할 수 있다. 여섯째, 문항의 제작에 있어서 시간과 비용이 많이 든다.

논점23 객관식 검사문항(특히 선다형의 경우) 제작상의 유의사항

- 정답은 분명하게, 오답은 매력있게 작성한다. 즉, 모든 답지는 그럴 듯하게 작성한다.
- 문두는 직접 질문형으로 만들고, 답지의 길이는 비슷하게 만든다.
- 답지에 반복되는 표현은 문두에 넣고, 답지는 간결하게 만든다.
- 문두와 답지는 간결하고 단순하게 만든다.
- 문두는 부정문을 피하고 긍정문이 되도록 한다.
- 답지들 사이에 어떤 논리적 순서가 있으면 그 순서에 따라 배열해야 한다.
- 답지의 표현방식이 정답의 단서를 제공하지 않도록 한다(예 : 언어적 연상, 문법적 구조 등).
- 절대적인 용어나 일반적인 용어, 관용적인 표현 등은 사용하지 않도록 한다(예 : 언제나, 반드시 등).
- 하나의 문장에는 하나의 내용만을 다루도록 한다.
- 한 문항의 내용이 다른 문항의 정답을 선택하는 단서가 되지 않도록 한다.
- 한 문항 내의 답지는 모두 내용과 형식에서 동질적이어야 한다.
- 한 문항 내의 답지는 상호 독립적이어야 한다. 물론 다른 문항의 답지와도 상호 독립적이어야 한다.

이외에도 질적 표현을 피하고 양적 표현을 사용한다. 전문용어를 피하고 기술적인 용어를 사용한다. 그리고 지도, 도표 등의 실제적이고 구체적인 자료를 사용한다.

논점24 객관식 검사의 형태

객관식 검사(선택형)에도 여러 가지 형태가 있다. 그 대표적인 것으로 진위형, 배합형(연결형), 선다형 등이 있다. 그 특징을 비교하면 다음과 같다.

진위형	주어진 문항의 참과 거짓을 판단하는 형식 - ○×형 혹은 2자택일형
	(장점) 단순하고 직접적인, 기초적인 지식을 측정할 수 있다. 특히 초등학교 저학년 학생에게 적합하다. 채점의 신뢰도·객관도가 높다. (단점) 추측요인이 크게 작용한다. 고등정신기능을 측정할 수 없다.
배합형 (연결형)	전제(문두)와 답지의 관계를 보고 양자를 결합하는 형식 - 단순배합형, 복합배합형, 분류배합형 등
	(장점) 어느 정도 고등정신기능을 측정할 수 있다. 채점의 신뢰도·객관도가 높다. (단점) 추측요인이 작용한다.
선다형	2개 이상의 답지 중에서 정답을 고르는 형식 - 정답형, 다답형, 합답형, 최선답형, 부정형 등
	(장점) 채점의 신뢰도·객관도가 매우 높다. 추측요인이 적게 작용한다. 문항형식의 융통성이 매우 크다. 채점의 시간과 비용이 적게 든다. (단점) 추측요인이 작용한다. 전반적으로 고등정신기능을 측정할 수 없다. 문항의 제작에 있어서 시간과 비용이 많이 든다.

논점25 학업성취의 평가의 의의

교육평가의 과정은 평가목표의 설정 → 평가도구의 선정 및 제작 → 평가의 실시 및 평가결과의 처리 → 평가결과의 해석 및 활용의 4단계로 구분된다.

그런데 평가목표는 교육목표나 수업목표가 되고, 평가목표의 설정에는 평가목표의 진술이 포함되며, 여기에 평가장면의 선정을 추가하여 일반적으로 교육평가의 과정은 평가목표의 설정(→ 평가목표의 진술) → 평가장면의 선정 → 평가도구의 선정 및 제작 → 평가의 실시 및 평가결과의 처리 → 평가결과의 해석 및 활용의 순서로 이루어진다.

논점26 학업성취의 평가 : 평가목표의 설정

① 의의

평가에서 가장 먼저 착수해야 할 것은 목표를 설정하는 것이다. 왜냐하면 평가기준은 목표이기 때문이다. 즉, 교육평가는 교육목표의 달성도를 판단하는 것을 주된 기능으로 하기 때문이다. 따라서 교육목표를 명세화하는 작업을 해야 한다.

평가에서 무엇을 평가할 것인가 하는 것이 평가목표인데, 이것은 원칙적으로 교육에서 무엇을 가르칠 것인가 하는 교육목표가 된다. 평가목표는 크게 인지적 영역·정의적 영역·운동기능적 영역으로 분류된다. 이와 같은 평가목표는 구체적이고 행동적으로 진술되어야 한다. 그래야만 교사와 학생이 무엇을 해야 할 것인지를 지시해 줄 수 있다.

예를 들면, 피타고라스의 정리를 증명하는 능력(Tyler의 목표진술방식), 30개의 단어목록을 주었을 때 30분 동안에/적어도 25개를 선택할 수 있는 능력(Mager의 목표진술방식) 등과 같다.

② 평가목표의 진술

- 평가목표를 구체적으로 진술하는 것은 교육목표를 구체적으로 진술, 분석하는 것이다. 즉, 교육목표를 내용과 행동의 2가지 측면에서 행동적 용어로 진술, 분석하는 것이다. 교육목표 진술방식으로는 Tyler, Bloom, Mager 등이 제시한 행동적 목표진술방식이 널리 활용되고 있다.
- 여기서 교육목표 진술의 일반원칙을 요약하면 다음과 같다.

첫째, 교육목표는 학생의 행동변화(량)를 측정할 수 있도록 명세화해야 한다. 둘째, 교육목표는 교사의 행동이 아닌 학생의 행동으로 진술해야 한다. 셋째, 교육목표는 학습의 과정이 아닌 학습의 결과로 진술해야 한다. 넷째, 교육목표는 내용과 행동의 2가지 측면에서 조작적으로 진술해야 한다. 다섯째, 교육목표는 교육목표 2원분류표를 작성할 수 있도록 진술해야 한다.

③ 교육목표 2원분류표의 작성

- 학업성취의 경우 내용목표는 우선 교과내용으로 대별할 수 있다. 특정교과에서는 단원내용이 내용목표가 될 것이고, 특정단원에서는 학습과제가 내용목표가 될 것이다. Gagné가 제시한 학습위계는 신호연합학습 → 자극-반응연합학습 → 연쇄학습 → 언어연합학습 → 변별학습 → 개념학습 → 원리학습(규칙학습) → 문제해결학습(고차적 규칙학습)으로 단계화된다.

다음으로 행동목표는 그 내용목표에서 달성하고자 하는 구체적인 행동을 명세화하는 것이다. Bloom(1956)의 〈교육목표분류학〉에 의하면, 인지적 영역의 행동목표는 복합성의 원리에 따라 지식-이해-적용-분석-종합-평가의 6가지로 분류된다. 또한 정의적 영역의 행동목표는 내면화의 원리에 따라 지각(감수, 감지)-반응-만족-가치화-조직화-인격화의 6가지로 분류된다.
- 이와 같은 내용목표와 행동목표에 따라 교육평가의 기준이 되는 교육목표를 설정하는데, 이것을 교육목표 2원분류표라고 한다. 이와 같이 작성된 교육목표 2원분류표에 따라 검사문항이 작성된다.

▶ 과학과 교육목표 2원분류표

내용＼행동	지식	이해	적용	분석	종합	평가	계
물리							
화학							
생물							
지구과학							
계							

논점27 학업성취의 평가 : 평가장면의 선정

교육목표가 설정되었으면, 그 교육목표의 달성도를 측정하기 위해서 어떤 평가상황이 가장 적절한가를 결정해야 한다. 즉, 교육목표의 내용과 행동이 노출되는 평가장면을 선정해야 한다. 평가장면은 교육목표의 달성이 구체적으로 표현되는 조건이나 기회를 말한다. 예를 들어, 수학의 학력이 얼마나 향상되었는가를 평가하려면 수학문제를 주고 풀게 하는 조건이 될 것이다.

이와 같이 평가목표의 성질에 따라 평가장면은 다양하다. 가장 대표적인 평가장면은 지필검사(필답검사)를 비롯하여 관찰법, 면접법, 질문지법, 사회성측정법, portfolio법, 개념지도법 등이 있다.

논점28 학업성취의 평가 : 평가도구의 선정 및 제작

평가장면이 선정되면 교육목표의 달성도를 측정하기 위한 평가도구를 선정 및 제작해야 한다. 이미 제작된 평가도구 중에서 평가의 목적에 적합한 것을 선정하거나 새로운 평가도구를 제작해야 한다. 지필검사의 경우 검사문항을 제작하는 것이고, 표준화검사의 경우 표준화검사문항을 제작하는 것이다.

논점29 학업성취의 평가 : 평가의 실시 및 평가결과의 처리

실제로 평가를 실시하고, 또한 그 결과를 처리하는 단계이다. 여기서 신뢰도와 타당도 등 평가도구의 기준을 검증하고, 동시에 문항난이도, 문항변별도 등 문항분석을 검증한다.

논점30 학업성취의 평가 : 평가결과의 해석 및 활용

평과결과를 최대한으로 활용하기 위해서는 올바른 해석을 해야 한다. 그리고 평가결과는 다음과 같이 활용해야 한다.
첫째, 교육과정, 교수-학습과정의 개선 둘째, 수업방법, 수업지도의 개선 셋째, 보충학습, 심화학습 등 교정학습 넷째, 학생이해의 객관적이고 과학적인 증거 다섯째, 학생의 생활지도 및 상담의 기본자료 여섯째, 교육평가 자체의 개선 일곱째, 진학, 취업 등과 같은 교육적 선발과 배치

논술 모의고사11-1

• 이 예상문제는 주요대학 교재를 분석·통합하여 저작되었으며, 〈저작권법〉에 따라 무단 복제, 배포, 출판 및 전자출판 등 저작권을 침해하는 일체의 행위를 금지합니다.

다음은 측정과 평가의 관계를 중심으로 교육관의 변화와 교육평가의 관계를 제시한 내용이다. 이 내용을 바탕으로 교육평가의 기능 및 한계(각각 3가지 이상)를 각각 설명하시오. 그리고 교육관의 변화에 따른 측정관, 평가관, 총평관의 특징(각각 3가지 이상)을 비교 논하시오. 〔총20점〕

(가) 미국의 Thorndike는 1918년 '이 세상에 존재하는 것은 모두 양(量)으로 존재한다. 양으로 존재하는 것은 측정할 수 있다'고 주장하고, 최초로 표준화검사인 'Thorndike handwriting scale'를 제작하였다. 또한 그의 제자인 McCall은 1922년 「교육측정법」을 발표하였다.

사물의 특성이나 인간의 행동(특성)을 수치로 표시하는 활동을 측정(measurement)이라고 한다. 이와 같이 측정의 결과에 어떤 가치를 부여하는 행위까지를 평가(evaluation)라고 한다. 예를 들어 어떤 학생의 수학학력이 어느 정도인가를 알아보기 위하여 수학시험을 치른 결과 80점을 맞았을 때, 이 시험의 성적이 곧 측정의 결과이다. 그런데 이 성적이 우수한 수준인지 열등한 수준인지 또는 보통의 수준인지를 판단하게 되는데, 이와 같이 측정의 결과에 가치를 부여하는 행위까지를 평가라고 한다. 결국 교육은 인간의 행동을 계획적인 방법을 통하여 바람직한 방향으로 변화시키는 과정이다. 교육평가는 인간의 행동이 교육을 통하여 어느 정도 바람직한 방향으로 변화되었는지를 확인·점검하는 과정이다.

(나) 미국을 중심으로 1960년대 이전에는 선발주의적 교육관의 입장에서 개인차의 변별을 목적으로 한 상대평가를 적용하였다. 그러나 1960년대 이후 교육의 기회균등을 강조하는 새로운 교육관과 교육평가의 동향으로 발달주의적 교육관의 입장에서 교육정책과 절대평가 등에 관심을 둔다. 그리고 1970년대 초 이 발달주의적 교육관을 확대시킨 형태가 인본주의적 교육관이다. 이와 같은 교육관의 변화를 살펴보면 다음과 같다. 선발적 교육관은 어떤 교육목표라든가 교육수준에 도달할 수 있는 학습자들은 어떤 교육방법을 사용하든지 일부나 소수에 지나지 않는다고 보는 교육관이다. 이것은 전통적 교육관으로 첫 번째의 입장이 된다. 선발적 교육관에 입각한 평가활동은 어떤 교육목표라든가 교육수준에 도달할 가능성이 있는 소수의 엘리뜨만을 엄격히 선발하기 위한 활동이며, 개인차의 변별에 관심을 둔다. 발달적 교육관은 적절한 교육방법만 제시된다면 모든 학습자들이 일정한 교육목표를 달성할 수 있다고 보는 교육관이다. 이것은 실험적 교육관으로 두 번째의 입장이 된다. 발달적 교육관에 입각한 평가활동은 일정한 교육목표를 달성할 수 있도록 모든 학습자에게 적절한 교육방법을 제공하기 위한 활동이며, 교육목표의 달성도를 평가하는데 관심을 둔다. 인본적 교육관은 발달적 교육관을 확대시킨 형태로써 인간의 전인적 성장, 즉 자아실현을 중시하는 교육관이다. 이것은 세 번째의 입장을 취한다.

〈배 점〉

• 답안의 논리적 구성 및 표현 〔총5점〕
• 논술의 내용 〔총15점〕
  · 교육평가의 기능 및 한계 설명 〔6점〕
  · 교육관의 변화에 따른 측정관, 평가관, 총평관의 특징 비교 논의 〔9점〕

논술 모의고사11-1 기본답안

I. 서설

교육평가는 교육의 과정 자체의 효율성을 판단하며, 교육목표의 달성도를 판단하고, 학생에 관한 정보를 수집, 제공하는 과정으로 정의된다. 선발적 교육관은 전통적 교육관으로 측정관의 입장이 된다. 발달적 교육관은 실험적 교육관으로 평가관의 입장이 된다. 인본적 교육관은 총평관 또는 사정관의 입장을 취한다.

다음에서는 교육평가의 기능 및 한계를 각각 설명하고, 교육관의 변화에 따른 측정관, 평가관, 총평관의 특징을 비교 논하고자 한다.

II. 교육평가의 기능 및 한계

1. 교육평가의 기능

첫째, 학습동기의 강화 기능이다. 교육평가는 학생의 학습동기를 유발하고 강화해 준다. 교육평가는 대부분의 경우 외적 동기와 관련이 있는데, 예를 들면 '시험공부'가 이에 속한다. 둘째, 교육과정의 개선, 교수-학습과정의 개선 기능이다. 학습곤란이나 오류의 진단, 목표달성도의 수시 확인, 개인차의 확인 등에 기초하여 광의에서는 교육과정의 개선, 협의에서는 교수-학습과정의 개선에 도움을 준다. 셋째, 상급학교, 학부모, 지역사회의 요구충족 기능이다. 대학의 요구, 학부모의 필요, 지역사회의 요구를 충족시킨다.

그 밖에도 교육적 정치 기능, 교육적 선발 기능 등을 들 수 있다.

2. 교육평가의 한계

첫째, 평가대상의 불명확성이다. 인간행동의 경우 평가대상이나 평가내용이 불분명하므로 조작적 정의가 어렵다. 특히 성실성, 정직성, 준법성 등과 같은 정의적 측면을 명확하게 정의하기가 어렵다. 둘째, 평가방법, 평가도구의 불완전성이다. 인간행동에 대한 평가는 어떤 방법으로 측정해야 하는지가 불분명하다. 또한 인간행동을 평가하기 위하여 개발된 평가방법, 평가도구가 불완전하여 측정의 오차가 크게 작용한다. 셋째, 간접평가의 문제점이다. 대부분의 교육평가는 직접평가가 어렵다. 즉, 간접평가의 결과에 따르고 있는데 문제점이 있다. 수학능력이 어느 정도인지를 측정하기 위해서는 수학문제를 풀게 하고, 그 결과에 따라서 수학능력을 짐작할 수 있을 뿐이다.

그 밖에도 평가결과의 수량화의 문제점, 평가상황의 문제점 등을 들 수 있다.

III. 교육관의 변화에 따른 측정관, 평가관, 총평관의 특징 비교

1. 측정관의 특징

측정관은 사물의 특성이나 인간의 행동(특성)을 수치로 표시하는 활동이다.

첫째, 인간의 행동은 불변적이고 안정적이라고 본다. 그러므로 인간의 행동은 객관적인 관찰과 측정이 가능하다고 본다. 둘째, 검사도구의 신뢰도와 객관도를 중시한다. 왜냐하면 정확하고 오차없이 측정했는지에 관심이 있기 때문이다. 여기서 검사도구의 타당도는 예언타당도, 공인타당도의 형태로 결정된다. 셋째, 검사방법과 절차의 표준화를 요구한다. 넷째, 환경을 오차변인으로 간주, 무시하거나 통제한다. 다섯째, 정상분포를 가정하고, 규준지향의 상대평가를 강조한다.

2. 평가관의 특징

평가관은 측정의 결과에 어떤 기준(목표)에 비추어 가치판단을 내리는 활동이다.

첫째, 인간의 행동은 변화한다고 본다. 따라서 평가는 인간의 행동변화를 판단하는 일련의 절차로 본다. 둘째, 검사도구의 내용타당도를 중시한다. 왜냐하면 목표달성도를 확인하는데 관심이 있기 때문이다. 셋째, 평가는 개인의 행동변화에 주된 목적이 있지만, 그 행동변화에 투입된 모든 변인의 효과를 평가하는 것도 그 목적이다. 넷째, 환경을 행동변화의 주요변인으로 간주하고, 오차변인으로 간주하지 않는다. 다섯째, 부적 편포를 가정하고, 규준지향의 상대평가보다 준거지향의 절대평가를 강조한다.

3. 총평관의 특징

총평관 또는 사정관은 특수한 상황이나 특수한 과제에 있어서 효율적인 적응에 관한 적합도의 문제인데, 총체적 평가 또는 전인격적 평가이다.

첫째, 개인의 행동을 특정한 상황이나 특정한 과제와 관련시켜 판단을 한다. 그러므로 총평은 개인과 환경의 상호작용에 관심을 둔다. 둘째, 검사도구의 구인타당도를 중시한다. 왜냐하면 개인에 관한 증거와 환경에 관한 증거 사이에 상관관계나 인과관계가 있을 것으로 가정하기 때문이다. 셋째, 표준화검사 이외에도 관찰법, 면접법, 질문지법, 집단토의, 역할놀이 등의 다양한 기법을 사용한다. 그러므로 개인에 관한 정보는 양적 형태와 질적 형태가 된다. 넷째, 개인과 환경의 상호작용에 의한 역동성을 활용한다. 다섯째, 부적 편포를 가정하고, 규준지향의 상대평가보다 준거지향의 절대평가를 강조한다.

IV. 결어

교육평가는 학생의 학습동기를 유발하고 강화해 준다. 그러나 인간행동의 경우 평가대상이나 평가내용이 불분명하므로 조작적 정의가 어렵다. 이러한 전통적 평가의 한계를 극복하기 위하여 등장한 최근의 평가의 동향은 수행평가로 대표된다.

평가와 측정, 총평은 서로 구별되지만 실제 교육상황에서는 보완관계에 있다. 즉, 평가는 행동변화를 결정하는데 관심이 있다. 이러한 변화를 검사하는 객관적이고 과학적 방법은 측정에 의존한다. 한 개인이 특정한 상황이나 특정한 과제에서 가장 효율적으로 적응할 수 있는가하는 적합도의 문제는 총평에 의존한다.

논술 모의고사11-2

- 이 예상문제는 주요대학 교재를 분석·통합하여 저작되었으며, 〈저작권법〉에 따라 무단 복제, 배포, 출판 및 전자출판 등 저작권을 침해하는 일체의 행위를 금지합니다.

다음은 평가기준에 따른 교육평가와 평가시기 또는 평가기능에 따른 교육평가를 분류한 내용이다. 이 내용을 바탕으로 규준지향평가와 준거지향평가의 특징(각각 3가지 이상), 능력지향평가와 성장지향평가의 특징(각각 2가지 이상)을 각각 비교 설명하시오. 그리고 형성평가와 총괄평가의 특징(각각 3가지 이상)을 비교 설명하시오. 〔**총20점**〕

(가) ○○지향평가는 지능, 적성, 학력 등에 관한 개인의 위치를 타인과 비교하여 평가하는 방법이다. 따라서 평가기준은 타인, 즉 그가 속한 집단의 평균이 된다. 예를 들면, 한 학년이나 학급에서 성적이 우수한 순서에 따라 수 10%, 우 20%, 미 40%, 양 20%, 가 10%로 평가하는 방법이다. ㅁㅁ지향평가는 교육목표 또는 수업목표의 달성도를 평가하는 방법이다. 여기서 평가기준은 타인이 아니고 수업목표가 된다. 예를 들면, 수·우·미·양·가로 평가하되, 수는 수업목표의 90%이상 달성자, 우는 80~90% 달성자 등으로 정한 경우, 어떤 학년이나 학급의 전원이 90%이상을 달성하면 그 전원에 '수'의 성적을 매기는 평가방법이다.

우리나라에서는 2002학년도 대학입학시험제도 개선안에 따라 1999년부터 수행평가를 적용하면서 ㅁㅁ지향평가를 전면적으로 시행하였다. 그러나 고등학교 내신성적을 대학입학전형기준으로 사용하면서 점수 부풀리기현상이 문제시되어 2005년부터 ○○지향평가체제로 환원되었다.

(나) ○○지향평가는 비교의 기준이 개인 내부에 있는 자기지향평가의 일종이다. 예를 들면, 90점의 능력을 가진 학생과 70점의 능력을 가진 학생이 모두 70점을 받았을 경우 두 학생을 동일하게 평가하지 않고, 후자의 학생에게 더 좋은 평점을 부여하는 것이다. ㅁㅁ지향평가는 비교의 기준이 개인 내부에 있는 자기지향평가의 일종이다. 예를 들면, 과거 성취수준 90점이었던 학생과 70점이었던 학생이 모두 현재 성취수준 90점을 받았을 경우 두 학생을 동일하게 평가하지 않고, 후자의 학생에게 더 좋은 평점을 부여하는 것이다.

(다) ○○평가의 목적은 학업성취정도를 기록하고 보고하는 것이 아니라, 학습과제의 숙달정도를 결정하거나 미숙달한 부분을 지적하는데 있다. 그래서 교과내용과 관련된 지적 문제를 발견하여 즉각적으로 수업활동을 개선함으로써 완전학습을 달성하고자 하는 것이 그 목적이다. 따라서 ○○평가는 ㅁㅁ평가와는 다르며, 수업활동의 일부이다. ㅁㅁ평가의 결과는 기록되고 보존되며, 학생 및 학부모에게 통지된다. 또한 장래의 학업성적을 예측하고, 생활지도 및 상담의 기초자료로 흔히 활용된다. 그리고 상급학교 진학의 내신성적, 취업의 구비서류 등 행정적 목적에도 사용된다.

〈배 점〉

- 답안의 논리적 구성 및 표현 〔총4점〕
- 논술의 내용 〔총16점〕
  - 규준지향평가와 준거지향평가의 특징 비교 설명 〔6점〕
  - 능력지향평가와 성장지향평가의 특징 비교 설명 〔4점〕
  - 형성평가와 총괄평가의 특징 비교 설명 〔6점〕

I. 서설

규준지향평가에서는 학생의 학업성취도를 타인과 비교하여 평가되는 반면, 준거지향평가에서는 학생이 교육목표나 수업목표를 어느 정도 성취했느냐에 관심이 있고 이것이 평가목표가 된다. 능력지향평가와 성장지향평가는 비교의 기준이 개인 내부에 있는 자기지향평가의 일종이다. 형성평가는 수업이 진행되는 도중에 실시되며, 총괄평가는 한 단원이 종료된 시기에, 한 학기 또는 학년이 종료된 시기에 실시된다.

다음에서는 규준지향평가와 준거지향평가의 특징, 능력지향평가와 성장지향평가의 특징을 각각 비교 설명하고, 형성평가와 총괄평가의 특징을 비교 설명하고자 한다.

II. 규준지향평가와 준거지향평가의 특징 비교

1. 규준지향평가의 특징

규준지향평가(norm-referenced evaluation)는 평가기준이 표준점수에 의거하여 조작되는 평가방법이다. 즉, 표준점수에 의거한 상대평가이다. 상대평가의 주된 목적은 한 집단 내에서 각 점수의 개인간 비교에 있다.

첫째, 선발적 교육관, 측정관에 토대를 두고 있으며, 정상분포를 가정한다. 둘째, 교육평가의 기능이 교수-학습과정과 밀접한 관계가 없다고 보며, 교육목표의 가치와 질 판단에 관심이 없다. 셋째, 검사도구의 신뢰도와 객관도를 중시하며, 교과전문가 또는 평가전문가가 작성하는 표준화검사를 주로 사용한다.

2. 준거지향평가의 특징

준거지향평가(criterion-referenced evaluation)는 평가기준이 교육의 과정을 통해 달성하려고 하는 교육목표 또는 수업목표에 있는 평가방법이다. 즉, 절대평가인데, 평가기준은 절대기준이라는 준거이다. 이 준거는 학습자 개인에게 교육목표로 설정된다.

첫째, 발달적 교육관, 평가관에 토대를 두고 있으며, 부적 편포를 가정한다. 둘째, 교육평가의 기능이 교수-학습과정과 밀접하고 유기적인 관계가 있다고 보며, 교육목표의 가치와 질 판단에 관심을 둔다. 셋째, 검사도구의 타당도를 중시하며, 교사 개인이나 교사집단이 제작하는 교사제작검사를 주로 사용한다.

III. 능력지향평가와 성장지향평가의 특징 비교

1. 능력지향평가의 특징

능력지향평가(ability-referenced evaluation)는 학생이 지닌 능력수준에 비추어 얼마나 최선을 다하였느냐에 초점을 두는 평가방법이다. 첫째, 집단학습이나 협동학습보다 개별화학습을 중시하며,

평가의 개별화를 강조한다. 둘째, 어떤 점수를 학습자가 지니고 있는 능력수준에 비추어 해석한다. 즉, '학습자가 최선을 다했다' 혹은 '충분한 시간만 주면 더 잘할 수 있다'에 초점을 둔다.

2. 성장지향평가의 특징

성장지향평가(growth-referenced evaluation)는 교수-학습과정을 통하여 학생의 능력수준이 얼마나 변화하였느냐에 관심을 두는 평가방법이다. 첫째, 집단학습이나 협동학습보다 개별화학습을 중시하며, 평가의 개별화를 강조한다. 둘째, 학습자의 현재 성취수준과 과거 성취수준을 비교하여 해석한다. 즉, 초기 능력수준에 비추어 얼마나 능력의 향상을 보였는가에 중점을 둔다.

IV. 형성평가와 총괄평가의 특징 비교

1. 형성평가의 특징

형성평가는 수업활동이 진행되는 도중에 수업목표를 달성하기 위한 수업활동이 제대로 진행되고 있는지를 수시로 확인·점검하는 평가이다. 이 형성평가는 수업목표와 직결되어 있는 절대평가방법이다. 형성평가는 학생간의 우열을 비교하는 데에는 관심이 없고, 수업목표의 숙달정도에 관심을 둔다.

이러한 형성평가의 특징은 첫째, 수업활동의 일부이므로 수업시간을 이용한다. 둘째, 학습결과의 피드백을 제공한다. 셋째, 수업목표의 성취기준에 기초한 절대평가를 해야 한다.

2. 총괄평가의 특징

총괄평가는 일정기간의 수업활동이 끝난 후에 그 동안의 학습성과를 총합적으로 판정하는 평가이다. 이 총괄평가는 학습성과에 대한 총합적인 평가이기 때문에 절대평가의 성격을 띠고 있지만, 학생간의 우열을 비교하는 상대평가의 성격을 띠기도 한다.

이러한 총괄평가의 특징은 첫째, 한 단원의 학습성과가 어느 정도 달성되었는지를 판정하는 것이다. 둘째, 교육목표를 모집단으로 하여 그 모집단을 충분히 대표하는 문항을 표집해야 한다. 셋째, 수업목표의 성취기준에 기초한 절대평가를 해야 한다.

V. 결어

규준지향평가에서는 수업이 시작되기 전후에 학생의 상대적 위치를 알아보기 위해 사용되는 반면, 준거지향평가에서는 진단적 기능과 형성적 기능을 강조하므로 수업계획, 수업지도에 보다 중요하게 활용된다. 능력지향평가와 성장지향평가에서는 집단학습이나 협동학습보다 개별화학습을 중시하며, 평가의 개별화를 강조한다. 형성평가는 교수-학습활동이 진행되는 도중에 수업목표의 성취에 관련된 것을 확인·점검하기 위한 것이며, 총괄평가는 한 교과에 대한 수업목표의 성취를 총합적으로 평가하여 등급을 매기기 위한 것이다.

따라서 형성평가는 준거지향평가의 입장이고, 총괄평가는 준거지향평가의 입장이지만, 필요에 따라 규준지향평가의 입장이다.

논술 모의고사11-3

· 이 예상문제는 주요대학 교재를 분석·통합하여 저작되었으며, 〈저작권법〉에 따라 무단 복제, 배포, 출판 및 전자출판 등 저작권을 침해하는 일체의 행위를 금지합니다.

다음은 평가기준에 따른 교육평가와 평가시기 또는 평가기능에 따른 교육평가를 분류한 내용이다. 이 내용을 바탕으로 상대평가와 절대평가의 장–단점(각각 2가지 이상)을 각각 논하시오. 그리고 진단평가, 형성평가, 총괄평가의 기능(각각 3가지 이상)을 각각 설명하시오. 〔총20점〕

(가) ○○평가는 지능, 적성, 학력 등에 관한 개인의 위치를 타인과 비교하여 평가하는 방법이다. 따라서 평가기준은 타인, 즉 그가 속한 집단의 평균이 된다. 예를 들면, 한 학년이나 학급에서 성적이 우수한 순서에 따라 수 10%, 우 20%, 미 40%, 양 20%, 가 10%로 평가하는 방법이다. □□평가는 교육목표 또는 수업목표의 달성도를 평가하는 방법이다. 여기서 평가기준은 타인이 아니고 수업목표가 된다. 예를 들면, 수·우·미·양·가로 평가하되, 수는 수업목표의 90%이상 달성자, 우는 80~90% 달성자 등으로 정한 경우, 어떤 학년이나 학급의 전원이 90%이상을 달성하면 그 전원에 '수'의 성적을 매기는 평가방법이다.

우리나라에서는 2002학년도 대학입학시험제도 개선안에 따라 1999년부터 수행평가를 적용하면서 □□평가를 전면적으로 시행하였다. 그러나 고등학교 내신성적을 대학입학전형기준으로 사용하면서 점수부풀리기현상이 문제시되어 2005년부터 ○○평가체제로 환원되었다.

(나) 학생들을 그들의 능력에 알맞은 위치에 정치하기 위한 ○○검사는 한 학기 또는 학년 초에 실시한다. 출발점행동을 의미하는 선수학습의 결핍여부를 파악하기 위한 ○○검사도 역시 한 단원이나 한 학기 또는 학년 초에 실시한다. 이는 대부분의 경우 처방적인 수업활동과 수업평가를 목적으로 실시된다. 반복적인 원인을 파악하기 위한 학습결함이나 오류의 진단을 위한 검사는 수업의 도중에 실시된다. 그러나 ○○평가는 □□평가와 달리, 신체적·정서적·환경적 문제로 인한 수업외적 원인을 파악하기 위한 것이다. □□평가의 목적은 학업성취정도를 기록하고 보고하는 것이 아니라, 학습과제의 숙달정도를 결정하거나 미숙달한 부분을 지적하는데 있다. 그래서 교과내용과 관련된 지적 문제를 발견하여 즉각적으로 수업활동을 개선함으로써 완전학습을 달성하고자 하는 것이 그 목적이다. 따라서 □□평가는 △△평가와는 다르며, 수업활동의 일부이다. △△평가의 결과는 기록되고 보존되며, 학생 및 학부모에게 통지된다. 또한 장래의 학업성적을 예측하고, 생활지도 및 상담의 기초자료로 흔히 활용된다. 그리고 상급학교 진학의 내신성적, 취업의 구비서류 등 행정적 목적에도 사용된다.

〈배 점〉

· 답안의 논리적 구성 및 표현 〔총5점〕
· 논술의 내용 〔총15점〕
  · 상대평가의 장–단점 논의 〔3점〕
  · 절대평가의 장–단점 논의 〔3점〕
  · 진단평가, 형성평가, 총괄평가의 기능 설명 〔9점〕

I. 서설

상대평가에서는 학생의 학업성취도를 타인과 비교하여 평가되는 반면, 절대평가에서는 학생이 교육목표나 수업목표를 어느 정도 성취했느냐에 관심이 있고 이것이 평가목표가 된다. 진단평가는 수업이 시작되는 초기에 또는 수업이 진행되는 도중에 실시되고, 형성평가는 수업이 진행되는 도중에 실시되며, 총괄평가는 한 단원이 종료된 시기에, 한 학기 또는 학년이 종료된 시기에 실시된다.

다음에서는 상대평가와 절대평가의 장-단점을 각각 논의하고, 진단평가, 형성평가, 총괄평가의 기능을 각각 설명하고자 한다.

II. 상대평가와 절대평가의 장-단점

1. 상대평가의 장-단점

상대평가는 평가기준이 표준점수에 의거하여 조작되는 평가방법이다. 즉, 표준점수에 의거한 규준지향평가(norm-referenced evaluation)이다. 상대평가의 주된 목적은 한 집단 내에서 각 점수의 개인 간 비교에 있다.

상대평가의 장점은 첫째, 한 집단 내에서 극히 객관적 평가가 가능하다. 둘째, 개인차의 변별이 용이하다. 셋째, 학생들의 경쟁심을 자극하여 외적 동기유발이 가능하다. 그 단점은 첫째, 지적 계급주의, 지적 엘리뜨주의 등 비교육적 경쟁심을 조장한다. 둘째, 완전학습이론이 제시한 교육의 가능성을 부정한다. 셋째, 교육목표의 달성도를 파악할 수 없다.

2. 절대평가의 장-단점

절대평가는 평가기준이 교육의 과정을 통해 달성하려고 하는 교육목표 또는 수업목표에 있는 평가방법이다. 즉, 준거지향평가(criterion-referenced evaluation)인데, 평가기준은 절대기준이라는 준거이다. 이 준거는 학습자 개인에게 교육목표로 설정된다.

절대평가의 장점은 첫째, 개인차의 극복에 관심을 두고, 교육의 효과에 대한 가능성을 긍정한다. Bloom의 완전학습이론이 그 예이다. 둘째, 학생의 도전상대는 같은 동료학생이 아니라 지적 탁월성인 준거이다. 셋째, 교육목표의 달성도를 파악할 수 있다. 그 단점은 첫째, 절대기준이 되는 준거의 설정이 곤란하다. 둘째, 평가결과의 통계적 처리가 곤란하다. 셋째, 개인차의 변별이 곤란하다.

III. 진단평가, 형성평가, 총괄평가의 기능

1. 진단평가의 기능

진단평가는 학생들의 정치, 선수학습의 결핍여부, 학습결함이나 오류를 진단하기 위해 실시하는 평가이다. 즉, 수업활동이 시작되기 전에 학생들의 정치, 선수학습의 결핍여부를 파악하고, 수업활동이 진행되는 도중에 학습결함이나 오류를 진단한다.

수업활동이 시작되기 전에 실시하는 진단평가의 기능은 첫째, 학습자의 행동, 즉 지능, 적성, 성격, 동기, 흥미 등을 확인한다. 둘째, 학습자가 수업목표와 관련하여 출발점행동을 어느 정도 갖추고 있는지를 확인한다. 셋째, 다음 단계로 나아갈 수 있는지를 사전평가한다. 넷째, 이에 적절한 수업방법, 수업지도를 준비한다. 다섯째, 또한 수업활동이 진행되는 도중에 실시하는 진단평가의 기능은 반복적인 학습결함이나 오류를 보이는 경우 그 원인을 확인하여 교정학습의 방향을 제시해 준다.

2. 형성평가의 기능

형성평가는 수업활동이 진행되는 도중에 수업목표를 달성하기 위한 수업활동이 제대로 진행되고 있는지를 수시로 확인·점검하는 평가이다. 이 형성평가는 수업목표와 직결되어 있는 절대평가방법이다.

형성평가의 기능은 첫째, 학습결과의 피드백을 통해 학습동기를 강화해 준다. 둘째, 학습곤란이나 오류를 지적해 준다. 셋째, 교정학습의 방향을 제시해 준다. 넷째, 이에 적합한 수업방법, 수업지도를 개선해 준다. 다섯째, 교육과정의 질을 개선해 준다.

3. 총괄평가의 기능

총괄평가는 일정기간의 수업활동이 끝난 후에 그 동안의 학습성과를 총합적으로 판정하는 평가이다. 이 총괄평가는 학습성과에 대한 총합적인 평가이기 때문에 절대평가의 성격을 띠고 있지만, 학생간의 우열을 비교하는 상대평가의 성격을 띠기도 한다.

총괄평가의 기능은 첫째, 개인의 학업성적을 판정해 준다. 둘째, 후속학습을 예언해 준다. 셋째, 생활지도 및 상담의 기초자료가 된다. 넷째, 집단간 학업성취를 비교할 수 있다. 다섯째, 교육계획, 수업계획의 개선에 도움을 둔다.

IV. 결어

상대평가에서는 수업이 시작되기 전후에 학생의 상대적 위치를 알아보기 위해 사용되는 반면, 절대평가에서는 진단적 기능과 형성적 기능을 강조하므로 수업계획, 수업지도에 보다 중요하게 활용된다. 진단평가는 원칙적으로 교수-학습활동을 시작하기 전에 학습자의 정치 및 출발점행동을 확인·점검하기 위한 것이고, 형성평가는 교수-학습활동이 진행되는 도중에 수업목표의 성취에 관련된 것을 확인·점검하기 위한 것이며, 총괄평가는 한 교과에 대한 수업목표의 성취를 총합적으로 평가하여 등급을 매기기 위한 것이다.

따라서 진단평가는 상대평가와 절대평가를 병용하는 입장이며, 형성평가는 절대평가의 입장이고, 총괄평가는 절대평가의 입장이지만, 필요에 따라 상대평가의 입장이다.

제12장

교직과 교사

논점1 전문직의 특성

① 전문직으로서의 교직
- 모든 직업은 생계유지의 수단인 동시에 자아실현을 위한 직업이라는 점에서 그 가치가 동일하다. 그러나 교직은 인간을 대상으로 인간행동을 변화시키는 직업이라는 점에서 다른 직업과 다르다. 여기서 교직의 특수성을 요약하면 다음과 같다.
  첫째, 교직은 인간, 특히 미성숙자를 대상으로 한다. 둘째, 교직은 인간행동의 계획적인 변화를 주도하되, 인간의 잠재적 가능성을 조성한다. 셋째, 교직은 사회의 변화와 발전에 공헌하는 사회봉사직이다. 넷째, 교직은 국가발전의 원동력이 되는 인력을 양성하여 공급한다.
- 좋은 교육은 좋은 교사가 있을 때에 가능하다. 교육에서의 핵심은 교사이기 때문이다. 학생을 가르치는 직업을 교직(敎職)이라고 한다. 그러므로 교사는 교직이라는 직업사회의 구성원이다. 그런데 교직은 그 직업의 성격상 전문직이다. 교직은 전문직이기 때문에 고도의 지적 능력을 요구하며, 비교적 장기간에 걸친 준비교육(직전교육)이 필요하다. 그 뿐만 아니라 교직에서는 자율성이 강조되고, 이에 따르는 책임을 중시한다. 아울러 전문직으로서의 교직에서는 직업윤리를 중시한다.

② 전문직의 특성 : 전문직의 조건
- Lieberman(1958)은 교직을 전문직과 관련지우며 전문직의 조건은 다음과 같이 제시하고 있다.
  첫째, 전문직은 유일하고 독특한 종류의 사회적 봉사기능을 가지고 있다. 둘째, 전문직은 그 직능의 수행에 있어서 고도의 지적 능력과 기술을 필요로 한다. 셋째, 전문직은 비교적 장기간의 준비교육을 필요로 한다. 넷째, 전문직은 개인적·집단적으로 광범위한 자율권을 행사한다. 다섯째, 전문직은 자율권의 범위 내에서 행사한 행동과 판단에 대하여 광범위한 책임을 묻는다. 여섯째, 전문직은 자치조직(전문직단체)을 가지고 있다. 일곱째, 전문직에서 경제적 보수는 사회적 봉사보다 우선되지 않는다. 여덟째, 전문직은 그 자체의 직능을 수행하는 데에 준수해야 할 직업윤리를 가지고 있다.
- 대한교육연합회(1948)에서는 교직이 전문성을 가져야 한다는 의미를 2가지 특성으로 요약하고 있다.
  첫째, 교직이 고도의 지력을 필요로 하는 정신적 활동이며, 비교적 장기간에 걸친 교육과 훈련을 받아야 한다. 둘째, 다른 전문직(판·검사직, 변호사직, 의사직 등)과 마찬가지로 고도의 자율성과 책임성 및 윤리성을 아울러 가져야 한다.

논점2 교직의 전문성

① 심오한 학문의 이론적 배경을 요구
전공과목에 대한 이론적 배경, 교양과목에 대한 이론적 배경, 교직과목으로서의 교육학에 대한 이론적 배경을 요구한다.

② 고도의 지력을 필요로 하는 정신적 활동을 요구
교수-학습지도, 생활지도 및 상담과 특별활동, 교육평가, 학교경영 및 학급경영은 모두 정신적 활동을 요구한다.

③ 장기간의 직전교육과 계속적인 현직교육을 요구
대학중심의 교원양성에서 대학원중심의 교원양성으로 전환되고 있다(예 : 교원자격제도). 특히 현직교육의 필요성에 관한 연구는 첫째, 교직이 전문직이고 둘째, 지식과 기술이 폭발적으로 증가하고 있으며 셋째, 교육과정이 계속적으로 개편되고 있다. 넷째, 따라서 교육혁신을 보급해야 하고 다섯째, 학생과 학부모가 또한 보다 질 좋은 교육을 원하고 있으며 여섯째, 직전교육만으로는 교원의 교육이 불충분하다는 등의 이유를 주장한다.

④ 고도의 사회봉사성을 요구
교직은 국가·사회를 위한 봉사기능이 강한 직업이다. 교직에서 경제적 보수는 사회적 봉사보다 우선될 수 없다.

⑤ 고도의 자율성과 책무성 및 윤리성을 요구
교직의 자율성은 자기결정·자기규율·자기통제·자기평가 그리고 자기책임을 의미한다. 즉, 스스로 계획하고 결정하며, 시행하고, 평가하며 그 결과에 대해 책임을 진다. 교사는 공공성을 전제로 하여 전문적 지식과 기술을 바탕으로 교사의 직무와 역할을 자율적으로 수행한다. 이러한 전문적 지식과 기술의 행사에는 책무성이 뒤따른다.
교사는 전문적 지식과 기술에 따르는 자율성을 가지고 있기 때문에 교사의 교육활동은 교사의 많은 자유재량권에 달려있다. 따라서 교육의 본질을 논의할 때는 도덕적 윤리성이 뒤따른다.

⑥ 전문직단체의 필요
교원의 사회·경제적 지위를 향상시키고 교육적 정보를 교류하며, 교권을 확립하기 위하여 전문직단체가 필요하다. 즉, 교직의 전문성을 제고하기 위하여 교원들이 자율적으로 조직한 전문직단체가 필요하다.

⑦ 교권의 옹호와 신장의 필요

교권을 옹호하고 신장시키기 위해서는 우선적으로 교권의 내용을 강화해야 한다. 교권의 내용은 교사의 권위와 교사의 권리로 구성되는데, 이와 같은 교권의 내용을 강화해야 한다.

논점3 교직의 자율성

① 의의

전문직으로서의 교직은 자율적인 선택과 결단에 의해서 그 직무를 수행한다. 교직의 자율성이 보장될 때 교권이 확립된다는 것도 자명하다. 자율성은 외부적 요인이나 권위에 의한 강요를 받지 않고, 자유롭게 자기의 행위를 선택하고 결단하는 것을 뜻한다.

이에 따르면 교직의 자율성은 교사가 직무수행에 있어서 누릴 수 있는 자유를 의미한다. 이러한 자유는 모든 직종에서 주어질 수는 없는 것으로, 기계적인 일을 일정한 규칙에 따라 반복적으로 수행하는 직종에서는 직업의 성격상 '자율성'을 인정할 수 없다.

② 교직의 자율성의 한계

교직의 자율성은 교실에서 교사의 행동은 누구도 통제할 수 없고 또 통제해서도 안 된다는 뜻인가? 그리고 교사에 대한 국가·사회의 통제는 없어도 좋다는 뜻인가?

이와 같이 교직의 자율성이 최대한 확보되어야만 교사가 창의적으로 학생지도를 수행할 수 있으나, 여기에는 2가지 조건이 있다. 첫째, 교사의 자율성의 한계는 항상 그것이 학생의 자유와 복지의 증진을 저해해서는 안 된다. 둘째, 교사의 자율성의 한계는 국가·사회의 요구, 즉 민주주의 국가이념에 반대되는 내용은 허용되지 않는다.

논점4 교직윤리

① **의의**

직업윤리란 직업을 선택하고 수행함에 있어서 지켜야 할 규범과 원리를 말하듯이, 교직윤리란 교직을 선택하고 수행함에 있어서 지켜야 할 규범과 원리를 말한다. 교직윤리는 교직을 실천하기 위한 비공식적 행동규범(=내부적 행동규범, 자발적 행동규범)이며, 자율적인 행동규범이자 실천적인 행동규범이다. 따라서 교직윤리는 '교육의 질'을 결정하는 중요한 요소이다.

이러한 교직윤리의 필요성은 다음과 같다.

첫째, 교직은 학생을 대상으로 인간을 형성하는 직업이다. 둘째, 전문직으로서의 교직은 자율성과 책임성 및 윤리성을 요구한다. 셋째, 교권을 확립하기 위해서도 윤리강령이 필요하다.

② **교직윤리의 중요성**

윤리와 도덕문제는 교직만이 아니라 모든 전문직에서 요구되는 기본조건의 하나이다. 전문직 종사자는 다른 직업의 종사자보다 사회로부터 높은 직업윤리와 도덕을 요구받고 있다. 교직도 그러한 기대에서 예외일 수 없으며, 오늘날 교사에 대한 사회적 비판은 대부분 교직윤리에 관련된 문제이다. '사도(師道)가 땅에 떨어졌다', '교사는 있어도 스승은 없다' 등의 비판이 그 예인데, 이것은 교직의 위기를 표현한다. 교직윤리의 확립을 위하여 대한교육연합회(1948)에서는 교원의 윤리강령을 세 번에 걸쳐서 제정한 바 있다. 1958년 교원윤리강령, 1982년 사도헌장과 사도강령이 그것인데, 이를 대체하여 2005년 교직윤리헌장이 선포되었다.

이 교원의 윤리강령에서 일관되게 강조하고 있는 것은 교사와 학생의 관계에서 교사는 애정을 가지고 공정하게 개성을 존중하며, 성실하게 학생을 지도해야 한다는 점이다.

논점5 교직관

① **의의**

교직관은 교직이라는 직업의 본질을 어떻게 생각하느냐하는 것으로, 교직이라는 직업 내지 교직이라는 직무의 기본성격을 어떻게 파악하느냐하는 것과 관련되는 개념이다. 교직관은 교직에 대한 지각을 의미하지만, 거기에는 지적 측면만이 아니라 교직에 대한 태도와 가치관을 포함한 정의적 측면까지도 수반하는 개념이다.

② 교직관의 변천

교사 자신은 물론 학생, 학부모, 지역사회인사 등이 교직을 어떻게 지각하고, 어떠한 태도와 가치관을 갖느냐하는 것은 중요한 문제이다. 그러므로 교직관의 문제는 교사의 사회·경제적 지위향상이나 교권의 신장을 위해서도 중대한 의의를 가진다. 이러한 교직관은 성직관→노동직관→전문직관의 순서로 변천해 왔다.

논점6 교직관의 분류

① 성직관
- 의의
  성직관은 교직을 성직으로 여기는 입장이다. 성직관은 교직을 신부직이나 목사직과 같이 고도의 정신적 활동이자 봉사적 활동으로, 미래지향적·가치지향적이며 이상지향적인 것으로 보는 교직관이다.
- 특징
  교직은 세속적인 다른 직업과 구별되는 것으로, 교사는 교직에 대한 소명의식(召命意識)을 가지고 무한한 사랑과 헌신, 희생과 봉사, 정신적 활동에 전념해야 한다고 본다. 세속적인 다른 직업과 달리 교직의 사회적 지위는 높지만 경제적 지위는 낮다고 본다. 교사의 정치적 활동을 전면적으로 부정하며, 교사의 교직기술을 경시(중시×)한다.
  이러한 성직관은 중세대학의 발생 및 전통적 교육관에 토대를 두고 있다.

② 노동직관
- 의의
  노동직관은 교직(교사)도 하나의 노동직(노동자)이며 본질적으로 다른 직업과 차이가 없다는 입장이다. 노동직관은 성직관과 극히 대조적인 입장을 취하는 교직관이다. 교직이 비록 정신적 노동을 주로 한다고 하지만 정신적 노동과 육체적 노동을 구분하는 것이 도리어 부당하다는 전제에서 출발한다.
- 특징
  그래서 노동의 대가로써 보수를 받고, 보수와 근무조건의 개선을 위하여 노동조합과 같은 단체를 구성하거나, 단체교섭/단체협약을 체결하거나, 심지어 단체행위(쟁의행위)를 포함하여 집단적으로 투쟁하는 것을 당연한 것으로 본다. 그리고 교사의 정치적 활동을 당연시하며, 교사의 교직기술을 중시한다.

이러한 노동직관은 근대의 Marxism에 입각하고 있다.

③ 전문직관
- 의의
전문직관은 교직의 본질을 단순히 성직이나 노동직으로 보는 견해를 초월하여 그것을 전문직으로 규정하는 입장으로, 오늘날에는 광범위하게 받아들여지고 있다. 교직을 단순한 육체적 활동이 아니고 지적이며 정신적 활동을 주로 하는 직업으로 보는 점, 그것을 이기적 활동이 아니고 이타적 동기에서 출발하는 봉사적 활동으로 규정하는 점, 고도의 자율성과 책임성 및 윤리성을 강조하는 점에 있어서 교직은 성직관에 접근한다.

- 특징
그러나 전문직관에서는 교사의 자질향상과 사회·경제적 지위향상을 위하여 교원단체를 구성하고 보다 적극적으로 교권의 신장을 쟁취하여야 한다고 주장한다. 그리고 교사의 정치적 중립성을 강조하며, 교사의 교직기술을 중시한다.

'교직이 전문직인가?'에 대한 논의가 시작된 것은 Lieberman의 저서 〈전문직으로서의 교직(1958)〉, Stinnett의 저서 〈교직의 전문성(1958)〉이다. 여기서 전문직의 특성은 고도의 지적 능력, 장기간의 준비교육, 자율성과 책임성, 사회봉사성, 엄격한 자격기준, 전문직단체, 직업윤리 등이다.

이와 같은 전문직관은 성직관과 노동직관을 통합한 입장으로, UNESCO 및 ILO의 〈교원의 지위에 관한 권고(1966)〉에 근거를 두고 있다.

논점7 교사의 직무와 역할

① 교사의 직무

교사의 주된 임무는 가르치는 일이다. 이 말은 단순히 지식을 전달한다는 의미가 아니라 교육의 전과정을 주관한다는 뜻이다. 그러므로 교사는 교과를 가르치는 학습지도뿐만 아니라 학생 개개인의 건전한 성장과 발달을 돕기 위한 생활지도 및 상담의 임무를 담당한다. 이러한 교사의 직무는 다음과 같다.

- 교수-학습지도
- 생활지도 및 상담과 특별활동
- 교육평가
- 교원연수
- 학교경영에의 참여
- 학급경영
- 사무처리 등

② 교사의 역할
- 학습조력자로서의 역할

    학생들은 교사가 살아있는 교과서의 역할을 해줄 것을 기대한다. 교사의 지식수준은 학생들의 학업성취와 밀접한 관련이 있다는 점에서 지식공급자로서의 교사는 학생들의 학습을 조력해야 한다. 그러나 교사의 역할이 단순히 지식과 기술을 전달하는데 그쳐서는 안 될 것이다. 학생들이 중요한 지식을 이해하고, 이미 습득한 지식을 적용하며, 새로운 지식과 기술을 찾아내는 학습과정에서 교사는 유능한 학습조력자, 학습안내자로서의 역할을 수행해야 한다.

- 인생안내자로서의 역할

    학생들은 교사와의 인간적인 관계 속에서 인생에 관하여 많은 것을 배우게 된다. 이 과정에 의해서 학생들은 인성을 형성하고 가치관과 태도를 발달시키는 등 인간적인 성숙을 하게 된다. 그래서 교사는 학생들의 인간적인 성숙을 촉진하기 위해서 인생안내자로서의 역할을 수행해야 한다.

- 모델로서의 역할

    학생들의 사회화과정에서 교사는 사회적 가치와 규범을 대표하는 모범(模範), 사범(師範), 사표(師表), 전형(典型) 혹은 모델(model)이 된다. 교사는 학생들에게 사회적 가치와 규범을 전수하기 위하여 학생들의 특정한 행동을 인정해 주고 격려해 주며, 어떤 경우에는 질책도 한다. 그러나 무엇보다도 교사 자신이 모델링(modelling)이 된다는 점에서 모델로서의 역할이 중요한 것이다. 그것은 교사의 일거일동이 학생의 동일시(identification)의 대상이 된다는 의미이다.

- 연구자로서의 역할

    유능한 교사는 지적 능력과 지적 호기심을 가지고 항상 연구해야 한다. 이와 더불어 학생도 연구하는 경향성을 갖도록 지도해야 한다. 학생들을 가르친다는 것은 지식을 주입하는 것이 아니라 학생들의 지적 탐구활동을 자극하여 일생동안 지식을 습득할 도구의 사용법을 알게 하는 것이다. 그러므로 교사는 스스로 연구자로서의 역할을 인식해야 한다.

- 지도자로서의 역할

  교사는 학교조직 및 학급조직, 지역사회조직에서 그 조직의 과업을 효율적으로 수행해야 할 책무를 진다. 이와 관련하여 의사결정기술, 의사소통기술, 인간관계기술 등을 갖추어야 한다. 따라서 교사는 그 자신이 지도자로서의 역할을 실천해야 한다.

논점8 교사의 자질

① 의의

좋은 교육은 좋은 교사가 있을 때에 가능하다. 교육에서의 핵심은 교사이기 때문이다. 학생을 가르치는 사람을 교사(敎師)라고 한다. 교사는 교육에 관한 전문가이다.

'교육의 질(質)은 교사의 질(質)을 능가하지 못한다'는 말이 있다. 만약 좋은 교사에 빈약한 시설과 빈약한 교사에 좋은 시설 중에서 택일해야 한다면 좋은 교육을 위해서는 전자(前者)를 선택할 수밖에 없다. 교육에서의 핵심은 교사이기 때문이다. 바로 그 교사에 의하여 지도방법과 기술이 결정될 뿐만 아니라 학교문화, 학교풍토와 학생의 신체적·정신적 발달을 촉진하는 환경조건이 결정된다고 할 수 있다.

② 교육관과 교사의 자질
- 진보주의에 따른 교사의 자질(재건주의 포함)
  - 학생들의 흥미와 욕구를 충족시켜 주는 교사
  - 학생들의 학습을 도와주는 조력자, 안내자로서의 교사
  - 학생들의 자유로운 활동을 최대한으로 보장해 주는 교사
  - 특정교과에 대한 깊은 지식과 기술보다는 다양한 방면에 걸친 지식과 기술을 소유한 교사
  - 특정교과에 대한 지식과 기술은 물론 심리학, 사회학 등에 관한 지식을 소유한 교사
  - 융통성있고 학생과 더불어 공동으로 학습계획을 설계하는 교사
  - 학생의 개인차를 존중하는 교사
- 전통주의에 따른 교사의 자질(본질주의와 항존주의 포함)
  - 인격자 내지 인격적 감화자로서의 교사
  - 문화유산의 전달자로서의 교사
  - 사회적 통제자로서의 교사

- 권위자로서의 교사
- 실존주의 또는 인간주의에 따른 교사의 자질
  - 인간(학생)을 존중하는 교사
  - 수용적인 교사
  - 공감적으로 이해하는 교사
  - 솔직하고 진실한 교사

③ 이상적인 교사의 자질
- 신체적 건강의 소유자
- 정신적 건강/정서적 안정성의 소유자
- 통합된 인성의 소유자
- 일반적인 교양을 지닌 자
- 전문적인 학문을 지닌 자
- 교육적인 학문을 지닌 자

논점9 교사의 지적 능력과 학업성취

① 좋은 교사

좋은 교사란 (인격적 차원보다) 능력적 차원에서 유능한 교사 혹은 효과적인 교사를 말한다. 유능한 교사 혹은 효과적인 교사란 의도하는 학습의 성과를 효과적으로 달성할 수 있는 교사를 말한다. 예컨대, 수업시간의 학습목표가 삼각형의 넓이를 계산하는 것이었다면 그 수업이 끝났을 때에 모든 학생들이 삼각형의 밑변과 높이를 왜 곱해야 하는지, 그 값을 왜 2로 나누어야 하는지 설명할 수 있으며, 또 삼각형의 넓이를 계산해낼 수 있었다고 할 때 그 교사는 효과적인 수업을 했다고 말할 수 있고, 그 교사는 효과적인 교사라고 말할 수 있다.

따라서 효과적인 교사를 판단하는 데에는 2가지 기준이 필요하다. 하나는 의도한 목적이 있어야 하고, 다른 하나는 그 목적의 성취가 분명해야 한다. 만일에 교사가 의도한 목적이 없었다면 학생의 성취는 우연적인 것일 뿐, 예언이나 통제가 가능하지도 못한 것이다.

② 교사에게 요구되는 지적 능력

먼저 교사에게 필요한 지적 능력은 교과지식과 학생이해에 관한 지적 능력(=전공과목), 사회·문화에 관한 광범위한 지적 능력(=교양과목), 수업방법에 관한 지식과 기술(=교직과목) 등이다. 이러한 고도의 지적 능력을 배양하기 위하여 비교적 장기간에 걸쳐 직전교육을 받아야 한다. 그리고 지적 능력의 유지와 향상을 위하여 계속적으로 현직교육을 받아야 한다.

③ 교사의 지적 능력과 학업성취의 관계에 관한 연구
- 교사의 지능은 학생의 학업성취와 거의 상관이 없다.(Morish & Wilder 등)
- 교사의 언어표현의 유창성과 명확성은 학생의 학업성취와 큰 상관이 있다.(Solomon 등)
- 추상적이고 상대적으로 사고하는 교사가 구체적이고 절대적으로 사고하는 교사보다 학생을 더 잘 이해하고, 탐구능력을 길러주는데 도움이 된다.(Harvey 등)
- 학생에 대한 정보와 지식(지능, 창의성, 적성, 학습동기, 학습흥미 등)은 학생을 이해하고 특히 학생의 성격발달에 도움을 준다.(Ojemann, Workinson 등)

논점10 교사의 정의적 특성과 학업성취

① 교사의 인성

교사의 특정한 인성(성격)이 모든 학생에게 모든 상황에서 동일한 영향을 미친다고 할 수는 없다. Heil(1960)의 연구에서는 교사의 성격유형을 정돈형-자발형-공포형으로 구분하고, 그것을 각각 우수교사-열등교사로 양분하여 전체 교사집단을 6가지로 분류하였다. 이 연구결과, 교사의 성격특성은 학생의 학업성취에 큰 영향을 준다. 특히 정돈형의 우수교사일 때 학생의 학업성취가 가장 높다.

② 교사의 태도
- 교사의 태도와 학업성취의 관계

  교사의 태도와 학생의 학업성취의 관계에 대하여 일률적으로 말할 수는 없다고 해도 일반적으로 교사의 온정적이고 긍정적인 태도가 학생의 학업성취에 도움을 준다. 교사의 태도는 학생의 학업성취와 관계가 있을 뿐만 아니라 학생의 성격형성이나 사회성의 발달과도 밀접한 관계가 있다. 성공적인 교사는 학생의 활동이나 동기에 대하여 온정적이고 관용적이며, 학급을 비지시적 방법으로 운영하는 경향을 보였다. 또한 학생의 지적 성취를 높인 교사는 온정적이고 친절하며, 강의법이나 직접교수법보다는 그림과 사진 등 시청각적 교수법을 사용하는 경향이 있었다.(Ryan, 1960)

- 자기충족적 예언 또는 자성적 예언

  교사가 학생 개개인을 어떻게 대해 주느냐에 따라 학생의 학업성취는 크게 달라질 수 있다. 즉, 능력이 있는 학생으로 인정하고 기대하면 그 학생의 능력은 더욱 신장되지만, 그와 반대로 능력이 없는 학생으로 인정하고 기대하면 그의 능력은 신장되지 못한다는 것이다. 이와 같은 기대효과를 자기충족적 예언 또는 자성적 예언(self-fulfilling prophecy)이라고 한다(Merton, 1957). 즉, 자기충족적 예언은 인간이 어떤 기대를 받고 이를 확신하게 되면 그 기대를 받아들이고, 그에 알맞는 행동을 하게 된다는 것을 말한다.

  Rosenthal & Jacobson(1966)은 Oak학교실험의 연구결과, 이와 같은 기대효과를 Pygmalion효과라고 명명하였다. 이것은 교사가 학생을 대할 때에는 어떤 가능성의 소유자로 보고, 그에 상응하는 기대를 하면 학생의 학업성취에 큰 영향을 미칠 수 있다는 점을 시사해 준다. 이것은 교사의 부정적인 편견이나 고정관념이 지적 발달에 미치는 영향을 잘 설명해 준다(예 : Hawthorne효과, placebo효과, halo효과).

③ 교사의 지도성

교사의 지도성유형에 따라 학생의 학업성취에 큰 영향을 미친다. Lippit & White(1938)의 연구에서는 지도성유형을 민주형-권위형-자유방임형으로 구분하고, 그것이 각각 학생의 학업성취에 미치는 영향을 규명하였다. 이 연구에서는 민주형이 우월하다는 결과가 제시되었으나, 그 후의 후속연구에서는 상반되는 결과가 적지 않게 나타나기도 했다. 여러 연구를 종합하면 다음과 같다.

첫째, 학생들이 학습목표를 분명하게 이해하고 그 목표가 학생 개인의 욕구와 직결되어 있을 때에는 학생중심의 민주형이 효과적이다.

둘째, 학생들의 성격이 자율적이고 독립심이 강할 때에는 학생중심의 민주형이 효과적이다.

셋째, 학생들의 과거경험에 따라 민주형이 우월할 수도 있지만 그렇지 못할 수도 있다. 학년이 높을수록 민주형이 효과적인 이유는 교육적으로 성숙하게 되면 학생들의 자주적 판단능력이 높아지기 때문이다.

제13장

교육행정

논점1 교육행정의 개념

① 분류체계론
- 교육행정을 '교육에 관한 행정'이라고 보는 견해로, 행정의 종합성과 권력성을 강조하는 입장이다. 국가통치권의 작용 중에서 입법과 사법을 제외한 나머지를 행정이라고 하고, 이 일반행정 중에서 교육에 관한 행정을 교육행정이라고 하는 견해이다(법규적 정의, 공권적 정의).
그 특징은 첫째, 교육보다 행정을 우선한다. 그래서 행정의 종합성을 강조한다. 둘째, 교육의 자주성과 자율성을 부정한다. 셋째, 권위적이며 중앙집권적 교육행정을 강조한다.
- 국가통치권의 작용 중에서 일반행정을 내무행정·외무행정·법무행정·재무행정(재정)·군무행정(군정)의 5가지로 분류하고, 그 중에서 내무행정을 다시 보육행정과 경찰행정으로 분류, 보육행정 속에 교육에 관한 행정인 교육행정을 포함시키는 것이다.
이러한 분류체계론은 과학적 관리론 및 근대 관료제론, Fayol의 산업관리론, Gulick & Urwick 의 행정관리론에 토대를 두고 있다.

② 조건정비론
- 교육행정을 '교육을 위한 행정'이라고 보는 견해로, 행정의 수단성과 봉사성을 강조하는 입장이다. 교육행정은 교육목표를 효율적으로 달성하기 위한 조성적·봉사적 활동이라고 하는 견해이다. 그러므로 교육행정은 그 자체가 목적이 아니라 다만 수단으로 보는 견해이다(기능적 정의). 그 특징은 첫째, 행정보다 교육을 우선한다. 따라서 행정의 수단성을 강조한다. 둘째, 교육의 자주성과 자율성을 인정한다. 셋째, 민주적이며 지방분권적 교육행정을 강조한다.
- Moehlman(1951)은 학교의 궁극적인 목적은 수업이고, 교육행정의 조직과 과정은 이 목적을 효율적으로 달성하기 위한 수단으로 보았다. 즉, 교육행정은 근본적으로 교육의 목적을 효율적으로 달성하기 위한 조성적·봉사적 활동이자 수단적·기술적 활동이라는 것이다.
이러한 조건정비론은 인간관계론에 기초를 두고 있다.

③ 협동행위론(행정행위론)
- 교육행정을 '교육의 행정'이라고 보는 견해로, 행정의 합리성과 전체성을 강조하는 입장이다. 교육목표를 달성하기 위한 합리적인 활동을 교육행정으로 보는 입장이다. 그러므로 교육행정은 교육목표를 달성하기 위하여 교육행정의 전과정을 합리적으로 경영관리하는 활동이라고 하는 견해이다(교육경영적 정의). 그 특징은 첫째, 교육과 행정을 통합한다. 따라서 교육과 행정(=경영)의 합리성을 강조한다. 둘째, 의사결정과정을 중시한다. 셋째, 목표에 의한 관리(MBO)를 중시한다.

- Waldo(1967)는 행정이란 고도의 합리성을 지닌 협동적 집단행위라고 규정하였다. 여기서 협동행위란 혼자서는 움직일 수 없는 바위를 두 사람이 움직이는 집단행위를 말하며, 합리성이란 최소의 비용으로 최대의 효과를 달성하는 것을 말한다. 이러한 협동행위론 또는 행정행위론은 행동과학이론을 포함하여 사회체제모형, 교육행정체제접근 등 체제이론에 기반을 두고 있다.

④ 요약

일반적으로 교육행정은 교수-학습활동을 지원하기 위한 조성적 · 봉사적 활동으로 규정된다. 다시 말하면 교육행정은 교육목표를 설정하고 그 목표의 달성에 필요한 인적 · 물적 자원을 정비 · 확립하며, 그 목표의 달성을 지원하는 활동을 말한다(기능적 정의 : 통설적 견해).

논점2 교육행정의 성격

① 일반적 성격
- 공공적 성격
  교육은 고도의 공공성을 갖고 있으므로 교육행정도 고도의 공공성을 띠고 있다.
- 조성적 · 봉사적 성격
  교육행정은 인적 · 물적 조건을 조성하며, 지도 · 조언하는 봉사활동이다.
- 수단적 · 기술적 성격(=합리적 성격)
  교육행정은 교육목적을 효율적으로 달성하기 위하여 합리적인 수단과 기술을 동원한다.
- 민주적 성격
  교육은 자주성과 자율성을 보장받으며, 그 독립성과 특수성에 비추어 실시되어야 한다.
- 중립적 성격
  교육은 정치적 중립성을 보장받으며, 교육 본래의 목적에 따라 운영되어야 한다.
- 전문적 성격
  교육은 그 자체가 전문성을 갖고 있으므로 교육행정도 전문성을 띠게 된다.

② 특수적 성격 : 교육행정의 비긴급성
- 교육목적 측면
  교육목표는 장기적 목표 · 무형적 목표 · 질적 목표인데, 이것은 단기적이거나 구체적이지 못하며, 계량화가 어렵다.
- 교육의 인적 조직 측면
  교직원조직, 학생조직, 학부모조직, 지역사회조직, 기타 직능조직 등 교육에 참여하는 집단의 독자성과 협력성이 그대로 교육행정업무의 특수성을 반영하고 있다.
- 교육의 물적 조직 측면
  교육행정의 비긴급성 때문에 교육투자는 장기적 투자이다.
- 교육의 과정(=교사의 전문성) 측면
  고도의 전문성을 가진 교사집단, 학생집단과 학부모집단 등의 이질적인 집단을 조정하려면 교육행정은 고도의 전문성이 필요하다.
- 교육평가 측면
  교육의 효과는 장기적 효과·무형적 효과·질적 효과이기 때문에 단기적 측정이나 구체적 측정이 곤란하며, 계량적 측정이 곤란하다.

논점3 교육행정의 원리 : 법·제도적 차원의 원리

① 법치행정(法治行政)의 원리 : 합법성의 원리
법치행정(法治行政) 혹은 합법성은 교육행정의 모든 활동이 합법적으로 제정된 법령과 조례, 규칙 등에 따라야 하는 법률적합성을 의미한다. 즉, 모든 행정은 법률에 위반되어서는 안 되고, 법률의 근거가 필요하며, 법률에 따른 집행을 해야 한다는 것이다.
교육행정은 헌법 제31조(교육을 받을 권리와 의무, 평생교육의 진흥)의 규정을 비롯하여 교육기본법, 교육공무원법, 지방교육자치에 관한 법률, 사립학교법 등과 대통령령, 교육부령 등에 따라서 집행되고 있다. 그러나 합법성을 지나치게 강조하면 교육행정이 형식화, 경직화되고 목표의 전환을 초래할 수 있다.

② 기회균등의 원리
- 교육의 기회균등이란 교육의 평등을 실현하기 위한 민주주의의 기본이념이다. 교육의 기회균등은 2가지 측면에서 살펴볼 수 있다. 하나는 각자의 능력에 따른 차이를 고려하지 않고 교육의 기회를 균등하게 보장하는 의무교육제도의 확립이요, 다른 하나는 각자의 능력과 적성에 입각하여 그 능력을 발휘할 수 있는 기회를 부여하는 것으로 장학금제도나 사회보장제도의 확립을

전제로 한다.
- 모든 국민은 능력에 따라 균등하게 교육을 받을 권리를 가진다. 모든 국민은 그 보호하는 자녀에게 적어도 초등교육과 법률이 정하는 교육을 받게 할 의무를 진다. 의무교육은 무상으로 한다.(헌법 제31조 제1항, 제2항, 제3항)

  모든 국민은 평생에 걸쳐 학습하고, 능력과 적성에 따라 교육을 받을 권리를 가진다. 모든 국민은 성별(연령별×), 종교, 신념, 인종, 사회적 신분, 경제적 지위 또는 신체적 조건 등을 이유로 교육에 있어서 차별을 받지 아니한다. 의무교육은 6년의 초등교육과 3년의 중등교육으로 한다. 국가와 지방자치단체는 경제적 이유로 교육받기 곤란한 자를 위한 장학제도와 학비보조제도 등을 수립·실시하여야 한다.(교육기본법 제3조, 제4조, 제8조, 제28조)

③ 자주성 존중의 원리
- 자주성은 교육이 그 본질적 목적을 달성하기 위하여 정치적·종교적 중립성을 유지하고, 교육행정이 일반행정으로부터 분리·독립해야 한다는 것이다. 주로 교육행정조직을 일반행정조직으로부터 분리·독립시키며, 교육인사행정과 교육재정 등을 자주적이고 자율적으로 운영해야 한다. 교육은 일정한 정치·정당의 이익을 대변하거나 특정한 종교를 위한 수단으로 활용될 수 없는 자주성과 자율성이 요구되기 때문이다. 특히 국립·공립학교에서의 특정한 종교를 위한 종교교육을 금지하고 있는 것도 교육의 자주성과 독립성을 선언한 것이라고 할 수 있다.
- 교육의 자주성·전문성·정치적 중립성 및 대학의 자율성은 법률이 정하는 바에 의하여 보장된다.(헌법 제31조 제4항)

  국가와 지방자치단체는 교육의 자주성과 전문성을 보장하여야 하며, 지역실정에 맞는 교육을 실시하기 위한 시책을 수립·실시하여야 한다. 학교운영의 자율성은 존중되며, 교직원·학생·학부모 및 지역주민 등은 법령으로 정하는 바에 따라 학교운영에 참여할 수 있다.(교육기본법 제5조)

  교육은 교육 본래의 목적에 따라 그 기능을 다하도록 운영되어야 하며, 정치적·파당적 또는 개인적 편견을 전파하기 위한 방편으로 이용되어서는 아니 된다. 국가와 지방자치단체가 설립한 학교에서는 특정한 종교를 위한 종교교육을 하여서는 아니 된다.(교육기본법 제6조)

④ 전문성 보장의 원리
- 전문성이란 교육행정은 교육을 위한 행정이므로 교육행정에 관한 이론과 기술을 습득한 전문가가 담당해야 한다는 것이다. 전문성의 개념은 2가지 의미를 내포하고 있다. 하나는 교육행정업무의 독립성과 특수성이요, 다른 하나는 고도의 지적·기술적 수월성이다.
- 교육감후보자가 되려는 사람은 해당 시·도지사의 피선거권이 있는 사람으로서 후보자등록신

청 개시일부터 과거 1년 동안 정당의 당원이 아닌 사람이어야 한다. 교육감후보자가 되려는 사람은 후보자등록신청 개시일을 기준으로 교육경력 또는 교육행정경력이 3년 이상 있거나 교육경력 또는 교육행정경력을 합한 경력이 3년 이상 있는 사람이어야 한다.(지방교육자치에 관한 법률 제24조)

⑤ 지방분권의 원리
- 지방분권이란 정책결정의 권한과 책임이 지방정부(지방자치단체) 또는 하급기관에 위임·분산되어 있는 것이다. 이것은 교육자치제도를 근간으로 해서 민주주의 이념을 실현하고, 의사결정의 민주성을 확보하는데 목적이 있다.
  교육은 외부의 부당한 지배를 받지 아니하며, 지역주민의 적극적인 참여와 지역주민에 의한 자율적인 통제에 의하는데, 이러한 표현이 교육자치제도이다. 따라서 교육에 관한 모든 책임은 중앙정부라든가 국가공무원에게 있는 것이 아니고 지역주민에게 있는 것이다.
- 지방자치단체의 교육·과학 및 체육에 관한 사무를 분장하기 위하여 별도의 기관을 둔다.(지방자치법 제121조) 이에 따라 교육의 자주성 및 전문성과 지방교육의 특수성을 살리기 위하여 지방자치단체의 교육·과학·기술·체육 그 밖의 학예에 관한 사무를 관장하는 기관의 설치와 그 조직 및 운영 등에 관한 사항을 규정함으로써 지방교육의 발전에 이바지함을 목적으로 한다. 지방자치단체의 교육·과학·기술·체육 그 밖의 학예에 관한 사무는 특별시·광역시 및 도의 사무로 한다.(지방교육자치에 관한 법률 제1조, 제2조)

논점4 교육행정의 원리 : 운영적 차원의 원리

① 타당성의 원리 : 합목적성의 원리
  타당성 혹은 합목적성이란 바람직한 교육목표를 설정하고, 이것을 달성하기 위한 교육행정이 설정된 교육목표에 타당한(충실한) 활동이어야 한다는 것이다. 즉, 목적을 위한 수단으로 목적과 수단간에 괴리가 없어야 한다는 것이다. 교육행정은 교육의 목적을 달성하기 위한 수단적·기술적 활동이기 때문이다.

② 민주성의 원리
- 민주성이란 국민의 의사와 요구를 교육행정에 반영하여 국민의, 국민에 의한, 국민을 위한 교육

행정을 해야 한다는 것을 말한다. 즉, 교육행정은 대외적으로 국민과의 관계에서 행정권의 남용을 최대한 통제하고 국민에 대한 책무성을 확보하는데 초점을 두어야 하며, 대내적으로는 구성원들의 직무만족, 구성원들의 상호작용, 권한의 배분 등에 초점을 두어야 한다.

여기에는 교육정책결정에의 시민참여, 교육행정에의 시민참여, 교육행정의 공개성과 공익성·공공성·공정성 등이 포함된다(예 : 지방교육행정협의회 및 교육감협의체, 교육감의 주민직선제/주민소환제, 학교운영위원회 등).

- 지방자치단체의 교육·학예에 관한 사무를 효율적으로 처리하기 위하여 지방교육행정협의회를 둔다. 교육감은 상호간의 교류와 협력을 증진하고, 공동의 문제를 협의하기 위하여 전국적인 협의체를 설립할 수 있다.

  교육감의 임기는 4년으로 하며, 교육감의 계속 재임은 3기에 한한다. 교육감은 주민의 보통·평등·직접·비밀선거에 따라 선출한다. 주민은 교육감을 소환할 권리를 가진다.

  그리고 학교운영의 자율성을 높이고 지역의 실정과 특성에 맞는 다양하고도 창의적인 교육을 할 수 있도록 초등학교·중학교·고등학교 및 특수학교에 학교운영위원회를 구성·운영하여야 한다(국립·공립·사립학교를 모두 포함). 국립·공립학교에 두는 학교운영위원회는 그 학교의 교원대표, 학부모대표 및 지역사회인사(대표)로 구성한다.(초·중등교육법 제31조)

③ 효율성의 원리
- 효율성이란 최소의 비용으로 최대의 효과를 달성하는 것을 말하는데, 효과성과 능률성을 동시에 표현하는 포괄적인 개념으로 흔히 '경제성'으로 통한다.

  우선 능률성(efficiency)은 투입과 산출의 비교에서 나오는 개념으로, 최소한의 인적·물적 자원을 투입하여 산출을 최대화해야 한다는 것이다. 반면에 효과성(effectiveness)은 투입과 산출을 비교하지 않고, 설정된 목표달성의 정도만을 따진다는 점에서 능률성 개념과 다르다. 일반적으로 효과성은 질(質)과 목표에 관한 개념인 반면, 능률성은 양(量)과 수단에 관한 개념이다(예 : 신자유주의의 시장경쟁의 원리, 학교교육의 재구조화 및 학교선택론 도입 등).

- 교육목표는 교육행정의 단기적 목표보다 장기적 목표인 경우가 많다. 따라서 단기적 효과에 따른 효율성보다 장기적 효과에 따른 효율성을 중시해야 한다. 그리고 기계적·경제적 효율성보다 인간적·사회적 효율성을 중시해야 한다. 기계적·경제적 효율성은 다만 효과성이나 능률성을 지칭하는데 반해, 인간적·사회적 효율성은 민주성까지도 고려하는 포괄적인 개념이다.

④ 안정성의 원리

안정성은 장기적인 안목에서 교육행정이 일관성과 계속성을 유지해야 한다는 것으로, 교육정책이나 교육프로그램이 조령모개(朝令暮改)가 되어서는 안 된다는 것이다. 이 원리는 적응성의 원리에 대응하는 개념이다.

⑤ 적응성의 원리

적응성은 새로운 환경에 대하여 교육행정이 신축적으로 대응해야 한다는 것으로, 교육정책이나 교육프로그램의 효율적 성과를 계속해서 확보해야 한다는 것이다. 교육행정이 내·외적 환경의 변화에 따라 신축적으로 대응할 수 있을 때 조직발전(OD)이 가능하게 된다.

논점5 과학적 관리론의 의의/특징

① 의의
- 주요내용

    과학적 관리론(scientific management)은 19세기 말 생산과정의 과학화를 도모하고 경제대공황(1929)을 극복하기 위한 경영관리의 합리화운동으로, Taylor에 의해 체계화되었다. Taylor의 과학적 관리론은 최소의 비용으로 최대의 효과를 거두어 자본가와 노동자의 공동번영을 도모하는 것이 목적이었다. 따라서 절약과 능률을 위한 최선의 방법이 수단으로 채택되었다. 그 수단을 발견하기 위하여 각각의 작업을 요소동작으로 분해하고, 그 순서와 형태, 소요시간을 시간연구(time study)와 동작연구(motion study)에 따라 단순화·표준화·전문화하여 1일의 공정한 작업량을 설정하고, 성과급제도를 적용하는 것이 주요내용이다. 이 과학적 관리론의 과업관리의 원칙과 기업관리의 원칙은 다음과 같다. (그 당시 유럽에서는 고전적 조직이론을 대표하는 근대 관료제론이 일반행정조직의 근간을 이루고 있었다.)

- 과업관리의 원칙과 기업관리의 원칙

    과학적 관리론의 과업관리의 원칙은 첫째, 노동자에게 명확한 1일의 과업을 줄 것, 둘째, 과업을 담당할 수 있도록 모든 작업조건을 단순화·표준화·전문화할 것, 셋째, 과업을 성공적으로 달성했을 때는 노동자의 임금을 증액할 것, 넷째, 과업의 달성에 실패했을 때는 그 임금을 삭감할 것, 다섯째, 과업은 일류의 노동자만이 달성할 수 있도록 어려울 것 등이다.

    그리고 기업관리의 원칙으로는 첫째, 진정한 과학적 관리의 원칙 발견(과학적 직무분석) 둘째, 관리의 전문화 확립(기능적 감독) 셋째, 노동자의 과학적 선발과 교육(인사관리) 넷째, 관리자와 노동자간의 친밀한 협동(협동관리) 등이었다.

② 특징
- 노동자는 경제적 유인이나 경제적 목표를 위해 합리적 행위를 한다. 즉, 합리적 경제인관을 가정한다.
- 합리적 경제인관에 토대를 두고 경제적 동기를 중시하였고, 기계적·경제적 능률성을 강조하였다.
- 공식적 조직 연구에 치중하였고, 분업과 전문화, 계층제, 명령통일, 통솔범위 등 '원리접근'에 집중하였다(=인간없는 조직의 관점).

논점6 과학적 관리론의 영향

① 일반행정에 미친 영향
- 정치-행정 2원론을 발전시키고, 행정의 합리화를 촉진하였다.
- Fayol의 산업관리론, Gulick & Urwick의 행정관리론 등 행정관리론을 성립시켰다.
- 인간-기계론(man-as-machine)의 관점에서 인간소외·인간성매몰 등을 초래하였다.
- 비경제적 동기를 외면하였으며, 인간적·사회적 능률성을 무시하였다.

② 교육행정에 미친 영향
- Spaulding은 교육행정의 낭비와 비능률을 지적하고, 기업관리(기업경영)의 원칙에 입각한 교육행정을 주장하였다.
- Bobitt는 교육행정에 있어서 낭비와 비능률을 제거하고, 교육행정에 과학적 관리법을 적용할 것을 주장하였다.
- Strayer & Thorndike(1937)는 〈교육행정 : 계량적 연구〉라는 저서를 통해 교육행정에 과학적 관리법을 적용할 것을 주장하였다.

논점7 인간관계론의 의의/특징

① 의의
- 주요내용

  인간관계론(human relation)은 20세기 초 과학적 관리론의 한계를 비판하고, 인간의 사회·심리적 요인을 중심으로 경영관리의 효율화를 추구한 운동으로, Mayo 등이 주도한 Hawthorne공장실험의 연구에 따라 성립되었다. 특히 Follett은 행정에 사회·심리적 관점을 도입하여 인간관계론에 크게 영향을 미쳤다.

  Hawthorne공장실험은 제1차 조명도실험 → 제2차 계전기조립실험 → 제3차 면접실험 → 제4차 건반배선조립 관찰실험 등을 바탕으로 8년(1924~1932)에 걸친 장기간의 실험적 연구이다. 이 연구의 결론은 다음과 같다.

- Hawthorne공장실험의 연구결과

  첫째, 생산량의 증대는 기술의 조직(=원리접근)보다 인간관계의 조직에 의존한다. 둘째, 노동자의 업무는 경제적 요인에 의해서만 자극을 받는 것이 아니라, 사회·심리적 요인(정서적 요인, 비합리적 요인)에 의해서도 크게 자극을 받는다. 즉, 비경제적 동기가 인간행동에 중요한 영향을 미친다.

  셋째, 비공식적 집단, 소집단을 통한 소외감의 배제가 중요하다. 넷째, 개인의 사회적 욕구의 충족을 통해 안정감과 귀속감을 갖게 하는 것이 중요하다. 다섯째, 왜냐하면 노동자의 사기(士氣)는 비공식적 집단, 소집단을 중심으로 형성되기 때문이다.

② 특징
- 인간을 사회적 존재로 보고, 사회인관을 가정한다.
- 사회인관에 기반을 두고 비경제적 동기를 중시하였고, 인간적·사회적 능률성을 강조하였다.
- 비공식적 집단, 소집단을 연구하였고, 사회·심리적 요인(정서적 요인, 비합리적 요인)을 연구하였다(=조직없는 인간의 관점).

논점8 인간관계론의 영향

① 일반행정에 미친 영향
- 정치-행정 1원론을 발전시키고, 행정의 민주화를 촉진하였다.
- 비공식적 집단, 소집단의 중요성을 강조하였다.
- 민주적 지도성, 상향적 의사소통, 노동자의 사기(士氣) 등의 중요성을 강조하였다.
- 고충처리제도, 인사상담제도, 제안제도 등 각종의 인사제도를 발달시켰다.

② 교육행정에 미친 영향
- Lewin, Lippit & White(1938)의 지도성유형에 관한 실험적 연구는 민주적 지도성의 중요성을 강조하였다.
- Moehlman, Koopman 등은 교육행정의 민주화에 큰 공헌을 하였고, '교육을 위한 행정(기능적 정의)'을 주장하였다.
- Yauch는 교육행정에 있어서 인간관계의 중요성을 주장하였고, 교육행정의 원리를 제시하였다.

논점9 행동과학이론의 의의/특징

① 의의

행동과학은 인간의 행동과 태도를 논리적 실증주의(logical positivism)에 이론적 기초를 두고, 협동학문적(학제적) 접근으로 규명하고자 하는 학문분야이다. 행정에 대한 행동과학적 접근을 시도한 최초의 학자는 Barnard인데, 그의 저서 〈경영자의 기능(1938)〉에서 조직구조에 대한 분석과 행동과학적 접근을 제시하였다.

그 후 Simon은 그의 저서 〈행정행위론(1947)〉에서 행동과학적 접근을 확대·발전시키고, 조직균형(organizational equilibrium)의 개념을 사용하면서 개인과 조직의 균형과 조화를 추구하였다. 즉, 과학적 관리론과 인간관계론의 한계를 극복하고자 하였다.

② 특징
- 가치(value)와 사실(fact)을 엄격히 구분하고, 행정의 연구대상에서 가치를 제외하였다. 그리하여 행정의 연구대상을 실제적인 사실에 국한시켰다.

- 계량적 기법을 채택하여 이론의 검증가능성(verifiability)을 강조하였다.
- 협동학문적(학제적) 접근을 채택하여 인간행동을 설명하는데 중점을 둔다. 그러므로 조직구성원(개인)의 행동양식을 연구한다. 행동양식뿐만 아니라 집단현상까지도 연구한다.
- 행정을 의사결정과정으로 간주했다(예 : 만족모형).
- 행정을 개인과 개인간 또는 개인과 집단간 역동적 과정(dynamic process)으로 파악했다(예 : 행정행위론).

논점10 행동과학이론의 영향

① 일반행정에 미친 영향

행동과학적 접근은 논리적 실증주의(logical positivism)에 이론적 기반을 두고, 과학적 관리론의 연구방법을 토대로 인간관계론의 연구결과를 흡수하여 행정의 과학적 이론화운동에 크게 공헌하였다. 즉, 행정의 과학화·객관화에 공헌하였다.

② 교육행정에 미친 영향
- 교육행정을 연구하는데 이론(실천×)의 중요성을 강조하고, 이론에 근거한 가설-연역적 연구방법을 적용했다.
- 교육행정을 일반행정이나 기업관리(기업경영) 등과 구별하지 않고, 행정은 행정 자체로서 과학적 연구대상이 될 수 있다.
- 교육행정에 대한 연구는 행동과학적 접근에 크게 의존하는데, 교육체제는 사회체제로 볼 때 가장 잘 설명될 수 있다.
- 교육행정가와 교육행정학자, 사회과학자간의 협동학문적 연구법에 의해 교육행정의 과학적 이론화운동(=교육행정의 신운동)이 크게 촉진되었다.
- 교육행정에 있어서 행정행위론, 만족모형, 사회체제모형, 교육행정체제접근 등을 발전시켰다.

논점11 교육정책결정의 의의

① 정책결정과 교육정책결정
- 정책이란 바람직한 이상상태를 달성하기 위하여 정부기관이 공식적으로 결정한 기본지침이다. 정책결정(policy making)이란 정부기관에 의한 미래의 행동지침의 결정으로, 의사결정의 한 형태이다. 즉, 미래의 행동지침을 정치적 과정을 통하여 정부기관이 의도적으로 결정하는 행위를 말한다.

  교육정책이란 바람직한 이상상태를 달성하기 위하여 교육기관 또는 교육행정기관이 공식적으로 결정한 기본지침이다. 교육정책결정이란 교육기관 또는 교육행정기관에 의한 미래의 행동지침의 결정으로, 여기에는 국민적 동의를 전제로 하는 국가권력의 행사가 포함된다. 교육정책은 정치적 과정으로 국가정책의 기본방향이며, 교육행정에 관한 기본지침이자 교육제도를 운영하는 기본지침이다.

- 이와 같은 교육정책의 성격을 살펴보면 다음과 같다.

  첫째, 교육정책은 가치지향성을 갖는다. 둘째, 교육정책은 목표지향성을 갖는다. 셋째, 교육정책은 미래지향성을 갖는다. 넷째, 교육정책은 행동지향성을 갖는다. 다섯째, 교육정책은 정치성과 권력성을 갖는다. (교육정책 자체는 정치성과 권력성을 띠고 있지만, 교육정책결정은 정치적 중립성이 확보되어야 한다.)

  여섯째, 교육정책은 합리성, 초합리성을 추구한다. 일곱째, 교육정책은 민주성, 인간성을 지향한다. 여덟째, 교육정책은 가변성, 역동성을 갖는다.

  교육정책은 교육이념을 구현하는 수단이 된다. 또한 교육문제를 해결하고, 교육목표를 달성하는 수단이 된다. 그리고 교육계획을 구체화하며, 교육활동을 조성하는 기능을 한다.

② 의사결정
- 의사결정(decision making)이란 조직의 가치나 목표를 달성하기 위하여 최선의 대안(해결책)을 선택하는 행위이다. 즉, 조직의 문제해결 또는 목표달성을 위하여 최선의 대안(해결책)을 선택하는 행위를 말한다. 그러므로 정책결정은 의사결정의 상위개념으로 정책결정의 질은 의사결정의 질에 달려있고, 정책결정은 정부기관의 공공정책에 관한 의사결정이다.

- 정책결정과 의사결정의 관계를 살펴보면, 정책결정과 의사결정은 미래의 행동지침 또는 최선의 대안을 선택한다는 점에서 그 성격상 유사하나 반드시 동일한 것은 아니다. 정책결정은 정부기관에 의해서 주도되지만, 의사결정은 공공부문뿐만 아니라 민간부문에 의해서도 주도된다는 점이다. 따라서 정책결정은 의사결정의 상위개념이다.

그 밖에도 정책결정은 공익에 근거하고 있으나, 의사결정은 사익(이윤극대화)에 근거하고 있다는 점, 정책결정은 계량화가 곤란하나, 의사결정은 계량화가 용이하다는 점이다.

논점12 의사결정의 관점

관점	특징
합리적 관점	• 의사결정은 합리적 판단에 의거하여 최선의 대안을 선택하는 것이다. • 관료제, 중앙집권적 조직에 적합하다. • 폐쇄체제(closed system)의 관점이다. • 규범적·처방적 성격을 지닌다.
참여적 관점	• 의사결정은 합의와 참여를 통해서 최선의 대안을 선택하는 것이다. • 전문적 특성을 지닌 조직에 적합하다. • 폐쇄체제의 관점이다. • 규범적·처방적 성격을 지닌다.
정치적 관점	• 의사결정은 협상과 타협을 통해서 이익집단간의 이해관계를 조절하는 것이다. • 정당, 노동조합 등의 조직에 적합하다. • 개방체제(open system)의 관점이다. • 기술적 성격을 지닌다.
우연적 관점	• 의사결정은 비의도적이고 비합리적이며, 우연히 이루어진다는 것이다(예 : 우연적 선택). • 조직화된 무질서조직, 이완결합체제에 적합하다. • 개방체제의 관점이다. • 기술적 성격을 지닌다.

논점13 교육정책결정의 유형(분류)

① 개인적 결정과 집단적 결정

개인적 결정은 문제의 해결방법이 개인에게 있는 경우인데 비하여, 집단적 결정은 그 해결방법이 관련자나 전문가로 구성된 집단에게 있는 경우(예 : 집단토의)이다.

② 정형적 결정과 비정형적 결정

구조적 결정에 해당하는 정형적 결정은 문제의 해결에 필요한 정보가 충분하거나 그 해결방법이 분명한 경우(예 : 일상화된 결정)인데 반하여, 비구조적 결정에 해당하는 비정형적 결정은 문제의 해결에 필요한 정보가 부족하거나 그 해결방법이 불분명한 한 경우(예 : 비일상화된 결정)이다.

논점14 교육정책결정의 과정

① 교육정책의 과정

일반적으로 교육정책과정은 교육정책의제설정 → 교육정책결정 → 교육정책집행 → 교육정책평가의 4단계를 거친다. 여기서 교육정책의제설정은 교육정책문제인식과 교육정책목표설정이라는 하위단계로 구분되는데, 여러 가지 사회적 이슈나 사회문제 중에서 교육정책문제로 인지되어 교육정책목표로 결정되는 단계를 교육정책의제설정 또는 교육정책형성이라고 한다. 요컨대, 사회적 이슈나 사회문제가 정부기관, 교육기관이나 교육행정기관에 귀속되는 단계를 말한다.

이와 같은 교육정책과정의 참여자로는 대통령, 국무회의, 교육부 및 국회 등의 공식적 참여자와 이익집단(압력단체), 정당, 여론, 매스컴 등의 비공식적 참여자가 있다.

② 교육정책결정의 과정

특히 교육정책결정과정은 '교육정책분석과정'을 의미하는데, 교육문제의 인식 및 정의 → 교육정책목표의 설정 → 교육정책대안의 탐색 → 교육정책대안의 비교·분석 → 교육정책대안의 선택의 5단계를 거친다. 교육정책대안은 교육정책목표와 교육정책수단의 묶음을 말한다.

교육문제의 인식 및 정의	교육문제를 인지하고 그에 대한 정의를 내리는 것을 의미한다. 이는 곧 교육문제를 파악하고 그 구성요소, 원인과 결과의 인과관계 등을 분석하는 것을 말한다.
교육정책목표의 설정	교육정책목표간의 관계를 비교·분석하고 그 우선순위를 결정하는 것을 의미한다. 이 경우 교육정책목표와 교육정책수단, 그 우선순위를 결정하는 것은 바로 교육문제의 인과관계를 파악함으로써 가능한 것이다. 이러한 교육정책목표의 달성가능성은 바로 교육문제의 해결가능성을 말한다.
교육정책대안의 탐색	교육정책수단은 교육정책목표를 달성하기 위한 방법으로, 여러 가지 교육정책대안을 개발하는 과정을 의미한다. 교육정책목표와 교육정책수단의 묶음을 교육정책대안이라고 한다. 이러한 교육정책대안의 원천에는 과거의 교육정책, 외국정부의 교육정책 등이 있다.

교육정책대안의 비교·분석	여러 가지 교육정책대안을 비교·분석하기 위해서는 교육정책대안이 이상적으로 바람직한 것인지 그리고 현실적으로 실현가능한 것인지를 판단할 수 있는 기준(지표)이 있어야 한다. 이는 일정한 기준(지표)에 입각하여 각각의 교육정책대안을 평가하는 과정을 의미한다. 교육정책대안을 평가하는 지표에는 효과성, 능률성, 공정성 및 실현가능성 등이 있다. • 효과성(effectiveness) : 목표달성의 정도, 즉 달성된 목표/설정된 목표 • 능률성(efficiency) : 비용-수익분석(B/C분석) • 공정성(equity, 공평성) : 평균적 정의에 기초한 수평적 공정성(=같은 것은 같게 취급한다는 것), 배분적 정의에 기초한 수직적 공정성(=다른 것은 다르게 취급한다는 것) • 실현가능성(feasibility) : 정치적 실현가능성, 경제적 실현가능성, 사회적 실현가능성, 기술적 실현가능성(행정적·재정적 실현가능성 포함), 법적 실현가능성
교육정책대안의 선택	교육정책대안이 효과성, 능률성, 공정성의 기준을 충족시키면, 그 다음에는 실현가능성을 살펴보아야 한다. 이는 최선의 교육정책대안을 결정하는 과정이다. 최선의 교육정책대안을 결정하는 것은 곧 최선의 교육정책목표와 교육정책수단의 묶음을 결정하는 것이다. 따라서 교육정책대안은 정치성과 권력성을 가지고 있으며, 가치지향성을 가지고 있다.

논점15 교육정책결정의 이론모형 : 합리모형

① 의의

의사결정자가 이성과 합리성에 따라 행동하고 결정하며, 목표달성의 극대화를 위해 최선의 대안을 선택한다고 보는 이상적 모형이다. 합리모형(합리성모형)은 합리적 경제인을 전제로 한다. 의사결정자는 전지전능의 가정(assumption of omniscience)하에 문제 또는 목표를 완전히 인지하고 대안을 포괄적으로 탐색하며, 최선의 대안을 선택한다고 본다.

② 주요내용
- 기본가정

첫째, 합리적 경제인을 전제로 하여 경제적 합리성을 추구한다. 둘째, 인간의 전지전능과 확실성을 가정한다. 셋째, 정확한 미래예측능력이 존재한다. 넷째, 체제분석, B/C분석 등에 의한 계량화가 가능하다.

- 특징 -절차-
  • 모든 문제를 완전히 인지하고, 가치와 목표를 명확히 설정한다.

- 모든 대안을 포괄적으로 탐색하고 평가한다.
- 각 대안은 체제분석, B/C분석 등 계량적 기법을 통해 비교·분석한다.
- 최적화의 기준에 따라 최선의 대안을 선택한다.

논점16 교육정책결정의 이론모형 : 만족모형

① 의의

현실적인 의사결정자의 한정된 능력을 전제로 하며, 의사결정과정을 주도하는 것은 최적화의 기준이 아니라 만족화의 기준이라고 보는 현실적 모형이다. Simon이 주창한 만족모형(만족화모형)은 행동과학적 접근의 의사결정모형으로 인간의 제한된 합리성(bounded rationality), 의도된 합리성(intended rationality)을 전제로 한다.

의사결정과정은 최적의 대안이 아니라 만족스러운 대안의 탐색과정이다. 인간은 완전한 합리성이 아니라 주관적 합리성을 추구하며, 만족스러운 대안을 선택한다고 본다. 이 모형의 특징은 집단적 의사결정보다 개인적 의사결정에 적합하다는 점이다.

② 주요내용

- 기본가정

  첫째, 인간의 제한된 합리성, 의도된 합리성을 전제로 하여 지적 능력의 한계를 인정한다. 둘째, 의사결정과정은 최적의 대안이 아니라 만족스러운 대안의 탐색과정이다. 셋째, 인간은 완전한 합리성이 아니라 주관적 합리성을 추구한다. 넷째, 의사결정과정이 단순화되며, 현실적 의사결정자의 능력이면 가능하다.

- 특징 −절차−
  - 모든 문제, 가치와 목표를 완전히 인지할 수가 없다(목표−수단분석적 접근).
  - 모든 대안을 포괄적이고 동시적으로 탐색할 필요가 없다. 그래서 몇 개의 대안을 임의적이고 순차적으로 탐색한다. 그리고 정보의 수집·분석이 불완전하고 불확실하다.
  - 몇 개의 대안은 대략 만족스러운 것과 불만족스러운 것으로 나누어진다.
  - 만족화(satisficing)의 기준에 따라 만족스러운 대안을 선택한다.

논점17 교육기획의 의의

- 기획이란 조직의 목표를 달성하기 위하여 최적의 수단과 방법을 합리적으로 선택하기 위한 사전적 준비과정이다. 기획은 조직의 목표를 달성하기 위하여 누가, 언제, 어디서, 왜, 어떤 방법으로, 어떤 활동을 할 것인가에 관한 선택을 사전에 준비하는 것이다. 정책은 '계획'을 세우기 위한 기본지침이고 '기획'에 선행하는 것인데 반하여, 기획은 정책을 구체화하기 위한 수단이다. 기획과 계획을 구별하면 일반적으로 기획(planning)은 일련의 연속적인 의사결정의 과정이고, 계획(plan)은 그 과정의 결과로 나타난 최종적인 산물이다.

  교육기획이란 교육목표를 달성하기 위하여 최적의 수단과 방법을 합리적으로 선택하기 위한 사전적 준비과정이다. 교육기획의 목적은 교육의 내적 효율성과 외적 생산성을 향상시키기 위한 것이다. 여기서 내적 효율성이란 교육체제 내부의 개인에 대한 성과를 높이는 것이고, 외적 생산성이란 교육의 사회적 목표에 대한 타당성을 포괄하는 것으로 교육체제 외부의 사회에 대한 성과를 높이는 것이다.

- 이와 같은 교육기획의 성격은 목표달성을 위한 최적의 수단과 방법을 탐색하는 과정으로, 가치지향성, 목표지향성, 미래지향성, 행동지향성 등이 포함(정치성과 권력성×)되어 있다.

  교육기획은 교육활동의 안정성과 통일성 확보 기능을 한다. 또한 교육재정의 합리적 배분과 통제 기능을 한다.

논점18 조직의 의의

① 개념

조직이란 주어진 환경 속에서 특정한 목표를 달성하기 위하여 일정한 구조를 가진 사회적 단위를 말한다. 조직과 유사한 개념으로 기관, 제도, 집단, 관료제, 공식적 조직 등이 있다. 교육행정조직은 교육목적을 달성하기 위한 의도하에 고안한 조직이며, 교육행정의 기능을 수행하기 위하여 의도적으로 형성한 조직이다.

고전적 조직 개념은 복잡성·공식성·집권성의 정도가 높다는 점이 특징이지만, 현대의 조직 개념은 복잡성·공식성·집권성의 정도가 낮다는 점이 특징이다.

② 특성
- 조직은 인간의 집합체이며, 목표지향적이다.
- 조직은 합리성을 의도한다.
- 조직은 특정한 목표를 가진다.
- 조직은 보편성과 일반성을 가진다.
- 조직은 대규모집단이며, 대면적 관계를 허용하지 않는다.
- 조직은 더 큰 사회체제에 통합되어 있다.
- 조직은 체제(system)로 파악되며, 환경과 끊임없이 상호작용을 하는 개방체제(open system)로 파악되고 있다.
- 조직은 구성원 개인과는 별개의 실체이다(조직실재론).

논점19 조직의 목표

① 의의

조직은 특정한 목표를 추구하는 일종의 사회체제이다. 조직이 구성되는 이유는 인간의 사회적 욕구를 충족시켜 주기 때문이다. 조직의 목표는 조직이 실현하고자 하는 바람직한 이상상태를 의미한다. 조직의 목표는 공식적으로 조직이 존재하는 이유를 정당화하며, 조직의 활동은 모두 이 목표에 따라서 이루어진다. 교육행정조직은 교육목표를 실현하기 위한 수단적·기술적 기구이다. 교육행정조직이 추구하는 교육목표는 민주주의 사회의 자유시민을 육성하는 것을 그 본질로 하고 있다.

교육목표는 목표-수단의 연쇄를 이루고 있으며, 대부분 단일목표보다는 복수목표를 가지고 있다. 교육목표는 장기적 목표·무형적 목표·질적 목표인데, 이것은 단기적이거나 구체적이지 못하며, 계량화가 어렵다.

② 목표의 기능

첫째, 조직의 목표는 조직의 기본방향을 설정하고, 기본지침을 제시해 준다. 둘째, 조직의 목표는 조직의 존재 자체를 정당화하는 정당성의 근거가 된다. 셋째, 조직의 목표는 조직의 효과성을 평가하는 기준이며, 교육행정관리의 기준이 된다.

③ 목표의 유형(분류)

① 공식성을 기준	공식적 목표(표면적 목표)와 실제적 목표(잠재적 목표, 비공식적 목표)
② 구체성을 기준	무형적 목표(추상적 목표)와 유형적 목표(구체적 목표)
③ 계층(위계)을 기준	상위목표와 하위목표
④ 기간을 기준	장기적 목표와 단기적 목표
⑤ 계량화를 기준	질적 목표와 양적 목표

논점20 조직의 원리 : 분업(전문화)의 원리

① 의의

분업(division of work)이란 업무를 성질별로 나누어 한 사람에게 한 가지의 동일한 업무를 분담시키는 것인데, 경영관리의 합리화운동을 주도한 Taylor에 의하여 주창되었다. 분업은 일의 분업과 사람의 분업(=전문화), 수평적 분업과 수직적 분업(=계층제)으로 나눌 수 있다.

Mooney는 분업의 원리를 '기능의 원리'라고 하였는데, 흔히 전문화의 원리로 통한다. 현대 교육행정의 중요한 특징은 행정권의 강화와 함께 전문화의 촉진이라고 할 수 있다. 교육은 그 자체가 전문성을 갖고 있으므로 교육행정도 전문성을 띠게 된다. 교육행정의 기능이 다양화되면서 교육행정은 고도의 전문성을 요구하게 되었다.

② 장-단점
- 장점
첫째, 능률적 업무수행, 즉 업무의 능률성을 향상시킬 수 있다. 둘째, 업무의 전문화를 촉진할 수 있다. 셋째, 업무의 기계화, 자동화를 촉진할 수 있다.
- 단점
첫째, 일에 대한 흥미를 상실시키고, 소외감을 유발한다. 둘째, 각 부서간 할거주의와 갈등을 유발한다. 셋째, 각 부서간 의사소통과 조정을 곤란하게 한다. 넷째, 조직 전체를 보는 시야가 좁아진다.

논점21 조직의 원리 : 계층제의 원리

① 의의

계층제(hierarchy)란 권한과 책임의 정도에 따라 직무를 등급화(grading)하여 상-하 조직간 직무상의 명령-복종관계를 확립하는 것으로, 권한과 책임의 수직적 분업을 의미한다. 오늘날 관료제는 복잡한 대규모조직인데, 교육행정조직을 비롯한 이러한 관료제는 피라미드형의 계층제를 이루고 있다.

조직의 규모가 확대되면 계층의 수도 증가된다. 즉, 조직의 분업이 확대되면 구성원의 수가 증대되고 계층의 수도 증가된다. 계층제와 통솔범위는 상호배타적 관계에 있다. 이러한 계층제는 명령통일과 관련하여 계선조직(참모조직×)을 중심으로 형성된다.

② 장-단점
- 장점
  첫째, 명령과 지시의 통로가 된다. 둘째, 권한의 위임, 책임소재의 통로가 된다. 셋째, 조직내 통제의 수단이 된다. 넷째, 조직내 의사소통과 조정의 통로가 된다.
- 단점
  첫째, 조직의 형식화, 경직화를 초래한다. 둘째, 원활한 인간관계의 형성을 저해한다. 셋째, 의사전달과 정보를 왜곡할 수 있다.

논점22 조직의 원리 : 통솔범위의 원리

① 의의

통솔범위(span of control)란 한 사람의 상관이 직접 효과적으로 다스릴 수 있는 부하의 수를 말한다. 통솔범위는 인간이 기울일 수 있는 주의집중범위(span of attention)에는 심리적·생리적으로 한계가 있다는 원리에 근거를 두고 있다. 특히 Graicunas는 수학적 공식을 통하여 6인을 적정인원의 수로 보았으며, 영국의 Haldane위원회(1918)는 내각은 10~12인으로 구성되어야 한다고 하였다. 오늘날 통솔범위는 획일적으로 결정할 수 없고 주어진 상황에 따라 달라질 수 있다고 한다.

통솔범위는 계층제와 상호배타적 관계에 있다. 즉, 통솔범위가 넓어지면 계층의 수가 적어지고, 좁아지면 계층의 수가 많아진다.

② 통솔범위의 결정요인

통솔범위에 영향을 주는 요인으로는 업무의 성질과 양, 시간적 요인, 공간적 요인, 상관의 능력, 부하의 능력, 경영관리기술의 수준 등이 있다. 그런데 Parkinson의 법칙에 의하면, 공무원수의 증가는 업무량의 증가와 아무런 관계가 없다고 한다.

논점23 조직의 원리 : 명령통일의 원리

① 의의

명령통일(unity of command)이란 부하는 한 사람의 상관에게만 명령을 받고, 그 상관에게만 보고해야 한다는 것을 말한다. 명령통일은 군대나 교도소와 같은 조직에서 가장 효과적으로 적용되고 있다. 여러 사람의 상관으로부터 명령을 받는 부하는 혼란을 일으키고 비능률적이며 무책임하지만, 한 사람의 상관으로부터 명령을 받은 부하는 조직적이고 능률적이며 책임있게 일을 할 수 있다.

그런데 참모기관의 강화로 고전적 조직이론과 계층제에 근거를 두고 있는 명령통일은 수정되고 있다. 어떤 계선기관의 부하는 대부분의 문제에 대해서 계선기관인 상관과 접촉하지만, 특정한 문제에 대해서는 참모기관인 상관과 접촉하기도 한다. 이를 '이중계층제'라고 부른다.

② 명령통일의 효과

명령통일의 효과는 첫째, 신분과 지위의 안정성을 유지할 수 있으며 둘째, 명령과 지시, 보고의 책임소재를 명확히 할 수 있고 셋째, 전반적인 의사소통과 조정을 용이하게 한다.

논점24   조직의 원리 : 적도집권의 원리

적도집권(optimum centralization)은 집권화와 분권화 사이의 적정한 균형을 유지하려는 것으로, 적도분권이라고도 한다.

집권화는 중앙정부 또는 상급기관에 권한과 책임을 집중·유보시킴으로써 행정의 안정성과 통일성을 확보할 수 있으나, 권위주의·획일주의를 초래할 위험성이 있다. 반면에 분권화는 지방정부 또는 하급기관에 권한과 책임을 위임·분산시킴으로써 지방행정의 자주성과 특수성을 보장할 수 있으나, 낭비와 비능률을 초래할 가능성이 있다.

논점25   조직의 원리 : 조정의 원리

① 의의
- 조정(co-ordination)이란 조직의 목적을 달성하기 위하여 구성원들의 집단적인 노력을 질서있게 결합하고 배열하는 과정이다. 즉, 조정이란 조직의 목적을 달성하기 위하여 구성원들의 모든 행동을 통합하고 통일시키는 과정이다. Mooney는 이 원리를 조직의 제1원리로써 '총무관리의 책임'이라고 하였다. 분업의 원리를 제외한 조직의 모든 원리는 조정을 위한 수단이 된다. 조정은 교육행정의 구심력으로써 행동의 통일성과 동시성을 유지시키는 과정이다. 통합(integration)은 조정의 동의어라고 할 수 있으나, 통제(control)는 조직의 목표나 정책의 달성 정도를 평가하는 것으로 조정은 단순한 통제 이상의 것이다.
- 조정은 전문화와 상호배타적 관계에 있다. 즉, 전문화가 과도하면 조정이 어려워지고 조정을 쉽게 하려면 전문화에 제약이 따르는 것이다. 또 조정이 너무 엄격하게 적용되면 인간의 자유와 창의성을 제한하게 된다. 따라서 조정은 '상황의 법칙'에 따라 상황의 여건을 고려하여 종합적으로 적용되어야 한다.

② 조정의 방법
- 조정을 저해하는 요인은 갈등의 원인에서 찾아볼 수 있다.
- 조정의 방법을 살펴보면 다음과 같다.
첫째, 조직의 목표를 명세화한다. 둘째, 권한과 책임의 한계를 명확히 한다. 셋째, 계층제의 권위를 확립한다. 넷째, 회의, 위원회 등을 활용한다. 다섯째, 고충처리제도, 인사상담제도 등을 활용한다. 여섯째, 아이디어를 활용한다(예 : 교육기획). 일곱째, 조정기구를 설치한다(예 : 국민화합위원회).

논점26 조직의 유형 : Katz & Kahn의 분류

Katz & Kahn은 조직의 본원적 기능을 기준으로 조직을 다음과 같이 분류했는데, 이것은 Parsons의 분류를 확대·발전시킨 형태이다.

유형	예
생산적-경제적 조직	기업체
관리적-정치적 조직	정부기관, 정당, 노동조합
적응조직	대학, 연구소
형상유지조직(유형유지조직)	학교, 병원, 교회

Parsons는 조직의 사회적 기능을 기준으로 경제적 생산적 조직(A)-정치적 목표지향적 조직(G)-통합조직(I)-형상유지조직(L, 유형유지조직)으로 조직을 분류한 바 있다. 여기서 '통합조직'(예 : 법원, 경찰, 군대)은 Katz & Kahn의 분류 중 적응조직과 다른 측면이 있다.

논점27 조직의 유형 : Blau & Scott의 분류와 Carlson의 분류

① Blau & Scott의 분류

Blau & Scott는 조직의 주요 수혜자를 기준으로 조직을 다음과 같이 분류했다.

유형	특징
호혜조직	조직의 주요 수혜자는 조직의 구성원이다.(예 : 정당, 노동조합, 교회)
기업조직(사업조직)	조직의 주요 수혜자는 조직의 소유자이다(예 : 기업체)
봉사조직	조직의 주요 수혜자는 직접 관련 고객이 된다.(예 : 학교, 병원)
공공복리조직	조직의 주요 수혜자는 일반대중이 된다.(예 : 경찰, 군대, 소방서)

② Carlson의 분류
- 조직의 고객선발방식과 고객의 조직참여방식

  Carlson은 조직의 고객선발방식과 고객의 조직참여방식을 결합하여 Blau & Scott의 분류 중 봉사조직의 유형을 제시하였다. 즉, 조직이 고객을 선발하는 과정과 고객이 조직에 참여하는 과정을 각각 조합하여 봉사조직의 새로운 유형을 제시하였다.

		고객의 조직참여권	
		예	아니오
조직의 고객선발권	예	유형1 야생조직(경쟁조직)	유형3
	아니오	유형2	유형4 사육조직(순치조직)

② 봉사조직의 유형

그는 조직의 고객선발방법을 기준으로 봉사조직을 다음과 같이 분류하고 있다.

유형	특징
유형1 – 야생조직(경쟁조직)	조직이 고객을 선발하고, 고객도 조직을 선택한다. 이 조직은 생존하기 위하여 다른 조직들과 경쟁하지 않으면 안 된다(예 : 일반대학인 국·공립의 대학/사립의 대학, 일반병원).
유형2	조직은 고객을 선발하지 못하고, 고객이 조직을 선택한다(예 : 미국의 주립대학).
유형3	조직이 고객을 선발하고, 고객은 조직을 선택하지 못한다. 이 조직은 이론적으로는 존재할 수 있으나, 현실적으로는 거의 없다.
유형4 – 사육조직(순치조직 : 온상조직 혹은 온실조직)	조직은 고객을 선발하지 못하고, 고객도 조직을 선택하지 못한다. 이 조직의 특징은 법에 의하여 조직이 고객을 수용해야 하고, 고객도 조직에 참여해야 한다. 이 조직의 생존과 존립은 법에 의하여 보장받고 있다(예 : 의무교육기관인 국·공립의 학교/사립의 학교, 국·공립의 병원, 교도소).

논점28 조직의 유형 : Etzioni의 분류

① 지배-복종관계

Etzioni는 조직의 핵심을 지배-복종관계로 간주하고, 지배-복종관계는 조직의 권력과 구성원의 심리적 참여에 의해 형성된다고 주장했다. 여기서 권력의 유형에는 강제적 권력·보상적 권력·규범적 권력이 있고, 심리적 참여의 유형에는 소외적 참여·타산적 참여·도덕적 참여(헌신적 참여)가 있다.

그런데 권력의 유형과 심리적 참여의 유형을 결합하면 3×3=9가지 지배-복종관계의 유형이 있으나, 현실적으로는 3가지 유형이 일반적이다.

	소외적 관여	타산적 관여	도덕적 관여
강제적 권력	유형1 강제적 조직	유형2	유형3
보상적 권력	유형4	유형5 보상적 조직(공리적 조직)	유형6
규범적 권력	유형7	유형8	유형9 규범적 조직

② 조직의 유형

그는 지배-복종관계(governance-compliance relation), 즉 조직의 권력을 기준으로 조직을 다음과 같이 분류했다.

유형	특징
유형1 : 강제적 조직	조직이 개인을 강제적 권력으로 통제하면, 개인은 조직에 소외적으로 참여한다(예 : 정신병원, 교도소).
유형5 : 공리적 조직 (보상적 조직)	조직이 개인을 보상적 권력으로 통제하면, 개인은 조직에 타산적으로 참여한다(예 : 기업체, 경제단체).
유형9 : 규범적 조직	조직이 개인의 신분과 지위, 상징을 조작하여 규범적 권력으로 통제하면, 개인은 조직에 도덕적으로 참여한다(예 : 학교, 교회, 법원).

논점29 조직의 유형 : Hall의 분류

① 관료적 성격과 전문적 성격

Hall은 관료적 성격을 나타내는 지표와 전문적 성격을 나타내는 지표를 결합하여 조직구조의 유형을 제시하였다. 여기서 관료적 성격을 나타내는 지표에는 권위의 위계·규칙의 적용·절차의 명세화·몰인정성의 4가지가 있고, 전문적 성격을 나타내는 지표에는 전문적 능력·기술적 능력의 2가지가 있다.

		전문성	
		높음	낮음
관료성	높음	Weber적 조직구조	권위적 조직구조
	낮음	전문적 조직구조	혼돈 조직구조

② 조직구조의 유형

그는 관료적 성격과 전문적 성격을 기준으로 조직구조를 다음과 같이 분류했다.

유형	특징
Weber적 조직구조	관료적 성격과 전문적 성격이 모두 높다. Weber가 구성한 이상적인 조직구조이다. (여기서 '관료적 성격'이란 이념형으로서의 합리적 요인을 의미하며, 비합리적 요인을 내포하는 '관료제적 성격'과 다른 측면이 있다.)
전문적 조직구조	관료적 성격은 낮고, 전문적 성격은 높다. 권한이 위임되고 전문가중심이며, 규칙과 절차의 적용이 엄격하지 않다(예 : 학교).
권위적 조직구조	관료적 성격은 높고, 전문적 성격은 낮다. 권한이 집중되고 최고관리자중심이며, 규칙과 절차의 적용이 엄격하다.
혼돈(무질서) 조직구조	관료적 성격과 전문적 성격이 모두 낮다. 혼돈과 갈등이 일상적이고 자유방임적이며, 조직의 비효과성이 두드러진다.

논점30 조직의 유형 : Mintzberg의 분류

① 조직구조의 주요부분과 조정기제

Mintzberg는 조직구조의 주요부분과 조정기제를 결합하여 조직구조의 유형을 제시하고 있다. 그에 의하면, 모든 조직구조는 전략적 최고관리층(strategic apex) · 기술구조층(technostructure) · 중간관리층(middle line) · 지원인사층(support staff) · 운영핵심층(operating core)의 주요부분 및 이데올로기(조직철학)로 구성된다. 여기서 전략적 최고관리층은 집권화를, 중간관리층은 분권화를, 기술구조층은 표준화를, 지원인사층은 협력화를, 운영핵심층은 전문화를 지향한다. 그리고 조직구조는 직접 감독 · 작업과정의 표준화 · 기술의 표준화 · 산출의 표준화 · 상호조정의 조정기제에 의해 결정된다.

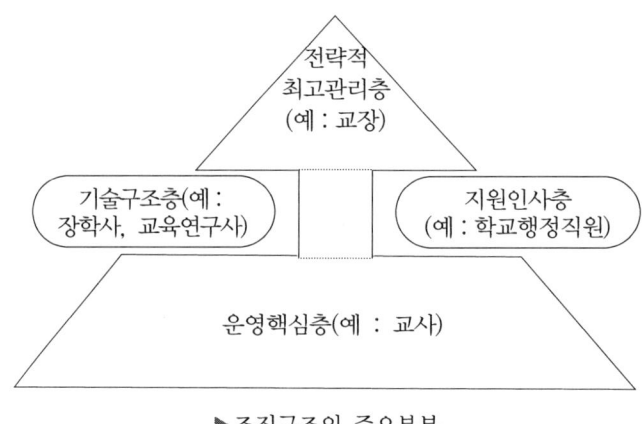

▶조직구조의 주요부분

② 조직구조의 유형

그는 조직구조의 주요부분과 조정기제를 기준으로 조직구조를 다음과 같이 분류하고 있다.

유형	특징
단순구조(simple structure)	• 고도로 집권화된 조직구조이며, 중간계층(기술구조층 · 중간관리층 · 지원인사층)이 없다. • 의사결정의 중심은 전략적 최고관리층이다. • 직접 감독이 조정기제이다.
기계적 관료제(mechanic bureaucracy)	• 고도로 표준화된 조직구조이며, 기술구조층 · 중간관리층의 비중이 크다. • 의사결정의 중심은 기술구조층이다. • 작업과정의 표준화가 조정기제이다. • 규칙과 절차가 조직 전반에 적용된다(예 : 근대 관료제, 군대).

전문적 관료제(professional bureaucracy)	• 분권화되고 전문화된 조직구조이며, 중간관리층·지원인사층과 운영핵심층의 비중이 크다. • 의사결정의 중심은 지원인사층과 운영핵심층이다. • 기술의 표준화가 조정기제이다. • 비교적 이완된 조직구조이다(예 : 학교).
사업부제(divisional structure)	• 단순구조와 기계적 관료제의 혼합형태이다. 다만, 하위조직은 표준화된 독자적인 조직구조인데, 기술구조층의 비중이 크다. • 의사결정의 중추는 조직 전체의 중간관리층(기술구조층×)이다. • 산출의 표준화가 주된 조정기제이다.
임시구조(adhocracy)	• 단순구조와 전문적 관료제의 혼합형태이다. 다만, 중간관리층·지원인사층의 비중이 크고, 운영핵심층이 없다. • 의사결정의 중추는 전문가중심의 지원인사층이다. • 상호조정이 주된 조정기제이다.

논점31 교육행정조직의 의의

① 중앙교육행정조직

중앙교육행정조직이란 중앙정부의 교육행정을 위한 조직과 구조를 말하며, 우리나라의 중앙교육행정기관은 교육부이다. 그러나 대통령과 국무회의(심의기관)도 중요한 교육정책에 관한 권한과 책임을 가지고 있다.

교육부장관은 인적자원개발정책, 학교교육·평생교육, 학술에 관한 사무를 관장하는 최고의 교육행정기관이다.(정부조직법 제29조)

② 지방교육행정조직

지방교육행정조직이란 지방정부(지방자치단체)의 교육행정을 위한 조직과 구조를 말하는데, 이것은 교육자치제도를 기반으로 한다. 현재 시·도 의회 교육위원회를 제외하고, 시·도 교육청과 시·군·구를 관할하는 교육지원청으로 구성된다.

논점32 중앙집권적 조직과 지방분권적 조직

① 중앙집권적 조직
- 의의

    중앙집권적 조직이란 정책결정의 권한과 책임이 중앙정부 또는 상급기관에 집중·유보되어 있는 조직형태를 말한다. 따라서 중앙집권화 또는 집권화란 정책결정의 권한과 책임이 중앙정부 또는 상급기관에 집중·유보되어 있는 것이다. 이것은 강력한 통제권과 지휘·명령권을 행사하고, 의사결정의 능률성을 확보하는데 목적이 있다.

    일반적으로 교육부의 조직에 국한되나, 대통령과 국무회의까지도 포함시킬 수 있다. 교육행정 관리에 있어서는 대통령-국무총리-교육부장관·차관-기획조정실장이 포함되는 최고관리층과 국장-과장-팀장이 포함되는 중간관리층 및 팀원으로 구성되는 사무관리층이 포함된다. 행정조직에서 집권화와 분권화는 상대적 개념이며, 연속선상의 양극단에 위치하고 있다. 집권화와 분권화는 어떤 조직에서도 존재하는 현상이지만, 집권화는 현대 행정조직에서 현저하게 나타나는 경향이다. 특히 관리정보체제(MIS, 경영정보체제)라든가 행정정보체제(PMIS)의 발달은 집권화를 촉진시키고 있다.

- 장-단점
    - 장점

        첫째, 신속하고 강력한 행정을 수행할 수 있다. 둘째, 행정의 안정성과 통일성을 확보할 수 있다. 셋째, 행정의 능률성을 향상시킬 수 있다. 넷째, 교육행정의 전문화를 촉진한다. 전문적 지식과 경험을 공유하기가 쉽기 때문이다. 다섯째, 지역간 교육기회의 불균형을 해소할 수 있다. 여섯째, 교육행정기능의 중복과 혼란을 방지할 수 있다.

    - 단점

        첫째, 지역의 특수성, 즉 지역의 실정을 무시한 관료행정에 빠질 우려가 있다. 둘째, 민주주의 이념을 외면한 관료행정에 빠질 우려가 있다. 셋째, 지역주민의 참여의식을 마비시키고, 문제해결력, 창의력을 저해할 우려가 있다. 넷째, 광범위한 지방행정의 통제가 곤란하므로 오히려 행정능률을 저하시킬 우려가 있다. 다섯째, 교육행정의 권위주의·획일주의를 초래할 우려가 있다.

② 지방분권적 조직
- 의의

    지방분권적 조직이란 정책결정의 권한과 책임이 지방정부(지방자치단체) 또는 하급기관에 위임·분산되어 있는 조직형태를 말한다. 따라서 지방분권화 또는 분권화란 정책결정의 권한과 책임이 지방정부(지방자치단체) 또는 하급기관에 위임·분산되어 있는 것이다. 이것은 교육자치제도를 근간으로 해서 민주주의 이념을 실현하고, 의사결정의 민주성을 확보하는데 목적이 있다. 분권화는 '권한의 위임'을 통해 이루어진다. 권한의 위임은 중앙정부나 상급기관이 지방정부나 하급기관에 권한과 책임의 일부(전부×)를 위양하는 것을 말한다. 이러한 권한의 위임은 분권화를 실현하기 위한 수단이며, 계층제와 밀접한 관계가 있다. 권한의 위임은 책임의 위임을 수반하는 동시에 (개인이 아닌) 직위에 위임하는 것이다.

- 장–단점
  - 장점
    첫째, 지방의 실정에 맞는 행정을 실시할 수 있다. 둘째, 행정의 민주성을 확보할 수 있다. 셋째, 지역주민의 적극적인 참여를 통해 지방행정의 발전이 가능하다. 넷째, 여기서 신속한 지방행정을 수행할 수도 있다. 다섯째, 교육행정의 지역화, 교육과정의 지역화를 촉진한다. 여섯째, 교육행정의 자주성과 독립성, 정치적 중립성을 유지할 수 있다.
  - 단점
    첫째, 신속하고 강력한 행정수행이 곤란하다. 둘째, 행정의 안정성과 통일성을 확보하기가 곤란하다. 셋째, 행정의 능률성을 확보하기가 곤란하다. 넷째, 교육행정의 전문화가 곤란해질 수 있다. 전문적 지식과 경험을 공유하기가 쉽지 않기 때문이다. 다섯째, 지역간 교육기회의 불균등을 해결하기가 곤란하다.

논점33 교육자치제도의 의의

- 지방자치제도는 일정한 지역사회의 주민이 자치단체에 참여하여 지역의 사무를 스스로 또는 대표자를 통하여 처리하는 제도를 의미하며, '민주주의의 가장 좋은 학교'에 비유된다. 현행 지방자치제도는 시·도 단위 광역자치제도와 시·군·구 단위 기초자치제도를 동시에 실시하고 있다. 또한 지방의회와 지방자치단체의 장을 별개로 구성하는 기관대립형(기관통합형×)을, 자치권은 국가로부터 위임된 것이라는 단체자치형(주민자치형×)을 채택하고 있다. 그리하여 지방자치단체의 교육·과학 및 체육에 관한 사무를 분장하기 위하여 별도의 기관을 둔다.(지방자치법 제121조)

- 교육자치제도는 교육의 자주성 및 전문성을 보장하고 지역의 실정에 맞는 자율적인 교육활동을 운영할 수 있도록 지방자치적으로 교육행정을 실시하는 제도를 말한다. 요컨대, 교육자치제도는 지방자치단체의 교육행정에 있어서 일반행정으로부터 분리·독립과 전문적 관리를 통해 (자주성 및) 전문성을 보장하고, 다른 한편으로는 지방분권과 주민통제를 통해 민주성을 보장하려는 제도이다.

  현행 교육자치제도는 시·도 의회 교육위원회와 시·도 교육감으로 구성된 시·도 단위 광역교육자치제도이다. 현재 시·도 단위 광역자치단체에는 시·도 의회 교육위원회와 시·도 교육청을 두고 있다.

논점34 교육자치제도의 원리

- 일반행정으로부터 분리·독립의 원리(=자주성 존중의 원리)

  자주성은 교육이 그 본질적 목적을 달성하기 위하여 정치적·종교적 중립성을 유지하고, 교육행정이 일반행정으로부터 분리·독립해야 한다는 것이다. 주로 교육행정조직을 일반행정조직으로부터 분리·독립시키며, 교육인사행정과 교육재정 등을 자주적이고 자율적으로 운영해야 한다. 교육은 일정한 정치·정당의 이익을 대변하거나 특정한 종교를 위한 수단으로 활용될 수 없는 자주성과 자율성이 요구되기 때문이다. 특히 국립·공립학교에서의 특정한 종교를 위한 종교교육을 금지하고 있는 것도 교육의 자주성과 독립성을 선언한 것이라고 할 수 있다.

- 전문적 관리의 원리(=전문성 보장의 원리)

  전문성이란 교육행정은 교육을 위한 행정이므로 교육행정에 관한 이론과 기술을 습득한 전문가가 담당해야 한다는 것이다. 전문성의 개념은 2가지 의미를 내포하고 있다. 하나는 교육행정업무의 독립성과 특수성이요, 다른 하나는 고도의 지적·기술적 수월성이다.

- 지방분권의 원리

  지방분권이란 정책결정의 권한과 책임이 지방정부(지방자치단체) 또는 하급기관에 위임·분산되어 있는 것이다. 이것은 교육자치제도를 근간으로 해서 민주주의 이념을 실현하고, 의사결정의 민주성을 확보하는데 목적이 있다.

  교육은 외부의 부당한 지배를 받지 아니하며, 지역주민의 적극적인 참여와 지역주민에 의한 자율적인 통제에 의하는데, 이러한 표현이 교육자치제도이다. 따라서 교육에 관한 모든 책임은 중앙정부라든가 국가공무원에게 있는 것이 아니고 지역주민에게 있는 것이다.
- 주민통제의 원리

    주민통제는 민주성을 의미하며, 민주성이란 주민의 의사와 요구를 교육행정에 반영하여 주민의, 주민에 의한, 주민을 위한 교육행정을 해야 한다는 것을 말한다. 즉, 교육행정은 대외적으로 주민과의 관계에서 행정권의 남용을 최대한 통제하고 주민에 대한 책무성을 확보하는데 초점을 두어야 하며, 대내적으로는 구성원들의 직무만족, 구성원들의 상호작용, 권한의 배분 등에 초점을 두어야 한다.

    여기에는 교육정책결정에의 주민참여, 교육행정에의 주민참여, 교육행정의 공개성과 공익성·공공성·공정성 등이 포함된다(예 : 지방교육행정협의회 및 교육감협의체, 교육감의 주민직선제/주민소환제, 학교운영위원회 등).

논점35 우리나라의 교육자치제도

① 교육위원회

현재 교육위원회는 시·도 의회에 둔 교육·학예에 관한 의안과 청원 등을 심사·의결하기 위한 합의제 의결기관으로, 상임위원회의 일종이다.

② 교육감
- 교육감의 지위와 권한

    시·도의 교육·학예에 관한 사무의 집행기관으로 시·도에 교육감을 둔다. 교육감은 교육·학예에 관한 소관사무로 인한 소송이나 재산의 등기 등에 대하여 해당 시·도를 대표한다.(지방교육자치에 관한 법률 제18조)

    현재 교육감은 시·도의 교육·학예에 관한 사무를 집행하는 독임제 집행기관이다. 교육감의 임기는 4년으로 하며, 교육감의 계속 재임은 3기에 한한다.
- 교육감의 자격

    교육감후보자가 되려는 사람은 해당 시·도지사의 피선거권이 있는 사람으로서 후보자등록신청 개시일부터 과거 1년 동안 정당의 당원이 아닌 사람이어야 한다. 교육감후보자가 되려는 사람은 후보자등록신청 개시일을 기준으로 교육경력 또는 교육행정경력이 3년 이상 있거나 교육경력 또는 교육행정경력을 합한 경력이 3년 이상 있는 사람이어야 한다.(지방교육자치에 관

한 법률 제24조)
- 교육감의 선출

  교육감은 주민의 보통·평등·직접·비밀선거에 따라 선출한다. 교육감은 시·도를 단위로 하여 선출한다. 정당은 교육감선거에 후보자를 추천할 수 없다(있다×).

  주민은 교육감을 소환할 권리를 가진다.(지방교육자치에 관한 법률 제43조 등)
- 교육감의 겸직의 제한

  교육감은 다음에 해당하는 직을 겸할 수 없다.(지방교육자치에 관한 법률 제23조)

  > 1. 국회의원, 지방의회의원
  > 2. 특별히 규정된 국가공무원과 특별히 규정된 지방공무원 및 사립학교의 교원
  > 3. 사립학교 경영자 또는 사립학교를 설치·경영하는 법인의 임직원

- 교육감의 관장사무

  교육감은 교육·학예에 관한 다음의 사항에 관한 사무를 관장한다.(지방교육자치에 관한 법률 제20조)

  > 1. 조례안의 작성 및 제출에 관한 사항(조례안의 제정에 관한 사항×)
  > 2. 예산안의 편성 및 제출에 관한 사항
  > 3. 결산서의 작성 및 제출에 관한 사항
  > 4. 교육규칙의 제정에 관한 사항
  > 5. 학교, 그 밖의 교육기관의 설치·이전 및 폐지에 관한 사항
  > 6. 교육과정(敎育課程)의 운영에 관한 사항
  > 7. 과학·기술교육의 진흥에 관한 사항
  > 8. 평생교육, 그 밖의 교육·학예의 진흥에 관한 사항
  > 9. 학교체육·보건 및 학교환경정화에 관한 사항
  > 10. 학생통학구역에 관한 사항
  > 11. 교육·학예의 시설·설비 및 교구(敎具)에 관한 사항
  > 12. (중요)재산의 취득·처분에 관한 사항
  > 13. 특별부과금·사용료·수수료·분담금 및 가입금에 관한 사항
  > 14. 기채(起債)·차입금 또는 예산 외의 의무부담에 관한 사항
  > 15. 기금의 설치·운용에 관한 사항
  > 16. 소속 국가공무원 및 지방공무원의 인사관리에 관한 사항
  > 17. 그 밖에 해당 시·도의 교육·학예에 관한 사항과 위임된 사항

- 국가행정사무의 위임

  국가행정사무 중 시·도에 위임하여 시행하는 사무로써 교육·학예에 관한 사무는 교육감에게 위임하여야 한다. 다만, 법령에 다른 규정이 있는 경우에는 그러하지 아니하다.(지방교육자치에 관한 법률 제19조)

- 교육규칙의 제정

  교육감은 법령 또는 조례의 범위에서 그 권한에 속하는 사무에 관하여 교육규칙을 제정할 수 있다.

  교육감은 대통령령으로 정하는 절차와 방식에 따라 교육규칙을 공포하여야 하며, 교육규칙은 특별한 규정이 없는 한 공포한 날부터 20일이 경과함으로써 효력을 발생한다.(지방교육자치에 관한 법률 제25조)

논점36 권위의 의의

① 개념

권위(authority)란 조직의 규범과 가치에 의하여 정당성(legitimacy)이 부여된 권력으로, 조직구성원에게 일반적으로 수용되는 권력을 말한다. Barnard는 권위를 의사소통과 관련지우며, Simon은 이를 의사결정의 원천으로 파악하였다.

그리고 권위는 권력과 구별되는 개념이다. 권력(power)은 상대방의 의사를 지배하는 능력 또는 상대방의 복종을 유발하는 능력이다. 즉, 권력은 상대방의 행동과 태도를 변화시키는 능력이다. 권위(authority)는 이러한 권력의 일종이다. 권위는 정당성이 부여된 권력이며, 명령—복종관계가 자발적이고, 또 공식적 권위나 합법적 권위와 관련된 제도화된 권력이다.

그래서 지도자는 권위(권한)는 있으나 권력이 없는 경우와 권력은 있으나 권위가 없는 경우가 있을 수 있다. 지도성의 본질은 상대방에 대한 권력 또는 영향력이다.

② 기능

첫째, 조직이나 집단의 규범준수를 강제한다. 둘째, 구성원 개인의 책임을 강제한다. 셋째, 의사결정의 합리화를 촉진한다. 넷째, 조직의 목표달성을 위한 조정의 수단이 된다. 다섯째, 지도력을 행사하는 수단이 된다.

논점37 권위의 유형

① 조직의 공식성을 기준

① 공식적 권위	공식적 조직과 관련된 합법적 권위, 능률의 논리와 비용의 논리에 근거한 제도화된 권력이나 영향력을 의미한다.
② 비공식적 권위	비공식적 집단, 소집단과 관련된 감정의 논리와 인간관계에 근거한 권력이나 영향력을 의미한다.

② 권위의 정당성을 기준(Weber)

① 전통적 권위	정당성의 근거를 지도자의 신분과 지위, 관습 등 전통의 신성성에 두고 있는 권위나 영향력을 말한다.
② 카리스마적 권위	정당성의 근거를 지도자의 비범한 재능이나 영웅적 자질, 초인적 인격성에 두고 있는 권위나 영향력을 말한다.
③ 합법적(합리적) 권위	정당성의 근거를 법과 질서의 우월성에 두고 있는 권위나 영향력을 말한다.

③ 권위의 원천을 기준(French & Raven)

① 보상적 권위	상대방이 원하는 보수, 승진 등을 제공할 수 있을 때 성립하는 권력이나 영향력을 말한다.
② 강제적 권위	상대방을 강요하거나 제재(처벌)할 수 있을 때 성립하는 권력이나 영향력을 말한다.
③ 준거적 권위	구성원이 자기의 행동기준이나 모델을 지도자의 성격특성에서 찾고 지도자와 일체감이나 충성심을 가지고 있는 경우에 성립한다.
④ 합법적(정당성) 권위	구성원이 판단할 때 지도자가 권력이나 영향력을 행사할 수 있는 정당한 권리를 가지고 있다고 인정되는 경우에 성립한다.
⑤ 전문적 권위	구성원이 판단할 때 지도자가 특정 분야의 전문가로 특별한 능력이나 지식을 가지고 있는 경우에 성립한다.

논점38 지도성의 의의

① 개념
- 지도성(leadership)이란 조직의 목표를 달성하기 위하여 구성원의 협동행위를 유도하고 촉진하는 능력·기술 또는 영향력이다. Hersey & Blanchard는 지도성이란 주어진 상황 속에서 조직의 목표를 달성하기 위하여 개인이나 집단의 활동에 영향을 미치는 과정으로 정의하고, 다음과 같이 지도자·구성원·상황의 함수관계로 표시하였다.

$$L = f(l,\ f,\ s) \quad (L: 지도성,\ l: 지도자,\ f: 구성원,\ s: 상황)$$

- 지도력(leadership)은 직권력(headship)과는 구별되는 개념이다.
  첫째, 지도력은 구성원의 자발적인 인정에 의해 유지되지만, 직권력은 권위적인 조직에 의해 유지된다.
  둘째, 지도력은 지도자의 권위가 구성원에 의해 자발적으로 부여되지만(보상지향적), 직권력은 지도자의 권위가 구성원 전체가 아닌 특정집단의 강제적인 권력으로부터 유래된다(처벌지향적).
  셋째, 지도력은 조직의 목표설정을 지도자와 구성원이 공동으로 참여하여 결정하지만, 직권력은 조직의 목표설정을 지도자가 독단적으로 결정하거나 상부의 지시에 따라 결정한다.
  넷째, 지도력은 지도자와 구성원간에 공동체의식이 충실한 반면, 직권력은 그 공동체의식이 희박하다.
  다섯째, 지도력은 지도자와 구성원간의 사회적 간격이 작고 인간관계가 친밀한 반면, 직권력은 그 사회적 간격이 크다.

② 기능
  첫째, 조직의 목표를 설정하고, 교육활동의 기본방향을 제시한다. 둘째, 조직의 목표달성을 위한 인적·물적 수단을 제공한다(예: 의사소통, 동기부여, 갈등관리 등). 셋째, 문제를 해결하기 위한 새로운 조직구조를 제공한다. 넷째, 구성원간의 상호작용을 촉진하고, 행동의 통일성을 유지한다. 다섯째, 조직 내·외적 상황을 판단하고 환경에 적응한다. 여섯째, 구성원의 직무성과, 직무만족을 유지한다.

논점39 지도성의 유형(Lewin, Lippit & White, 1938)

유형	특징
민주형	• 모든 의사결정은 지도자와 구성원 전체의 집단참여를 통한다. • 지도자는 기술적인 문제에 대한 조언이나 충고를 하되, 필요에 따라 해결책을 암시한다. • 구성원은 그들이 원하는 자와 공동-작업집단을 형성하며 분업을 결정한다.
권위형(전제형)	• 모든 의사결정은 지도자가 독단적으로 결정한다. • 지도자가 기술적인 문제에 대하여 개별적인 지시와 명령, 통제를 한다. • 지도자가 공동-작업집단을 정해 주고 세부적인 작업까지 지시하고 관여한다.
자유방임형	• 지도자는 최소한으로 관여를 하고, 의사결정은 구성원 개인의 자유에 맡긴다. • 지도자는 기술적인 문제해결에 거의 관여하지 않는다. • 지도자는 공동-작업집단이나 분업에 전혀 관여하지 않는다.

논점40 지도성이론 : 특성이론(자질이론)

지도성의 특성이론(자질이론)은 지도자는 지도자의 자질이나 특성을 타고난다고 보고, 지도자가 공통적으로 지니고 있는 특성을 연구하는데 초점을 둔다.

① Yukl의 지도자의 자질과 기술 연구

상황적응성, 성취지향성, 사회적 민감성, 확신, 신뢰, 협조, 협력, 결단력, 지배력, 정력, 인내, 자부심, 책임부담 등과 함께 지능(지성), 전체적 기술, 창의력, 달변(達辯), 업무관련지식, 조직관리능력, 설득력, 사회적 기술(=인간관계기술, 사회성), 외교적 전술 등

② Bass의 지도자의 특성 연구

신체적 특성	연령, 외모, 신장과 체중, 정력, 신체적 활동 등
지능과 능력	지능(지성), 업무관련지식, 판단력, 결단력, 언어구사력 등
성격특성	주의력, 적응성, 공격성, 지배력, 상승이동욕구, 균형감각, 열정, 통제력, 독립성, 객관성, 창의성, 자원동원능력, 자아정체성, 윤리적 행위, 자신감, 확신, 신뢰, 인내 등
과업특성	성취욕구, 책임부담, 기업가정신, 장애극복, 목표달성과 문제해결, 과업지향성 등
사회적 특성	협조, 협력, 훈육(訓育), 설득력, 조직관리능력, 사회적 기술(=인간관계기술, 사회성), 외교적 전술 등
사회·문화적 배경	교육수준(학력수준), 사회적 지위(위신) 등

논점41 지도성이론 : 행위이론

지도성의 행위이론은 지도자의 행동과 태도를 관찰, 분석하여 어떤 행위가 조직의 효과성에 영향을 주는가를 연구하는데 초점을 둔다. 지도성유형으로 과업중심 지도성과 인화중심 지도성에 관심을 둔다. 특히 지도성의 행위이론은 현장실험이나 실험실실험을 통해 지도자의 행동과 태도를 연구하여 이것을 '지도성의 유형이론'으로 발전시켰다.

① Lewin, Lippit & White의 지도성유형 연구
Lewin, Lippit & White(1938)의 지도성유형에 관한 실험적 연구는 민주적 지도성의 중요성을 강조하였다.

② Halpin & Winer의 지도성유형 연구
Hemphill & Coons(1945)는 지도자행동기술질문지(LBDQ)를 개발하여 지도자행동을 객관적으로 연구하였다. 그리고 Halpin & Winer(1945)는 LBDQ에 대한 종업원의 반응을 요인분석하여 지도자행동을 과업중심(구조화) 차원과 인화중심(배려) 차원으로 구분하였다. 그들은 이러한 LBDQ를 적용하여 두 차원의 결합에 의한 지도성유형을 다음과 같이 분류하였다.

배려		
인간관계중심 지도성 (낮은 과업, 높은 인화)	효과적 지도성 (높은 과업, 높은 인화)
비효과적 지도성 (낮은 과업, 낮은 인화)	과업중심 지도성 (높은 과업, 낮은 인화)
		구조화

- 효과적 지도성(높은 과업, 높은 인화) : 구조화, 배려 모두 높다
- 인간관계중심 지도성(낮은 과업, 높은 인화) : 구조화 낮고, 배려 높다
- 비효과적 지도성(낮은 과업, 낮은 인화) : 구조화, 배려 모두 낮다
- 과업중심 지도성(높은 과업, 낮은 인화) : 구조화 높고, 배려 낮다

논점42 지도성이론 : 상황이론(1)

지도성의 상황이론은 지도자행동이 주어진 상황에 따라서 효과적 지도성이나 비효과적 지도성이 된다는 입장이다. 즉, 어떤 상황에 적합한 지도자행동(지도성유형)이 있는데, 어떤 지도자행동이 주어진 상황에 부합하면 효과적 지도성이 되지만 주어진 상황에 부합하지 않으면 비효과적 지도성이 된다는 것이다.

① Fiedler의 상황적응이론
- 기본가정
   Fiedler가 개발한 지도성의 상황적응이론은 첫째, 지도성유형이 지도자의 동기체제에 의해서 결정된다. 둘째, 상황변수에 따른 상황의 호의성을 측정한다. 셋째, 지도성유형과 상황의 호의성의 결합에 의해 조직의 효과성이 결정된다. 따라서 지도자의 동기체제를 측정하여 지도성유형을 결정한 후에 상황의 호의성을 측정한다.
- 지도성유형
   가장 싫어하는 동료척도(LPC척도)를 개발하여 지도자의 동기체제를 측정하였다. 그런데 LPC척도점수가 높은 지도자는 인화중심 지도성을 발휘하는 반면, LPC척도점수가 낮은 지도자는 과업중심 지도성을 발휘한다. LPC척도점수가 높은 지도자는 인간관계가 문제되는 반면, LPC척도점수가 낮은 지도자는 과업이 문제되기 때문이다. 여기서 지도성유형은 과업중심 지도성과 인화중심 지도성으로 구분된다.
- 상황변수
   상황변수는 지도자와 구성원간의 관계(지도자가 구성원에게 수용되고 인정받는 정도), 과업의 구조화(과업이 상세하게 규정되고 정확하게 실증되며, 절차와 방법이 계획되어 있는 정도), 지도자의 지위권력(지도자의 지위 자체가 지도자의 지시와 명령에 복종하게 하는 정도) 등 3개로 설정된다.
   그리고 어떤 지도성유형이 어떤 상황에서 가장 효과적인가를 분석하기 위해 800여개의 집단을 대상으로 연구하여 $2 \times 2 \times 2 = 8$개의 집단상황(=상황의 호의성)으로 분류하였다. 이 8개의 집단상황을 지도성유형과 연결하여 조직의 효과성을 결정하였다.

▶ 상황변수 : 상황의 호의성

지도자와 구성원간의 관계	좋음				나쁨			
과업의 구조화	구조화		비구조화		구조화		비구조화	
지도자의 지위권력	강함	약함	강함	약함	강함	약함	강함	약함
상황의 호의성	1 ←호의적	2	3	4	5	6	7	8 비호의적→

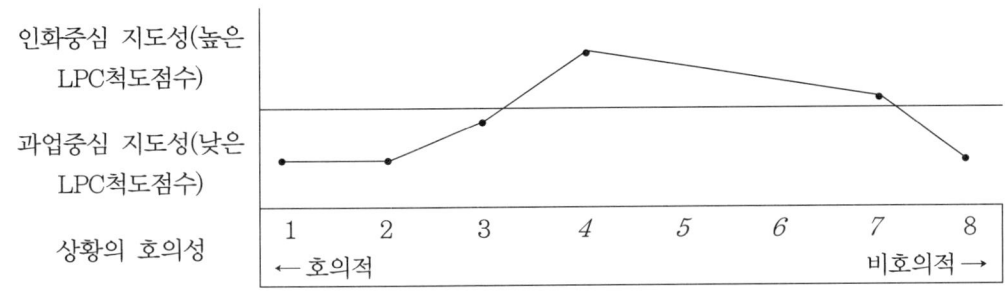

▶ 지도성유형과 상황의 호의성의 결합 : 조직의 효과성

- 조직의 효과성

  이러한 지도성의 상황적응이론은 종래의 지도성이론에 상황변수를 도입한 최초의 지도성이론인데, 지도성유형의 효과는 지도성유형과 상황의 호의성의 결합에 의해 결정된다는 점을 지적함으로써 조직의 효과성을 도모하고 있다. 그가 제시한 상황적응이론의 기본명제는 다음과 같다. 첫째, 상황이 호의적일 때(1, 2, 3)는 과업중심 지도성이 더 효과적이다. 둘째, 상황의 호의성이 중간정도일 때(4, 5, 6, 7)는 인화중심 지도성이 과업중심 지도성보다 더 효과적이다. 셋째, 상황이 비호의적일 때(8)는 과업중심 지도성이 더 효과적이다.

논점43 지도성이론 : 상황이론(2)

② Hersey & Blanchard의 생애주기이론
- 기본가정

  Hersey & Blanchard에 의해 개발된 지도성의 생애주기이론은 첫째, Halpin & Winer의 지도성유형 연구를 적용하였다. 둘째, 상황변수를 설정하였다. 셋째, 지도자행동(지도성유형)의 과업 행동과 인간관계 행동을 '효과성'과 결합하였다.

- 지도자행동

  기존의 지도자행동을 과업중심(구조화) 차원과 인화중심(배려) 차원으로 구분하고, 이에 의거 지도자행동을 과업 행동과 인간관계 행동으로 규정하였다.

- 상황변수

  상황변수는 구성원의 성숙성 1개만을 설정하고 있는데, 이는 직무성숙성(능력)과 심리적 성숙성(동기화)으로 구성된다.

- 지도성유형의 효과성

  구성원의 성숙성에 따라 지도자행동(지도성유형)의 과업 행동과 인간관계 행동을 '효과성'과 연결하여 종-모양의 곡선으로 표시하였다. 구성원의 성숙성이 그 연속선상에서 미성숙→성숙으로 발달해 가면서 그에 부합하는 지도성유형도 생애주기곡선(life-cycle curve)을 따라 발달해 간다는 것이다. 그러므로 주어진 상황에서 어떤 지도성유형이 가장 효과적인가를 결정하기 위해서는 구성원의 성숙성을 측정해서 그 연속선상의 한 점에서 위쪽으로 수직선을 그으면 생애주기곡선의 어느 한 점과 교차하게 된다. 이 점이 바로 '효과적 지도성유형'이 된다. 즉, 구성원의 성숙성이 낮을 때(M_1)는 지시적 지도성이 효과적 지도성유형이 되지만 구성원의 성숙성이 높을 때(M_4)는 위임적 지도성이 효과적 지도성유형이 되는 것이다. (여기서 효과적 지도성유형은 높거나 낮은 과업, 인화의 결합에 따른 것이 아니란 점을 유의해야 한다.)

  이제 구성원의 성숙성과 지도성유형의 효과성의 관계를 살펴보면 다음과 같다.

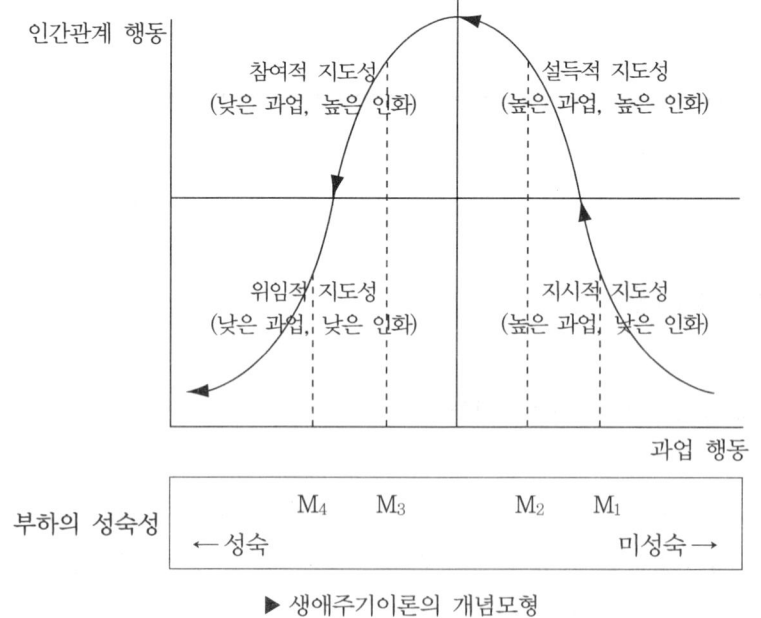

▶ 생애주기이론의 개념모형

▶ 구성원의 성숙성과 지도성유형의 효과성의 관계

• 구성원의 성숙도가 낮을 때(M_1) : 능력, 동기화 모두 낮다	지시적 지도성(telling leadership)
• 구성원의 성숙도가 낮은 수준→중간수준으로 성장할 때(M_2) : 능력 낮고, 동기화 높다	설득적 지도성(selling leadership)
• 구성원의 성숙도가 중간수준→높은 수준으로 성장할 때(M_3) : 능력 높고, 동기화 낮다	참여적 지도성(participating leadership)
• 구성원의 성숙도가 높을 때(M_4) : 능력, 동기화 모두 높다	위임적 지도성(delegating leadership)

지도성유형의 효과성과 관련하여 설득적 지도성=지도적 지도성, 참여적 지도성=지원적 지도성, 위임적 지도성=대리적 지도성으로 표기하는 견해도 있다.

논점44 의사소통의 의의

① 개념

일반적으로 의사소통(communication)이란 언어와 문자, 기호 등을 통하여 개인간 또는 집단간 의견이나 사상·정보·지식 등을 교환하는 과정을 의미한다. Merrihue는 의사소통이란 〈발신자가 수신자에게 일정한 의미를 전달하여 수신자에게 그가 바라는 반응을 유발하는 의도적인 행동〉이라고 정의하고 있다.

조직에서 의사소통이 없으면 순환계나 신경계가 없는 인간과 마찬가지로 그 조직은 모든 기능이 마비된다. Barnard는 공동목표·협동행위·의사소통을 조직의 3요소로 보고, 의사소통의 중요성을 강조했다. 또한 Simon은 의사소통을 합리적 의사결정의 전제조건으로 보고, 의사소통의 중요성을 강조했다.

② 기능

첫째, 협동행위의 전제조건이며, 조직의 목적달성을 위한 조정의 수단이 된다. 둘째, 지식과 정보를 제공하는 수단이 된다. 셋째, 합리적 의사결정의 수단이 된다. 넷째, 개인간 및 집단간 갈등을 해소하는 수단이 된다. 다섯째, 조직을 통솔하고 조직구성원의 사기(士氣)를 증진시키는 수단이 된다.

논점45 의사소통의 과정모형

일반적으로 의사소통(통신)의 과정모형은 다음과 같다.

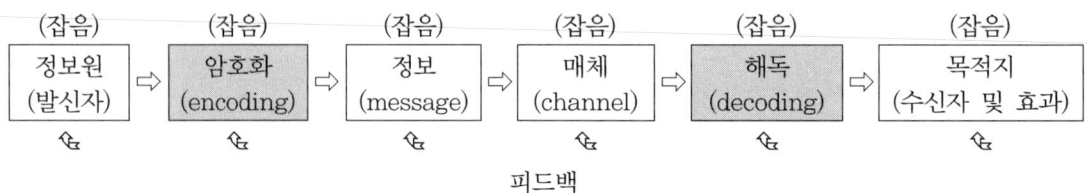

의사소통은 흔히 언어와 문자, 기호 등을 통하여 발신자의 의견이나 사상을 수신자에게 전달하는 과정이다. 이것은 단순히 내용의 전달이 아니라, 의미의 전달을 의미한다. 의사소통은 내용의 단순한 전달만으로는 충분하지 못하며, 의미가 반드시 이해되어야 한다. 즉, 의사소통은 내용의 전달과 이해를 포함하는 과정이다.

- 발신자와 수신자

  발신자에 대한 수신자의 신뢰성의 정도가 의사소통의 효과를 좌우한다. 정보는 수신자에 의해 해독되고 그 의미가 부여된다. 그런데 지각된 정보가 반드시 의도된 정보와 일치하는 것이 아니다.

- 정보(message)

  암호화(encoding)는 발신자의 의견이나 사상을 정보의 형태로 표현하는 과정인데, 언어는 암호화의 가장 보편적인 수단이다. 이 때 발신자의 지식·기능·태도의 제반 특성이 그 효과를 한계지울 수 있다. 특히 해독(decoding)은 발신자의 정보를 수신자가 해석하고 이해하는 과정이다. 이때 수신자의 지식·기능·태도의 제반 특성이 그 효과를 한계지울 수 있다는 점에 유의해야 한다.

- 매체(channel)

  시각매체, 청각매체 및 시청각매체 등에 따라 그 효과가 다르다. 또한 언어적 매체와 비언어적 매체, 일방향적 매체와 양(쌍)방향적 매체에 따라 그 효과가 다를 수 있다는 점에 유의해야 한다.

- 피드백

  피드백은 발신자의 정보가 정확하게 전달되고 또 이해되었는가를 알려주는 수신자의 반응이다. 발신자의 정보에 대한 수신자의 반응은 발신자에게 피드백으로 작용한다. 이러한 피드백은 의사소통의 과정이 얼마나 성공적으로 이루어지고 있는가를 확인·점검하는 단서를 제공해 준다. 나아가 의도된 정보와 지각된 정보 사이에 존재하는 격차를 해소시킴으로써 의사소통의 과정을 개선해 준다.

논점46 의사소통의 유형

① 공식적 의사소통과 비공식적 의사소통

공식적 의사소통	공식적 조직에서의 수직적·수평적 의사소통, 즉 상관의 명령과 일반정보의 전달, 부하의 보고와 제안의 전달 및 조직목표의 전달을 목적으로 하는 의사소통(종적 의사소통, 횡적 의사소통, 사각적 의사소통을 포함)
비공식적 의사소통	비공식적 집단, 소집단에서의 인간관계에 의한 의사소통, 즉 인간의 내적 욕구의 충족을 목적으로 하는 의사소통(풍문, 소문, 전화, 메모, 접촉 등을 포함)

② 수직적 의사소통과 수평적 의사소통 등

수직적(종적) 의사소통	하향적 의사소통(上意下達)	명령(지시, 훈령, 발령, 고시, 요강, 규정 등을 포함)과 일반정보(기관지, 편람, 예규, 벽신문, 구내방송, 포스터 등을 포함)
	상향적 의사소통(下意上達)	보고, 면접, 고충처리제도, 인사상담제도, 제안제도 등을 포함
수평적(횡적) 의사소통	측면적 의사소통으로, 회의, 위원회, 사전협조, 사후통지, 통보, 회람 등을 포함	
대각적(사각적) 의사소통	횡적 의사소통의 일종(예 : 계선기관과 참모기관간의 의사소통)	

논점47 의사소통의 기법 : Joseph Luft & Harry Ingham의 연구

① Joharry의 창

Joharry의 창이란 대인관계의 유형에 따른 의사소통의 유형을 설명하는 이론이다. Joharry의 창에 의하면, 자신에 관한 정보가 자신에게 잘 알려진 부분과 자신에게 알려지지 않은 부분이 있다. 이와 마찬가지로 자신에 관한 정보가 타인에게 잘 알려진 부분과 타인에게 알려지지 않은 부분도 있다. 각 부분의 결합관계에 따라 맹목적 영역-개방적 영역-잠재적 영역-미지적 영역의 4가지 영역으로 구분된다.

	자신에게 알려진 부분	자신에게 알려지지 않은 부분
타인에게 알려진 부분	개방적 영역	맹목적 영역
타인에게 알려지지 않은 부분	잠재적 영역	미지적 영역

▶ Joharry의 창

② 의사소통의 유형

여기서 대인관계의 유형, 즉 의사소통의 유형은 각 영역이 확대됨에 따라 독단형-민주형-과묵형-폐쇄형으로 분류된다.

민주형 — 개방적 영역

독단형 — 맹목적 영역

과묵형 — 잠재적 영역

폐쇄형 — 미지적 영역

▶ 의사소통의 유형

- 맹목적 영역(blind area)

  자신에 관한 정보를 타인은 잘 알고 있지만, 자신은 모르고 있는 영역으로, 이 영역이 확대되면 Joharry의 창은 독단형이 된다. 따라서 당사자간에 원만한 대인관계, 효과적인 의사소통이 불가능하다. 자신의 의견은 강하게 주장(표출)하지만 상대방의 의견이나 정보를 불신하고 비판하며 경청하지 않는다(자기노출).

- 개방적 영역(open area)

  자신에 관한 정보를 자신과 타인이 모두 잘 알고 있는 영역으로, 이 영역이 확대되면 Joharry

의 창은 민주형(개방형)이 된다. 따라서 당사자간에 원만한 대인관계, 효과적인 의사소통이 가능하다.
- 잠재적 영역(hidden area)
자신에 관한 정보를 자신은 잘 알고 있으나, 타인은 모르고 있는 영역으로, 이 영역이 확장되면 Joharry의 창은 과묵형이 된다. 그래서 당사자간에 원만한 대인관계, 효과적인 의사소통이 불가능하다. 자기의 의견은 주장(표출)하지 않고 상대방의 의견이나 정보를 수집하려고만 한다(자기노출×).
- 미지적 영역(unknown area)
자신에 관한 정보를 자신과 타인이 모두 모르고 있는 영역으로, 이 영역이 확장되면 Joharry의 창은 폐쇄형이 된다. 그래서 당사자간에 원만한 대인관계, 효과적인 의사소통이 전혀 불가능하다.

논점48 의사소통의 개선방안

① 발신자와 수신자 측면
- 의사소통에 관한 지식과 기술 향상
발신자의 의사소통에 관한 지식과 기술이 원활한 의사소통의 전제조건이 된다.
- 감정이입적 의사소통 증진
발신자는 정보가 어떻게 수용되고 해석될 것인가를 알기 위해 수신자의 준거체제(frame of reference)를 이해해야 한다. 이러한 의사소통을 '감정이입적 의사소통'이라고 한다.
- 발신자와 수신자 사이의 신뢰성 형성
효과적인 의사소통은 발신자와 수신자 사이의 신뢰성이 형성되었을 때 가능하다. 이러한 의사소통의 분위기가 조성되기 위해서는 발신자와 수신자 사이의 인간관계가 기본조건이다.

② 정보(message), 매체(channel) 측면
- 정보의 사실적 경청
수신자는 정보를 평가적으로 경청해서 성급한 판단을 해서는 안 된다. 수신자는 정보를 선택적으로 경청해서 전체의 의미를 왜곡해서는 안 된다. 이것을 지양하고 정보를 사실적으로 경청해야 한다.

- 언어의 명료화, 단순화

    수신자가 이해할 수 있는 언어를 선택, 사용하여야 한다. 또한 언어는 명료화, 단순화되어야 한다.

③ 피드백 측면

- 피드백 장치, 관리정보체제(MIS)의 확립

    정보의 전달과 수신을 확인할 수 있는 피드백 장치를 확립해야 한다. 또한 관리정보체제(MIS)를 확립해야 한다.

④ 기타 측면

- 회의, 위원회 등의 활용

    기타 회의, 위원회 등을 통해 준거체제라든가 이해관계에 따른 의견의 차이를 좁혀야 한다.

논점49 동기의 의의

① 동기의 개념

동기(motive)란 유기체로 하여금 어떤 목표를 추구하는 행동을 하게 하는 심리적 상태이며 과정을 말한다. 이와 같은 심리적 상태가 일어나는 것을 동기유발(motivation)이라고 한다. 따라서 동기유발은 행동의 원인과 관련해서 논의되는 개념이며, 행동을 일으키고 행동을 방향짓는 유기체내의 모든 조건을 동기조건이라고 한다. Morgan & King(1971)은 동기란 〈행동을 일으키는 원동력〉이라고 정의하였다.

동기란 욕구의 표출이고, 유인에 의해 유발되고 유지된다. 또한 기대에 의해 유발되고 유지된다. 여기서 유인은 목표를, 기대는 목표를 달성할 수 있는 가능성을 말한다.

② 동기의 기능

동기의 일반적인 기능은 다음과 같다.

첫째, 동기는 유기체의 행동을 조절한다. 둘째, 동기는 유기체의 행동을 유발하고 유지시킨다. 셋째, 동기는 유기체의 행동을 방향짓는다. 넷째, 동기는 유기체의 행동을 선택하게 한다. 다섯째, 동기는 학습속도를 결정짓는다. 여섯째, 동기는 학습의 도달한계를 결정짓는다. 일곱째, 동기는 학습의 오류를 결정짓는다.

논점50 동기의 내용이론 : Maslow의 욕구계층론

① 의의

Maslow는 인간의 욕구가 선천적이며 그 강도에 따라 다음과 같이 5가지가 위계를 이루고 있다고 가정하였다. 그는 생리적 욕구 → 안전의 욕구 → 사회적 욕구 → 존경의 욕구(자기존경의 욕구와 타인에 의한 존경의 욕구로 구분) → 자아실현의 욕구의 5가지로 구분하였다. 여기서 모든 수준의 욕구는 자아실현의 욕구로 귀결되므로 성장욕구는 바로 자아실현의 욕구이고, 그 이외의 욕구는 모두 결핍욕구에 속한다.

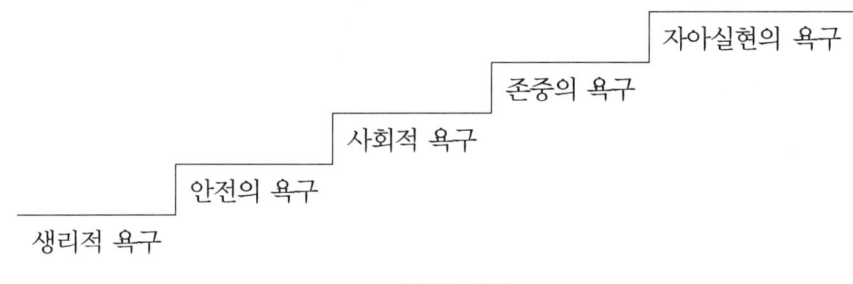

▶ 욕구의 위계

② 주요내용

- 기본가정

  Maslow에 의하면, 인간의 욕구가 중복됨이 없이 일련의 위계적인 계층을 이루고 있다고 가정한다. 이러한 계층은 낮은 수준의 욕구에서 높은 수준의 욕구로 배열되어 있으며, 낮은 수준의 욕구가 충족되면 그것은 더 이상 동기화의 역할을 하지 못하고 높은 수준의 욕구가 행동을 동기화시키는 역할을 한다.

- 욕구의 위계

  생리적 욕구는 인간의 욕구 중 가장 기본적인 욕구이다. 이 욕구는 모든 수준의 욕구 중에서 가장 강력하며, 이 욕구가 충족되기 전에는 어떤 수준의 욕구도 행동을 동기화시킬 수 없다. 존경의 욕구는 개인의 신분과 지위, 권력과 지배, 인정 등을 포함한 타인에 의한 존경의 욕구와 능력과 자신감, 성취 등을 포함한 자기존경의 욕구로 구분된다.

  자아실현의 욕구는 최고수준의 욕구이다. 이 욕구는 자아발전·자아완성의 욕구이며, 잠재능력을 발휘하여 최고의 존재가 되려는 욕구이다.

5수준 : 자아실현의 욕구		자기발전·자기완성, 자기표현, 창의성, 잠재적 성취, 인지적 욕구, 심미적 욕구 등	성장욕구
4수준 : 존중의 욕구	자기존중의 욕구	능력과 자신감, 성취, (인정×) 등	
	타인에 의한 존중의 욕구	신분과 지위, 권력과 지배, 인정 등	결핍욕구
3수준 : 사회적 욕구		대인관계, 소속감·애정의 욕구 등	
2수준 : 안전의 욕구		위험·위협으로부터의 보호, 불안·공포·무질서로부터의 자유, 법과 질서에 대한 욕구 등	
1수준 : 생리적 욕구		기(飢), 갈(渴), 성(性), 수면, 자극 등	

논점51 동기의 내용이론 : Alderfer의 ERG이론

① 의의

Alderfer는 조직의 실제를 다루는 현장연구에 기반을 두고, Maslow가 제시한 5가지의 욕구를 3가지의 범주로 구분하였다. 그는 인간의 욕구를 생존욕구(E)→관계욕구(R)→성장욕구(G)로 분류하면서 Maslow의 욕구계층론이 직면했던 문제점을 극복하고자 했다.

② 주요내용

- ERG
생존욕구(E)는 생리적이고 물질적 측면의 욕구로써 Maslow의 생리적 욕구, 안전의 욕구에 해당된다. 관계욕구(R)는 타인과의 인간관계와 관련된 모든 욕구로써 Maslow의 사회적 욕구, 타인에 의한 존경의 욕구가 포함된다. 그리고 성장욕구(G)는 개인의 성장과 창의성, 성취동기와 관련된 모든 욕구로써 Maslow의 자기존경의 욕구와 자아실현의 욕구가 포함된다.

논점52 Maslow의 이론과 Alderfer의 이론의 비교

낮은 수준의 욕구가 충족되면 높은 수준의 욕구가 동기화된다. 즉, 높은 수준의 욕구가 충족되기 위해서는 낮은 수준의 욕구가 먼저 충족되어야 한다는 점에서 Maslow의 이론과 공통점이 있다.

Maslow의 이론		Alderfer의 이론
5수준 : 자아실현의 욕구		성장욕구(G)
4수준 : 존중의 욕구	자기존중의 욕구	
	타인에 의한 존중의 욕구	관계욕구(R)
3수준 : 사회적 욕구		
2수준 : 안전의 욕구		생존욕구(E)
1수준 : 생리적 욕구		

이제 양 이론의 동기화상황을 비교하면 다음과 같다.

첫째, Maslow의 이론은 낮은 수준의 욕구가 충족되면 높은 수준의 욕구가 충족된다는 '만족-진행 접근(전진적 동기화접근)'을 주장하는데 반해, Alderfer의 이론은 이에 함께 높은 수준의 욕구가 충족되지 않을 때 낮은 수준의 욕구가 중요해진다는 '좌절-퇴행 접근(후진적 동기화접근)'이다. 즉, 관계욕구가 충족되지 않으면 생존욕구에 대한 기대가 더 커지고, 성장욕구가 충족되지 않으면 관계욕구에 대한 기대가 보다 커진다는 것이다.

둘째, Maslow의 이론에서는 욕구충족이 순차적으로 일어나는데 비해, Alderfer의 이론에서는 욕구충족이 동시에 일어날 수 있다.

셋째, Maslow의 이론은 높은 수준의 욕구가 충족되기 위해서는 낮은 수준의 욕구가 먼저 충족되어야 한다고 가정하는데 비해, Alderfer의 이론은 이러한 가정을 배제하고 있다. 즉, 욕구위계의 개인차를 인정하고 있다.

논점53 동기의 내용이론 : Herzberg의 위생-동기이론(1)

① 의의

Herzberg는 일련의 경험적 연구를 통해 2요인이론(two-factor theory)이라고 불리는 위생-동기이론을 제시하였다. 그는 인간이 자신이 하고 있는 일에 불만을 느끼는 경우에는 일의 환경에 대하여 관심을 갖게 되고, 반면에 인간이 자신이 하고 있는 일에 만족하는 경우에는 그 만족이 일 그 자체와 관계가 있다는 사실을 발견하였다.

그는 전자의 욕구는 직무불만을 예방하는 작업환경에 대한 것으로 위생요인(hygiene factor)이라고 불렀으며, 후자의 욕구는 직무만족을 유도하고 능률적 작업수행을 하도록 동기를 부여하는 것으로 동기요인(motivator)이라고 불렀다. 그는 직무불만과 직접적으로 관련된 요인을 위생요인, 직무만족과 직접적으로 관련된 요인을 동기요인으로 2원화하였다.

② **주요내용**
- 위생요인과 동기요인

    위생요인 혹은 유지요인은 조직의 정책 및 관리, 감독, 인간관계, 금전(보수), 작업조건, 개인의 신분과 지위 등과 관련된 것으로 직무불만에 직접적인 영향을 미친다. 동기요인은 성취, 성취에 대한 인정, 책임, 도전적이고 보람있는 일, 성장과 발전 등과 관련된 것으로 조직구성원의 생산성을 증대시키며, 직무만족에 직접적인 영향을 미친다.

    ▶ 위생요인과 동기요인

위생요인	동기요인
작업환경 : 불만요인	일 그 자체 : 만족요인
• 작업조건(작업환경) • 정책 및 관리 • 감독 • 인간관계 • 금전(보수) • 신분과 지위	• 도전적이고 보람있는 일(작업 그 자체) • 성취 • 성취에 대한 인정 • 책임 • 성장과 발전

- 위생요인과 동기요인의 관계

    위생요인은 불만요인이고, 동기요인은 만족요인에 해당하는데, 양자는 단일차원의 반대개념이 아니라 별개의 차원이다. 즉, 불만의 반대개념은 만족이 아니라 '불만 없음'이고, 만족의 반대개념은 불만이 아니라 '만족 없음'이라는 것이다.

    그럼에도 만족요인은 불만요인이 제거된 후에 비로소 작용한다. 즉, 동기요인은 위생요인이 충족된 후에 비로소 작용한다는 것이다. 위생요인(동기요인×)이 충족되지 않으면 종업원의 생산력을 감소시킬 수 있지만, 동기요인이 충족되면 종업원의 생산력을 증가시킬 수 있는 것이다.

    이와 같이 위생요인(동기요인×)이 충족되어도 종업원의 직무만족과 생산력의 증대에는 거의 도움이 되지 않는다. 그러므로 종업원의 직무만족과 생산력의 증대를 실현하기 위해서는 동기요인이 충족되어야 한다.

논점54 동기의 내용이론 : Herzberg의 위생-동기이론(2)

- 동기요인과 직무충실

Herzberg는 개인의 직무만족을 향상시키기 위해서는 동기요인을 중심으로 개인을 동기화시켜야 한다고 주장하면서 직무충실(job enrichment)의 개념을 제시하였다. 직무충실이란 개인의 책임을 중시하고 능력발전의 기회를 제공하며, 도전적이고 보람있는 일을 부과하는 것이다. 이와 같은 직무충실은 일의 지나친 단순화를 해결하기 위한 방법인 직무확대, 직무교체의 개념과는 차이가 있다.

그럼에도 직무충실(job enrichment, 직무풍요), 직무확대(job enlargement, 직무확장), 직무교체(job rotation, 직무순환) 등은 개인의 직무만족을 향상시키기 위한 직무재설계(job redesign)의 방법이다. 여기서 직무순환이란 단순히 직무를 교체하여 수행하는 것이다. 직무확장이란 단순히 직무의 양을 수평적으로 확대시키는 것이다. 직무풍요란 Herzberg가 제시한 동기요인으로 일 그 자체를 변화시키는 것이다. 즉, 직무풍요란 직무의 질을 수직적으로 부하시키는 것이다(예 : 교사의 경력단계화, 수석교사제 등).

논점55 Maslow의 이론과 Herzberg의 이론의 비교

Maslow의 생리적 욕구, 안전의 욕구, 사회적 욕구 및 타인에 의한 존경의 욕구(예 : 신분과 지위)를 충족시키면 위생요인으로 분류되고, Maslow의 자기존경의 욕구(예 : 성취, 인정)와 자아실현의 욕구를 충족시키면 동기요인으로 분류된다.

Maslow의 이론		Herzberg의 이론
5수준 : 자아실현의 욕구		동기요인
4수준 : 존중의 욕구	자기존중의 욕구	
	타인에 의한 존중의 욕구	위생요인
3수준 : 사회적 욕구		
2수준 : 안전의 욕구		
1수준 : 생리적 욕구		

이제 양 이론의 동기화상황을 비교하면 다음과 같다.

Maslow의 이론에서는 내적 욕구나 동인에 초점을 두지만, Herzberg의 이론에서는 그 내적 욕구를 만족시켜 주는 외적 목표나 유인에 초점을 둔다. 그래서 종업원의 높은 수준의 욕구가 무엇인지를 알고 있다면 그를 동기화시키기 위하여 어떤 목표를 제공해야 할 것인지를 결정할 수 있다.

논점56 장학의 의의

① 장학의 개념

일반적으로 장학(supervision)이란 교육행정의 일부로 관리행정과 대응관계에 놓여 있는 지도·조언의 행정이다. 장학의 어원은 영어의 supervision으로 이것은 superior(높은, 우수한)와 vision(감시, 감독)의 합성어이다. 그래서 〈우수한 사람이 감시한다〉는 뜻이 되어 시학(視學) 또는 독학(督學)으로 불려왔다. 오늘날에는 그 의미가 교사와 학생의 성장·발달에 관한 모든 조건을 조성하기 위해 지도·조언하는 전문적 봉사활동이며 기술적 봉사활동으로 변모하고 있다. Wiles 등에 의하면, 장학이란 수업의 개선을 위하여 교사에게 제공되는 장학담당자의 지도·조언이다. 요컨대, 장학은 2가지 요소를 포함하고 있다. 첫째, 수업의 개선을 궁극적인 목적으로 한다는 점 둘째, 교사를 그 대상으로 한다는 점이다. 이러한 장학의 개념을 살펴보면 다음과 같다.

- 장학이란 교육의 모든 영역에 걸쳐서 계선조직이 수행하는 모든 행정업무를 지원하는 참모활동이다(법규적 접근, 공권적 접근).
- 장학이란 교사의 전문적 성장, 교육활동의 합리화 및 학생의 학습환경을 개선하기 위한 전문적 봉사활동이며 기술적 봉사활동이다(기능적 접근).
- 장학이란 교사–학생간의 교육적 상호작용을 개선하기 위하여 지도·조언하는 전문적 봉사활동이다(이념적 접근).

② 장학의 기능

장학의 기능으로는 교사의 자주성과 자율성 함양, 교사의 정확한 문제분석능력 개발, 교사의 심리적 안정감 유지, 교사의 건전한 교육철학 발전 등을 들고 있다. 또한 교사의 전문적 성장, 교육과정 운영의 개선, 교수–학습지도의 개선, 교육환경과 교육행정관리의 개선 등을 들 수 있다. 여기서 장학의 주된 기능에는 평가, 지도성, 자문·조정 및 자원봉사의 4가지가 있다.

평가	교사의 능력개발과 평가는 장학행정의 기본적인 기능이다. 교육의 성과에 대한 판단은 적절한 평가에 의해서만 가능하기 때문이다. 또한 교육발전은 현재의 상태를 바르게 평가하는 데에서 시작된다는 점이다.
지도성	장학은 지도성을 발휘하기도 하지만 다른 사람들의 지도성이 발휘되도록 조력하는 기능을 수행하기도 한다.
자문·조정	서로 다른 의견을 조절하거나 자문·조정하여 교육의 효율성 향상에 집중되도록 하는 일은 장학의 중요한 기능이다.
자원봉사	장학담당자는 그 자신이 자원인사(資源人士)이다. 장학담당자의 전문적 지식과 기술, 경험을 통해서 교사 및 교육행정가에게 교육문제의 해결을 위한 훌륭한 자원인사가 될 수 있다. 그러므로 장학담당자는 교육문제의 해결을 위한 자원인사로서 자원봉사를 제공하게 된다.

논점57 장학의 발전과정

① 장학의 발전과정

일반적으로 장학의 발전과정을 시대별로 정리하면 관리장학 → 협동장학 → 수업장학 → 발달장학의 순서로 발전했다.

- 관리장학

  1900년대 전후 권위적이고 강제적인 시학, 독학이다. 과학적 관리론의 영향으로 과학적 장학, 관리행정의 영향으로 관료적 장학으로 발전하였다.

- 협동장학

  1930~40년대 협동적이고 참여적인 장학이다. 인간관계론의 영향으로 권위적이고 통제적인 장학 → 민주적이고 인간적인 장학으로 변화하였다.

- 수업장학

  1960년대 교육과정 개발장학(=교내장학), 임상장학 및 마이크로티칭(micro-teaching)이다. 행동과학론, 체제이론 및 학문중심주의의 등장으로 교육과정 개발과 수업효과 증진을 강조하였다. 장학담당자는 교육과정 개발자 또는 교육프로그램 개발자가 되었다.

- 발달장학

  1970년대 인간자원장학, 선택적 장학이다. '수정된 장학형태'로 인간관계론보다 신과학적 관리론을 강조하였다(예 : 교사의 능력, 직무수행목표). 최근에는 체제이론을 비롯한 상황이론, 인간자원론의 영향으로 인간의 자아실현을 강조하였다(예 : 교사의 직무만족).

▶ 장학의 발전과정

장학형태	장학방법	교육행정관련 이론
관리장학(1900년대 전후)	시학이나 독학, 과학적 장학, 관료적 장학	과학적 관리론 및 근대 관료제론
협동장학(1930~40년대)	협동적 장학	인간관계론
수업장학(1960년대)	교육과정 개발장학(=교내장학), 임상장학 및 마이크로티칭(micro-teaching)	행동과학론, 체제이론
발달장학(1970년대)	경영으로서의 장학, 인간자원장학, 지도성으로서의 장학, 선택적 장학	(체제이론), 상황이론, 인간자원론

② Sergiovanni 등의 인간자원장학

Sergiovanni 등은 장학의 발달과정을 시대별로 분류하여 전통적/과학적 관리장학 → 인간관계장학 → 신과학적 관리장학(행동과학장학) → 인간자원장학의 순서로 발전했다고 주장한다.

- 전통적/과학적 관리장학

    1900년대 전후 전통적 장학형태로 관리행정에 기초를 두고 있으며, 장학지도의 통제성, 능률성, 책무성을 강조하였다.

- 인간관계장학

    1930년대 민주행정에 기반을 두고 있으며, 교사의 직무만족을 강조하였다. 그래서 교사를 학교행정이나 의사결정에 참여시키는 것이 무엇보다도 중요한 방법이 된다. 즉, 인간관계장학에서는 개인의 감정과 사회적 관계를 그 핵심으로 삼고 있다. 요컨대, 교사의 참여를 통해 교사의 직무만족이 증가하면 학교행정의 효과성이 증대된다는 가정이다.

    그러나 이러한 인간관계장학에서의 참여적인 장학(participatory supervision)은 '허용적 장학'이 되었는데, 이것은 실제로 '자유방임적 장학'으로 변질되었다.

- 신과학적 관리장학(행동과학장학)

    1940년대 전통적/과학적 관리장학과 마찬가지로 장학지도의 통제성, 능률성, 책무성에 관심을 두었다. 그러나 교사의 능력, 직무수행목표, 체제분석, B/C분석 등을 강조하였다. 즉, 과업과 직무에 대한 관심, 직무수행목표에 대한 관심 등은 인간관계장학에서는 덜 강조된 것이다.

- 인간자원장학

    1970년대 조직의 목표와 개인의 욕구를 통합시키는데 중점을 둔다. 기존의 인간관계장학에서는 교사의 직무만족을 학교행정의 효과성을 확보하기 위한 수단으로 본다. 인간관계장학에서는 교사를 학교행정이나 의사결정에 참여시키는 것이 직무만족을 증가시키는 계기가 되며, 그래서 학교행정의 효과성을 증대시키기 때문이다. 그러나 인간자원장학에서는 교사의 직무만족을 수단이 아니라 목적으로 본다. 인간자원장학에서는 학교행정의 효과성을 증대시킬 잠재능력이 있다고 보고, 교사를 학교행정이나 의사결정에 참여시키는 것이다. 요컨대, 교사의 참여를 통해 학교행정의 효과성이 증대되면 교사의 직무만족이 증가한다는 가정이다. 이 점에서 Vroom의 기대이론, 특히 Porter & Lawler의 기대이론과 유사하다.

▶ 인간관계장학과 인간자원장학의 비교

인간관계장학	학교행정이나 의사결정에의 교사의 참여 → 교사의 직무만족 증가 → 학교행정의 효과성 증대
인간자원장학	학교행정이나 의사결정에의 교사의 참여 → 학교행정의 효과성 증대 → 교사의 직무만족 증가

논점58 학교경영의 기능영역과 장학

① 학교경영의 기능영역과 수업장학

Harris는 수업장학을 학생의 학습을 증진시키는 교수-학습과정에 영향을 주기 위하여 교사가 인적·물적 자원을 동원하여 운영하는 방법이라고 정의하고 있다. 특히 수업장학은 교육체제의 한 부분으로 파악해야 한다고 주장하고 있다. 이러한 교육체제 속에서 생산과정으로서의 학습에 초점을 맞추는 경우 학생은 교사의 수업에 대한 원자재가 될 수 있다. 학교운영에 있어서 학생의 학습과 교사의 수업은 핵심적인 2가지 차원이 된다.

그러므로 학교경영을 분석하기 위해서는 학생의 학습관련 차원과 교사의 수업관련 차원으로 구분할 수 있다. 이와 같이 학교경영의 기능영역이 정의되는데, 각각의 기능영역은 2가지 차원의 관련 정도에 따라 달라진다. 이제 5가지 기능영역을 설명하면 다음과 같다.

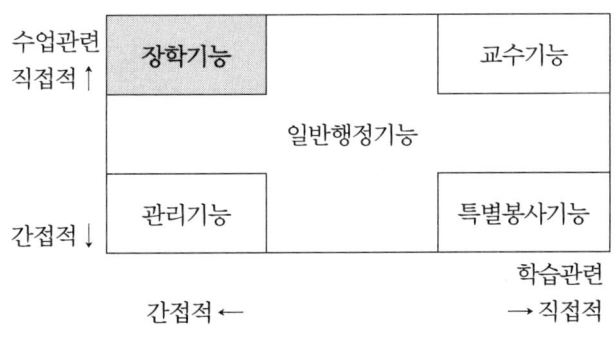

▶ 학교경영의 기능영역(Harris, 1968)

② 학교경영의 기능영역(Harris, 1968)

① 교수기능	• 이 기능은 전체 학교운영의 중심이 되는 기본적인 목표이며, 수업과 학습에 모두 직접적으로 관계되어 있다(예 : 교과교사). • 교수행위는 교사가 학생과 더불어 수업목표를 달성하기 위하여 공동으로 수행하는 행위이다.
② 장학기능	• 이 기능은 수업과는 직접적으로 관계가 있으나, 학생의 학습과는 교사를 통해 간접적으로 영향을 미친다(예 : 장학사, 교육과정 전문가, 교장, 상담교사 등). • 장학기능은 수업과 직접 관계되어 있는 교수기능에 대하여 지원, 봉사한다.
③ 관리기능	• 이 기능은 수업과 학습에 모두 간접적으로 관계된다(예 : 교장, 행정직원, 계약직원, 교육감 등). • 관리기능은 지원, 봉사하는 기능이다.
④ 특별봉사기능	• 이 기능은 수업과는 간접적으로 관계되지만, 학습과는 직접적으로 관계된다(예 : 상담교사, 보건교사 및 영양교사, 행정직원, 버스기사 등). • 봉사기능도 지원, 봉사하는 기능이다.
⑤ 일반행정기능	• 이 기능은 수업과 학습의 중앙에 위치한다(예 : 교장, 교육감 등). • 행정기능은 다른 모든 기능과 관계를 가지며, 전체 학교운영의 통일성을 유지하는 중추적이고 포괄적인 기능이다.

Harris는 이와 같은 5가지 기능영역을 학교운영의 목표인 교수-학습지도의 향상과 관련하여 관리기능 → 일반행정기능 → (장학기능과 특별봉사기능) → 교수기능 → 학습성과의 순서로 도식화하였다.
학교운영에 있어서 교수기능을 학습성과를 산출하는 생산기능으로 가장 중요시하였다. 장학기능과 특별봉사기능은 교수기능을 직접적으로 지원하는데, 관리기능은 일반행정기능을 직접적으로 지원하고, 교수기능에 대해서는 간접적으로 지원하고 있다.

논점59 장학의 원리, 방법과 기술 등

① 장학의 원리

Melchor(1966)가 제시한 장학지도의 원리를 살펴보면 다음과 같다.

첫째, 장학지도에 대한 건설적이고 진취적인 태도를 가져야 한다는 적극적 태도(적극성)의 원리
둘째, 교육문제의 해결을 위한 일련의 과학적 방법을 갖추어야 한다는 과학적 방법(과학성)의 원리
셋째, 기존의 것을 개선하고 새로운 것을 창조해야 한다는 창조성의 원리
넷째, 교육문제의 해결을 위한 민주적 집단과정을 존중해야 한다는 협력성의 원리
다섯째, 기대했던 교육목표의 달성도를 평가해야 한다는 효과성의 원리

② 장학의 방법과 기술
- 장학의 방법

  장학지도의 방법에는 일반장학, 특수장학, 협동장학, 통신장학 등이 있다. 또한 종합장학, 담임장학(확인장학), 요청장학(개별장학), 특별장학(=현안문제를 해결하기 위해 필요한 경우 또는 사전적·예방적 차원의 전문적이고 집중적인 지원이 필요한 경우 실시되는 장학형태) 등이 있다. 이와 같은 장학지도에는 학교방문, 교육과정 개발, 연구학교 운영, 수업연구, 수업공개, 현직교육, 교사와 장학담당자간의 회담과 상담 등의 방법이 있다.

- 장학의 기술

  장학지도의 기술에는 평가기술(예 : 교사의 능력개발), 인간관계기술(예 : 의사결정기술, 의사소통기술), 인사관리기술(예 : 고충처리제도, 인사상담제도 등), 지도성기술(예 : 민주적 지도성), 집단과정기술(예 : 사기앙양) 등이 있다.

논점60 장학의 유형 : 중앙장학과 지방장학

① 중앙장학

〈교육행정은 장학행정이다〉라는 말이 있을 정도로 장학은 교육행정의 실제와 이론에서 대단히 중요한 위치를 차지하고 있다. 실제적으로 교육부, 교육청과 교육지원청 등의 교육행정기관에는 반드시 장학담당기관을 설치하여 장학기능을 수행하고 있으며, 단위학교의 교장·교감도 그 중요한 역할로서 장학기능을 수행하고 있다. 이론적으로도 모든 교육행정교재에는 장학행정을 독립된 영역으로 취급하고 있다.

문교장학이라고 불려왔던 중앙장학은 중앙교육행정조직인 교육부에 의해 이루어지는 모든 장학행정을 말한다. 중앙장학의 특징은 장학담당기관이 교육부의 참모기관으로 주로 전문적 지도·조언을 하는데 있다(예 : 교육정책 점검, 교육제도 점검, 연구학교 운영 등).

조직수준에 따른 장학의 유형을 그림으로 표시하면 다음과 같다.

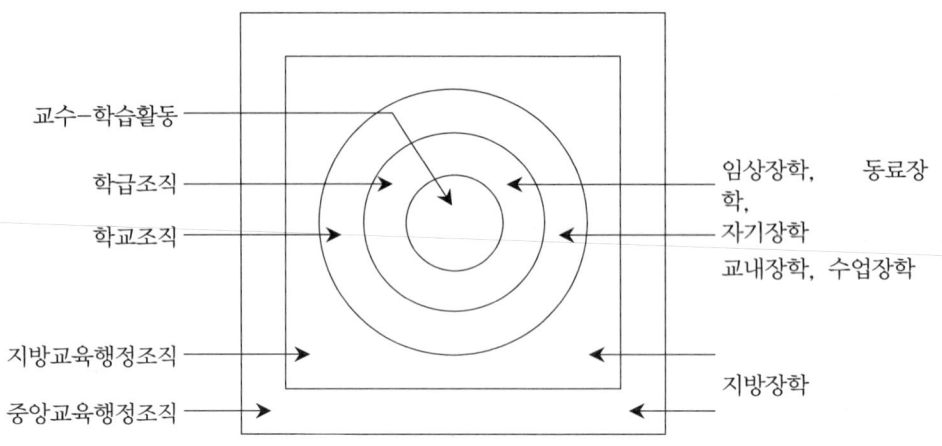

▶ 조직수준에 따른 장학의 유형

② 지방장학

학무장학이라고 불려왔던 지방장학은 지방교육행정조직인 시·도 교육청과 시·군·구를 관할하는 교육지원청에서 이루어지는 모든 장학행정을 말한다. 장학지도가 전문적 지도·조언, 자문보다는 지시·명령, 감독이 수반되는 경우가 많기 때문에 관리행정과 혼동되기도 한다. 그러나 전문적 지도·조언의 참모활동이 포함되어 있는 것도 사실이다(예: 교육과정 개발, 교육시설·설비 확보, 교직원 확보, 수업을 위한 조직, 교직원 적응지도, 학습자료 확보, 학생지원활동, 교육홍보, 현직교육의 위한 준비, 수업평가 등).

논점61 교육인사행정의 개념 및 원칙

① 교육인사행정의 개념

- 교육인사행정이란 교육목표를 효율적으로 달성하기 위하여 교육활동에 필요한 인적 자원을 동원하고 관리하는 일련의 과정이라고 할 수 있다. 즉, 교육목표를 효과적으로 달성하는데 필요한 유능한 인력의 채용, 계속적인 능력개발, 안정적인 근무관계와 사기앙양을 도모하는 일련의 과정이라고 할 수 있다.

  이러한 교육인사행정을 위해서는 첫째, 유능한 인력을 채용해야 하고 둘째, 계속적인 능력발전을 도모해야 하며 셋째, 안정적인 근무관계를 유지하고 사기증진을 도모해야 한다. 여기서 채용

(임용)에는 수급계획, 선발과 임명 등이 포함되며, 능력발전에는 교육훈련, 근무평정, 승진, 전직·전보 등이 포함된다.
- 현행 「교육공무원법」 제2조에서는 다음과 같이 규정하고 있다.
  "임용"이란 신규채용, 승진, 승급, 전직(轉職), 전보(轉補), 겸임, 파견, 강임(降任), 휴직, 직위해제, 정직(停職), 복직(復職), 면직(免職), 해임 및 파면을 말한다.
  "직위"란 1명의 교육공무원에게 부여할 수 있는 직무와 책임을 말한다.
  "전직"이란 교육공무원의 종류와 자격을 달리하여 임용하는 것을 말한다.
  "전보"란 교육공무원을 같은 직위 및 자격에서 근무기관이나 부서를 달리하여 임용하는 것을 말한다.
  "강임"이란 같은 종류의 직무에서 하위직위에 임용하는 것을 말한다.
  "복직"이란 휴직, 직위해제 또는 정직 중에 있는 교육공무원을 직위에 복귀시키는 것을 말한다.

② 교육인사행정의 원칙
- 전문성 보장의 원칙
  학교급별, 학교별, 교과목별 교육에 관한 전문성을 요구한다는 것이다.
- 공정성 유지의 원칙
  학교급별, 학교별, 성별과 지역 등의 이유로 차등을 두어서는 안 된다는 것이다.
- 적재적소 배치의 원칙
  조직의 효율성 측면이나 개인의 동기화 측면에서 구성원의 능력과 적성, 흥미 등에 적합한 업무를 맡겨야 한다는 것이다.
- 적정수급(계획)의 원칙
  교원의 수요·공급(계획)을 적절하게 조절해야 한다는 것이다.
- 연공서열주의와 실적주의간의 적정배합의 원칙
  연공서열주의(seniority system, 경력주의)는 근무연수, 경력, 연령, 학력 등을 인사관리의 기준으로 하는 입장이고, 실적주의(merits system, 능력주의)는 개인의 근무실적 및 근무수행 능력, 성적, 태도 등을 인사관리의 기준으로 하는 입장인데, 양자를 적절하게 조정해야 한다는 것이다.

논점62   교육직원 -광의의 개념-

① 교육직원의 분류

국립·공립·사립학교에서 직·간접적으로 교육활동에 종사하는 자(학교행정직원 등 포함)와 교육행정기관, 교육연구기관에서 근무하고 있는 자를 모두 포함한다. 크게 국립·공립학교의 교육직원과 사립학교의 교육직원으로 구분된다. 특히 국립·공립학교의 교육직원은 교육공무원과 일반직 공무원, 기타로 구분된다. 여기서 교육공무원은 경력직 공무원 중 '특정직 공무원'에 속한다. 교육공무원은 교원과 조교, 교육전문직원으로 구분된다.

▶ 국립·공립학교의 교육직원

교육공무원	교원	유치원의 원장, 원감, 수석교사, 교사 초·중등학교의 교장, 교감, 수석교사, 교사 대학의 총장/부총장, 학장, 교수, 부교수, 조교수
	조교	
	교육전문직원	교육감(×), 교육장(×), 장학관, 장학사, 교육연구관, 교육연구사
일반직 공무원	행정직	직군-직렬-직류로 세분류(예 : 교육행정직)
	기술직	직군-직렬-직류로 세분류
기타	비서관, 비서	
	계약직	

조교는 교육공무원에 포함되지만 교원은 아니다. 또 사립학교의 교원은 교원에 포함되지만 교육공무원은 아니다.

② 교육공무원과 교원

교원에는 국립·공립·사립의 모든 학교에 근무하는 교원이 모두 포함되지만 교육공무원에는 사립학교의 교원은 제외된다. 그리고 교육공무원에는 학교 이외의 교육기관, 교육행정기관, 교육연구기관에 근무하는 교육전문직원도 포함된다.(교육공무원법 제2조)

③ 교직원과 교원

교직원은 학교의 교육직원, 즉 교원과 기타 학교행정직원만을 말한다. 교원은 각급 학교에서 유아, 학생을 직접 지도하는 자를 말한다. 여기서 각급 학교란 「유아교육법」 제2조와 「초·중등교육법」 제2조, 「고등교육법」 제2조에 규정된 국립·공립·사립의 모든 학교를 말한다.

논점63 교육직원의 채용 : 교원의 선발과 임명

① 의의

교원의 선발은 필요한 자격을 갖추고 있는 후보자 중에서 유능한 인력을 선정하는 과정으로, 모집과 시험이 포함된다. 임명은 선발된 후보자에게 직위를 부여하는 절차이다.

모집은 교직에 유능한 인력을 유치하는 과정이다. 따라서 모집방법은 교직에 매력을 느낄 수 있도록 유인체제를 강구하여 자격을 갖추고 있는 유능한 인력을 적극적으로 유도해야 한다.

시험은 교직에 대한 적격자를 측정하여 선발하는 수단이다. 시험은 공개경쟁방법을 전제로 해야 한다. 이것은 인사행정의 기본조건인 실적주의를 적용하고, 민주주의의 기본이념인 교육의 기회 균등을 실현하는 과정이다.

② 교사의 신규채용

교육공무원의 임용은 그 자격, 재교육성적, 근무성적, 그 밖에 실제 증명되는 능력에 의하여 한다. 교육공무원의 임용은 교원으로서의 자격을 갖추고 임용을 원하는 모든 사람에게 능력에 따른 균등한 임용의 기회가 보장되어야 한다.

교사의 신규채용은 공개전형으로 한다.(교육공무원법 제10조, 제11조)

③ 교장·원장의 임용

교장·원장은 교육부장관의 제청으로 대통령이 임용한다. 교장·원장의 임기는 4년으로 한다. 교장·원장은 한 번만 중임(重任)할 수 있다. 다만, 공모로 임용되는 교장·원장으로 재직하는 횟수는 이에 포함하지 아니한다. 공모교장·원장을 제외한 교장·원장은 임기 중에 전보될 수 있으며(없으며×), 교장·원장의 전보는 교육부장관이 한다.

정년 전에 임기가 끝나는 교장·원장으로서 교사로 근무할 것을 희망하는 사람(교사자격증을 가진 사람만 해당)은 수업담당능력과 건강 등을 고려하여 교사로 임용할 수 있다. 이에 따라 임용된 교사는 대통령령으로 정하는 바에 따라 원로교사로 우대하여야 한다.(교육공무원법 제29조의2)

④ 공모교장·원장의 임용

각급 학교(대학은 제외) 또는 유치원의 장은 학교운영위원회 또는 유치원운영위원회의 심의를 거쳐 특별히 규정된 교장자격을 받은 사람 또는 특별히 규정된 원장자격증을 받은 사람 중에서 공모를 통하여 선발된 사람을 교장 또는 원장으로 임용하여 줄 것을 임용제청권자에게 요청할 수 있다.

자율학교의 장은 학교운영위원회의 심의를 거쳐 해당 학교교육과정에 관련된 교육기관, 국가기관 등에서 종사한 경력이 3년 이상 있는 사람 또는 학교에서 교원으로서 전임으로 근무한 경력(교육전문직원으로 근무한 경력을 포함)이 15년 이상인 교육공무원이나 사립학교 교원 중에서 공모를 통하여 선발된 사람을 교장으로 임용하여 줄 것을 임용제청권자에게 요청할 수 있다. 이 경우 학교유형별 공모교장의 자격기준 및 적용범위 등에 관한 사항은 대통령령으로 정한다.

공모로 임용되는 교장·원장의 임기는 4년으로 하되, 공모교장·원장으로 재직하는 횟수를 제한하지 아니한다.(교육공무원법 제29조의3)

⑤ 장학관·교육연구관의 임용

교육부와 그 소속 기관에 근무하는 장학관 및 교육연구관은 교육부장관의 제청으로 대통령이 임용한다.(교육공무원법 제29조)

⑥ 교감·교사·장학사·교육연구사의 임용

교감·교사 및 교육부와 그 소속 기관에 근무하는 장학사와 교육연구사는 교육부장관이 임용한다.(교육공무원법 제30조)

⑦ 수석교사의 임용

수석교사는 교육부장관이 임용한다. 수석교사는 최초로 임용된 때부터 4년마다 대통령령으로 정하는 업적평가 및 연수실적 등을 반영한 재심사를 받아야 하며, 심사기준을 충족하지 못한 경우 대통령령으로 정하는 바에 따라 수석교사로서의 직무 및 수당 등을 제한할 수 있다.

수석교사는 대통령령으로 정하는 바에 따라 수업부담경감, 수당지급 등에 대하여 우대할 수 있다.

수석교사는 임기 중에 교장·원장 또는 교감·원감 자격을 취득할 수 없다(있다×).(교육공무원법 제29조의4)

⑧ 초빙교사의 임용

고등학교 이하 각급 학교의 장은 교사자격증을 가진 사람 중에서 해당 학교에 특별히 필요한 사람을 교사로 초빙하려는 경우에는 임용권자에게 초빙교사로 임용하여 줄 것을 요청할 수 있다. 이에 따라 임용 요청을 받은 임용권자는 임용이 요청된 사람 중에서 해당 학교의 초빙교사를 임용할 수 있다.(교육공무원법 제31조)

⑨ 기간제교원의 임용

고등학교 이하 각급 학교 교원의 임용권자는 ① 교원이 특별히 규정된 사유로 휴직하게 되어 후임자의 보충이 불가피한 경우, ② 교원이 파견·연수·정직·직위해제 등 대통령령으로 정하는 사유로 직무를 이탈하게 되어 후임자의 보충이 불가피한 경우, ③ 특정 교과를 한시적으로 담당하도록 할 필요가 있는 경우, ④ 교육공무원이었던 사람의 지식이나 경험을 활용할 필요가 있는 경우, ⑤ 유치원 방과후 과정을 담당하도록 할 필요가 있는 경우에는 예산의 범위에서 기간을 정하여 교원자격증을 가진 사람을 교원으로 임용할 수 있다.

기간제교원은 정규 교원임용에서 어떠한 우선권도 인정되지 아니하며, 교육공무원이었던 사람을 제외하고는 책임이 무거운 감독업무의 직위에 임용될 수 없다. 기간제교원은 교원에 포함되지만 교육공무원은 아니며, 임용기간이 끝나면 당연히 퇴직한다.(교육공무원법 제32조)

⑩ 순회교사의 배치

교육감은 교원의 적정한 배치와 교육과정의 원활한 운영을 위하여 둘 이상의 인근 학교를 순회하면서 학생의 교육을 담당할 교사가 특히 필요하다고 인정하는 경우에는 시·도 교육행정기관에 교사를 둘 수 있다. 시·도 교육행정기관에 배치되는 교사는 소속 기관의 장이 지정하는 학교에서 교육을 담당하고, 그 학교의 장의 지도·감독을 받는다.(교육공무원법 제22조의2)

논점64 교육재정의 개념 및 원리

① 교육재정의 개념

- 교육재정이란 국가 또는 지방자치단체가 교육활동을 지원하기 위하여 물적 자원을 확보·배분·지출·평가하는 일련의 (공)경제활동이라고 할 수 있다. 즉, 교육경비를 조달하고 운용하는 일련의 (공)경제활동이라고 할 수 있다. 교육재정은 국립·공립학교의 교육활동뿐만 아니라 사립학교의 교육활동을 지원하는 일도 포함한다. 이러한 교육재정의 성격은 다음과 같다.

  첫째, 국가 또는 지방자치단체에 의한 (공)경제활동이라는 점 둘째, 교육활동의 지원을 목적으로 하는 수단이라는 점 셋째, 교육경비의 조달과 운용, 즉 확보·배분·지출·평가를 내용으로 하는 점 등이다.

- 교육재정의 특성은 일반재정에서와 같이 국민 전체의 이익을 추구하는 공공성, 공권력에 기인하는 강제성, 지출을 기준으로 수입을 결정하는 양출제입(量出制入)의 성격을 그대로 지닌 공경제활동이다. (여기에 교육재정의 존속기간이 사경제활동보다 무한하기 때문에 교육재정의 영속성을 추가하기도 한다.)

  오늘날 교육은 고도의 공공성을 띠고 있으며, 교육의 기회균등에 입각한 국민 전체를 위한 교육이어야 한다는 민주주의 교육이념에 따르고 있기 때문에 교육경비의 조달과 운용 등은 공경제활동의 원칙에 의하여 이루어진다.

② 교육재정의 원리

교육재정의 원리는 교육재정의 확보 측면에서 충족성의 원리와 안정성의 원리가, 배분 측면에서 효율성의 원리와 공정성의 원리가, 지출 측면에서 자율성의 원리와 적정성의 원리가, 평가 측면에서 책무성의 원리와 효과성의 원리가 각각 중시된다. 특히 교육재정의 배분 준거는 효율성의 원리와 공정성의 원리 이외에도 평등성의 원리와 균형성의 원리가 중시된다.

- 충족성의 원리

  교육활동을 지원할 수 있도록 필요한 재원(財源)이 충분히 확보되어야 한다는 원리이다.

- 안정성의 원리

  교육활동의 일관성과 계속성을 유지할 수 있도록 필요한 재원(財源)이 안정적으로 또 자구적으로 보장되어야 한다는 원리이다.

- 효율성의 원리

  교육재정의 배분이 최소의 비용으로 최대의 효과를 거두어야 한다는 원리이다. 여기서 효율성이란 목표달성의 정도를 의미하는 효과성과 비용-수익분석(B/C분석)을 의미하는 능률성을 동시에 표현하는 포괄적인 개념으로 흔히 '경제성'으로 통한다. 이러한 효율성을 높이기 위해서는 첫째, 교육재정의 배분이 교육목표, 교육내용과 방법 등에 적절해야 한다. 둘째, 교육재정의 배분에 있어서 시간과 비용, 노력을 고려해야 한다. 셋째, 학교급별 등에 따른 단위비용(=단위교육비)이 산출되어야 한다.

- 공정성의 원리

  교육재정의 배분에 있어서 '같은 것은 같게 다른 것은 다르게' 취급해야 한다는 원리이다. 여기서 같은 것은 같게 취급하는 것을 수평적 공정성, 다른 것은 다르게 취급하는 것을 수직적 공정성이라고 한다. 예를 들면, 개인의 능력, 교육환경, 학교급별 등에 따라 교육재정의 배분에 있어서 차이를 두는 것은 정당하다고 본다.

- 평등성의 원리

  교육재정의 배분이 교육의 기회균등을 실현시킬 수 있는 방향으로 운영되어야 한다는 원리이다. 교육의 평등은 교육의 기회균등 개념뿐만 아니라 교육결과의 평등까지도 내포하는 개념이다. 이와 같은 교육의 평등은 크게 교육기회의 평등과 교육내용의 평등으로 구분할 수 있다.

- 균형성의 원리

  교육재정의 배분에 있어서 서로 다른 원리(예 : 효율성 대 공정성, 효율성 대 평등성)간의 균형과 조화를 이루어야 한다는 원리이다.

- 자율성의 원리

  교육재정의 지출에 있어서 지방교육행정기관이 자주적이고 자율적이어야 한다는 원리이다. 즉,

외부의 통제와 지시에서 벗어나 자주적인 결정과 자율적인 통제를 확립해야 한다는 것이다.
- 적정성의 원리

  교육재정의 지출이 의도한 결과를 충분하게 또는 적절하게 충족시킬 수 있어야 한다는 원리이다. 즉, 의도한 결과를 산출하는데 필요한 재원이 충분하거나 적절해야 한다는 것이다.
- 책무성의 원리

  투입과 산출의 효과, 즉 사용된 교육경비에 관하여 그에 대한 명분을 제시하고 책임을 질 수 있어야 한다는 원리이다.
- 효과성의 원리

  목표달성의 정도를 의미하는 효과성은 효율성에 포함된 개념이다.

논점65 교육예산의 개념

교육예산이란 일정기간에 있어서 교육활동을 운영하는데 필요한 수입과 지출의 예정적 계획(안)을 말한다. 이러한 교육예산의 성격은 다음과 같다.

첫째, 교육예산은 교육활동계획의 기초가 된다. 교육예산의 3요소에 해당하는 교육활동계획-수입계획-지출계획은 균형과 조화를 이루어야 한다.

둘째, 교육예산은 학생복지 및 교육환경 개선에 우선적으로 사용된다. 특히 학교발전기금은 학생복지 및 학생자치활동의 지원 등을 위하여 사용한다.

셋째, 교육예산은 교육활동을 지원하는 봉사적 성격을 갖는다. 교육예산은 교육활동의 지원을 목적으로 하는 수단으로, 교육활동에 선행할 수 없다.

넷째, 교육예산은 계획적으로 성립된다. 교육예산은 일정기간에 있어서 교육활동을 지원하기 위한 수입과 지출의 예정적 계획(안)이므로, 누가, 언제, 어디에, 왜, 어떻게, 얼마나 금액을 지출할 것인가 등이 계획적으로 작성된다.

논점66 교육예산의 원칙

① 전통적 원칙

사전승인의 원칙	예산은 집행되는 기간 전에 작성되어 국회의 심의·의결(확정)을 거친 후에 집행해야 한다는 원칙이다.
국고통일의 원칙	예산은 동일회계에서 특정한 세입을 특정한 세출에 충당해서는 안 된다는 원칙이다. (단, 특별회계예산은 예외)
엄밀성(정밀성)의 원칙	예산은 예산액을 산출하는데 정밀한 자료의 수집·분석 등을 토대로 편성해야 한다는 원칙이다. 즉, 예산과 결산이 일치해야 한다는 원칙이다.
한정성의 원칙	예산의 항목간에는 한계를 두어야 한다는 원칙이다. 즉, 예산의 사용목적/금액/기간(회계연도 독립의 원칙)에 한계를 두어야 한다는 원칙이다. (단, 예산의 이용(移用)과 전용(轉用), 예산의 이체, 예산의 이월 등은 예외)
완전성의 원칙	예산에는 모든 세입과 세출이 빠짐없이 계상(計上)되어야 한다는 원칙이다(예산 총계주의 원칙).
공개성의 원칙	예산의 편성 → 예산의 심의·의결 → 예산의 집행 등 예산의 절차가 국민에게 공개되어야 한다는 원칙이다.
단일성의 원칙	예산은 형식/구조 측면에서 단수/단일해야 한다는 원칙이다. (단, 특별회계예산은 예외)
명료성의 원칙	예산의 항목이 합리적으로 분류되는 등 예산은 국민에게 이해될 수 있도록 명확하게 편성해야 한다는 원칙이다.

② 현대의 원칙

계획의 원칙, 재량의 원칙, 책임의 원칙, 보고의 원칙, 다양한 예산절차의 원칙, 적절한 예산수단 구비의 원칙, 시기적 융통성의 원칙, 상호교류적 예산기구의 원칙 등

논점67 교육(경)비 -광의의 개념-

① 교육(경)비의 분류

교육(경)비는 국가 또는 지방자치단체가 교육활동을 운영하기 위하여 지출하는 경비를 말한다. 교육비는 일반적으로 공교육비만을 의미하나, 광의에서는 사교육비까지도 포함된다. 교육비는 교육목적과의 관련정도에 따라서 직접 교육비와 간접 교육비로 구분되고, 그 운용형태에 따라서는 공공의 회계절차를 거쳐 교육활동에 투입되는 공교육비와 사교육비로 분류된다.

▶ 교육비의 분류

직접 교육비	공교육비	공부담 공교육비	국가, 지방자치단체 및 학교법인이 부담하는 경비인 인건비, 학교운영비 등
		사부담 공교육비	입학금, 수업료, 학교운영지원비, 기부금 등
	사교육비		교재대/부교재대, 학용품비, 숙식비, 교통비, 피복비, 과외교습비, 소풍·수학여행 등의 단체활동비 등
간접 교육비			교육을 받기 위해서 포기된 소득(=교육기회비용), 학교와 교육기관에 부과되는 면세의 가치, 교육시설·설비의 감가상각비와 이자 등

② 직접 교육비와 간접 교육비

직접 교육비는 교육활동에 직접적으로 투입되는 경비로 공교육비와 사교육비를 모두 포함하고, 간접 교육비는 교육을 받는 기간동안 취업을 하지 못하기 때문에 발생하는 유실된 소득(foregone earnings)인 '교육기회비용'을 의미한다.

③ 공교육비와 사교육비

공교육비는 「지방교육자치에 관한 법률」에 규정된 각급 학교의 설치 등에 필요한 경비, 사회교육에 필요한 경비, 기타 교육기관 등의 교육활동에 필요한 경비로 공부담 공교육비와 사부담 공교육비를 모두 포함하며, 사교육비는 학부모가 부담하는 학생의 학용품비 등의 경비이다.

논점68 표준교육비

일반적으로 표준교육비란 교육활동을 운영하기 위하여 필요한 최저한도의 경비를 말한다. '최저소요교육비 또는 최저교육비'라고도 하는 표준교육비는 모든 교육활동계획의 기초자료가 되며, 이를 위한 예산편성과 지출의 공공성을 보장하는데 그 목적이 있다(예 : 인건비, 학교운영비 등). 이러한 표준교육비 산출에는 기회균등의 원칙과 공비지변(公費支辨)의 원칙이 요구된다. 그러므로 누구든지 어떤 조건에서도 최소한도의 교육을 받을 수 있어야 하고, 특히 최소한도의 의무교육을 받는데 필요한 일체의 경비를 공비(公費)로 충당해야 한다.

논점69 교육(경)비의 특성

- 공공성
  교육은 국가·사회의 존속과 발전을 위한 수단이며, 국민 전체의 복지를 증진시키는 중요한 방법이라는 점에서 공공성이 점점 커지고 있다. 그래서 교육비는 고도의 공공성을 띠고 있다.
- 비긴요성(비긴급성)
  교육목표는 장기적 목표·무형적 목표·질적 목표인데, 이것은 단기적이거나 구체적이지 못하며, 계량화가 어렵다. 그래서 국방비, 경찰행정비 등과 비교할 때 교육비는 상대적으로 비긴요성을 띠고 있다. 이러한 이유로 교육비를 확보하는 방안으로 목적세인 교육세를 부과하고 있다.
- 비생산성
  교육활동은 다른 경제활동에서와 같이 그 효과가 직접적인 것이 아니라 간접적이며, 교육의 효과는 단기적 측정이나 구체적 측정이 곤란하며, 계량적 측정이 곤란하다. 이 점에서 교육비는 비생산성을 띠고 있다.
  그러나 교육을 노동생산성 향상을 위한 인간자본에 대한 투자로 간주하듯이, 오늘날 교육비를 생산을 위한 투자로 간주하는 견해가 우세하다는 점에 유의해야 한다.
- 팽창성
  취학학생수의 증가, 취학연도의 연장, 교원수의 증가, 학교시설·설비의 확충, 학교교육능력의 향상, 학교교육에 대한 기대 등의 원인으로 인해 교육활동은 복잡하고 다양하다. 이로 인해 교육비는 계속적으로 팽창성을 띠고 있다.
- 장기성, 독립성 등
  그리고 교육비의 투자에 대한 수익의 회수기간이 너무 길다는 장기성, 교육재정이 일반재정으로부터 분리·독립되어야 한다는 독립성을 추가하기도 한다.

논점70 교육수입

① 의의
  교육수입은 국가 또는 지방자치단체가 확정된 교육경비를 조달하고 운용하기 위하여 그 재원(財源)으로 삼는 모든 수입을 말한다.

교육 · 학예에 관한 경비는 다음의 재원(財源)으로 충당한다.
1. 교육에 관한 특별부과금 · 수수료 및 사용료
2. 지방교육재정교부금
3. 해당 지방자치단체의 일반회계로부터의 전입금
4. 이 외의 수입으로서 교육 · 학예에 속하는 수입

의무교육에 종사하는 교원의 보수와 그 밖의 의무교육에 관련되는 경비는 「지방교육재정교부금법」이 정하는 바에 따라 국가 및 지방자치단체가 부담한다. 의무교육 외의 교육에 관련되는 경비는 「지방교육재정교부금법」이 정하는 바에 따라 국가 · 지방자치단체 및 학부모 등이 부담한다. (지방교육자치에 관한 법률 제36조, 제37조)

논점71 지방교육재정

① 의의

지방교육재정은 원칙적으로 해당 지방자치단체의 수입으로 충당해야 교육자치제도의 원칙에 부합되고, 교육의 자주성과 자율성도 보장될 수 있다. 그러므로 지방자치단체의 일반회계로부터의 전입금은 해당 지방자치단체의 교육비특별회계의 중요한 재원이 되어야 할 것이다. 현재 교육자치제도의 운영실태를 살펴보면, 지방자치단체의 일반회계로부터의 전입금은 서울특별시와 부산광역시 등을 제외하고는 아직 미미한 실정이다.

여기서 지방교육재정은 지방자치단체의 일반회계와 구분하여 해당 지방자치단체의 교육비특별회계로 편성된다.

시 · 도의 교육 · 학예에 관한 경비를 따로 경리(經理)하기 위하여 해당 지방자치단체에 교육비특별회계를 둔다. (지방교육자치에 관한 법률 제38조)

② 지방자치단체의 부담 : 지방교육재정의 재원
- 의무교육경비의 부담

  시 · 도의 교육 · 학예에 소요되는 경비는 당해 지방자치단체의 교육비특별회계에서 부담하되, 의무교육에 관련되는 경비는 교육비특별회계의 재원 중 교부금과 특별한 규정에 의한 일반회계로부터의 전입금으로 충당한다. (지방교육재정교부금법 제11조)

- 의무교육 외의 교육경비의 부담

    의무교육 외의 교육에 관련되는 경비는 교육비특별회계의 재원 중 교부금, 특별한 규정에 의한 일반회계로부터의 전입금, 수업료 및 입학금 등으로 충당한다.(지방교육재정교부금법 제11조)

▶ 지방교육재정의 재원

국가의 지원금	지방교육재정교부금	보통교부금
		특별교부금
	국고보조금	
지방자치단체의 일반회계로부터의 전입금		지방교육세 전입금
		담배소비세 전입금
		시·도세 전입금
지방자치단체의 자체수입		특별부과금, 수수료, 사용료, 수업료, 입학금, 기타 재산수입 등

논점72 학교경영 및 학급경영의 의의

① 학교경영

학교경영은 학교의 교육목표를 달성하기 위하여 학교의 인적·물적 자원과 기술을 기획, 조직, 지도, 조정, 평가하는 모든 활동을 의미한다. 이러한 측면에서 학교경영은 교육의 효율성을 극대화하기 위하여 교장이 그의 교육적 이상에 의거 자율적이고 창의적인 관점에서 교육활동을 운영해 나가는 것을 말한다.

교육행정의 하위개념으로 '학교행정'이라고도 하는 학교관리는 법규적 관점에서 교장이 교육목표를 달성하기 위하여 객관적이고 체계적인 관점에서 학교를 운영해 나가는 것을 말한다.

② 학급경영

학급경영은 학급의 교육목표를 달성하기 위하여 운영하는 기획, 조직, 지도, 조정, 평가와 관련된 모든 활동을 말한다. 학급활동 중에는 교수-학습을 위주로 하는 활동 및 학급경영을 위주로 하는 활동이 있는데, 그 중에서 교수-학습을 제외한 학급내의 모든 활동을 학급경영이라고 한다. 그런데 이와 같은 학급경영은 학급의 교수-학습활동이 효과적으로 수행되도록 지원하기 위한 봉사적 성격을 띠고 있다. 학급은 학교경영의 최하단위이며, 교수-학습활동의 단위조직이다. 그러므로 학급경영의 효율성이 학교경영의 효율성을 좌우하게 된다.

③ 학급경영 개념의 분류

• 질서유지로서의 학급경영	학급경영을 훈육이나 생활지도와 동일시하는 학급경영관이다. 학생의 문제행동의 예방과 선도 및 학급활동에의 참여를 강조하는 입장이다.
• 조건정비로서의 학급경영	수업을 위하여 학습환경을 조성하는 활동(=교수-학습활동)에 초점을 두는 학급경영관이다. 수업과 경영을 분리하는 입장으로, 경영을 수업을 위한 조건정비 내지 질서유지로 간주한다.
• 교육경영으로서의 학급경영	조직의 경영 개념에 초점을 두는 학급경영관이다. 조직의 기능에 기획, 조직, 지도, 조정, 평가 등을 포함하고, 경영을 이러한 기능을 수행하는 교사의 활동으로 개념화한다.

논점73 학교경영 및 학급경영의 영역과 원리

① 학교경영의 영역과 원리

학교경영의 영역	학교경영의 원리
• 교육목표의 설정 • 교과지도, 생활지도, 특별활동지도 등 교육과정의 운영 • 교직원의 인사관리 • 학생관리 • 학교경영조직의 편성 • 수업장학 등 교내장학 • 재무관리 • 시설·설비관리 • 사무관리 • 가정 및 지역사회와의 관계관리	• 합리화의 원리 • 과학화의 원리 • 조직화의 원리 • 민주화의 원리 • 효율화의 원리 • 지역화(지역사회화)의 원리

② 학급경영의 영역과 원리

학급경영의 영역	학급경영의 원리
• 학급경영계획의 수립(교육목표의 설정을 비롯한 학생조사, 가정환경, 지역사회환경 등을 포함) • 집단조직과 지도 • 교과지도 • 생활지도 • 특별활동지도 • 시설·설비 등 환경관리 • 사무관리 • 가정 및 지역사회와의 관계관리	• 교육적 원리(자유의 원리, 협동의 원리, 유희(놀이)의 원리, 창조의 원리, 흥미의 원리, 욕구(동기)의 원리, 발달(성장)의 원리, 근접(접근)의 원리 등을 포함) • 심리적(심리이해적) 원리 • 민주적 원리 • 효율적 원리

논점74 학교경영조직 : 교직원조직

① 교직원의 배치
- 유치원에는 교원으로 원장·원감·수석교사 및 교사를 두되, 대통령령으로 정하는 일정규모 이하의 유치원에는 원감을 두지 아니할 수 있다.
  유치원에는 교원 외에 촉탁의사, 영양사, 간호사 또는 간호조무사, 행정직원 등을 둘 수 있다. (유아교육법 제20조)
- 학교에는 다음의 교원을 둔다.
1. 초등학교·중학교·고등학교·공민학교·고등공민학교·고등기술학교 및 특수학교에는 교장·교감·수석교사 및 교사를 둔다. 다만, 학생수가 100명 이하인 학교나 학급수가 5학급 이하인 학교 중 대통령령으로 정하는 규모 이하의 학교에는 교감을 두지 아니할 수 있다.
2. 각종학교에는 위에 준하여 필요한 교원을 둔다.
   학교에는 교원 외에 학교운영에 필요한 행정직원 등 직원을 둔다. 학교에는 원활한 학교운영을 위하여 교사 중 교무를 분담하는 보직교사를 둘 수 있다.(초·중등교육법 제19조)
- 초등학교·중학교·고등학교 학급에는 학급담당교원을 두되, 학생의 수가 일정규모 이상이거나 학급관리를 위하여 필요한 경우에는 학급담당교원 1명을 더 둘 수 있다. 학급담당교원의 증치(增置)에 필요한 구체적인 사항은 교육부장관이 정하는 기준에 따라 관할청이 정한다.
  학급담당교원은 학급을 운영하고 학급에 속한 학생에 대한 교육활동과 그와 관련된 상담 및 생활지도 등을 담당한다. 수석교사는 학급을 담당하지 아니한다. 다만, 학교의 규모 등 학교여건에 따라 학급을 담당할 수 있다.(초·중등교육법 시행령 제36조의5)

특수학교에는 교장 및 교감을 둔다. 다만, 학급수가 5학급 이하인 학교에는 교감을 두지 아니할 수 있으며, 3학급 이상인 분교장에는 따로 교감을 둘 수 있다. 특수학교 등에 두는 특수교육담당교사의 배치기준은 따로 대통령령으로 정한다. 특수학교에는 전문상담교사 및 사서교사를 둘 수 있다.(초·중등교육법 시행령 제40조)

- 학교에 전문상담교사를 두거나 시·도 교육행정기관에 특별한 규정에 따라 전문상담순회교사를 둔다.(초·중등교육법 제19조의2) 위의 규정에 따라 하급교육행정기관마다 2인 이내의 전문상담순회교사를 둔다.(초·중등교육법 시행령 제40조의2)

② 교직원의 임무

- 원장은 원무를 총괄하고 소속 교직원을 지도·감독하며 해당 유치원의 유아를 교육한다. 원감은 원장을 보좌하여 원무를 관리하고 해당 유치원의 유아를 교육하며, 원장이 부득이한 사유로 직무를 수행할 수 없을 때에는 그 직무를 대행한다. 다만, 원감을 두지 아니하는 유치원은 원장이 미리 지명한 교사(수석교사를 포함)가 그 직무를 대행한다.

  수석교사는 교사의 교수·연구활동을 지원하며, 유아를 교육한다. 교사는 법령에서 정하는(원장이 명하는×) 바에 따라 해당 유치원의 유아를 교육한다.

  행정직원 등 직원은 법령에서 정하는(원장이 명하는×) 바에 따라 유치원의 행정사무와 그 밖의 사무를 담당한다.(유아교육법 제21조)

- 교장은 교무를 통할(統轄)하고, 소속 교직원을 지도·감독하며, 학생을 교육한다. 교감은 교장을 보좌하여 교무를 관리하고 학생을 교육하며, 교장이 부득이한 사유로 직무를 수행할 수 없을 때에는 교장의 직무를 대행한다. 다만, 교감이 없는 학교에서는 교장이 미리 지명한 교사(수석교사를 포함)가 교장의 직무를 대행한다.

  수석교사는 교사의 교수·연구활동을 지원하며, 학생을 교육한다. 교사는 법령에서 정하는(교장이 명하는×) 바에 따라 학생을 교육한다.

  행정직원 등 직원은 법령에서 정하는(교장이 명하는×) 바에 따라 학교의 행정사무와 그 밖의 사무를 담당한다.(초·중등교육법 제20조)

논점75 학교경영조직 : 교육지도조직, 교무분장조직 등

교육지도조직(교과지도조직, 생활지도조직)	교장-교감-부장교사-담임교사(학급담임교사, 교과담임교사)로 이어지는 계선조직으로, 수평적 구조이다.
교무분장조직	교장-교감-보직교사(부장교사)-평교사로 이어지는 계선조직으로, 수직적 구조이다.
운영협의조직	'교직원회의'를 비롯한 회의, 위원회 등이 있다.

논점76 학교경영조직 : 교과운영조직

① 학급담임제

1인의 교사가 한 학급의 전교과를 담당하여 학생을 지도하는 조직으로, 통합교육과정에 근거하고 있다. 주로 초등학교에서 채택되고 있다.

② 교과담임제

한 교과 또는 몇 개의 교과를 각 교사가 담당하여 학생을 지도하는 조직으로, 통합된 교육과정을 다루기가 곤란하다. 주로 중·고등학교에서 채택되고 있다.

논점77 학교운영위원회의 의의/성격

① 의의
- 학교운영위원회의 설치
  교육의 자주성·전문성·정치적 중립성 및 대학의 자율성은 법률이 정하는 바에 의하여 보장된다.(헌법 제31조 제4항)
  국가와 지방자치단체는 교육의 자주성과 전문성을 보장하여야 하며, 지역실정에 맞는 교육을 실시하기 위한 시책을 수립·실시하여야 한다. 학교운영의 자율성은 존중되며, 교직원·학생·학부모 및 지역주민 등은 법령으로 정하는 바에 따라 학교운영에 참여할 수 있다.(교육기본법 제5조)

그리고 학교운영의 자율성을 높이고 지역의 실정과 특성에 맞는 다양하고도 창의적인 교육을 할 수 있도록 초등학교·중학교·고등학교 및 특수학교에 학교운영위원회를 구성·운영하여야 한다(국립·공립·사립학교를 모두 포함). 국립·공립학교에 두는 학교운영위원회는 그 학교의 교원대표, 학부모대표 및 지역사회인사(대표)로 구성한다.(초·중등교육법 제31조)

② 학교운영위원회의 취지
- 학교운영위원회는 학교와 지역사회인사의 고른 참여를 통해 〈학교공동체〉를 구축하는 방향으로 계획되고 운영되어야 한다.
  〈학교공동체〉는 단위학교의 교육활동에 대하여 권한과 책임을 지닌 구성원들의 공동체를 의미한다. 따라서 학교공동체에는 학교제도를 계획하고 운영하는 설립자(국가나 지방자치단체, 학교법인 등), 교육활동을 운영하는 전문가, 학생, 학부모 및 지역사회인사 등 학교교육의 수혜자 전체가 망라된다.
- 학교운영위원회는 교육수요자의 요구를 유기적으로(체계적으로) 반영할 수 있는 방향으로 계획되고 운영되어야 한다.
  학교교육에 대하여 권한과 책임은 설립자나 운영자의 입장에서만 행사되는 것이 아니다. 그것은 학교교육의 수혜자요, 납세자인 학부모 및 지역사회인사 등이 공동으로 참여하여 행사되는 것이다. 따라서 학생, 학부모 및 지역사회인사 등 교육수요자의 권한과 책임이 적절히 행사되기 위해서는 학교교육에 그 요구를 체계적으로 반영해야 한다.
- 학교운영위원회는 학교중심경영(=단위학교책임경영)을 정착시키는 방향으로 계획되고 운영되어야 한다.
  학교중심경영은 정부가 제시하는 교육정책의 틀 안에서 학교가 학생, 학부모 및 지역사회인사 등 교육수요자의 요구에 부응하여 자율적으로 학교경영조직을 재조직, 재편성하고 교육투자의 효율성과 생산성을 제고하려는 경영관리체제이다.

② 학교운영위원회의 성격
- 법정위원회
  학교운영위원회는 교육발전을 위한 학교공동체이다. 따라서 모든 국립·공립학교 및 사립학교에 설치하여야 하는 법정위원회의 성격을 갖는다.

- 독립된 위원회

  학교운영위원회는 학교발전과 지역사회발전을 위한 학교공동체이다. 따라서 학교교육의 수요자인 학생(×), 학부모 및 지역사회인사 그리고 학교교육의 공급자인 교원이 학교운영에 공동으로 참여하여 상호 협력하는, 그러나 학교장과 독립된 위원회의 성격을 갖는다.

- 심의/자문기구

  학교운영위원회는 개별학교 단위로 설치하는 학교자치기구이다. 그런데 학교운영에 관한 주요 사항을 심의, 자문하는 심의/자문기구의 성격을 갖는다. (여기서 국립·공립학교는 심의, 사립학교는 자문이 된다.)

논점78 학교운영위원회 위원의 선출 등

- 국립·공립학교의 장은 운영위원회의 당연직 교원위원이 된다.
- 학부모위원은 학부모 중에서 민주적 대의절차에 따라 학부모전체회의에서 직접 선출한다.
- 당연직 교원위원을 제외한 교원위원은 교원 중에서 선출하되, 교직원전체회의(교원전체회의×)에서 무기명투표로 선출한다.
- 지역위원은 학부모위원 또는 교원위원의 추천을 받아 학부모위원 및 교원위원이 무기명투표로 선출한다.
- 운영위원회에는 위원장 및 부위원장 각 1인을 두되, 교원위원이 아닌 위원 중에서 무기명투표로 선출한다.(초·중등교육법 시행령 제59조)

논점79 학교운영위원회의 기능

① 국립·공립학교의 심의

   국립·공립학교에 두는 학교운영위원회는 다음의 사항을 심의한다.(초·중등교육법 제32조)

   1. 학교헌장과 학칙의 제정 또는 개정
   2. 학교의 예산안과 결산

3. 학교교육과정의 운영방법
4. 교과용도서와 교육자료의 선정
5. 교복·체육복·졸업앨범 등 학부모의 부담경비
6. 정규학습시간 종료 후 또는 방학기간 중의 교육활동 및 수련활동
7. 「교육공무원법」 제29조의3제8항에 따른 공모교장의 공모방법, 임용, 평가 등
8. 「교육공무원법」 제31조제2항에 따른 초빙교사의 추천
9. 학교운영지원비의 조성·운용 및 사용
10. 학교급식
11. 대학입학 특별전형 중 학교장 추천
12. 학교운동부의 구성·운영
13. 학교운영에 대한 제안 및 건의
14. 그 밖에 대통령령이나 시·도의 조례로 정하는 사항

② 사립학교의 자문

사립학교의 장은 위의 사항(제7호 및 제8호의 사항은 제외)에 대하여 학교운영위원회에 자문(심의×, 의결×)하여야 한다. 다만, 제1호의 사항에 대하여는 학교법인이 요청하는 경우에만 자문한다.(초·중등교육법 제32조)

③ 국립·공립·사립학교의 심의·의결

학교운영위원회는 학교발전기금의 조성·운용 및 사용에 관한 사항을 심의·의결한다. 학교운영위원회는 학교발전기금을 조성할 수 있다. 학교발전기금의 조성과 운용방법 등에 필요한 사항은 대통령령으로 정한다.(초·중등교육법 제32조, 제33조)

논술 모의고사13-1

• 이 예상문제는 주요대학 교재를 분석·통합하여 저작되었으며, 〈저작권법〉에 따라 무단 복제, 배포, 출판 및 전자출판 등 저작권을 침해하는 일체의 행위를 금지합니다.

다음은 분류체계론적 입장에서 교육행정의 개념, 교육행정의 성격과 교육행정의 원리를 제시한 내용이다. 이 내용을 바탕으로 조건정비론적 입장에서 교육행정의 개념을 설명하고, 교육행정의 비긴급성에 대하여 논하시오. 그리고 ⓐ와 ⓑ에서 언급된 교육행정의 원리를 각각 설명하시오. **[총20점]**

(가) 교육행정을 '교육에 관한 행정'이라고 보는 견해로, 행정의 종합성과 권력성을 강조하는 입장이다. 국가 통치권의 작용 중에서 입법과 사법을 제외한 나머지를 행정이라고 하고, 이 일반행정 중에서 교육에 관한 행정을 교육행정이라고 하는 견해이다. 그 특징은 첫째, 교육보다 행정을 우선한다. 그래서 행정의 종합성을 강조한다. 둘째, 교육의 자주성과 자율성을 부정한다. 셋째, 권위적이며 중앙집권적 교육행정을 강조한다.

국가통치권의 작용 중에서 일반행정을 내무행정·외무행정·법무행정·재무행정·군무행정의 5가지로 분류하고, 그 중에서 내무행정을 다시 보육행정과 경찰행정으로 분류, 보육행정 속에 교육에 관한 행정인 교육행정을 포함시키는 것이다. 이러한 분류체계론은 과학적 관리론 및 근대 관료제론, Fayol의 산업관리론, Gulick & Urwick의 행정관리론에 토대를 두고 있다.

(나) 교육행정의 일반적 성격은 공공적 성격, 조성적·봉사적 성격, 수단적·기술적 성격, 민주적 성격, 중립적 성격, 전문적 성격 등을 들 수 있다. 이에 대해 교육행정의 특수적 성격은 교육행정의 비긴급성으로 특징지어지는데, 교육목적 측면, 교육의 인적·물적 조직 측면, 교사의 전문성 측면, 교육평가 측면 등에서 살펴볼 수 있다.

(다) 교육행정이념이라고도 하는 교육행정의 원리는 Mort가 그의 저서 「교육행정의 원리(1966)」에서 제시한 16개의 원리에 근거하고 있다. 그에 의하면, 교육행정의 임무를 과학적 방법으로 수행하려면 상식적 판단의 원리와 균형적 판단의 원리, 경험적 지식의 원리가 적용되어야 한다.

교육행정의 원리는 교육행정의 임무를 수행할 때 지켜야 할 규범과 원리를 말한다. 교육행정의 원리는 법·제도적 측면의 원리와 운영적 측면의 원리로 분류할 수 있다. 법·제도적 측면의 원리에는 (ⓐ : 자주성 존중의 원리), 전문성 보장의 원리, 지방분권의 원리 등이 있으며, 운영적 측면의 원리에는 타당성의 원리, (ⓑ : 민주성의 원리, 효율성의 원리) 등이 있다.

〈배 점〉

• 답안의 논리적 구성 및 표현 [총5점]
• 논술의 내용 [총15점]
 · 조건정비론적 입장에서 교육행정의 개념 설명 [3점]
 · 교육행정의 비긴급성 논의 [3점]
 · ⓐ와 ⓑ에서 언급된 교육행정의 원리 설명 [9점]

I. 서설

일반적으로 교육행정은 교수-학습활동을 지원하기 위한 조성적·봉사적 활동으로 규정된다. 다시 말하면 교육행정은 교육목표를 설정하고 그 목표의 달성에 필요한 인적·물적 자원을 정비·확립하며, 그 목표의 달성을 지원하는 활동을 말한다. 교육행정의 특수적 성격은 교육행정의 비긴급성으로 특징지어진다. 교육행정의 원리는 교육행정의 임무를 수행할 때 지켜야 할 규범과 원리를 말한다.

아래에서는 조건정비론적 입장에서 교육행정의 개념을 설명하고, 교육행정의 비긴급성에 대하여 논의한 다음, 교육행정의 원리를 각각 살펴보고자 한다.

II. 조건정비론적 입장에서 교육행정의 개념

교육행정을 '교육을 위한 행정'이라고 보는 견해로, 행정의 수단성과 봉사성을 강조하는 입장이다. 교육행정은 교육목표를 효율적으로 달성하기 위한 조성적·봉사적 활동이라고 하는 견해이다. 그러므로 교육행정은 그 자체가 목적이 아니라 다만 수단으로 보는 견해이다. 그 특징은 첫째, 행정보다 교육을 우선한다. 따라서 행정의 수단성을 강조한다. 둘째, 교육의 자주성과 자율성을 인정한다. 셋째, 민주적이며 지방분권적 교육행정을 강조한다.

Moehlman은 학교의 궁극적인 목적은 수업이고, 교육행정의 조직과 과정은 이 목적을 효율적으로 달성하기 위한 수단으로 보았다. 즉, 교육행정은 근본적으로 교육의 목적을 효율적으로 달성하기 위한 조성적·봉사적 활동이자 수단적·기술적 활동이라는 것이다. 이러한 조건정비론은 인간관계론에 기초를 두고 있다.

III. 교육행정의 비긴급성

첫째, 교육목적 측면이다. 교육목표는 장기적 목표·무형적 목표·질적 목표인데, 이것은 단기적이거나 구체적이지 못하며, 계량화가 어렵다. 둘째, 교육의 인적·물적 조직 측면이다. 교직원조직, 학생조직, 학부모조직, 지역사회조직, 기타 직능조직 등 교육에 참여하는 집단의 독자성과 협력성이 그대로 교육행정업무의 특수성을 반영하고 있다. 교육행정의 비긴급성 때문에 교육투자는 장기적 투자이다.

셋째, 교사의 전문성 측면이다. 고도의 전문성을 가진 교사집단, 학생집단과 학부모집단 등의 이질적인 집단을 조정하려면 교육행정은 고도의 전문성이 필요하다. 넷째, 교육평가 측면이다. 교육의 효과는 장기적 효과·무형적 효과·질적 효과이기 때문에 단기적 측정이나 구체적 측정이 곤란하며, 계량적 측정이 곤란하다.

IV. 교육행정의 원리

1. 자주성 존중의 원리

자주성은 교육이 그 본질적 목적을 달성하기 위하여 정치적·종교적 중립성을 유지하고, 교육행정이 일반행정으로부터 분리·독립해야 한다는 것이다. 주로 교육행정조직을 일반행정조직으로부터 분리·독립시키며, 교육인사행정과 교육재정 등을 자주적이고 자율적으로 운영해야 한다.

교육은 일정한 정치·정당의 이익을 대변하거나 특정한 종교를 위한 수단으로 활용될 수 없는 자주성과 자율성이 요구되기 때문이다. 특히 국립·공립학교에서의 특정한 종교를 위한 종교교육을 금지하고 있는 것도 교육의 자주성과 독립성을 선언한 것이라고 할 수 있다. 이에 대한 근거규정은 헌법 제31조 제4항, 교육기본법 제5조, 제6조 등에서 찾을 수 있다.

2. 민주성의 원리

민주성이란 국민의 의사와 요구를 교육행정에 반영하여 국민의, 국민에 의한, 국민을 위한 교육행정을 해야 한다는 것을 말한다. 즉, 교육행정은 대외적으로 국민과의 관계에서 행정권의 남용을 최대한 통제하고 국민에 대한 책무성을 확보하는데 초점을 두어야 하며, 대내적으로는 구성원들의 직무만족, 구성원들의 상호작용, 권한의 배분 등에 초점을 두어야 한다.

여기에는 교육정책결정에의 시민참여, 교육행정에의 시민참여, 교육행정의 공개성과 공익성·공공성·공정성 등이 포함된다. 예를 들면 지방교육행정협의회 및 교육감협의체, 교육감의 주민직선제/주민소환제, 학교운영위원회 등은 민주성을 반영한다.

3. 효율성의 원리

효율성이란 최소의 비용으로 최대의 효과를 달성하는 것을 말하는데, 효과성과 능률성을 동시에 표현하는 포괄적인 개념으로 흔히 '경제성'으로 통한다.

우선 능률성(efficiency)은 투입과 산출의 비교에서 나오는 개념으로, 최소한의 인적·물적 자원을 투입하여 산출을 최대화해야 한다는 것이다. 반면에 효과성(effectiveness)은 투입과 산출을 비교하지 않고, 설정된 목표달성의 정도만을 따진다는 점에서 능률성 개념과 다르다. 일반적으로 효과성은 질(質)과 목표에 관한 개념인 반면, 능률성은 양(量)과 수단에 관한 개념이다. 예를 들면 신자유주의의 시장경쟁의 원리, 학교교육의 재구조화 및 학교선택론 도입 등은 효율성을 반영한다.

V. 결어

조건정비론은 교육행정을 '교육을 위한 행정'이라고 보는 견해로, 행정의 수단성과 봉사성을 강조하는 입장이다. 교육행정의 비긴급성은 교육목적 측면 등에서 살펴볼 수 있다. 교육행정의 비긴급성 때문에 교육투자는 장기적 투자이다. 교육행정의 원리 중 법·제도적 측면의 원리에는 자주성 존중의 원리 등이 있으며, 운영적 측면의 원리에는 민주성의 원리, 효율성의 원리 등이 있다. 조건정비론적 입장에서 교육행정의 임무를 과학적 방법으로 수행하려면 자주성 존중의 원리를 바탕으로 민주성의 원리, 효율성의 원리가 적용되어야 한다.

논술 모의고사 13-2

• 이 예상문제는 주요대학 교재를 분석·통합하여 저작되었으며, 〈저작권법〉에 따라 무단 복제, 배포, 출판 및 전자출판 등 저작권을 침해하는 일체의 행위를 금지합니다.

다음은 여러 가지 교육행정의 이론 중 일부를 소개한 내용이다. 이 내용을 바탕으로 과학적 관리론과 인간관계론의 특징(각각 3가지 이상)을 비교 설명하고, 과학적 관리론과 인간관계론이 교육행정에 미친 영향을 비교 논하시오. 그리고 Getzels & Guba가 제시한 사회과정모형에서 조직의 특성과 역할-인성의 상호작용적 관계를 논하시오.

〔총20점〕

(가) 과학적 관리론(scientific management)은 19세기 말 생산과정의 과학화를 도모하고 경제대공황(1929)을 극복하기 위한 경영관리의 합리화운동으로, Taylor에 의해 체계화되었다. Taylor의 과학적 관리론은 최소의 비용으로 최대의 효과를 거두어 자본가와 노동자의 공동번영을 도모하는 것이 목적이었다. 따라서 절약과 능률을 위한 최선의 방법이 수단으로 채택되었다. 그 수단을 발견하기 위하여 각각의 작업을 요소동작으로 분해하고, 그 순서와 형태, 소요시간을 시간연구(time study)와 동작연구(motion study)에 따라 단순화·표준화·전문화하여 1일의 공정한 작업량을 설정하고, 성과급제도를 적용하는 것이 주요내용이다.

(나) 인간관계론(human relation)은 20세기 초 과학적 관리론의 한계를 비판하고, 인간의 사회·심리적 요인을 중심으로 경영관리의 효율화를 추구한 운동으로, Mayo 등이 주도한 Hawthorne공장실험의 연구에 따라 성립되었다. 특히 Follett은 행정에 사회·심리적 관점을 도입하여 인간관계론에 크게 영향을 미쳤다. Hawthorne공장실험은 제1차 조명도실험 → 제2차 계전기조립실험 → 제3차 면접실험 → 제4차 건반배선조립 관찰실험 등을 바탕으로 8년(1924~1932)에 걸친 장기간의 실험적 연구이다.

(다) 1960년대 행정을 사회체제 속에서 이루어지는 사회적 과정(social process)으로 보고, 이에 대한 개념적이고 실증적 연구방법이 사용되었다. Getzels & Guba는 교육행정을 사회적 과정으로, 학교를 사회체제로 간주하여 그 사회체제 내부에서 이루어지는 사회적 행위에 관한 사회과정모형을 제시하였다.

사회체제는 규범적 차원과 개별적 차원으로 구성되어 있는데, 이러한 두 차원은 독립적이지만 사회체제 내부에서 상호작용적 관계에 있으며, 사회적 행위가 이루어진다. 규범적 차원은 제도-역할-역할기대로, 개별적 차원은 개인-인성-욕구성향으로 구성되어 있다. 여기서 역할은 제도 안에서의 업무, 직능, 지위의 총체이며, 인성은 개인의 인습적 행위, 외적 유인가치, 내적 동기체제의 총체이다. 사회체제에서 규범적 차원은 제도에 의해서, 제도는 역할에 의해서, 역할은 역할기대에 의해서 규정된다. 이와 마찬가지로 개별적 차원도 개인은 인성에 의해서, 인성은 욕구성향에 의해서 규정된다.

〈배 점〉

• 답안의 논리적 구성 및 표현 〔총5점〕
• 논술의 내용 〔총15점〕
  · 과학적 관리론과 인간관계론의 특징 비교 설명 〔6점〕
  · 과학적 관리론과 인간관계론의 영향 비교 논의 〔6점〕
  · 사회과정모형에서의 상호작용적 관계 논의 〔3점〕

논술 모의고사13-2 기본답안

I. 서설

과학적 관리론(scientific management)은 경제대공황을 극복하기 위한 경영관리의 합리화운동이고, 인간관계론(human relation)은 인간의 사회·심리적 요인을 중심으로 경영관리의 효율화를 추구한 운동이다. Getzels & Guba는 그 사회체제 내부에서 이루어지는 사회적 행위에 관한 사회과정모형을 제시하였다.

아래에서는 과학적 관리론과 인간관계론의 특징을 비교 설명하고, 과학적 관리론과 인간관계론의 영향을 비교 논의한 다음, 사회과정모형에서의 상호작용적 관계를 논하고자 한다.

II. 과학적 관리론과 인간관계론의 특징 비교

1. 과학적 관리론의 특징

첫째, 노동자는 경제적 유인이나 경제적 목표를 위해 합리적 행위를 한다. 즉, 합리적 경제인관을 가정한다. 둘째, 합리적 경제인관에 토대를 두고 경제적 동기를 중시하였고, 기계적·경제적 능률성을 강조하였다. 셋째, 공식적 조직 연구에 치중하였고, 분업과 전문화, 계층제, 명령통일, 통솔범위 등 '원리접근'에 집중하였다.

2. 인간관계론의 특징

첫째, 인간을 사회적 존재로 보고, 사회인관을 가정한다. 둘째, 사회인관에 기반을 두고 비경제적 동기를 중시하였고, 인간적·사회적 능률성을 강조하였다. 셋째, 비공식적 집단, 소집단을 연구하였고, 사회·심리적 요인을 연구하였다.

그럼에도 불구하고 인간관계론은 조직목표와 개인목표의 양립을 인정하며, 개인을 조직의 목표달성을 위한 수단으로 간주한다. 또 환경변인을 무시한 폐쇄체제(closed system)를 가정한다는 점에서 과학적 관리론과 공통점이 있다.

III. 과학적 관리론과 인간관계론의 영향 비교

1. 과학적 관리론의 영향

첫째, Fayol의 산업관리론, Gulick & Urwick의 행정관리론 등 행정관리론을 성립시켰다. 둘째, 인간-기계론(man-as-machine)의 관점에서 인간소외·인간성매몰 등을 초래하였다. 셋째, 비경제적 동기를 외면하였으며, 인간적·사회적 능률성을 무시하였다. 넷째, Bobitt는 교육행정에 있어서 낭비와 비능률을 제거하고, 교육행정에 과학적 관리법을 적용할 것을 주장하였다.

2. 인간관계론의 영향

첫째, 비공식적 집단, 소집단의 중요성을 강조하였다. 둘째, 민주적 지도성, 상향적 의사소통, 노동자의 사기(士氣) 등의 중요성을 강조하였다. 셋째, 고충처리제도, 인사상담제도, 제안제도 등 각종의 인사제도를 발달시켰다. 넷째, Moehlman, Koopman 등은 교육행정의 민주화에 큰 공헌을 하였고, '교육을 위한 행정'을 주장하였다.

Ⅳ. 사회과정모형에서의 상호작용적 관계

$$B = f(R, P) \quad (B : 행동, R : 역할, P : 인성)$$

따라서 사회적 행위(B)는 제도적인 역할(R)과 개인적인 인성(P)의 함수관계, 즉 역할-인성의 상호작용적 관계로 표시할 수 있다. 이 함수관계에 의해 제도적인 역할과 개인적인 인성의 상호작용적 관계의 비중은 조직의 특성에 따라 다르다. 조직의 특성과 역할-인성의 상호작용적 관계를 살펴보면 다음과 같다.

군대나 교도소와 같은 조직은 역할의 비중이 크고, 문학이나 예술을 하는 조직은 인성의 비중이 지배적이다. 그러나 학교나 교회와 같은 규범적 조직은 역할과 인성의 비중이 균형있게 행사되고 있다. 또한 학교가 관료제적 특성을 많이 지닐수록 역할방향으로 접근할 것이며, 전문적 특성을 많이 지닐수록 인성방향으로 접근한다고 볼 수 있다.

Ⅴ. 결어

요컨대, 과학적 관리론은 인간없는 조직의 관점으로, 인간관계론은 조직없는 인간의 관점으로 비유된다. 과학적 관리론은 합리적 경제인관을, 인간관계론은 사회인관을 가정한다는 점에서 특징이 있다. 과학적 관리론은 행정의 합리화를, 인간관계론은 행정의 민주화를 촉진하였다는 점에서 교육행정에 큰 영향을 미쳤다. 그리고 사회과정모형에서의 함수관계에 의해 제도적인 역할과 개인적인 인성의 상호작용적 관계의 비중은 조직의 특성에 따라 다르다.

논술 모의고사13-3

- 이 예상문제는 주요대학 교재를 분석·통합하여 저작되었으며, 〈저작권법〉에 따라 무단 복제, 배포, 출판 및 전자출판 등 저작권을 침해하는 일체의 행위를 금지합니다.

다음은 교육행정조직의 의의를 중심으로 교육행정조직의 원리와 유형을 분류한 내용이다. 이 내용을 바탕으로 조직의 원리를 5가지 이상 설명하고, Carlson이 분류한 봉사조직의 4가지 유형 중 2가지를 예를 들어 설명하시오. 또한 Etzioni가 분류한 조직의 3가지 유형을 예를 들어 설명하고, Mintzberg가 분류한 조직구조의 5가지 유형 중 3가지를 예를 들어 설명하시오. 〔총20점〕

(가) 조직이란 주어진 환경 속에서 특정한 목표를 달성하기 위하여 일정한 구조를 가진 사회적 단위를 말한다. 조직과 유사한 개념으로 기관, 제도, 집단, 관료제, 공식적 조직 등이 있다. 교육행정조직은 교육목적을 달성하기 위한 의도하에 고안한 조직이며, 교육행정의 기능을 수행하기 위하여 의도적으로 형성한 조직이다. 고전적 조직 개념은 복잡성·공식성·집권성의 정도가 높다는 점이 특징이지만, 현대의 조직 개념은 복잡성·공식성·집권성의 정도가 낮다는 점이 특징이다.

(나) 조직의 원리는 적도집권(적도분권)의 원리 등이 있다.

(다) Katz & Kahn은 조직의 본원적 기능을 기준으로 조직을 4가지로 분류했는데, 이것은 Parsons의 분류를 확대·발전시킨 형태이다. Blau & Scott는 조직의 주요 수혜자를 기준으로 조직을 4가지로 분류했다. 그는 조직의 고객선발방식과 고객의 조직참여방식을 결합하여 Blau & Scott의 분류 중 봉사조직의 유형을 제시하였다. 즉, 조직이 고객을 선발하는 과정과 고객이 조직에 참여하는 과정을 각각 조합하여 봉사조직의 새로운 유형을 제시하였다. 그는 조직의 고객선발방법을 기준으로 봉사조직을 4가지로 분류하고 있다.

(라) 그는 조직의 핵심을 지배-복종관계로 간주하고, 지배-복종관계는 조직의 권력과 구성원의 심리적 참여에 의해 형성된다고 주장했다. 여기서 권력의 유형에는 강제적 권력·보상적 권력·규범적 권력이 있고, 심리적 참여의 유형에는 소외적 참여·타산적 참여·도덕적 참여(헌신적 참여)가 있다. 그런데 권력의 유형과 심리적 참여의 유형을 결합하면 3×3=9가지 지배-복종관계의 유형이 있으나, 현실적으로는 3가지 유형이 일반적이다. 그는 지배-복종관계(governance-compliance relation), 즉 조직의 권력을 기준으로 조직을 3가지 유형으로 분류했다.

(마) 그는 조직구조의 주요부분과 조정기제를 결합하여 조직구조의 유형을 제시하고 있다. 그에 의하면, 모든 조직구조는 전략적 최고관리층(strategic apex)·기술구조층(technostructure)·중간관리층(middle line)·지원인사층(support staff)·운영핵심층(operating core)의 주요부분 및 이데올로기(조직철학)로 구성된다. 여기서 전략적 최고관리층은 집권화를, 중간관리층은 분권화를, 기술구조층은 표준화를, 지원인사층은 협력화를, 운영핵심층은 전문화를 지향한다. 그리고 조직구조는 직접 감독·작업과정의 표준화·기술의 표준화·산출의 표준화·상호조정의 조정기제에 의해 결정된다. 그는 조직구조의 주요부분과 조정기제를 기준으로 조직구조를 5가지 유형으로 분류하고 있다.

〈배 점〉

- 답안의 논리적 구성 및 표현 〔총4점〕
- 논술의 내용 〔총16점〕
  · 조직의 원리 설명 〔4점〕
  · Carlson의 봉사조직의 4가지 유형 중 2가지 설명 〔4점〕
  · Etzioni의 조직의 3가지 유형 설명 〔4점〕
  · Mintzberg의 조직구조의 5가지 유형 중 3가지 설명 〔4점〕

논술 모의고사13-3 기본답안

I. 서설

조직이란 주어진 환경 속에서 특정한 목표를 달성하기 위하여 일정한 구조를 가진 사회적 단위를 말한다. 조직과 유사한 개념으로 관료제, 공식적 조직 등이 있다. 교육행정조직은 교육목적을 달성하기 위한 의도 하에 고안한 조직이며, 교육행정의 기능을 수행하기 위하여 의도적으로 형성한 조직이다. 조직의 원리는 고전적 조직이론을 대표하는 과학적 관리론과 Weber의 관료제론에 근거하고 있으며, 조직의 유형은 학자에 따라 다양하게 분류되고 있다.

다음에서는 조직의 원리를 설명하고, 여러 가지 조직의 유형을 각각 설명하고자 한다.

II. 조직의 원리

조직의 원리는 분업의 원리, 계층제의 원리, 적도집권의 원리, 조정의 원리 등이 있다.

첫째, 분업(division of work)이란 업무를 성질별로 나누어 한 사람에게 한 가지의 동일한 업무를 분담시키는 것인데, 경영관리의 합리화운동을 주도한 Taylor에 의하여 주창되었다. 분업은 일의 분업과 사람의 분업, 수평적 분업과 수직적 분업으로 나눌 수 있다. 둘째, 계층제(hierarchy)란 권한과 책임의 정도에 따라 직무를 등급화(grading)하여 상-하 조직간 직무상의 명령-복종관계를 확립하는 것으로, 권한과 책임의 수직적 분업을 의미한다. 오늘날 관료제는 복잡한 대규모조직인데, 교육행정조직을 비롯한 이러한 관료제는 피라미드형의 계층제를 이루고 있다.

셋째, 적도집권(optimum centralization)은 집권화와 분권화 사이의 적정한 균형을 유지하려는 것으로, 적도분권이라고도 한다. 넷째, 조정(co-ordination)이란 조직의 목적을 달성하기 위하여 구성원들의 집단적인 노력을 질서있게 결합하고 배열하는 과정이다. 즉, 조정이란 조직의 목적을 달성하기 위하여 구성원들의 모든 행동을 통합하고 통일시키는 과정이다.

III. 조직의 유형

1. Carlson의 봉사조직의 4가지 유형

Carlson은 조직의 고객선발방법을 기준으로 봉사조직을 4가지로 분류하고 있다.

하나, 야생조직(경쟁조직)은 조직이 고객을 선발하고, 고객도 조직을 선택한다. 이 조직은 생존하기 위하여 다른 조직들과 경쟁하지 않으면 안 된다. 일반대학인 국·공립의 대학/사립의 대학, 일반병원이 이에 속한다. 둘, 온상조직 혹은 온실조직이라고도 하는 사육조직(순치조직)은 조직은 고객을 선발하지 못하고, 고객도 조직을 선택하지 못한다. 이 조직은 법에 의하여 조직이 고객을 수용해야 하고, 고객도 조직에 참여해야 한다. 이 조직의 생존과 존립은 법에 의하여 보장받고 있다. 의무교육기관인 국·공립의 학교/사립의 학교, 국·공립의 병원, 교도소가 이에 속한다.

2. Etzioni의 조직의 3가지 유형

Etzioni는 지배-복종관계(governance-compliance relation), 즉 조직의 권력을 기준으로 조직을 3가지 유형으로 분류했다.

하나, 강제적 조직은 조직이 개인을 강제적 권력으로 통제하며, 개인은 조직에 소외적으로 참여한다(예 : 정신병원, 교도소가 이에 속한다. 둘, 공리적 조직(보상적 조직)은 조직이 개인을 보상적 권력으로 통제하면, 개인은 조직에 타산적으로 참여한다. 기업체, 경제단체가 이에 속한다. 셋, 규범적 조직은 조직이 개인의 신분과 지위, 상징을 조작하여 규범적 권력으로 통제하면, 개인은 조직에 도덕적으로 참여한다. 학교, 교회, 법원이 이에 속한다.

3. Mintzberg의 조직구조의 5가지 유형

Mintzberg는 조직구조의 주요부분과 조정기제를 기준으로 조직구조를 5가지 유형으로 분류하고 있다.

하나, 단순구조(simple structure)는 고도로 집권화된 조직구조이며, 기술구조층·중간관리층·지원인사층의 중간계층이 없다. 의사결정의 중심은 전략적 최고관리층이다. 직접 감독이 조정기제이다. 둘, 기계적 관료제(mechanic bureaucracy)는 고도로 표준화된 조직구조이며, 기술구조층·중간관리층의 비중이 크다. 의사결정의 중심은 기술구조층이다. 작업과정의 표준화가 조정기제이다. 규칙과 절차가 조직 전반에 적용된다. 근대 관료제, 군대가 대표적이다. 셋, 전문적 관료제(professional bureaucracy)는 분권화되고 전문화된 조직구조이며, 중간관리층·지원인사층과 운영핵심층의 비중이 크다. 의사결정의 중심은 지원인사층과 운영핵심층이다. 기술의 표준화가 조정기제이다. 비교적 이완된 조직구조이다. 학교가 대표적이다.

IV. 결어

조직의 원리는 분업의 원리, 계층제의 원리, 적도집권의 원리, 조정의 원리 등이 있다. Carlson은 조직의 고객선발방법을 기준으로 봉사조직을 4가지로 분류하고 있다. 특히 사육조직은 의무교육기관인 국·공립의 학교/사립의 학교가 이에 속한다. Etzioni는 지배-복종관계(governance-compliance relation), 즉 조직의 권력을 기준으로 조직을 3가지 유형으로 분류했다. 특히 규범적 조직은 학교가 이에 속한다. Mintzberg는 조직구조의 주요부분과 조정기제를 기준으로 조직구조를 5가지 유형으로 분류하고 있다. 그 중에서도 전문적 관료제(professional bureaucracy)는 학교가 대표적이다.

제14장

한국교육의 기본과제

논점1 교육개혁의 기본방향

① 학교교육체제로부터의 탈피

교육개혁의 기본방향으로는 학교가 교육의 기능을 전담하는 체제에서 벗어나는 것이다. 이를 위하여 2가지가 강조되고 있는데, 하나는 가정의 교육적 기능을 강화하는 것이며, 다른 하나는 교육체제를 평생교육체제로 전환시키는 것이다.

인간교육의 상당부분을 가정교육이 담당한다는 것은 쉽게 이해될 수 있다. 학교교육이 지력교육에 치중할 수밖에 없는 상황에서 정의적 교육의 상당부분을 가정교육이 담당해야 하는 것이다. 또한 학교가 교육의 기능을 전담하는 체제에서 벗어나기 위해서는 평생교육이 강조되는 체제로 전환해야 한다. 교육은 학교교육으로 끝나는 것이 아니라 가정교육, 사회교육을 포함하여 학교교육 이후에도 평생동안 지속되어야 한다는 것이 평생교육의 기본이념이다.

② 교육의 수월성 추구

교육개혁의 기본방향은 교육의 균등성 개념을 재정립하고 수월성을 추구해야 하는 것이다. 교육의 균등성이란 모든 개인에게 동일(동등)한 교육기회를 제공해 주는 것이 아니라, 모든 개인에게 적합한 교육기회를 제공해 주는 것이 되어야 한다는 개념이다. 이 관점에서 보면 지금까지 추진해 온 평준화정책의 방향은 마땅히 수정되어야 한다.

이렇게 교육의 균등성 개념을 평등성보다도 수월성으로 재해석하면 지금까지 유지해 왔던 평준화정책도 그 기본골격은 유지한다고 할지라도 상당한 정도의 수정이 불가피하다. 또한 교육의 수월성을 추구하는 일에서 신중히 고려되어야 할 것은 영재교육의 문제이다. 지금까지의 평준화정책으로 인해 가장 큰 손실을 입은 대상은 바로 영재이기 때문이다. 그들이 영재이기 때문에 손해를 보게 된다는 것을 있을 수 없는 일이며, 그들에게 적절한 교육기회가 주어져야 한다.

③ 교육의 자율성 신장과 개성의 존중

새로운 시대를 위한 교육개혁의 기본방향은 교육의 자율성을 신장시키고 개성을 존중하는 것이 되어야 한다. 자율성이란 자신이 스스로 다스리고 통제한다는 개념이다. 교육이 외부로부터의 간섭이나 지시를 배제하고 그 재량권을 행사하되, 스스로 통제하고 그 결과에 대하여 응분의 책임을 지는 것을 의미한다. 또한 개성의 존중이란 각 개인이 지니고 있는 가능성을 최대한으로 실현하도록 하는 것을 말한다.

그런데 교육의 자율성이라는 개념은 교육의 목적적 차원과 수단적 차원으로 나누어 생각할 수 있다. 교육의 목적적 차원의 자율성이란 교육의 본질이 인간의 자율성 신장에 있음을 의미한다.

이에 비해 수단적 차원의 자율성이란 그와 같은 인간을 육성하기 위해서 교육체제가 자율화되어야 함을 의미한다.

논점2 교육개혁의 당면과제

① 입시제도의 개혁

우리나라의 입시제도는 적지 않은 시행착오(施行錯誤)를 거듭해 왔으며 아직까지도 합리적인 입시제도가 정착되었다고 볼 수 없다. 이를 위해서는 학생들의 단순한 기억력만이 아니라 고차적 사고력을 육성하는데 적극적으로 기여하고, 교육의 수월성을 제고하며, 교육기관의 자율성을 신장시키는 방향으로 제도적 개혁이 요청되고 있다.

② 교육자치제도의 보장

교육의 자주성이 보장될 때에 자율적인 교육과 함께 창의적인 교육이 가능해진다. 그러므로 지방교육행정의 자치역량을 높이는 한편, 단위학교의 자율적이고 창의적인 학교운영을 조장하고 신장시켜야 한다. 이를 위하여 교육자치의 제도적 보장이 요구되며, 교육전문가와 교육행정가의 자율적인 의식이 성숙되어야 한다.

③ 교육환경의 개선

현재 학교가 처해 있는 교육환경은 전근대적이다. 아직도 과밀학급·과대학교를 벗어나지 못하고 있으며, 학교교육시설은 그야말로 낙후되어 있다. 그러므로 교육환경의 현대화는 교육개혁에 있어서 결코 미룰 수 없는 당면과제이다. 이를 위하여 필요한 것은 교육투자의 증대와 더불어 순차적인 계획을 세워서 학교환경을 현대화하는 것이 시급하다.

④ 교육투자의 증대

1998년 현재 우리나라의 GNP대비 교육예산의 비율은 약 3.9%이며, 이를 국제적으로 비교해 보면 너무나 빈약한 상태에 있는 것이 사실이다. 따라서 교육투자를 점진적으로 증대해야 한다는 당면과제를 안고 있다. 이를 위해서는 적어도 GNP대비 교육예산의 비율이 5%수준으로 교육투자를 증대해야 할 것이다.

⑤ 우수교원의 양성 및 현직교원의 사기증진

교원정책에 있어서는 다음과 같은 정책이 마련되어야 한다. 하나는 우수한 교원을 양성하고 확보하는 차원의 정책이며, 다른 하나는 현직교원이 사기(士氣)를 가지고 교육현장에 종사할 수 있도록 근무조건을 정비하는 차원의 정책이다.

이를 위해서는 무엇보다도 교권(敎權)을 존중하고 사회적으로 우대하는 교육조건의 조성이 요구된다.

⑥ 평생교육(평생학습)의 강화

정보화사회에서는 학교교육만으로 모든 교육의 필요를 충족시킬 수는 없다. 학교교육은 명백히 그 한계를 지니고 있기 때문이다. 여기서 평생교육의 개념이 등장하게 되고 이를 강화해야 할 필요가 있는 것이다. 학교교육을 마친 후에도 평생동안 계속학습에 의해 사회생활과 직업생활에서 요구되는 새로운 지식과 기능, 가치, 태도, 습관 등을 습득해야 한다.

제15장

교육학논술 답안작성례

교육학논술 답안작성요령

- 이 예상문제는 주요대학 교재를 분석·통합하여 저작되었으며, 〈저작권법〉에 따라 무단 복제, 배포, 출판 및 전자출판 등 저작권을 침해하는 일체의 행위를 금지합니다.

다음은 교육의 3요소와 교육의 가능성, 그리고 교육의 효과에 관한 논쟁을 요약한 내용이다. 이 내용을 바탕으로 교육의 3요소에 대하여 설명하시오. 그리고 인간의 본성에 관한 3가지 사상(학설)이 주장하는 인간관과 교육관에 대하여 각각 논하시오. 〔총20점〕

(가) 흔히 교사를 교육의 주체, 학생을 교육의 객체, 교재를 교육의 매개체라고 한다. 교육활동이 이루어지고 있는 학교에는 반드시 이러한 3요소가 존재하며, 이 중에서 어느 것 하나라도 빠지면 학교교육은 성립되지 않는다. 그러므로 교사와 학생 그리고 교재는 학교교육을 성립하게 하는 교육의 3요소가 된다. 교육의 3요소간의 관계는 전통적으로 교육의 주체가 객체에게 교재를 전달함으로써 성립한다고 오랫동안 인식되어 왔다. 즉, 교사→교재→학생이라는 공식으로 정립되었다.

(나) 현상학적 입장에서 교육을 이해한 Langeveld는 〈아동의 인간학(1969)〉에서 인간은 교육을 필요로 하는 존재인 동시에 그 교육이 가능한 존재라고 하였다. 흔히 동물과 인간의 차이는 동물은 커다란 현실성과 미약한 가능성을 가지고 태어나는데 비해, 인간은 커다란 가능성과 미약한 현실성을 가지고 태어나는 것으로 비교된다. 즉, 동물은 교육을 통한 성장가능성이 작은 반면, 인간은 교육을 통한 성장가능성이 훨씬 크다는 것이다. 바로 미성숙한 상태에서 보다 성숙한 상태로 성장할 수 있다고 하는 이러한 인간이 가지고 있는 변화가능성이 교육의 토대가 되는 것이다. 이러한 미성숙상태는 오랜 기간 부모나 사회의 도움에 의지해서 생존을 유지해야 한다는 의존성을 뜻한다. 그러나 부모나 사회의 도움에 의존해야 한다는 것은 교육을 가능하게 하는 환경요인일 뿐이다. 오직 인간만이 본질적인 의미의 교육이 가능한 것은 인간은 생득적인 정신능력 또는 마음(mentality or mind)을 갖고 있기 때문이다.

요컨대, 인간은 생득적인 정신능력 또는 마음을 가지고 있으며, 이 때문에 교육이 가능하고 또한 교육을 통하여 인간을 변화시킬 수 있는 것이다. 이는 곧 교육의 가능성을 암시하는 가소성(plasticity)을 뜻한다. 인간의 본성에 관한 전통적인 사상이라고 할 수 있는 성선설과 성악설, 백지설도 교육의 가능성을 토대로 하고 있는 것이다.

(다) 교육가능설, 교육만능설이라고도 하는 교육긍정설은 사회·문화적 환경요인을 강조하는 환경론에 근거를 두고 있으며, 그 대표자로는 공자(孔子), 맹자(孟子), 순자(荀子), Socrates, Platon, Aristoteles, Locke, Leibniz, Kant, Thorndike, Watson, Skinner 등이 있다. 이에 대해 교육불가능설이라고도 하는 교육부정설은 생물학적 유전요인을 강조하는 유전론에 근거를 두고 있으며, 그 대표자는 노자(老子), Schopenhauer, Lombroso 등이다.

〈배 점〉

- 답안의 논리적 구성 및 표현 〔총5점〕
- 논술의 내용 〔총15점〕
  - 교육의 3요소 설명 〔6점〕
  - 인간의 본성에 관한 3가지 사상의 인간관과 교육관 논의 〔9점〕

교육학논술 답안작성요령

작성자 김차웅

교육학논술 답안작성과 관련하여 그 형식과 내용 측면에서 일부 오해가 있는 듯하다. 결론부터 말하면 해방이후 60여년의 역사를 가진 행정고시 논술답안을 표준으로 삼아 작성하는 것이 좋다. 이에 오랫동안 신림동 한림법학원에서 교육학논술을 강의한 본인의 경험과 노하우를 바탕으로 답안작성 요령을 몇 가지만 제시하고자 한다.

첫째, 서론-본론-결론의 형식적 틀을 갖추어 작성하는 것이 좋다.
대개 로마자를 사용하여 I. 서론, II. 본론, III. 결론을 갖추어 쓰는데, 본론은 논술의 논점부분이므로 소제목으로 나누어 쓴다. 다만, 본론의 논점별 소제목을 로마자 2~3개(II, III, IV)로 나누어 잡는 것이 일반적이다. 행정고시 논술문제와 달리 중등임용 논술문제는 논점들이 4~5개 정도 구체적으로 주어진다. 이러한 논점들이 교육학내용의 이질적인 영역이라서 하나의 본론으로 두루뭉술 묶어서 쓰는 것보다는 논점별 소제목을 잡아서 쓰는 것이 좋다. 그것이 채점자의 답안 가독성(可讀性)에서도 편리하고, 수험자의 득점 가능성에서도 유리하기 때문이다.

둘째, 특히 서론과 결론의 내용에서 논리적 비약이나 단절, 인과의 오류가 없어야 한다.
서론과 결론은 본론의 내용을 바탕으로 작성해야 한다. 따라서 초안용지를 작성할 때에는 본론 → 서론 → 결론의 순서로 각각 키워드를 써두어야 한다. 무엇보다도 본론(II, III, IV)에 들어갈 내용을 키워드로 미리 써두는 것은 필수적이다. 서론에는 논제의 필요성과 목적, 그 배경을 언급해 주고, 결론에는 본론의 내용을 요약, 전망을 제시해 주되 자신의 생각을 담아 마무리한다. 본론의 내용과 거의 무관한, '모두들 잘해야 한다'는 식으로 서론과 결론을 장식해서는 정말 아니다. 논점들이 이질적이라고 해도 그것을 엮어서 하나의 전체를 만들어내는 것이 논술의 힘이기 때문이다.

셋째, 교육학 책에 나오는 정확한 용어(키워드)를 사용하여 교육학적으로 표현해야 한다.
상식용어를 남발하여 추상적인 표현으로 글을 쓰면 그건 국어논술이지 교육학논술이 아니다. 교육학 논술은 '나는 대한민국 교사이다' 라는 입장에서 교육학 책에서 배운 그대로 정확한 용어와 교육학적 표현으로 논술해야 한다. 자신의 생각이나 아이디어는 국어논술에서나 필요할 뿐 교육학논술에서는 별 의미가 없다. 주어진 논제나 논점에 맞게 교육학내용을 아는 만큼만 쓰되 장황하거나 성겁지 않게, 다시 말해서 간결하고도 드라이하게 써야 한다. 주관식 논술시험이지만 객관화된 논술답안이 나와야 한다. 주관식 문항이지만 채점은 객관적으로 이루어지기 때문이다. (이하 '영역별' 논술 모의 고사는 수험자에게 표준답안 내지 기준답안이 되어야 함을 염두에 두고 작성하였다. 다만, 서론은 주로 논제의 배경을 언급하였고, 결론은 주로 본론의 내용을 요약하였다는 점을 밝혀 둔다.)

흔히들 논술시험에서 정답은 없다고 말하지만 오답은 있다는 점을 명심해야 한다. '가르치는 것은 배우는 것(Teaching is learning)' 이라는 격언이 있다. 이처럼 본인한테 딱 들어맞는 말이 있을까 싶다. 수험자 여러분들은 교육학논술을 준비함에 있어서 단 한번이라도 시행착오를 겪지 말기를 바란다. 그러기 위해 교육학을 공부할 때는 18점보다도 깊은 흥미를 가지고 공부하기 바란다.

교육학논술 '나쁜' 답안

작성자 김차웅

지금까지는 교육은 교사가 주도하는 방식이었지만, 최근에는 학생이 스스로 교육을 하는 주제가 되었다. 교육은 학생을 가르치고 기르는 활동이며, 교사와 학생이 상호작용하는 과정으로, 학생의 자기실현을 도와주는 데 목적이 있다. 그리고 교육은 인간의 본성을 이해해야 하는데, 이것은 성선설과 성악설, 백지설로 나누어진다. 교사가 이러한 관점을 이해하고 있을 때 교육의 질이 향상될 수 있다. 이제 교육의 3요소에 대하여 설명해 보고 나서 결론적으로 인간의 본성에 관한 3가지 사상의 인간관과 교육관에 대하여 각각 논해 보자.

먼저 교육의 3요소에 대하여 설명한다. 교육의 주체는 교사이지만, 부모나 형제가 될 수도 있다. 교사는 가르치는 사람인데, 효과적으로 잘 가르쳐야 한다. 잘 가르치는 교사가 유능한 교사이기 때문이다. 이를 위해서 교사는 전문적인 지식과 기술을 갖추어야 하고, 또한 교사는 학생들을 이해하고 학생들의 입장에서 생각해야 한다. 학생들을 대상으로 강의와 설명만 하는 교사가 되어서는 안 될 것이다. 오늘날 포스트모더니즘과 구성주의 학습에서는 학습자중심의 교육을 강조하고 있는데, 학생들의 관심과 흥미, 적성 등을 중시하며 학생들을 조력하고 안내하며 촉진하는 역할이 무엇보다도 중요한 것이다. 교육의 객체는 학생인데, 주로 미성년자이다. 학생은 배우는 사람으로 모든 측면에서 미성숙하고 경험이 부족하다. 그래서 교사는 학생들을 도와주고 안내하며 지도해 주어야 한다. 교사는 학습자중심의 교육을 실천해야 하며, 또한 교사는 학습자를 이해하고 학습자의 입장에서 생각해야 한다. 학생들은 미성숙하고 경험이 부족하지만 무한한 잠재적 가능성을 가지고 있으므로 교사는 학생들의 자아실현을 도와주어야 한다. 학생들의 잠재적 가능성을 촉진하기 위해서는 개인차에 맞는 교육을 해야 한다. 교육의 매개체는 교재, 교육내용을 말한다. 교육의 매개체는 교사와 학생을 연결하는 것으로 교재나 교육내용이 되는데, 교육의 매체와는 구별되는 개념이다. 교재는 교육내용을 담고 있는 교과서이다. 최근에는 국회에서 한국사 국정교과서 전환 논쟁이 일어났던 것 같다.

다음 인간의 본성에 관한 3가지 사상의 인간관과 교육관에 대하여 논한다. 성선설은 동양의 맹자, 서양의 루소가 주장해서 유명한데, 인간의 본성이 악하게 태어나는 것이 아니라 선하게 태어난다고 주장하였다. 특히 루소는 그의 유명한 저서 에밀에서 조물주의 손을 떠날 때는 모든 것이 선하였으나 인간의 손에 들어오면 악하게 된다고 주장하였다. 그는 소극적 교육을 강조하였다. 소극적 교육은 학교교육에 반대하고 가정교육을 강조하며 교육을 소극적으로 해야 한다는 주장이다. 그는 전통적인 교육의 3요소와 다른 교육의 3요소로 자연, 인간, 사물을 구분하였고, 자연에 의한 교육을 강조하였고, 교육의 이상적인 인간상으로 고상한 야만인 개념을 제시하였다. 그의 자연주의 교육은 자유주의 교육과 아동중심의 교육, 직관교육방법 등에 지대한 영향을 미쳤다. 성악설은 동양의 순자, 서양의 홉스가 주장한 사상인데, 인간의 본성이 악하게 태어난다고 주장하였다. 흔히 인간은 본성이 악하기 때문에 나쁜 사람은 때려야 착한 사람이 된다거나 나쁜 근성을 뿌리째 뽑아버려야 한다는 등의 주장을 한다. 성악설에서는 예방과 지도보다는 치료와 교정을 강제하였다. 백지설은 서양의 로크가 주장하였다. 특히 로크는 인간의 마음은 출생 당시에 백지(tabula rasa)에 비유하였다. 그에 의하면, 처음부터 선과 악을 구별할 수 있는 인간의 본능 내지 본유관념을 타고나지 않으므로 인간은 수동적인 존재일 뿐이며, 다만 환경 속의 자극을 받아들일 수 있는 존재일 뿐이다. 백지설에서는 인간은 수동적인 존재이므로 인간은 환경 속의 자극에 의해 만들어지는 존재가 되는데, 경험주의를 바탕으로 해서 이것을 형식도야설이라고 한다.

이제 요약하자. 교육은 학생의 잠재적 가능성을 도와주고 자아실현을 도와주는 활동이다. 교사는 학생의 자아실현을 도와주는 사람이다. 그러므로 교사의 자질과 특성을 갖추는 일이 중요한 과제이다. 그리고 교육목적을 달성하기 위해서는 교사의 자질과 특성도 중요하지만 학부모를 포함한 모든 국민이 노력해야 한다. 또한 인간의 본성에 관한 관점 중에서는 성선설의 인생관과 교육관을 지향해야 한다. 따라서 계명 또는 성장으로 교육을 강조해야 한다. 교사가 다양한 관점을 통합적으로 이해하고 성선설의 인간관과 교육관을 지향할 때 교육목적이 달성될 수 있다고 생각한다.

※ 이 답안을 '좋은' 답안과 비교할 때 '나쁜' 답안이라고 보는 이유는?
첫째, 서론-본론-결론의 형식적 틀을 갖추지 않은 점
둘째, 서론과 결론의 내용에서 논리적 비약, 단절이 나타나는 점
셋째, 부정확한 용어, 표현이 거슬리는 점 등이다.

교육학논술 '좋은' 답안

작성자 김차웅

※ 초안용지를 작성하는 방법은? 본론 → 서론 → 결론의 순서이다.
먼저 본론(Ⅱ. Ⅲ.)에 들어갈 내용을 키워드로 써 준다. 다음 서론에는 필요성과 목적 또는 배경을, 결론에는 요약과 전망 또는 생각을 언급해 준다. 제발 상식용어나 추상적인 표현으로 쓰지 말자!

I. 서론

전통적으로 교육활동에는 가르치는 입장인 교사와 배우는 입장인 학생, 그리고 양자를 연결하는 교재가 있다. 이들을 교육의 3요소라고 하는데, 교육의 과정은 교육의 3요소가 역동적으로 상호작용하는 사회적 · 심리적 관계이다. 교육은 인간을 대상으로 하는 활동으로, 인간을 가르치고 기르는 활동이다. 그러므로 교육의 과정은 먼저 인간에 대한 이해가 요구된다. 이것은 인간의 본성에 관한 문제이다.

아래에서는 교육의 3요소에 대하여 설명하고, 인간의 본성에 관한 3가지 사상의 인간관과 교육관에 대하여 각각 논하고자 한다.

II. 교육의 3요소

첫째, 교육의 주체는 교사, 부모, 형제, 선배, 사회인사 등이다. 형식적 교육에 있어서는 교사이지만, 비형식적 교육에 있어서 교육의 주체는 부모, 형제, 선배, 사회인사 등이 된다. 오늘날까지 교사는 수업장면

에서 학생이 자아실현을 할 수 있도록 촉진하는 지도자, 조력자, 안내자로서 주체적인 역할을 해 왔다. '교육의 질(質)은 교사의 질(質)을 능가하지 못한다'는 말이 있다. 이와 관련하여 교사의 자질과 특성이 문제될 수 있다. 그래서 교사의 전문적 지식과 기술, 수업방법, 인성, 지도성 등이 중요시된다.

둘째, 교육의 객체는 학생, 학습자, 자녀, 아동, 미성년자 등이다. 형식적 교육에 있어서 교육의 객체는 학생, 학습자이지만, 비형식적 교육에 있어서는 자녀, 아동, 미성년자 등이 된다. 학생은 각자 잠재적 가능성을 가지고 태어났다는 점을 인식하고 그 성장가능성과 성장력을 최대한으로 발달시킬 수 있도록 개인차에 맞는 교육을 해야 한다. 따라서 학습자의 준비성, 성취동기, 필요와 흥미, 능력 등이 고려되어야 한다. Dewey는 아동의 미성숙상태(immaturity)를 결핍상태가 아닌 인간의 성장력을 뜻하는 것으로 이해하였다. 다만, 오늘날 열린교육(대안교육)에서는 학습자를 교육의 주체로 재인식하며 그 지위의 원상회복을 주창하고 있다.

셋째, 교육의 매개체는 교재, 교육내용, 교육과정, 학습과제, 학습자료 등이다. 형식적 교육에서 교육의 매개체는 교재, 교육내용, 교육과정인데, 비형식적 교육에서는 교육환경이나 인간관계 등이 될 수 있다. 교재나 교육내용은 학생의 성장과 발달을 촉진하는 수단으로 문화적 전통과 경험을 포괄하는 개념이다. 교재나 교육내용은 교육목적을 달성하기 위하여 학생, 사회 등의 원천에 타당하고 유용한 것으로 선정, 조직되고 학습자가 이해할 수 있도록 표현되어야 한다.

III. 인간의 본성에 관한 3가지 사상의 인간관과 교육관

1. 성선설의 인간관과 교육관

맹자, Rousseau 등은 인간은 본래 그 본성이 선하게 태어나기 때문에 각자 본성을 토대로 해서 행동을 하면 성인(聖人)도 될 수 있다고 하였다. 인간은 본성 자체는 반드시 선한 성향이 있으나, 악한 소행이 있는 것은 일시적인 외적 환경에 의한 것이라고 하였다. 특히 Rousseau는 그의 유명한 저서 〈Emile〉에서 인간은 본시 악한 것이 아니라 선하게 태어난다고 주장하였다. 인간은 착하고 선한 본성을 지니고 태어나지만, 성인과 사회의 관습에 오염됨으로써 악하게 된다고 주장하였다.

그는 인간을 '식물'에 비유하면서 성인과 사회가 아동을 강제하지 않는다면 착하고 선하며 민주적인 성향으로 자연스럽게 성장하게 된다고 강조하였다. 그는 전통적인 성악설에 반대하고, 아동을 혹독한 훈육에 의해서 가르쳐서는 안 된다고 주장하였다. 그리하여 자연, 인간, 사물의 3요소에 의한 교육을 구분하면서 소극적 교육을 강조하였다. 소극적 교육이란 적극적으로 지식교육이나 도덕교육을 강제하는 데에서 오는 악덕을 방지하고 오류를 예방해 주는, 자연에 따른 교육이다.

2. 성악설의 인간관과 교육관

순자, Hobbes 등은 인간은 본성이 악하다고 보았고 그래서 인간의 본성을 그대로 따르면 악에 빠지게 된다고 주장하였다. 이원론의 세계관에 입각하고 있는 고대 그리스의 사상가들은 특히 육체는 불순하고 악한 반면, 영혼은 순결하고 선한 것으로 믿었다. 그러나 대부분의 인간은 육체가 인간을 지배하기 때문에 인간은 근본적으로 악하다는 것이다. 특히 기독교에서는 원죄의식을 바탕으로 한 성악설이 교회를 지배하는 교리가 되었다.

성악설에 의하면, 인간은 태어날 때 악한 충동을 지니고 있으며 따라서 본질적으로 죄악의 존재이다. 인간은 본질적으로 악하기 때문에 교육을 받지 못하면 선한 행동은 있을 수 없고 악한 행동만 있게 된다고 생각하였다. 엄격한 훈육을 함으로써 아동의 악한 충동을 제거하고, 결국은 이기적이고 부정직하며 거짓말을 하는 성향을 교정할 수 있다고 생각하였다. 특히 어린 시절의 엄격한 훈육과 아울러 어떤 가치를 합리적인 이유와 근거도 없이 주입하게 하는 교화가 강조되었다.

3. 백지설의 인간관과 교육관

성선설과 성악설에 대립되는 또 하나의 주류는 백지설이다. 특히 Locke는 인간의 마음은 출생 당시에 백지(tabula rasa)에 비유될 수 있으며, 선하지도 악하지도 않다고 주장하였다. tabula rasa란 아무 것도 적혀 있지 않은 백지(白紙)란 뜻이며, 따라서 어떤 경험이 기록되기 이전의 상태란 뜻이다. 그에 의하면, 인간은 출생 당시에 본능 내지 본유관념이란 것이 존재하지 않고, 오직 환경 속의 자극을 수동적으로 받아들일 수 있는 태세만을 갖추고 있을 따름이다.

백지설에 의하면, 인간은 환경에 대해 역동적으로 작용하는 능동적인 존재가 될 수 없다. 오히려 환경이 역동적이고 능동적이며, 인간은 수동적인 존재일 뿐이다. 그러므로 인간은 환경에 의해 결정되는 존재이며, 경험에 의해 만들어지는 존재라고 본다. 모든 관념이나 지식은 환경과 경험에 의해 획득된다는 것이다. 이와 같은 백지설과 지식의 원천으로서의 경험에 입각한 Locke의 경험주의 교육사상은 교육의 가능성을 강조하는 교육만능설로 이해될 수 있다.

IV. 결론

교육활동에는 교육의 3요소가 상호작용할 때 처음으로 성립되며 그 가치가 발휘된다. 이는 학습자의 성장과 발달을 의미한다. 이러한 교육적 가치를 실현시키는 과정이 교육의 과정이다. 이에 교사는 교육의 과정을 합리적 방법으로 운영할 수 있는 교육의 기술을 갖추어야 한다.

성악설의 인간관에서는 엄격한 훈육과 교화가, 백지설의 인간관에서는 주입 또는 주형으로서의 교육이, 성선설의 인간관에서는 계명 또는 성장으로서의 교육이 강조된다. 이러한 인간의 본성에 관한 문제는 교육의 본질에 관한 문제가 되는데, 그 중에서도 성선설의 인간관과 교육관이 바람직하다고 생각한다.

제15-2장

기출문제 분석

2013학년도 특수학교교사 임용후보자 선정경쟁시험 (1차) 【특수추시 기출문제】

수험번호		성 명	
(1)교시 특수학교(중등) 교육학	(1)문항 (20)점		작성시간 (60)분

문제 (출처 : 국립특수교육원 http://www.knise.kr)

다음은 박교사가 담당학급의 쌍둥이 남매인 철수와 영희의 어머니와 상담을 실시한 사례이다. 박교사가 ㉠에서 말했을 법한 영희의 IQ에 대한 올바른 해석에 기반을 두고 영희의 문제를 해결하고자 할 때, '기대×가치이론'과 Maslow의 '욕구위계이론'을 각각 활용하여 영희가 학습동기를 잃게 된 원인과 그 해결방안을 논하시오. **[총20점]**

어머니: 선생님, 얼마 전에 외부 상담기관에서 받은 철수와 영희의 지능검사 결과에 대해 상의하고 싶어서 왔어요. 철수는 IQ가 130이라고 나왔는데 자기가 생각한 것보다 IQ가 높지 않다며 시무룩해 있네요. 영희는 IQ가 99로 나왔는데 자신의 IQ가 두 자리라고 속상해하고, 심지어 초등학교 때부터 늘 가지고 있던 간호사의 꿈을 포기한다면서 그 동안 학교공부는 철수보다 오히려 성실했던 아이가 더 이상 공부도 안하려고 해요.

박교사: 그런 일이 있었는지 몰랐습니다. 사실 IQ의 의미에 대한 자세한 설명없이 검사점수만 알려주게 되면 지금 철수나 영희처럼 IQ의 의미를 오해하는 경우가 많습니다. 아이들은 물론이고 일반 어른들도 IQ의 개념을 정확히 이해하기는 좀 어렵거든요.

어머니: 선생님, 그러면 아이들에게 어떻게 이야기해 주어야 할까요? 영희의 IQ가 두 자리라면 문제가 있는 건가요?

박교사: 10부터 99까지가 다 두 자리인데, IQ가 두 자리라고 무조건 문제가 있는 것은 아닙니다.

어머니: 그럼, 영희의 IQ는 대체 어느 정도인가요?

박교사: _____㉠_____

어머니: 아, 그렇군요. 더 높았으면 당연히 좋겠지만 그렇게 실망할 일은 아니네요. 그럼, 철수의 IQ는 어떤가요?

박교사: 철수의 IQ 130은 철수의 지능검사 점수가 자기또래 학생들 중에서 상위 2% 정도에 해당한다는 것을 말해 줍니다. 따라서 철수가 매우 높은 수준의 지능을 가지고 있다는 것을 알 수 있습니다. 철수가 시무룩해할 이유가 전혀 없는 것이죠.

어머니: 그렇군요. 하여튼 요즘 영희 때문에 걱정인데, 수업시간에는 잘하고 있나요? 선생님이 보시기에는 어떤가요?

박교사: 사실 영희의 경우에는 학습에 더 신경을 써야 할 것으로 보입니다. 그저께 실시했던 중간고사를 채점하는 중인데, 영희의 성적이 많이 떨어졌더라고요. 오늘 어머님의 말씀을 듣고 보니 그 이유를 알겠네요.

〈배 점〉

- 논술의 체계 [총5점]
- 논술의 내용 [총15점]
  - IQ의 해석 [3점]
  - 기대×가치이론에 따른 원인 및 해결방안 [6점]
  - 욕구위계이론에 따른 원인 및 해결방안 [6점]

2013학년도 특수학교교사 임용후보자 선정경쟁시험 (1차) 【특수추시 기본답안】

작성자 김차웅

I. 서론

지능과 동기는 각각 지적 특성과 정의적 특성을 대표하는 심리적 특성이다. 이러한 지능과 동기는 편의상 따로 분리하여 논의되지만, 양자는 서로 영향을 주고받는 밀접한 관계에 있다. 또한 지능과 동기는 가변적인 특성이며, 학업성적에 큰 영향을 미치는 동시에 학업성적의 영향을 크게 받는다는 점이다.

영희는 IQ가 낮다는 사실을 알고 지적 능력이 모자란다고 생각하게 되었다. 그 결과 학습하려는 동기를 상실하였고, 학업성적도 떨어졌다. 아래에서는 박교사가 말한 IQ에 대한 올바른 해석에 기반을 두고, 영희의 학습동기 상실의 원인 및 해결방안을 기대×가치이론과 욕구위계이론의 관점에서 논하고자 한다.

※【동기 내지 학습동기의 정의를 내려주거나 인간의 심리적 특성 전반을 언급하면서 본론으로 들어감】

II. IQ에 대한 올바른 해석

지능은 지능지수(IQ)로 표시되지만, 지능과 수치로 표현되는 IQ는 다르다. IQ를 해석할 때는 지능이 가변적이란 점을 명심하고, 점수범위로 해석해야 한다. 또한 IQ는 지적 능력을 나타내는 한 가지 지표일 뿐이므로 시험불안이나 학업성적 등 다른 지표와 함께 사용해야 한다. 이러한 IQ는 평균 100을 기준으로 정상분포를 이루고 있다. 편차지능지수(DIQ)로 살펴보면 1표준편차인 85~115 사이에 떨어지면 평균점수가 된다.

영희의 IQ는 99인데, 이 점수는 대략 94~104 점수범위로 해석되므로 평균점수에 해당한다. 또한 IQ의 하위영역인 언어능력이나 수리능력 등을 종합한 것이 전체 IQ이다. 하위영역을 무시한 채 전체 IQ만 놓고 영희의 지적 능력을 평가해서는 안 될 것이다.

III. 학습동기 상실의 원인 및 해결방안

1. 기대×가치이론의 관점

기대×가치이론은 행동하려는 동기가 목표를 선호하는 정도(가치)와 그 목표를 달성할 수 있는 가능성(기대)에 의해 결정된다는 것이다. 즉, 어떤 목표를 선호하면서도 그 목표가 달성가능한 것이라고 생각될 때만 노력하게 된다는 것이다. 그래서 어떤 목표를 선호하지만 자신의 능력으로는 달성할 수 없다면 아무런 노력도 하지 않는다.

영희는 그 동안 간호사가 목표였고 간호사가 되는 꿈을 가지고 있었다. 그러나 자신의 IQ가 '두 자리'라는 사실을 알고 나서, 간호사가 될 수 있다는 꿈을 포기하게 되었다. 즉, 간호사를 좋아하지만 간호사가 될 수 없다고 생각한 것이다. 그 결과 학습동기를 잃어버리고, 중간고사 성적도 떨어졌다.

영희의 학습동기를 유발하기 위해서는 첫째, IQ의 의미를 설명해 주어 올바르게 이해하도록 한다. 둘째, 목표를 재인식시켜 준다. 즉, 간호사라는 목표가 도전할 만한 가치가 있으며 적정수준의 목표라는 점을 재인식시켜 주어야 한다. 셋째, 목표를 달성할 수 있다는 신념을 심어준다. 즉, 간호사가 될 수 없다는 생각을 유능감으로 변화시켜야 한다. 이를 위해 성취동기육성프로그램을 이용할 수 있다.
※ 【이론의 내용의 요약해 주고 사례를 분석한 다음, 동기유발 방안을 논술해 주어야 함】

2. 욕구위계이론의 관점

욕구위계이론은 인간의 선천적인 욕구가 그 강도에 따라 일련의 계층을 이루고 있다는 것인데, 생리욕구, 안전욕구, 소속과 애정욕구, 존경욕구, 자아실현욕구의 5가지를 가정하고 있다. 이러한 욕구는 중복되지 않으며, 하위단계의 욕구에서 상위단계의 욕구로 배열되어 있다. 그래서 상위단계의 욕구를 달성하기 위해서는 하위단계의 욕구를 먼저 충족시켜야 한다. 여기서 자아실현욕구는 최고수준의 성장욕구이고, 하위단계의 욕구들은 모두 결핍욕구이다.

영희에게 간호사라는 목표는 성장욕구이자 자아실현욕구를 충족시키는 것이 된다. 그러나 자신의 IQ가 '두 자리'라는 사실을 알고 나서, 간호사가 되는 꿈을 포기하고 말았다. 왜냐하면 자신의 능력에 상처를 받아 자신감이 상실되었기 때문이다. 결국은 학습동기를 상실하였고, 중간고사 성적도 떨어졌다. 그런데 능력과 자신감은 존경욕구(자기존경욕구)에 해당한다.

영희의 학습동기를 회복하기 위해서는 첫째, 인간은 목표지향적이고 능동적 존재이다. 따라서 영희 자신의 선택과 노력을 강조해야 한다. 둘째, 성장욕구를 달성하기 위해서는 결핍욕구를 먼저 충족시켜야 한다. 그래서 능력과 자신감이 상실되었으니 자기가치감과 자신감을 먼저 회복시켜야 한다. 이를 위해 자기주도적 학습과 협동학습을 이용할 수 있다. 셋째, 교사의 욕구와 영희는 욕구는 다를 수 있으므로 교사의 필요와 욕구를 강요하지 않도록 한다.
※ 【이 또한 이론의 내용을 요약해 주고 사례를 분석한 다음, 동기유발 방안을 논술해 주어야 함】

IV. 결어

교사나 상담자가 어떤 학생의 심리적 특성을 부정적으로 평가하면 그것은 학생에게 자기충족적 예언(self-fulfilling prophecy)으로 작용하여 결국은 부정적인 결과를 낳고 만다. 이것이 Pygmalion효과가 주는 교육적 시사이다.

외부 상담기관을 통해 IQ가 낮다는 사실을 알게 된 영희는 자신의 지능에 대한 부정적인 평가와 기대를 갖게 되었다. 그것은 학습동기의 상실로 이어졌고, 학업성적의 부진이라는 결과를 낳고 말았다. 교사나 상담자의 역할은 학습의 촉진자로서 인간의 내면에 관심을 두고 학생중심의 교육, 내담자중심의 상담을 실천해야 한다.
※ 【본론의 내용을 요약해 주되, Pygmalion효과 또는 Golem효과의 내용을 반드시 언급해야 함】

2014학년도 중등학교교사 임용후보자 선정경쟁시험 【기출문제】

교 육 학

수험번호 : (   )   성 명 : (   )

| 제1차 시험 | 1교시 | 1문항 20점 | 시험시간 60분 |

• 문제지 전체 면수가 맞는지 확인하시오.(출처 : 한국교육과정평가원 http://www.kice.re.kr/)

다음은 A중학교 초임교사인 박교사와 경력교사인 최교사의 대화 내용이다. 다음 대화문을 바탕으로 학생들이 수업에서 소극적으로 행동하는 문제를 2가지 관점(① 잠재적 교육과정 ② 문화실조)에서 진단하고, 수업에 소극적인 학생들의 학습동기를 유발하기 위한 방안을 3가지 측면(① 협동학습 실행 ② 형성평가 활용 ③ 교사지도성 행동)에서 각각 2가지씩만 논하시오. 〔총 20점〕

박교사: 선생님께서는 교직생활을 오래 하셨으니 학교의 일상적인 업무뿐만 아니라 가르치는 일에서도 큰 어려움이 없으시죠? 저는 새내기 교사라 그런지 아직 수업이 힘들고 학교 일도 낯섭니다.

최교사: 저도 처음에는 선생님과 마찬가지로 교직생활이 힘들었지요. 특히 수업시간에 반응을 잘 보이지 않으면서 목석처럼 앉아 있는 학생이 있을 때는 어떻게 해야 할지 모르겠더군요.

박교사: 네, 맞아요. 어떤 학급에서는 제가 열심히 수업을 해도, 또 학생들에게 질문을 던져도 몇몇은 그냥 고개를 숙인 채 조용히 있습니다. 심지어 어떤 학생은 수업시간에 아예 침묵으로 일관하기도 하고, 저와 눈도 마주치지 않으려고 해요. 또한 가정환경이 좋지 않은 몇몇 학생은 다양한 문화적 경험을 가질 기회가 상대적으로 부족해서 그런지 수업에 관심도 적고 적극적으로 참여하지도 않는 것 같아요.

최교사: 선생님의 고충은 충분히 공감해요. 그렇다고 해서 수업시간에 학생들을 그대로 방치해서는 안 됩니다. 교육적으로 바람직하지 않아요.

박교사: 그럼 수업에 소극적인 학생들을 적극적으로 참여시킬 수 있는 동기유발 방안을 고민해 보아야겠네요. 이를테면 수업방법 차원에서 학생들끼리 서로 도와가며 학습하는 형태로 수업을 진행하면 어떨까요?

최교사: 그거 좋은 생각 같아요. 다만 학생들끼리 함께 학습을 하도록 할 때는 무엇보다 서로 도와주고 의존하도록 하는 구조가 중요하다는 점을 유의해야겠지요. 그러한 구조가 없는 경우에는 수업활동에 열심히 참여하지 않는 학생들이 많아진다는 문제가 발생할 수 있어요.

박교사: 아, 그렇군요. 그런데 선생님, 요즘 저는 수업방법뿐만 아니라 평가에서도 고민거리가 있어요. 저는 학기 중에 수시로 학업성취 결과를 점수로 학생들에게 알려주고 있는데요. 이렇게 했을 때 성적이 좋은 몇몇 학생들을 제외하고 나머지 학생들은 자신의 성적을 보고 실망하는 것 같아요.

최교사: 글쎄요. 평가결과를 선생님처럼 그렇게 제시할 수도 있겠죠. 하지만 학습동기를 유발하기 위해서는 평가를 어떻게 활용하느냐가 중요해요.

박교사: 그렇군요. 그런데 제가 보기에는 학생들의 수업참여 정도가 교사의 지도성에 따라서도 다른 것 같아요.

최교사: 그렇죠. 교사의 지도성 행동에 따라 달라질 수 있습니다. 그래서 교사는 지도자로서 학급과 학생의 상황을 고려하여 학생들의 학습동기를 불러일으킬 수 있는 지도성을 발휘해야겠지요.

박교사: 선생님과 대화를 하다 보니, 교사로서 더 고민하고 노력해야겠다는 생각이 듭니다.

최교사: 그래요. 선생님은 열정이 많으니 잘하실 거예요.

⟨배 점⟩
- 답안의 논리적 구성 및 표현 [총5점]
- 논술의 내용 [총15점]
  - 잠재적 교육과정 관점에서의 진단 [3점]
  - 문화실조 관점에서의 진단 [3점]
  - 협동학습 실행 측면, 형성평가 활용 측면, 교사지도성 행동 측면에서의 동기유발 방안 논의 [9점]

2014학년도 중등학교교사 임용후보자 선정경쟁시험 (1차) 【기본답안】

작성자 김차웅

I. 서설

학습동기는 학습의 과정 자체를 즐기고, 지식과 기능을 습득시켜 줌으로써 학습효과에 만족감을 갖도록 하는 것이다. 학습동기가 높은 학생들과 달리, 학습동기가 낮은 학생들은 수업에 소극적인 행동과 태도를 보인다. 대화문에서 언급된 학생들의 무반응과 침묵, 교사의 눈길 회피, 수업에 대한 무관심과 참여 부족 등이 그것이다. 이러한 소극적인 수업행동의 원인은 잠재적 교육과정뿐만 아니라 문화실조에서도 찾을 수 있다.

다음에서는 학생들의 소극적인 수업행동 문제를 진단하고, 이러한 학생들의 학습동기를 유발하기 위한 방안을 차례로 살펴보고자 한다.

II. 학생들의 소극적인 수업행동 문제에 대한 진단

1. 잠재적 교육과정 관점

잠재적 교육과정은 학교에서 의도적으로 가르치지 않았는데도 학생들이 은연중에 경험한 교육내용을 말한다. 잠재적 교육과정은 교사의 인격, 교사와 학생간의 상호작용, 학교 및 학급분위기 등의 사회적·심리적 상황에 의해 크게 영향을 받는다. 대화문에서 언급된 학생들의 소극적인 수업행동은 그 징표이다.

잠재적 교육과정은 비의도적인 학습과 연결되어 암시적이고 비가시적(非可視的)이며, 정의적 발달에 주로 작용한다. 따라서 학생들의 사회적·도덕적 측면에 큰 영향을 미친다. Jackson은 학교생태를 권력성, 군집성, 상벌로 구분하였다. 일반적으로는 학교생태를 목적성, 강요성, 군집성, 위계성으로 구분하고 있다. 이러한 학교생태가 잠재적 교육과정의 원천이 되는데, 특히 목적성이다. 학교교육의 목적에는 표면적 목적과 잠재적 목적이 있는데, 이 양자가 불일치하게 되면 잠재적 목적이 우선한다는 연구결과가 있다. 여기서 학교교육은 표면적 목적보다 잠재적 목적에 더 충실한 관행이 있다.

2. 문화실조 관점

문화실조론은 아동의 지적 능력이나 학업성취가 유전요인이 아니라 가정의 문화적 환경요인에 의해 결정된다고 본다. 학생들의 학업성취 격차의 원인은 부모의 양육태도, 부모의 교육수준, 성취동기, 인지양식, 언어능력 등의 문화적 환경결핍 때문이라고 주장한다. 대화문에서 언급된 학생들의 소극적인 수업행동은 그 산물이다.

문화실조는 인간발달의 과정에서 주어지는 초기경험과 밀접하게 관련되어 있고, 문화적 결손을 교정, 보충하는 데에는 한계가 있다. Coleman은 학업성취에 영향을 미치는 가정배경을 자본으로 간주하고, 인간자본-경제자본-사회자본-문화자본의 4가지로 구분하였다. 그 중에서도 학업성취에 가장 큰 영향을 미치는 것은 사회자본으로 부모와 자녀간의 상호작용, 부모의 양육태도, 부모의 기대와 관심, 부모의 규범과 신뢰 등을 말한다. 이에 대해 문화자본은 부모의 교육수준, 부모의 성향과 태도, 참고도서와 백과사전, 가정분위기 등을 말한다.

※ 【학생들의 소극적인 수업행동 문제와 관련하여 잠재적 교육과정 관점은 학교환경에서 그 원인을 진단하는 반면, 문화실조 관점은 가정환경에서 그 원인을 진단한다는 점에 주의!】

III. 학생들의 학습동기를 유발하기 위한 방안

1. 협동학습 실행 측면

협동학습은 소집단 내에서 이질적인 학생들이 공동의 노력으로 학습목표를 달성하는 방법이다. 협동학습의 기본원리는 협동적 과제구조, 협동적 보상구조를 갖는다는 점인데, Jigsaw학습, 팀성취분담학습(STAD) 등이 있다.

첫째, Jigsaw학습은 학습과제분담을 특징으로 하는 협동학습이다. Jigsaw학습의 특징은 학습과제분담, '전문가집단', 동료학습 동료교수라는 3가지이다. Jigsaw학습 I을 수정·보완한 것이 Jigsaw학습 II이다. Jigsaw학습 I에서는 개별점수만 계산되는 반면, Jigsaw학습 II에서는 개별점수에 향상점수가 추가되어 집단점수가 계산된다. 그래서 Jigsaw학습 I에서는 개별보상만 주어지기 때문에 과제구조의 상호의존성은 높지만, 보상구조의 상호의존성은 낮다. Jigsaw학습 II에서는 개별보상과 집단보상이 모두 주어지기 때문에 과제구조의 상호의존성과 보상구조의 상호의존성이 모두 높다.

둘째, 팀성취분담학습(STAD)은 팀의 학업성취 향상을 위한 협동학습으로, '성취과제분담학습'이라고도 한다. STAD의 특징은 집단보상, 개별적 책무성, 성취결과의 균등한 분배라는 3가지이다. 또한 개별보상과 집단보상이 모두 주어지기 때문에 과제구조의 상호의존성과 보상구조의 상호의존성이 모두 높다.

2. 형성평가 활용 측면

형성평가는 수업활동이 진행되는 도중에 수업목표를 달성하기 위한 수업활동이 제대로 진행되고 있는지를 수시로 확인·점검하는 평가이다. 이 형성평가는 수업목표와 직결되어 있는 절대평가방법이다.

형성평가의 기능을 바탕으로 학생들의 학습동기를 유발하기 위해서는 첫째, 학습결과의 피드백이다. 학습결과의 피드백을 통해 학습속도를 조절하고 학습동기를 강화해 준다. 둘째, 교정학습의 기회 제공이다. 수업의 과정에서 학습곤란이나 오류를 보이는 경우 지적 문제로 인한 수업내적 원인을 확인하여 교정학습의 기회를 제공한다.

3. 교사지도성 행동 측면

교사지도성(teacher leadership)이란 학교의 목표를 달성하기 위하여 학생들의 협동행위를 유도하고 촉진하는 능력·기술 또는 영향력이다. 교사지도성의 상황이론은 교사행동이 주어진 상황에 따라서 효과적 지도성이나 비효과적 지도성이 된다는 입장이다.

특히 Hersey & Blanchard에 의해 개발된 지도성의 생애주기이론에 근거하여 학생들의 학습동기를 유발하기 위해서는 첫째, 학생들의 성숙도가 낮을 때, 즉 능력, 동기화 모두 낮다면 지시적 지도성(telling leadership)이 효과적 지도성유형이 된다. 둘째, 학생들의 성숙도가 중간수준에서 높은 수준으로 성장할 때, 즉 능력 높고, 동기화 낮다면 참여적 지도성(participating leadership)이 효과적 지도성유형이 된다.

※【대화문에 언급된 내용에 따라 반드시 교사지도성의 상황이론에 근거하여 작성해 주어야 한다는 점에 주의! 또한 Cronbach & Snow의 적성-처치 상호작용모형의 내용으로 논술해도 전혀 무방할 듯함】

IV. 결어

학생들의 소극적인 수업행동은 학업성취 격차를 잘 설명해 준다. 이러한 소극적인 수업행동 문제와 관련하여 잠재적 교육과정 관점은 학교환경에서, 문화실조 관점은 가정환경에서 각각 그 원인을 찾을 수 있다.

수업에 소극적인 학생들의 학습동기를 유발하기 방안으로 논의된 협동학습의 기본원리는 협동적 과제구조, 협동적 보상구조를 갖는다는 점, 형성평가는 수업목표와 직결되어 있는 절대평가방법이란 점, 그리고 교사지도성의 상황이론은 교사행동이 주어진 상황에 따라서 효과적 지도성이나 비효과적 지도성이 된다는 점을 유념하고자 한다.

2014학년도 중등학교교사 임용후보자 선정경쟁시험 【추시 기출문제】

교 육 학

수험번호 : (   )   성 명 : (   )

| 제1차 시험 | 1교시 | 1문항 20점 | 시험시간 60분 |

• 문제지 전체 면수가 맞는지 확인하시오.(출처 : 한국교육과정평가원 http://www.kice.re.kr/)

다음은 A고등학교의 최교사가 작성한 성찰일지의 일부이다. 일지 내용을 바탕으로 철수의 학교 부적응행동의 원인을 청소년 비행이론에서 2가지만 선택하여 설명하고, 철수의 학교생활 적응을 향상시키기 위한 상담기법을 2가지 관점(① 행동중심 상담 ② 인간중심 상담)에서 각각 2가지씩만 논하시오. 그리고 최교사가 수업효과성을 높이기 위하여 선택한 2가지 방안(① 학문중심 교육과정이론에 근거한 수업전략 ② 장학활동)에 대하여 각각 논하시오. 〔총20점〕

일지 #1 2014년 4월 ○○일 ○요일
우리 반 철수가 의외로 반 아이들과 잘 지내지 못하는 것 같아 마음이 쓰인다. 철수와 1학년 때부터 친하게 지냈다는 학급회장을 불러서 이야기를 해보니 그렇지 않아도 철수가 요즘 거칠어 보이는 동네 친구들과 어울려 다니는 모습을 자주 보게 되어 학급회장도 걱정을 하던 중이라고 했다. 그런데다 철수가 반 아이들에게 괜히 시비를 걸어 싸움이 나게 되면, 그럴 때마다 아이들이 철수를 문제라고 하니까 그 말을 들은 철수가 더욱 더 아이들과 멀어지고 제멋대로 행동한다고 한다. 오늘도 아이들과 사소한 일로 다투다가 갑자기 소리를 지르고 물건을 던지고는 교실에서 나가버렸다고 한다. 행동이 좋지 않은 친구들과 몰려다니며 그 아이들의 행동을 따라 해서 철수의 행동이 더 거칠어진 걸까? 1학년 때 담임선생님 말로는 가정형편이 그리 넉넉하지 않고 부모님이 철수에게 신경을 쓰지 못함에도 불구하고 행실이 바른 아이였다고 하던데, 철수가 왜 점점 변하는 걸까? 아무래도 중간고사 이후에 진행하려고 했던 개별상담을 당장 시작해야겠다. 그런데 철수를 어떻게 상담하면 좋을까?

일지 #2 2014년 5월 ○○일 ○요일
중간고사 성적이 나왔는데 영희를 포함하여 몇 명의 점수가 매우 낮아서 답안지를 확인해 보았다. OMR 카드에는 답이 전혀 기입되어 있지 않거나 한 번호에만 일괄 기입되어 있었다. 아이들이 시험 자체를 무성의 하게 본 것이다. 점심시간에 그 아이들을 불러 이야기를 해보니 학교에서 배우는 내용이 대학진학을 하지 않고 취업할 본인들에게는 전혀 쓸모없이 느껴진다고 했다. 특히 오늘 내 수업시간에 휴대전화만 보고 있어서 주의를 받았던 영희의 말이 아직도 귀에 생생하다. "저는 애견 미용사가 되려고 하는데, 생물학적 지식같은 걸 배워서 뭐해요? 내신관리를 해야 하는 아이들조차 어디 써먹을지도 모르는 개념을 외우기만 하려니까 지겹다고 하던데, 저는 얼마나 더 지겹겠어요."라고 말하는 것이었다. 학교에서 배우는 기초 지식이나 원리가 직업활동의 근간이 되기도 한다는 것을 어떻게 아이들이 깨닫게 할 수 있을까? 내가 일일이 다 설명해 주지 않아도 아이들이 스스로 교과의 기본원리를 찾을 수 있게 하려면 어떤 종류의 과제와 활동이 좋을까? 이런 생각들로 머릿속이 복잡하던 중에 오후에 있었던 교과협의회에서 수업전문성 개발을 위한 장학활동을 몇 가지 소개받았다. 이제 내 수업에 대해 차근차근 점검해 봐야겠다.

<배 점>
- 답안의 논리적 구성 및 표현 〔총5점〕
- 논술의 내용 〔총15점〕
  - 청소년 비행이론 관점에서의 설명 〔3점〕
  - 행동중심 상담 관점에서의 기법 논의 〔3점〕
  - 인간중심 상담 관점에서의 기법 논의 〔3점〕
  - 학문중심 교육과정이론에 근거한 수업전략 논의 〔3점〕
  - 교사전문성 개발을 위한 장학활동 논의 〔3점〕

2014학년도 중등학교교사 임용후보자 선정경쟁시험 (1차) 【추시 기본답안】

작성자 김차웅

I. 서론

교사는 교과를 가르치는 학습지도뿐만 아니라 학생 개개인의 건전한 성장과 발달을 돕기 위한 생활지도 및 상담의 임무를 담당한다. 그런데 학생들의 학교 부적응행동은 교육의 전과정에서 다양한 모습으로 나타난다. 집단따돌림(왕따), 학교폭력 등의 청소년비행과 학습흥미 상실, 학업성적 부진 등을 포함한 부적응행동이 그것이다.

아래에서는 학생들의 학교 부적응행동의 원인과 학교 적응행동을 향상시키기 위한 상담기법을 살펴본 다음, 교사의 수업효과성을 높이기 위한 방안을 논하고자 한다.

II. 학교 부적응행동의 원인 : 청소년 비행이론

일지 내용의 '철수가 요즘 거칠어 보이는 동네 친구들과 어울려 다니는……'에 근거하여 차별접촉이론의 관점에서, '아이들이 철수를 문제아라고 하니까…….'에 근거하여 낙인이론의 관점에서 철수의 부적응행동을 설명할 수 있다.

첫째, Sutherland의 차별접촉이론(DAT)은 모든 종류의 비행과 범죄행동을 사회적 학습의 결과로 설명한다. 철수는 사람들과 접촉하는 가운데 자신에게 중요한 사람이나 집단의 가치와 규범을 내면화하게 되는데, 특히 그것이 범죄인이나 범죄집단일 경우에는 그 가치와 규범을 학습하게 된다는 것이다. 둘째, Becker & Lemert의 낙인이론은 상징적 상호작용이론에 근거한 것으로, 어떤 사람이 자신을 범죄자로 인식하는 데에는 다른 사람들이 자신을 범죄자라고 낙인찍는(labelling) 과정에서 형성된다. 즉, 주위 사람들이 어떤 문제를 일으킨 철수를 비행청소년으로 간주하고 그렇게 취급하면 그는 진짜 비행청소년으로 거듭난다는 것이다.

III. 학교 적응행동을 향상시키기 위한 상담기법

1. 행동중심 상담기법

행동중심 상담의 목표는 부적응행동을 약화시키거나 제거하고 적응행동으로 변화시키는 것이다. 그 기법은 조형(shaping), 차별강화, 상반행동강화, 모델링(modelling) 등이 있다.

첫째, 상반행동강화를 사용한다. 상반행동강화는 부적절한 행동과 양립할 수 없는 적절한 행동을 했을 때 강화하는 것을 말한다. 적절한 행동을 증가시키는데 목적이 있는 차별강화와 달리, 상반행동강화는 부적절한 행동을 감소시키는데 목적이 있다. 친구들과 자주 싸우는 철수가 친구들과 사이좋게 지낼 때에만 칭찬한다면 상반행동강화가 된다. 둘째, 모델링을 사용한다. 사회적 학습이론의 핵심으로 모델링은 모방과 관찰을 포괄하는 과정이며, 인지적 행동수정과 관련된다. 무엇보다도 친구, 부모, 교사 자신이 모델링(modelling)이 된다는 점에서 모델로서의 역할이 중요한 것이다. 그것은 모델의 일거일동이 철수의 동일시(identification)의 대상이 된다는 의미이다.

2. 인간중심 상담기법

인간중심 상담의 목적은 충분하게 기능하는 사람(fully functioning person), 즉 자아실현인이 되도록 도와주는 것이다. 그 기법은 직면, 반영 등이지만 상담관계의 기본조건인 수용, 공감적 이해, 일치가 중요하다.

첫째, 수용(acceptance)이다. 수용이란 인간의 가치와 존엄성에 대한 인식으로 무조건적 긍정적 존중이라고도 한다. 교사가 철수의 존재, 성장과 발달의 가치를 인정하고 그러한 가치를 구현하도록 가능한 조건을 제공하려는 마음의 자세를 수용이라고 한다. 둘째, 공감적 이해(empathic understanding)이다. 공감적 이해는 내담자의 입장이 되어서 그를 이해하는 것으로 감정이입적 이해라고도 한다. 교사는 철수의 입장이 되어 그가 서 있는 자리에 서 보는 것이다. 교사는 철수가 지닌 감정, 가치, 이상, 고민, 갈등을 가지고 그가 처해 있는 상황에 서 보는 것이다.

IV. 교사의 수업효과성을 높이기 위한 방안

1. 학문중심 교육과정이론에 근거한 수업전략

학문중심 교육과정은 학문에 내재해 있는 지식탐구과정의 조직, 즉 지식의 구조를 의미한다. 이에 근거한 Bruner의 수업이론은 학습경향성, 지식의 구조, 계열성, 보상(강화)의 4요소를 효율화하는 방법을 제시하고 있다. 이것이 발견학습이다.

첫째, 학습경향성이다. 이것은 학습의욕이나 학습성향으로 출발점행동과 동의어이다. 수업활동은 학습경향성을 가장 효과적으로 자극할 수 있는 구체적인 학습경험을 제시할 수 있어야 한다. 특히 학습가능성 탐색을 자극하기 위해서는 적절한 수준의 불확실성을 가진 학습과제를 제시해야 한다. 둘째, 지식의 구조이다. 지식의 구조는 각 학문분야에서 가르쳐야 할 가장 중요한 기본적인 개념과 원리 등을 논리적이고 체계적으로 조직한 것을 의미한다. 지식의 구조를 이해하게 되면 한 가지 현상을 여러 가지 현상과 관련지어 이해할 수 있게 된다. 지식의 구조의 특징은 표현양식, 경제성, 생성력이다. 셋째, 계열성이다. 계열성(sequence)은 동일한 교육내용을 수준을 달리하여 학습할 수 있도록 조직하는 것을 말한다. 이러한 계열성은 나선형 교육과정(spiral curriculum)과 유사한 개념이다. 나선형 교육과정은 이전 교육내용이나 학습경험을 기초로 하여 다음 교육내용의 폭과 깊이를 심화·확대시켜 나가는 개념이다.

※ 【여기에서의 논점은 학문중심 교육과정이론이 아니라 그 이론에 근거한 '수업전략'이란 점에 주의!】

2. 교사전문성 개발을 위한 장학활동

장학이란 교사의 전문적 성장, 교육활동의 합리화 및 학생의 학습환경을 개선하기 위한 전문적 봉사활동이며 기술적 봉사활동이다.

첫째, 임상장학은 실제 수업장면을 관찰하여 장학담당자와 교사의 대면적 관계를 통해 교사의 수업문제를 해결하고, 교사의 수업기술을 향상시키기 위한 체계적인 지도·조언의 과정이다. 둘째, 동료장학은 소집단의 교사가 자신의 전문적 성장을 위하여 공동으로 협동하는 동료적 과정(collegial process)으로, 협동적 동료장학이라고도 한다. 셋째, 자기장학은 외부의 지시나 지도가 아니라 교사 자신이 전문적 성장을 위하여 스스로 계획을 세우고 실천해 나가는 자율적 장학이다.

한편, 컨설팅장학(consulting supervision)은 학교의 자생력 증진과 교육의 질 향상을 위하여 학교와 학교구성원의 요청에 따라 교육체제 내·외의 전문가가 문제해결을 도와주는 전문적 지도·조언활동이다.

V. 결어

교사는 학생들의 학교 부적응행동의 원인을 정확히 진단하고 그에 적절한 상담기법을 사용해야 한다. 행동중심 상담기법은 상반행동강화, 모델링 등이 있고, 인간중심 상담기법은 상담관계의 기본조건이 중요하다. 학문중심 교육과정이론에 근거한 수업전략은 학습경향성, 지식의 구조, 계열성 등을 효율화해야 한다.

수업활동은 지적 측면에 중점을 두고, 생활지도 및 상담활동은 정의적 측면에 초점을 둔다. 따라서 이 양자를 통합할 때 진정한 교육과정의 정신을 구현할 수 있는데, 이를 위해서 교사전문성 개발을 위한 장학활동이 필요하다고 생각한다.

2015학년도 중등학교교사 임용후보자 선정경쟁시험 【기출문제】

교 육 학

수험번호 : (　　　　　)　　　　　성　명 : (　　　　　)

| 제1차 시험 | 1교시 | 1문항 20점 | 시험시간 60분 |

- 문제지 전체 면수가 맞는지 확인하시오.(출처 : 한국교육과정평가원 http://www.kice.re.kr/)

다음은 A중학교의 학교교육계획서 작성을 위한 워크숍에서 교사들의 분임토의 결과의 일부를 교감이 발표한 내용이다. 이 내용을 바탕으로 A중학교가 내년에 중점을 두고자 하는 1) 교육목적을 자유교육의 관점에서 논하고, 2) 교육과정 설계방식의 특징, 3) 학습동기 향상을 위한 학습과제 제시방안, 4) 학습조직의 구축원리를 각각 3가지씩 설명하시오. 〔총20점〕

이번 워크숍은 우리 학교의 교육에서 드러난 몇 가지 문제점을 확인하고, 개선방안을 제시하는 방식으로 진행되었습니다. 주요내용을 말씀드리면 다음과 같습니다.

먼저, 교육목적에 관한 문제점과 개선방안입니다. 우리 학교는 학생들의 합리적 정신을 계발하기 위해 지식교육을 추구해 왔습니다. 그런데 지난해 도입된 국어, 수학, 영어 교과에 대한 특별보상제 시행으로 이들 교과의 성적은 전반적으로 상승하였지만, 학교가 추구하고자 한 것과 달리 반별 경쟁에서 이기거나 포상을 받기 위한 것으로 교육목적이 왜곡되는 경향이 있었습니다. 이러한 교육목적의 왜곡으로 인하여 교사는 주로 문제풀이식 수업이나 주입식 수업을 하게 되었고, 학생들은 여러 교과에 스며있는 다양한 사고방식을 내면화하지 못하는 결과가 초래되었습니다. 이러한 문제점을 보완하기 위하여 내년에는 교육 개념에 충실한 지식교육, 즉 자유교육(liberal education)의 이상을 구현하는 데 중점을 두고자 합니다.

다음으로, 교육과정 설계방식 및 수업전략에 관한 문제점과 개선방안입니다. 교육과정 설계방식 측면에서, 종전의 방식은 평가계획보다 수업계획 중심으로 설계되어 있어서 교사가 교과의 학습목표에 비추어 학생들이 배우는 내용을 올바르게 이해하였는지를 확인하는 데 한계가 있었습니다. 교사는 계획한 진도를 나가기에 급급한 나머지, 학생들의 학습결손을 예방하지 못하였습니다. 내년에는 학생들의 학습목표 달성정도를 확인하는 데 유용한 교육과정 설계를 하고자 합니다. 또한 수업전략 측면에서 볼 때, 수업에 흥미를 잃어가는 학생들이 있음에도 불구하고 교사는 학생들의 학습동기를 높일 수 있는 전략을 적극적으로 사용하는 데 소홀했습니다. 수업상황에서 학생들이 배워야 할 학습과제 그 자체는 학생들에게 흥미로울 수도 있고 그렇지 않을 수도 있습니다. 교사가 수업에 흥미를 잃은 학생들에게 학습과제를 어떻게 제시하느냐에 따라 학습동기를 높일 수 있습니다. 내년에는 이들의 학습동기를 향상할 수 있는 학습과제 제시방안을 마련하는 데 관심을 기울이고자 합니다.

내년에 우리 학교는 교육 개념에 충실한 지식교육을 하고, 학생들의 학업성취와 학습동기를 향상하는 데 좀 더 세심한 관심을 가져야 할 것입니다. 이 일의 성공여부는 교사가 변화의 주체로서 자발적인 노력을 얼마나 기울이느냐에 달려 있습니다. 그래서 우리 학교는 교사 모두가 교육활동에 능동적으로 참여하여, 지식과 학습정보를 서로 공유하면서 지속적으로 변화해 가는 학습조직(learning organization)을 구축하고자 합니다.

〈배 점〉
- 논술의 내용 〔총16점〕
  · 자유교육 관점에서의 교육목적 논술 〔4점〕
  · 교육과정 설계방식의 특징 3가지 설명 〔4점〕
  · 학습동기 향상을 위한 학습과제 제시방안 3가지 설명 〔4점〕
  · 학습조직의 구축원리 3가지 설명 〔4점〕
- 답안의 논리적 구성 및 표현 〔총4점〕

2015학년도 중등학교교사 임용후보자 선정경쟁시험 (1차) 【기본답안】

작성자 김차웅

I. 서론

교육의 과정이란 변화시키려고 하는 인간의 행동특성인 교육목표를 설정하고, 교육내용을 선정·조직한 후에 교수-학습과정을 통하여 변화된 행동특성의 성취도를 평가하는 순환적 과정이다. Tyler가 주장한 목표모형에서는 행동의 결과를 강조하지만, Peters가 주장한 내용모형에서는 행동의 결과에 내재되어 있는 가치를 강조한다. Wiggins 등은 역행교육과정 설계모형을 주장하였다. 특히 학습동기를 향상시키기 위한 수업전략에 관심을 두어야 한다.

다음에서는 교육 개념에 입각한 교육목적을 논술하고, 이를 달성하기 위한 핵심전략으로 교육과정 설계방식의 특징, 학습동기 향상을 위한 수업전략, 학습조직의 구축원리를 차례로 설명하고자 한다.

II. 자유교육 관점에서의 교육목적

역사적으로 자유교육은 사회적 생산활동에서 벗어나 세계와 사물을 관조하는 지적 활동을 중심으로 하는 교육으로, 그 목적은 마음의 계발에 있었다. 그러한 자유교육의 내용은 이론적 지식과 교과이다. 이에 대한 예시문의 내용은 '학생들의 합리적 정신을 계발하기 위해 지식교육을 추구'이다.

Peters는 교육을 성년식(成年式)에 비유하면서 문명화된 삶의 형식, 즉 가치있는 삶의 형식으로 도식화하였다. 교육 개념의 준거에는 규범적 준거-인지적 준거-과정적 준거의 3가지가 있는데, 이 준거를 모두 갖추어야만 교육(教育)이라고 정의할 수 있다는 것이다. 특히 규범적 준거는 교육의 내재적 가치가 목적 측면에서 구체화된 것이다. 교육은 교육받는 사람에게 헌신할 만한 가치있는 것을 전달해 주어야 한다. 이와 관련하여 우리나라 교육의 이념과 목적은 교육기본법 제2조에 규정되어 있다. '교육은 홍익인간(弘益人間)의 이념 아래 인격도야, 자주적 생활능력과 민주시민으로서의 자질구비, 인간다운 삶을 영위하게 한다'는 것이다.

III. 교육목적 달성을 위한 핵심전략

1. 교육과정 설계방식의 특징

역행교육과정(backward curriculum) 설계모형은 미국의 교육과정 기준운동에서 비롯된 것인데, 성취기준을 중심으로 한 교육과정 설계모형이다. 이에 대한 예시문의 근거는 '종전의 방식은 평가계획보다 수업계획 중심으로 설계되어 있어서……확인하는 데 한계'이다.

그 특징은 첫째, 성취기준은 각 교과목에서 학생들이 학습을 통해 성취해야 할 지식·기능·태도의 모든 특성을 진술한 것이다. 이는 단위학교에서 이루어지는 교수-학습활동 및 평가의 실질적인 근거가 되고, 교수-학습과정의 질 관리를 위한 준거가 된다. 둘째, 또한 교사를 평가전문가로 보고, 교사의 책무성과 직결된 평가에 중점을 둔다. 셋째, 교육목표의 설정 → 학습경험의 선정·조직 → 평가의 실시라는 선형적 접근 혹은 순환적 접근이 아니라 교육목표의 설정 → 평가의 계획 → 교육과정과 수업의 계획이라는 비선형적 접근이다. 우리나라 제7차 교육과정에서는 교육과정의 질 관리를 위하여 교과별 성취기준을 설정하고, 2009년 개정 교육과정에서는 핵심 성취기준기반수업을 편성하고 있다.

※【다음과 같이 예시문의 내용을 기반으로 대충 상상력을 발휘해서 작성해도 무난할 듯함】

역행교육과정(backward curriculum) 설계방식이란 학생들의 학업성취를 향상시키기 위해 수업계획보다 평가계획 중심으로 교육과정을 설계하는 방식이다. 이에 대한 예시문의 근거는 '종전의 방식은 평가계획보다 수업계획 중심으로 설계되어 있어서……확인하는 데 한계'이다.

그 특징은 첫째, 교사가 교과의 학습목표에 비추어 학생들이 배우는 내용을 올바르게 이해하였는지를 확인할 수 있다. 둘째, 학생들의 학습결손을 예방할 수 있다. 셋째, 학생들의 학습목표 달성정도를 확인하는 데 유용하다. 우리나라 제7차 교육과정에서는 교육과정의 질 관리를 위하여 교과별 성취기준을 설정하고, 2009년 개정 교육과정에서는 핵심 성취기준기반수업을 편성하고 있다.

2. 학습동기 향상을 위한 학습과제의 제시방안

학습동기는 학습목표를 인식하고, 흥미에 부합하는 학습과제를 제시하거나 보상과 벌 등을 제공함으로써 학습활동을 강화시키는 심리적 상태이며 과정을 말한다.

이를 위한 학습과제의 제시방안은 Keller의 ARCS이론으로 잘 설명할 수 있는데 첫째, 시청각효과를 활용하고, 비일상적인 내용이나 사건을 제시한다. 둘째, 친밀한 인물이나 사건을 활용하고, 친밀한 예문 및 배경지식을 활용한다. 셋째, 적정수준의 난이도를 유지하며, 다양한 수준의 난이도를 제시한다. 이외에도 연습문제를 통한 적용기회를 제공하며, simulation 등을 통한 적용기회를 제공한다.

※【여기에서는 오히려 일반적인 내용으로 작성하는 것이 좋을 듯함. 다만, Keller의 ARCS이론을 언급했으면 반드시 그 이론의 내용으로 논술해 주어야 한다는 점에 주의!】

3. 학습조직의 구축원리

Senge에 의하면, 학습조직(learning organization)이란 조직구성원들이 진정으로 원하는 성과를 달성하도록 역량을 확대시키고, 새롭고 포용력있는 사고능력을 함양하며, 학습방법을 서로 공유하면서 지속적으로 학습하는 조직으로 정의된다. 그는 조직구성원들의 학습에 기초를 두고, 학습조직을 구축하기 위해서는 개인적 숙련(personal mastery), 정신적 모델(mental model), vision의 공유(shared vision), 팀 학습(team learning), 시스템 사고(system thinking)의 원리가 필요하다고 하였다. 첫째, 교사는 자기개발과 자기완성을 추구해야 한다. 또한 교사는 문제해결력과 창의력을 개발해야 한다. 둘째, 교사는 변혁적 지도성을 발휘해야 한다. 셋째, 교사들간의 토론과 대화, 집단사고가 필수적이다. 또한 교사는 통합적 사고를 갖추어야 한다. 이러한 학습조직을 구축하기 위해서는 컨설팅장학(consulting supervision)을 활용할 수 있다.

※【다음과 같이 예시문의 내용을 기반으로 대충 상상력을 발휘해서 작성해도 무난할 듯함】
학습조직이란 교사가 변혁적 지도자로서 지식과 학습정보를 서로 공유하면서 지속적으로 변화해 가는 조직을 말한다.

학습조직을 구축하기 위해서는 첫째, 교사가 변화의 주체로서 자발적인 노력을 기울여야 한다. 둘째, 교사 모두가 교육활동에 능동적으로 참여해야 한다. 셋째, 지식과 학습정보를 서로 공유해야 한다. 이와 함께 교사는 학생들의 성장욕구를 자극하고 동기화시키는 변혁적 지도성을 발휘해야 한다. 이러한 학습조직을 구축하기 위해서는 컨설팅장학(consulting supervision)을 활용할 수 있다.

IV. 결어

학교교육은 교육 개념에 충실한 지식교육에 중점을 두고, 학생들의 학업성취와 학습동기를 향상시키기 위하여 학생들의 필요와 흥미, 학습과제의 나선형 조직 등 세심한 관심을 가져야 한다. 수업계획보다 평가계획 중심의 역행교육과정 설계를 통해 학생들의 학습결손을 예방하고, 학습목표 달성정도를 확인해야 한다. 나아가 지식을 창출·공유·활용하는 학습조직의 구축을 통해 교사 모두가 교육활동에 능동적으로 참여하는 변화의 주체가 되어야 한다. 교직은 전문직이고, 교사인 '나'는 지도자이며 지식공급자이기 때문이다.

2015학년도 중등학교교사 임용후보자 선정경쟁시험 【추시 기출문제】

교 육 학

수험번호 : (　　　　　)　　　　　성　명 : (　　　　　)

| 제1차 시험 | 1교시 | 1문항 20점 | 시험시간 60분 |

• 문제지 전체 면수가 맞는지 확인하시오.(출처 : 한국교육과정평가원 http://www.kice.re.kr/)

다음은 A고등학교 초임교사들을 대상으로 진행한 학교장의 특강 내용 중 일부를 발췌한 부분이다. 발췌한 특강 부분은 학교에 대한 이해 차원에서 1) 학교교육의 기능과 2) 학교조직의 특징, 수업에 대한 이해 차원에서 3) 수업설계와 4) 학생평가에 대한 내용이다. 이를 바탕으로 1)~4)의 요소를 활용하여 다양한 요구에 직면한 '학교교육에서의 교사의 과제'라는 주제로 서론, 본론, 결론의 형식을 갖춰 논하시오. 〔총20점〕

여러분들도 잘 아시겠지만 최근 우리 사회는 학교가 다양한 역할을 수행하도록 요구하고 있습니다. 이에 따라 선생님들께서는 학교 및 수업에 대한 기본적인 이해가 필요하다고 생각합니다.

먼저 교사로서 우리는 학교교육의 기능을 이해해야 합니다. 지금까지 학교는 학생들이 사회구성원으로서 올바로 성장할 수 있는 보편적 가치와 규범을 가르쳐 왔습니다. 그러나 최근 사회는 학교교육에 다양한 요구를 하게 되면서 학교가 세분화된 직업집단의 교육요구를 충족시켜 주기를 원하고 있고, 학교교육의 선발·배치 기능에 다시 주목하고 있습니다. 그러므로 여러분은 학교교육의 선발·배치 기능을 이해하는 한편, 이것이 어떤 한계를 갖는지도 생각해야 할 것입니다.

이와 함께 학교에 대한 사회의 요구에 효율적으로 대응하기 위해서 학교장을 포함한 모든 학교구성원들은 서로의 행동특성을 이해해야 합니다. 이를 위해서 학교조직의 특징을 먼저 파악해야 합니다. 학교라는 조직을 합리성의 측면에서만 파악하면 분업과 전문성, 권위의 위계, 규정과 규칙, 몰인정성, 경력지향성의 특징을 갖는 일반적 관료제의 틀로 설명할 수 있습니다. 그러나 교사의 전문성이 강조되는 교수·학습의 측면에서 보면 학교조직은 질서정연하게 구조화되거나 기능적으로 분명하게 연결되어 있지 않은 이완결합체제(loosely coupled system)의 특징을 지닙니다. 따라서 우리는 관료제적 관점과 이완결합체제의 관점으로 학교조직의 특징을 이해할 필요가 있습니다.

한편, 사회가 학생들에게 새로운 역량을 요구하고 있고, 이를 키우기 위해 교사는 다양한 수업을 설계할 수 있어야 합니다. 제가 경험했던 많은 교사들은 다양한 수업을 시도해 보고자 하는 열정은 높았지만 새로운 수업방법이나 모형을 활용하여 수업을 설계하거나 수업상황에 맞게 기존의 교수·학습지도안을 적용하는데 어려움을 느꼈습니다. 다양한 교수체제설계이론과 모형이 있지만 분석, 설계, 개발, 실행, 평가의 과정은 일반적이라고 생각합니다. 이 중 분석과 설계는 다른 과정의 기초가 되기 때문에 중요합니다. 수업요소들이 서로 어떻게 관련되어 있는지 파악하여 여러분의 수업에 적용해 보시기 바랍니다.

수업설계를 잘 하는 것 못지않게 수업결과를 평가하는 것 또한 중요합니다. 여러분이 어떤 평가기준을 활용하느냐에 따라 평가유형이 달라질 수 있습니다. 자칫하면 평가로 인해 학생들 사이에 서열주의적 사고가 팽배하여 서로 경쟁만 하는 문제가 발생할 수 있습니다. 이를 보완할 수 있는 평가유형에 대해 고민해 볼 필요가 있습니다.

<배 점>
- 논술의 내용 〔총15점〕
  - 기능론적 관점에서 학교교육의 선발·배치 기능 및 한계 각각 2가지만 제시 〔4점〕
  - 학교조직의 관료제적 특징과 이완결합체제의 특징 각각 2가지만 제시 〔4점〕
  - 일반적 교수체제설계에서 분석 및 설계 과정의 주요활동 각각 2가지만 제시 〔4점〕
  - 준거지향평가의 개념을 설명하고, 장점 2가지만 제시 〔3점〕
- 논술의 구성 및 표현 〔총5점〕
  - 논술의 내용과 '학교교육에서의 교사의 과제'와의 연계 및 논리적 형식 〔3점〕
  - 표현의 적절성 〔2점〕

2015학년도 중등학교교사 임용후보자 선정경쟁시험 (1차) 【추시 기본답안】

작성자 김차웅

I. 서론

최근 우리 사회는 학교교육에 대한 다양한 역할수행을 요구하고 있다. 이러한 교육적 요구에 따라 교사로서 우리는 우선 학교교육의 기능과 학교조직의 특징을 정확히 이해해야 한다. 또한 교사로서 다양한 수업을 설계하고 이와 함께 학생을 평가하는 새로운 기준을 활용할 필요가 있다.

다음에서는 학교에 대한 이해 차원과 수업에 대한 이해 차원에서 4가지 요소를 바탕으로 우리 사회의 다양한 요구에 직면한 학교교육에서의 교사의 과제가 무엇인지를 논하고자 한다.

II. 학교에 대한 이해 차원

1. 학교교육의 선발·배치 기능 및 한계

학교교육의 선발·배치 기능은 첫째, 사람들이 능력에 따라 적절한 선발과 충원이 이루어질 수 있도록, 사람들이 보다 높은 지위와 역할을 획득하기 위해 경쟁을 유발하고 동기를 부여하는 가열기능(warming-up)을 담당해야 한다. 둘째, 준비된 지위와 역할을 차지하고자 하는 높은 포부와 열망을 낮추려는 냉각기능(cooling-out)을 수행해야 한다. 특히 규준지향평가는 이러한 가열기능과 냉각기능을 내포하고 있는 시험이다. 학교교육의 한계는 갈등론적 관점으로 설명할 수 있는데 첫째, 학교교육은 재능있는 사람들을 선발·분류·배치하기보다는 사회적 불평등을 정당화하고 학생들에게 무력감과 열등감을 심어주는 제도이다. 둘째, 또 학교교육은 잠재적 교육과정을 통해 위계질서, 억압과 통제에 순응하도록 한다. 학교는 차별사회화를 통해 사회의 불평등구조를 재생산한다. 여기서 교사의 과제는 학교교육의 순기능적 측면과 아울러 역기능적 측면을 균형있게 이해하는 것이다.

※ 【다음과 같이 일반적인 내용으로 작성해도 무난할 듯함】

학교교육의 선발·배치 기능은 첫째, 학교는 사회적 선발 기능을 통해 개인의 능력, 업적과 성취에 따라

사회적 지위와 역할을 배분한다. 둘째, 성취주의라고도 하는 능력주의에서는 개인의 능력, 업적과 성취에 따라 인재의 적재적소 배치가 이루어진다. 따라서 능력주의를 기반으로 한 사회계층은 정당한 것이고, 학교는 능력주의를 실현하는데 기여한다. 학교교육의 한계는 갈등론적 관점으로 설명할 수 있는데 첫째, 학교교육은 지배계급의 문화와 이데올로기를 주입시키고, 기존의 사회질서를 정당화한다. 둘째, 학교교육은 사회적 불평등을 재생산하고 정당화하는 도구적 기능을 한다. 여기서 교사의 과제는 학교교육의 순기능적 측면과 아울러 역기능적 측면을 균형있게 이해하는 것이다.

2. 학교조직의 복합적 특징

학교조직의 관료제적 특징은 첫째, 분업과 전문성을 반영하는 교원자격제도, 규칙과 규정을 중시하는 국가공무원법상의 복무규정과 국가공무원복무규정이 대표적이다. 둘째, 몰인정성을 반영하는 교원징계제도, 경력제도를 반영하는 연공서열중심의 승진제도와 교원신분보장제도 등이다.

이완결합체제의 특징은 첫째, '조직화된 무질서조직'과 마찬가지로 조직을 환경과 끊임없이 상호작용한다고 보는 개방체제(open system)의 관점에서 참여자간의 신뢰의 논리(logic of confidence)를 가정한다. 즉, 신뢰의 논리가 조직의 통제기제가 된다. 둘째, 또한 독창적인 해결방법을 개발하며, 체제의 구성요소가 분리되는 것을 허용하고, 체제의 참여자에게 많은 자유재량권을 부여한다.

따라서 학교조직은 관료제적 특징과 전문적 특징을 모두 지닌 이중조직이라는 점을 이해하는 것이 교사의 과제이다.

III. 수업에 대한 이해 차원

1. 수업설계의 주요활동

1단계, 분석(Analysis)은 무엇을 교수해야 하는가를 정의하는 단계이다. 이 과정은 Dick & Carey의 교수설계모형에서 요구분석, 교수(과제) 분석, 학습자 및 학습환경 분석 등이 포함된다. 첫째, 요구분석이다. 요구분석을 통해 교수문제를 발견하고, 교수목표를 설정한다. 둘째, 교수(과제) 분석이다. 교수목표의 유형을 분석하고, 교수목표의 하위기능과 학습절차를 분석한다.

2단계, 설계(Design)는 어떻게 교수해야 하는가를 정의하는 단계이다. 이 과정은 Dick & Carey의 교수설계모형에서 수행목표 진술, 평가도구 개발, 교수전략 개발 등이 포함된다. 첫째, 수행목표 진술이다. 교수목표는 구체적이고 행동적 용어로 진술되어야 한다. 둘째, 평가도구 개발이다. 구체적 교수목표에 대응하는 준거지향 평가문항을 개발한다.

여기서 교사의 주요과제는 분석, 설계 과정을 체계화하여 개발(Development), 실행(Implementation), 평가(Evaluation) 과정으로 실천하는 것이다.

2. 학생평가의 기본방향

준거지향평가(criterion-referenced evaluation)는 평가기준이 교육의 과정을 통해 달성하려고 하는 교육목표 또는 수업목표에 있는 평가방법이다. 즉, 절대평가인데, 평가기준은 절대기준이라는 준거이다. 이 준거는 학습자 개인에게 교육목표로 설정된다.

그 장점은 첫째, 개인차의 극복에 관심을 두고, 교육의 효과에 대한 가능성을 긍정한다. Bloom의 완전학습이론이 그 예이다. 둘째, 학생의 도전상대는 같은 동료학생이 아니라 지적 탁월성인 준거이다. 그래서 교육목표의 달성도를 파악할 수 있다. 따라서 학생평가는 규준지향평가를 지양하고 준거지향평가, 수행평가를 활용하는 것이 교사의 기본과제이다.

Ⅳ. 결어

학교교육의 선발·배치 기능 및 한계를 균형있게 이해하는 것과 학교조직의 복합적 특징을 이해하는 것은 학교를 이해하기 위한 교사의 과제이다. 수업설계의 주요활동으로 분석, 설계 과정을 체계화하여 실천하는 것과 학생평가의 기본방향으로 준거지향평가, 수행평가를 활용하는 것은 수업을 이해하기 위한 교사의 과제이다.

학교와 수업의 관계는 '몸'과 '마음'의 관계에 비유할 수 있다. 몸과 마음을 온전히 이해할 때 전인교육(全人敎育)이 가능한 것처럼, 학교와 수업을 정확히 이해할 때 교사로서 우리는 참된 학교교육을 실천할 수 있다고 생각한다.

2016학년도 중등학교교사 임용후보자 선정경쟁시험 【기출문제】

교 육 학

수험번호 : (　　　　　　) 　　　　성 명 : (　　　　　　　)

| 제1차 시험 | 1교시 | 1문항 20점 | 시험시간 60분 |

• 문제지 전체 면수가 맞는지 확인하시오.(출처 : 한국교육과정평가원 http://www.kice.re.kr/)

다음은 A중학교에 재직 중인 김교사가 작성한 자기개발계획서의 일부이다. 김교사의 자기개발계획서를 읽고 예비교사 입장에서 '교사가 갖추어야 할 역량'이라는 주제로 교육과정 및 평가 유형, 학생의 정체성발달, 조직활동에 대한 내용을 구성요소로 하여 서론, 본론, 결론의 형식을 갖추어 논하시오. 〔총20점〕

<자기개발계획서>

개선영역	개선사항
수업구성	• 학생의 경험을 중시하는 교육과정을 실행할 것 • 학생의 흥미, 요구, 능력을 토대로 한 활동을 증진할 것 • 학생이 관심을 가지는 수업내용을 찾고, 그것을 조직하여 학생이 직접 경험하게 할 것 • 일방적 개념 전달위주의 수업을 지양할 것
평가계획	• 평가시점에 따라 적절한 평가방법을 마련할 것 • 진단평가 이후 교수·학습이 진행되는 중간에 평가를 실시할 것 • 총괄평가 실시 전 학생의 학습진전 상황에 관한 정보를 수집·분석할 것
진로지도	• 진로를 결정하지 못한 학생의 경우 성급한 진로선택을 유보하게 할 것 • 학생에게 다양한 진로를 접할 수 있는 충분한 탐색 기회를 제공할 것 • 선배들의 진로 체험담을 들려줌으로써 간접경험 기회를 제공할 것 • 롤모델(role model)의 성공 혹은 실패 사례를 제공할 것
학교 내 조직활동	• 학교 내 공식조직 안에서 소집단형태로 운영되는 다양한 조직활동을 파악할 것 • 학교 구성원들의 욕구충족을 위한 자발적 모임에 적극 참여할 것 • 활기찬 학교생활을 위해 학습조직 외에도 나와 관심이 같은 동료 교사들과의 모임활동에 참여할 것

〈배 점〉

• 논술의 구성요소 〔총15점〕
 · '수업구성'에 나타난 교육과정 유형의 장점 및 문제점 각각 2가지 〔4점〕
 · 김교사가 실시하려는 평가 유형의 기능과 효과적인 시행전략 각각 2가지 〔4점〕
 · 에릭슨(E. Erikson)의 정체성발달이론에 제시된 개념 1가지(2점)와 반두라(A. Bandura)의 사회인지학습이론에 제시된 개념 1가지(1점) 〔3점〕
 · '학교내 조직활동'에 나타난 조직형태가 학교조직과 구성원에 미치는 순기능 및 역기능 각각 2가지 〔4점〕
• 논술의 구성 및 표현 〔총5점〕
 · 논술의 구성요소와 '교사가 갖추어야 할 역량'과의 연계 및 논리적 형식 〔3점〕
 · 표현의 적절성 〔2점〕

2016학년도 중등학교교사 임용후보자 선정경쟁시험 (1차) 【기본답안】

작성자 김차웅

I. 서설

현대 산업사회는 지식기반사회이고, 지식기반사회에서 교사는 평생학습자이다. 평생학습자로서 교사는 부단히 자기개발에 힘쓰지 않을 수 없다. 교사의 자기개발은 교사의 전문성 신장뿐만 아니라 학생에 대한 수업지도 및 평가, 진로지도 등을 중심으로 하는 교육활동 전반에 필수적이기 때문이다.

다음에서는 교사의 학생지도에 대한 경험중심 교육과정 및 형성평가, 학생의 정체성발달을 설명하고, 교사의 자기지도에 대한 비공식조직활동을 설명하면서 교사가 갖추어야 할 역량을 논하고자 한다.

※ 【*논점과 무관한, 추상적인 표현으로 서론을 장식한다면 정말 아니다. 서론과 결론은 늘 본론의 내용을 바탕으로 작성해야 함! 서론은 반드시 본론을 거쳐 결론과 논리적 일관성을 가져야 함!!*】

II. 교사의 학생지도 관련

1. 경험중심 교육과정의 장점 및 문제점

예시된 교육과정 유형은 경험중심 교육과정이다. 경험중심 교육과정이란 학교의 지도하에 학생들이 학습하는 모든 경험을 의미한다. 경험중심 교육과정의 장점은 첫째, 학생들의 자발적인 활동을 촉진할 수 있다. 또한 문제해결력, 창의력 등 고등정신기능을 개발할 수 있다. 따라서 아동중심 교육과정을 강조한다. 둘째, 협동심, 책임감, 사회성 등의 민주적 생활태도와 가치를 계발할 수 있다. 그 문제점은 첫째, 체계적인 지식의 습득을 경시할 수 있다. 또한 기초학력을 저하시킬 수 있다. 둘째, 교육과정의 논리적 배열이 곤란하다.

여기서 교사가 갖추어야 할 역량은 학생들과 상호작용을 하면서 학습자중심의 수업을 실천하는 것이다.

2. 형성평가의 기능과 효과적인 시행전략

예시된 평가 유형은 형성평가이다. 형성평가는 수업활동이 진행되는 도중에 수업목표를 달성하기 위한 수업활동이 제대로 진행되고 있는지를 수시로 확인·점검하는 평가이다. 이 형성평가는 수업목표와 직결되어 있는 절대평가방법이다.

형성평가의 기능은 첫째, 학습결과의 피드백을 통해 학습동기를 강화해 준다. 둘째, 학습곤란이나 오류를 지적해 준다. 그리하여 교정학습의 방향을 제시해 준다. 그 효과적인 시행전략은 첫째, 수업활동의 일부이므로 수업시간을 이용한다. 둘째, 수업목표의 성취기준에 기초한 절대평가를 해야 한다. 성취기준은 각 교과목에서 학생들이 학습을 통해 성취해야 할 지식·기능·태도의 모든 특성을 진술한 것이다.

여기서 교사가 갖추어야 할 역량은 개별화학습에 적합한 교사제작검사를 작성하는 것이다.

3. 학생의 정체성발달에 관한 주요개념

예시된 학생의 정체성발달은 심리적 유예와 대리경험으로 설명할 수 있다. 정체성이란 나는 누구인가,

나는 무엇이 될 것인가 등의 '정체성 위기'를 경험하는 과정에서 성취하게 되는 심리-사회적 안정감을 의미한다. 이 과정에서 에릭슨은 심리적 유예(psychological moratorium)가 바람직하다고 하였는데, 심리적 유예란 개인과 사회에 대한 긍정적인 모험과 탐색을 할 수 있는 기간을 말한다. 반두라는 자기효능성에 영향을 미치는 요인으로 대리경험 등을 제시하고 있다. 모델링을 통한 대리강화, 대리학습은 자기효능성을 높인다. 이 자기효능성은 자아정체성을 형성하는 중요한 요인이 된다.

여기서 교사가 갖추어야 할 역량은 학생에게 선배들의 진로 체험담을 들려주거나 교사 자신이 롤모델이 되는 것, 학생에게 선택의 기회를 주는 것이다.

※ 【배점에서 명시된 에릭슨(E. Erikson)의 정체성발달이론(성격발달이론)에 의거 논해야 함. 그럼에도 마르시아(J. Marcia)의 정체성지위이론에 의거 논해 주었다면? 대략 난감. 또 반두라(A. Bandura)의 모델링이론(사회인지학습이론)을 장황하게 논해 주었다면 논점 이탈. 정체성발달이 논점이기 때문임. 그런데 에릭슨의 이론은 2점 배점이고, 반두라의 이론은 1점 배점인데 그 이유는? 정체성 개념을 에릭슨의 이론에 의거 논하라는 암시임.】

III. 교사의 자기지도 관련 : 비공식조직의 순기능 및 역기능

예시된 조직형태는 비공식조직이다. 비공식조직은 구성원들의 상호작용 및 인간관계를 중심으로 정서적 요인, 비합리적 요인에 근거하여 형성된 자연발생적 조직이다.

비공식적 조직의 순기능은 첫째, 공식조직의 경직성을 완화한다. 그 결과 작업집단의 안정화에 기여한다. 둘째, 원활한 의사소통을 촉진한다. 그 역기능은 첫째, 비공식조직내 적대감정을 유발할 우려가 있다. 그 결과 파당과 파벌 등의 정실행위가 유행할 우려가 있다. 둘째, 의사전달과 정보를 왜곡할 우려가 있다. 따라서 교사들간의 토론과 대화, 집단사고가 필수적이고 의사소통능력을 개발하는 것이 교사가 갖추어야 할 핵심역량이다.

IV. 결어

평생학습자로서 교사는 부단한 자기개발을 통해 교사의 전문성 신장은 물론 학생에 대한 수업지도 및 평가, 진로지도 등의 개선에 노력해야 한다. 자기개발을 위해서는 자기장학, 컨설팅장학을 활용할 수 있다.

그리고 교사의 학생지도에 대해서는 학생들과 마찬가지로 공동체 역량, 창의적 사고 역량, 심미적 감성 역량, 지식·정보관리 역량을, 교사의 자기지도에 대해서는 자기관리 역량, 의사소통 역량을 갖추어야 한다. 이들은 2015년 개정 교육과정의 6대 핵심역량이며, '꿈과 끼'를 키우는 자유학기제 운영의 토대가 된다고 하겠다.

※ 【지난 추시 기출문제와 마찬가지로 각 논점과 교사가 갖추어야 할 역량을 꼭 연계시켜야만 고득점 포인트! 또한 교육의 역량 개념은 2개월 전 확정된 2015년 개정 교육과정의 핵심내용이므로 가급적 언급해 주어야 득점 포인트!】

🍎 강사 소개 : 김차웅 🍎

- 고려대 및 동대학원, 한양대 교육대학원 졸업
- 전(前) 신림동 한림법학원 행정고시 교육학논술 강의
- 현(現) 노량진 윌비스 임용고시학원 교육학논술 강의
- 〈편저〉 이야기 교육학 1, 2, 높이깊이(2014)
          교육학 논점과 논술(기초편), 높이깊이(2016)
          교육학 논점과 논술(심화편), 높이깊이(2016)
- 〈동영상강의〉 홈페이지 ssam.willbes.net/